Michael Galuske
Flexible Sozialpädagogik

Michael Galuske

Flexible Sozialpädagogik

Elemente einer Theorie Sozialer Arbeit
in der modernen Arbeitsgesellschaft

Juventa Verlag Weinheim und München 2002

Der Autor

Michael Galuske, Jg. 1959, PD Dr. phil., ist wissenschaftlicher Oberassistent am Institut für Sozialpädagogik, Erwachsenenbildung und Pädagogik der Frühen Kindheit der Universität Dortmund.

Seine Arbeitsschwerpunkte sind Methoden der Sozialen Arbeit, Theorie der Sozialen Arbeit, Soziale Berufe, Jugendsozialarbeit/Jugendberufshilfe.

Die Deutsche Bibliothek - CIP-Einheitsaufnahme

Ein Titeldatensatz für diese Publikation ist bei
Der Deutschen Bibliothek erhältlich.

Umschlaggestaltung: Atelier Warminski, 63654 Büdingen
Umschlagabbildung: Annette Mirjam Kunst, Bochum
Printed in Germany

ISBN 3-7799-1701-7

Für
Annette Mirjam Kunst

Danksagung

Die vorliegende Studie hat eine längere Entstehungsgeschichte, im Rahmen derer die Argumente in Diskussionen erprobt und im Lichte von Kritiken, Anregungen etc. geschärft wurde - so hoffe ich. Auf die Spur des Themas brachte mich vor langen Jahren mein verstorbener erster akademischer Lehrer, Professor Dr. Karlwilhelm Stratmann, ohne dessen Unterstützung ich mich nie auf den Weg gemacht hätte. Bei meinem Unterfangen bin ich von vielen Seiten unterstützt worden. Ein besonderer Dank gilt Hans Thiersch, Thomas Rauschenbach, Richard Münchmeier und Günter Pätzold, denen ich viele konstruktive Anregungen und Kritiken verdanke. Für vielfältige inhaltliche, organisatorische und „moralische" Unterstützung danke ich überdies Werner Thole, Patricia Koschek, Tim Rietzke, Karin Bock, Ivo Züchner, Kirsten Fuchs, Wibken Düx, Anika Walther, Bettina Christ, Peter Cloos, Frank Ludwig, Sabine Schneider, Christine Besenfelder und Nicole Rosenbauer. Lisa Kohaus hat ihren eigenen Anteil daran, dass ich diese Arbeit zu Ende gebracht habe, für den ich ihr sehr dankbar bin. Und Jenny und Natascha haben mich immer wieder daran erinnert, warum ich diese Zeilen zu Papier bringe.

Bochum, im Mai 2002
Michael Galuske

Inhalt

Die flexible Arbeitsgesellschaft und ihre Sozialpädagogik

Einleitung: Nach dem Ende des „sozialpädagogischen Jahrhunderts“

„Wir erleben das Verschwinden einer spezifischen Weise, der Gesellschaft anzugehören.“ (ANDRE GORZ 2000, S. 79)

Das „sozialpädagogische Jahrhundert“

Viele Namen und Chiffren sind bemüht worden, um das Besondere, das Typische des 20. Jahrhunderts einzufangen. Alle diese Begriffe akzentuieren spezifische Blickwinkel unterschiedlicher Akteure auf die Entwicklung der Moderne im 20. Jahrhundert. Sie betonen mithin bestimmte Aspekte, deren Besonderheit gerade aus der Sicht des jeweiligen Betrachters herausgestellt werden soll. Eine für die Erziehungswissenschaft und insbesondere ihre Teildisziplin Sozialpädagogik bedeutsame Chiffre ist die sich seit Anfang der 90er Jahre im disziplinären Diskurs etablierende Rede vom „sozialpädagogischen Jahrhundert.“ CHRISTIAN LÜDERS und MICHAEL WINKLER (1992) sprechen noch von der „Normalisierung Sozialer Arbeit“[1], die sich vermittelt über ihre Ausbreitung und Ausweitung von einer Hilfe für rand-

1 Angesichts der immer noch existenten begrifflichen Unschärfen im semantischen Feld des hier zur Verhandlung stehenden Gegenstandes im Begriffsdreieck von Sozialpädagogik, Sozialarbeit und Sozialer Arbeit und verwandter Begriffe (wie z.B. Fürsorge, Wohlfahrtspflege, Jugendhilfe, vgl. dazu HERING/MÜNCHMEIER 2000), ist vorab eine Begriffsklärung notwendig. Dies gilt auch und insbesondere angesichts einer immer noch unter dem Stichwort „Sozialarbeitswissenschaft“ (neu und wieder) geführten Debatte um Gemeinsamkeiten und Differenzen bzw. die „wissenschaftliche Heimat“ der mit den oben genannten Begriffen bezeichneten Gegenstandsbereiche (vgl. zu dieser Debatte RAUSCHENBACH/GÄNGLER 1996; THOLE 1996; MÜHLUM 1981; WENDT 1994; MERTEN u.a. 1996). Dieser Diskurs um die semantischen Koordinaten und ihre fachlichen Konsequenzen soll und kann an dieser Stelle nicht geführt werden. Wir folgen der zuletzt von HERING/MÜNCHMEIER (2000, S. 11 ff.) vertretenen Konvergenzthese, dass sich nämlich Sozialarbeit und Sozialpädagogik aus unterschiedlichen historischen Wurzeln heraus „aufeinander zu entwickelt haben. Die Komplexität der gestellten Probleme und Bedürfnisse der Klienten habe dazu geführt, dass sich in der Praxis Hilfe mit Erziehung, Beratung mit infrastrukturellen Arrangements verbunden haben, so dass die alten Unterschiede relativiert worden sind“ (ebd., S. 12). Obwohl es systematisch je nach Fragestellung Sinn machen kann, zwischen Sozialer Arbeit einerseits und Sozialpädagogik und Sozialarbeit andererseits zu unterscheiden (vgl. z.B. KREFT/MIELENZ 1996, S. 510), werden die Begriffe im folgenden aus stilistischen Gründen weitgehend synonym verwendet. Falls mit der Nutzung eines der oben genannten Begriffe ein spezifisches inhaltliches Interesse verbunden ist, wird dies im Text ausgeführt.

ständige Bevölkerungsgruppen zum Regelangebot der Unterstützung und Flankierung von Sozialisation und Aufwachsen entwickelt habe. Sozialpädagogik, so MICHAEL WINKLER (1995, S. 178), „ist eine Normalbedingung der Gesellschaft der Moderne geworden, mit der diese rechnet, ohne viel auf sie zu geben. Es geht damit der Sozialpädagogik nicht anders als der Bundesbahn oder der Post.“ HANS THIERSCH (1992 a) verdichtet dieses Bild in der Formel vom „sozialpädagogischen Jahrhundert“. „Sozialpädagogik hat in unserem Jahrhundert, und vor allem in der zweiten Hälfte unseres Jahrhunderts, eine tragfähige und differenzierte Struktur gefunden; sie ist selbstverständlicher und akzeptierter Bestandteil in der Infrastruktur sozialer und pädagogischer Dienstleistungen geworden“ (ebd., S. 10). Passend zur Jahrtausendwende greift THOMAS RAUSCHENBACH (1999 a) das Bild vom „sozialpädagogischen Jahrhundert“ erneut auf und präzisiert in theoretischer und empirischer Absicht den Gehalt und die Reichweite dieser Metapher. Sozialpädagogik hat, kurz gesagt, Karriere gemacht und ist von ihrer Geburt (in moderner Form) an der Schwelle dieses Jahrhunderts[2] schnell erwachsen geworden.

Und in der Tat lassen sich mit Blick auf die Entwicklung der Sozialen Arbeit im 20. Jahrhundert schlagkräftige empirische und historisch-systematische Argumente ins Feld führen, von denen hier nur einige stichwortartig genannt seien:

- Die Soziale Arbeit hat sich in ihrer institutionellen und verrechtlichten Gestalt seit Beginn dieses Jahrhunderts zugleich konsolidiert und ausdifferenziert (vgl. HASENCLEVER 1978). Die Verrechtlichung der Kinder- und Jugendhilfe als einem der zentralen Handlungsfelder Sozialer Arbeit kann mit JOHANNES MÜNDER (2000, S. 34 ff.) von den frühen Jugendfürsorge- und Jugendpflegeerlassen, über das Reichsjugendwohlfahrtsgesetz (RJWG) und das Jugendwohlfahrtsgesetz (JWG) bis zum Kinder- und Jugendhilfegesetz (SGB VIII) beschrieben werden als Weg vom eher ordnungspolitischen Eingriff- zum modernen Sozialleistungsrecht (mit ordnungsrechtlichen Bestandteilen).[3]

- Damit ist ein zweiter Punkt angesprochen, nämlich die Ausweitung und sozialstrukturelle Veränderung der Klientel. War Soziale Arbeit zu Beginn ihrer Karriere in erster Linie bürgerliche Fürsorge für randständige, proletarische, arme, oder in modernen Termini gesprochen: sozial benachteiligte Bevölkerungsgruppen, verbunden mit dem Stigma der „Hilfe für Arme“, so hat sie sich insbesondere in der zweiten Hälfte des 20. Jahrhunderts verstärkt von den Rändern zur Mitte hin bewegt und offeriert mittlerweile eine Palette an sozialen Dienstleistungen, die als Regelangebot des Auf- und Hineinwachsens in modernen Gesellschaf-

---

2 Vgl. HERING/MÜNCHMEIER (2000); MOLLENHAUER (1959).

3 Vgl. dazu auch BAUER u.a. (2001); FIESELER/HERBORTH (2001), WIESNER (2000); GALUSKE/JANZE (2000).

ten, wenn schon nicht geliebt, so doch ob ihrer Notwendigkeit akzeptiert sind, etwa im Rahmen der Jugendarbeit und der kulturellen Förderung (vgl. THOLE 2000) oder der Kindertageseinrichtungen.[4] Sozialpädagogik hat sich zu einem „Leistungsangebot für alle" (THIERSCH 1992 a, S. 17) entwickelt.

- Besonders augenfällig wird die „Erfolgsgeschichte" der Sozialen Arbeit im 20. Jahrhundert, wenn man die Herausbildung und Ausdifferenzierung ihrer professionellen Ausbildungsstrukturen betrachtet.[5] Als Alice Salomon 1908, vor weniger als 100 Jahren, gemeinsam mit anderen die erste Soziale Frauenschule für soziale Hilfsarbeit gründete und damit so etwas wie den Grundstein eines modernen Ausbildungssystems für soziale Berufe legte, ahnte wohl niemand, dass sich aus den 33 sozialen Frauenschulen Mitte der 20er Jahre ein ausdifferenziertes, hierarchisiertes und von der Berufsfachschule über die Fachschule, bis in den tertiären Bildungsbereich der Fachhochschulen und Universitäten reichendes Netz von einschlägigen Bildungseinrichtungen entwickeln würde. Mitte der 90er Jahre existierten „etwa 350 Fachschulen für Sozialpädagogik und 250 Berufsfachschulen für Kinderpflege im wieder vereinigten

---

4 Angeklungen war diese These schon in theoretischen Beiträgen Ende der siebziger Jahre, die von der „Pädagogisierung der Gesellschaft" (vgl. BARABAS U.A. 1977, S. 496 f.) sprachen und damit im Sinne der Normalisierungsthese eine Verallgemeinerung sozialpädagogischer Angebote prognostizierten. „Sozialarbeit überschreitet zunehmend die Grenzen der traditionellen Berufsfelder in Fürsorge und Vorschule und wirkt in immer weitere gesellschaftliche Bereiche hinein, die bislang privater Selbstregulierung oder der ausschließlichen professionellen Kompetenz anderer Berufe überlassen werden" (ebd., S. 496). In neuerer Zeit haben MICHAEL BOMMES und ALBERT SCHERR (2000, S. 21) die These von der Veränderung der Klientel im Sinne einer „Normalisierung" bestritten. „Obwohl kaum aktuelle empirische Untersuchungen vorliegen, kann nach wie vor davon ausgegangen werden, dass der statistisch wahrscheinliche Klient Sozialer Arbeit unterdurchschnittlich qualifiziert ist, über ein durchschnittlich geringes Einkommen verfügt und/oder mit einer spezifischen sozialen Problemsituation konfrontiert ist." Die Plausibilität ihrer These erkaufen sich BOMMES/SCHERR allerdings mit der definitorischen Sonderbehandlung der Kindertagesbetreuung mit Hinweis, diese sei auf europäischer Ebene betrachtet eher dem Bildungs- und Erziehungssystem zuzuordnen (vgl. ebd., S. 22). Der berechtigte Hinweis auf die Besonderheit der deutschen Tradition (mit Ausnahme der DDR, vgl. GALUSKE/RAUSCHENBACH 1994) ist allerdings in Bezug auf die Einschätzung der Resortierung innerhalb des bundesrepublikanischen Systems der Sozialen Arbeit wenig hilfreich. Hier steht die Kindertagesbetreuung recht unzweifelhaft in einer sozialpädagogischen Tradition. Theoretisch ist eine solche Differenzbildung zumindest vor dem Hintergrund der sozialpolitischen Funktionsdebatte (vgl. BÖHNISCH 1982; BARABAS u.a. 1977, GALUSKE 1993; SCHAARSCHUCH 1990, 1999 a; RAUSCHENBACH 1999 a) ebenfalls problematisch, gehören doch Kinderbetreuung wie Jugendarbeit, Schuldnerberatung und AIDS-Hilfe usw. unzweifelhaft zu einem gemeinsamen Funktionsbereich personenbezogener sozialer Dienstleistungen, die im Kern (und in Abgrenzung zur Qualifikationsfunktion von Schule) auf die Unterstützung von sozialer Integration unter den Bedingungen von Moderne abzielen.

5 Vgl. dazu z.B.: RAUSCHENBACH (1999 a); RAUSCHENBACH/BEHER/KNAUER (1995).

Deutschland, mehr als 60 Fachhochschulstandorte mit Ausbildungen in Sozialpädagogik und/oder Sozialarbeit sowie über 30 Universitätsstandorte mit erziehungswissenschaftlichen Diplomstudiengängen in der Studienrichtung Sozialpädagogik. In der Summe heißt das, dass es Mitte der 20er Jahre in Deutschland etwa 125 Ausbildungsstätten gab, während heute weit über 700 Schulen und Hochschulen in irgendeiner Weise Erstausbildung für soziale Berufe anbieten" (RAUSCHENBACH 1999 a, S. 26). Diese Entwicklung schlägt sich in der Zahl der Auszubildenden nieder, die sich von ca. 4.000 bis 6.000 jährlich in den 20er Jahren auf rund 150.000 gegen Ende des Jahrhunderts hochgeschnellt sind (vgl. ebd., S. 26).

- Am eindrucksvollsten lässt sich die Erfolgsgeschichte der Sozialen Arbeit an der Entwicklung der einschlägig Berufstätigen aufzeigen. Führten die Sozialen Berufe noch Anfang der 50er Jahre mit rund 60.000 Beschäftigten eher eine Randexistenz, so hat sich Ihre Zahl 1997 mit insgesamt rund 816.000 Beschäftigten mehr als verzehnfacht (vgl. ebd. S. 42). Der Schwerpunkt der Beschäftigungsexplosion lag dabei in der Phase ab Anfang der 70er Jahre. Von 1970 bis 1987 hat sich die Zahl der in sozialen Berufen Beschäftigten mehr als verzweieinhalbfacht, um sich in den anschließenden zehn Jahren nochmals fast zu verdoppeln. Und die expansive Beschäftigungsdynamik scheint auch in den 90er Jahren nicht gebrochen, zumindest lassen für RAUSCHENBACH „die Zuwachsraten der letzten Jahre erkennen, dass dieser Teilarbeitsmarkt besonders in den 90er Jahren prosperiert ist. Mit Zuwachsraten von durchweg fast mehr als 35.000 sozialversicherungspflichtig Beschäftigten pro Jahr allein in den sozialen Berufen der alten Bundesländer wirkt diese außergewöhnliche Expansionsdynamik in einer Zeit wachsender Arbeitslosigkeit fast schon irritierend" (ebd., S. 48).

- Neben der Ausdifferenzierung und Expansion von Ausbildung in sozialen Berufen und Berufstätigkeit in Feldern der Sozialen Arbeit müsste die „qualitative Erfolgsgeschichte" der Sozialen Arbeit, deren Kriterien weit schwieriger zu bestimmen sind, noch geschrieben werden. Bei aller Vorsicht lässt sich die Aussage treffen, dass mit der Ausdifferenzierung der Ausbildungslandschaft auch die Bedeutung von Prozessen der Selbstbeobachtung und der empirischen Überprüfung der eigenen Handlungsgrundlagen und -strukturen gestiegen ist. Diese Zunahme an Selbstreflexivität spiegelt sich nicht nur in einer zunehmenden Breite empirischer Forschungsansätze und -arbeiten wider[6], sondern auch in einer seit Anfang der 70er Jahre verstärkten empirisch und gesellschaftstheoretisch aufgeklärten Theoriediskussion.[7]

---

6 Vgl. ZUM Überblick RAUSCHENBACH/THOLE (1998).

7 Vgl. zum Überblick: MAIER (1998); MARBURGER (1979); THOLE/GALUSKE/GÄNGLER (1998); NIEMEYER (1998).

Die Geschichte der Sozialen Arbeit im 20. Jahrhundert, so lässt sich dieser, hier nur kurz zu veranschaulichende Punkt aus quantitativer und qualitativer Sicht resümieren, ist die Geschichte ihrer Ausdifferenzierung, ihres quantitativen Wachstums, ihrer Professionalisierung, ihres Zugewinns an professioneller und disziplinärer Kontur und Gewicht. Oder anders ausgedrückt: eine Erfolgsgeschichte, die zum Selbstbewusstsein von Disziplin und Profession der Sozialen Arbeit beitragen sollte und in den letzten Jahren wohl auch beigetragen hat. Zumindest merkte ROLAND MERTEN (1999, S. 57) kürzlich an, dass zwar „weitere Professionalisierungsbemühungen und Fortschritte im Kontext der disziplinären Wissensbestände denk- und wünschbar wären", aber doch ein Stand an Normalisierung erreicht sei, auf dessen Hintergrund „nicht permanent eine fundamentalistische Selbstreflexion hinsichtlich des eigenen Status als Wissenschaft und Profession nötig ist, so, als ob das Rad der Sozialpädagogik/Sozialarbeit jedes Mal neu erfunden werden müsste."

Gesellschaftstheoretisch aufgeklärte Betrachtungsweisen interpretieren diesen Befund allerdings nüchtern und vergessen die „Kehrseite" dieser Erfolgsgeschichte des „sozialpädagogischen Jahrhunderts" nicht. Betrachtet man das professionelle und verberuflichte Handlungssystem der Sozialen Arbeit als ein Element des Systems des sozialen Bedarfsausgleichs, d.h. derjenigen Ressourcen und Strukturen einer Gesellschaft, mit denen sie auf die sozialen Bedarfslagen der Individuen nach Fürsorge, Pflege, Erziehung, Hilfe, Beratung, Unterstützung, sozialen Kontakt- und Lernmöglichkeiten etc. reagiert und den Bedarf zu befriedigen sucht, so stellt sich die Frage, ob die „Erfolgsgeschichte" der Sozialen Arbeit nicht nur Ausdruck neu gewachsener sozialer Bedarfslagen ist, sondern auch Indiz für eine Verlagerung in der Balance der Strukturen des sozialen Bedarfsausgleichs. Mit anderen Worten: Signalisiert die zunehmende Institutionalisierung und Verberuflichung sozialer Unterstützung nicht zugleich eine abnehmende Potenz anderer Akteure des sozialen Bedarfsausgleichs, wie der Familien, der Verwandtschaftsbeziehungen, der sozialen Netzwerke wie der etablierten Formen des bürgerschaftlichen und ehrenamtlichen Engagements, zumeist verankert in intermediären Instanzen wie Wohlfahrts- und Jugendverbänden?[8] Im Anschluss an CLAUS OFFE stellt RAUSCHENBACH (1999 a, S. 31) fest: „Wenn die soziale (Dienstleistungs-)Arbeit auch und vor allem dazu da ist, ‚Normalisierungsarbeit' zu leisten, soziale Stabilität und Sicherheit sekundär dort zu gewährleisten, wo sie nicht von alleine zustande kommt, wenn die Soziale Arbeit eine soziale Integrationsfunktion hat, dann ist ihr Wachstum immer auch ein Zeichen vorhandener sozialer Defizite, ist jede weitere soziale Berufsgruppe, jede weitere soziale Fachkraft, jedes neue Arbeitsfeld zugleich auch Ausdruck einer gesellschaftlichen ‚Niederlage',

---

8 Vgl. zu letzteren unter besonderer Berücksichtigung ihres Funktions- und Gestaltwandels unter den Bedingungen der Zweiten Moderne RAUSCHENBACH/SACHßE/OLK (1995).

zumindest Anzeichen des Fehlens oder der mangelnden Funktionalität anderweitiger Bedarfsausgleichssysteme. Und so lässt sich im Grunde genommen zwischen den Zeilen der quantitativen Erfolgsgeschichte sozialer Berufe in diesem Jahrhundert auch die Geschichte der Erosion, der Knappheit und der Unzulänglichkeit einer lebensweltlichen, informellen, privaten, freiwillig-solidarischen Regulierung sozialer Probleme und sozialen Bedarfsausgleichs entziffern, lassen sich die ambivalenten Spuren und paradoxen Folgen eines wohlfahrtsstaatlich befriedeten Kapitalismus ablesen" (vgl. auch KAPPELER 1999).

Diese modernisierungstheoretische Lesart gibt einen plausiblen Hintergrund für die Tatsache ab, dass Soziale Arbeit zwar als notwendiges Element der sozialen Infrastruktur moderner Gesellschaften weitgehend akzeptiert ist, gleichwohl nicht geliebt wird und vielfältig unter Legitimations- und Statusdruck steht. Jenseits einer reinen Rekapitulation der Erfolgsgeschichte der Sozialen Arbeit und ihrer Schattenseiten eröffnet eine solche theoretisch gewendete Lesart die Möglichkeit, die Rolle der Sozialen Arbeit im Prozess gesellschaftlicher Modernisierung genauer zu bestimmen und nicht den Gefahren und Verlockungen einer Sichtweise anheim zu fallen, die trotz aller Klagen über zu enge Sozialbudgets auf die bruchlose Fortsetzung der Erfolgsgeschichte setzt und damit den historischen Kontext ihrer Genese übersieht. Um eine oben zitierte Formulierung von ROLAND MERTEN aufzugreifen: Eine historisierende Lesart der Genese der Sozialen Arbeit könnte eventuell doch zu dem Ergebnis führen, dass vieles an der Sozialen Arbeit „neu erfunden" werden muss - wenn sich ihr sozialhistorischer Kontext und damit auch ihre funktionale Einbindung in das System des gesellschaftlich strukturierten sozialen Bedarfsausgleichs modifiziert. Nicht nur aufgrund des gerade vollzogenen Jahrtausendwechsels ist es sinnvoll, die Frage zu stellen, ob die Erfolgsgeschichte der Sozialen Arbeit auch im 21. Jahrhundert ihre Fortsetzung finden wird, oder ob im Gegenteil nach dem „Hoch" nun ein „Tief" folgt, bzw. zumindest ein Bruch in dem doch eher linearen „Aufwärtstrend". Zumindest sind gegen Ende der 90er Jahre einige Irritationen zu registrieren, die einer solchen Fragehaltung zusätzlich an Gewicht verleihen und es evtl. vorschnell erscheinen lassen, den zweifelsohne erreichten Grad an Normalisierung als „Ende der Geschichte" zu interpretieren, oder anders ausgedrückt: den erreichten Stand an institutioneller Konsolidierung, gesellschaftlicher Akzeptanz und professioneller Ausdifferenzierung als nicht hintergehbaren Entwicklungsschritt auch zukünftig vorauszusetzen.

Ausgangspunkt und Grundlage der Krisenphänomene ist die Finanzierungskrise des Systems sozialer Sicherung, die sich theoretisch als Strukturkrise ihrer handlungsleitenden Prinzipien erweist. Die sozialwissenschaftliche Sozialstaatsdebatte[9] hat in den letzten Jahren aufgezeigt, dass der Sozialstaat in seinen Konstruktionsprinzipien, Strukturen und Handlungsmaximen, in seinen leitenden Ideen und institutionellen Grundlagen, lohnarbeitszentriert ist, d.h. sein Gebäude der Sicherheiten und Orientierungen auf der doppelten Fiktion des „Normalarbeitsverhältnisses" einerseits und der Hausfrauenehe andererseits aufbaut. Je mehr diese Grundlagen schwinden, desto mehr offenbart sich das Sicherheitsgebäude und die Normalitätsannahmen der fordistischen Epoche der kapitalistischen Arbeitsgesellschaft (vgl. BÖHNISCH/ARNOLD/SCHRÖER 1999, S. 52 ff.) als historisches Modell, das unter den Bedingungen von Globalisierung, nationalstaatlichem Souveränitätsverlust, Flexibilisierung und Deregulierung von Beschäftigungsverhältnissen usw. an sein Ende gekommen zu sein scheint. Die durch das Ende des „kurzen Traums immer währender Prosperität" (LUTZ 1984) ausgelöste und durch demographische Entwicklungen verstärkte Kostenfalle des lohnarbeitszentrierten Sozialstaats - sinkende Einnahmen bei gleichzeitig höheren Kosten durch vermehrte Inanspruchnahme sozialer Sicherungssysteme -, zeigt sich in puncto materielle soziale Sicherung z.B. in den politischen und öffentlichen Dauerdiskussionen über die Reform des Gesundheitswesens, die Sicherheit der Renten, die Leistungen der Pflegeversicherung, den kommunalen Finanzkollaps durch steigende Inanspruchnahme von Sozialhilfe, aber auch an der Zahl und der öffentlichen Bedeutung von Zukunfts- und Enquetekommissionen, Gegenkommissionen und ihren Reformvorschlägen[10], sowie einer kaum mehr überschaubaren „Konjunktur" an einschlägigen Veröffentlichungen.

Darüber, dass sich das alte System sozialer Sicherung transformieren wird bzw. bereits transformiert, herrscht in der Sozialstaatsforschung kein Zweifel, sehr wohl aber über die Frage, wie weitreichend die Einschnitte und Veränderungen sein werden, die Bürgerinnen und Bürgern und damit letztlich der Gesellschaft zugemutet werden müssen und können. CHRISTOPH SACHßE (1999, S. 34) zieht in Bezug auf die Zukunft materieller sozialer Absicherung ein skeptisches Fazit, wenn er perspektivisch resümiert: „Die finanziellen Sicherungssysteme werden auf ihre Ursprungsfunktionen zurückzuführen sein: Notleidende zu schützen, gegen existentielle Risiken zu sichern und derart Ausgrenzung zu verhindern. Die Perspektive staatlicher finanzieller Sicherung besteht in einer zuverlässigen Mindestsicherung für Bedürftige, nicht in einer staatlichen Rundumversorgung. Für diese genau wie für Maßnahmen der Umverteilung, fehlt in einer radikal pluralisierten Gesellschaft schon der normative Bezugspunkt."

---

9 Vgl. zum folgenden vorerst KAUFMANN (1997); VOBRUBA (1990, 2000); BAUER U.A. (1998); HEINZE/SCHMID/ STRÜNCK (1999); ZINN (1999); DÖRING (1999).

10 Vgl. KOMMISSION FÜR ZUKUNFTSFRAGEN DER FREISTAATEN BAYERN UND SACHSEN (1997 a + b); ZUKUNFTSKOMMISSION GESELLSCHAFT 2000 (1999); SENATSVERWALTUNG FÜR ARBEIT, BERUFLICHE BILDUNG UND FRAUEN BERLIN (1998); ZUKUNFTSKOMMISSION DER FRIEDRICH-EBERT-STIFTUNG (1999).

Der lange Arm der Finanz- und Strukturkrise des Sozialstaates hat aber auch den Alltag der Institutionen des sozialen Sektors und damit der MitarbeiterInnen[11] der personenbezogenen sozialen Dienste längst erreicht und unter Stichworten wie „Neue Steuerung“ und Sozialmanagement die Frage der effizienten, d.h. alle Male kostengünstigeren Gestaltung der sozialen Infrastruktur auf die Tagesordnung gesetzt. Hinter diesen „Teilkrisen“, die die jeweilige Tagesordnung der aktuellen öffentlichen (und auch wissenschaftlichen) Diskussion über und um den Sozialstaat zeitweilig bestimmen, verbirgt sich, so will diese Studie plausibilisieren, eine tief greifende und nachhaltige Legitimations- und Strukturkrise des sozialstaatlichen Vergesellschaftungsmodells der post-fordistischen Epoche der kapitalistischen Moderne. Der sozialstaatliche Kompromiss und sein auf Inklusion abzielendes Modell der „Erreichbarkeit“ eines durchschnittlichen Lebensentwurfs (vgl. BÖHNISCH 1994, S. 32), das den Nährboden für die Expansion der sozialen Dienstleistungen bildete, scheint derzeit zur Neuverhandlung anzustehen und damit auch Rolle und Funktion - und somit die Zukunft der Sozialen Arbeit.

Die Frage, wie diese „Neuverhandlungen“ für die Soziale Arbeit ausgehen könnten, wird in der neueren Funktionsdebatte eher kritisch eingeschätzt. So meldet ANDREAS SCHAARSCHUCH (1999 a, S. 63 f.) Bedenken gegen die These von der „Normalisierung“ der Sozialen Arbeit an, da sie entscheidende gesellschaftliche Rahmen- und Entwicklungsbedingungen außer Acht lässt, die auf einen Funktionswandel der Sozialen Arbeit hindeuten, deren neues Paradigma er als „Management der Spaltung der Gesellschaft“ bezeichnet. ALBERT SCHERR geht aus systemtheoretischer Perspektive ebenfalls von einem Paradigmenwechsel wohlfahrtsstaatlicher Politik aus, der sich darin ausdrückt, dass „die sozialstaatliche Programmatik Inklusion ersetzt wird durch eine Programmatik der Exklusionsverwaltung, ... also der Ausschluss von Individuen und sozialen Gruppen aus Teilsystemen nicht mehr Anlass für Politiken der Reinklusionsermöglichung bildet, sondern eine Verdichtung von Exklusionseffekten zu Exklusionskarrieren von Individuen und sozialen Gruppen zugelassen wird“ (SCHERR 1999, S. 52). Demnach bestünde der Funktionswandel der Sozialen Arbeit nicht darin, „dass diese nunmehr zur umfassenden Gewährleistungsinstanz des Sozialen

11 Die zu Recht gestiegene Sensibilität für die geschlechtsspezifischen Differenzierungen der Sprache stellt jede AutorIn vor die Frage, wie er/sie der Geschlechterfrage sprachlich Rechnung trägt. Die amtlich korrekte Lösung der Doppeldenomination (z.B. Sozialpädagogin/Sozialpädagoge u.a.) mag für Gesetze, Rechtsverordnungen usw. die angemessene Lösung sein, da entsprechende Texte eher seltener zur durchgängigen Lektüre gedacht und gemacht sind. Bei Texten anderer Art beeinträchtigt diese Lösung hingegen den Lesefluss in z.T. erheblicher Weise. Ein Königsweg wurde bislang nicht gefunden. Im folgenden wird im Schwerpunkt auf die „I“-Variante zurückgegriffen, jedoch z.T. auch aus sprachlichen Gründen zwischen der weiblichen und männlichen Form gewechselt. Gemeint sind natürlich, insofern nicht ausdrücklich angesprochen, immer Frauen wie Männer.

in der individualisierten Risikogesellschaft wird, wie manche euphorisch vermuten. Eher scheint es wahrscheinlich zu sein, dass sich soziale Arbeit von der Inklusionsvermittlung in eine Form der Exklusionsverwaltung transformiert, deren Aufgabe dann darin besteht, Sozialität und Personalität unter Bedingungen unwahrscheinlich gewordener Inklusion zu ermöglichen" (ebd., S. 53).

Fragestellung und Aufbau der Studie

Mit dem skizzierten Zusammenhang sind im Grunde zwei Fragen aufgeworfen, die in fundamentaler Weise alle Prozesse von Erziehung und Sozialisation betreffen, nämlich

- welche Konsequenzen sich aus dem Modernisierungsprozess des letzten Drittels des 20. Jahrhunderts für die Modi sozialer Integration von Subjekten ergeben und
- welche Konsequenzen daraus für (institutionalisierte) Erziehungsprozesse im Allgemeinen und für die Soziale Arbeit als „Normalisierungsagentur" und „Normenrepräsentant" (vgl. THIERSCH 1998 a, S. 36, OLK 1986, S. 6) im Speziellen resultieren.

Um sich einer Beantwortung dieser Fragen aus dem Blickwinkel der Sozialpädagogik anzunähern, besser: um Bausteine zu einem Verständnis der Sozialen Arbeit und ihrer Entwicklung unter den Bedingungen der zweiten Moderne zu entwickeln, muss man sich aus den engen Fesseln des innerdisziplinären sozialpädagogischen Diskurses lösen und in Auseinandersetzung mit soziologischen, sozialhistorischen, ökonomischen, gegenwartsdiagnostischen und zukunftsprojektiven, prognostischen Aspekten eine flächige Lesart der Moderne entwickeln, die einen theoretisch wie empirisch gesättigten und plausiblen Argumentations- und Erklärungsrahmen für die Analyse der gegenwärtigen und perspektivischen Rolle der Sozialen Arbeit abgibt. Nur eine derart gesellschaftstheoretisch rückgebundene Funktionsanalyse ermöglicht es der Sozialen Arbeit überhaupt erst, Chancen, Risiken und Potentiale von Modernisierung wahrzunehmen und im Rahmen ihrer Möglichkeiten auf entsprechende Prozesse Einfluss zu nehmen. Oder anders ausgedrückt: Das Überleben in der „Zweiten Moderne", die, was das Tempo ihrer „schöpferischen Zerstörungskraft" (SCHUMPETER 1966, S. 376) anbelangt, auch als Turbomoderne bezeichnet werden könnte, verlangt sowohl von Institutionen wie von den Subjekten ein hohes Maß an Selbstreflexivität und Selbstbeobachtung.

Die folgende Studie folgt weitgehend einer Lesart des Modernisierungsprozesses, wie sie ULRICH BECK mit dem Konzept der Zweiten Moderne entwickelt hat (vgl. zur Begründung Kapitel 1), ohne sich allerdings in ihrer

Argumentation auf BECK zu beschränken.[12] Dabei soll die These plausibilisiert werden, dass wir in den letzten 30 Jahren des 20. Jahrhunderts Augenzeuge und Zeitgenossen eines fundamentalen Gestaltwandels in Ökonomie und Gesellschaft gewesen sind, der die Grundpfeiler der seit Beginn des 20. Jahrhunderts sich konsolidierenden sozialpolitisch geregelten kapitalistischen Arbeitsgesellschaft in immer kürzeren Zyklen verdampft.

Die im Zuge einer international beobachtbaren neoliberalen Umgestaltung der Weltmärkte einsetzende Deregulierungswelle in den nationalen und internationalen Wirtschaftsbeziehungen[13] führte vermittelt über die Schwächung der nationalstaatlichen Eingriffsmöglichkeiten (vgl. ALBROW 1998) zu einer Deregulierungs- und Flexibilisierungswelle im Arbeits- und Sozialrecht (vgl. MATTHIES u.a. 1994). Mit der dadurch forcierten Destandardisierung von Beschäftigungsverhältnissen und im Gefolge auch von Lebensverhältnissen unter dem Stichwort Flexibilisierung wurde „das Risikoregime um eine wesentliche Dimension weiter in den Alltag hineingeschraubt“ (BECK/WILLMS 2000, S. 221). Die Folge ist ein durch „turbokapitalistische“ (LUTTWAK 1999) Entfesselung der Marktkräfte in Geschwindigkeit und Ausmaß forcierte Individualisierung und Enttraditionalisierung, die die konstitutiven Merkmale des Gleichgewichtsmodells der Ersten Moderne (Normalarbeitsverhältnis, geschlechtsspezifische Arbeitsteilung) zunehmend auflöst. Die Flexibilisierung von Arbeitsmarkt und Arbeitsverhältnissen wird zum Motor einer in Art und Ausmaß immer schneller voranschreitenden Individualisierung. Der Systemwandel der Erwerbsarbeit, so BECK (1999, S. 73), steht im Zentrum des Paradigmas der Zweiten Moderne. In der Radikalisierung ihrer Marktorientierung und der Ökonomisierung der Lebensverhältnisse stehen diese Entwicklungen der letzten 30 Jahre zwar in der Tradition und Entwicklungslogik einer sich zunehmend rationalisierenden Moderne, gleichwohl treibt sie diese Entwicklung in einer Geschwindigkeit voran, die kaum Zeit lässt, sich der (psycho-)sozialen und volkswirtschaftlichen Folgekosten eines solchen Entwicklungsszenarios empirisch und theoretisch gehaltvoll zu vergewissern.

Ebenso wenig wie die „Zweite Moderne“ per se weder als Erfolgs- noch als Horror Szenarium anzusehen ist, sondern eine Vielzahl höchst unterschiedlicher Entwicklungspfade eröffnet, so ist keinesfalls ausgemacht, ob die Geschichte der Sozialen Arbeit im 21. Jahrhundert in zukünftigen Professionsgeschichtsbüchern als Erfolgs-, als Stagnations- oder gar als Verfallsgeschichte nachzulesen sein wird. Aufgabe wissenschaftlicher Analyse ist es,

---

12 SCHIMANK/VOLKMANN (2000) sehen in der Vielfalt aktueller Gegenwartsdiagnosen je spezifische Puzzlesteine, die jeweils charakteristische Aspekte der Moderne hervorheben. Sie versprechen sich von einer sekundäranalytischen Verknüpfung „möglichst vieler möglichst heterogener Gegenwartsdiagnosen ... erhebliche, vielleicht sogar sprunghafte Erkenntnisgewinne“ (ebd., S. 20).

13 Vgl. vorerst LUTTWAK (1999); THUROW (1996); CHOMSKY (2000), BECK/WILLMS (2000)

zunächst den Prozess der Modernisierung zu begleiten, weil sich unter den Bedingungen der Zweiten Moderne Handlungs-, Entscheidungs- und damit Gestaltungsspielräume nur wissensvermittelt identifizieren und nutzen lassen. Praktisch gesprochen: Will die Soziale Arbeit nicht zum Spielball einer Turbomodernisierung und ihrer sozialen Verwerfungen werden, bleibt ihr einzig und allein der kritische, aufgeklärte und wissensbasierte Blick auf die ihr systemisch abverlangten Aufgaben, Funktionen und die ihr zur Verfügung gestellten Ressourcen, um bei der Aushandlung und Neutarierung des Systems sozialer Sicherung überhaupt mit am Verhandlungstisch zu sitzen und ihre, wenn auch nicht überzubewertenden, Einflusschancen zu nutzen. Zu diesem Zweck ist es notwendig, mit einer Theorie der Sozialen Arbeit in der Zweiten Moderne eine Lesehilfe zu entwickeln, mittels derer es eher gelingt, in den Ambivalenzen der Moderne einen wissensbasierten Blick für die mit Entscheidungen, Modellen und Leitbildern verbundenen Chancen- und Risikostrukturen zu entwickeln. Die vorliegende Studie will Bausteine zum Verständnis der Sozialen Arbeit in der Zweiten Moderne liefern, indem sie aus dem Fokus der Bedeutung und Bedeutungsveränderung von Lohnarbeit für die sozialpolitische Gestaltung der Lebenslagen von Subjekten nach den Konsequenzen für Theorie und Praxis sozialpädagogischer Interventionen fragt. Auf ein vereinfachtes Raster gebracht werden Bausteine zur Annäherung an folgende zentrale Fragekomplexe geliefert:

1. Wie sind die ökonomischen und sozialstrukturellen Modernisierungsschübe des letzten Drittels des 20. Jahrhunderts in den (überwiegend westlichen) Arbeitsgesellschaften zu beschreiben und welche Konsequenzen bringen sie für die Konstitution der Lebenslagen von Subjekten mit sich?

2. Welche Folgen zeichnen sich dabei für das wohlfahrtsstaatliche Sicherungssystem und das darin eingelagerte institutionelle Arrangement des Lebenslaufs ab?

3. Welchen Veränderungen unterliegen in diesem Prozess die Normalitätserwartungen, soziale Wahrnehmungs- und Anerkennungsstrukturen, biographische Konstruktionen usw. der Subjekte?

4. Welche Chancen und Risiken liegen für die Soziale Arbeit in der Veränderung des ökonomischen, sozialstaatlichen Koordinatensystems und der darin sich manifestierenden normativen Leitbilder?

Um auf dem Weg der Beantwortung dieser Fragekomplexe überhaupt erste Schritte gehen zu können, ist ein erstes Anliegen der Arbeit, die unübersichtliche Diskussion zu ordnen. Dieses, auf den ersten Blick eher bescheiden anmutende Anliegen, erweist sich bei näherer Betrachtung als höchst anspruchsvolles Unternehmen. Die „Unübersichtlichkeit“ besteht zumindest auf zwei Ebenen:

(1) Rein quantitativ dürfte es nur wenige gesellschaftspolitische Themen in den letzten 25 Jahren gegeben haben, die national und international und aus der Perspektive unterschiedlicher Disziplinen wie der Ökonomie, den Sozial- und Politikwissenschaften, der Sozialpsychologie, der Geschichtswissenschaft, der Philosophie, der Politik usw. eine vergleichbare Publikationsdichte erreicht haben, wie der Komplex „Gegenwart und Zukunft von Arbeit und Sozialstaat". Diese Diskurse, die sich häufig gegenseitig nur sehr rudimentär zur Kenntnis nehmen, aufeinander abzustimmen, sie anschlussfähig zu machen und zugleich nicht selbst die Unschärfe des Diskurses zu reproduzieren und sich in der Unübersichtlichkeit des Gegenstandes zu verlieren, ist ein Anliegen der vorliegenden Studie. Ziel ist es, die großen Linien und Knotenpunkte der Debatte nachzuzeichnen, in LUHMANN-scher Diktion „Reduktion von Komplexität" zu betreiben, um damit den Kern des Gegenstandes wieder deutlich sichtbarer freizulegen. Anders gewendet, geht es nicht darum, allen möglichen Seitenpfaden der verzweigten Diskussion zu folgen, in denen sich zu verlieren in dieser Debatte nicht allzu schwer ist. Um den Facettenreichtum des Themas und seine Anschlussfähigkeit an unterschiedlichste Diskurse nicht dem Interesse an Konzentration vollends zu opfern, werden an unterschiedlichen Stellen im Sinne einer selektiven Plausibilisierung vertiefende Exkurse eingestreut (z.B. zur Modernisierung des Zeitempfindens), um die abstrakte Diskussion globaler gesellschaftlicher Entwicklungstendenzen immer wieder unter die Wolkendecke zu holen.

(2) Die Debatte ist aber noch aus einem zweiten Grund unübersichtlich. Der Logik der Zweiten Moderne folgend sind fast alle für die Debatte bedeutsamen Begriffe, wie z.B. Flexibilität, Bürgerarbeit und Bürgergesellschaft, Grundeinkommen usw. „doppelt besetzt". Exemplarisch: Wenn ein liberaler Ökonom von Flexibilisierung der Beschäftigung redet, hat er ganz anderes im Sinn und verfolgt ganz andere Absichten, als ein Vertreter der Gewerkschaften, der für die Zeitsouveränität der Arbeitnehmer eintritt. Wie selten haben die Begriffe in diesem thematischen Feld „zwei Seiten", zielen je nach theoretischem Kontext und Nutzungsabsicht auf ganz unterschiedliche Ziele und Ergebnisse, sind mithin nur aussagekräftig, wenn sie auf ihren Verwendungskontext rückbezogen werden. Insofern gehört es zu den notwendigen „Ordnungsarbeiten" dieser Studie, die differenten Verwendungskontexte herauszuarbeiten, um nicht einen Diskurs zu fördern, in dem alle die selben Begriffe benutzen - und doch etwas unterschiedliches meinen.

Der Aufbau der Studie gliedert sich nach diesem einleitenden Überblick und begrifflichen wie theoretischen Vorklärungen (vgl. Kapitel 1) in zwei Teile, die der Entwicklungslogik von der Ersten zur Zweiten Moderne folgen. Um die Unübersichtlichkeit der Diskussion nicht zu reproduzieren, wurde nach einer einfachen Struktur gesucht, die die verschiedenen, interdisziplinären Beiträge thematisch integrierbar macht und zugleich, wenn schon nicht explizit, so doch zumindest implizit, auf die Leitfrage der Konsequenzen für die Konstitution sozialpädagogischer Interaktionen zuläuft. Dieses Interesse schlägt sich in vier thematischen Zugriffen nieder, die im Hinblick auf die jeweiligen epochalen Bedingungen konkretisiert werden:

- Genese und Strukturmerkmale der Arbeitsgesellschaft;
- Logik und Struktur wohlfahrtsstaatlicher Sicherung (als gesellschaftsstruktureller „Ort" Sozialer Arbeit);
- Habitusformen bzw. lebenslauf- und alltagsstrukturierende Normalitätsannahmen und -konstruktionen der Subjekte (als „Zielfolie" bzw. Koordinaten sozialpädagogischer Normalisierungsarbeit);
- Rolle und Funktion der Sozialen Arbeit als personenbezogene, wohlfahrtsstaatlich induzierte Dienstleistung.

Da der zweite Teil sich anders als der Erste an der Schwelle von Gegenwart und Zukunft bewegt, muss die projektive Auseinandersetzung mit der Entwicklungsrichtung gesellschaftlicher Modernisierung auch „Entwürfe" berücksichtigen, insofern ihnen im wissenschaftlichen, politischen und öffentlichen Diskurs eine gewisse Präsenz und Prominenz zukommt. Spätestens seit Mitte der 90er Jahre gilt dies für das Konzept der Bürgerarbeit, das in Kapitel 9 genauer beleuchtet wird.

Zur wissenschaftlichen Auseinandersetzung mit „Zukunft"

Die vorliegende Studie bewegt sich erkennbar an der Grenzlinie zwischen Gegenwartsdiagnose und Zukunftsprognose und damit auf „dünnem Eis". Aussagen über die Zukunft sind bis zu einem gewissen Grad spekulativ - und müssen es sein. Zwar gibt es Determinanten, die die Kontingenz möglicher *Zukünfte* einschränken, gleichwohl bleibt immer noch eine unübersehbare Spannbreite von Möglichkeiten. Jedem, der sich auf Aussagen über die Zukunft sozialer Gebilde einlässt, stellt sich die Schwierigkeit, dass diese lebendig sind, ihren „eigenen Kopf" haben. In der Sprache der Systemtheorie ausgedrückt: Menschen und damit auch soziale Systeme sind keine „trivialen Maschinen" wie Lichtschalter oder Toaster, die ihre Aufgabe, insofern sie funktionstüchtig sind, absolut kalkulierbar erfüllen. Mit anderen Worten: Menschen können „nein" sagen und sich auch gegen vermeintliche Logiken und Sachzwänge entscheiden. Soziale Zukunft ist gestaltete Zukunft, gesellschaftliche Entwicklungen sind Ergebnis von Auseinandersetzungsprozessen und Entscheidungen, von Macht und Einflussnahme, von Interessen und Bedürfnissen. Zukunft, zumal soziale Zukunft, ist immer eine Form „gestaltete, gemachte" Zukunft - und wir arbeiten gerade an der unseren.

Daraus ergibt sich ein Strukturproblem: Indem Aussagen über die Zukunft zu einem bestimmten Zeitpunkt des Entwicklungsprozesses notwendig über sich selbst hinausweisen, stellen sie eine spezielle Form „eingreifenden Denkens“ dar. Anders ausgedrückt: Indem Prognosen Aussagen über die Zukunft treffen, können sie selbst Einfluss nehmen auf die Gestaltung dieser Zukunft. Ob eine Prognose letztlich eintrifft oder nicht, sagt deshalb paradoxerweise wenig über ihre Qualität aus, kann es doch geradezu ein Gütesiegel sein, so eindringlich auf mögliche Gefahren hingewiesen zu haben, dass diese schließlich vermieden wurden.[14]

Indem diese Studie sich notwendig auf Zukunftsdiskurse einlässt, bewegt sie sich in einem Feld, in dem die Demarkationslinie zwischen Analyse, Konservatismus und Utopie, zwischen begründeter Argumentation und Spekulation häufig unmerklich überschritten wird, da die Aktualität und Unmittelbarkeit der Auseinandersetzung zur Parteinahme herausfordert, was der Faktizität und argumentativen Stringenz wissenschaftlicher Analysen nicht immer unbedingt gut tut.

Visionen und Utopien einerseits sind notwendig, weil sie neue Horizonte öffnen und gesellschaftliche Kräfte binden und bündeln können, was gerade in Zeiten, in denen zur „Selbstverständlichkeit“ Geronnenes zur Neuverhandlung ansteht, nicht von geringem Gewicht ist. Ein reflektierter Umgang mit den Ambivalenzen der Moderne muss sich aber bewusst sein, in welcher Arena der Auseinandersetzung gerade gefochten wird, um die Angemessenheit von Fakten und Argumenten von der Brillanz ihrer Rhetorik (oder der Kraft ihrer gebetsmühlenartigen Wiederholung) unterscheiden zu können. Dies mag gerade in einem Feld schwer sein, das von so fundamentaler und zentraler Bedeutung für die Konstitution von Gemeinschaft und Gesellschaft ist, wie dem der Arbeit, zumal Arbeit, etwa bei TOMASO CAMPANELLA oder THOMAS MORUS (vgl. HEINISCH 1960) schon seit den Geburtswehen der Moderne Gegenstand unterschiedlichster visionärer Ideen und Entwürfe war und bis in die Gegenwart geblieben ist.

Aber auch die quasi gegenteilige Gefahr, angesichts von Modernisierung sein Heil in den Sicherheiten der Vergangenheit zu suchen, ist nicht minder problematisch, wie an den kulturpessimistischen Attitüden vergangener Umbruchphasen zu lernen ist. Einen kulturpessimistischen Unterton bringt dabei meist schon die Tatsache mit sich, dass die Auseinandersetzung mit der Zukunft häufig in einem ersten Schritt der Besinnung auf die Vergangenheit bedarf, um überhaupt erst wieder ins Bewusstsein zu rücken, dass die Gegenwart in ihrer Selbstverständlichkeit ein historisches Produkt ist -

14 Wie einflussreich Prognosen sein können, obwohl fachlich umstritten, zeigt die nachhaltige Wirkung der Studie von DENNIS MEADOWS u.a. (1972) zu den „Grenzen des Wachstums“, die maßgeblichen Einfluss auf die Entwicklung der weltweiten Ökologiebewegung nahm.

und damit veränderbar.[15] Der Weg einer historisch-kontrastierenden Darstellung, der an einigen Stellen auch in dieser Arbeit beschritten wird, steht zumindest tendenziell in der Gefahr, als „Verlustgeschichte“ gelesen zu werden, obwohl der Rekurs auf die Geschichte (zumeist) nicht als Wegweiser in die Zukunft angelegt ist, sondern als Kontrastmittel für die Gegenwart. Eine kulturpessimistische Lesart historisch vergleichender Befunde kann in paradoxer Weise als Gegenstück zur „Utopiegefahr“ gelesen werden: Wo Veränderungen eine Verunsicherung von selbstverständlich Gedachtem mit sich bringt und neue Lösungen sich bestenfalls schemenhaft am Horizont abzuzeichnen beginnen, steigt die Gefahr, den Verlockungen der erlebten Sicherheiten des Gestern zu erliegen und sie zu Antworten für Morgen zu erklären - zumeist unter Ausblendung ihrer (häufig bekannten) Schattenseiten. Gleichwohl ist dieser Rekurs auf die Historizität der Bestehenden nicht nur notwendig, um die Gegenwart ihres „naturwüchsigen“ Charakters zu entkleiden, sondern auch, wie AXEL HONNETH (2001, S. 58) dies kürzlich im Hinblick auf eine Studie von ROBERT CASTEL (2000) formuliert hat, um von der „gefährdeten Gesellschaftsordnung einen historisch informierten Eindruck zu geben“, und damit, so könnte man weiterführen, der Entscheidung zugänglicher zu machen, wovon man sich verabschieden will - und wovon nicht.[16]

Aussagen über die Zukunft stehen in einer doppelten Gefahr: sich entweder in den Sicherheiten, Selbstverständlichkeiten und quasi naturalisierten Normalitätsannahmen des Gestern und Heute zu verfangen und entsprechend das Morgen als einfache Hochrechnung des Gestern zu begreifen, oder aber sich zu weit aus dem Fenster zu lehnen und den Wunsch zur Wirklichkeit zu erklären. Mit dem Hinweis auf diese in der Themenstellung begründeten Strukturprobleme und Gefahren ist der Anspruch der vorlie-

---

15 Exemplarisch lässt sich dies an der Studie PIERRE BOURDIEUS (2000) zur Modernisierung der algerischen Ökonomie veranschaulichen. BOURDIEU untersuchte in den 60er Jahren den gesellschaftlichen Umbruch der Ökonomie der Kabylen, eines algerischen Stammes, im Gefolge der französischen Kolonialherrschaft. Die Studie beschreibt den Wandel und damit auch den Verlust der Bedeutung traditioneller Verhaltensweisen, Orientierungsmuster, Wertsysteme etc. und die allmähliche Herausbildung einer neuen Ordnung. BOURDIEUs „rückwärtsgewandter“ Blick dient dabei trotz des methodisch implizierten Gestus der Verlustgeschichte nicht der Verklärung der alten Modelle, denn, so BOURDIEU: „Die traditionelle Ordnung ist nur unter der Bedingung zu ertragen, dass man sie nicht nur als beste aller Welten, sondern als einzig mögliche Welt schlechthin betrachtet, also unter der Prämisse, dass alle ‚alternativen Möglichkeiten’ ignoriert werden“ (BOURDIEU 2000, S. 59). Dieser (Rück-)Weg ist aber spätestens mit dem Einsetzen der Moderne, der sukzessive Durchsetzung linearer Zukunftsvorstellungen (vgl. GEIßLER 1999) und der Idee der Gestaltbarkeit des eigenen Lebens keine ernsthafte Alternative mehr.

16 CASTEL (2000, S. 12) selbst spricht von der „Geschichte der Gegenwart: Wir müssen uns daher die Mühe machen, das Werden der unmittelbaren Gegenwart über die Rekonstruktion des Systems der Transformationen zu begreifen, dessen Hinterlassenschaft die aktuelle Situation ist.“ Gegenwartsdiagnose ist nach Auffassung CASTELs zu weiten Teilen „Erinnerungsarbeit“ (ebd., S. 12)

genden Arbeit verbunden, diese Klippen so weit wie möglich zu umschiffen, indem sie die Argumente, Positionen etc. an die empirischen Befunde und theoretischen Analysen der verzweigten Fachdiskussion rückbindet.

Mit der Art und Weise, in der die Menschen die Form ihrer Kooperation, ihrer Zusammenarbeit organisieren, ihre Arbeit „teilen", legen sie zugleich das Fundament ihres gemeinschaftlichen Zusammenlebens. Diese von den soziologischen Klassikern von DURKHEIM über MARX bis WEBER in den Kern soziologischen Denkens eingebrachte Erkenntnis offenbart ihre Brisanz gerade in Phasen des Übergangs bzw. der Neuformierung dieses Feldes. Transformiert sich die Form und der Verwendungszusammenhang menschlicher Arbeit, so verändert sich auch die Form menschlichen Zusammenlebens und mithin die normativen und institutionellen Strukturen der Gesellschaft. Veränderungen von Produktionsverfahren und Produktionstechniken haben stets massive Veränderungen der Lebensverhältnisse nach sich gezogen, im positiven wie im negativen.[17]

Doch diese Neuformierung vollzieht sich nicht linear, sondern in Brüchen und Ungleichzeitigkeiten. PIERRE BOURDIEU hat auf eine strukturell angelegte Ungleichzeitigkeit hingewiesen, die von erheblicher pädagogischer Relevanz ist. Der Habitus, die Doxa, bildet für BOURDIEU (u.a. 1981, S. 331) „jenes Ensemble von Thesen, die stillschweigend und jenseits des Fragens postuliert werden und die als solche sich erst in der retrospektiven, dann wenn sie praktisch fallen gelassen wurden, zu erkennen geben. Die aus den kulturellen Kontakten oder den politischen und ökonomischen Krisen hervorgehende praktische Infragestellung der Thesen, die in einer jeweiligen Lebensform impliziert sind, weisen freilich nicht die Gestalt einer rein intellektuellen Operation auf .... Denn die Krise, die das Undiskutierte zur Diskussion, das Unformulierte zu einer Formulierung führt, hat zur Bedingung ihrer Möglichkeit die objektive Krise, die, indem sie das unmittelbare Angepasstsein der subjektiven an die objektiven Strukturen aufbricht, praktisch die Evidenzen zerstört und darin einen Teil dessen in Frage stellt, was ungeprüft hingenommen worden war." Der Habitus, das verinnerlichte kulturelle und symbolische Kapital ist beharrlich und folgt den Veränderungen der objektiven Strukturen, so BOURDIEU, erst mit zeitlicher Verzögerung. Die Anpassung der Habitusstrukturen, der Muster sozialen Erkennens und Anerkennens an neue Umwelten ist ein gesellschaftlicher und individueller Such- und Lernprozess, der für das Sozial- und Erziehungssystem als einem Stützpfeiler der Durchsetzung und Stabilisierung der Lebens- und Denkformen der Ersten Moderne notwendig eine Überprüfung und Neutarierung ihrer Struktur-, Denk- und Handlungsmuster nach sich zieht. Noch einmal anders gewendet: Begreift man mit HANS THIERSCH die Aufgabe der Pädagogik „hier als Überbegriff genommen für Aufgaben der Bildung, Erziehung, Beratung, Hilfe und Ressourcenarbeit (also bezogen auch

17 Vgl. BOURDIEU (2000); CASTELL (2000); EGGEBRECHT U.A. (1980); BRAUN (1973).

auf die Soziale Arbeit)“ darin, „Normen vor den Heranwachsenden so zu repräsentieren, dass sie mit ihren Möglichkeiten in sie hineinwachsen können“ (THIERSCH 1998 a, S. 36), so ist es folgerichtig, dass sich mit der Veränderung von individuellen und sozialen Anforderungen und Zumutungen und in deren Folge der Muster der Lebensführung auch die sozialpädagogische Flankierung des Lebenslaufs neu orientieren und organisieren muss, will sie nicht aus Funktionsverlust gegenüber dem System oder aus Legitimationsverlust gegenüber ihren Klienten der Erfolgsgeschichte recht schnell einen Absturz folgen lassen.

Thema und Anliegen dieser Studie sind zweifelsohne nicht gerade kleinflächig und verlangen, gerade mit Blick auf das Interesse, die Unübersichtlichkeit der Diskussion zu ordnen, Schnitte, Verzicht auf Vertiefungen und Nuancen, Zuspitzungen etc., die einen wissenschaftlichen Autor, der zumeist das Interesse hat, das „Eis“ unter seinen Füßen (oder anders ausgedrückt das Fundament seiner Thesen empirisch und theoretisch) so abzusichern, dass eine weitgehend gefahrlose Überquerung des zugefrorenen „Gewässers“ möglich ist, eher verunsichern - und ihn vielleicht auf sichereres Terrain ausweichen lässt. Weniger bildhaft ausgedrückt: Wissenschaftliche Texte versuchen, ihren Thesen ein empirisches und theoretisches Fundament zu geben, das die Größe der Angriffsflächen weitestgehend reduziert, wenn möglich ausschaltet. Charakter und Komplexität des Gegenstandes, aber auch der gegenwärtige Stand der Diskussionsfacetten zum Thema „sozialpädagogische Konsequenzen arbeitsgesellschaftlicher Modernisierung“ setzen diesem Ansinnen eine erkennbare Grenze.

PETER L. und BRIGITTE BERGER sowie HANSFRIED KELLNER (1975, S. 8) haben Mitte der siebziger Jahre eine wissenssoziologische Studie mit dem Titel „Das Unbehagen in der Modernität“ vorgelegt, die sie mit einer ähnlichen Problematik konfrontierte. Die Worte, mit denen die Autoren ihrem Unbehagen Ausdruck verschaffen, seien der folgenden Studie vorangestellt, weil sie zugleich die Notwendigkeit und die Schwierigkeiten der Auseinandersetzung mit den Fragen des gesellschaftlichen Umbruchs und seiner Konsequenzen für Subjekte, Institutionen und Systeme ausdrücken. „Das fertige Buch erfüllt uns mit einiger Verzagtheit. Bezüglich vieler Behauptungen sind wir keineswegs sicher, und es liegt uns viel daran, dass man unsere Darlegungen als provisorisch, hypothetisch, exploratorisch versteht (der Leser möge nach Belieben andere Adjektive ergänzen, mit denen die Wissenschaftler ihre Bedenken bezüglich dessen, was sie geschrieben haben, zu besänftigen pflegen). Trotz alledem, in einem sind wir von arroganter Selbstsicherheit: Dies sind die Fragen, die gestellt werden müssen.“ Diese Einschränkung zielt nicht auf eine Vorabentschuldigung für mangelnde Plausibilität, fehlende Argumente und Belege o. Ä.., sondern umreißt die Schwierigkeiten der Analyse einer gesellschaftlichen Umbruchsituation, die nur in Diskursen einer Klärung näher gebracht werden können. In diesem Sinne beabsichtigt die vorliegende Studie, aus sozialpädagogischem Interesse unterschiedliche Deutungen und Perspektiven miteinander ins Gespräch zu bringen und eine Lesart der Modernisierung zu entwickeln, die den reflexiven Erfordernissen einer durch ausgeprägte Chancen- und Risikostrukturen gekennzeichneten Entwicklungsphase moderner Gesellschaften am Beginn des 21. Jahrhunderts nahe kommt.

1. Arbeit - Arbeitsgesellschaft - Zweite Moderne. Begriffliche und theoretische Vorklärungen

> *„Eine Arbeitsgesellschaft ist eine Gesellschaft, in der soziale Zugehörigkeit wesentlich daran geknüpft ist, dass man seinen Arbeitsbeitrag leistet. Wir leben in einer Arbeitsgesellschaft. Das Recht auf soziale Zugehörigkeit nimmt bei uns die Form eines Rechtes auf Arbeit an."*
> *(ANGELIKA KREBS 2002, S. 18)*

Titel und Überschriften dieser Arbeit und ihrer einzelnen Teile heben in zentraler Weise drei Termini hervor, die vorab der näheren Analyse und der Eingrenzung bedürfen, um neben den notwendigen begrifflichen Vorklärungen und Abgrenzungen auch die thematische Fokussierung, theoretische Verortung und Vorgehensweise der Studie zu präzisieren. Es handelt sich dabei um die Begriffe (a) Arbeit, (b) Arbeitsgesellschaft und (c) Zweite Moderne.

Arbeit

Arbeit kann allgemein als „Auseinandersetzung des Menschen mit seiner natürlichen und sozialen Umgebung zur Sicherung des Lebensunterhalts" (DAHEIM/SCHÖNBAUER 1993, S. 9) verstanden werden. Eine solche, weitreichende und eher unspezifische Definition umfasst alle menschlichen Aktivitätsformen, die Subjekte zum Zwecke ihres Lebens und Überlebens an den Tag legen, zur Befriedigung ihrer materiellen, sozialen und kulturellen Bedürfnisse. Arbeit in diesem Sinne entspringt dem alle Gesellschaften unterliegenden Zwang, „in einen ‚Stoffwechsel mit der Natur' einzutreten und diesen Stoffwechsel so zu organisieren, dass seine Erträge für das physische Überleben der vergesellschafteten Menschen ausreichen und die besondere Weise der Organisation jenes Stoffwechsels stabil gehalten werden kann" (OFFE 1984, S. 13). Diese tätige Auseinandersetzung mit der Welt als Grundlage der eigenen physischen Existenz vollzieht sich in Kooperation mit anderen Menschen und unterliegt sozialhistorisch sich wandelnden Konzepten und Modellen der Arbeitsteilung und Güterdistribution.

Die begriffsgeschichtliche Karriere der „Arbeit" ist an anderer Stelle näher beleuchten worden[1], deshalb soll hier eine knappe Skizze ausreichen.

> Versucht man die Grundlinien der Entwicklung des Arbeitsbegriffs, dessen Historie bezeichnenderweise in letzter Zeit wieder Konjunktur hat[2], kurz zusammenzufassen, so zeigt sich im groben historischen Überblick eine spätestens mit der Neuzeit einsetzende lineare Erfolgsgeschichte der Arbeit, die seiner antiken Konnotationen (vgl. NIPPEL 2000; GILL 1997; MEIER 2000) von Mühsal und Armut zunehmend ledig, ins Zentrum der normativen und faktischen Konstruktion von Lebenslauf und Biographie (vgl. KOHLI 1986, 2000) rückt. JÜRGEN KOCKA (2000) fasst die wesentlichen Etappen der Erfolgsgeschichte der Arbeit bis ins 18. Jahrhundert zusammen: „Die ökonomischen und demographischen Krisen des Spätmittelalters führten dazu, dass man in den Städten des 14. und 15. Jahrhunderts begann, die zunehmende Armut zu fürchten, die anschwellende Bettelei zu stigmatisieren und den ‚Müßiggang' zu bekämpfen, womit sich obrigkeitliche Positivnormung der Arbeit, des Fleißes, der Ordnung und der Disziplin verband. Arbeit begann mit Wohlstand und Glück, Müßiggang mit Armut und Unsittlichkeit assoziiert zu werden. Die Reformationen des 16. Jahrhunderts brachten einen weiteren Anerkennungsschub für die Arbeit im Leben ... Erst im 17. und 18. Jahrhundert kam es vor allem in den Schriften der europäischen Aufklärung, zeitgenössischen Sozialphilosophie und entstehenden Nationalökonomie, aber auch in den Enzyklopädien der Zeit, der kameralistischen Literatur und in anderen Diskursen zur Herausbildung eines modernen, allgemeinen Arbeitsbegriffs und zur geradezu emphatischen Aufwertung der Arbeit als Quelle von Eigentum, Reichtum und Kapital oder als Kern menschlicher Existenz und Selbstverwirklichung - sicher in eklatantem Gegensatz zur äußerst beengten, mühseligen und harten, ständisch differenzierten, jedoch zunehmend die ständische Ordnung sprengenden Praxis der Arbeit auf dem Feld und im Haus, in Werkstätten auf Baustellen und auf anderen Arbeitsplätzen, aber befördert vom sich durchsetzenden Kapitalismus, von der inneren Staatsbildungspolitik mehr oder weniger absolutistischer Fürsten und Verwaltungen sowie von der Erfahrung beschleunigten Wandels auf vielen Gebieten" (ebd., S. 478). Für unser heutiges Arbeitsverständnis sind, so neuere sozialhistorische Forschungen, die mit der „Ehe" zwischen Industrialisierung und Kapitalismus einhergehenden Veränderungsprozesse maßgeblich. CONRAD/MACAMO/ZIMMERMANN (2000) haben aufgezeigt, dass es gegen Ende des 19. Jahrhunderts durch arbeits- und sozialrechtliche Kodifizierung und ihre moralisch-pädagogische Flankierung im nationalstaatlichen Kontext zu neuerlichen

1 Vgl. dazu ausführlicher GALUSKE (1993, S. 14 ff.).

2 Vgl. grundlegend CONZE (1972); ARENDT (1987), WEBER (1984). Zur aktuellen historischen Diskussion vgl. z.B. die Aufsätze in KOCKA/OFFE (2000) sowie KÖNIG (1990), GILL (1997); MEIER (2000); LIESSMANN (2000).

Einschnitten kam, die „sowohl die Individualität des einzelnen als auch seine Beziehung zur sozialen Ordnung betrafen“ (ebd., S. 458). Die Logik des auf marktförmige und marktassoziierte Tätigkeit reduzierten und zugleich in seiner Bedeutung für die materielle Sicherung, sozialen Status, Selbstbewusstsein und soziale Integration radikalisierten Arbeitsbegriffs „implizierte nicht nur die Priorität eines bestimmten Persönlichkeitstyps, sondern stellte die Grundlage für die Rekonfiguration des modernen Individuums als arbeitendes Subjekt dar“ (ebd., S. 458).

Durch das steigende Sicherheits- und Ordnungsbedürfnis des Spätmittelalters als Instrument der Disziplinierung und Rationalisierung (vgl. SACHßE/TENNSTEDT 1980) „entdeckt“, durch die Reformation ihres Makels der Weltlichkeit beraubt (vgl. WEBER 1984), durch die säkulare Befreiung der Aufklärung wieder auf ihre Weltlichkeit reduziert und zugleich als Königsweg der aktiven „Gestaltung von Welt“ geadelt, bringt erst die Ehe zwischen Industrialisierung und Kapitalismus im 19. Jahrhundert jenen, zugleich verkürzten wie in seiner Bedeutung nicht (mehr) hintergehbaren Begriff von Arbeit hervor, der zugleich zur umfassenden Voraussetzung sozialer Integration des „modernen“ Subjekts in industriekapitalistischen Gesellschaften wurde.

Der Arbeitsbegriff der Moderne rückt ein Arbeitsverständnis ins Zentrum, das, wie angedeutet, zugleich durch Reduktion und Expansion gekennzeichnet ist. Eine Reduktion erfährt der Arbeitsbegriff in der Moderne insofern, als dass er sich zunehmend auf jene Tätigkeiten beschränkt, die auf dem Arbeitsmarkt verkauft werden können, mit anderen Worten: auf Erwerbs- oder Lohnarbeit. Nach Andre GORZ (1988, S. 161) ist diese Lohnarbeit durch vier Merkmale gekennzeichnet. Lohnarbeit wird

- für einen oder eine Dritte ausgeübt,
- als Gegenwert entlohnt,
- Zeit, Ort und Umstände werden von demjenigen bestimmt, der den Lohn zahlt,
- auf deren Zwecke man keinen Einfluss hat.

Allein an der Funktion und Bedeutung von Lohnarbeit in den Industrie- und Dienstleistungsgesellschaften moderner Prägung für materielle und soziale Sicherheit, sozialen Status und personale Identität der Subjekte lässt sich ablesen, dass alle anderen „Tätigkeitsformen“ wie Hausarbeit, Eigenarbeit, gemeinnützige Arbeit etc. gegenüber der marktförmig organisierten Lohnarbeit sekundär assoziiert sind, auch wenn sie sie faktisch voraussetzen (vgl. RAUSCHENBACH 1999 a, S. 177 ff.). Dieser Reduktion von Arbeit auf Lohnarbeit steht andererseits eine flutwellenartige Ausbreitung von „Bindestrich-Arbeiten“ entgegen: von der Biographiearbeit über die Lernarbeit bis zur Trauerarbeit, von der Familien- und Erziehungs- über die Körper- bis zur Beziehungsarbeit.

LIESSMANN (2000, S. 88) hat am Beispiel der Konjunktur des Begriffs „Beziehungsarbeit" veranschaulicht, welcher soziale Mechanismus sich hinter der begrifflichen Ausbreitung der Arbeit verbirgt. „Auch wenn das eine metaphorische Verwendung des Begriffs Arbeit ist, wird mit dieser Begriffstransformation mehrfaches signalisiert. Auf der einen Seite unterstreichen wir damit die Universalisierung eines Begriffs, der uns ans Herz gewachsen zu sein scheint, und auf der anderen Seite verschwindet etwas: die Dimension einer Tätigkeit nämlich, die frei ist von dem, was untrennbar mit dem Begriff der Arbeit verbunden ist: Leistung in der Zeiteinheit. Denn erst dieses Maß erlaubt es, nach der Effektivität von Arbeit zu fragen, und wir universalisieren den Arbeitsbegriff, so meine These, damit wir nach Effektivität fragen können. Durch dieses Maß der Effektivität in der Zeit werden Arbeiten unterschiedlichster Art erst miteinander vergleichbar und diese Vergleichbarkeit ermöglicht die soziale Wertschätzung. Also erst wenn die Menschen Beziehungsarbeit leisten, produzieren sie damit etwas Wertvolles, das verglichen, beziffert, gegen eine andere Leistung aufgerechnet, letztlich bezahlt werden kann; solange sie nur lieben, produzieren sie keine Werte." LIESSMANN bezeichnet diesen Prozess, dessen Beginn er im 19. Jahrhundert datiert, als „Laborisierung menschlicher Tätigkeit".

Die Geschichte des Arbeitsbegriffs seit dem Mittelalter ist eine Erfolgsgeschichte, der den Gedanken, dass es ein sinnvolles und erfülltes Leben jenseits entlohnter Tätigkeiten geben könnte, zunehmend verdrängt hat. Der „hohen Bedeutung von Arbeit und der Selbstverständlichkeit, mit der sie heute vom Einzelnen wie von der Politik akzeptiert wird, liegt ein historischer Prozess der Naturalisierung von kulturellen Selbstverständlichkeiten zu Grunde, der im Rahmen der ersten Moderne perfektioniert wurde" (BECK/WILLMS 2000, S. 208). Und genau weil nur das einen Wert zu besitzen scheint, was in den Strahlenkranz der verkaufbaren Seite des Arbeitsvermögens gerät, muss alles zumindest begrifflich zur Arbeit werden, ohne dass der Wandel von „Beziehungen führen, leben" (oder wie auch immer) zu „Beziehungsarbeit" die funktional und materiell mit Lohnarbeit verknüpften Leistungen und Annehmlichkeiten mit sich gebracht hätten.[3]

Ein solcher - wenn auch nur skizzenhafter - Blick auf die sozialhistorische Rekonstruktion des Arbeitsverständnisses ist hilfreich, um die Gegenwart

---

3 BECK (1999, S. 69) hat die Figur des Arbeitsbürgers in die Kontinuität einer säkularisierten Moderne gestellt. „Es ist der Wunderglaube der Arbeit, des Arbeitsbürgers an sich selbst, an dem sich die Einsicht in die fortschreitende Erosion der Normalarbeit bricht. Der Bürger, der seinen Glauben an Gott verloren hat, glaubt an die Gottähnlichkeit seiner Hände Arbeit, die alles, was ihm heilig ist, schafft: Wohlstand, gesellschaftliche Stellung, Persönlichkeit, Lebenssinn, Demokratie, politischen Zusammenhalt. Man nenne mir einen Wert der Moderne, und ich mache mich anheischig nachzuweisen, dass er voraussetzt, was er verschweigt: Teilhabe an bezahlter Arbeit."

ihres ahistorischen, naturalisierten Charakters zu entkleiden. Ein historisierender Blick, insofern er nicht als Blick auf die „heile Welt des Gestern" nach Rezepten für die Zukunft sucht, ist in der Lage aufzuzeigen, „wie sehr die moderne kodifizierte Arbeit - eine ‚Erfindung' (ist, M.G.), die wenig mehr als ein Jahrhundert alt ist (und die, M.G.) auch heute noch weithin als natürliche Ordnung der Dinge gilt" (CONRAD/MACAMO/ZIMMERMANN 2000, S. 475).

Wenn im Folgenden einfach von „Arbeit" die Rede ist, so ist, insofern nicht ausdrücklich auf anderes verwiesen wird, zunächst im Sinne der oben skizzierten Bedeutung von Arbeit in Gesellschaften der industriekapitalistischen Moderne (vgl. dazu weiter unten; vorerst BÖHNISCH/ARNOLD/SCHRÖER 1999, S. 9) jener Teil menschlicher Tätigkeiten gemeint, der als Arbeitskraft auf dem Arbeitsmarkt gehandelt, d.h. ge- und verkauft wird.[4]

Arbeitsgesellschaft

Arbeit in seiner verkürzten Form als Lohn- oder Erwerbsarbeit ist, wie oben angedeutet und im weiteren noch auszuführen und zu belegen sein wird, mit dem Beginn der Moderne und spätestens mit dem Anbruch ihrer industriekapitalistischen Epoche ab Mitte des 18. Jahrhunderts in England zunehmend ins gesellschaftliche Zentrum gerückt, als dominierendes Strukturprinzip sozialer Differenzierung, ebenso wie als Königsweg sozialer Integration und damit auch als Entwicklungsschablone für individuelle und kollektive Biographiemuster und Lebensentwürfe. Moderne, industriekapitalistische Gesellschaften sind aus dieser Perspektive betrachtet, *Arbeitsgesellschaften* und die Lesart der Moderne als sukzessive Durchsetzung der Arbeitsgesellschaft ist insofern keine konkurrierende Deutung zu anderen Begriffsbildungen, sondern vielmehr eine Akzentuierung aus der Perspektive eines zentralen Merkmals der Moderne.[5]

4 Auf eine dezidierte Auseinandersetzung mit dem Verhältnis von Arbeit und Beruf bzw. mit der Geschichte und Soziologie des Berufsbegriffs sei an dieser Stelle verzichtet (vgl. GALUSKE 1993). Mit BECK/BRATER/DAHEIM (1980) lassen sich Berufe aus soziologischer Perspektive definieren als „relativ tätigkeitsunabhängige, gleichwohl tätigkeitsbezogene Zusammensetzung und Abgrenzung von spezialisierten, standardisierten und institutionell fixierten Mustern von Arbeitskraft, die u.a. als Ware am Arbeitsmarkt gehandelt und gegen Bezahlung in fremdbestimmten, kooperativ-betrieblich organisierten Arbeits- und Produktionszusammenhängen eingesetzt werden" (ebd., S. 20). BECK/BRATER/DAHEIM knüpfen an die klassische Definition von Max Weber an, wonach Berufe „jene Spezifizierungen, Spezialisierungen und Kombinationen von Leistungen einer Person heißen, welche für sie Grundlage einer kontinuierlichen Versorgungs- oder Erwerbschance ist" (WEBER 1972, S. 80).

5 Nach BECK lassen sich Gesellschaften der ersten Moderne dadurch beschreiben, dass sie (1) Nationalstaatengesellschaften, (2) Großgruppen- und Kollektivgesellschaften und (3) kapitalistische Erwerbsgesellschaften mit angestrebter Vollbeschäftigung

Der Begriff der Arbeitsgesellschaft wurde in elaborierter Form von HANNAH ARENDT in ihrer 1958 erschienen Studie „Vita Activa oder Vom tätigen Leben“ in die Diskussion eingeführt. ARENDT unterscheidet im Begriff der vita activa drei Grundformen menschlicher Tätigkeit: Arbeiten, Herstellen und Handeln (vgl. zur genaueren Differenzierung ARENDT 1987, S. 14). Kennzeichnend für die Moderne ist nun, dass diese aus der Vielfalt menschlicher Tätigkeiten die Form der Arbeit, der werteschaffenden Naturbearbeitung, radikalisiert. „Die Neuzeit hat im siebzehnten Jahrhundert damit begonnen, theoretisch die Arbeit zu verherrlichen, und sie hat zu Beginn unseres Jahrhunderts damit geendet, die Gesellschaft im Ganzen in eine Arbeitsgesellschaft zu verwandeln“ (ebd., S. 11). Sie ist deshalb Arbeitsgesellschaft, weil dies die „einzige Tätigkeit (ist, M.G.), auf die sie sich noch versteht“ (ebd., S. 11).

Soziologisch formuliert legitimiert sich die Rede von der Arbeitsgesellschaft durch den Umstand, dass (a) die Form der gesellschaftlichen Arbeitsteilung, wie schon die Klassiker der Soziologie von DURKHEIM über WEBER bis zu MARX ihrem Denken zugrundelegten, die Gestalt der Gesellschaft wie der Lebenswelten der Subjekte in entscheidender Weise bestimmt[6] und dass (b) mit der industriekapitalistischen Moderne ein historische Phase in der Entwicklung menschlicher Gesellschaften eingetreten ist, in der eine spezifische Form der Arbeit, nämlich Lohn- oder Erwerbsarbeit, sozialstrukturell und biographisch so dominant geworden ist, dass sie mit Recht als Schlüsselkategorie gesellschaftlicher Analyse bezeichnet werden kann (vgl. OFFE 1984).

„Arbeitsgesellschaft - das bezeichnet einen Typ von Gegenwartsgesellschaften, in denen die Vergesellschaftung wesentlich über Erwerbsarbeit erfolgt: Die Menschen sind für ihren Lebensunterhalt darauf angewiesen, zumeist unselbständig Vollzeit erwerbstätig zu sein. Die Erwerbsverhältnisse, die sie eingehen, sind durch eine Vielzahl von gesellschaftlichen Institutionen normiert und über diese mit weiteren gesellschaftlichen Verhältnissen verflochten; nicht zuletzt definieren Leistungswerte Respektabilität und legitimieren soziale Ungleichheit. Erwerbsarbeit selbst hat materielle und sozialkulturelle Wirkungen, die in die anderen Lebensbereiche ausstrahlen und auch nach dem Ausscheiden aus dem Erwerbsleben noch spürbar sind;

---

sind, die (4) sich zudem durch eine spezifische Differenz von Gesellschaft und Natur auszeichnen (vgl. BECK/WILLMS 2000, S. 27, ausführlicher in Kapitel 3).

6 Entsprechend verweist OFFE (1984, S. 13) auf die besondere Rolle, „welche Arbeit, Arbeitsteilung, Arbeiterklasse und Arbeitsethos, Arbeitsorganisation und ein an ihr abgelesener Rationalitätsbegriff für die klassische Phase der Soziologie spielen.“ Für GIL (1997, S. 56) formiert sich die Soziologie „als Reflexionswissenschaft der modernen Arbeitsgesellschaft, und als solche strukturiert und gliedert sie sich auch.“ Ähnlich argumentiert FUKUYAMA (2000, S. 23), der den Übergang von der Agrar- zur Industriegesellschaft als Ursache dafür ansieht, „dass eine ganz neue wissenschaftliche Disziplin daraus entstand, die Soziologie, die es sich zum Gegenstand machte, die Veränderungen zu beschreiben und zu verstehen.“

sie prägt Weltbild und Selbstbild der Arbeitenden und ist Grundlage ihrer Identität“ (DAHEIM/SCHÖNBAUER 1993, S. 5).

Der Terminus Arbeitsgesellschaft ist kein Konkurrenzbegriff zu anderen, die sich jenseits aller kurz-, lang- oder mittelfristigen Begriffskonjunkturen zur Beschreibung moderner Gesellschaften durchgesetzt haben, wie etwa Industrie- oder Dienstleistungsgesellschaft oder einfach kapitalistische Gesellschaft. Alle diese Begriffe fokussieren die Analyse von Gesellschaft aus einem bestimmten Blickwinkel heraus und stehen somit bestenfalls in einem Spannungs-, nicht aber in einem Konkurrenzverhältnis.

Dass diese Studie die Perspektive „Arbeitsgesellschaft“ wählt, liegt vor allem darin begründet, dass dieser Blickwinkel aus pädagogischer und erziehungswissenschaftlicher Perspektive ertragreich zu sein scheint, stellt er doch mit der (Lohn-)Arbeit jene Form von Tätigkeit in den Mittelpunkt der Betrachtung, um die herum sich in der industriekapitalistischen Moderne Lebensläufe, Sozialisationsprozesse, Normalitätsmodelle und die mit ihrer Flankierung betrauten Institutionen (wie z.B. dem Bildungssystem und der Sozialen Arbeit) zentrieren. LOTHAR BÖHNISCH und WOLFGANG SCHRÖER (2001, S. 13) betonen in ihrer Studie Pädagogik und Arbeitsgesellschaft entsprechend: „In dem Begriff der Arbeitsgesellschaft geht die ökonomische Modernisierungsperspektive des konfligierenden Zusammenspiels von Kapital und Arbeit genauso auf wie die umfassende sozialstrukturelle Prägekraft und sozialintegrative Bedeutung der Arbeit in unserer Gesellschaft. Der Begriff der Arbeitsgesellschaft steht in diesem Zusammenhang für die typische und zentrale Vergesellschaftungsform der industriekapitalistischen Moderne.“ Aus pädagogische Perspektive ist dieser Aspekt relevant, weil „die Arbeitsgesellschaft in ihrer arbeitsteiligen Logik und Dynamik dauernd ‚pädagogische Vorgaben macht‘, mit denen die Pädagogik konfrontiert ist und denen sie in einer entsprechenden (arbeitsgesellschaftlichen) Reflexivität begegnen muss, will sie sich nicht der gesellschaftlichen Realität entziehen bzw. ihre Handlungsspielräume ideologisieren“ (ebd., S. 13). Die „pädagogischen Vorgaben“ der Arbeitsgesellschaft stellt auch THOMAS GIL (1997, S. 58) in seiner Sozialphilosophie der Arbeit hervor: „Durch die ‚Erwerbsarbeit‘, d.h.: mittels der Form oder Gestalt des Herstellens, Machens und Tätigseins der Menschen in der Arbeitsgesellschaft, wird nicht nur Reichtum produziert, sondern auch ein bestimmter Mensch, der Menschentyp, den die Arbeitsgesellschaft braucht: der normalisierte-normierte Mensch, der dieser Gesellschaft entspricht. Die Erwerbsarbeit erzeugt nicht nur Güter, Reichtum, materiellen Wohlstand, sondern auch ‚Seele‘, bestimmte mentale, psychische oder geistige Haltungen, Motivationen und Dispositionen, die die Reproduktion eines konkreten Gesellschaftsmusters allererst möglich machen.“ MAX WEBER (1984) und NORBERT ELIAS (1994), um nur zwei Klassiker zu nennen, haben nachdrücklich aufgezeigt, wie sich diese Zivilisierung und Normalisierung im Sinne der Durchsetzung eines disziplinierten Arbeitsbürgers vollzogen hat, der nach und nach immer weniger der inneren Kontrolle bedurfte, weil Fabriksirene und Fabrikordnung bereits in seinem Kopf eingezogen waren (und sind).

In diesem Prozess der Durchsetzung des „modernen Menschen" hat das nicht zufällig im Gleichschritt expandierende und sich ausdifferenzierende System der öffentlichen Bildung und Erziehung (vgl. PEUKERT 1992; TENORTH 1992), von den Schulen bis hin zu den sich später etablierenden Arbeitsfeldern der Sozialen Arbeit, seinen historischen Ort und seinen funktionalen Kontext. Schule und Bildungssystem spielen bei der Konstituierung des modernen Individuums als arbeitendes Subjekt „eine einschneidende Rolle. Die Schulerziehung war nicht nur für die Gewöhnung an spätere Arbeitsdisziplin relevant, sondern etablierte auch den Wert der Arbeit als Instrument der individuellen und kollektiven Perfektionierung. (...) In den modernen Industriestaaten war die Schulbildung also ein Medium der Erziehung zur Arbeit; gleichermaßen gehörte aber auch die Vorstellung von der Erziehung durch Arbeit zu einem Begriff von Individuum, dessen Identität über sein Verhältnis zur Arbeit definiert wurde" (CONRAD/MACAMO/ZIMMERMANN, 2000, S. 472 f.; vgl. ausführlich RIBOLITS 1995).

Erziehungssysteme wie Erziehungsprozesse sind darauf ausgerichtet, Normalität zu erhalten und diese zugleich aus dem Blickwinkel des Subjekts und seiner Möglichkeiten und Bedürfnisse auszulegen und auszudeuten (vgl. THIERSCH 1998 a, S. 36), im generativen Wechsel den Bestand des gesellschaftlichen Funktionierens zu sichern, indem sie die Wiederholung des historischen Lernprozesses im je individuellen Erziehungsprojekt institutionell zu stützen, abzufedern und abzusichern hilft. Dieses Normalitätsmodell zentriert sich in Gesellschaften der Ersten und (auch) der Zweiten Moderne, wie noch näher auszuführen und zu belegen sein wird, um die Bereitschaft und Fähigkeit der Subjekte zur Teilhabe am Arbeitsmarkt.

Am Beispiel der Lebensphase Jugend, die ja selbst eine Erfindung der Neuzeit ist (vgl. SCHÄFERS 1984; MITTERAUER 1986; FRIEDEBURG 1976), lässt sich dieser Zusammenhang veranschaulichen: Erwachsene gestehen Jugendlichen einen angesichts ihrer Entwicklungsoffenheit „gefährlichen Freiraum" zu, Teilautonomie zur Erprobung, Entlastung vom Druck der vorschnellen materiellen Reproduktion (sprich Arbeit), Verlängerung von Bildungszeiten, Zugeständnis eigener Räume, eigener kultureller Ausdrucksformen und vieles mehr. Dieser partielle „Freiraum" wird z.T. institutionell erzeugt (z.B. in der Jugendarbeit), z.T. wird er eher flankiert, beobachtet, kontrolliert aber auch beschützt (z.B. im Rahmen erzieherischer Hilfen oder durch Jugendschutzmaßnahmen). Als Gegenleistung wird erwartet, dass bei aller Teilautonomie letztlich Lebensmodelle und Lebenspraxen entstehen, die negativ gesprochen nicht aus dem Rahmen herkömmlicher Normalitätsstandards herausfallen - mit zunehmender Toleranzbreite. Gelingt das Geschäft, Freiraum gegen Loyalität und Traditionsvermittlung, so hat der Heranwachsende im klassischen Jugendmodell, und das ist die stillschweigende Voraussetzung und der motivierende Anreiz, einen zusätzlichen Lohn zu erwarten, der als Silberstreif am Horizont so manchem pädagogischen Prozess auf die Sprünge helfen muss, nämlich Arbeit und ein auskömmliches Leben, d.h. systematisch gesprochen ein erreichbares Lebens- und Zukunftsmodell.

Bei aller Individualisierung, aller Pluralisierung von Lebensmodellen und Lebensplänen, aller Heterogenisierung von Wahrheiten und Wirklichkeiten, eines scheint bislang vergleichsweise stabil und beständig: Unser Normalitätsdenken und empfinden, unser Normalitätsmodell basiert letztlich auf der mehr oder minder freundlich formulierten Basisannahme, Menschen müssen ihrem Leben materiell, sozial, psychologisch durch Lohnarbeit einen festen Halt geben, insofern sie nicht plausible und akzeptierte „Ausreden“ (oder auch „Alternativrollen“) haben, wie z.B. Alter, Krankheit, Lernphase, Mutterschaft u. Ä.. Lohnarbeit ist Verteilungsinstrument für Lebenschancen, Armut, Reichtum, Bildungsmöglichkeiten, Lohnarbeit ist soziales Bindemittel, ist der „große“ Integrator. Gesellschaftliche Umbrüche in diesem Feld mit evtl. daraus resultierenden Revisionen am Modell gesellschaftlicher Integration, betreffen in zentraler Weise den Zielhorizont und damit der Funktionalität und Legitimität erzieherischer und sozialer Institutionen und der sich in ihnen vollziehenden (sozial-) pädagogischen Alltagsinteraktionen.

Bedenkt man zusätzlich, dass (sozial-)pädagogische Institutionen als „Normalisierungsagenturen“ per se Schwierigkeiten haben dürften, der in den letzten 30 Jahren entfesselten Umbruchgeschwindigkeit des Modernisierungsprozesses zu folgen, so droht nicht nur der Sozialpädagogik die Gefahr, - auch wenn man ihr keinen strukturellen Konservatismus unterstellt, kein eigendynamisches Beharren auf einmal gefundene Lösungen und etablierte Strukturen -, die ULRICH BECK den gesellschaftlichen Institutionen im Übergang zur Zweiten Moderne in Gänze unterstellt, nämlich zu „Konservatoren einer sozialen Wirklichkeit (zu werden, M.G.), die es immer weniger gibt. Während die Lebenslaufbilder von Klassen, Familie, Beruf, Frau, Mann an Wirklichkeitsgehalt und zukunftsleitender Kraft einbüßen, werden sie in den „Betreuungsinstitutionen“ konserviert und gegen ‚abweichende‘ Entwicklungen und Orientierungen geltend gemacht. Das fehlende Klassenbewusstsein wird in Schulungskursen repetiert“ (BECK 1986, S. 158). Eine Analyse und Interpretation der Debatte um Gegenwart und Zukunft der industriekapitalistischen Moderne aus der Perspektive der Arbeitsgesellschaft scheint damit zumindest der Erprobung wert, um ggf. dazu beizutragen, den Blick für die Ablagerungen des Gestern in den gegenwärtigen und zukünftigen institutionellen Arrangements sozialer und pädagogischer Einrichtungen wie in deren pädagogischen Handlungsmodellen und Alltagstheorien zu schärfen. NIKLAS LUHMANN (1981, S. 15) hat zurecht hervorgehoben: „Die Theorieablagerungen, die uns in den Institutionen entgegentreten, sind in den Jahrhunderten aufgeschichtet worden, in denen es um die Durchsetzung der modernen Gesellschaft gegen die Adelsgesellschaft der alten Welt ging." Insofern gehört es zu den Aufgaben der Erziehungswissenschaft als Beobachtungssystem im gesellschaftlichen Übergang, solchen Brüchen nachzuspüren bzw. ein wissenschaftliches Sensorium dafür zu entwickeln, ob und wo wir es möglicherweise mit einer ausgeprägten Struktur der „Ungleichzeitigkeit des Gleichzeitigen" zu tun haben, ohne damit einer hektischen, „nachholenden" Modernisierung das Wort zu reden. Es geht vielmehr darum, die oft als Selbstverständlichkeit getarnte historisch geronnene „Moral in den Strukturen" (THIERSCH 1997, S. 19) als solche kenntlich und damit verhandelbar zu machen.

Wenn im Folgenden von Arbeitsgesellschaft die Rede ist, so ist damit eine Phase der Entwicklung der Moderne ab Ende des 19. Jahrhunderts gemeint, die dadurch gekennzeichnet ist, dass sie das Gebäude der individuellen und kollektiven Sicherheiten und Normalitätsvorstellungen um die Teilhabe der Subjekte am Arbeitsmarkt herum zentriert und dieses rechtlich und strukturell kodifiziert. Ihre (bislang) ausgeprägteste Form fand die Arbeitsgesellschaft in ihrer wohlfahrtsstaatlich abgefederten, industriekapitalistischen Epoche der Nachkriegszeit.

Zweite Moderne - Reflexive Moderne

Ging es in den ersten Punkten dieses Abschnitts um die Definition und Abgrenzung leitender Begriffe, so steht im zweiten eher die theoretische Positionierung im Mittelpunkt. Mit dem in den Teilüberschriften gewählten Termini der „Ersten" und „Zweiten Moderne" rekurriert die vorliegende Arbeit auf die mit dem Münchener Soziologen ULRICH BECK verbundene Lesart des Modernisierungsprozesses, die ab Mitte der 80er Jahre unter dem Stichwort „Risikogesellschaft" (BECK 1986) im Fachdiskurs präsent ist.[7] Auf dem Markt der Modernisierungstheorien lässt sich das Modell der „Zweiten Moderne" abgrenzen gegenüber zwei differenten Lesarten, nämlich der „*weitergehenden* Modernisierung im Doppelsinne von Richtungskonstanz und Strukturverbesserung" (vgl. ZAPF 1990, S. 35), die - vereinfacht gesprochen - die Kontinuität der Entwicklung der Moderne herausstellt und diese konflikt- und innovationstheoretisch ausdeutet, bzw. der

7 Vgl. BECK (1986, 1988, 1991, 1993, 1997 a, 1997 b, 1999, 2000 a); BECK/BECK-GERNSHEIM (1990, 1994); BECK/ERDMANN ZIEGLER (1997), BECK/GIDDENS/LASH (1996); BECK/WILLMS (2000). Vgl. auch GIDDENS (1995, 1996). Das Modell der Risikogesellschaft ist frühzeitig und produktiv auch in der Theoriediskussion innerhalb der Sozialen Arbeit rezipiert worden. Vgl. dazu RAUSCHENBACH/GÄNGLER (1992); THIERSCH (1992 a, 1992 b); WINKLER (1995).

Postmoderne (vgl. LYTOARD 1990), die - ebenfalls fast unzulässig verkürzt - das Ende der „großen Erzählung“ der Moderne für gekommen hält.[8]

Mit der ersten Position hat das Modell der Zweiten Moderne gemeinsam, dass es die Entwicklungen des letzten Drittels des 20. Jahrhunderts als eine kontinuierliche, sich radikalisierende Weiterentwicklung der Moderne analysiert und interpretiert, folglich nicht als Bruch ihrer Logik und ihrer handlungsleitenden Maximen. Gleichwohl sieht sich Beck einig mit den Vertretern der Postmoderne, dass sich in dieser „Kontinuität“ der Moderne zugleich ein fundamentaler Bruch mit bislang gültigen Konstitutionsbedingungen von System und Lebenswelt vollzieht, nämlich der Übergang von der Ersten zur Zweiten Moderne.[9]

BECKs Grundannahme ist, dass die modernen industriekapitalistischen Gesellschaften insbesondere im letzten Drittel des Jahrhunderts einem rapiden Modernisierungsschub unterliegen, in dessen Rahmen die zur basalen Selbstverständlichkeiten geronnenen Grundfesten der industriekapitalistischen Moderne - Nationalstaat, Sozialstaat, Arbeitsgesellschaft, Biographiemuster etc. - sich verflüssigen und zur Neuverhandlung anstehen. In diesem Prozess sieht BECK allerdings nicht das Ende der Moderne und damit den Beginn einer „Nachmoderne“, sondern im Gegenteil deren Radikalisierung oder „Vervollkommnung“. Die Moderne geht von ihrer ersten in ihre zweite Phase über, in ihre riskogesellschaftliche Phase (vgl. BECK 1986), in der wir uns je nach Interpretation schon befinden oder die uns ins Haus steht.

Der Begriff der Zweiten Moderne, sowie die Unterscheidung von Erster und Zweiter Moderne implizieren, „dass es ‚die Moderne’ gibt, setzt eine Gemeinsamkeit von Modernität voraus“ (BECK/WILLMS 2000, S. 24). Unter Moderne[10] lässt sich im Anschluss an die oben zitierte Definition von BÖHNISCH/ARNOLD/SCHRÖER (1999, S. 9) eine säkulare Umgestaltung der Gesellschaft nach den „Strukturprinzipien der Linearität und des Forschrittsglaubens“ verstehen, die wesentlich der Tradition der europäischen Aufklärung folgt.[11] Eine zentrale Rolle im Prozess der Durchsetzung der Moderne nimmt die Aufklärung ein. „Das Aufklärungsdenken ist, wie die

8 Vgl. zur differenzierteren Auseinandersetzung zwischen Ansätzen der Postmoderne und der „Zweiten Moderne“ am Beispiel des Individualisierungsbegriffs kritisch SCHERR (2000). Bezogen auf den Identitätsbegriff vgl. KEUPP u.a. (1999).

9 Auf eine detailliertere Beschreibung der Merkmale von Erster und Zweiter Moderne wird - um unnötige Doppelungen zu vermeiden - in Kapitel 2 und Kapitel 7 genauer eingegangen.

10 Historisch scheint eine Periodisierung sinnvoll, die von PEUKERT (1992, S. 114) vorgeschlagen wurde. Demnach meint der Begriff der Moderne „bestimmte gesellschaftliche Entwicklungen der letzten zweieinhalb Jahrhunderte“, die als „Zuspitzung der Epoche zu verstehen (ist, M.G.), die wir ‚Neuzeit’ nennen und deren Anfänge wir bis in das 14. und 15. Jahrhundert zurückverfolgen können“.

11 TENORTH (2000, S. 76) datiert die „Zäsur der Moderne“ aus der Perspektive einer Geschichte der Erziehung im 15. und 16. Jahrhundert.

abendländische Kultur überhaupt, aus einem religiösen Kontext hervorgegangen, der die Teleologie und die Leistung der Gnade Gottes betonte. (...) Dabei ist es keineswegs überraschend, dass die Befürwortung einer von ihren Fesseln befreiten Vernunft die Vorsehungsideen nicht verdrängt, sondern nur umgestalte. An die Stelle einer Art von Gewissheit (nämlich des göttlichen Gesetzes) trat eine andere Art (nämlich die Gewissheit unserer Sinne oder der empirischen Beobachtung), wobei die Vorsehung Gottes von der Vorsehung des Fortschritts abgelöst wurde" (GIDDENS 1996 a, S. 66).[12] Die Zweite Moderne bricht nicht mit diesem Prinzip der Befreiung des Menschen zu sich selbst, sondern treibt es voran und auf die Spitze.

Für den Übergang von der Ersten zur Zweiten Moderne sind zwei epochale, miteinander verwobene Entwicklungstrends maßgeblich: Individualisierung und Globalisierung, „welche die Grundlagen des Zusammenlebens in allen gesellschaftlichen Handlungsfeldern elementar verändern" (BECK 1997 b, S. 32). Nun sind beide Trends erkennbar keine Neugeburten oder gar Erfindungen der letzten 30 Jahre. Im Gegenteil: Nimmt man die von GIDDENS verdichtete Entwicklungsformel der Moderne ernst, so ist Individualisierung nichts weniger als Zielprojektion der Moderne schlechthin (vgl. auch ELIAS 1987) und Globalisierung im Sinne einer territorial expandierenden Güter-, Dienstleistungs- und Warenproduktion und -konsumtion sowie einer damit einhergehenden weltweiten Vernetzung von Wirtschaft und Kapitalmärkten eine Triebfeder der industriekapitalistischen Epoche der Moderne (vgl. NEGT 2000, S. 201). Gleichwohl haben sich im Zuge technologischer, ökonomischer und politischer Prozesse (vgl. ausführlich die Teile 1 und 2 dieser Studie) Ausbreitung und Geschwindigkeit vervielfacht und vermittelt darüber das bislang gültige Koordinatensystem der gesellschaftlichen Ordnung verändert.

(a) Der Begriff *Globalisierung* ist eine der allgegenwärtigen Chiffren im politischen, öffentlichen und wissenschaftlichen Diskurs der 90er Jahre und entsprechend vieldeutig in seiner inhaltlichen und strategischen Verwendungen. Globalisierung bezieht sich auf politische, technologische und soziale Prozesse, die man verdichtet als (rapide) Verringerung von räumlichen und zeitlichen Distanzen (vgl. GIDDENS 1996 a, S. 25) bezeichnen könnte, wie sie am Beispiel moderner Kommunikations- und Informationstechnologien wie dem Internet augenscheinlich werden. FRANZ-XAVER KAUFMANN unterscheidet

- *Globalisierung*, d.h. „die weltweite Vernetzung von Informations- und Verkehrsmitteln", die „zu einem Schrumpfen der Übermittlungszeiten

12 Etwas bildhafter noch formulieren BECK/BECK-GERNSHEIM (1994, S. 20), wenn sie feststellen: „Die Moderne, die mit dem Anspruch der Selbstermächtigung des Subjekts angetreten ist, löst ihr Versprechen ein. Mit der Durchsetzung der Moderne tritt in kleinen und großen Schritten an die Stelle von Gott, Natur, System das auf sich selbst gestellte Individuum."

und zu einem Bedeutungsverlust räumlicher Distanzen (führt, M.G.), sodass immer mehr Ereignisse weltweit gleichzeitig wahrgenommen und mit immer kürzeren Verzögerungen an unterschiedlichen Orten der Welt wirksam werden können" (KAUFMANN 1997, S. 118 f.) von

- *Internationalisierung*, d.h. der „Zunahme des Anteils von die staatlichen Grenzen überschreitenden Transaktionen an der Gesamtheit der für einen nationale Wirtschaft bzw. Gesellschaft bedeutungsvollen Transaktionen" (ebd., S. 119) und
- *Transnationalisierung*, d.h. der wachsenden „Einbindung staatlicher, verbandlicher und privater Akteure in Institutionengefüge, die die nationalstaatliche Rechtsordnung übergreifen" (ebd., S. 119).

Im Sinne KAUFMANNs ist Globalisierung die Möglichkeitsbedingung einer fortschreitenden Internationalisierung und Transnationalisierung. HEINZE/SCHMID/STRÜNCK (1999) knüpfen an Kaufmanns Begriffsbildung an, verstehen allerdings Globalisierung als Oberbegriff einer Entwicklung, dessen unterschiedliche Dimensionen sich als Internationalisierung, Transnationalisierung sowie - als dritte Komponente - der Universalisierung, d.h. der weltweiten „Annäherung kultureller Gewohnheiten, die ähnliche Wahrnehmung von Ereignissen" (ebd., S. 39).[13]

BECK zieht einen anderen begrifflichen Schnitt und differenziert zwischen Globalität, Globalisierung und Globalismus. Globalität bezeichnet „die Tatsache, dass von nun an nichts, was sich auf unserem Planeten abspielt, nur ein örtlich begrenzter Vorgang ist, sondern dass alle Erfindungen, Siege und Katastrophen die ganze Welt betreffen und wir unser Leben handeln, unsere Organisationen und Institutionen entlang der Achse ‚lokal-global' reorientieren und reorganisieren müssen" (BECK 1997 a, S. 27 f.). Der Begriff der Globalität hat bei BECK (ebd., S. 29 f.) zunächst eine beschreibende Qualität und thematisiert - ähnlich wie bei Kaufmann der Begriff Globalisierung - das Schwinden von Distanzen und Grenzen im Gefolge von technologischen und politischen Veränderungen. Globalisierung hingegen verlagert den Fokus auf den Prozess und wendet sich der Frage zu: „Worin liegt die historische Besonderheit gegenwärtiger Globalisierung und ihrer Paradoxien an einem bestimmten Ort" (ebd., S. 21). Für die Gegenwart

13 Die in der letzten Dimension anklingende und mit dem Begriff der Globalisierung weithin verbundene Problematik einer weltweiten kulturellen Vereinheitlichung im Zuge von Globalisierungsprozessen wird in der soziologischen Fachdiskussion unterschiedlich diskutiert. Theoretisch lässt sich die Problematik auf die Frage des Verhältnisses von Globalität und Lokalität zurückführen (vgl. ausführlich ROBERTSON 1998, der von „Glokalisierung" spricht). Nach BECK geht es bei „Globalisierung immer auch um Lokalisierung" (BECK 1997 a, S. 85), was unter anderem meint, dass gerade im wachsenden Kontakt globaler Bilder-, Lebens- und Denkwelten das lokale eine besondere identitätsstiftende Qualität gewinnen kann. ZYGMUNT BAUMANN (1997) beschreibt die Gefahr, dass es zu einer Polarisierung zwischen globalisiertem Reichtum und lokalisierter Armut kommen könnte.

sieht BECK das Besondere „in der empirisch zu ermittelnden Ausdehnung, Dichte und Stabilität wechselseitiger regional-globaler Beziehungsnetzwerke und ihrer massen-medialen Selbstdefinition sowie sozialer Räume und jener Bilder Ströme auf kultureller, politischer, wirtschaftlicher, militärischer und ökonomischer Ebene" (ebd., S. 31).

Während Globalität und Globalisierung von BECK als analytische Kategorien gefasst werden, bezeichnet Globalismus eine bestimmte Deutung des Globalisierungsprozesses, der dadurch gekennzeichnet ist, „dass der Weltmarkt politisches Handeln verdrängt oder ersetzt, d.h. die Ideologie der Weltmarktherrschaft, die Ideologie des Neoliberalismus. Sie verfährt monokausal, ökonomistisch, verkürzt die Vieldimensionalität der Globalisierung auf eine, die wirtschaftliche Dimension, die auch noch linear gedacht wird, und bringt alle anderen Dimensionen - ökologische, kulturelle, politische, zivilgesellschaftliche Globalisierung - wenn überhaupt, nur in der unterstellten Dominanz des Weltmarktsystems zur Sprache" (ebd., S. 26).

Für den vorliegenden Fragehorizont bedarf es keiner Auflösung der hier nur kurz angedeuteten begrifflichen Unschärfen in der Rede von der Globalisierung. Bedeutsam ist vielmehr, dass sich - bei allen semantischen Differenzen - im Begriff der Globalisierung einige internationale ökonomische und gesellschaftliche Entwicklungstrends bündeln, wie z.B.:

- eine informations- und verkehrstechnologische Revolution, die die Faktoren Zeit und Raum zunehmend an Bedeutung verlieren lassen und damit zur Möglichkeitsbedingung einer Globalität bislang unbekannten Ausmaßes geworden ist,
- eine zunehmend international vernetzte Ökonomie, augenscheinlich am Beispiel der Weltfinanzmärkte und der durch Fusionen verdichtete Machtkonzentration multinationaler Konzerne sowie
- einer wachsenden Bedeutung transnationaler Akteure (wie z.B. Multinationale Konzerne, Non-Gouvernment-Organizations, EU, UN).[14]

Die rapide Schrumpfung räumlicher und zeitlicher Distanzen ist - wie noch ausführlicher zu zeigen sein wird - in vielerlei Hinsicht folgenreich für die Konstitution von Ökonomie, Gesellschaft, lebensweltlichen Netzwerken und tragfähigen Identitätsmustern der Individuen. Neben der beschleunigten Enttraditionalisierung, dem Verlust an Prägekraft des Gestern für das Morgen[15], ist es vor allem die Entmachtung der „nationalstaatlichen Gehäuse"

14 Einen strukturierten Überblick über die verschiedenen Einflussfaktoren der Globalisierung in den Facetten Rationalisierung, internationale Arbeitsteilung, globale Informationssysteme, internationaler Kapitalmarkt auf die nationale (Sozial-)Politik geben BÖHNISCH/ARNOLD/SCHRÖER (1999, S. 98).

15 Nach GIDDENS besteht Tradition „in der Orientierung an der Vergangenheit, und zwar derart, dass die Vergangenheit einen erheblichen Einfluss auf die Gegenwart ausübt, oder genauer: dass ihr ein erheblicher Einfluss auf die Gegenwart eingeräumt

der industriekapitalistischen Wachstumsgesellschaft[16], die ein zentrales Element der fragilen Balance zwischen Kapital, Arbeit und Staat in der Ersten Moderne waren. Die meisten der vorliegenden ökonomischen[17] und soziologischen bzw. politologischen[18] Studien zum Globalisierungsprozess gehen davon aus, dass allein durch die Zunahme der potentiellen Beweglichkeit von Kapital, Information und Arbeit ein strategisches Drohpotential entstanden ist, das jenseits aller empirischen Evidenz bereits vollzogener Prozesse der Internationalisierung im Sinne KAUFMANNS[19] die nationalstaatlich verfassten Volkswirtschaften unter Ökonomisierungsdruck setzt und den politischen wie finanziellen Handlungsspielraum der einzelnen Na-

---

wird" (GIDDENS 1996 b, S. 123). Für die Moderne ist nun konstitutiv, dass sie die Tradition als Handlungsregulativ zunehmend entmachtet. „Die Moderne zerstört die Tradition. Dennoch (und dies ist von großer Bedeutung) war das Zusammenwirken von Moderne und Tradition entscheidend für die früheren Phasen der Moderne - für jene Phase, in der Risiken auf äußeren Einflüssen beruhten und noch kalkulierbar waren. Diese Phase ist nun mit der Herausbildung der Hochmoderne oder dessen, was ULRICH BECK ‚reflexive Modernisierung' nennt, beendet" (ebd., S. 169). Vgl. auch GIDDENS (1996 a). RALF DAHRENDORF (1983) macht als Kennzeichen der Moderne aus, dass sie Ligaturen, d.h. Sicherheiten (z.B. Traditionen), in Optionen, d.h. Möglichkeiten verwandelt.

16 LESTER THUROW (1997, S. 187) betont: „In der heutigen Welt entscheidet nicht mehr die nationale Politik über Wirtschaftskräfte, sondern es entsteht eine globale Wirtschaft, in der außerhalb jeder nationalen Einflusssphäre angesiedelte geoökonomische Kräfte die nationale Wirtschaftspolitik eines Landes diktieren. Mit der Internationalisierung verlieren die Regierungen der Einzelstaaten viele der Druckmittel, mit deren Hilfe sie die Wirtschaft bisher kontrollieren konnten". ROBERT REICH, ehemaliger Arbeitsminister der Clinton-Administration und Harvard-Ökonomon proklamierte schon Anfang der 90er Jahre das „Ende der nationalen Ökonomie" (REICH 1997). Vereinfacht gesprochen schlägt sich hier die Tatsache nieder, dass sich Globalisierung in den 80er und 90er Jahren vor allem als Globalismus vollzogen hat, als neoliberale Deregulierung internationaler und nationaler Waren-, Kapital- und Arbeitsmärkte, ohne das sich gleichzeitig ein internationales politisches und institutionelles Gegengewicht ausgebildet hätte. In diesem Sinne meint Globalisierung „Nicht-Weltstaat. Genauer. Weltgesellschaft ohne Weltstaat und ohne Weltregierung. Es breitet sich ein global desorganisierter Kapitalismus aus. Denn es gibt keine hegemoniale Macht und kein internationales Regime - weder ökonomisch noch politisch" (BECK 1997 a, S. 32).

17 Vgl. z.B. THUROW (1996); LUTTWAK (1999), REICH (1996), GRAY (2000); BOXBERGER/KLIMENTA (1998).

18 Vgl. FUKUYAMA (2000), MARTIN/SCHUMANN (1998); BOURDIEU (1998 b); RIFKIN (1997); CHOMSKY (2000); BECK (1999, 2000 a, 2000 b)

19 BOXBERGER/KLIMENTA (1998, S. 11) weisen darauf hin, dass die Globalisierung der Weltwirtschaft bislang vor allem eine Globalisierung der Finanzmärkte sowie in geringerem Maße auch der Warenmärkte ist. Demnach haben sich die internationalen Kapitaltransfers in den letzten zehn Jahren verzehnfacht. Ebenso stellt die ZUKUNFTSKOMMISSION DER FRIEDRICH-EBERT-STIFTUNG (1999, S. 72) fest: „Verglichen mit den Gütermärkten haben sich die Finanz- und Kapitalmärkte in rasantem Tempo globalisiert." Demgegenüber wird der Einfluss des internationalen Arbeitskräftetransfers auf die Entwicklung nationaler Arbeitsmärkte eher gering eingeschätzt (vgl. KOMMISSION FÜR ZUKUNFTSFRAGEN DER FREISTAATEN BAYERN UND SACHSEN 1997 a; ZUKUNFTSKOMMISSION DER FRIEDRICH-EBERT-STIFTUNG 1999).

tionalstaaten zunehmend beschränkt. BECK hat diesen Zusammenhang bildhaft beschrieben: „Die Wirtschaft ist nicht deswegen mächtig, weil sie einmarschiert, sondern, weil sie ausmarschieren kann. Sie kann sich entziehen. Und diese absichtsvolle Nicht-Intervention ist die Basis der Wirtschaftsmacht gegenüber dem Staat, die sie voll ausspielen kann. Es gibt also nur eines, das noch schlimmer ist, als von Multis ausgebeutet zu werden, und dies ist: nicht von Multis ausgebeutet zu werden." (BECK/WILLMS 2000, S. 31).

(b) Der zweite Schlüsselbegriff bzw. epochale Entwicklungstrend ist die *Individualisierung*, ebenso wie Globalisierung mittlerweile zum Schlagwort in öffentlichen Debatten geworden und damit unzweifelhaft der Definition bedürftig. Angesichts der Omnipräsenz des Begriffs Individualisierung und der Vielfalt seiner Konnotationen hat BECK in einer neueren Veröffentlichung betont: „Individualisierung ist ein Schlagwort, und man kann sagen als Wort praktisch ein Missverständnis" (ebd., S. 84). In Abgrenzung zu den vielfältigen Begriffsvarianten im öffentlichen Diskus meint Individualisierung im Kontext der Theorie der Zweiten Moderne

- weder eine Zunahme an Egoismus im Sinne von Marktegoismus
- noch eine Tendenz zur zunehmenden Emanzipation und Autonomie der Subjekte
- oder Vereinsamung, Vereinzelung etc.

Systematisch gesprochen hat RONALD HITZLER darauf hingewiesen, dass Individualisierung „zunächst einmal als eine sozial-strukturelle Kategorie und nicht als eine sozial-psychologische Bestimmung der modernen Existenz zu begreifen (ist, M.G.), als ein Handlungsrahmen und nicht als eine Handlungsform des modernen Menschen" (HITZLER 1999, S. 535). Individualisierung als sozial-strukturelle Kategorie konkretisiert BECK in drei Dimensionen: „Herauslösung aus historisch vorgegebenen Sozialformen und -bindungen im Sinne traditionaler Herrschafts- und Versorgungszusammenhänge (‚Freisetzungsdimension'), Verlust von traditionalen Sicherheiten im Hinblick auf Handlungswissen, Glauben und leitende Normen (‚Entzauberungsdimension') und - womit die Bedeutung des Begriffes gleichsam in ihr Gegenteil verkehrt wird - eine neu Art der sozialen Einbindung (‚Kontroll- bzw. Reintegrationsdimension')" (BECK 1986, S. 206). Sie beschreibt damit eine der Moderne innewohnende Tendenz, die schon von DURKHEIM beschrieben wurde. Demnach werden die Menschen „bei fortschreitender Arbeitsteilung und sozialer Differenzierung immer mehr auseinander getrieben, ‚individualisiert', sind aber gleichzeitig in diesem individualisierten Zustand immer stärker (sozialstrukturell gesehen) aufeinander angewiesen. Individualistische (ökonomisch geschürte) soziale Konkurrenz und komplexes soziales Aufeinander-angewiesen-sein liegen in modernen Industriegesellschaften eng beieinander" (BÖHNISCH/ARNOLD/SCHRÖER 1999, S. 42).

Individualisierung thematisiert einen Gestaltwandel im Verhältnis von Individuum und Gesellschaft. Individuen werden herausgelöst aus bisher gültigen kollektiven Normierungen und freigesetzt zu eigenen biographischen Entscheidungen. Auf sozialer Ebene meint Individualisierung zunächst einen Verlust an kollektiven Orientierungen und Sicherheiten, der vor allem festgemacht werden kann am Verlust der Prägekraft von Herkunftsmilieus und klassischen Institutionen (z.B. Kirchen, Gewerkschaften, Parteien). Kannte die Industriegesellschaft der Ersten Moderne noch eine Vielzahl an Geländern der Lebensführung, die den Einzelnen als Orientierungspunkt dienten, aber auch häufig den Charakter der Einbahnstraße und Schranken besaßen, so werden die Menschen heute mehr als jemals zuvor freigesetzt zu einem ‚eigenen leben' (vgl. BECK/ERDMANN-ZIEGLER 1995), reich an Entscheidungen und keineswegs frei von (materiellen, sozialen, normativen, institutionellen etc.) Zwängen. Der in der Freisetzungsdimension implizierte Freiheitsgewinn weist als Kehrseite eine Zunahme an Gefährdungen auf: Ich *kann* mich nicht nur selbst entscheiden, welche Schule ich besuche, welchen Beruf ich lerne, in welche Wohngegend ich ziehe, welche Beziehungsform ich wähle, ich *muss* mich entscheiden. Und - eine Binsenweisheit - wer sich entscheidet, kann sich falsch entscheiden. Mit dem Verlust von Orientierungsmustern geht allerdings auch der Verlust an sozialräumlicher Stabilität einher, d.h. genauso wie der Einzelne heute immer mehr Entscheidungen selbst zu treffen hat, muss er auch „fehlerhafte" Entscheidungen selbst „ausbaden". Die eigene Biographie muss unter Bedingungen einer sich verschärfenden Individualisierung mehr den je selbst hergestellt werden. „Das eigene Leben ist keine selbstgewählte Daseinsform, sondern ein gesamtgesellschaftliches und nur begrenzt beeinflussbares Strukturprinzip der zweiten Moderne. (...) Das Zeitalter des eigenen Lebens wird von einem dichten Geflecht von Institutionen erzeugt - Recht, Bildung, Arbeitsmarkt usw. -, die jeden Einzelnen bei Strafe (ökonomischer) Benachteiligung, ‚zur Freiheit verdammen' (Sartre)" (BECK 1997 b, S. 22)

Globalisierung und Individualisierung sind, wie oben betont, keine „Erfindungen" des ausgehenden 20. Jahrhunderts, sondern vielmehr der Moderne innewohnende Tendenzen. „Die durch die Moderne entstandenen Lebensformen haben uns in ganz beispielloser Weise von allen traditionalen Typen der sozialen Ordnung fortgerissen. In extensionaler wie in intensionaler Hinsicht haben sich die mit der Moderne einhergehenden Umgestaltungen tiefer ausgewirkt als die meisten der für frühere Perioden charakteristischen Arten des Wandels. Auf der extensionalen Ebene haben diese Umgestaltungen dazu gedient, weltumspannende Formen der sozialen Verbindung herzustellen; in intensionalem Sinne haben sie dazu geführt, manche der intimsten und persönlichsten Merkmale unserer täglichen Existenz zu ändern" (GIDDENS 1996 a, S. 13).

Umso berechtigter also die Frage, warum wir es im Paradigma der Zweiten Moderne offensichtlich mit der Paradoxie eines Bruches zu tun haben (nämlich jenes von der Ersten zur Zweiten Moderne), der aus Kontinuität erwächst? Im Sinne der Theorie der Zweiten Moderne müssen alle vorherigen Stufen des Modernisierungsprozesses als Vorstufen begriffen werden. Auch die industriekapitalistische Phase ab Ende des 19. Jahrhunderts erweist sich gerade im Licht ihrer „Krise"[20] als Moderne mit traditionellen Grundmauern, oder wie BECK es ausdrückt, als „halbierte Moderne". Auf die Merkmale von Erster und Zweiter Moderne wird an späterer Stelle noch genauer einzugehen sein. Zur Veranschaulichung des Gedankengangs sei hier nur kurz eines der zentralen ständischen Artefakte der Ersten Moderne angedeutet, die geschlechtsspezifische Arbeitsteilung und die ihr eingelagerte Struktur von Macht und Herrschaft.

> Die Erste Moderne kreierte als Standardmodell der gesellschaftlichen Teilhabe nicht nur den (männlichen) Lohnarbeiter, sondern zugleich eine zweite Sozialfigur, die (weibliche) Hausfrau. Das 19. Jahrhundert schuf „sowohl den Industriearbeiter, wie auch die Hausfrau und bedeutet von daher nicht nur die gesellschaftliche Reorganisation der Arbeit als Lohnarbeit, sondern auch die Reorganisation der Frauenarbeit als Hausarbeit" (KICKBUSCH 1986, S. 149). Die Hausfrau verkauft ihre Arbeitskraft nicht auf dem Markt, sondern verrichtet ihre Familienarbeit, die Versorgung, die Erziehung der Kinder usw., um den Preis ihrer eigenen sozialen und ökonomischen Abhängigkeit. Mit anderen Worten: Die „öffentliche", auf dem Markt gehandelte Lohnarbeit bestimmte (und bestimmt) materielle Sicherheit, Status und Ansehen, Selbstwertgefühl etc. und setzte zugleich die weit basalere aber „sozial sekundäre" Reproduktionsarbeit im sozialen Netz des Familienverbundes voraus. Oder, wie Suzanne Franks es ausdrückt: „Die traditionelle geschlechtsspezifische Aufteilung der Arbeit setzt voraus, dass die bezahlte Arbeit der Männer sich auf eine Schattenökonomie unbezahlter Frauenarbeit stützt" (FRANKS 2000, S. 68). Eines der hervorstechensten Merkmale der Entwicklung im Hinblick auf diesen „Stützpfeiler der Ersten Moderne" ist, zunächst rein quantitativ betrachtet, dass Frauen in zunehmendem Maße auf den Arbeitsmarkt drängen, mithin dass nie ausgehandelte Arrangement zunehmend aufkündigen.[21] Jenseits aller empirischen Dispute über die Fragilität oder

20 „Krise" ist ein Inflationsbegriff. Kaum ein Feld, ein Bereich, das nicht mehr oder minder in der Dauerkrise ist. In gewisser Weise mag dies der „schöpferischen Zerstörungskraft" (SCHUMPETER 1966, S. 376) kapitalistischer Gesellschaften geschuldet sein, die aus dem fortlaufenden Prozess des Niederreißens und Neuaufbaus ihre Kreativität und Produktivität schöpft, damit aber zugleich die „Dauerkrise" etabliert.

21 Vgl. zur quantitativen Entwicklung KOMMISSION FÜR ZUKUNFTSFRAGEN DER FREISTAATEN BAYERN UND SACHSEN (1997 a + b). Mit einem gewissen Zynismus interpretiert FRANKS (1999) die wachsende Assoziation von Frauen am Arbeitsmarkt. „Als sie endlich so viel Selbstbewusstsein hatten, in großer Zahl auf den Arbeitsmarkt zu drängen, galten dort längst neue Bedingungen und Spielregeln und die Arbeitswelt war zu einem nicht mehr wiederzuerkennenden, sich ständig wandelnden Umfeld geworden. Die Frauen sind einfach zu spät gekommen" (ebd., S. 13). Insofern ist der Hinweis auf die zunehmende Assoziation von Frauen auf dem Arbeits-

Stabilität der modernen Kleinfamilie[22] und der Bedeutung verschwindender alter und neu entstehender bzw. quantitativ zunehmender Formen von Beziehungsmustern und Verwandtschaftssystemen im Dickicht von Scheidungs(folge)familien, Nicht-ehelichen-Lebensgemeinschaften und der zunehmenden Anerkennung gleichgeschlechtlicher Partnerschaften bedeutet allein der Auszug der Frauen aus der Binnenwelt der Familie in den Arbeitsmarkt, dass das Binnengefüge der geschlechtsspezifischen Ordnung der Familie in Bewegung gerät und mit ihr die geschlechtsspezifische Ordnung von männlicher Lohnarbeit und weiblicher Reproduktionsarbeit als Stützpfeiler der Arbeitsgesellschaft der Ersten Moderne. Die bayrisch-sächsische Zukunftskommission stellt heraus: „Noch in den 50er und in den beginnenden 60er Jahren wurde in unserer Gesellschaft Erwerbstätigkeit als Männererwerbstätigkeit angesehen. Familien- und Hausarbeit wurde dementsprechend als Frauenarbeit betrachtet. Diese starre Zuordnung hat sich erst im Zeitablauf aufgelöst. Der historisch gewachsene ‚Geschlechterkontrakt' hat sich im Zuge von Individualisierungsprozessen verändert“ (KOMMISSION FÜR ZUKUNFTSFRAGEN DER FREISTAATEN BAYERN UND SACHSEN 1997 a, S. 37). Immerhin hat sich der Anteil der Frauen an allen Erwerbstätigen in Westdeutschland von 33,4% im Jahr 1960 auf 40,5% im Jahr 1999 erhöht (vgl. INSTITUT DER DEUTSCHEN WIRTSCHAFT KÖLN 2000, S. 15). Deutlicher werden die Umbrüche im kulturellen Modell der Hausfrauenehe, wenn man bedenkt, dass sich vor allem der Anteil der verheirateten und zugleich erwerbstätigen Frauen gerade in den letzten zwei Jahrzehnten dramatisch verändert hat. Waren 1980 rund 46,1% der 15-65jährigen Frauen in Westdeutschland erwerbstätig, so stieg ihr Anteil bis 1998 auf 61,9%, während im gleichen Zeitraum die Erwerbsquote der Männer von 84,4% auf 80,2% sinkt (vgl. ebd., S. 16). In diesen Zahlen deutet sich eine Angleichung der weiblichen an männliche, lohnarbeitszentrierte Lebensmodell an, die das alte Geschlechtermodell in Bewegung bringt. HELMUTH DUBIEL (1986, S. 270) zeigt in seiner Analyse der Ambivalenzen der Moderne auf, dass die Ausdifferenzierung von System- und Sozialintegration im Modernisierungsprozess zunächst auf die Ausdifferenzierung der Sphäre der Arbeit abzielt. „Die gesellschaftliche Arbeit streift ihre ständischen Fesseln ab, die Produktion und Verteilung von Gütern wird schrittweise von norm- und traditionsvermittelten Mechanismen abgelöst und der anonymen Gewalt des Marktes übertragen“. Diese Genese der Marktgesellschaft beschreibt Dubiel als paradoxen Prozess der Vermittlung von Moderne und Tradition und verweist auf die „Angewiesenheit der Marktvergesellschaftung auf die überständigen Reste einer vorkapitalistischen Sittlichkeit, ihre Abhängigkeit von kulturellen Beständen, die sie

---

markt nicht mißzuverstehen als versteckte Aussage über eine zunehmende geschlechtsspezifische Gleichstellung auf dem Arbeitsmarkt.

22 Vgl. ALLERT (1998); BECK/BECK-GERNSHEIM (1990); PEUKERT (1996, 1997); ERLER, (1996); RAUCHFLEISCH (1997); NAVE-HERZ (1994).

lediglich verbraucht, ohne sie ersetzen zu können" (ebd., S. 274). Als prägnantestes Beispiel führt DUBIEL (ebd., S. 274) „die kulturelle Symbolisierung des weiblichen Sozialcharakters" an. „Die der bürgerlichen Frau und Mutter zugeschriebenen und abverlangten Verhaltensmerkmale des unbedingten Altruismus, der Selbstzurücknahme, der Empathie, der Pflegebereitschaft sind Punkt für Punkt spiegelbildliche Umkehrungen jener Verhaltenserwartungen, die in der Sphäre des Marktes an den - idealtypisch als Unternehmer gedachten - Mann gerichtet werden: nämlich Aktivität, Berücksichtigung des Eigennutzes, instrumentelle Rationalität, Durchsetzungsfähigkeit etc." Erst im Sog ihrer Modernisierung offenbart sich die erste, industriegesellschaftliche Moderne damit als halbierte Moderne, als Gemengelage aus ökonomischer Freisetzung bei gleichzeitiger Bindung an kulturellen Traditionen, Geschlechterrollen, Klassen usw. Und genau jene „kulturellen Selbstverständlichkeiten" (vgl. Kapitel 4 und 8) geraten zunehmend unter Veränderungsdruck und Begründungsnotstand, geraten in Konflikt mit einer Wirklichkeit, in der Bindungen und Traditionen den Erfordernissen der flexiblen Ökonomie (vgl. Kapitel 6, 7 und 8) und des freigesetzten Marktindividuums zuwiderlaufen. „Das heißt, indem ... Frauen gleichermaßen wie Männer in diese Individualisierungsspirale von Bildungsbeteiligung, Arbeitsmarkt, Karriere-Ambitionen und Zwängen zur Mobilität hineingeraten, wird die Individualisierungsdynamik eine ganze Drehung weiter in die Gesellschaft hineingeschraubt" (BECK/WILLMS 2000, S. 86).[23]

So wie die Industriegesellschaft und ihre Vorläufer die Strukturen und Lebensformen der ständisch-feudalen Agrargesellschaft spätestens im 19. Jahrhundert verdampft, „so werden heute die der entwickelten Industriegesellschaft aufgelöst: soziale Klassen und Schichten, Kleinfamilie mit den in sie eingelassenen ‚Normalbiographien' von Männern und Frauen, die Normierung der Berufsarbeit usw. Damit wird eine Legende entzaubert, die im 19. Jahrhundert erfunden wurde und bis heute das Denken und Handeln in Wissenschaft, Politik und Alltag beherrscht - die Legende nämlich, die Industriegesellschaft in ihrer Schematik von Arbeit und Leben sei eine moderne Gesellschaft. Demgegenüber wird erkennbar, dass das Projekt der Moderne, das historisch in der Form der Industriegesellschaft zunächst Geltung erlangt hat, zugleich in dieser Form institutionell halbiert wird" (BECK 1986, S. 251). Dieser Prozess der „Vervollständigung" der Moderne durch Entledigung ihrer ständischen Wurzeln vollzieht sich nicht als „Revolution", sondern quasi als stillschweigende Nebenfolge der Durchsetzung der Ersten Moderne, als ungeplante und unbeabsichtigte (aber zielgerichteten) Selbsttransformation oder kurz: als reflexive Modernisierung. „Reflexive

23 CLAUS OFFE (1986, S. 98)) hat auf die Ironie hingewiesen, „dass nun die Lage der ‚modernen' Gesellschaften als ebenso blockiert, mit Mythen, Rigiditäten und Entwicklungsschranken behaftet erscheint, wie dies die Modernisierungstheorie an ‚vormodernen' Gesellschaften diagnostiziert hatte".

Modernisierung meint den Übergang von der Ersten, nationalstaatlich geschlossenen, zu einer Zweiten, offenen, riskanten Moderne generalisierter Unsicherheit und zwar in der Kontinuität ‚kapitalistischer' Modernisierung, die ihre national- und sozialstaatlichen Fesseln abstreift" (BECK 1999, S. 24). Der Begriff der „reflexiven" Moderne zielt in diesem Sinne eben nicht auf eine durch Rationalität, Wissen und Planung gesteuerte Veränderung der Gesellschaft, sondern Veränderung als Nebenfolge industriekapitalistischer Normalität. Je mehr sich die Wahrheiten und Sicherheiten der Ersten Moderne verflüchtigen, desto deutlicher wird der Übergang von der Industrie- zur Risikogesellschaft.

Obwohl BECK in den Veröffentlichungen der 90er Jahre zunehmend weniger von Risikogesellschaft als vielmehr von „Zweiter Moderne" spricht, verwendet er beide Begriffe weitgehend synonym. Zunächst vor allem am Beispiel der ökologischen Folgeprobleme der Moderne exemplifiziert BECK den neuartigen Charakter moderner Risiken, die in hohem Maße

- unsichtbar und damit wissensabhängig,
- unkalkulierbar und damit universell

sind. Auch wenn BECK, entgegen anders lautender Kritiken (vgl. z.B. BLANKE 1991, S. 221), die sozialen Komponenten der Risikogesellschaften auch in den frühen Schriften ebenso wenig ausblendet wie die Frage von sozialen Ungleichheitsrelationen, sind in den letzten 15 Jahren Phasen mit unterschiedlichen thematischen Schwerpunktsetzungen zu beobachten, wobei sich die Interessen in den 90er Jahren zunehmend von den ökologischen Risiken zu den politischen und sozialen Folgeproblemen reflexiver Modernisierung verlagert haben. Und auch hier wandeln sich die Strukturen hin zu Risikostrukturen. „Die Arbeitsgesellschaft, jetzt auch aus der Perspektive der Individuen betrachtet, wandelt sich zu einer Risikogesellschaft. Während die Vollbeschäftigungsgesellschaft ein kalkulierbares Risiko für den Einzelnen war, wird nun die flexible Arbeit zu einem mehr oder weniger unkalkulierbaren Risiko. Denn es wird unklar, wie weit die Existenzgrundlagen für eine mittelfristige oder langfristige Perspektive vom Einzelnen überhaupt noch erreicht werden könne. Es besteht damit ein Übergang von der Risikobiografie zur potenziellen Bruchbiografie" (BECK/WILLMS 2000, S. 34). Oder noch einmal anders ausgedrückt: „Die mit den Modernisierungsschüben der Industriegesellschaft in Kauf genommenen Risikofolgen stehen keineswegs nur in der Gefahr, ökologisch zu explodieren, sondern auch sozial zu implodieren. Die Freisetzung aus den lebensweltlichen Bindungen und Stabilitäten der Herkunftsmilieus, der Verlust der ehemals wegweisenden und kollektiv abgesicherten Geländer der Lebensführung bei gleichzeitig beträchtlicher Ausweitung individueller Gestaltungsmöglichkeiten, das immer verflochtener werdende, nicht mehr entwirrbare Neben- und Ineinander erfolgs- und verständigungsorientierter Handlungsmuster lässt die naturwüchsigen Gesellungsformen und die intersubjektiven Beziehungen in hohem Maße ungewissheitsbelastet und riskant werden" (RAUSCHENBACH 1999 a, S. 244).

Unsicherheit ist deshalb nicht (nur) das Resultat einer Übergangssituation, eines Schwebezustandes zwischen einem alten Gleichgewicht, und einem neuen, das noch zu finden ist. Unsicherheit ist vielmehr das Markenzeichen einer Gesellschaft, die unter dem Banner der Flexibilität Abschied nimmt von ihren einstigen stillschweigenden Voraussetzungen und Selbstverständlichkeiten - und sich um den Preis ihrer eigenen Stabilität auf die Suche nach neuen Sicherheiten begeben muss.[24] „Vom Risikoregime zu sprechen, bedeutet nicht ein Übergangsphänomen im Auge zu haben. Gemeint ist das absehbare und begrifflich klar bestimmte Unschärfe-Prinzip, welches das Bild von Arbeit, Gesellschaft und Politik in der Zweiten Moderne prägt" (BECK 1999, S. 73).

Diese knappe Skizze der zentralen Kategorien des Modells der Zweiten Moderne soll bis zu diesem Punkt ausreichen, um den begrifflichen Rahmen der Argumentation abzustecken, die es im Folgenden zu entwickeln und zu begründen gilt. Bestimmte, hier nur angerissene Punkte werden zu späteren Zeitpunkten aufgegriffen, vertieft und auf sozialpädagogische Fragestellungen hin konkretisiert.

Das Modell der Zweiten Moderne bzw. des Übergangs von der Industrie- zur Risikogesellschaft ist seit seiner „Geburt" Mitte der 80er Jahre (vgl BECK 1986) Anlass heftigster fachlicher Auseinandersetzungen gewesen.[25] Bei aller Breite und Vielfalt der Kritiken, auf die einzugehen sein wird, insofern sie den Kern des Themas betreffen, sind es vor allem zwei Haupteinwände, die in verschiedenen Versionen immer wieder vorgetragen werden:

- BECKs Werk ist - freundlich gesprochen - von hoher sprachlicher Schaffenskraft und Phantasie gekennzeichnet, die sich z.B. in steten begrifflichen Neukreationen niederschlagen. Zugespitzt trifft BECK der Vorwurf

---

24 Eine solche Formulierung unterliegt leicht einem kulturkritischen Vorbehalt, der die negativen Konsequenzen der Moderne genüsslich ausbreitet, um die Sicherheiten des Gestern anzupreisen. RICHARD SENNETT hat in einem Interview gemeinsam mit ULRICH BECK gegen ein solches Verständnis von „Modernität als Wunde" plädiert. „Ich mag die These überhaupt nicht, dass der Prozess der Modernität eine stabile Vergangenheit zerstöre. (...) Auch in Amerika verklären die Leute die angeblich einst so stabile Familie. Aber wenn sie genau hinsehen, müssen sie etwa feststellen, dass Mütter und Väter ihre Familien viel häufiger als heute verlassen haben, weil Scheidung tabuisiert war. Loyalität und Vertrauen sind nicht verschwunden, sie haben sich nur verändert. Und das Problem ist: Ihre Formen sind so individuell, dass sie nicht mehr zu gemeinsamen politischem Handeln führen. Wir müssen neue Institutionen erfinden, die Dauerhaftigkeit ins Leben der Menschen bringen" (BECK/SENNETT 2000, S. 34).

25 In Bezug auf das Individualisierungstheorem sind die kontroversen Positionen innerhalb der soziologischen Debatte in zwei aktuelleren Sammelbänden dokumentiert (vgl. KRON 2000; FRIEDRICHS 1998). Vgl. zur Kritik u.a. die Beiträge in BECK (1991) sowie SCHERR (2000), WEISS (1998).

der „begrifflichen und methodischen Verwilderung“ (WEISS 1998, S. 425) und des „weltverlorenen Sprach-Enthusiasmus“ (ebd. S. 426). Die mangelnde begriffliche Präzision der Arbeiten zur Zweiten Moderne ist der inhaltlichen Stringenz und Systematik abträglich und bringt sie in die Nähe einer eher essayistischen „Zeitgeistdiagnostik“, die den Gütekriterien sozialwissenschaftlichen Arbeitens nicht durchweg entsprechen.

- Damit ist auf den zweiten Einwand verwiesen: BECKs weitreichende Thesen zur Veränderung der Gesellschaft fänden keine oder nur geringe Bestätigung in einschlägigen Statistiken und empirischen Untersuchungen. Diese verweisen eher auf Kontinuität, denn auf einen epochalen Bruch.[26]

Diese generalisierten Einwände treffen allerdings nicht allein den Entwurf BECKs, sondern das Genre der soziologischen Gegenwartsanalyse insgesamt. Nach UWE SCHIMANK und UTE VOLKMANN (2000, S. 14) sind soziologische Gegenwartsanalysen, die gerade in den 80er und 90er Jahren Konjunktur hatten, eine notwendige Form sozialwissenschaftlich grundierter Selbstverständigung der Gesellschaft über ihre Gegenwart und Zukunft. Soziologische Gegenwartsanalysen sind „Lesarten des Heute und Morgen“ mit der Funktion, „dass die gesellschaftliche Selbstverständigung darüber, wo wir mittlerweile angekommen sind und wohin es mit uns noch führen kann, nicht abreißt“ (ebd., S. 17). Der spezifische Charakter von Gegenwartsdiagnosen lässt sich dabei durch drei Merkmale näher präzisieren.

- Der analytische Bezugspunkt von Gegenwartsdiagnosen ist die Gesellschaft als Ganzes, sie beschäftigen sich nicht „bloß mit gesellschaftlichen Teilbereichen und schon gar nicht mit sozialen Gebilden unterhalb der Gesellschaftsebene, also etwa Organisationen oder Interaktionen“ (ebd., S. 14). Gegenwartsdiagnosen, so könnte man bildhaft formulieren, fotografieren die Gegenwart eher mit dem Weitwinkel- als mit dem Teleobjektiv, wählen sich als Motiv eher die Landschaftsaufnahme, als das Portrait. Auch wenn sie sich, wie beispielsweise RICHARD SENNETT (1998) auf ein spezifisches Phänomen (hier: die Veränderung arbeitsgesellschaftlicher Sicherheits- und Erwartbarkeitsstrukturen) der sozialen Wirklichkeit beziehen, erheben sie doch den Anspruch, Aussagen über „das Ganze der Gesellschaft“ zu treffen.

- Auch wenn Gegenwartsdiagnosen den Anspruch erheben, Aussagen über „die Gesellschaft“ zu treffen, liegt ihr Abstraktionsniveau unterhalb genereller soziologischer Gesellschaftstheorien (wie etwa bei ELIAS, LUHMANN oder HABERMAS). Sie sind „analytisch abstrakter als Untersuchungen einzelner Gesellschaften, aber konkreter als generelle Gesellschaftstheorien“ (ebd., S. 16).

---

26 Vgl. z.B. WEISS (1998); SCHERR (2000); GEIßLER (1992); VESTER (1993).

- Der gegenwartsdiagnostische Charakter, die Situierung an der Grenze von Heute und Morgen bedingt überdies, dass entsprechenden Studien ein „unverkennbar spekulativer Überhang" (ebd., S. 16 f.) zu Eigen ist, d.h. dass sie nur zum Teil empirisch gesättigt sind und sich, wenn man es so formulieren will, lediglich an der Leine logischer, nicht empirischer Überzeugungskraft gesichert aus dem Fenster lehnen. Der zum Teil dünne empirische Boden, auf dem soziologische Gegenwartsdiagnosen häufig bauen, ist eine Art erfahrungswissenschaftlicher Generaleinwand gegen die Solidität solcher Entwürfe. SCHIMANK/VOLKMAN (2000, S. 17) halten dem allerdings entgegen, „dass empirische Abgesichertheit kein essentielles Qualitätskriterium soziologischer Gegenwartsdiagnosen ist. Dieses Genre soziologischer Literatur soll und will gerade der Spekulation Raum gegen. Worauf es ankommt, ist lediglich, ob spekulative Einschätzungen durch theoretische Plausibilitäten kontrolliert werden." Damit ist nicht einer wilden Spekulation jenseits empirischer Evidenzen das Wort geredet, allerdings wird der Tatsache Rechnung getragen, dass diagnostische Arbeit an der Grenze von Heute und Morgen sich der Empirie des Gestern nur bedingt bedienen kann, weil sich einige Entwicklungen gar nicht, andere schemenhaft, wieder andere eher hinter der Wirklichkeit der Zahlen entfalten. Die empirische muss an diesen Schnittstellen durch eine logische Evidenz ergänzt werden.

Ohne auf die oben genannten Einwände gegen die Arbeiten BECKs hier im Einzelnen eingehen zu wollen, sollen vorab vier Punkte hervorgehoben werden, die es sinnvoll erscheinen lassen, mit dem Modell der Zweiten Moderne zu arbeiten.

(1) Zweifelsohne ist das BECKsche Modell, wie THOMAS RAUSCHENBACH (1999 a) dies hervorgehoben hat, zuerst Gegenwartsdiagnose (s.o.), allerdings in Anknüpfung an die klassischen Diskurse der Soziologie, mit systematischem Anspruch und zugleich hohem Reizwert, ohne den die im Vergleich zu anderen gegenwartsanalytischen Chiffren[27] doch erstaunliche Breite und Dauer der Rezeption in Fachdiskurs, Politik und Öffentlichkeit und das sich darin zweifelsfrei andeutende Anregungspotential nur schwer erklärlich wäre. Insofern ist es kaum verwunderlich, dass die Begriffe und Konstrukte des Modells der Zweiten Moderne „keine vergleichbare Dignität aufweisen wie andere, lang und breit diskutierte und entwickelte soziologische Grundbegriffe" (ebd., S. 241). BECKs Sprachkraft hat zudem zwei Seiten: Einerseits sind seine Texte für soziologische Fachtexte erstaunlich „lesbar" und reich an Beispielen und Metaphern, und knüpfen insofern eher

---

27 Als Beispiele seien etwa Erlebnisgesellschaft (vgl. SCHULZE 1992) oder Multioptionsgesellschaft (vgl. GROSS 1994) genannt, die beide - jenseits ihrer spezifischen fachlichen Erträge - eine gewisse Popularität erlangten, ohne allerdings von solcher Dauerhaftigkeit und Nachhaltigkeit zu wirken, wie der von BECK kreierte Begriff der Risikogesellschaft bzw. der Zweiten Moderne.

an die amerikanische Publikationstradition an. Andererseits ist die „sprachliche Kreativität“ BECKs der Übersichtlichkeit und Systematik seiner basalen Begrifflichkeit nicht eben dienlich. Zumindest wirft jede Neuschöpfung im schnell wachsenden Oeuvre BECKs die Frage auf, in welchem Verhältnis sie zu den bisherigen Elementen des begrifflichen Koordinatensystem steht. Auch wenn BECK, so unterstellt die vorliegende Arbeit, eine stringente, systematische Idee verfolgt, geht er aus systematischer Perspektive nicht eben pfleglich mit seinem Begriffsinventar um. Umso mehr obliegt es der Fachdiskussion, die Begrifflichkeiten aufzugreifen, zu schärfen und zu systematisieren.

Gerade wenn man sich den gegenwartsdiagnostischen Charakter der Studien zur Zweiten Moderne vergegenwärtigt, ist zu bedenken, dass der Versuch der Beschreibung von sich aktuell vollziehenden Prozessen, sich immer mit dem Problem auseinanderzusetzen hat, einen ggf. neuen, bislang unbekannten, evt. zukünftigen Zustand mit dem begrifflichen Inventar der Gegenwart bzw. der Vergangenheit einzufangen. Versteht man unter Theorien bildhaft gesprochen „Sehhilfen“, die mittels der Betonung bestimmter Aspekte das Sensorium schärfen und so einen Blick für Dinge zu entwickeln helfen, die ansonsten der unmittelbaren, sinnlichen Wahrnehmung mehr oder minder entzogen sind, so stellen gesellschaftliche Umbrüche die Analytikerin und den Analytiker vor das Problem, durch den Rückgriff auf die Denkkategorien des Gestern möglicherweise den Blick für eventuell Neues zu trüben. Wenn man Begriffe als „Griffe“ versteht, mit denen man die Welt anfasst (B. BRECHT), dann verlangen gesellschaftliche Umbrüche auch nach begrifflichen Suchbewegungen und damit verbunden wohl notwendig begrifflichen Unschärfen. Der Ertrag BECKs liegt nicht in der öffentlichkeitswirksamen Platzierung immer neuer Begriffe, wie seine Kritiker ihm nicht enden wollend vorwerfen, sondern vielmehr in dem mit ihnen verbundenen Reiz- und Anregungspotential, das sich in einer wachsenden Zahl von Folge- und Anschlussstudien (zumindest anschlussfähigen Studien) niedergeschlagen hat, auf die z.T. im Folgenden noch einzugehen sein wird.

THOMAS RAUSCHENBACH (1999 a, S. 241) sieht den „praktischen Wert“ des Modells der Risikogesellschaft bzw. der Zweiten Moderne „zuallererst in der produktiven Verunsicherung altbewährter Denkmuster und Theorieschablonen. Dieses Konstrukt eröffnet eine Blickrichtung, die - in einem theoretischen Sinne noch ungeschützt - Ausblendungen sichtbar, Verwerfungen benennbar und neue Fragestellungen formulierbar macht.“ RAUSCHENBACH formuliert damit eine der Kernintentionen BECKs, wonach wir, in dessen „bildhafter Sprache“ gesprochen, in „Zombi-Institutionen und Zombi-Kategorien“ denken und forschen, „in lebend-toten Kategorien, die uns blind machen für die sich rasant verändernde Realität“ (BECK/SENNETT 2000, S. 33). Auch wenn man der Schärfe der Formulierung nicht folgen mag, könnte die Provokation und Stärke des Modells der

Zweiten Moderne vielleicht gerade in ihrer Unterstellung liegen, dass sich etwas verändert hat, mithin in ihrem Suchcharakter, der die Aufmerksamkeit des Beobachtenden aus den Beschränkungen des Gewohnten löst.

(2) Der Charakter der Suchbewegungen in Umbruchsituationen nimmt auch Einfluss auf den zweiten Einwand, dass die Empirie die These vom epochalen Bruch nicht decke oder beispielhaft gesprochen: dass die durchschnittliche Wirklichkeit immer noch (eher) die der Kleinfamilie (wenn auch vielleicht nach Scheidung in neuen, verzweigten und komplizierteren Netzwerkstrukturen und Beziehungsmustern) und des Normalarbeitsverhältnisses sei. Veränderungen verlaufen, wenn überhaupt, weit weniger schnell und dramatisch, wie behauptet, und diese „Konstanz von Normalität" entspricht letztlich auch den Wünschen und Lebensmodellen der Menschen. Diese zugespitzte Formulierung, die angesichts weit differenzierterer Befunde z.B. zur Veränderung familialer und nicht-familialer Formen des Zusammenlebens (vgl. zusammenfassend PEUKERT 1996, 1997) zweifelsohne zur Gegenrede einladen muss, soll in seiner Verdichtung auf ein Strukturproblem aufmerksam machen: Viele Veränderungen geraten erst dann in den Blick, wenn man sie unterstellt und nach ihnen sucht, wenn man sich mit der Perspektive des Neuen auf die Suche nach möglichen Umbrüchen begibt, die sich zumal im Paradigma der Zweiten Moderne oft hinter der Fassade der Normalität vollziehen.

BECKs Hinweis, dass „in Zeiten strukturellen Wandels ... Repräsentativität ein Bündnis mit der Vergangenheit" eingeht und den „Blick auf die Spitzen der Zukunft, die von allen Seiten in den Horizont der Gegenwart hineinragen" verstellt (BECK 1986, S. 13), kann man mit etwas bösem Willen als Freifahrtschein lesen, Thesen und Aussagen künftig nicht mehr der Überprüfung durch empirische Studien etc. zu stellen, was das Modell letztlich nicht nur fachwissenschaftlich diskreditieren würde. Vorsichtig gewendet enthält er allerdings die produktive Mahnung zur Skepsis gegenüber den eigenen und etablierten Wahrnehmungskategorien und -instrumenten.[28]

(3) Aus einem dritten Grund bietet sich das Modell der Zweiten Moderne für die vorliegende Fragestellung an. Die Veränderungen der Ökonomie und der Arbeitswelt spielen schon in den frühen (vgl. BECK 1986, 1991), deutlicher aber noch in den späteren Schriften (vgl. BECK 1999, 2000; BECK/WILLMS 2000) eine besondere Rolle im Argumentationsgebäude Becks. Sie sind, zugespitzt gesprochen, der Motor des Übergangs von der Ersten zur Zweiten Moderne. Schon 1986 betont BECK: „Mit dem Beruf

28 CHARLES HANDY, Ökonomieprofessor an der London Business School sieht einen ähnlich dramatischen Bruch, der den Rückgriff auf Begriffe und Konzepte der Vergangenheit zunehmend obsolet erscheinen lässt: „Wandel bedeutet nicht mehr die gradlinige Projektion vergangener Trends in die Zukunft. Wenn Wandel sich nicht fortsetzt ... haben die Erfolgsgeschichten der Vergangenheit wenig Relevanz für die Probleme von morgen, sie können vielleicht sogar schädlich sein. Die Welt muss auf jeder Ebene in gewissem Maße neu erfunden werden" (HANDY 1999, S. 24).

verlieren die Menschen ein mit der materiellen Epoche entstandenes, inneres Rückgrat der Lebensführung. Die Probleme und Vorgaben der Erwerbsarbeit durchstrahlen die gesamte Gesellschaft. Die Industriegesellschaft ist auch außerhalb der Arbeit in der Schematik ihres Lebens, in ihren Freuden und Leiden, in ihrem Begriff von Leistung, in ihrer Rechtfertigung von Ungleichheit, in ihrem Sozialrecht, in ihrer Machtbalance, in ihrer Politik und Kultur durch und durch eine Erwerbsarbeitsgesellschaft. Wenn ihr ein Systemwandel der Erwerbsarbeit bevorsteht, dann steht ihr ein Gesellschaftswandel bevor" (BECK 1986, S. 222).[29] Oder anders ausgedrückt: „Im Paradigma der Zweiten Moderne steht dagegen genau dieser Systemwandel der Erwerbsarbeit im Zentrum" (BECK 1999, S. 16). Unter den Bedingungen einer fortschreitenden Deregulierung und Flexibilisierung der Lohnarbeit, einer damit einhergehenden Ökonomisierung der Lebensverhältnisse und in der Folge eines erhöhten Individualisierungsdrucks „verwandelt sich die Arbeits- in eine Risikogesellschaft, die weder für die Lebensführung des Einzelnen noch für Staat und Politik kalkulierbar ist" (ebd., S. 10).[30]

In der angedeuteten politökonomischen Ausdeutung sind Gesellschaften der Ersten Moderne zu verstehen als „kapitalistische Erwerbsgesellschaften, die sich wesentlich über den Markt definieren" (BECK/WILLMS 2000, S. 27), und die sich durch die „Siege des Kapitalismus" (BECK 1996, S. 44) im Sinne einer „Befreiung der Arbeits-, Waren- und Kapitalmärkte von staatlichen Zwängen" im Zuge eines neoliberalen Deregulierungstrends ab den 70er Jahren zum Turbokapitalismus (LUTTWAK 1999) entwickelt haben, den Beck mit der Weltrisikogesellschaft gleichsetzt (vgl. BECK/WILMS 2000, S. 77). Das Epizentrum aller gesellschaftlichen Veränderungen, die die „reflexive Modernisierung" der Gesellschaft und die Individualisierung der Subjekte vorantreiben, ist in den Umgestaltungen und der Entgrenzung des ökonomischen Sektors zu suchen. Eine solche, in den neueren Arbeiten verstärkt angedeutete politökonomische Ausdeutung des Modells der Zweiten Moderne macht Sinn, weil die BECKsche Lesart der Moderne damit, deutlicher als bislang anschlussfähig an die neuere nationale[31] und interna-

29 BECK (1986, S. 25) definiert Modernisierung als „technologische Rationalisierungsschübe und die Veränderung von Arbeit und Organisation", die darüber hinaus „den Wandel der Sozialcharaktere und Normalbiographien, der Lebensstile und Lebensformen, der Einfluss- und Machtstrukturen, der politischen Unterdrückungs- und Beteiligungsformen, der Wirklichkeitsauffassung und Erkenntnisnormen" umfasst.

30 So wie BECK die Modernisierung der Arbeit als Motor von Individualisierung identifiziert, liest ROBERT CASTEL (2000, S. 402), ohne expliziten Bezug auf Beck, die Geschichte der Lohnarbeit als Geschichte der Individualisierung. „Die Erzählung, die ich hier unternommen habe, kann nämlich auch, parallel zu der des Aufstiegs der Lohnarbeit, als die Geschichte des Aufstiegs des Individualismus, der Schwierigkeiten und Risiken, als Individuum zu existieren, gelesen werden."

31 Vgl. z.B. HIRSCH/ROTH (1986); HIRSCH (1995); KUCKA/OFFE (2000); HEUSER (2000); NEGT (1999, 2000).

tionale[32] Diskussion über Gegenwart und Zukunft kapitalistischer Gesellschaften wird und sich im Lichte auch und gerade dieser Diskussion erweisen muss.

(4) Abschließend sei die These gewagt, dass sich BECK, trotz seiner medialen Präsenz weitaus weniger Anfeindungen ausgesetzt sehen würde, beschränkte er sich auf die Rolle des gesellschaftliche Entwicklungstrends beschreibenden Analytikers. Die Arbeiten BECKs durchzieht neben der analytischen und interpretativen aber auch ein zweite Linie, die man immer wieder unter der Frage subsumieren könnte, wie soziale Integration, Freiheit und Demokratie unter den Bedingungen der Zweiten Moderne (neu) abgesichert werden können. Dass die Beschäftigung mit Zukunftsfragen Zukunftsideen hervorbringt, ist weder überraschend noch kritikwürdig. Gleichwohl ist es notwendig die Ebenen von „Wunsch“ und „Wirklichkeit“ zu trennen. Insofern ist es etwa problematisch, das Modell der Bürgerarbeit innerhalb eines Jahres von einer „Vision“ (BECK 1999, S. 12) zu einer „verdeckten Entwicklungsrichtung, auf die heute schon vieles zuläuft“ (BECK 2000, S. 65) zu erklären. Zumindest setzt eine solche Aussage den Urheber dem Verdacht aus, hier würde nur all zu schnell der Wunsch zum Vater des Gedanken - insofern sich die Aussage nicht auf triftige (auch empirische) Belege stützen kann. Es macht deshalb Sinn, zwischen dem analytischen Aspekten der Zweiten Moderne einerseits und den eher visionären Aspekten einer sozial integrierten, freien und demokratischen Zweiten Moderne andererseits zu trennen, obgleich eine Studie, die sich mit Zukunftsfragen der Arbeitsgesellschaft beschäftigt, auf eine Auseinandersetzung mit dem Konzept der Bürgerarbeit nicht verzichten kann (vgl. Kapitel 9).

---

32 Vgl. z.B. CASTEL (2000); THUROW (1997); LUTTWACK (1999); RIFKIN (1997); REICH (1997); BOURDIEU u.a. (1998); CHOMSKY (2000); FORRESTER (1997, 2000); SENNETT (1998).

2. Die Arbeitsgesellschaft der Ersten Moderne

> *„Die Neuzeit hat im siebzehnten Jahrhundert damit begonnen, theoretisch die Arbeit zu verherrlichen, und sie hat zu Beginn unseres Jahrhunderts damit geendet, die Gesellschaft im Ganzen in eine Arbeitsgesellschaft zu verwandeln." (HANNAH ARENDT 1987, S. 11)*

Die Erste Moderne ist in ihrer entwickelten Form, wie im vorherigen Kapitel angedeutet, gleichzusetzen mit Gesellschaften der industriekapitalistischen Moderne. Mit BECK lässt sich das Bild der Ersten Moderne und ihrer konstitutiven Eckpfeiler allerdings genauer zeichnen. Die „historische" Gesellschaftsformation der Ersten Moderne ruht demnach vor allem auf fünf Säulen:[1]

- Gesellschaften der Ersten Moderne sind *Nationalstaaten*. Sie schaffen einen territorialen Rahmen für die regulative Sicherung und Ausgestaltung der Volkswirtschaften nach innen sowie ihrer paranationalen Beziehungen nach außen. Folgt man der Interpretation ROBERT REICHS (1996, S. 23 ff.), so ist der Übergang zu einem „volkswirtschaftlichen Nationalismus", der sich ab dem 18. Jahrhundert vollzog, notwendige Entwicklungsbedingung industriekapitalistischer Modernisierung und der Herausbildung des Wohlfahrtskapitalismus (vgl. BÖHNISCH/ARNOLD/SCHRÖER 1999, S. 44 f.; LESSENICH/OSTNER 1998).
- Gesellschaften der Ersten Moderne sind *Großgruppen- bzw. Kollektivgesellschaften*, in denen sich Lebenslagen, kollektive Lebensmuster, soziale Differenzen, Interessen und Machtkonstellationen unter den regulativen Bedingungen staatlicher Sozialpolitik in sozialen Gruppenkonstellationen bündeln. Die soziale Struktur der Gesellschaft ist beschreibbar in Klassen bzw. Schichten (vgl. zur Differenzierung BECK 1986, S. 139 ff.), d.h. in Gruppen von Subjekten mit vergleichbaren materiellen, sozialstrukturellen und soziokulturellen Erfahrungskontexten und Lebenslagen.

---

1 BECK nennt in einer neueren Veröffentlichung (vgl. BECK/WILLMS 2000, 25 ff) lediglich vier Säulen und subsummiert die Frage der geschlechtsspezifischen Arbeitsteilung unter den Aspekt der Großgruppen- und Kollektivgesellschaft. Da dieser Aspekt nicht zuletzt auf die Labilisierung der zweiten tragenden Säule der Ersten Moderne, der (Klein-)Familie verweist (immerhin ist die sukzessive Aufkündigung des Geschlechtervertrages eines der Motoren der Individualisierungsschübe in Arbeitsmarkt und Lebenswelt), wird ihm in der Darstellung ein gesonderter Status eingeräumt.

- Gesellschaften der Ersten Moderne basieren auf einem spezifischen *Verhältnis von Natur und Gesellschaft*. Die Natur wird als (unbegrenzt) ausbeutbare Ressource zur Steigerung volkswirtschaftlichen Wohlstands instrumentalisiert. Nach BECK basieren Gesellschaften der Ersten Moderne auf einer klaren „Unterscheidung von Gesellschaft und Natur. Wobei die Natur als unendliche Ressource für den Industrialisierungsprozesses vorausgesetzt wird, Natur als Begriff des schlechthin Fremden, das der Gesellschaft gegenübersteht und das es zu kontrollieren gilt“ (BECK/WILLMS 2000, S. 25 f.).

- Gesellschaften der Ersten Moderne basieren auf einem *geschlechtsspezifischen Modell der Arbeitsteilung*, dass auf den zwei Pfeilern eines öffentlichen, „männlichen“ Produktionsortes Arbeitsmarkt und eines privaten, „weiblichen“ Reproduktionsortes der Kleinfamilie ruht. Beispielsweise basiert das deutsche Modell des Wohlfahrtsstaates (vgl. dazu ausführlicher Kapitel 3), so FRANZ-XAVER KAUFMANN, auf „bestimmten Normalitätsannahmen, nämlich der dauerhaften Erwerbstätigkeit der Männer bei lediglich sporadischer Erwerbstätigkeit der Frauen, der Selbstverständlichkeit des Eheschlusses und der Familiengründung für beide Geschlechter sowie einer innerfamilialen Arbeitsteilung im Sinne des Modells der Hausfrauenehe“ (KAUFMANN 1997, S: 60).

- Gesellschaften der Ersten Moderne sind „Arbeitsgesellschaften oder Vollbeschäftigungsgesellschaften, und zwar weil Gesellschaften und Gesellschaftsmitgliedschaft wesentlich über Beteiligung an Erwerbsarbeit definiert werden und sich auch der Status der Einzelnen von seiner Erwerbsarbeit herschreibt“ (BECK/WILLMS 2000, S. 26).

Mit dem letzten Punkt wollen wir uns im Folgenden etwas genauer beschäftigen.

Zur Genese der Arbeitsgesellschaft

Da auf die Begriffs- und Sozialgeschichte der Arbeit, auch derjenigen der vorindustriellen Zeit, bereits an anderer Stelle eingegangen wurde (vgl. GALUSKE 1993, S. 15 ff.), kann auf einen so weitreichenden historischen Exkurs verzichtet und der Schwerpunkt vielmehr auf die für die aktuellen Entwicklungen zentrale industriekapitalistische Phase vor allem des 19. und 20. Jahrhunderts gelegt werden.

Gleichwohl bedarf auch eine Konzentration auf diesen Entwicklungsabschnitt der arbeitsgesellschaftlichen Moderne eines kurzen Abstechers in die „Vorgeschichte“, da weder Kapitalismus noch - zumindest in einer bestimmten Lesart - Industrialisierung „Kinder“ der Moderne sind. Eduard HEIMANN etwa terminiert in seiner „Sozialen Theorie der Wirtschaftssysteme“ den Übergang von der kulturellen Ökonomie, die „ihre wirtschaftlichen Tätigkeiten dem Gesellschaftssystem ein- und unterordnete“

(HEIMANN 1963, S. 40), zu einem „Wirtschaftssystem“, dessen zentrales Merkmal die „Verwendung des Überschusses für wirtschaftliches Wachstum“ (ebd., S. 45) ist, im Handelskapitalismus des Spätmittelalters, der vermittelt über die territoriale Ausbreitung der Warenmärkte (und damit des Warenbedarfs) wiederum Druck auf die Herausbildung neuer „Technologien“ und Organisationsformen von Arbeit ausübte, und vermittelt darüber auch auf die lebensweltlichen Arrangements der Subjekte (vgl. Kapitel 4).

Auf diesem Hintergrund überrascht es nicht, dass man durchaus von frühen Phasen der Industrialisierung sprechen kann, insofern „der Ton auf die soziale Struktur, nicht auf die Produktionstechnik gelegt wird“ (ebd., S. 41). HEIMANN nennt als Beispiel die Textilindustrie an der Schwelle von ausgehendem Mittelalter und Neuzeit. MIKL-HORKE (1997) konstatiert für den Zeitraum zwischen 1200 und 1500 technologische Innovationen, „die von manchem als ‚industrielle Revolution bezeichnet werden: Der Trittwebstuhl, das Spinnrad, Wasser- und Windmotoren, Nockenwelle, Hochöfen, Schiffbautechniken, Chronometer, Buchdruck und viele andere Neuerungen markieren diesen Aufbruch, der viel radikaler mit den traditionellen Techniken brach, als dies im 19. Jh. der Fall war“ (ebd., S. 14).[2] Auch wenn Kapitalismus und Industrialisierung somit älter sind, gibt es doch Gründe, warum erst ihre Vereinigung zur industriekapitalistischen Epoche der Moderne im 19. Jahrhundert eine expansive, ja explosive Wachstums- und Reichtumsdynamik in Gang gesetzt hat.

Zum einen kann die „Vorgeschichte“ der industriekapitalistischen Epoche von den Arbeitshäusern und Manufakturen bis zum Verlagswesen als notwendige „Lernphase“ begriffen werden, in der Gesellschaft wie Subjekte die Strukturen ihrer Innen- und Außenwelt von religiösen und ständisch-feudalen Fesseln befreien und an ihrer Stelle nach und nach neue Strukturen etablieren, die den Erfordernissen einer „entfesselten“ Moderne entsprachen (vgl. dazu ausführlicher Kapitel 4).

Zum anderen lassen sich mit MIKL-HORKE drei Formen der Produktion unterscheiden:

1. die handwerkliche Produktion, die „durch die Verwendung von Werkzeugen und Universalmaschinen, die dem Handwerker helfen, ein ganzes Produkt oder einen Bestandteil autonom und bei geringer Teilung der Arbeit weitgehend händisch herzustellen“ (ebd., S. 26) gekennzeichnet ist;

2 Der größte „Industriebetrieb“ des Mittelalters war etwa die staatlich-venezianische Werft, die etwa 2000 Arbeiter mit Lebenszeitverträgen beschäftigte. Ein anderes Beispiel ist die florentische „Textilindustrie“ des ausgehenden 14. Jahrhunderts, die etwa 15.000 Menschen beschäftigte (MIKL-HORKE 1997, S. 14). Vgl. ausführliche Beispiele in EGGEBRECHT u.a. (1980).

2. die mechanisierte Produktion „wo unter Verwendung von Spezialmaschinen und Fließbändern in arbeitsteiliger, unqualifizierter und repetitiver Teilarbeit Produkte in großen Serien hergestellt werden“ (ebd., S. 26);

3. die automatisierte Produktion, „wo selbststeuernde Maschinensysteme nicht nur das Produkt herstellen, sondern sich auch selbst kontrollieren und korrigieren“ (ebd., S. 26). Für den Zeitraum, den man als industrielle Revolution bezeichnet und der in Kontinentaleuropa im Wesentlichen auf das 19. Jahrhundert datieren werden kann, ist der massenhafte Übergang zur mechanisierten Produktion typisch, die allerdings in ihrer paradigmatischen Institution, der Fabrik, den Keim der automatisierten Produktion trägt. „Typisch für die Fabrik ist nicht die Maschine als solche, denn Maschinen gab es schon in den Manufakturen, sondern ihre besondere zentrale Funktion für die Produktion; sie unterstützt die Arbeit des Menschen nicht nur, sondern sie ersetzt sie. Das Ziel der fabrikmäßigen Fertigung ist die Automation, bei der die Rollen von Menschen und Maschinen vertauscht werden: die Maschine erzeugt das Produkt, der Mensch bedient sie oder wird überhaupt überflüssig“ (ebd., S. 26).

In seiner sozialhistorischen Studie zur Geschichte der Arbeit und Industrialisierung in Deutschland nennt Wolfgang RUPPERT (1983) einige zentrale Wirkfaktoren, die im Zusammenspiel die Dynamik der Industrialisierung ausmachen:

- „Die Entwicklung von Arbeitsmaschinen und mechanischen Anlagen;
- die Ersetzung von tierischer oder menschlicher Kraft durch die unbeseelte Kraft der von Dampf, Elektrizität, Gas, etc. angetriebenen Maschinen;
- die Verbesserung von Verfahren zur Erzeugung und Verarbeitung von Rohstoffen, beispielsweise das Bemessungsverfahren zur Herstellung von Stahl;
- die Konzentration der Produktion in der Fabrik mit ihrer charakteristischen Kombination von Arbeits- und Kraftmaschinen;
- die Produktion für den Markt;
- die zunehmende Arbeitsteilung;
- die Trennung der Arbeitenden in Unternehmer als Besitzer der Produktionsmittel, charakterisiert durch Eigentum an investivem Kapital und darauf gegründetem unternehmerischen Handeln;
- und Arbeiter, die lediglich die freie Verfügung ihrer eigenen Arbeitskraft in den Produktionsprozess einbringen können und dafür einen Lohn erhalten;
- eine neue exakte Zeitstruktur und damit verbunden ein synchrones System von Disziplin, Selbstdisziplin und Kontrolle“ (ebd., S. 21).

Zusammenfassend lässt sich die industrielle Revolution des 19. Jahrhunderts und die durch sie ausgelöste ökonomische und soziale Dynamik als Folge des Zusammentreffens einer auf Expansion angelegten kapitalistischen Ökonomie, technischer Innovationen und neuer Produktionskonzepte begreifen (vgl. BÖHNISCH/ARNOLD/SCHRÖER 1999, S. 30 f.).

Diese neuen Paradigmen der industriellen Ökonomie fanden auch in ihrer Bedeutung für die lebensweltlichen Bezüge der (zumeist arbeitenden) Menschen kaum einen sinnbildlicheren Ausdruck, als in ihrer zentralen institutionellen bzw. organisatorischen Erfindung, der Fabrik. Zwar kannte auch die vorindustrielle Welt - wie oben in Beispielen angedeutet - Stätten der Großproduktion bzw. Formen der Vernetzung von Arbeitskraft, die aber zumeist auf handwerklichen Formen der Abstimmung von Arbeitsvollzügen beruhte. „Der Handwerker bearbeitet sein Produkt in allen erforderlichen Arbeitsphasen selbst. In der Manufaktur ist dagegen zur Herstellung der Ware eine arbeitsteilige Kooperation organisiert: der Manufakturbesitzer finanziert die Arbeit mit seinem Kapital und verkauft die Ware. Er gibt das Rohmaterial aus, um sie von Handwerkern in Lohnarbeit verarbeiten und anschließend vielleicht noch von einem Färber veredeln zu lassen. Neben dieser dezentralen Manufaktur gab es auch die zentrale Manufaktur, beispielsweise in der Porzellanherstellung oder in der Tabakverarbeitung. In einem Manufakturgebäude konzentrierten sich verschiedene Lohnarbeiter auf jeweils unterschiedliche Arbeitsgänge, bei der Herstellung eines Produkts. Sie benutzten Werkzeuge, leisteten aber damit Handarbeit. Im Unterschied zu beiden, auf Handarbeit beruhenden Organisationsformen der Manufaktur, bestand die historisch entscheidende Neuerung der Fabrik im systematischen Einsatz von Maschinen: Kraftmaschinen zum Antrieb und Arbeitsmaschinen werden im Arbeitsablauf aufeinander bezogen, miteinander koordiniert. Charakteristisch für die industrielle Arbeit in der Fabrik ist es, dass die Arbeiter, die Angestellten und die Direktoren an diesen Zentralort zusammenkommen" (RUPPERT 1983, S. 19).

Systematisch gesprochen bringt die Geburt der Fabrik zwei „Neuerungen" mit sich: (a) Die Trennung der Arbeitenden von den Produktionsmitteln. Die Arbeiter der frühen Textilindustrie saßen und webten nicht mehr an ihren Webstühlen, sondern verkauften dem Unternehmer „lediglich" ihre Kraft, Zeit und Qualifikation, der wiederum den Besitz an Produktionsmitteln zur Produktion von „Mehrwert", von - vereinfacht gesprochen - unternehmerischen Gewinn nutzte. (b) Mit der Trennung von den Produktionsmitteln ging die Trennung von Arbeitsort und Wohnort einher. „Anstatt des Fußmarsches einmal die Woche, zwecks Abgabe des Produktes und Übernahme der Rohstoffe für die nächste Woche, musste er sich dem täglichen Weg zur Arbeit und nach Hause unterziehen. Mochte die Fabrik noch so nahe gelegen sein, bedeutete dies mindestens einen Bruch mit traditionellen Lebensgewohnheiten. Diesen Bruch zu verkraften, fiel dem Arbeiter auch deshalb schwer, weil die Arbeit in der Fabrik gleichzeitig auch einen Bruch mit traditionellen Arbeitsgewohnheiten und Arbeitsinhalten bedeutete. Die Fabrikarbeit brachte eine festgelegte und nicht vom Arbeiter selbst bestimmte Arbeitszeit" (EGGEBRECHT u.a. 1980, S. 206). Wie schwierig und langwierig der Anpassungsprozess der Subjekte an die neuen Anforderungen der Ökonomie waren, belegen etwa die gesetzbuchartigen Fabrikordnungen (vgl. RUPPERT 1980, S. 54 ff) und Arbeitsreglements, die dazu beitrugen, den neuen Typus des Fabrikarbeiters überhaupt erst zu kreieren. Zugleich wird die Fabrik durch die räumliche Trennung in eine „öffentliche" Lohnarbeit und eine „private", familiale Reproduktion so auch zum Motor und Paradigma einer für die Moderne typischen, fortschreitenden Ausdifferenzierung gesellschaftlicher Teilbereiche, insbesondere zwischen der (systemischen) Arbeits- und der Lebenswelt.

Wie sehr die industrielle Revolution nicht nur die Arbeits- sondern auch die Lebens- und Denkweise der Menschen verändert hat, ist zum Gegenstand einer ganzen Disziplin, der Soziologie geworden. Die bekannten sozialstrukturellen Langzeittrends einer

- (durch die Weltkriege negativ beeinflussten) Bevölkerungszunahme und Verstädterung[3],
- einer rapide beschleunigten und erhöhten Reichtumsproduktion,
- einer rasanten Verlagerung der ökonomischen Aktivitäten vom primären (Land- und Forstwirtschaft, Fischerei) zunächst auf den sekundären (produzierendes, Bau, Energie) und später tertiären Wirtschaftssektor (Dienstleistungen)[4],

---

3 Die Einwohnerzahl auf dem Gebiet des Deutschen Reiches stieg von 24,8 Millionen im Jahr 1816 über 35,5 Millionen (1850) auf rund 65 Millionen im Jahr 1910 an (vgl. GEIẞLER 1992, S. 29). Die Land-Stadt-Wanderungen nahm insbesondere nach dem Industrialisierungsschub der 1870er Jahre zu. Die Anzahl der Großstädte mit mehr als 100.000 Einwohnern im Deutschen Reich stieg von 1871 bis 1910 von 8 auf 48 an. „Das Landvolk wurde zum Stadtvolk. 1871 wohnten 64% der Reichsdeutschen in Gemeinden mit wenige als 2000 Einwohnern, 1910 nur noch eine Minderheit von 40%" (ebd., S. 31).

4 JEAN FOURASTIE (1954, S. 98 f.) hat schon in den 50er Jahren in seiner klassischen Studie über die „Grosse Hoffnung des 20. Jahrhunderts" den sektoralen Wandel der westlichen Industrieländern mit breitem Zahlenmaterial belegt. Der Wandel lässt sich an einem Beispiel veranschaulichen: Von 100 Beschäftigten waren 1895 immerhin noch 38 Landwirte, 1995 nur noch 3. Der Anteil der Beschäftigten im produzierenden Gewerbe ist (nach zwischenzeitlichen „Hochs") erstaunlich stabil und lag 1995 mit 36 nur um ein Prozent niedriger als 1895. Dramatisch hingegen die Zunahme im Bereich Handel, Verkehr, Dienstleistungen, der 1895 auch schon 25 von 100 Beschäftigte ernährte. Ihr Anteil liegt nur 100 Jahre später bei 61 (vgl. WILLKE 1998, S. 47). Besonders dynamisch ist die sektorale Entwicklung zugunsten der Dienstleistungstätigkeiten seit den 50er Jahren. Während der Anteil der Land- und Forstwirtschaft an der gesamtgesellschaftlichen Wertschöpfung zwischen 1950 und 1995 von 10,7 auf 1,5% zurückgegangen ist und auch das produzierende Gewerbe mit einem

beschreiben die Oberfläche eines epochalen Bruchs, der seinen Niederschlag auch in der Ausbildung einer neuen habituellen Grundstruktur der Subjekte finden musste (vgl. Kapitel 4) oder, wie es GIL (1997, S. 39) plastisch ausdrückt: „Das Fabriksystem machte einen neuen Arbeitertypus erforderlich. Zusammen mit anderen Sozialisierungs- und Disziplinierungseinrichtungen der Gesellschaft (wie zum Beispiel Schule und Armee) brachte das Fabriksystem diesen neuen Typus auch hervor."

DAHEIM/SCHÖNBAUER (1993, S. 37 ff.) beschreiben den kapitalistischen Industrialisierungsprozess Deutschlands mit einem soziologisch erweiterten Modell der „langen Wellen" (vgl. auch WILLKE 1998, S. 40). Unter „langen Wellen" werden in der Wirtschaftswissenschaft mit Bezug auf SCHUMPETER und den russischen Ökonomen KONDRATIEFF „Langzeitphasen wirtschaftlicher Entwicklung" (ebd., S. 32) verstanden, „die sich jeweils aus einer Teilphase tendenziell steigenden und einer Teilphase tendenziell abnehmenden Wirtschaftswachstums zusammensetzen" (ebd., S. 32). Eine „lange Welle" meint also mehr als eine kurz- oder mittelfristigen konjunkturellen Auf- oder Abschwung. Sie ist eine Konstruktion und umfasst einen durch technologische, politische und soziale Innovationen, Konsolidierung und Krise gekennzeichneten Entwicklungsabschnitt mit einem je spezifischen „Akkumulationsregime". Unter Akkumulationsregime sind „institutionelle Steuerungsformen der Wirtschaftsprozesse" zu verstehen, „die sich zuerst auf ökonomische Aspekte richten: auf die Arbeitskraftnutzung und die Kapitalverwertung, wie auf das Geld- und Kreditwesen. (...) In ihrem Zusammenwirken sichern diese institutionellen Vorkehrungen den Fortbestand der kapitalistischen Produktion, und zwar nicht zuletzt auch deshalb, weil sie die Nutzung der Produktionsfaktoren einschränken, also der Vernutzung vorbeugen. Solche Regelungsformen erschöpfen ihre Wirksamkeit von Zeit zu Zeit angesichts neuer Situationen, ‚großer' Krisen im Unterschied zu konjunkturellem Abschwung, auf die Wirtschaft und Politik mit ‚Institutionenumbau' reagieren, wobei der letzteren Dominanz zukommt. Die Basisinnovationen und Arbeitskraftlandnahmen können als Indikatoren für ein neues Akkumulationsregime gesehen werden, das durch eine Reform der Institutionen eingeleitet wird, die die Kapitalverwertung und besonders den Arbeitskrafteinsatz in qualitativ neuer Form regulieren. Vereinfacht gesagt: Jeder Kondratieff hat sein spezifisches Akkumulationsregime, das in der ‚großen' Krise durch ein neues ersetzt wird, was hauptsächlich Sache des Staates ist" (ebd., S. 34).

DAHEIM/SCHÖNBAUER unterscheiden fünf „lange Wellen" der Entwicklung der industriekapitalistischen Moderne seit dem 19. Jahrhundert, die jeweils durch ein Wechselspiel von ökonomischen, sozialen, politischen und technologischen Umbrüchen gekennzeichnet waren:

Rückgang von 49,7% auf 35,3% „Feder lassen" musste, nahmen die Dienstleistungen von 39,6 auf insgesamt 63,2% zu (vgl. ebd., S. 48).

- Die erste Welle umfasst für Europa den Zeitraum von Mitte des 18. bis Mitte des 19. Jahrhunderts. Technologisch steht diese Phase im Zeichen der Einführung der Dampfmaschine, der mechanischen Webstühle sowie der Kohle- und Eisentechnologie und wird begleitet vom institutionellen Umbau, insbesondere der nationalstaatlichen Formierung der Ökonomien.

- Die zweite Welle steht im Zeichen von Eisenbahn und Telegrafie. Sie „beginnt mit dem Eisenbahnbau in der zweiten Hälfte der vierziger Jahre und endet kurz vor der Jahrhundertwende mit der Trendwende in der Gründerkrise 1873. Diese Welle wirtschaftlicher Entwicklung ist von Bedeutung, weil mit ihr das Fundament des Industrialismus und der Arbeitsgesellschaft in Deutschland gelegt wurde: der technisch-wirtschaftliche Rückstand gegenüber England wurde aufgeholt, die Vergesellschaftung durch Lohnarbeit durchgesetzt sowie deren sozialstaatliche Absicherung eingeleitet“ (ebd., S. 39).

- Die dritte Welle, verbunden mit der Elektrifizierung und dem Aufstieg der Automobil- und Chemieindustrie, setzt um die Wende des 19. Jahrhunderts ein und umfasst die Weimarer Republik, die Übernahme fordistischer und tayloristischer Produktionsprinzipien (auf die noch einzugehen sein wird), die Weltwirtschaftskrise und den Zweiten Weltkrieg.

- „Aufschwungphase und Wendepunkt des vierten Kondratieff werden durch die Prosperitätsphase in der Bundesrepublik von Mitte der 50er Jahre bis zum ‚Ölschock' von 1973 bezeichnet“ (ebd., S. 43). Die Nachkriegszeit bis in die 70er Jahre mit ihren technologische Neuerungen wie Kunststoffe, Fernsehen, Kernkraft, Elektronik und Raumfahrt ist so etwas wie die Konsolidierungsphase des wohlfahrtsstaatlichen Kapitalismus. „Der Institutionenumbau vom Ende des dritten ‚Kondratieff' wird in der Aufschwungperiode fortgesetzt: Jetzt ist die finanzielle Grundlage für die Ausweitung des Sozialstaats gegeben, die vor allem in der Rentenreform von 1957 erfolgt. (...) Das ‚Normalarbeitsverhältnis' wird zum Leitbild des Arbeitskrafteinsatzes: 40 Stunden montags bis freitags zu festen Tageszeiten. Das alles markiert die Züge eines ‚fordistischen Produktionsregimes',, (ebd., S. 43 f.).

- Die fünfte „lange Welle“ schließlich findet ihre technologischen Innovationen in der Informationstechnologie, d.h. in der Telekommunikation, der Mikroelektronik und Multimedia, sowie in der Gentechnologie, setzt in den siebziger Jahren ein und ist - wenn man es so formulieren will - Anlass und Gegenstand dieser Studie.[5]

---

5 Interessanter Weise findet die quantitativ bedeutsamste Expansion der sozialen Berufe im sozialpädagogischen Jahrhundert nicht in der vierten, sondern im Übergang von der vierten zur fünften Welle statt. So nahm die Zahl der sozialversicherungspflichtig Beschäftigten in sozialen Berufen zwischen 1977 und 1997 von 232.100 auf 689.700

Um die Entwicklungen in dieser „fünften Welle" besser verstehen zu können, macht es Sinn, sich die direkten Vorläuferphasen etwas genauer anzuschauen, da sie eine institutionelle und normative Struktur herausgebildet haben, an der sich die „fünfte Welle" quasi brechen muss, um ihr neues Paradigma zu installieren. DAHEIM/SCHÖNBAUER haben die vierte Welle als Hochphase des „fordistischen Produktionsregimes" bezeichnet und rekurrieren damit auf ein politökonomisches Deutungsmuster, dass auf HIRSCH/ROTH (1986) zurückgeht und in der sozialpolitischen (vgl. z.B. BÖHNISCH/ARNOLD/SCHRÖER 1999; MIKL-HORKE 1997; CASTEL 2000) und sozialpädagogischen Fachdiskussion (vgl. z.B. SCHAARSCHUCH 1990) breite Verwendung gefunden hat. Nach HIRSCH/ROTH (1986, S. 46) bezeichnet „Fordismus" eine sich seit den 30er bis 50er Jahren international durchsetzende Phase der industriekapitalistischen Entwicklung. Namensgeber der „epochalen Gesellschaftsformation" (BÖHNISCH/ARNOLD/SCHRÖER 1999, S. 52) des Fordismus ist der amerikanische Unternehmer HENRY FORD, der nicht nur die Automobilindustrie mit der fließbandgestützten Massenproduktion seines Modells „Ford T" revolutionierte, sondern in seinen Schriften die Idee des Massenkonsums als Mittel der Integration der Arbeiterschaft propagierte. In diesem Sinne ist der Fordismus im Wesentlichen gekennzeichnet durch die „Verbindung von massenproduktionsorientierter Ökonomie und massenkonsumgestützter Soziallehre" (ebd., S. 63).[6]

Grundidee FORDs ist die später für die keynsianische Wirtschaftspolitik basale Annahme, dass die Dynamik kapitalistischer Expansion wesentlich von einer kaufkräftigen Nachfrage getragen wird. Diese potentielle „Nachfrage" als Motor einer expansiven Ökonomie lokalisierte FORD bei den Arbeitenden. „Der Arbeiter ist mehr Käufer als Verkäufer. Der Punkt, von dem aus man das Rad ins Rollen bringen muss, ist der Kauf. Macht es dem einfachen Volke leicht, sich Dinge zu kaufen. Das schafft Arbeit. Das schafft Löhne. Das schafft Überschuss für Ausdehnung und größere Dienstleistung" (FORD zit. nach BÖHNISCH/ARNOLD/SCHRÖER 1999, S. 53). Um die Idee eines „Konsumkapitalismus" durch die Verbindung von Massenverbrauch und Massenproduktion zu verwirklichen, bedurfte es als Voraussetzung entsprechender technologischer und arbeitsorganisatorischer

zu (vgl. RAUSCHENBACH 1999 a, S. 49). Theoretisch hätte durchaus einiges für die These gesprochen, dass die Sozialpädagogik ihre quantitative Blütephase mit dem Aufschwung der vierten „langen Welle" genommen hätte.

6 Nach BÖHNISCH/ARNOLD/SCHRÖER (1999, S. 52) ist das Werk HENRY FORDs durch vier Schlüsselideen gekennzeichnet: (1) „die Idee der Transformation der Arbeiteridentität in eine Konsumentenidentität", (2) die Unterscheidung zwischen verantwortlichen Unternehmern und unverantwortlichem internationalen Finanzkapital, (3) eine Schwächung (Exklusion) der Gewerkschaften sowie (4) die ethisch-moralische Absicherung des Konsumkapitalismus, die als regide, puritanisch beeinflusste Sittenlehre in seiner Praxis der ‚Arbeitererziehung' und der Gestaltung des Arbeiteralltags (z.B. in den Forschen Fabriksiedlungen) sichtbare Anwendung fand".

Grundlagen. Die wissenschaftlichen Grundlagen der betrieblichen Neuorganisation für eine expansive und gewinnintensive Massenproduktion lieferte FREDERIK WINSLOW TAYLOR mit seinen Arbeitszeitstudien, in denen mittels exakter Beobachtungen von Arbeitsvollzügen eine Effektivierung des Arbeitshandelns vorangetrieben wurde. TAYLORs Prinzipien einer wissenschaftlichen Betriebsführung lassen sich in drei Grundgedanken zusammenfassen (vgl. MIKL-HORKE 1997, S. 57 f.): (1) eine „Dequalifizierung" der Arbeit im Sinne einer „Banalisierung" von Handlungsvollzügen in der Produktion, um den Betrieb unabhängig von spezifischen Kenntnissen und Fertigkeiten zu machen; (2) eine klare Funktionstrennung zwischen Planung (Management), die das Wissensmonopol besitzt, und Produktion (Arbeitende),[7] (3) ein bis in die letzten Handgriffe hinein geplantes, gesteuertes und kontrolliertes Arbeitshandeln der Arbeitenden.

Nach HIRSCH/ROTH (1986) ist es ausschlaggebend, „dass mit dem Taylorismus die arbeitsorganisatorische und technologische Basis für die Massenproduktion von Konsumgütern und damit für die Erschließung der Arbeitskräftereproduktion als Anlage- und Verwertungssphäre für das Kapital geschaffen wurde. Die Steigerung der Arbeitsproduktivität ermöglichte auf längere Sicht eine fühlbare Erhöhung des realen Lohnniveaus und ließ damit zumindest relevante Teile der Arbeiterklasse zu Konsumenten industriell erzeugter Massenprodukte werden. Ein neues, traditionelle Reproduktionsformen ersetzendes Konsummodell entstand. Autos, Kühlschränke, Rundfunkgeräte wurden zu Artikeln des Massengebrauchs. Mit dieser Durchkapitalisierung der Gesellschaft wurden vorkapitalistische Produktions- und Reproduktionsformen mehr und mehr zurückgedrängt: Industrialisierung der Landwirtschaft und der Haushalte, allmähliches Verschwinden klein-handwerklicher Produktionsformen und traditioneller Dienstleistungsberufe zugunsten industrieller Lohnarbeit und kapitalistischer Warenproduktion prägten die weitere Entwicklung. Dies führte zur Freisetzung einer großen Zahl von Arbeitskräften - infolge der Mechanisierung und Rationalisierung häuslicher Dienste nicht zuletzt weiblicher - für die industriell-kapitalistische Produktion. Die Verallgemeinerung der Lohnarbeit und die allmähliche Beseitigung traditioneller, subsistenzwirtschaftlicher Produktions- und Reproduktionsformen erzwangen in den kapitalistischen Metropolen eine Erhöhung und Verstetigung der Lohneinkommen und bildeten zugleich die Basis für die Ausdehnung des inneren Markts und die

7 „Der Arbeiter soll dieser geistigen Leistung enthoben werden; die Spezialisten im Management übernehmen die Funktion und betreiben sie auf wissenschaftlicher Grundlage. Die Werkstatt soll von jeder denkbaren geistigen Arbeit befreit werden. Das Interesse des Arbeiters an der Arbeit wird nur über den Lohn vermittelt" (MIKL-HORKE 1993, S. 58).

Überwindung des vor-fordistischen ökonomischen Dualismus" (ebd., S. 50 f.).[8]

Das fordistisch Modell des Konsumkapitalismus zeitigt nicht nur Folgen in den Sphären der Konsumtion und der Produktion, sondern notwendig auch in der der Reproduktion. Das dritte, „reproduktionsorientierte" Standbein des Fordismus ist neben der Verallgemeinerung von Konsum und Lohnarbeit die Durchsetzung der Kleinfamilie. „Die Familialisierung des Arbeiters, zu frühindustrialistischen Zeiten mit den übervölkerten Slums, erzwungener Ehelosigkeit, chaotischer Mobilität und scheinbar zügelloser Ausschweifung der Unterklassen noch ein Traum bürgerlicher Sozialreformer, wurde nun zur gesellschaftlichen Normalform. Die bürgerliche Kleinfamilie hielt Einzug in die Arbeiterklasse und begann als Sozialisationsagentur zu fungieren, die die vom tayloristischen Arbeitsprozess geforderten Triebunterdrückungs-, Verzichts- und Normalisierungstugenden vermittelt" (ebd., S. 56). Die Kleinfamilie, der die Aufgabe der Sozialisation der nachwachsenden ArbeiterInnen und KonsumentInnen zukommt, trifft aber nun auf eine zunehmend komplexere Anforderungsstruktur, die augenscheinlich wird an der ebenso zentralen wie paradoxen Forderungen an die Identität des postfordistischen Subjekts, die Askese des Berufsmenschen mit der Sinneslust des Konsumenten zu versöhnen.[9] Die Kleinfamilie, mit dieser Aufgabe nicht nur ob des Auszugs der Frauen vom „heimischen Herd" überfordert, musste deshalb „zum Objekt vielfältiger staatlicher Kompensations-, Betreuungs- und Stützungsaktivitäten werden: Schule, Alters-, Kranken- und Unfallversicherung, Unterstützung in Notlagen sowie soziale Dienste unterschiedlichster Art entwickelten sich. Die allgemeine Durchsetzung der Lohnarbeit geht also einher mit einer erhöhten Vergesellschaftung der Arbeitskraftreproduktion" (ebd., S. 57). Oder mit anderen Worten ausgedrückt: Massenkonsum, Massenproduktion und familiale Reproduktion als Stützpfeiler der fordistischen Phase des Industriekapitalismus müssen, wollen sie nicht ob ihrer inneren Widersprüche die Dauerkrise zum Normalzustand erklären, in ein Netz sozialstaatlicher Sicherung eingebunden werden (vgl. Kapitel 3). Der fordistische Industriekapitalismus, oder in der Terminologie BECKs gesprochen, die Arbeitsgesellschaft der Ersten Moderne, ist notwendig ein sozial- und wohlfahrtsstaatlicher Kapitalis-

8 Für BÖHNISCH/ARNOLD/SCHRÖER (1999, S. 54) mutiert damit die im 19. Jahrhundert mit der Lösung der soziale (Klassen-)Frage verknüpfte „soziale Idee von der Befreiung des Menschen ... zur Idee des Lebensstandards, der Freiheit im und zum Konsum".

9 „Der disziplinierte Arbeiter und der genussfähige Konsument sind gleichermaßen gefordert und im Rahmen einer normalisierenden Arbeits- und Konsumdisziplin nicht ohne weiteres miteinander zu versöhnen" (HIRSCH/ROTH 1986, S. 61). Ganz ähnlich skizzieren schon die Autoren der Jahrbücher für Sozialarbeit (BARABAS u.a. 1975, 1997) sowie OTTOMEYER (1977) die Zerbrechlichkeit und Widersprüchlichkeit der Identitätskonstruktionen zwischen Produktion, Konsumtion und Reproduktion unter fordistischen Regulationsregime.

mus, der die Verallgemeinerung der Lohnarbeit mit einer grundständigen sozialstaatlichen Abfederung der Lebensrisiken der Lohnarbeiter verband und damit bei weiterhin bestehender bzw. wachsender sozialer Ungleichheit durch einen allgemeinen „Fahrstuhleffekt" (vgl. BECK 1986, S. 122) eine Erhöhung des Wohlstands für alle brachte. Seinen politischen Ausdruck fand das fordistische Regulationsregime im keynsianischen Wohlfahrtsstaat (vgl. SCHAARSCHUCH 1999 a, S. 62).

Die Arbeitsgesellschaft der Ersten Moderne, die in der fordistischen Epoche ihren Höhepunkt fand, basierte auf vielen Stützpfeilern wobei Verallgemeinerung von Lohnarbeit, Massenproduktion und Massenkonsum, Kleinfamilie als Reproduktionseinheit, Standardisierung von Lebensläufen und Ausbau sozialstaatlicher Sicherungssysteme (vgl. Kapitel 3) die Eckpunkte markieren. Mit MIKL-HORKE (1997, S. 66) lässt sich resümieren: „Die Ziele des Industriesystems wurden mehr und mehr zu Zielen der Gesellschaft, dies vor allem durch seine weltwirtschaftliche Bedeutung, die die Gesellschaft unter starken Druck von außen setzte. Die ‚Industriegesellschaft' entstand als eine Gesellschaft, in der die industrielle Produktion die führende Rolle als Wachstumsmotor der Wirtschaft spielte, die Industriearbeit als typisches Beschäftigungsverhältnis angesehen wurde und die industriellen Arbeitnehmer die dominante Beschäftigungsgruppe in der Gesellschaft wurden. Ihre Integration in Gesellschaft und Staat durch die politische und ökonomische Arbeiterbewegung und die Macht der Organisationen der Gewerkschaften und Arbeiterparteien veränderten die bürgerliche Gesellschaft durch die Massendemokratie und den Sozialstaat. Es entstand eine Gesellschaft, in der das Wachstum der industriellen Produktion zum bestimmenden Kriterium wurde und die Entstehung von Sozialsystemen förderte, die stromlinienförmig auf die Anforderungen von Überproduktion und Nachfragebeschaffung zugeschnitten waren".[10]

Soziologische Aspekte von Arbeit und Normalarbeitsverhältnis

Kreierte der sich sukzessive formierende und organisierende Kapitalismus des ausgehenden 19. Jahrhunderts durch die „Kodifizierung der Arbeit ...

10 Obwohl BECK - insofern man seine vielfältigen Publikationen überblicken kann - in seinen Schriften nicht explizit auf das Konzept des Fordismus rekurriert, weisen beide Analysen doch erhebliche Parallelen in der Beschreibung und Einschätzung der ökonomischen wie der sozialstaatlichen Entwicklung auf. In beiden Konzepten sind Aspekte wie die Erneuerung von Produktionstechnologien und –verfahren, die Ausweitung der ökonomischen Logiken in vormals lebensweltliche Domänen, Enttraditionalisierung und Individualisierung, Abbau der Prägekraft sozialer Klassen bei weiterhin vorhandenen Ungleichheitsstrukturen komplexe Wirkfaktoren im Modernisierungsprozess, wobei auch BECK in neuerer Zeit (wieder) dazu neigt, seine soziologische Terminologie an politökonomische Diskurse anzubinden (vgl. BECK/WILLMS 2000).

einen Raum, innerhalb dessen die Formation des modernen Individuums als arbeitendes Subjekt möglich wurde" (CONRAD/MACAMO/ZIMMERMANN 2000, S. 461), so sorgte der Fordismus, der „staatlich geregelte Kapitalismus" (HABERMAS 1973, S. 51) für die Verallgemeinerung der Lohnarbeit als (weitgehend alternativlose) Lebens- und Vergesellschaftungsform.[11] Durch die sozial- und arbeitsrechtliche Kodierung der Erwerbstätigkeit in der Nachkriegszeit entsteht ein spezifischer formaler Typus, den alle rechtlichen Konstruktionen und Absicherungen der Lohnarbeiterrisiken durch Arbeitslosen-, Kranken-, Renten-, Pflege und Arbeitslosenversicherung, durch Arbeitsförderungs- und schutzgesetze ebenso wie durch Steuerrecht als „Normalität" voraussetzen, das so genannte „Normalarbeitsverhältnis".[12]

Ein augenscheinliches Beispiel mag diesen Zusammenhang verdeutlichen: Rente wie Arbeitslosengeld sind nach dem Äquivalenzprinzip konstruiert, d.h. je mehr und je länger man Sozialversicherungsbeiträge „einzahlt", desto mehr und länger erhält man auch Leistungen. Den Höchstsatz erhält derjenige, der vor Eintreffen des Schadenfalls in einem unbefristeten Vollzeitbeschäftigungsverhältnis gewesen ist. Umgekehrt erhält derjenige, der nur zeitlich befristet beschäftigt ist, Teilzeit arbeitet oder gar seine Arbeitskraft als „selbständiger Unternehmer" selbst vermarktet, nur Teilleistungen oder fällt ganz aus dem sozialen Pflichtversicherungssystem heraus. Auf eine „umfassende" Absicherung der Risiken seiner Arbeiterexistenz kann somit nur derjenige vertrauen, der bereits in einem „Normalfall eines Lohnarbeitsverhältnisses" (VOBRUBA 1990, S. 30) beschäftigt ist. MATTHIES u.a. (1994) gehen in ihrer Studie zur Neugestaltung des Arbeitsrechts für die Hans-Böckler-Stiftung analog davon aus, dass der herrschenden Sozialordnung ein idealtypisch konstruiertes, ‚paradigmatisches Arbeitsverhältnis' (ebd., S. 24) immanent ist. „Um

11 ROBERT CASTEL (2000, S. 286 ff.) nennt in seiner „Geschichte der Lohnarbeit" fünf Merkmale, die die historische Besonderheit der Arbeit in der Lohnarbeitsgesellschaft charakterisiert: (1) die klare (rechtliche, administrative und statistische) Trennung zwischen Arbeit und Nicht-Arbeit und damit die Konstitution einer „Erwerbsbevölkerung"; (2) die Bindung des Arbeiters an seinen Arbeitsplatz und die fortschreitende Rationalisierung des Arbeitsprozesses (Taylorismus); (3) die Beteiligung an den Erträgen der Reichtumsproduktion (Konsumkapitalismus); (4) die Teilhabe am Sozialeigentum und an den öffentlichen Dienstleistungen sowie (5) „die Verankerung in einem Arbeitsrecht, das den Arbeitnehmer als Mitglied eines Kollektivs anerkennt, dem ein sozialer Status jenseits der reinen individuellen Dimension des Arbeitsvertrags eigen ist" (ebd., S. 296).

12 VOBRUBA (1990, S. 31) konstatiert: „In den arbeits- und sozialrechtlichen Regelungen, welche auf diese Normalitätsstandards abstellen, ist implizit die Erwartung institutionalisiert, dass die Arbeitsverhältnisse diesen Annahmen entsprechen ... Es wird von den Arbeitsmarktparteien erwartet, dass Arbeitsverhältnisse den Normalitätsstandards entsprechend eingerichtet werden. Sie sollen ihnen entsprechen. Ich nenne dies die dem Arbeitsrecht implizite Normalitätsnorm. Und es wird erwartet, dass die Arbeitsverhältnisse den Normalitätsstandards tatsächlich entsprechen, dass sie also faktisch so gestaltet sind. Dies nenne ich die dem Sozialleistungsrecht implizite Normalitätsannahme."

diesen Idealtyp gruppiert das Recht ... Schutz und Gewährleistung, lässt aber dadurch gleichzeitig Arbeits- und Arbeitsverhältnisformen, die diesem Idealtyp nicht entsprechen, ganz oder teilweise ungeschützt. ‚Normalarbeitsverhältnis' ist kein gesetzlicher, sondern ein analytisch gebildeter Begriff. Er lässt sich definieren, indem man die in den verschiedenen gesetzlichen und tarifvertraglichen Regelungen vorgesehenen Schutz- und Gewährleistungsvorkehrungen ermittelt und untersucht, auf welche Form von Arbeit sie in der angestrebten Weise Einfluss nehmen und auf welche nicht. Normalarbeitsverhältnis im hier verwendeten Sinn ist also jener Typ von Arbeitsverhältnis, auf den die Gesamtheit der arbeits- und sozialrechtlichen Regelungen im Großen und Ganzen zugeschnitten ist" (ebd., S. 24 f.).

Dieser „Normalfall eines Lohnarbeitsverhältnisses", der sich aus den impliziten und expliziten Kodifizierungen des Sozialrechts herausdestillieren lässt, ist durch sieben Merkmale gekennzeichnet:[13]

1. Arbeit wird als abhängige Lohnarbeit geleistet.
2. Der Arbeitnehmer ist dem Arbeitgeber hierarchisch untergeordnet, d.h. der Arbeitgeber bestimmt weitgehend Zeit, Ort, Inhalt und Arbeitsbedingungen der Tätigkeit.
3. Die Arbeit entspricht der zeit- und ortsüblichen Vorstellung von Vollzeitarbeit.
4. Die Arbeit ist im Regelfall in mittel- oder großbetriebliche Zusammenhänge eingebunden, damit der volle Umfang der Arbeitsschutzrechte seine Gültigkeit besitzt.
5. Die Arbeit ist ausreichend, d.h. mindestens existenzsichernd entlohnt.
6. Die Erwerbsbiographien sind tendenziell stabil und lediglich (wenn überhaupt) durch kurze Phasen der Nicht-Erwerbstätigkeit unterbrochen. Die Stabilität der Beschäftigungsverhältnisse wird rechtlich sanktioniert (z.B. Kündigungsschutzrecht).
7. Das Normalarbeitsverhältnis korrespondiert mit dem Modell des Familienernährers, d.h. es ist in erster Linie ein männlich gedachtes Modell, insofern stellt „Normalarbeit" im beschriebenen Sinne für Frauen historisch betrachtet die Ausnahme dar.

Dieses „Normalarbeitsverhältnis" ist zunächst eine institutionelle Konstruktion, die im Kontext der sozialstaatlichen Konstruktion von Lebenslagen eine dreifache Funktion erfüllt (vgl. MATTHIES u.a. 1994, S. 225 f.):

---

13 Vgl. VOBRUBA (1990, S. 30 f.); MATTHIES u.a. (1994, S. 24 ff.); BÖHNISCH/ARNOLD/SCHRÖER (1999, S. 121); DEUTSCHMANN (1990).

- Sie erfüllt eine *Schutzfunktion*, indem sie denjenigen, der in ihren Geltungsbereich gelangt, vor den zentralen Risiken der Lohnarbeiterexistenz, insbesondere der intensiven (Aus-)Nutzung der Arbeitskraft (Arbeitszeitrecht, Arbeitsschutzrechte etc.) absichert.[14]
- Die Kehrseite der Schutzfunktion ist die *Selektionsfunktion* (oder Diskriminierungsfunktion) des Normalarbeitsverhältnisses, was bedeutet, „dass seine Normvorgaben zum Ausgangspunkt einer differenzierenden, ungleichen Verteilung von materiellen Ressourcen und Entfaltungsmöglichkeiten werden" (ebd., S. 225).
- Gerade durch die Gefahr eines Ausschlusses von zentralen Sicherungs- und Schutzrechten, ist mit dem Normalarbeitsverhältnis auch eine *Anreizfunktion* (Disziplinierungsfunktion) verbunden. „Die Drohung an die Beschäftigen, zu den Verlierern im Selektionsprozess zu werden, und der Wunsch dieser Verlierer, endlich auch unter dem Schutz eines Normalarbeitsverhältnisses zu arbeiten, helfen dort nach, wo der innere Antrieb zur Erfüllung eines Normalarbeitsverhältnisses ins Wanken gerät" (ebd., S. 226).

Empirisch lassen sich allerdings einige Bedenken gegen die Hegemonie des Normalarbeitsverhältnisses erheben. Ende 1996 waren von insgesamt 82 Millionen Einwohnern der Bundesrepublik Deutschland ca. 40 Millionen erwerbstätig, was einer Erwerbsquote von 48,75% entspricht. Beschränkt man die Betrachtung auf die im engeren Sinne erwerbsfähigen Altersgruppen der 15 - 65-jährigen, so liegt die Erwerbsquote Ende 1996 in Deutschland bei über 70%, d.h. sieben von zehn Menschen im erwerbsfähigen Alter gehen einer Beschäftigung nach (vgl. BONß 2000, S. 335). Hinter diesen Zahlen verbergen sich verschiedene gesellschaftliche Trends (wie z.B. eine verlängerte Bildungsbeteiligung von Jugendlichen), vor allem aber eine geschlechtsspezifisch differenzierte Partizipation am Arbeitsmarkt. Anders ausgedrückt: Der Idealtypus des Normalarbeitsverhältnisses war (und ist) in erster Linie ein männliches Modell, das für Frauen in der Tendenz eher ein Minderheitenmodell gewesen ist. 1970 waren insgesamt 84% aller abhängigen Beschäftigungsverhältnisse unbefristete Vollzeitstellen, 1995 sind es nur noch 68% (vgl. BONß 2000, S. 339).

Angesichts der Tatsache, dass das Normalarbeitsverhältnis nie für alle Subjekte Gültigkeit besessen hat[15], kann man mit MATTHIES u.a. (1994, S. 26)

---

14 Die Bedeutung der Durchsetzung des Normalarbeitsverhältnisses sieht ROBERT CASTELL (2000, S. 341) vor allem darin, dass die Arbeitenden „ihr Verhältnis zu ihrer Anstellung als Gewissheit ... erleben, die Zukunft beherrschen und langfristige Entscheidungen, etwa in Form von Investitionen in dauerhafte Güter oder Aufnahme von Baukrediten, treffen ... können."

15 MATTHIES u.a. (1994, S. 25 f.) betonen: „Das Normalarbeitsverhältnis war ja empirisch niemals ‚normal' in dem Sinne, dass es allgemein gegolten hätte. Immer trug es

von einer „herrschenden Fiktion“ sprechen. Im Begriff der „herrschenden Fiktion“ kommt allerdings auch zum Ausdruck, dass die normalitätskonstituierende Kraft des Normalarbeitsverhältnisses keineswegs gebrochen ist, sondern in der Beharrlichkeit rechtlicher, institutioneller Strukturen ebenso weiterlebt, wie in den Denk- und Normalitätsmustern der Subjekte. „Zu der allen faktischen Erosionstendenzen zum Trotz weiterhin unterstellten Normalität gehört aber nach wie vor auch das Normalarbeitsverhältnis, gehören darüber hinaus die tradierte Ehe mit berufstätigem Mann und (allenfalls ‚hinzuverdienender’) Hausfrau, der Normalarbeiter mit Normalbiographie, für den - im Wesentlichen - gesetzlich und kollektivvertraglich - Normalarbeitszeit und Normalarbeitsbedingungen festgelegt werden“ (ebd., S. 26).

Die so als Normalarbeitsverhältnis kodifizierte Lohnarbeit ist aus soziologischer Perspektive eine „Schlüsselkategorie“ (OFFE 1994) zur Analyse der Strukturen moderner Gesellschaften und der Lebenslagen der Gesellschaftssubjekte.

Die soziologische Bedeutung der Lohnarbeit in modernen Gesellschaften ist an anderer Stelle ausführlicher behandelt worden (vgl. GALUSKE 1986; 1993), sodass hier aus Gründen der argumentativen Geschlossenheit eine kurze Zusammenfassung ausreichen soll. Rekonstruiert man die Bedeutung der Erwerbsarbeit für moderne Industriegesellschaften aus der Perspektive der Subjekte, so lassen sich vier Bedeutungsdimensionen unterscheiden[16]:

(a) *Lohnarbeit ist Königsweg materieller Absicherung*, der Verkauf von Kraft, Zeit und Qualifikation ist das legitime Standardmodell der Partizipation am gesellschaftlich produzierten Reichtum. 1998 lag die Erwerbsquote in der Gesamtbevölkerung bei 49,4%. Von den Männer im erwerbsfähigen Alter von 15 - 65 Jahren zählen insgesamt 80,2% zu den so genannten Erwerbspersonen[17], bei den Frauen stieg der Anteil von 50,2% im Jahr 1980 auf immerhin 63%. Erwerbstätigkeit ist die Standardform der materiellen Absicherung des eigenen Lebenszusammenhangs. Diese Verknüpfung setzt sich wie oben beschrieben in den Sozialversicherungssystemen fort, die VOBRUBA (1990) als „lohnarbeitszentriert“ charakterisiert hat, da Leistungen generell, aber auch ihre Art und ihr Umfang eng an vorherige Beschäftigungsverhältnisse geknüpft sind. Und selbst im letzten Netz sozialer Sicherung, der Sozialhilfe, bleibt das Modell der Verpflichtung zur Lohnarbeit durch die im Bundesozialhilfege-

---

fiktive Züge, weil es stets von ihm abweichende Formen von Arbeit gab und weil vor allem ein Großteil der Frauen an dieser Normalität nie partizipierte“.

16 Vgl. BECK/BRATER/DAHEIM (1980); DAHEIM/SCHÖNBAUER (1993); MIKL-HORKE (1997).

17 Unter Erwerbspersonen versteht die Statistik alle Menschen, die entweder zum Zeitpunkt der Erhebung erwerbstätig sind, oder aber durch die Tatsache, dass sie sich arbeitslos gemeldet haben, dokumentieren, dass sie dem Arbeitsmarkt zur Verfügung stehen (vgl. INSTITUT DER DEUTSCHEN WIRTSCHAFT KÖLN 2000, S. 16).

setz (BSHG) kodifizierte Arbeitsverpflichtung virulent (vgl. MASSIP/ LOHOFF 1999; SONNENFELD 1998).

(b) Die soziale Struktur der vormodernen Gesellschaft beruhte auf Abstammung, Herkunft, Tradition. Waren soziale Aufstiege, überhaupt soziale Beweglichkeit im Lebens- und Zukunftsmodell der Feudalgesellschaft nicht intendiert, die soziale Platzierung quasi per Geburt in Familie und Stand vollzogen, so ersetzt die moderne industriekapitalistische Gesellschaft dieses soziale Allokationsmuster durch das dynamische Prinzip der *„Leistung in der Berufsarbeit" als Grundlage gesellschaftlicher Statutshierarchien*. Basis der beruflichen Gliederung ist eine hierarchische Struktur des Berufssystems, die zwar sehr wohl in Bewegung ist, d.h. Berufe unterliegen im Hinblick auf ihre gesellschaftliche Anerkennung einer Auf- und Abwärtsdynamik, gleichwohl sind Berufe, „ihre unterschiedliche Bewertung mit Einkommen, Geltung und Nachfrage, sozusagen das einzige gleichmachende Prinzip ... Berufsleistungen werden immer verschieden wichtig bleiben und daher in Rangfolgen zueinander stehen. (...) Damit wird Berufsausbildung, Berufsqualifikation und berufliche Stellung und Leistung zu dem legitimen und fast einzigen Weg des sozialen Aufstiegs in unserer Gesellschaft" (SCHELSKY 1972, S. 28). Die in der beruflichen Gliederung der Gesellschaft implizierte „Botschaft", dass jeder „seines Glückes Schmied" ist, d.h. jeder vermittelt über seine Leistung in der Berufsarbeit seine ihm angemessene Position findet, wurde allerdings von der soziologischen Debatte im Gefolge der Chancengleichheitsdiskussion nachhaltig in Frage gestellt, offenbarte sich doch, dass in der berufshierarchisch strukturierten Gesellschaft offensichtlich vermittelt über Sozialisationsbedingungen und klassenspezifische Leistungs- und Sozialisationsanforderungen sehr wohl eine gleichsam eingelagerte soziale Reproduktion von Ungleichheit zu beobachten war (vgl. exemplarisch BOURDIEU/PASSERON 1971).

(c) Lohnarbeit ist im umfassenden Sinne *gesellschaftlicher Taktgeber für die Mikro- und Makroebene individueller Lebensgestaltung*. Auf der Mikroebene manifestiert sich dieser Zusammenhang in der Dialektik von Freizeit und Arbeitszeit, von eigener Zeit und fremder Zeit (vgl. ausführlicher Kapitel 4). Arbeit und Freizeit sind in Arbeitsgesellschaften normative „Zwillinge", d.h. erst durch die Tatsache, dass man gearbeitet hat, sich in den gesellschaftlichen Produktionsprozess eingebracht hat, erwirbt man sich das moralische Anrecht auf Freizeit. Besonders augenfällig wird dieser Umstand in der von fast allen Studien zu den psychosozialen Folgen von Arbeitslosigkeit konstatierten „Unfähigkeit" von Arbeitslosen, produktiv mit dem „Mehr" an Zeit umzugehen.[18] MARIE

18 Vgl. für die Studien bis zu diesem Zeitpunkt zusammenfassend GALUSKE 1986. Darüber hinaus vgl. BONß/HEINZE (1984); KIESELBACH/WACKER (1995); KRAFELD (1989, 2000).

JAHODA u.a. hatten schon in ihrer klassischen „Marienthalstudie“ die Entstrukturierung des Zeitempfindens als wesentliche Folge der Arbeitslosigkeit herausgestellt. Die Freizeit der Arbeitslosen erwies sich „als tragisches Geschenk. Losgelöst von ihrer Arbeit und ohne Kontakt mit der Außenwelt, haben die Arbeiter die materiellen und moralischen Möglichkeiten eingebüßt, die Zeit zu verwenden“ (JAHODA/LAZARSFELD/ZEISEL 1975, S. 83). Auf der Makroebene der Konstitution der Lebenszeit ist mit der Durchsetzung des Berufsarbeit als Assoziationsprinzip eine sich zunehmend durchsetzende lohnarbeitszentrierte Konstruktion der Biographie zu beobachten (vgl. KOHLI 1986), die schon in der Grobgliederung von Kindheit und Jugend als Vorbereitung auf das Berufsleben, einer (berufs-)aktiven Kernphase als Erwachsener und dem „wohlverdienten Ruhestand“ der nachberuflichen Lebensphase offen zu Tage tritt.

(d) Als letzte und für die Pädagogik vielleicht bedeutsamste Facette beruflicher Arbeit in modernen Gesellschaften ist auf *die Bedeutung der Lohnarbeit für die personale Entwicklung der Subjekte* hinzuweisen. Angesichts der oben angedeuteten sozialen Funktionen von Lohnarbeit ist es wenig verwunderlich, dass sich an die gesellschaftlich wertgeschätzte Arbeit eine Vielzahl an individuellen Entwicklungsbedingungen wie Sicherheit und Anerkennung knüpfen, die als Voraussetzungen eines gelingenden Prozesses der Identitätsbildung und der sozialen Integration gesehen werden müssen. Da Arbeit sich immer als gesellschaftliche Arbeit vollzieht, manifestiert sich in Arbeit nicht nur ein Handlungsraum zur Erfahrung von Kooperation, Solidarität etc., sondern zugleich ist der Arbeitsplatz auch der symbolische Ort, an dem das Subjekt sinnhaft erfährt, dass er von Gemeinschaft und Gesellschaft gebraucht wird. Zugleich hat die berufssoziologische Forschung allerdings auch darauf hingewiesen, dass in der berufshierarchischen Konstruktion moderner Gesellschaften auch Entwicklungsbarrieren eingelagert sind, da nicht alle Fertigkeiten und Fähigkeiten der Subjekte in gleichem Maße geeignet sind, ihren „BesitzerInnen“ zu konkurrenzfähigen Akteuren auf dem Arbeitsmarkt werden zu lassen. Mit anderen Worten: Welche Fähigkeiten und Fertigkeiten geeignet sind, seine „BesitzerIn“ zu ernähren, bestimmt der Arbeitsmarkt, auf dem nur solche Qualifikationen gefragt sind, für die auch eine zahlungskräftige Nachfrage existiert.

Diese kurzen Anmerkungen sollen an dieser Stelle ausreichen, um die durchaus ambivalente Bedeutung der Lohnarbeit in industriekapitalistischen Gesellschaften zu veranschaulichen. Die Ambivalenz der Lohnarbeit, einerseits Königsweg sozialer Integration zu sein, andererseits soziale Ungleichheitsstrukturen zu reproduzieren, die Ausbildung von Fähigkeiten und Fertigkeiten auf ihre marktverwertbaren Kerne zu reduzieren usw., resultiert aus dem Warencharakter der Arbeit. Warencharakter von Arbeit meint, dass Arbeit unter den Bedingungen industriekapitalistischer Gesellschaften immer zugleich eine Gebrauchswert- und Tauschwertseite besitzt, und der Tauschwert die bestimmte Größe für die arbeitsmarktliche Verwertbarkeit von Qualifikationsmustern darstellt. Anders ausgedrückt: Persönlichkeitsbildende Effekte von Lohnarbeit sind nicht-intendierte Nebenfolgen einer an der Maximierung individueller Gewinne orientierten Ökonomie.[19]

Was in dem kurzen Exkurs aus der Perspektive der subjektorientierten Berufs- und Arbeitssoziologie skizziert wurde, kann man auch als gesellschaftliche Funktionen reformulieren. Arbeit hat demnach eine

- *Allokationsfunktion*, indem sie als zentrales Medium der Verteilung materiellen, gesellschaftlichen Reichtums fungiert;
- *Selektionsfunktion*, indem sie die Basis gesellschaftlicher Statushierarchien bildet;
- *Reproduktionsfunktion*, da sie zugleich als Medium der Tradierung sozialer Ungleichheitsstrukturen fungiert;
- *Konstitutionsfunktion*, indem sie als „Entwicklungsschablone" für die Strukturierung von Lebenszeit dient und das „Nadelöhr" (vgl. BECK/BRATER/DAHEIM 1980, S. 222) gelungener und legitimer Lebensmodelle darstellt;
- *Ordnungsfunktion*, da die Gesellschaft ihre Legitimations- und Sinnstrukturen in den alltäglichen (Arbeits-)Anforderungen reproduziert, oder, wie OSKAR NEGT (1986, S. 14) es ausdrückt: „Arbeitsmoral ist der entscheidende Bereich der Verinnerlichung gesellschaftlicher Disziplin, Medium der Unterordnung, des Gehorsams und der Ordnung schlechthin." Für Beck ist „der Wunsch, über den Arbeitsmarkt eine Tätigkeit und damit eine Existenz, eine Biografie, eine Identität aufzubauen, eine der raffiniertesten Formen der Selbstanpassung, Selbsteinpassung der Individuen in die gesellschaftliche Herrschaftsstruktur" (BECK/WILLMS 2000, S. 213).

---

19 Ein Effekt diese Ambivalenz ist die mit zunehmender Arbeitslosigkeit in Vergessenheit geratene Diskussion um die Humanisierung der Arbeitswelt (vgl. ZIMMERMANN 1982; MATTHIES u.a. 1994), die in der angedeuteten Lesart als Indiz für den Umstand genommen werden kann, dass die Bedingungen der Produktion von Gütern und Dienstleistungen in kapitalistischen Arbeitsgesellschaften sich nicht von den Bedürfnissen der arbeitenden Subjekte her bestimmen.

3. Die Arbeitsgesellschaft und ihr Sozialstaat

Mit dem Übergang vom 19. zum 20. Jahrhundert tritt die industriekapitalistische Moderne, wie oben angedeutet, in eine Phase ihrer Entwicklung, die nach den Krisen der Gründerjahre einen stabileren gesellschaftlichen Rahmen für die expandierende Reichtumsproduktion sucht und die mit dem sozialstaatlichen Kompromiss eine Formel gefunden zu haben scheint, durch welche die explosive soziale Frage[1] der Frühphase des Industriekapitalismus zumindest entschärft werden konnte. Mit der Geburt des Sozialstaates reagiert der Kapitalismus auf seine eigenen gesellschaftsstrukturellen Unzulänglichkeiten (oder: funktionalen Defizite), die schon einem der Urväter der kapitalistischen Idee, ADAM SMITH in seinem 1776 erschienen Werk „Der Wohlstand der Nationen" geläufig waren. Seine Grundidee ist, dass dem Wohl der Gemeinschaft und der Nation am besten dadurch gedient sei, dass man die Subjekte freisetzt zur Verfolgung ihrer egoistischen Eigeninteressen. Entgegen einer Lesart, die SMITH zum „Prototyp eines wirtschaftsliberalistischen Bildes von Gesellschaft (macht, M.G.), in der der Markt nicht nur als ein gesellschaftliches Subsystem unter anderen angesehen wird, sondern als organisierende Kraft aller gesellschaftlichen Handlungen" (DUBIEL 1986, S. 271), zeigt HELMUTH DUBIEL in seiner Interpretation auf, „dass diese wirtschaftsliberalistische Ideologie sich auf Adam Smith zu Unrecht beruft. Für Smith sind trivialerweise nicht nur die Armee, die Polizei und das Justizwesen vom Prinzip egozentrischer Nutzenmaximierung ausgenommen, sondern eben auch eine ethische Kultur, die die Grenzen markiert, innerhalb derer ökonomische Interessen sich überhaupt legitimerweise bewegen dürfen" (ebd., S. 271).[2]

1 ROBERT CASTEL (2000) hat seine Geschichte der Lohnarbeit nicht zufällig unter die Überschrift „Metamorphosen der sozialen Frage" gestellt, da die Lohnarbeit in Gesellschaften modernen Typs das zentralen Medium sozialer Integration und Vergesellschaftung ist. Die „soziale Frage" ist für CASTEL „eine fundamentale Aporie, an der eine Gesellschaft das Rätsel ihrer Kohäsion erfährt und das Risiko ihrer Fraktur abzuwenden sucht. Sie stellt eine Herausforderung dar, welche die Fähigkeit einer Gesellschaft ... auf die Probe bzw. in Frage stellt, als eine durch wechselseitige Abhängigkeitsbeziehungen verbundene Gesamtheit zu existieren" (ebd., S. 17).

2 Vgl. auch HOBSBAWM (2000, S. 89 f.) sowie MIKL-HORKE (1997, S. 42), die hervorhebt, das SMITH „nicht der Advokat der profistrebenden Fabrikanten und des Laissez-faire" war, als der er in die Lehrbücher häufig bezeichnet wird. Sie führt die Geburt des allumfassenden Marktliberalismus auf das 85 Jahre nach SMITHs „Wohlstand der Nationen" von ANDREW URE vorgelegten Werk „A Philosphy of Manufacture" zurück. „War Smith' Werk der Totengesang für das Merkantilsystem, aber dennoch noch in der

Für SMITH darf sich das Prinzip der individuellen Profitmaximierung nicht auf alle Bereiche gesellschaftlichen Lebens übertragen, da dies letztlich zerstörerisch wirken muss. Systematisch gesprochen verweist SMITH damit auf einem Zusammenhang, den der amerikanische Ökonom LESTER THUROW in seiner Studie „Die Zukunft des Kapitalismus" hervorgehoben hat. Nach THUROW ist das „Kernstück der kapitalistischen Effektivität ... das darwinistische ‚Recht des Stärkeren' und eine ungleichmäßige Verteilung der Kaufkraft. Der Einzelne und auch die Unternehmen werden effektiv, weil sie reich werden wollen"(THUROW 1996, S. 357). Kapitalismus basiert auf dem Prinzip des Kampfes jeder gegen jeden, dem Freisetzen aller Kräfte im alltäglichen Überlebenskampf um Ressourcen, Anerkennung und Macht. „Erfolgreiche Gesellschaftsordnungen brauchen eine überzeugende Geschichte mit einem fundierten ideologischen Unterbau. (...) Um einen Zusammenhalt zu gewährleisten, ist als Grundlage für eine von allen Mitgliedern der Gesellschaft gemeinsam angestrebte Zielsetzung eine utopische Vision erforderlich. (...) Was kann aber die einigende Geschichte sein, die der Kapitalismus der Gemeinschaft zu erzählen hat, wenn er von vornherein Gemeinschaft für unnütz erklärt? Der Kapitalismus ist an einem einzigen Ziel interessiert - dem Interesse des einzelnen an der Maximierung des persönlichen Verbrauchs. Die Gier des einzelnen ist aber kein Ziel, mit dem sich eine Gesellschaft langfristig zusammenhalten ließe" (ebd., S. 379).[3]

Ganz ähnlich resümiert ROBERT CASTEL (2000, S. 380) in seiner Geschichte der Lohnarbeit: „Der ‚selbstregulierte' Markt, die Reinform der sich selbst überlassenen ökonomischen Logik kann streng genommen nicht funktionieren, da es keines der für die Begründung einer gesellschaftlichen Ordnung notwendigen Elemente enthält. Dagegen ist er imstande, die ihm vorausgehende gesellschaftliche Ordnung zu zerstören." Dass dies nicht der Fall gewesen ist, führt CASTEL auf zwei neben dem Markt wirkende nichtmarktförmige Regulationssysteme zurück, (a) die vorhandenen traditionellen Bindungen und sozialen Netzwerke sowie (b) die „Schaffung neuer sozialer Regulierungen - soziale Sicherungen, Sozialeigentum, soziale Rechte ... Die ‚Erfindung des Sozialen' hat den Markt gebändigt und dem Kapitalismus ein menschlicheres Antlitz gegeben" (ebd., S. 381).

Zugespitzt formuliert: Da individuelle Gewinnmaximierung als Fundament für Gemeinschafts- und Gesellschaftsbildung nur bedingt taugt, ist der Kapitalismus aus Überlebensgründen funktional sowohl auf „traditionale

---

Wertvorstellung der ‚moral economy' verwurzelt, so reflektierte Ure's Verteidigung von Liberalismus und Industrie die entwickeltere industrielle Struktur" (ebd., S. 42). Vgl. im Unterschied dazu die Interpretation von ESPING-ANDERSEN (1998, S. 19 f.).

3 Nach JOHN GRAY (2001, S. 56) kann nichts Traditionen „gründlicher zersetzen als freie Märkte. Sie verklären das Neue und verramschen die Vergangenheit. Die Zukunft machen sie zu einer endlos ausgestrahlten Wiederholung der Gegenwart. Und die Gesellschaft, die sie hervorbringen, ist anomisch und proletarisch."

Restbestände" angewiesen (vgl. DUBIEL 1986), wie auch auf systemische „Koalitionen". Die demokratische und sozialstaatliche Verfasstheit moderner Industriegesellschaften ist in diesem Sinne als funktionale Überlebenskoalition zu begreifen, oder anders ausgedrückt: der demokratisch-wohlfahrtsstaatliche Kompromiss der postfordistischen Moderne, ist ein zähneknirschendes Zugeständnis des Kapitalismus an seine eigenen sozialen und sozialstrukturellen Unzulänglichkeiten, ist die „Quintessenz gesellschaftlichen Selbstschutzes" (LESSENICH/OSTNER 1998, S. 15) gegen die zerstörerischen Kräfte eines umfassend freigesetzten Marktes.[4]

Die Geburt des Sozialstaates an der Schwelle zum 20. Jahrhundert stellt insofern eine systemfunktionale Überlebensnotwendigkeit dar und überführt den Industriekapitalismus in ein organisierteres, geregelteres Stadium (vgl. HABERMAS 1979, S. 50), das durch stabile Rahmenbedingungen eine sukzessive Zunahme ökonomischen Wachstums und nationalen Wohlstands ermöglichte, nicht zuletzt durch die bindende legitimatorische Kraft (vgl. HABERMAS 1979) der im Sozialstaat „zu Fleisch gewordenen Idee" einer gerechteren Gesellschaft. Anders ausgedrückt: Der Sozialstaat schafft durch die „Generalisierung des Anspruchs auf Teilhabe an den Lebensmöglichkeiten einer Gesellschaft" (KAUFMANN 1997, S. 34) überhaupt erst die Grundlage dafür, das kapitalistische Projekt als „Gemeinschaftsprojekt" zu begreifen und zu realisieren, indem er den einzelnen Gesellschaftssubjekten ein Mindestmaß an Sicherheit gegenüber den Lebensrisiken der Lohnarbeitsgesellschaft garantiert und zugleich Muster eines „lebbaren Lebens" etabliert.[5]

Zum Begriff des Sozialstaats

Dass Begriffe, zumal solche von einer theoretischen Reichweite wie der des Sozialstaats, in wissenschaftlichen Diskursen selten eindeutig definiert sind und zumindest je nach theoretischem Zugang erheblich variieren (können) ist hinlänglich bekannt und nötigt jede Studie zu einer zumindest operationalen Klärung ihrer handlungsleitenden Kategorien. Dies gilt umso mehr für solche Termini, die auch im öffentlichen und politischen Raum Verwendung finden. THOMAS OLKS (1996, S. 557) Fazit in Bezug auf eine Definition von „Sozialstaat" Mitte der 90er Jahre ist deshalb kaum überra-

---

4 Für CASTELL (2000, S. 189) reagiert der Sozialstaat auf die prinzipielle „Verwundbarkeit" der von Lohnarbeit abhängigen, „auf die perversen Effekte rein ökonomischer und die Unzulänglichkeiten rein moralischer Regulierungen. Er setzt alles daran, ein Konzept von (sozialer) Sicherheit zu garantieren, deren Schutzmechanismen weniger auf dem Eigentum als auf der Arbeit beruhen."

5 Der Sozialstaat ist damit auch, wie WARNFRIED DETTLING (1998 a, S. 33) dies formuliert hat, eine Antwort auf die Frage nach sozialer Integration und Ungleichheit. „In normativer Hinsicht war der Sozialstaat immer auch eine Antwort auf die Frage: Wie viel Ungleichheit und Exklusion verträgt eine Gesellschaft, genauer: welches Maß an sozialen Ungleichheiten will sie als hinnehmbar, also als noch legitim betrachten".

schend: „Der Begriff S. wird kontrovers diskutiert; eine breit akzeptierte Definition hat sich bislang nicht durchsetzen können".[6]

Um eine vorläufige inhaltliche Bestimmung des Begriffs Sozialstaat zu entwickeln, macht es Sinn, sich über die Abgrenzung zu konkurrierenden Begriffen anzunähern, da sich über solche Abgrenzungsprozesse Konturen schärfen. Ein solcher konkurrierender Begriff ist der des Wohlfahrtsstaates. In der Fachdiskussion ist die Frage, ob eine begriffliche Differenzbildung zwischen den Termini Sozialstaat und Wohlfahrtsstaat notwendig ist, umstritten (vgl. LESSENICH 2000). Im Schwerpunkt lassen sich drei Varianten der Begriffsverwendung ausmachen:

1. Eine erste Position unterscheidet zwischen Sozialstaat als politischem Begriff und Wohlfahrtsstaat als eher analytischer Kategorie. Demnach ist der Begriff Wohlfahrtsstaat deskriptiver Natur, der Begriff Sozialstaat hat hingegen eine eher normative (rechtswissenschaftliche) Funktion (vgl. HEINZE/SCHMIDT/STRÜNK 1999, S. 18).

2. Eine zweite Variante betrachten den Wohlfahrtsstaat als entwickelte Form von Sozialstaaten bzw. den Sozialstaat als einen Aspekt eines umfangreichen wohlfahrtsstaatlichen Arrangements. NIKLAS LUHMANN (1981, S. 7) etwa betont: „Der Wohlfahrtsstaat, der sich in den hoch industrialisierten Zonen des Erdballs entwickelt hat, ist nicht zureichend begriffen, wenn man ihn als Sozialstaat auffasst, nämlich als einen Staat, der auf die Folgen der Industrialisierung mit Maßnahmen der sozialen Hilfe reagiert. Dies ist und bleibt ein wichtiges Moment seiner Zielstruktur; aber Wohlfahrt meint und erfordert in der gegenwärtigen Situation mehr als nur soziale Hilfe und mehr als nur Ausgleich von Benachteiligung". Die Logik des Wohlfahrtsstaates ist demnach durch ein „kompensatorisches Prinzip" (ebd., S. 8) gekennzeichnet, das zur „Universalisierung tendiert und damit eine Dynamik in Gang gesetzt hat, die vom Sozialstaat zum Wohlfahrtsstaat führt" (ebd., S. 9). Analog verweist FRANZ-XAVER KAUFMANN (1997, S. 31 f.) auf eine qualitative Differenz zwischen Sozialstaat und Wohlfahrtsstaat. „Von einer wohlfahrtsstaatliche Entwicklung sollte erst gesprochen werden, insoweit soziale Sicherungssysteme und soziale Dienstleistungen immer weitere Bevölkerungskreise und tendenziell die Gesamtbevölkerung ... erfassen und insoweit Arbeitnehmer staatlich gewährte Rechte einklagen können, die sie vor Ausbeutung im Arbeitsverhältnis schützen. Diese Ausbreitungstendenz staatlich ermittelten sozialen Schutzes bis hin zur Gewährleistung sozialer Rechte für jedermann macht die spezifische Differenz der wohlfahrtsstaatlichen Entwicklung aus". Innerhalb dieses begriffli-

6 RIEGER (1998, S. 67) plädiert in seiner Auseinandersetzung mit ESPING-ANDERSEN dafür, auf Definitionsversuche komplett zu verzichten, da die „institutionelle Komplexität und ... Dynamik sozialpolitischer Arrangements" definitorisch kaum mehr zu erfassen sind.

chen Paradigmas stellt mithin der Sozialstaat als Reaktion auf die industriekapitalistische Moderne den Ausgangspunkt einer (eigendynamischen) Entwicklung hin zu einem wohlfahrtsstaatlichen Regime dar, das in umfassender Weise die Lebensvorsorge der Individuen gewährleistet, wobei zu klären wäre, anhand welcher Indikatoren und ab welchen Grenzwerten man von einem wohlfahrtsstaatlichen Arrangement sprechen kann.

3. In einer dritten Variante wird eine inhaltliche Differenz bestritten. Wenn überhaupt, so ist weniger von einer historisch-systematischen Differenz auszugehen, sondern von einer primär sprachlichen. Wohlfahrtsstaat ist demnach als Entsprechung des international gebräuchlichen Terminus „welfare state" zu betrachten, Sozialstaatlichkeit deren deutsche Variante (vgl. LESSENICH 1999, S. 40; OLK 1996, S. 557). Entsprechend werden beide Begriffe häufig synonym verwendet. Z.T. wird eine Differenzbildung abgelehnt, da diese keinen substantiellen Ertrag verspricht, und beide Termini letztlich als „ein Strukturelement westlicher Demokratien und spezifisches Charakteristikum moderner Gesellschaften überhaupt" (vgl. BUTTERWEGGE 1999 a, S. 13) zu bezeichnen sind.

Für den vorliegenden Fragezusammenhang ist es weniger von Belang, ob man sich sinnvollerweise eher des einen oder des anderen Begriffes bedient[7], sondern vielmehr, welche gemeinsamen Elemente sich bei aller Unterschiedlichkeit identifizieren lassen:

Demnach bezeichnen Sozialstaat bzw. Wohlfahrtsstaat einen bestimmten Teilbereich und Typus von Staatstätigkeit innerhalb moderner Gesellschaften, der auf die Vorsorge typischer Lebensrisiken und Folgen ihrer industriekapitalistisch Verfasstheit und auf einen tendenziellen Ausgleich der diesem Gesellschaftstypus immanenten Ungleichheitsdynamik abzielt. OLK (1996 a, S. 557) definiert den Sozialstaat (bzw. Wohlfahrtsstaat) als „einen Typus von Staaten, die aktiv in wirtschaftliche und gesellschaftliche Abläufe intervenieren und einen relevanten Anteil ihrer Ressourcen für sozialpolitische Zwecke reservieren und auf diese Weise die Teilhabechancen der Bevölkerung in den Bereichen Einkommenssicherung, Gesundheit, Wohnen, Bildung angleichen und verbessern. Der Sozialstaat übernimmt danach als Reaktion auf den gesellschaftlichen Strukturwandel in systematischer Weise Verantwortung für die Verteilung von Lebenschancen durch die gesetzliche Fixierung von Rechtsansprüchen auf die Zuteilung bestimmter Leistungen (in Form von Geld, sozialen Gütern oder Dienstleistungen). Damit wird der

7 Die vorliegende Arbeit folgt der dritten Lesart, begreift „Sozialstaat" als deutsche Variante des „Wohlfahrtsstaates" und verwendet beide Begriffe synonym, obwohl die u.a. von LUHMANN und KAUFMANN vorgetragenen Argumente bedenkenswert sind und je nach Fragehorizont eine sinnvolle Ausdifferenzierung des begrifflichen Inventars ermöglichen. Für den vorliegenden Fragezusammenhang bringt eine solche Differenzierung keinen zusätzlichen Erkenntnisgewinn und schränkt überdies die sprachlich-stilistischen Möglichkeiten ein.

Sozialstaat (bzw. Wohlfahrtsstaat) ein zentrales Strukturelement moderner Gesellschaften". Der Sozialstaat betreibt Sozialpolitik als „operatives Geschäft" in dem Sinne, dass diese eine „spezifische Ausrichtung des Gesamtstaates auf die Prinzipien von Sicherheit und sozialer Teilhabe" (ebd., S. 557) repräsentiert.[8]

Zur Genese des Sozialstaats

Die Wurzeln moderner Sozialpolitik im oben beschriebenen Sinne können bis zu den Armenordnungen des Spätmittelalters zurückverfolgt werden[9], die motiviert durch ein steigendes Sicherheitsbedürfnis der städtischen Bürger an die Stelle einer christlich motivierten, vergleichsweise wenig reglementierten Almosenpraxis ein System von kommunaler Regelproduktion und Kontrolle setzten, das bei allen Differenzen im Detail durch vier Prinzipien gekennzeichnet war (vgl. SACHßE/TENNSTEDT 1980), nämlich

- die Kommunalisierung, d.h. die Beschränkung der Unterstützung auf ortsansässige Arme;
- die Rationalisierung, d.h. die Verknüpfung der Vergabe von Unterstützung an bestimmte Kriterien und eine damit in Verbindung stehende Objektivierung des Armutsbegriffs (Arbeitsfähigkeit/Arbeitsunfähigkeit als Kriterium der Hilfe);
- die Pädagogisierung, d.h. die Verknüpfung der Vergabe von Unterstützung an bestimmte Verhaltenserwartungen (Arbeitsverpflichtung, disziplinierte Lebensführung etc.);
- sowie die Bürokratisierung, d.h. des Aufbaus einer kommunalen Verwaltung zur Kontrolle der Vergabekriterien und Verhaltenserwartungen.

Auch wenn diese Prinzipien der Reform des Armenwesens bis zum heutigen Tag weitgehend bestand haben[10] und die Geschichte des gesellschaftli-

---

8 Eine weitreichende Definition liefert FRANZ-XAVER KAUFMANN: Demnach „erscheint der Wohlfahrtsstaat als eine bestimmte Form gesellschaftlicher Organisation, die gekennzeichnet ist durch die Verbindung von demokratischer Staatsform und privatkapitalistischer Wirtschaftsform mit einem ausgebauten, zentralstaatlich regulierten Sozialsektor, auf dessen Leistungen ein staatlich verbürgter Anspruch nach rechtlich definierten Bedarfskriterien für jedermann besteht" (KAUFMANN 1989, S. 94).

9 Vgl. SACHßE/TENNSTEDT (1980, 1986); GALUSKE (1993); DIETZ (1997); GEREMEK (1988); RHEINHEIMER (2000).

10 Eine Ausnahme stellt das Prinzip der Kommunalisierung, der Beschränkung auf die ortsansässigen Armen dar, das im Zuge der Industrialisierung zunehmend dysfunktional wurde, weil die expandierende Industrie nach einer mobilen Arbeiterschaft verlangte. Die Ersetzung des Heimat- durch das Unterstützungswohnsitzprinzip in Preußen im Jahr 1842 ist in diesem Sinne als sozialpolitische Ausdruck der liberalen Freisetzungspolitik des 19. Jahrhunderts zu interpretieren. Rationalisierung (Bedürftigkeitsprüfung, Arbeitsverpflichtung), Pädagogisierung (Pflichtarbeit, implizite und explizite Verhaltenserwartungen des BSHG/SGB III) und Bürokratisierung (Existenz

chen Umgangs mit Armut und sozialer Randständigkeit bis ins 19. Jahrhundert hinein noch eine Reihe von Innovationen aufzuweisen hat, wie die Industrieschulen, Arbeitshäuser und die verschiedenen Reformmodelle der kommunalen Armenfürsorge von Elberfeld bis Straßburg, so ist es gerade mit Blick auf das von LUHMANN (1981) und KAUFMANN (1997) angemahnte Niveau der Systembildung präziser, von „Vorläufern" bzw. von Entwicklungslinien zu sprechen.

Der englische Soziologe THOMAS H. MARSHALL (1992)[11] hat in einer in den letzten Jahren verstärkt beachteten Arbeit aus den 50er Jahren die Entwicklung moderner Wohlfahrtsstaaten auf der Folie der Entwicklung des Staatsbürgerstatusses[12] interpretiert. MARSHALL (1992, S. 40) unterscheidet drei Elemente:

- das bürgerliche Element, das sich vor allem auf individuelle Freiheitsrechte bezieht, wie z.B. Rede- und Eigentumsfreiheit;
- das politische Element, d.h. die „Teilhabe am Gebrauch politischer Macht", die Herausbildung von demokratischen Entscheidungs- und Beteiligungsstrukturen;
- das soziale Element, mit dem MARSHALL eine Reihe von Rechten bezeichnet, „vom Recht auf ein Mindestmaß an wirtschaftlicher Wohlfahrt und Sicherheit, über das Recht an einem vollen Anteil am gesellschaftlichen Leben, bis zum Recht auf ein Leben als zivilisiertes Wesen entsprechend der gesellschaftlich vorherrschenden Standards. Die am engsten mit ihm verbundenen Institutionen sind das Erziehungswesen und die sozialen Dienste" (ebd., S. 40).

Für MARSHALL ist die Realisierung des Staatsbürgerstatus an die Durchsetzung bestimmter Rechte und Pflichten gebunden. Im Hinblick auf die Frage nach der Genese des Sozialstaates ist nun von Belang, dass MARSHALL in

---

einer Sozialverwaltung) prägen die Strukturen des Sozialstaats hingegen bis zum heutigen Tag.

11 MARSHALL ist auch aus biographischen Gründen für die Sozialpädagogik interessant, da er nach seinem Studium von 1944 bis 1949 Leiter der Abteilung Sozialarbeit an der London School of Economics war. In diese Zeit fällt auch die in Cambridge 1949 gehaltenen Vorlesungen, in denen er unter dem Titel „Staatsbürgerrechte und soziale Klasse" zusammengefasst sein Modell der Genese des Staatsbürgerstatus entwickelte.

12 Der damit aufgeworfenen Frage des Staatsbegriffs kann an dieser Stelle nicht weiter nachgegangen werden. Wir folgen im weiteren JOACHIM HIRSCH (1995, S. 16). Demnach nimmt nicht jede „politische Herrschaft ... die Gestalt eines von der ‚Gesellschaft getrennten Staates an. Das Gebilde, das wir als ‚Staat' bezeichnen, hat sich erst mit der bürgerlich kapitalistischen Gesellschaft herausgebildet und stellt eines ihrer grundlegenden Strukturmerkmale dar. (...) Vom ‚Staat' als Herrschaftsform ist prinzipiell erst dann zu sprechen, wenn sich ein eigenständiger, zentralisierter Gewaltapparat, getrennt von Gesellschaft und Ökonomie, herausbildet, ‚Politik' und ‚Ökonomie' als gesellschaftliche Funktionsbereiche damit auseinander treten."

seiner historischen Analyse den drei Elementen des modernen Staatsbürgerstatus jeweils historische Epochen zuordnet. Der Staatsbürgerstatus ist demnach eine Institution, die sich seit der zweiten Hälfte des 17. Jahrhunderts sukzessive entfaltet hat und deren Entwicklung sich holzschnittartig in drei Perioden vollzieht: von der Durchsetzung bürgerlicher Rechte im 18. Jahrhundert über die politischen Rechte im 19. Jahrhundert bis zu den sozialen Rechten im 20. Jahrhundert. In der kritischen Auseinandersetzung mit MARSHALL ist weniger der historische Befund in Abrede gestellt worden, sondern vielmehr die von ihm unterstellte notwendige Entwicklungslogik, „einen zunächst unbestimmten, gewissermaßen naturwüchsigen Drang nach Gleichheit" (LESSENICH 2000, S. 53). Und in der Tat legt MARSHALL eine Lesart nahe, die eine stringente Logik unterstellt, in der aus der kapitalistischen Notwendigkeit[13] der Freisetzung der Subjekte aus sie beschränkenden Hierarchien und Traditionen notwendig die Forderung nach politischer Teilhabe und Gleichberechtigung erwächst, die wiederum eines Mindestmaßes an sozialer Sicherheit bedarf. Unabhängig davon, ob dieser Dreischritt Kapitalismus - Demokratie - Wohlfahrtsstaat eine notwendige historische Entwicklungsfigur repräsentiert und die Staatsbürgergesellschaft sich in ihrer Dreifaltigkeit mit dem 20. Jahrhundert vollendet hat (wobei man sich unwillkürlich fragt, unter welchem Diktum dann das 21. Jahrhundert stehen wird), oder ob dem Modell normative Setzungen zugrunde liegen, ist die retrospektiv-beobachtende Qualität der (groben) Periodisierung MARSHALLs eher unstrittig.

Die neuere Fachdebatte ist sich zumindest hinsichtlich der Geburtsstunde des modernen Sozialstaats mit MARSHALL vergleichsweise einig und terminiert sie an der Wende von 19. und 20. Jahrhundert, da hier etwa in Deutschland mit der Einführung der Sozialversicherungssysteme eine neue Stufe der Systembildung in Form der Kodifizierung sozialer Schutzrechte erreicht wurde.[14] Wie SACHßE/TENNSTEDT (1980, 1986) herausgearbeitet haben, vollziehen sich mit der Einführung der Sozialversicherungen Ausdifferenzierungsprozesse des sozialstaatlichen Sicherungssystems:

---

13 MARSHALL (1992, S. 56 f.) betont: „bürgerliche Rechte waren für eine Marktwirtschaft unverzichtbar. Sie gaben jedem Mann als Teil seines individuellen Status die Macht, sich als selbständige Einheit am wirtschaftlichen Kampf zu beteiligen".

14 Die unter der Ägide BISMARCKS installierte Krankenversicherung (1883), Unfallversicherung (1984) und Alters- und Invalidenversicherung (1889) sowie, als „Nachzügler" (1927) die Arbeitslosenversicherung und (1995) die Pflegeversicherung repräsentieren die „bedeutendste institutionelle Erfindung de Sozialstaats (RITTER 1989, S. 61). MANFRED SCHMIDT (1988, S. 118) hat in einer internationalen Untersuchung die zeitliche Folge der Einführung der vier Grundversicherungen gegen Krankheit, Unfall, Alter (Invalidität) und Arbeitslosigkeit in 14 westeuropäischen Nationen untersucht. Deutschland ist demnach in drei von vier Bereichen Vorreiter. Lediglich die Arbeitslosenversicherung wurde in England und Irland bereits 1911, 1919 in Italien sowie 1920 in Österreich „erfunden". Deutschland muss sich hier mit dem fünften Platz begnügen. Vgl. dazu SACHßE/TENNSTEDT (1980, 1986, 1988), KAUFMANN (1997); LESSENICH (2000).

- Zum einen bedingt die Einführung des Versicherungsprinzips eine Trennung von Arbeiter- und Armenpolitik. Wer (lohn-)arbeitet, erwirbt sich versicherungsrechtlichen Schutz auch für Zeiten der Nicht-Arbeit, wer dazu nicht in der Lage ist, wird entweder im Rahmen der Familiensolidarität aufgefangen oder aber zum Klientel einer über das Steueraufkommen finanzierten kommunalen Sozialhilfe als „letztem Netz".
- Neben die zunehmend weitere Kreise umfassende materielle Sicherung tritt eine zweite Interventionsform, die man als personenbezogene soziale Unterstützung bezeichnen kann und die der Tatsache Rechnung trägt, dass Sozialintegration mit dem Medium Geld allein nicht zu gewährleisten ist (vgl. dazu ausführlicher Kapitel 5). Ergebnis ist u.a. eine spätestens mit dem ersten Weltkrieg in Art und Umfang zunehmende Ausdifferenzierung von Spezial- und „Bindestrich"fürsorgen (vgl. SACHßE/TENNSTEDT 1988, 1992), eine auch rechtliche Kodifizierung personenbezogener Unterstützungsleistungen sowie eine Pädagogisierung des Handlungsverständnisses innerhalb der Fürsorgearbeit (vgl. MÜNCHMEIER 1981).[15]

Die Frage, warum es mit der Einführung der Sozialversicherungen und der Ausdifferenzierung der Fürsorge zu einem neuen Stadium der Systembildung moderner industriekapitalistischer Gesellschaften an der Wende zum 20. Jahrhundert kam, ist Gegenstand heftiger Debatten (vgl. zur Übersicht LESSENICH 2000). MARSHALL (1992, S. 53) weist zurecht darauf hin, dass die Entfaltung des Staatsbürgers in all seinen drei Facetten offensichtlich mit dem Aufstieg des Kapitalismus zusammen fällt, „der kein System ist, das auf Gleichheit, sondern auf Ungleichheit basiert" und stellt die Frage: „Wie kommt es, dass diese beiden gegensätzlichen Prinzipien Seite an Seite wachsen und sich entfalten?"

Eine auf den ersten Blick paradoxe Antwort auf diesen Grundkonflikt hat der Sozialforscher EDUARD HEIMANN (1980) schon Ende der zwanziger Jahre in seiner Schrift „Soziale Theorie des Kapitalismus. Theorie der Sozialpolitik" gegeben. HEIMANN geht ebenfalls davon aus, dass Sozialpolitik und Kapitalismus im Kern wesensfremd sind. „Kapitalismus ist - in seiner reinsten und noch durch das Monopol nicht getrübten Gestalt - ein System zugunsten der Verbraucher, eine Ordnung zur Erzeugung möglichst vieler Güter für den Verbrauch; Sozialpolitik ist eine Summe von Maßregeln zum

15 Nach LUHMANN (1981, S. 7 f.) sind die besonders auffallenden und schwierigen Sozialprobleme in modernen Wohlfahrtsstaaten „typisch solche, in denen die Motivation der Benachteiligten eine Rolle spielt, sei es in der Entstehung der Nachteile, sei es für die Wirksamkeit von Hilfe. Mit Schlagworten wie Hilfe zur Selbsthilfe ist dies Problem zwar benannt, aber nicht gelöst. Die Hilfe muss dann eine Änderung der kognitiven und motivationalen Strukturen der Persönlichkeiten, ihres Wahrnehmens und ihres Wollens einbeziehen, sie muss sich individuellen Situationen anschmiegen, und das führt den Sozialstaat technisch an die Grenzen seines Könnens und moralisch vor das Problem der Begründung seines Eingreifens."

Schutz und zur Förderung des arbeitenden Menschen, den die Güterordnung als eine Sache unter Sachen behandelt" (HEIMANN 1980, S. 167). Trotz allem sind Kapitalismus und Sozialpolitik auf das engste miteinander verwoben, weil erst der Kapitalismus die soziale Frage auf die Tagesordnung setzt, eine Arbeiterklasse als Interessenvertretung und Machtfaktor entstehen lässt und damit den Kapitalismus unter Reformdruck setzt. In diesem Sinne ist die „Triebkraft dieser Dialektik ... der Sozialismus, der Aufruhr gegen die asketische Unmenschlichkeit des Kapitalismus. Da der Aufruhr mit einer Explosion drohte, musste er durch ein Zugeständnis an menschliche Würde besänftigt werden" (HEIMANN 1963, S. 150).

Die soziale Idee, so HEIMANN, „entspringt aus dem wirtschaftlich sozialen Boden des Kapitalismus, sie nimmt in der sozialen Bewegung Gestalt an und setzt sich mit wirtschaftlich-sozialen Mitteln im Kapitalismus und gegen den Kapitalismus durch. Weil sie auf dem Boden des Kapitalismus entspringt und wächst, weil sie also durch ihre bloße Existenz im Kapitalismus steht, darum kann sie ihre wachsenden Forderungen in wachsendem Maße durchsetzen. Denn soziale Idee und soziale Bewegung, das sind doch diejenigen Menschen, deren Mitwirkung im kapitalistischen System für den Bestand des Systems erforderlich ist, die auf ihren Schultern mit ihrer Arbeit das System tragen" (HEIMANN 1980, S. 171).[16] HEIMANN nennt hier wohl den zentralen Motor, der den Kapitalismus die bittere Pille des Ausbaus sozialstaatlicher Strukturen schlucken ließ: Der auf Expansion drängende Markt bedurfte der Menschen als Arbeitskräftepotential und als kaufkräftige Massennachfrage nach Konsumgütern.

Sozialpolitik im Sinne HEIMANNs ist damit zugleich wesensfremdes wie überlebensnotwendiges Element entwickelter Arbeitsgesellschaften, und insofern ein „Strukturprinzip der industriekapitalistischen Moderne" (BÖHNISCH/ARNOLD/SCHROER 1999, S. 49). In ihrem revolutionär-konservativen Doppelcharakter, einerseits den Kapitalismus am Leben zu halten und ihn zugleich mit dem Virus der „sozialen Idee" zu infizieren, sieht HEIMANN den Motor einer Eigendynamik, der den Kapitalismus notwendig verändert und humanisiert. „Man braucht die von der sozialen Idee Ergriffenen für den Bestand des Kapitalismus, und man muss darum der sozialen Idee nachgeben - der Revolution Platz einräumen -, um den Kapitalismus

16 BÖHNISCH/ARNOLD/SCHROER (1999, S. 50) fassen den Grundgedanken HEIMANs wie folgt zusammen: „Der Kapitalismus - so das Heimannsche Modell - ist also zum Zwecke seiner Modernisierung (im Sinne der Verbesserung der Verwertungsbedingungen des Kapitals und damit der Profitsteigerung) auf die Entwicklung und Qualifizierung des Humankapitals angewiesen. Dies ist wiederum nur als soziale Erweiterung möglich: Es sind die Menschen und nicht nur ihre abrufbaren funktionalen Fähigkeiten, die sich entwickeln und erweitern müssen, um in die neuen Produktionsanforderungen hineinzuwachsen. Damit kommt das erweitert Menschliche über die soziale Idee notwendig in den Kapitalismus hinein und entfaltet - auch abseits der reinen ökonomischen Funktion - seine soziale und politische Eigenkraft im Resultat der Sozialpolitik."

zu erhalten - also der konservativen Idee halber. Was man auf diese Weise bewahrt, das ist nicht der Kapitalismus; es ist fortschreitend weniger Kapitalismus, je öfter der Vorgang sich wiederholt" (HEIMANN 1980, S. 171 f.). Auch wenn sich die in diesen Zeilen, ähnlich wie bei MARSHALL, anklingende Annahme einer mehr oder weniger zwar von Menschen gemachten, gleichwohl eigendynamischen (quasi: sachgesetzlichen) Entwicklung hin zu mehr Freiheit und Gerechtigkeit, historisch gerade mit Blick auf die Entwicklung der letzten 25 Jahre nicht bestätigen lässt, hat HEIMANN die für die Geburt der wohlfahrtsstaatlichen Epoche der industriegesellschaftlichen Moderne charakteristischen Grundkonflikt beschrieben. Der nationalstaatlich verfasste Kapitalismus benötigte zu seiner Entwicklung (immer besser) qualifizierte ArbeiterInnen und zugleich KonsumentInnen, die der kurzfristig denkende und auf absehbare Gewinne abzielende Markt nicht zweifelsfrei erzeugen kann, da der ihn antreibende Motor der sozialen Ungleichheit (als Resultat der Strategie individueller Gewinnmaximierung) zugleich ein destabilisierendes Potential an sozialer Unzufriedenheit schafft.

Wohlfahrtsstaatsmodelle

Die deutsche Variante der wohlfahrtsstaatlichen Entwicklung mit ihrer ausgeprägten Doppelstruktur von Arbeiter- und Armenpolitik ist dabei nur eine Ausprägung der sozialstaatlichen Antwort auf den von HEIMANN beschriebenen Grundkonflikt. Die vergleichende Sozialstaatsforschung hat in den letzten Jahren Typologien wohlfahrtsstaatlicher Entwicklungspfade erarbeitet. Von zentraler Bedeutung ist dabei GÖSTA ESPING-ANDERSENs (1998) „Drei-Welten-Ansatz", nach LESSENICH (2000, S. 59) ein „Markstein der komparativen Wohlfahrtsstaatsanalysen". ESPING-ANDERSEN (1998, S. 36 ff.) differenziert seine Typen anhand dreier Kriterien, die zugleich die zentralen Prinzipien seines wohlfahrtsstaatlichen Konstrukts repräsentieren[17]:

- Zentrales Kriterium ist das Ausmaß der De-Kommodifizierung[18] durch sozialstaatliche Interventionen, d.h. wie weitgehend die Individuen in ihrer materiellen Reproduktion durch sozialstaatliche Absicherung vom Zwang der Teilhabe am Arbeitsmarkt entlastet werden.

---

17 Als Ursachen für die unterschiedlichen Entwicklungspfade stellt ESPING-ANDERSEN (1998, S. 47) vor allem „die Art der (insbesondere Arbeiter-)Klassenmobilisierung, klassenpolitische Koalitionsstrukturen und das historische Erbe der Regimeinstitutionalisierung" heraus.

18 „Zwingt das Marktsystem den Menschen zum Verkauf seiner Arbeitskraft - Arbeitskraft wird zur Ware, Arbeit zu Lohnarbeit, die Person kommodifiziert -, so wirkt Sozialpolitik de-kommodifizierend: Bestimmte Personen bzw. Personenkategorien werden staatlicherseits zeitweilig oder dauerhaft aus dem Zwang zur Erwerbsarbeit entlassen und statt dessen öffentlich alimentiert" (LESSENICH 1998, S. 93).

- Als zweites Kriterium rekurriert ESPING-ANDERSEN auf die Art und Weise, wie die jeweiligen wohlfahrtsstaatlichen Regimes Einfluss nehmen auf die sozialen Ungleichheitsstrukturen.
- Drittens berücksichtigt ESPING-ANDERSEN, dass sozialer Bedarfsausgleich nicht allein das Produkt sozialstaatlicher Leistungen ist, sondern auf je spezifischen Wohlfahrtsmixturen zwischen Markt, Staat und Familie beruht.

Anhand dieser Kriterien unterscheidet ESPING-ANDERSEN idealtypisch drei wohlfahrtsstaatliche Regimetypen in entwickelten Industrienationen:

Der erste Typus ist der *liberale Wohlfahrtsstaat*, wie er insbesondere durch die USA, Kanada und Australien repräsentiert wird, und zu denen ESPING-ANDERSEN mit Abstrichen und Modifikationen auch Großbritannien und die Schweiz zählt. Charakteristisch für diesen Typ ist ein geringes Maß an De-Kommodifizierung, d.h. umgekehrt ein hohes Maß an Marktabhängigkeit der Subjekte. „Es handelt sich dabei um ein Modell, in dem die Reichweite sozialer Reformen in impliziter oder expliziter Weise durch traditionelle Normen einer liberalen Arbeitsethik begrenzt worden ist. (...) Der Staat fördert hier den Markt, entweder in passiver Form, indem er nur minimale Leistungen bietet, oder aber in aktiver Weise durch die Subventionierung privater Sicherungsformen" (ebd., S. 43). Geringe Absicherung durch Transferleistungen und Soziale Dienste, hohe Marktabhängigkeit und Eigenverantwortung, ausgeprägte Unterschiede zwischen Arm und Reich kennzeichnen den liberalen Wohlfahrtsstaat, von LESSENICH (2000, S. 58) auch als angelsächsisches Modell bezeichnet.

Der zweite Typus ist der des *konservativen* (oder kontinentaleuropäischen) *Wohlfahrtsstaats*, für den stellvertretend Frankreich, Italien, Österreich und Deutschland zu nennen sind. Kennzeichnend für dieses Wohlfahrtsregime ist die Ausrichtung am „Erhalt von Statusunterschieden" (ESPING-ANDERSEN 1998, S. 44). Er „steht in der spätfeudalistisch-paternalistischen Tradition einer herrschaftlichen Bändigung anarchischer Marktkräfte zum Zwecke der Aufrechterhaltung überkommener gesellschaftlicher Abhängigkeiten, Bindungen und Statushierarchien. Die maßgebliche Sicherungstechnik dieses Modells ist die Zwangsmitgliedschaft in der gegliederten Sozialversicherung, die sowohl die Rückkoppelung von Sicherungsansprüchen an das System der Erwerbsarbeit wie auch die Übertragung der jeweiligen Stellung auf dem Arbeitsmarkt in unterschiedliche soziale Versorgungslagen bewerkstelligt" (LESSENICH 2000, S. 58). Insofern sind Wohlfahrtsstaaten diesen Typus sowohl ausgeprägt korporatistisch wie arbeitsmarktorientiert, greifen aber zugleich, anders als im liberalen Modell, mittels staatlicher Interventionen regulierend in den Marktprozess ein (z.B.

mittels Arbeits- und Sozialrecht).[19] Die traditionelle Familie ist quasi das zweite Standbein des konservativen Wohlfahrtsstaatsmodells. Nach ESPING-ANDERSEN (1998, S. 44) ist „das Subsidiaritätsprinzip ... Garant dafür, dass der Staat nur dann eingreift, wenn die Selbsthilfefähigkeit der Familie erschöpft ist. Ein gutes Beispiel hierfür ist die deutsche Arbeitslosenhilfe. Hat eine Person ihren Anspruch auf normale Versicherungsleistungen erschöpft, hängt die weitere Leistungsgewährung davon ab, ob die Familie dieser unglücklichen Person über die finanziellen Reserven verfügt, um ihr zu helfen; dies gilt für Personen jeden Alters."[20]

Als dritten und letzten Typ grenzt ESPING-ANDERSEN den sozialdemokratischen (oder skandinavischen) Wohlfahrtsstaat ab, der durch die weitestgehende De-Kommodifizierung gekennzeichnet ist und etwa von Schweden und Norwegen repräsentiert wird. Auch der sozialdemokratische Wohlfahrtsstaat ist und bleibt eine Arbeitsgesellschaft, insofern das Ziel der Vollbeschäftigung politische Priorität besitzt, gleichwohl gewährt das System den Subjekten soziale Rechte, die ihnen zumindest in der Tendenz eine größere Unabhängigkeit vor den Zumutungen des Arbeitsmarktes ermöglichen. Das sozialdemokratische Modell strebt eine „Gleichheit auf höchstem Niveau" (ESPING-ANDERSEN 1998, S. 45) an, „drängt den Markt zurück und sorgt so für eine ihrem Wesen nach universale Solidarität im und mit dem Wohlfahrtsstaat" (ebd., S. 45). In dem letzten Zitat klingt an, womit der Verfasser auch an anderer Stelle nicht hinterm Berg hält: Das sozialdemokratische Modell repräsentiert für ESPING-ANDERSEN die idealtypische Realisierung des wohlfahrtsstaatlichen Zwecks der De-Kommodofizierung.

Die breite Diskussion[21], die das Modell ESPING-ANDERSENs auslöst thematisierte deshalb neben der Frage, ob nicht auch ganz andere Schnitte möglich seien oder gar mehr Schnitte nötig sind,[22] vor allem die idealtypische

---

19 ESPING-ANDERSEN (1998, S. 46) verweist darauf, dass der konservative Typus historisch betrachtet einen Modernisierungsprozess vollzogen hat. „Die Sozialversicherungssysteme Österreichs, Deutschlands, Frankreichs und Italiens sind in beträchtlichem Maße entschichtet und vereinheitlicht worden. Ihr extrem korporatistischer Charakter wurde auf diese Weise geläutert."

20 Insofern ist BUTTERWEGGEs (1999 a, S. 54) Charakterisierung zu folgen: „Mehr als jeder andere Wohlfahrtsstaat der Welt ruht das soziale Sicherungssystem in Deutschland auf zwei Stützpfeilern, die zunehmend ins Wanken geraten: einer Vollzeit und kontinuierlich von der Lehre bis Erreichen des Rentenalters sozialversicherungspflichtig betriebenen Erwerbsarbeit (‚Normalarbeitsverhältnis') sowie dem Organisationsprinzip der Hausfrauenehe bzw. des männlichen Familienernährers (‚Normalfamilie')."

21 Vgl. zur Übersicht LESSENICH/OSTNER (1998). Darüber hinaus HEINZE/SCHMID/STRÜNCK (1999, S. 42 ff.); BÖHNISCH/ARNOLD/SCHROER (1999, S. 303 ff).

22 LESSENICH (2000, S. 59) verweist in seiner Übersicht auf unterschiedliche Diskussionsbeiträge, die eine andere Clusterung in vier oder fünf Regimetypen vornehmen, bzw. mit Hinweis auf den Flickenteppichcharakter des konservativen Wohlfahrtsmodells nur von zwei Realtypen (Schweden und USA) ausgehen. Ein häufig anzutreffender vierter Typus ist der des rudimentären Wohlfahrtsstaats, auch als südeuropäi-

Konstruktion seines Begriffs von Wohlfahrtsstaat, deren funktionalen Kern er als De-Kommodifizierung kennzeichnet. LESSENICH (1998, S. 92) stellt in seiner Kritik nicht in Abrede, dass die historische Funktion des Wohlfahrtsstaates darin liegt, „die Dominanz dieses Marktprinzips zwar nicht generell zu brechen, aber doch in bestimmten gesellschaftlichen Bereichen in Frage zu stellen." ESPING-ANDERSEN berücksichtigt allerdings nicht in ausreichendem Maße, dass Sozialpolitik nicht auf eine Destabilisierung des Marktprinzips abzielt, sondern sowohl de-kommodifizierende wie kommodifizierende Wirkungen mit sich bringt. Die Funktion des Wohlfahrtsstaates in industriekapitalistischen Gesellschaften liegt demnach nicht in einer fortschreitenden De-Kommodifizierung, sondern vielmehr in einer Regulation des Verhältnisses von Kommodifizierung und De-Kommodifizierung. „Fragen des Marktausstiegs („exit") wie auch des Marktzugangs („entry") von Individuen und Gruppen werden im Wohlfahrtsstaat nicht (mehr) dem ‚stummen Zwang' der ökonomischen Verhältnisse überlassen, sondern unterliegen politischer Regulierung. Der Wohlfahrtsstaat (er)hebt seine Hand und Stimme in Sachen Arbeitsmarkt - und muss dabei zwangsläufig Selektivität walten lassen, (sozial)politische Entscheidungen des Ein-(‚entry') und Ausschlusses (‚exit') treffen, denn der Markt verträgt nicht jedes beliebige Niveau der Kommodifizierung, nicht jeden beliebigen Grad an De-Kommodifizierung und auch nicht jede beliebige Relation zwischen beiden" (ebd., S. 94 f.). Insofern ist ESPING-ANDERSENs Modell vorzuwerfen, dass es auf einem letztlich normativen Verständnis von Wohlfahrtsstaat fußt.[23]

Für den vorliegenden Fragezusammenhang ist das Modell ESPING-ANDERSENs jenseits seiner unzweifelhaften Bedeutung für die international vergleichende Wohlfahrtsstaatsforschung und trotz der oben skizzierten Kritik vor allem aus zwei Gründen bedeutsam: Zum einen belegt ESPING-

---

sches Modelle bezeichnet. „Bei dem rudimentären Typ handelt es sich vor allem um Länder, deren wirtschaftlicher und gesellschaftlicher Modernisierungsprozess erst vergleichsweise spät eingesetzt hat ... und deren Sicherungssysteme z.T. noch nicht an diesen Modernisierungsprozess angepasst wurden" (HANESCH/KRAUSE/BÄCKER 2000, S. 459). HANESCH u.a. (2000) zählen Spanien, Protugal, Griechenland und Italien zu diesem Typ, den sie allerdings eher als Entwicklungs- bzw. Übergangsmodell betrachten.

23 In diese Richtung weist auch die Kritik von RIEGER (1998, S. 65), wenn er auf ESPING-ANDERSENs „Missverständnis von De-Kommodifizierung als letztem Zweck und Ideal von Sozialpolitik" verweist und ihm eine „Idealisierung von Sozialpolitik" (ebd., S. 72) vorwirft. In der Tat wäre zu fragen, ob De-Kommodifizierung eine Funktion des Sozialstaats im Sinne einer intendierten gesellschaftlichen Zielkoordinate ist, oder ob es sich um den in Kauf genommenen (Neben-)Effekt einer ganz anderen funktionalen Sinndimension handelt, wie etwa der von LENHARDT/OFFE (1977, S. 101) zum Kern der Sozialpolitik erklärten „staatlichen Bearbeitung des Problems der dauerhaften Transformation von Nicht-Lohnarbeitern in Lohnarbeiter" und damit der dauerhaften Entwicklung des kapitalistischen Produktionsprozesses, die in einer bestimmten Phase des Instruments der De-Kommodifizierung bedurfte.

ANDERSEN, dass selbst in den Wohlfahrtsstaatsmodellen, die die Entkoppelung von materieller Sicherung und Arbeitsmarkt vermeintlich am weitesten vorangetrieben haben, Lohnarbeit zentrales Medium sozialer Integration bleibt. Zumindest ist für ESPING-ANDERSEN (1998, S. 45) das „bezeichnendste Merkmal des sozialdemokratischen Regimes ... die Verknüpfung von Arbeit und Wohlfahrt", die sich unter anderem im Vollbeschäftigungsziel ausdrückt.

Zum anderen verweist das Modell auf sozialhistorisch unterscheidbare Entwicklungspfade in der Konstitution des wohlfahrtsstaatlichen Arrangements der Absicherung der Risiken kapitalistischer Arbeitsgesellschaften, die vorschnelle Transfers von Befunden, Modellen und Rezepten über Regimegrenzen hinweg verbietet und zumindest dazu auffordert, die Befunde argumentativ auf die unterschiedlichen Ausgangsbedingungen zurück zu beziehen.

Funktionen des Sozialstaats

RIEGER (1998, S. 65) verweist in seiner Kritik an ESPING-ANDERSEN auf dessen „Eindimensionalität der Funktionsbestimmung von Sozialpolitik im Wohlfahrtsstaat". Und in der Tat finden sich in der Fachdiskussion unterschiedliche Ansätze, die je nach zugrunde liegender Definition zu unterschiedlichen Funktionsbeschreibungen kommen. LESSENICH (2000, S. 41 ff.) unterscheidet drei Gruppen von Erklärungsansätzen zur Entstehung und Genese des Wohlfahrtsstaates. „Jeder dieser drei Analysestränge stellt eine der drei charakteristischen Makro-Strukturen moderner Gesellschaften - Staat, Kapitalismus, Demokratie - ins Zentrum" (ebd., S. 43): (a) die funktionalistischen Ansätze, die den Wohlfahrtsstaat als Reaktion auf die sozialen Folgeprobleme kapitalistischer Industrialisierung interpretieren, (b) Interessen- bzw. konflikttheoretische Ansätze, die die zentrale Ursache für die wohlfahrtsstaatliche Entwicklung in der Durchsetzung von Demokratie und Parteiensystem sehen und (c) die institutionalistischen Ansätze, die den Blick vorrangig auf die Entwicklung der Staatstätigkeit lenkt. Obwohl diese Ansätze miteinander konkurrieren, weisen sie nach LESSENICH Querverbindungen und Überlappungen auf und lassen sich durchaus aufeinander beziehen (vgl. LESSENICH 2000).

In der sozialpädagogischen Fachdiskussion, die sich seit Anfang der 70er Jahre verstärkt mit der Rolle der Sozialen Arbeit im Kontext der sozialstaatlichen Regulierung des Lebenslaufs beschäftigt[24], ist vor allem auf die funktionalistischen Ansätze Bezug genommen worden. BÖHNISCH (1982) sowie SACHßE/TENNSTEDT (1986) unterscheiden in diesem Zusammenhang zwei

24 Vgl. dazu BARABAS U.A. (1975, 1977); OTTO/SCHNEIDER (1973); BÖHNISCH (1982; 1994); SACHßE/TENNSTEDT (1986); RAUSCHENBACH (1999 a); SCHAARSCHUCH (1990).

Funktionen des Sozialstaats: Zum einen übernimmt Sozialpolitik eine ökonomische Stabilisierungsfunktion - SACHßE/TENNSTEDT (1986, S. 12) sprechen von Lohnersatzfunktion, die darauf abzielt, eine materielle Grundsicherung zu gewährleisten, auch im Falle prekärer bzw. gescheiterter Versuche, sich über den Markt zu reproduzieren. Zum anderen hat der Sozialstaat eine sozialinfrastrukturelle Funktion inne, indem er auf die sozialen Rahmenbedingungen der Reproduktion von Arbeitskräften Einfluss nimmt. SACHßE/TENNSTEDT sprechen von der „Sozialisationsfunktion" des Sozialstaates. Demnach muss der Sozialstaat neben materieller Absicherung durch kompensatorischen Transferleistungen zugleich gewährleisten, „dass die Mitglieder der Gesellschaft grundsätzlich bereit sind, sich durch private Tauschakte zu reproduzieren. Sie muss also die Grenzlinie zwischen privater und legitimer öffentlicher Reproduktion hoheitlich stabilisieren .... Sie setzt die Fähigkeit und Bereitschaft zur tauschförmigen Reproduktion voraus und muss diese zugleich stets aufs Neue ihren Klienten aufzwingen" (ebd., S. 12). Mit anderen Worten: Sozialpolitik garantiert in umfassender Weise die Existenz der kapitalistischen Industriegesellschaft,

- indem sie durch Schutz und Absicherung das dem Kapitalismus immanente soziale Krisen- und Konfliktpotential entschärft
- und zugleich durch Leitbilder, Strukturen, Sozialisation und Erziehung die Bereitschaft und Fähigkeit zur Teilhabe am Arbeitsmarkt stabilisiert.

Auch für die Soziale Arbeit als personenbezogene sozialstaatliche Form der Intervention (vgl. Kapital 5) gilt somit der Hinweis, dass öffentliche Sozialpolitik immer zwei Aspekte beinhaltet: „Subsistenzsicherung und soziale Disziplinierung" (ebd., S. 12).

Einen vom Grundverständnis in die selbe Richtung weisenden, gleichwohl differenzierteren Versuch einer Funktionsbeschreibung legen HEINZE/SCHMID/STRÜNCK (1999, S. 15) vor. Sie unterscheiden vier Funktionen:[25]

1. die *Schutzfunktion*, d.h. die Absicherung gegen die Standardrisiken industriekapitalistischer Vergesellschaftung wie Krankheit, Arbeitslosigkeit, Alter, Arbeitsunfähigkeit etc.;
2. die *Verteilungs- und Umverteilungsfunktion*, d.h. der Sozialstaat greift in die marktförmige Verteilung des gesellschaftlich produzierten Reichtums ein und ebnet die Tendenz zur Spaltung zwischen Arm und Reich, besitzend und nicht-besitzend ein;

25 Als Nachtrag nennen HEINZE/SCHMID/STRÜNK (1999, S. 16) noch die Korrekturfunktion, die sie weitgehend mit Hinweis auf ESPING-ANDERSEN als De-Kommodifizierung definieren. Ob eine solche Erweiterung Sinn machen würde, darf bezweifelt werden, da der Aspekt der sukzessiven Lösung von der Marktabhängigkeit auch als Effekt der Schutz- und Umverteilungsfunktion interpretiert werden kann.

3. die *Produktivitätsfunktion*, d.h. der Sozialstaat sorgt durch gezielte Eingriffe und Förderung für die (aktuelle und perspektivische) Erhaltung des Arbeitskräftereservoires, indem er z.B. soziale Infrastrukturangebote zur Unterstützung von Erziehung und Sozialisation anbietet, etwa in Form von Kindertageseinrichtungen (Freisetzung von Frauen für den Produktionsprozess, Erziehung und Sozialisation der nachwachsenden Generation, Einübung in elementare „Kulturtechniken"), Schulen, Jugendhäusern, Erziehungsberatungsstellen, etc.

4. und schließlich die *gesellschaftspolitischen Funktionen*, die insbesondere zwei Aspekte umfassen: die Förderung sozialer Integration der Gesellschaftssubjekte einerseits und eine daraus erwachsende Legitimation des Staates andererseits. Anders ausgedrückt: Indem er durch seine sozialstaatlichen Aktivitäten signalisiert, dass er um die Integration der Menschen Sorge trägt, sie an der politischen Willensbildung beteiligt und überdies ein Grundmaß an Solidarität und Verteilungsgerechtigkeit gewährleistet, weist sich der Staat als „sinnvoll und gerecht" aus.[26]

Der letzte Punkt, mithin die gesellschaftspolitische Funktion ist auch von NIKLAS LUHMANN hervorgehoben worden. In die Theoriesprache der Systemtheorie übersetzt umreißt LUHMANN (1981, S. 25) die Funktion des Wohlfahrtsstaats mit dem Begriff der Inklusion. Inklusion „meint die Einbeziehung der Gesamtbevölkerung in die Leistungen der einzelnen gesellschaftlichen Funktionssysteme". Sozialstaat ist insofern ein neues Phänomen, als das Problem der Inklusion erst mit der Moderne entsteht, die die soziale Integration des Subjekts nicht (mehr) per Stand, Tradition regelt, sondern an deren Stelle Zugangsregeln treten lässt, die prinzipiell für alle gelten und sich über Verfahren legitimieren. „Die Realisierung des Inklusionsprinzips im Funktionsbereich von Politik führt in ihren Konsequenzen zum Wohlfahrtsstaat. Wohlfahrtsstaat, das ist realisierte politische Inklusion" (ebd., S. 27).

In der oben skizzierten Funktionsbeschreibung wird überdies nochmals der Doppelcharakter industriekapitalistischer Sozialstaatlichkeit deutlich: Während die letzten beiden Funktionen tendenziell eher die systemischen Leistungen sozialstaatlicher Interventionen fokussieren, zielen die ersten beiden tendenziell eher auf die Erträge aus der Sicht der Lebenswelten der Subjekte (und beziffern damit in gewissem Sinne den „Preis", den das System zu zahlen hat). Auf diese Doppelseitigkeit hinzuweisen, ist gerade angesichts einer öffentlichen Debatte notwendig, die die Kosten betont und die Einschränkung des Marktprinzips durch Sozialpolitik beklagt, im Sinne EDUARD HEIMANNs mithin die systemfremden Aspekte hervorhebt, die sys-

26 Nach CHARLES TAYLOR (1994, S. 77 f.) besitzt eine Gesellschaft dann Legitimität, „wenn die Mitglieder sie so sehr verstehen und schätzen, dass sie bereit sind, die Vorschriften und Belastungen zu akzeptieren, die diese Mitgliedschaft mit sich bringt".

temnotwendigen (Erträge) aber weitgehend verschweigt. FRANZ-XAVER KAUFMANN hat deshalb zu Recht auf die verschiedenen Ebenen des Nutzens verwiesen, die der Sozialstaat für das marktwirtschaftliche System mit sich bringt. Er unterscheidet zwischen dem

- ökonomischen Nutzen sozialstaatlicher Leistungen, den er in einer „Erhöhung der Leistungsfähigkeit des marktwirtschaftlichen Systems" sieht, „insoweit sie die Humankapitalbildung verbessern, die Arbeitskraft gegen vorzeitigen Verschleiß schützen, die Arbeitsbereitschaft fördern und Arbeitsproduktivität erhalten bzw. steigern" (KAUFMANN 1997, S. 35)[27];

- dem politischen Nutzen, der auf die pazifizierenden Effekte sozialstaatlicher Eingriffe rekurriert, die als „Erziehung zur Massenloyalität" (ebd., S. 40) begriffen werden können,

- dem kulturellen Nutzen, den KAUFMANN vor allem in der Tatsache sieht, dass die Wohlfahrtsstaatlichkeit „zu einem konstitutiven Element des normativen Grundkonsenses europäischer Staaten geworden (ist, M.G.), was auch an der Gewährleistung kultureller und sozialer Rechte durch Verfassungen und internationale Verträge deutlich wird" (ebd., S. 42), sowie

- dem sozialen Nutzen, der „in der Bedeutung für die Erhaltung, d.h. Reproduktion und Regeneration der für die verschiedenen gesellschaftlichen Teilsysteme erforderlichen Humanvermögen" (ebd., S. 44) liegt.

Sozialstaatlichkeit, so kann der letzte Zugriff nochmals verdeutlichen, ist konstitutives Element einer Phase des „geregelten Kapitalismus", in der das Ziel der Integration der Gesamtbevölkerung als Voraussetzung einer neuen Stufe industriekapitalistischer Entwicklung zu einer stärker regulativen Rolle des Staates führt, der vor allem mittels sozialstaatlicher Interventionen ein neues Niveau und neue Formen sozialer Integration etabliert, die notwendig zu veränderten Leitbildern, Lebensmodellen und Lebenslaufmustern der Menschen führt. Mit dem letzten Punkt ist die für die Sozialpädagogik (und erzieherische Prozesse überhaupt) konstitutive Frage angesprochen, welche Wirkungen dieses „neue" Gewand der industriekapitalistischen Moderne für die Subjekte mit sich bringt.

---

27 Die Schwierigkeit, eine solche Sichtweise in der öffentlichen Auseinandersetzung durchzusetzen, beruht wohl nicht zuletzt darauf, dass sich, wie KAUFMANN (1997, S. 35) zu Recht hervorhebt, der ökonomische Wert der Sozialpolitik auf volkswirtschaftlicher Ebene manifestiert, in der Betriebskostenrechnung der Einzelunternehmen hingegen nur als Kostenfaktor auftaucht. Ein Versuch diesen Gedankengang zu „übersetzen" stellen Ansätze dar, den ökonomischen Nutzen bestimmter Interventionen zu quantifizieren. Vgl. etwa die Studie von ACHIM TRUBE (1998) zum „geltwerten Nutzen von Gemeinwesenarbeit".

4. Arbeitsgesellschaft und Habitus

„Die Zurichtung von instrumentalisierbaren Menschen, die in ein durchrationalisiertes Zeitschema passen und am Ende so intrinsisch motiviert sind, dass sie selbst in ihrem je individuellen Verhalten, mit ihren konkreten alltäglichen Einzelentscheidungen, zu Protagonisten eines durchrationalisierten Alltags werden, ist eines der großen, epochalen Projekte an der Schwelle zur Neuzeit gewesen." (JÜRGEN RINDERSPACHER 2000 b, S. 9 f.)

Damit Arbeit und Beruf zum „großen Sinnstifter der Moderne" (STRAßER 1999, S. 16) werden konnten, bedurfte es mehr, als der technischen Innovationen des 18. Jahrhunderts, wie der automatischen Steuerung für Webstühle (um 1740) oder der Dampfmaschine (1769). Man brauchte in erster Linie Menschen, die gewillt waren, diese Maschinen „produktiv" zu nutzen. Die allmähliche Durchsetzung der Uhr allein garantiert z.B. keine subjektive Zeitdisziplin, garantiert nicht, dass Menschen ihren Lebensrhythmus der „Uhrzeit" unterwerfen. Dies setzt voraus, dass sie die Uhr als Instrument der Zeitmessung und Zeitsynchronisation (er)kennen und vor allem anerkennen. Sie müssen, in den Worten PIERRE BOURDIEUs, über einen entsprechenden Habitus verfügen, d.h. über ein spezifisches System der Wahrnehmung und Bewertung. Wenn es nicht die Techniken waren, die die modernen Gesellschaften schufen, sondern die neuen Ideologien (vgl. THUROW 1997, S. 393), die neue, auf Machbarkeit, Autonomie und Zukunft und zunehmend auch auf individuelle Nutzenmaximierung ausgerichtete Art und Weise, die Welt zu betrachten und in ihr zu agieren, so kann und muss die Moderne primär als Sozialisierungs- und Erziehungsprojekt analysiert werden, in der es um die Erzeugung und Bewahrung eines bestimmten Sozialtypus geht, um es auf einen kurzen Nenner zu bringen: den (selbst-)disziplinierten Arbeitsbürger und als Gegenstück die (selbst-)disziplinierte Familienarbeitsbürgerin. Die Analyse der in Lebenslaufmustern geronnenen Normalitätsvorstellungen der Arbeitsgesellschaft ist insofern ein notwendiger Teilaspekt einer gesellschaftstheoretisch aufgeklärten Theorie der Sozialen Arbeit, da sie quasi die Zielfolie thematisiert, auf die hin Soziale Arbeit ihre Unterstützungsleistungen zu konzeptualisieren und zu organisieren hat.

Arbeitsgesellschaft als Habitus. Zum Habitusbegriff PIERRE BOURDIEUS

Bevor im Folgenden auf Genese und Struktur von Lebensläufen und Normalitätsmustern in wohlfahrtsstaatlich verfassten Arbeitsgesellschaften eingegangen wird, soll in einem kurzen Exkurs erläutert werden, warum es Sinn macht, das mit diesem Komplex angesprochene Verhältnis von objektiven und subjektiven Strukturen, von ökonomisch-sozialstrukturellen Veränderungen und innerweltlichen Modernisierungsprozessen der Wahrnehmungs- und Bewertungsschemata, Normen und Lebensmodellen, unter Rückgriff auf die Arbeiten des französischen Soziologen PIERRE BOURDIEU mit dem Begriff des Habitus zu beschreiben.[1]

Die Attraktivität der Theoriekonstruktion BOURDIEUs, ohne die letztlich Breite und Nachhaltigkeit der Rezeption schwer erklärlich wären, liegt für SCHWINGEL (2000, S. 55) in seiner Qualität als „wissenschaftstheoretische Alternative jenseits des Dualismus von (subjektive Sinnbeziehungen rekonstruierender) Hermeneutik und (objektive Funktionen analysierendem) Funktionalismus“. Ähnlich wie JÜRGEN HABERMAS in seinen Kategorien System und Lebenswelt den Dualismus von Gesellschafts- und Handlungstheorie aufzuheben beabsichtigt, zielt BOURDIEU auf die Vermittlung objektivistischer und subjektivistischer Konzepte (vgl. BOURDIEU 1987, S. 49) und damit auf eine integrative Sicht von ökonomisch-sozialen Strukturen und Subjektdispositionen und -handlungen. „Gegen objektivistische Konzepte (Levi-Strauss, Durckheim, Marx) will Bourdieu wieder die ‚leibhaftigen Akteure' in die Analyse einbringen, die Felder, die Institutionen ‚benötigen' Akteure, die sie in Funktion halten, und zwar Akteure mit jeweils passenden Dispositionen, mit ökonomischer und psychischer Besetzung der jeweiligen Spiele, mit Glauben an deren Wichtigkeit (illusio). Zugleich will Bourdieu gegen subjektivistische Konzepte (Schütz, Sartre u.a.) zeigen, dass sich die Individuen nicht als voraussetzungslose zueinander verhalten, sondern in von ihren Vorgängern (aber auch von ihnen selbst) produzierten Gravitations- und Kampffeldern agieren und ihre Geschichte und Gesellschaft im wahrsten Sinne des Wortes stets mit sich herumtragen - in Form einverleibter Dispositionen, Bewegungen, Haltungen, ihrer Körper, die

1 Für die Tatsache, dass BOURDIEU in sozial- wie erziehungswissenschaftlichen Fachdiskursen seit Mitte der 80er Jahre verstärkt rezipiert wird, lassen sich mehrere Gründe anführen. Neben seiner internationalen Präsenz in der fachlichen und politischen Öffentlichkeit und dem für einen Theoretiker hohen Anteil an qualitativen und quantitativen empirischen Arbeiten erklärt sich das Interesse der Erziehungswissenschaft nicht zuletzt aus der Tatsache, dass Fragen der Erziehung und vor allem das Erziehungssystems und seine sozial distinktive Wirkung in BOURDIEUs Arbeiten von Anfang an einen theoretisch begründet hohen Stellenwert einnahmen (vgl. z.B. BOURDIEU/PASSERON 1972). Vgl. dazu vorläufig EDER (1989); MÖRTH/FRÖHLICH (1994); SCHWINGEL (2000), LIEBAU (1987).

Hinweise auf soziale Positionen und Distanzen sowie die einzuhaltenden Verhaltensweisen bzw. Distanzstrategien geben" (FRÖHLICH 1994, S. 33 f.).

Einen Ausdruck findet diese Absicht in einem erweiterten Kapitalmodell. Nach BOURDIEU ist das soziale Feld und die Stellung des Subjekts als Akteur in diesem Feld nicht allein durch die Verteilung ökonomischen Kapitals strukturiert, sondern wird von drei Kapitalsorten bestimmt (vgl. BOURDIEU 1992, 53 ff.):

Ökonomisches Kapital meint die im Warentausch erworbene Verfügung über materielle Ressourcen. „Das ökonomische Kapital ist unmittelbar und direkt in Geld konvertierbar und eignet sich besonders zur Institutionalisierung in der Form des Eigentumsrechts" (ebd., S. 53). In kapitalistisch verfassten Industriegesellschaften stellt ökonomisches Kapital die sozialstrukturell zentrale Ressource dar. BOURDIEU (1985, S. 11) spricht von der „tendenziellen Dominanz des ökonomischen Feldes"[2], wobei allerdings der „Wert" einzelner Kapitalien je nach Feld variiert.

Die zweite Kapitalsorte, das *kulturelle Kapital*, kann in drei unterschiedlichen Zuständen auftreten: „(1.) in verinnerlichtem, inkorporiertem Zustand, in Form dauerhafter Dispositionen des Organismus, (2.) in objektiviertem Zustand, in Form von kulturellen Gütern, Bildern, Büchern, Lexika, Instrumenten oder Maschinen, in denen bestimmte Theorien und deren Kritiken, Problematiken usw. Spuren hinterlassen oder sich verwirklicht haben, und schließlich (3.) in institutionalisiertem Zustand, einer Form von Objektivationen, die deswegen gesondert behandelt werden muss, weil sie - wie man beim schulischen Titel sieht - dem kulturellen Kapital, das sie ja garantieren soll, ganz einmalige Eigenschaften verleiht" (BOURDIEU 1992, S. 53). Kulturelles Kapital, vor allem in institutionalisierter Form, ist konvertierbar in ökonomisches Kapital, insofern Bildungsabschlüsse als Verteilungsinstrumente auf dem Arbeitsmarkt wirken. Verinnerlichtes kulturelles Kapital ist körpergebunden, d.h. das Subjekt kann sich zwar Kultur in objektiviertem Zustand „erwerben", Dispositionen, Haltungen, Leitbilder, soziale Verkehrsformen und auch Bildungstitel (wenngleich Letztere mit Einschränkungen) kann es sich aber nicht einfach „kaufen" im Sinne einer Konvertierung ökonomischen Kapitals in kulturelles Kapital. „Die Akkumulation von Kultur in korporiertem Zustand setzt einen Verinnerlichungsprozess voraus, der in dem Maße, wie er Unterrichts- und Lernzeit erfordert, Zeit kostet. Die Zeit muss vom Investor persönlich investiert werden ... Das Delegationsprinzip ist hier ausgeschlossen" (ebd., S. 55).[3]

2 BOURDIEU folgt damit trotz aller auch von ihm konstatierten Eigendynamik der Felder nicht einem Verständnis moderner Gesellschaften als „Gesellschaft ohne Spitze und ohne Zentrum" (LUHMANN 1981, S. 22), wie es im Rahmen der Systemtheorie unterstellt wird.

3 In gewissem Sinne lässt sich dieser Zusammenhang am Stereotyp des neureichen Unternehmers der kapitalistischen Gründerzeit veranschaulichen, der sich zwar ob sei-

Die dritte Kapitalsorte ist das *soziale Kapital*, worunter BOURDIEU ein Netz an sozialen Beziehungen und Verpflichtungen versteht, das für die Subjekte eine Ressource darstellt. „Die Existenz eines Beziehungsnetzes ist weder eine natürliche noch eine soziale ‚Gegebenheit', die aufgrund eines ursprünglichen Institutionalisierungsaktes ein für alle Mal fortbesteht ... Sie ist vielmehr das Produkt einer fortlaufenden Institutionalisierungsarbeit. (...) Anders ausgedrückt, das Beziehungsnetz ist das Produkt individueller oder kollektiver Investitionsstrategien, die bewusst oder unbewusst auf die Schaffung und Erhaltung von Sozialbeziehungen gerichtet sind, die früher oder später einen unmittelbaren Nutzen versprechen" (ebd., S. 65).

Sozialkapital beruht auf der Logik des Kennens und Anerkennens und tritt insofern immer in Form *symbolischen Kapitals* auf, womit eine vierte Kapitalsorte genannt ist, die BOURDIEU in seinen Arbeiten nutzt, die allerdings „quer" zu den genannten Kapitalien liegt, insofern sie einen „Zustand" bezeichnet, den alle drei bislang genannten zentralen Kapitalsorten annehmen können. „Symbolisches Kapital - anderer Name für Distinktion - ist nichts anderes als Kapital (gleich welcher Art), wahrgenommen durch einen Akteur, dessen Wahrnehmungskategorien sich herleiten aus der Inkorporierung der spezifischen Verteilungsstrukturen des Kapitals, mit anderen Worten: ist Kapital, das als selbstverständliches erkannt und anerkannt ist" (BOURDIEU 1985, S. 22). Um es an einem Beispiel zu veranschaulichen: Dass wir, wenn der Wecker klingelt, meistens aufstehen und zur Arbeit gehen, einen Termin wahrnehmen, etc., ist eine Form symbolischen Kapitals über das wir verfügen - ich sehe die Uhr, nehme ihre Funktion wahr und erkenne ihre zeitstrukturierende und -disziplinierende Funktion an -, da sich im Akt des Aufstehens komplexe Wahrnehmungs- und Bewertungsstrukturen manifestieren, die im Akt selbst als solche nicht bewusst sind. „Das symbolische Kapital ist ein Kapital mit kognitiver Basis, es beruht auf Erkennen und Anerkennen" (BOURDIEU 1998 a, S. 151). Symbolisches Kapital, symbolische Macht, d.h. die „Durchsetzung der legitimen Weltsicht und ihrer Teilung" (BOURDIEU 1997, S. 124) und symbolische Gewalt, d.h. jene Gewalt, „die, indem sie sich auf die ‚kollektiven Erwartungen' stützt, auf einen sozial begründeten und verinnerlichten Glauben, Unterwerfungen erpresst, die als solche gar nicht wahrgenommen werden", akzentuieren in besonderer Weise Hierarchien und soziale Ungleichheit, nicht nur hinsichtlich der ökonomischen Verteilung von Ressourcen und Chancen, sondern auch in den alltäglichen Mustern des Beobachtens, Bewertens und Handelns. Die Dimension des symbolischen Kapitals verleiht dem Umstand Ausdruck, „dass es kein Spiel gibt ohne den Glauben an das Spiel" (ebd., S. 32).

---

ner finanziellen Möglichkeiten alles leisten konnte, aber nicht „dazu gehörte", weil er mit den sozialen Regeln der (kulturell) herrschenden Klasse nicht vertraut war. Kulturelles Kapital, auch das wird in dem Zitat deutlich, ist wesentlich Produkt von Sozialisation und Erziehung.

Das je spezifische Profil des ökonomischen, kulturellen und sozialen Kapitals eines Menschen bestimmt seine Stellung im sozialen Feld.[4] Damit sich die Subjekte in den komplexen und „in Aushandlung" befindlichen und damit beweglichen Strukturen überhaupt zurecht finden, bedürfen sie eines Praxissinns, „ein erworbenes Präferenzsystem, ein System von Wahrnehmungs- und Gliederungsprinzipien (das, was man gewöhnlich den Geschmack nennt), von dauerhaften kognitiven Strukturen (die im Wesentlichen das Produkt der Inkorporierung der objektiven Strukturen sind) und von Handlungsschemata, von denen sich die Wahrnehmung der Situation und die darauf abgestimmten Reaktionen leiten lässt. Der Habitus ist jener Praxissinn, der einem sagt, was in einer bestimmten Situation zu tun ist" (BOURDIEU 1998 a , S. 41 f.).

„Habitus" ist der für die Handlungstheorie BOURDIEUs zentrale Begriff, mit dem keine „vollständige Bestimmung des Subjekts" beabsichtigt ist, sondern vielmehr die Rekonstruktion der „im Individuum gewordenen Gesellschaft" (LIEBAU 1987, S. 61). Habitus, so könnte man in Anlehnung an die oben skizzierten Kapitalsorten formulieren, ist die zur Person gewordene Form verinnerlichten kulturellen, sozialen und symbolischen Kapitals und insofern notwendig ein Produkt von Erfahrung und Geschichte, von individueller Biographie in mit anderen Subjekten geteilten sozialen Feldern. Nach BOURDIEU sind es die „charakteristischen Strukturen einer bestimmten Klasse von Daseinsbedingungen ..., die über die ökonomische und soziale Notwendigkeit, mit der sie auf die relativ autonome Welt der Hauswirtschaft und der Familienverhältnisse drücken, oder besser noch über die eigentlichen Erscheinungsformen dieses äußeren Zwangs in der Familie (Form der geschlechtsspezifischen Arbeitsteilung, Objektwelt, Formen der Konsumption, Verhältnis zu Verwandten usw.), die Strukturen des Habitus erzeugen, welche wiederum zur Grundlage der Wahrnehmung und Beurteilung aller späteren Erfahrungen werden. Als Produkt der Geschichte produziert der Habitus individuelle und kollektive Praktiken, also Geschichte, nach denen von der Geschichte erzeugten Schemata; er gewährleistet die aktive Präsenz früherer Erfahrungen, die sich in jedem Organismus in Gestalt von Wahrnehmungs-, Denk- und Handlungsschemata niederschlagen und die Übereinstimmung und Konstantheit der Praktiken im Zeitverlauf viel sicherer als alle formalen Regeln und expliziten Normen zu gewährleis-

4 Die Konstruktion eines sozialen Raumes, der sich in soziale Felder (Familie, Wissenschaft, Kunst, Literatur, Arbeitswelt etc.) gliedert, die mit je spezifischen Charakteristika, Anforderungen, Logiken ausgestattet sind und in denen die Verteilung der Kapitalsorten der Subjekte ihre Position innerhalb des Feldes definiert, führt BOURDIEU (1985, S. 12) zu einem theoretischen Klassenbegriff als „Ensembles von Akteuren mit ähnlichen Stellungen, und die, da ähnlichen Konditionen und ähnlichen Konditionierungen unterworfen, aller Voraussicht nach ähnliche Dispositionen und Interessen aufweisen, folglich auch ähnliche Praktiken und politisch-ideologische Positionen. (...) Sie bildet keine reale, effektive Klasse im Sinne einer kampfbereiten Gruppe; sie ist, strenggenommen, lediglich eine wahrscheinliche Klasse."

ten suchen“ (BOURDIEU 1987, S. 101). Dieser knappen Skizze lassen sich einige Punkte entnehmen, die die Besonderheiten habitueller Strukturen kennzeichnen.

- Habitus manifestiert sich nach dieser Definition auf drei Ebenen: (a) der Ebene der Wahrnehmung, (b) der Denkschemata, zu denen SCHWINGEL (2000, S. 60) Alltagstheorien, Klassifikationsmuster, „implizite ethische Normen zur Beurteilung gesellschaftlicher Handlungen“ (Ethos) sowie „ästhetische Maßstäbe zur Bewertung kultureller Objekte und Praktiken“ (Geschmack) zählt, sowie (c) Handlungsschemata, „welche die (individuellen oder kollektiven) Praktiken der Akteure hervorbringen“ (ebd., S. 60). Mit Habitus ist somit in einem umfassenden Sinne das im Sozialisationsprozess erworbene Dispositionssystem der Subjekte angesprochen, welches wiederum ein Produkt der Stellung des Akteurs im sozialen Feld ist.

- Habitus ist das Produkt der sozialen Erfahrung eines Subjektes und dabei als repräsentierte Geschichte strukturell konservativ. Ein Subjekt, das eine soziale Situation durch die „Brille“ seines Habitus, seiner erworbenen Wahrnehmungs-, Deutungs- und Bewertungsmuster wahrnimmt, ist beeinflusst durch die „wirkende Präsenz der gesamten Vergangenheit, die ihn erzeugt hat“ (BOURDIEU 1987, S. 105). Habitus ist fortwirkende Vergangenheit, die „Geschichte aus Geschichte erzeugt und damit die Dauerhaftigkeit im Wandel gewährleistet“ (ebd. S. 105). Gesellschaftliche Institutionen wie subjektive Dispositionen sind für BOURDIEU Ausdruck und Manifestation von Geschichte, die selber Geschichte gestalten. Ob in vergegenständlichter oder in verinnerlichter Form: „In jedem Moment ist die gesamte Geschichte des sozialen Feldes präsent“ (BOURDIEU 1985, S. 35). Damit ist nicht die prinzipielle Determiniertheit von subjektiven Handlungen durch objektive Strukturen gemeint, da der Habitus, wie LIEBAU (1987) dies herausgestellt hat, wie eine „generative Handlungsgrammatik“ (im Sinne NOAM CHOMSKYs generativer Transformationsgrammatik) funktioniert, d.h. er stellt eine Art Erzeugungsprinzip dar, das eine Bandbreite an Haltungen und Handlungen hervorzubringen in der Lage ist. Der Bandbreite an Haltungen und Handlungen werden allerdings durch den Habitus Grenzen gesetzt. „Wer den Habitus einer Person kennt, der spürt oder weiß intuitiv, welches Verhalten dieser Person verwehrt ist. Mit anderen Worten: Der Habitus ist ein System von Grenzen. (...) Deshalb sind für ihn bestimmte Dinge einfach undenkbar, unmöglich; es gibt Sachen, die ihn aufbringen oder schockieren. Aber innerhalb dieser seiner Grenzen ist er durchaus erfinderisch, sind seine Reaktionen keineswegs immer schon im Voraus bekannt“ (BOURDIEU 1992, S. 33).

- Die im Konservatismus des Habitus angelegte Beharrungstendenz wird dadurch verschärft, dass habituelle Strukturen gerade deshalb so „reibungslos“ funktionieren, weil ihre „Anwendung“ unbewusst erfolgt. Der Habitus repräsentiert die „zur Natur gewordene und damit als solche vergessene Geschichte“ (ebd., S. 105). Habitusstrukturen sind zur Selbstverständlichkeit geronnene soziale Erfahrungen, sind „Naturalisierung des sozial Willkürlichen“.[5] Insofern stehen habituelle Strukturen in Phasen raschen sozialen Umbruchs in der Gefahr, durch ihr Beharren auf etablierte Wahrnehmungs- und Bewertungskategorien die Ausbildung neuer Muster des Erkennens und Anerkennens zu behindern - und damit evtl. neue Entwicklungen gar nicht oder erst sehr spät zu realisieren. Für BOURDIEU gibt es deshalb keinen „Wandel in den Dispositionen ohne einen im Voraus - oder mit ihm einhergehenden Wandel der objektiven Strukturen, deren Produkt und vielleicht auch Überbleibsel sie sind“ (BOURDIEU 1998 a, 197).[6]

Das Normalitätsmuster der Arbeitsgesellschaft in der Theoriesprache BOURDIEUs als Habitus zu begreifen, als System historisch erzeugter, „naturalisierter kultureller Selbstverständlichkeiten“ (vgl. BECK/WILLMS 2000, S. 208; vgl. auch Keupp u.a. 1999, S. 31), macht den Blick sensibel für die Historizität und damit Veränderbarkeit der Gegenwart.

Für den vorliegenden Fragezusammenhang ist der Ansatz BOURDIEUs auch deshalb von besonderem Wert und Interesse, weil er, ohne die strukturbildende Potenz des ökonomischen Feldes aus den Augen zu verlieren, ein erweitertes Verständnis von Ökonomie entwickelt, deren Logik sich „gleichzeitig in den Institutionen, in den Mechanismen und in den Dispositionen, im Kopf der Leute“ (Bourdieu 1997, S. 80) manifestiert.

In einer frühen, kürzlich wiederveröffentlichen ethnographischen Studie (vgl. BOURDIEU 2000) über die sozialen Veränderungen im Zuge des Übergangs von der „vormodernen“ zur modernen, kapitalistischen Ökonomie in Kabylien (Nordalgerien), finden sich bereits alle Elemente seiner später entwickelten Theorie.[7] Die durch die Kolonialisierung be-

5 BÖHNISCH (1996, S. 413) führt in seinem Artikel zur Frage der „Normalität“ in Anlehnung an BERGER/LUCKMANN den Begriff „Grundwelt“ ein, der auf einen ähnlichen Umstand abzielt. Demnach kann man Normalität als eine Grundwelt verstehen, „die das sozial Selbstverständliche in der Gesellschaft darstellt - das Selbstverständliche, das nicht mehr thematisiert werden muss. Die Gesellschaft funktioniert, weil sie eben einen nicht hinterfragten Grundbestand an normativen Orientierungen hat.“

6 Thesenartig könnte man der Vermutung Ausdruck verleihen, dass dies ein - wenn nicht der Hintergrund des von BECK so häufig kritisierten Beharrens auf überkommenen Begriffen und den daraus resultierenden Denkschranken und Wahrnehmungsbarrieren ist. BECK spricht in diesem Zusammenhang plakativ von Zombie-Kategorien, „lebend-toten Kategorien, die uns blind machen für die sich rasant verändernde Realität“ (BECK/SENNETT 2000, S. 33). RICHARD SENNETT verweist im selben Interview auf „eine riesige Aufschub-, Verdrängungs- und Verweigerungsstruktur“ (ebd., S. 33), die das Neue verdrängt und in alten Vorstellungen gefangen bleibt.

7 Für FRÖHLICH (1994, S. 39) bilden die algerischen Studien BOURDIEUs die Grundlage seiner Theoriebildung. Für eine zentrale Bedeutung der Kabylien-Studie spricht auch,

schleunigte ökonomische Entwicklung Algeriens brachte „zwei Typen von Wirtschaftssystemen mit völlig konträren Anforderungen zur Koexistenz, die gewöhnlich durch einen Zeitraum von mehreren hundert Jahren voneinander getrennt sind“ (BOURDIEU 2000, S. 7). BOURDIEU skizziert in Detailanalysen das Aufeinandertreffen zweier (Innen-) Welten, der kabylischen Ökonomie, die auf den Prinzipien der Familie, der Ehre, des Gabentausches basiert, und des auf Rechenhaftigkeit, rationalem Kalkül und Gewinn ausgelegten kapitalistischen Systems. Der zentrale Bruch, der sich auftut, ist der zwischen der „Ökonomie des Auf-Treu-und-Glauben“ und den neuen „kalten Gesetz des eigennützigen Kalküls“ (ebd., S. 18). Die Beschreibung des Eindringens der kapitalistischen Logik in den traditionellen Mikrokosmos der kabylischen Gesellschaft dokumentiert in Zeitraffer und wie in einem Brennglas einen gesellschaftlichen Umbruch, der in Europa mehrere hundert Jahre währte. „Alle Handlungsweisen unserer Existenz einer kalkulierenden Vernunft unterwerfen zu wollen, wie die Ökonomie es will, ... heißt mit dem Prinzip von ‚auf Treu und Glauben’, des Vertrauens und der Gerechtigkeit zu brechen, welche die Beziehungen zwischen Verwandten prägen müssen und die gerade auf der Verdrängung bzw. besser auf der Verneinung des Kalküls beruht“ (ebd., S. 17).

BOURDIEUs eigener „Lernprozess“ besteht darin, durch den Kontakt mit der „fremden Kultur“ seiner eigenen habituellen Strukturen gewahr zu werden. „Ich erinnere mich an all die anekdotischen Beobachtungen und statistischen Hinweise, die ich zusammentragen musste, bis ich die implizite Philosophie der modernen Idee der Arbeit durchschaute, einer Arbeit beruhend auf dem Äquivalent der Arbeit bzw. der Entlohnung in Geldform, welche ich in meiner spontanen Interpretation dieser fremden Welt anwendete und die mich daran hinderte, bestimmte Verhaltensweisen oder ein bestimmtes Erstaunen meiner ethnographischen Informanten vollumfänglich zu begreifen“ (ebd., S. 15). Und weiter: „Nichts hatte mich darauf vorbereitet, die Ökonomie, und erst recht nicht die eigene als ein Glaubenssystem zu denken, und ich musste nach und nach auf dem Weg der ethnographischen Beobachtung und verstärkt durch meine statistischen Untersuchungen die praktische Logik der vorkapitalistischen Ökonomie erlernen während ich gleichzeitig damit befasst war, deren Grammatik mehr schlecht als recht zu beschreiben“ (ebd., S. 16). Rationales, ökonomisches, auf individuelle Nutzenmaximierung ausgerichtetes Handeln von Menschen, so der verdichtete Befund BOURDIEUs, ist nicht im Sinne der rational choice Theorie (z.B. GARY BECKER) als anthropologische Variable zu begreifen, sondern eine solche Orientierung ist „in Wirklichkeit als Produkt einer langfristigen kollektiven Geschichte (zu verstehen, M.G.) und im Rahmen der Ontogenese,

---

dass BOURDIEU auch in neueren Werken immer wieder Bezug auf diese frühen Studien nimmt.

d.h. der Individualgeschichte, immer wieder aufs Neue über und durch eine zu leistende Konversionsarbeit" (ebd., S. 17) neu zu erzeugen.

Dieser Exkurs zu BOURDIEUs früher Studie zum ökonomisch-sozialen Wandel in Nordalgerien ist für die aktuelle Auseinandersetzung um die Modernisierung der Arbeitsgesellschaft aus mehreren Gründen bedeutsam: Zum einen nutzt die Studie die seltene historische Chance, das Aufeinandertreffen zweier Gesellschaftssysteme bzw. den Übergang zwischen zwei Systemen quasi in einem sozialen Feldexperiment beobachten und analysieren zu können.[8] Insofern gibt die Studie Auskunft über die Struktur und Dynamik fundamentaler sozialer Umbrüche. Zum anderen, und das macht die Studie, wie die Herangehensweise BOURDIEUs insgesamt, für die Erziehungswissenschaft so interessant und anschlussfähig, belässt es BOURDIEU nicht bei der Analyse von Strukturbrüchen, sondern er lenkt sein Interesse auf die Folgewirkungen auf der Ebene der Wahrnehmung, des Denkens und Handelns der Gesellschaftssubjekte. Darüber hinaus ist die ethnographische Qualität der Arbeit BOURDIEUs hervorzuheben, der im Kontakt mit der „fremden" Kultur das eigene Kategoriensystem, die eigenen Instrumente der Wahrnehmung und Bewertung als historisches Produkt begreift. Die Produktivität des Fremdheitsblicks, von Bert Brecht im Begriff der Verfremdung zum didaktischen Prinzip seiner schriftstellerischen Arbeit verdichtet, offenbart sich hier in der selbstreflexiven Wendung auf die eigenen habituellen Strukturen, die als Wahrnehmungsbarrieren und Denkschranken jenes zur Natur erklären, was historisch erzeugt ist, und es damit unsichtbar werden lassen.

Zur Genese des arbeitsgesellschaftlichen Habitus

Eine ökonomisch rationale, produktive, arbeitszentrierte und auf Zukunft ausgerichtete „Haltung", wie sie den Habitus des modernen Menschen charakterisiert, ist ein historisches Produkt, im Sinne BOURDIEUs (1998 a, S. 14) ein „besonderer Fall des Möglichen". Die sozialhistorische Forschung[9] hat aufgezeigt, wie weit der Weg vom mittelalterlichen Menschen bis zum modernen Arbeitsbürger war, wie lang die „Erfindung des modernen Menschen" (MUCHEMBLED 1990) dauerte. Die Klagen der Unternehmer über die Unpünktlichkeit, Unzuverlässigkeit und mangelnde Produktivität der ersten Arbeitergenerationen ist so etwas wie die Begleitmusik der frühen

---

8 Eine strukturell vergleichbare Situation stellte sich nach dem Abgang der sozialistischen Staaten von der politischen Weltbühne Ende der 80er Jahre. Bezeichnenderweise wurde die Vereinigung der beiden deutschen Staaten von der Soziologie als eines der größten „sozialpsychologischen Feldexperimente" (vgl. zusammenfassend GALUSKE/RAUSCHENBACH 1994, S. 11) wahrgenommen. BOURDIEU spricht (2000, S. 7) im Falle Nordalgeriens ebenfalls von einem „regelrechten gesellschaftlichen Experiment".

9 Vgl. SAUER (1984); KOCKA/OFFE (2000); WEBER (1984); KÖNIG (1990); ELIAS (1997); EISENBERG (1999); RIBOLITS (1995); GALUSKE (1993).

Jahre der Industrialisierung und Ausdruck für die Ungleichzeitigkeit von sich entwickelnden gesellschaftlichen Anforderungsprofilen und habituellen Strukturen der Menschen (vgl. THOMPSON 1973). Drastisch drückt dies GÖTZ EISENBERG (1999, S. 45) aus, wenn er hervorhebt: „Der industrielle Kapitalismus braucht die Menschen als variables Kapital, als lebendiges Arbeitsvermögen. Es steckt nur zunächst in untauglichen Körpern und ist in traditionelle Lebensformen und Gewohnheiten eingebunden."

Die historischen Linien der Durchsetzung des modernen Menschen haben bereits MAX WEBER (1984) und NORBERT ELIAS (1997) in ihren klassischen Studien zur Geburt der Moderne beschrieben. MAX WEBER skizziert und analysiert in seinen Studien zur protestantischen Ethik den Übergang vom Traditionalismus zu einer „rationalen Lebensführung auf Grundlage der Berufsidee" (WEBER 1984, S. 187). Mit Traditionalismus bezeichnet WEBER einen Verhaltenskomplex, der im Sinne BOURDIEUs als habituelle Struktur begriffen werden kann: „der Mensch will ‚von Natur' nicht Geld und mehr Geld verdienen, sondern einfach leben, so leben, wie er zu leben gewohnt ist, und so viel erwerben, wie dazu erforderlich ist" (ebd., S. 50).[10]

Die Geschichte der Moderne, aus dieser Perspektive gelesen, ist die Geschichte der Durchsetzung eines neuen Menschentyps, der in innerweltlicher Entsprechung zu den aufkeimenden Philosophien, Ökonomien und sozialen Strukturen der Neuzeit sein irdisches Glück in einer rationalen, disziplinierten Lebensführung sucht, deren Kern in einem produktiven, zukunftsorientierten und arbeitszentrierten Habitus liegt.[11] Dieses Projekt der Erfindung und Erzeugung des „modernen Menschen" stieß auf erhebliche Widerstände. „Überall, wo der moderne Kapitalismus sein Werk der Steigerung der ‚Produktivität' der menschlichen Arbeit durch Steigerung ihrer Intensität begann, stieß er auf den unendlich zähen Widerstand dieses Leitmotivs präkapitalistischer wirtschaftlicher Arbeit, und er stößt noch heute überall umso mehr darauf, je ‚rückständiger' (vom kapitalistischen Standpunkt aus) die Arbeiterschaft ist, auf die er sich angewiesen sieht" (ebd., S. 50).

NORBERT ELIAS (1997) hat in seiner Studie „Über den Prozess der Zivilisation" die Genese der innerweltlichen Strukturen des modernen Men-

---

10 WEBER (1984, S. 360) verdichtet dies an anderer Stelle in dem Beispiel: „Noch vor einem Menschenalter wäre es vergeblich gewesen, einem Landarbeiter in Schlesien, der für Akkord ein bestimmtest Stück Land zu mähen hatte, mit Rücksicht auf die Steigerung seiner Arbeitskraft den Lohn verdoppeln zu wollen: er hätte dann einfach seine Arbeitsleistung auf die Hälfte reduziert, weil er allein mit dieser Hälfte das Doppelte hätte verdienen können wie früher."

11 Für den vorliegenden Zusammenhang ist die in der Fachdiskussion umstrittene Frage der Rolle des Protestantismus bei der Entstehung der kapitalistischen Gesellschaft weniger von Belang. Egal, ob der Protestantismus nun Elternteil, Geburtshelfer oder lediglich „entfernter Verwandter" des Kapitalismus ist, er spielt in jedem Fall eine zentrale Rolle bei der Durchsetzung eines arbeitszentrierten Weltbildes.

schen beschrieben und analysiert. Der Prozess der Zivilisation ist nach ELIAS im Wesentlichen durch die Ausprägung eines selbstdisziplinierten Subjekts gekennzeichnet, wobei die verhaltensreguliernden Impulse sich mehr und mehr von Fremdzwänge in Selbstzwänge, von äußerer Kontrolle zur verinnerlichten Selbstdisziplin wandeln. „Von den frühesten Zeiten der abendländischen Geschichte bis zur Gegenwart differenzieren sich die gesellschaftlichen Funktionen unter einem starken Konkurrenzdruck mehr und mehr. Je mehr sie sich differenzieren, desto größer wird die Zahl der Funktionen und damit der Menschen, von denen der Einzelne bei allen seinen Verrichtungen, bei den simpelsten und alltäglichsten ebenso, wie bei den komplizierteren und selteneren, beständig abhängt. Das Verhalten von immer mehr Menschen muss aufeinander abgestimmt, das Gewebe der Aktionen immer genauer und straffer durchorganisiert sein, damit die einzelne Handlung darin ihre gesellschaftliche Funktion erfüllt. Der Einzelne wird gezwungen, sein Verhalten immer differenzierter, immer gleichmäßiger und stabiler zu regulieren. Dass es sich dabei keineswegs nur um eine bewusste Regulierung handelt, ist schon hervorgehoben worden. Gerade dies ist charakteristisch für die Veränderung des psychischen Apparats im Zuge der Zivilisation, dass die differenziertere und stabilere Regelung des Verhaltens dem einzelnen Menschen von klein auf mehr und mehr ein Automatismus angezüchtet wird, als Selbstzwang, dessen er sich nicht erwehren kann, selbst wenn er es in seinem Bewusstsein will" (ELIAS 1997, S. 316 f.). Der Zwang zur Langsicht, zur Verhaltenskontrolle, nach ELIAS geboren aus der Notwendigkeit der Verhaltensregulation in einer zunehmend komplexer werdenden und sich funktional ausdifferenzierenden Gesellschaft, ist ein historisches Projekt, dass sich in jedem einzelnen Erziehungsprozess neu vollzieht. „Die Verhaltensschemata unserer Gesellschaft, die dem Einzelnen durch eine Modellierung von klein auf, als eine Art von zweiter Natur, eingeprägt und durch mächtige, eine zunächst immer strikter organisierte gesellschaftliche Kontrolle in ihm wach gehalten werden, sie sind, so zeigt sich, nicht aus allgemein-menschlichen und geschichtslosen Zwecken zu verstehen, sondern als etwas geschichtlich Gewordenes, aus dem Gesamtzusammenhang der abendländischen Geschichte, aus den spezifischen Beziehungsformen, die sich in deren Verlauf bilden, und den Verflechtungszwängen, die sie um- und weiterbilden" (ebd., S. 443 f.).

PETER GENDOLLA hat diesen Prozess der inneren Zivilisierung des modernen Menschen, mit dem Einbau einer „Hemmung" in die Innenwelten verglichen. Die Hemmung, auch Unruhe genannt, ist ein technische Vorrichtung in mechanischen Uhren, die die Unabhängigkeit von der Veränderlichkeit äußerer Einflüsse (z.B. Temperaturschwankungen) gewährleistet und damit die Präzision der Zeitmessung erhöhte.[12] „Mit dem Einbau der Hemmung war die Uhr präzis geworden, d.h. auch immer und überall vergleichbar, von allen überprüfbar. Damit diese Kontrolle nun aber auch wirksam werden, sich durchsetzen, ausbreiten, fortsetzen konnte, musste sie *anerkannt* werden. (...) So liest sich Norbert Elias Zivilisationstheorie wie eine Applikation der Uhrmacherkunst auf die Produktion leistungsfähiger Menschenleiber, als Anwendung eines mechanischen Tricks auf soziales Verhalten, so, als wären ‚Hemmungen' in den Körper eingebaut worden" (GENDOLLA 1992, S. 48).

Dieses Bild GENDOLLAs ist nicht nur aus Gründen der Veranschaulichung treffend. Es verweist zudem auf ein zentrales Moment in der Entwicklung des Habitus des modernen Arbeitsmenschen: die Durchsetzung eines neuen Verständnisses von und eines neuen Verhältnisses zur Zeit, auf die im Folgenden kurz eingegangen werden soll.[13] Die „Herkulesaufgabe" (RIFFKIN 1988, S. 117) der Etablierung eines neuen, zukunftsorientierten und disziplinierten Zeitverständnisses wird in ihrer Komplexität erst deutlich, wenn man sich des vormodernen Umgangs mit Zeit vergewissert. In der Forschung zur sozialen Konstruktion von Zeiterfahrung[14] wird das vormoderne Zeitverständnis als ein zyklisches, organisches beschrieben, das vor allem durch zwei miteinander verwobene Taktgeber bestimmt wird: (1) Zum einen von der Natur, die im Takt der Jahreszeiten, des Sonnenauf- und -untergangs, Lebens-, Arbeits- und Alltagsrhythmus bestimmt; (2) zum anderen die Arbeit, d.h. die Notwendigkeit einer den natürlichen Gegebenheiten angepassten Befriedigung der materiellen Bedürfnisse. Die Zeitordnung vormoderner Agrargesellschaften ist aufgabenbezogen strukturiert. „Die Arbeit wurde, wie der gesamte Lebenslauf, von dem, was zu tun war, also von den zu erfüllenden Aufgaben, geprägt. Diese Einheit von Arbeit und Leben kannte und brauchte keine abstrakten Maße" (GEIßLER 1999, S. 26). Der englische Sozialhistoriker EDWARD P. THOMSPON (1973, S. 84) hat herausgestellt, dass eine solche Zeitordnung ob ihrer sinnlichen Erfahrbar-

12 Für GENDOLLA (1992, S. 40) ist die Erfindung der Unruhe ein zentraler technischer Meilenstein in der Durchsetzung eines modernen Zeitempfindens. Sie ist ein Aspekt „auf dem Weg zu einer abstrakten, von einem jenseitigen, ganz anschauungslosen Ziel in die Zukunft kontrollierten Zeitsinn. Die Hemmung definierte das Schema, nach dem die Zeit gerichtet, linearisiert und beschleunigt wurde, zur Zeit *an sich.*" Der Einbau von Hemmungen in Räderuhren ist seit dem 13. Jahrhundert belegt.

13 Das Zeitverständnis dient hier als ein Beispiel für die Modernisierung der Innenwelten der Subjekte im Zuge der Modernisierung. Als weiteres eindrucksvolles Beispiel lässt sich die Studie des Schweizer Soziologen PHILIPP SARASIN (2001) über die Geschichte des Körpers in der Moderne lesen, die er in theoretischer Anlehnung an MICHEL FOUCAULT vor allem am Beispiel des Hygienediskurses rekonstruiert. SARASIN plausibilisiert dabei die These: „Die moderne - und westliche - Art und Weise, den Körper zu verstehen, ihn als ‚eigenen Körper' wahrzunehmen, ihn zu pflegen und ihn zu genießen, entstand im Kontext der Aufklärung" (ebd., S. 32)

14 Vgl. THOMPSON (1973); GEIßLER (1999); GENDOLLA (1992, 2000); RINDERSPACHER (2000 a, 2000 b); RIFFKIN (1988).

keit (Wechsel der Jahreszeiten, Rhythmus von Tag und Nacht), aber auch aufgrund der weniger ausgeprägten Trennung zwischen Arbeit und Leben für die Menschen unmittelbar verständlicher ist, als eine abstrakte, an Uhrzeiten orientierte Lebensführung. Gleichwohl hat dieses aus heutiger Sicht „verschwenderisch und ohne jeden Sinn für Dringlichkeit" (ebd., S. 84) anmutende Verhältnis zur Zeit, dass sich z.B. in der Tatsache ausdrückt, das es im europäischen Mittelalter durchschnittlich 115 Feiertage pro Jahr gab (vgl. LEVINE 1998, S. 42), ihren Preis. Die „scheinbare Idylle" wurde durch Zwänge und Belastungen wie „schutzlose Auslieferung an die Naturgewalten, die materielle Armut, die Starrheit der sozialen Regeln, die erzwungene Sesshaftigkeit und die extrem hohe soziale Kontrolle" (GEIßLER 1999, S. 52) erkauft, die sich zugleich auch in einem starren Bild von der Zukunft niederschlagen. Zukunft ist die Wiederkehr des Immergleichen, des Zyklischen.

Für KARLHEINZ A. GEIßLER (1999, S. 84 f.) liegt das Charakteristische der Zeitordnung der Moderne in ihrer Abkoppelung von der Natur und dem damit verbundenen Begrenzungen und Sicherheiten des Zyklischen. „Die Wiederkehr, die Wiederholung, die alles Zeitliche kennzeichnet, wird durch die Vorstellung ersetzt, dass die Zeit unwiderbringlich vergeht. Sie schreitet fort. Die Zukunft ist nicht mehr länger vorbestimmt und festgelegt. Sie wird in der Moderne als etwas Beeinflussbares, das es zu gestalten gilt, verstanden. Lag die Zeit in der Vormoderne in der Hand Gottes, so geht sie nun in den Besitz der Menschen über. (...) Hatte der Kreis als Denkfigur die vormoderne Zeitauffassung charakterisiert, so ist es nun die aufsteigende Linie, die die Zeitvorstellung der modernen Zeit symbolisiert".

Was dies konkret bedeutet, lässt sich am Beispiel der allmählichen Durchsetzung der Uhr[15] als Taktgeber des Alltags verdeutlichen. Spielte die Zeitmessung bis ins Mittelalter in erster Linie im klösterlichen Leben eine gewisse Rolle, dass ob seiner „systematischen Zeitschemata" (vgl. GENDOLLA 1992, S. 38; vgl. auch WEBER 1984), der Zeitkontrolle bedurfte, wurden vergleichsweise präzise mechanische Zeitmessgeräte erst ab dem 13. Jahrhundert entwickelt. Die ersten Orte, an denen Uhren ihre Wirkung als Taktgeber entfalten, sind öffentliche Orte, Kirchtürme, Rathäuser, später an Fabriktoren oder in Form von Fabriksirenen. Der Siegeszug der Uhr folgt nach GENDOLLA (1992, S. 42 ff.) einem bestimmten Rhythmus: „Dieser Uhrengang der Dinge regulierte das individuelle wie kollektive Leben zunächst von oben, geht von da nach unten, um schließ-

15 Auch GIDDENS (1996 a, S. 29) misst der Erfindung der mechanischen Uhr eine zentrale Bedeutung zu, da sie die Trennung von Zeit und Raum ermöglicht. „Die Zeit blieb an den Raum (und an einen Ort) gebunden, bis es dazu kam, dass der Einheitlichkeit der Zeitmessung durch die mechanische Uhr eine Einheitlichkeit der gesellschaftlichen Organisation von Zeit entsprach." Für JEREMY RIFFKIN (1988, S. 147) reisten „Uhrenkultur und das industrielle System ... gemeinsam in die Zukunft - zwei untrennbar verbundene Kräfte, die sich gegenseitig definieren und formen halfen".

lich nach innen zu wandern, auf eine durchaus nicht einfach metaphorisch zu verstehende Weise. ‚Von oben' ist ganz wortwörtlich zu nehmen: Die Regulation beginnt mit der Ausrichtung der Tageszeiten nach dem Glockenschlag der Turmuhren. (...) Von oben, von den Glockentürmen der Klöster und Städte, wanderte die abstrakte Zeit nach unten, erzeugte sie Pünktlichkeit oder Disziplin in Amtsstuben, Verwaltungsgremien, öffentlichen Institutionen. Die wirksamste Ausbreitung erfolgte über die Erziehung. Seit dem 15. Jh. tauchen die Stundeneinteilungen der Klöster, nach denen der Unterricht in den Klosterschulen koordiniert war, auch in den städtischen Erziehungsanstalten auf, als Stundenpläne. (...) Zu Beginn des 16. Jhs. arbeitet der Nürnberger Uhrmacher Peter Henlein ein kleines Uhrwerk in eine Art Kugel aus Metall, die überall mitgenommen werden kann. Die Turmuhr, die Rathausuhr, die Stubenuhr, die Taschenuhr werfen ein Netz über den Alltag, an das sich die Menschen halten müssen, wollen sie erfolgreich handeln. Damit das wirklich funktioniert, muss die Uhr von außen nach innen wandern, in den Körper selbst. Den Einteilungen der Uhr musst etwas im Körper korrespondieren, eine Einstellung, die ihm Bewegung oder Stillstand zur richtigen Zeit ermöglicht." Was zunächst als „bürgerliche" Tugend der Zeitdisziplin sich duchzusetzen begann, spielte für die Mehrzahl der Menschen nur eine geringe Rolle. Noch bis ins 17. Jahrhundert hinein reichte die Stunde als Taktgeber für den Alltag aus, und erst langsam halten Sekunden und Minuten und mit ihnen eine immer präzisere Handlungskoordination Einzug in das Leben. Die Ablösung der „Ereigniszeit" durch die „Uhrzeit" (vgl. LEVINE 1998, S. 127), der erfahrbaren Zeit durch eine abstrakte Zeitordnung findet in der Entwicklung, Verbreitung und Durchsetzung der Uhr und der Verfeinerung der Zeitmessung ihren technischen wie symbolischen Ausdruck. „Keine technische Erfindung der Moderne ... hat in solchem Ausmaß wie die mechanische Uhr belegt, dass Gegenstände, die für die Menschen entwickelt wurden, immer auch Menschen benötigen, die diesen Gegenständen angepasst werden" (GEIẞLER 1999, S. 107).

Als Motor für ein verändertes Zeitverständnis und einen veränderten Umgang mit Zeit kann man in Anschluss an ELIAS eine gesteigerte Notwendigkeit der Synchronisation von Handlungsvollzügen auf der Mikro- und Makroebene im Gefolge gesellschaftlicher Differenzierung hervorheben, die im Zuge der Industrialisierung einen neue Dringlichkeit und Intensität erhielt. Auf der Makroebene entsteht als Folge einer wachsenden ökonomischen Vernetzung und der Herausbildung souveräner Nationalstaaten die Notwendigkeit, Handlungen über Entfernungen hinweg zu koordinieren. „Ende des 19. Jahrhunderts gab es noch von Stadt zu Stadt unterschiedliche Zeiten. In den USA existierten 1860 noch dreihundert verschiedene Lokalzeiten. Im Deutschen Reich waren es weniger, aber noch so viele, dass man stetig mit der ‚Zeit' beschäftigt war. Insbesondere galt das für jene Personen, die um 1890 mit der Eisenbahn um den Bodensee von Kreuzlingen über Konstanz, Friedrichshafen, Lindau und Bregenz nach Rorschach reisten. Sie mussten auf dieser rund 100 Kilometer langen Fahrt ihre Uhren nacheinander um vier, drei, neun, sechzehn Minuten vor- und bei der Rückkehr in die Schweiz um 32 Minuten zurückstellen. (...) Mit der immer schneller fortschreitenden Entwicklung des Verkehrs und der Kommunikationsmittel wurden umfangreiche und nationale und internationale Zeitkoordinationen notwendig. 1891 forderte von Moltke im Parlament unter Verweis auf militärische Gründe die Einführung einer Standardzeit in Deutschland. 1893 geschah dies schließlich auch. Die Feinabstimmung der Zeit hatte damit eine neue Qualität erreicht. Die Zeit hatte ihren Ort verloren, das Zeitalter der Ortszeit war vorüber. Sie wurde zur Territorialzeit und bald danach, durch die Einteilung des Globus in 24 Zeitzonen, zur Weltzeit. Die Globalisierung begann demnach vor mehr als hundert Jahren" (GEIßLER 1999, S. 80 f.). Auf der Mikroebene des Alltagshandelns erforderten die Erfindung immer weiterer „Zeitverkürzungsapparate"[16], verfeinerter Produktionsverfahren und einer neuen, auf Zukunft ausgerichteten Weltsicht eine immer genauere zeitliche Handlungskoordination, die mittels der alten Disziplinartechniken von Kirchturmuhr, Arbeitshaus, Pünktlichkeitserziehung, Armen- und Fabrikordnung usw. nicht effektiv zu gewährleisten war. Der Wecker auf dem Nachtisch, die Armbanduhr am Handgelenk und die dazu passende Zeitdisziplin signalisieren den Sieg der neuen Zeitordnung. „Die Zurichtung von instrumentalisierbaren Menschen, die in ein durchrationalisiertes Zeitschema passen und am Ende so intrinsisch motiviert sind, dass sie selbst in ihrem je individuellen Verhalten, mit ihren konkreten alltäglichen Einzelentscheidungen, zu Protagonisten eines durchrationalisierten Alltags werden, ist eines der großen, epochalen Projekte an der Schwelle zur Neuzeit gewesen" (RINDERSPACHER 2000 b, S. 9 f.).[17]

Die Erfahrung von und der Umgang mit Zeit, so kann man zusammenfassend festhalten, haben sich am Übergang von der Vormoderne zur Moderne fundamental verändert: An die Stelle einer zyklischen Vorstellung von Leben als Kreislauf tritt ein lineares Aufstiegsmodell, dass das Morgen als Steigerungsform des Heute begreift; an die Stelle einer auf Natur und Subsistenzwirtschaft abgestellten Lebensrhythmik tritt im Horizont einer (bes-

---

16 Nach GENDOLLA (2000; S. 42) sind die zentralen Erfindungen der industriellen Revolution „immer auch Zeitverkürzungsapparate. Sie entlasten im ersten Schritt vom ökonomischen und sozialen Druck, immer mehr zu produzieren, erhöhen die Herstellungsgeschwindigkeit. Also erhöhen sie im nächsten Schritt wieder den Druck, aus dem sie entstanden waren."

17 EDWARD P. THOMPSON (1973, S. 97) hat detailliert beschrieben, wie widerständig und langwierig der Prozess war, die neue Disziplin der Zeit (und auch des Körpers) in den Köpfen vor allem der arbeitenden Menschen zu verankern. „Die erste Generation Fabrikarbeiter wurde die Bedeutung der Zeit von ihren Vorgesetzten eingebläut, die zweite Generation kämpfte in den Komitees der Zehn-Stunden-Bewegung für eine kürzere Arbeitszeit, die dritte schließlich für einen Überstundenzuschlag."

seren) Zukunft eine Ökonomie der Zeit, die auf die Steigerung von Effektivität abzielt und deshalb die Verwendung der Zeit immer minutiöser misst und kontrolliert. Die Synchronisation von Zeit und die „Erschaffung des Tempos" (GENDOLLA 2000) sind Voraussetzung und Folge einer zunehmend entfesselten Reichtumsproduktion in den industriekapitalistischen Nationalstaaten des 19. und 20. Jahrhunderts. „Indem die Industrieproduktion und analoge Verfahren sich immer unabhängiger machten vom Tag-Nacht-Rhythmus, von Temperaturschwankungen und vor allem von den unregelmäßigen Angeboten der Natur an Energiezufuhr für eine Produktionsmaschinerie im großen Stil; und erst indem die Entstehung von Wohlstand zunehmend deutlicher eine Funktion menschlichen Erfindungsgeistes und Organisationstalents wurde als eine der Natur, konnte Zeit, so wie es B. Franklin in seinem vielzitierten Ausspruch gefordert hatte, systematisch strukturiert und ökonomisch nutzbar gemacht werden. Die Ökonomisierung der Zeit avancierte zu einer wesentlichen Dimension des neuen Kultes der Naturbeherrschung" (RINDERSPACHER 2000 a, S. 51 f.).

Lebensläufe im entwickelten Wohlfahrtsstaat. Das Modell der Erreichbarkeit

Der oben in groben Strichen skizzierte Prozess der Durchsetzung eines neuen Sozialmodells, eines neuen Habitus, der auf Selbstdisziplin, Zukunftsorientierung, Familiensinn und Arbeitsbereitschaft basiert, und der quasi das „subjektive Fundament" der materiellen Erfolgsgeschichte der letzten 200 Jahre darstellt, wären überzeichnet, würde man ihn nicht auf die im letzten Kapitel entfaltete wohlfahrtsstaatliche Modernisierung rückbeziehen. Stand die Frühphasen von Kapitalismus und Industrialisierung unter der Maxime „Arbeite, um zu (über-)leben"[18], mit der Folge einer rapiden Steigerung der Reichtumsproduktion bei gleichzeitig existenzbedrohenden sozialen Verwerfungen, so liegt eine Errungenschaft der sozialstaatlichen Garantien genau darin, durch De-Kommodifizierung die Radikalität des Überlebens auf die Dramatik des „besser Lebens" zu reduzieren. Anders ausgedrückt: Die Maxime „Arbeite, um zu (über-)leben" modifiziert sich in Richtung „Arbeite (mehr), um besser zu leben".

Das Integrationsmodell des Fordismus, der wohlfahrtsstaatlich abgefederten Arbeitsgesellschaft, funktioniert nicht mehr nach der einfachen Dichotomie von Integration und Desintegration (oder moderner: von Inklusion und Exklusion), die radikal und existentiell entschieden wird durch die Teilhabe oder Nicht-Teilhabe der Subjekte am Arbeitsmarkt. Moderne, sozialstaat-

18 Sozialistische wie kapitalistische Variante der Arbeitsgesellschaft stimmten in dieser Hinsicht überein. AUGUST BEBEL zumindest hob 1883 in seiner Schrift „Die Frau und der Sozialismus" hervor: „Der Sozialismus stimmt mit der Biel darin überein, wenn diese sagt: Wer nicht arbeitet, soll auch nicht essen" (BEBEL, zit. nach EISENBERG 1999, S. 43).

lich verfasste Arbeitsgesellschaften sind, anders formuliert, in ihrer Koppelung von Arbeit und Leben weniger rigide, als frühere Gesellschaftsmodelle. Wohlfahrtsstaaten geben zwar wie im vorherigen Kapitel beschrieben ihre Zentrierung auf Lohnarbeit nicht auf, entbinden allerdings die Akteure unter bestimmten Bedingungen und in bestimmten Lebenslagen von der Verpflichtung des Verkaufs der eigenen Arbeitskraft.

LOTHAR BÖHNISCH hat die Besonderheiten des sozialstaatlichen Integrationsmodells unter den Bedingungen des Fordismus herausgearbeitet. Gegenüber der Frühphase der industriekapitalistischen Arbeitsgesellschaft ist der „wohlfahrtspolitisch vorangetriebene Sozialstaat" (BÖHNISCH 1994, S. 32) durch eine „erweiterte Integrationsperspektive" gekennzeichnet. „Jeder kann Anschluss an die Gesellschaft finden, auch wenn er aus der Arbeitsgesellschaft herausgefallen ist. Das Integrationsmodell des Wohlfahrtsstaates beinhaltet also: Alle können prinzipiell mit einbezogen werden in die gesellschaftliche Entwicklung, auch wenn sie aus dem Ordnungsmodell der Arbeitsgesellschaft herausgefallen sind oder herauszufallen drohen. Diesem Integrationsmodell entspricht ein Lebensentwurf der ‚Erreichbarkeit'. Der Sozialstaat ist mit dieser wohlfahrtspolitischen Überformung ‚elastischer' geworden. Das Ordnungsmodell der Arbeitsgesellschaft wurde zwar im Prinzip beibehalten, jedoch seiner normativen Ausschließlichkeit entkleidet. (...) Sozialstaatliche Versorgungsleistungen sollen auch ein Leben neben der Arbeit ermöglichen, freilich immer mit der letztlichen Perspektive, in die Arbeitsgesellschaft wieder reintegriert werden zu können" (ebd., S. 32). Wohlfahrtsstaaten setzten damit an die Stelle der rigiden Arbeitsverpflichtung ein weiterhin lohnarbeitszentriertes Modell, das gleichwohl auch Zonen mehr oder weniger legitimer Distanz zu lohnarbeitbasierten Pfaden sozialer Integration kennt. Idealtypisch lassen sich vier „Zonen" unterscheiden:

- *„Lohnarbeit":* Das Normalitäts- und Biographiemuster der arbeitsgesellschaftlichen Moderne setzt im Regelfall den Verkauf der Arbeitskraft als Basis eines „durchschnittlichen Lebensentwurf" voraus: Man erhält materielle Gegenleistungen, ist integriert in die Sozialversicherung und normativ anerkannt. Im Hinblick auf diejenigen, die diesem Modell - aus welchen Gründen auch immer - nicht entsprechen können, die ihre Lebensführung nicht auf dem Verkauf ihrer Zeit, Kraft und Qualifikation gründen, lassen sich drei mehr oder weniger legitime Zonen der Distanz unterscheiden.

- *Zone der biographischen Distanz:* Biographisch davon lassen sich jene Phasen unterscheiden, die eine gerechtfertigte Distanz zur Sphäre der Lohnarbeit konstitutieren. Dazu gehören Kindheit und Jugend einerseits als Phasen der Vorbereitung auf die eigenständige Existenz und andererseits die Rentnerexistenz als Phase „nach der Lohnarbeit". Beide Phasen konstituieren biographisch legitime Lebensmodelle jenseits lohnarbeitsgesellschaftlicher Partizipationsmuster.

- *Zone (weitgehend) unverdächtiger Distanz:* Ist eine Integration in Lohnarbeit aufgrund individueller Voraussetzungen (z.B. Schwerstbehinderung) oder aufgrund anderweitiger, gesellschaftlich gewünschter und akzeptierter Anforderungen nicht möglich, konstituieren sich „verdachtslose" Formen der Nicht-Teilhabe am Arbeitsmarkt. Ein Beispiel ist der Rückzug von Frauen auf die gesellschaftlich akzeptierte, wenngleich materiell unselbständige Rolle der Hausfrau und Mutter oder auch die Rolle des „sich Qualifizierenden".

- *Zone verdächtiger Distanz:* Neben normativ legitimen Formen der Distanz von Lohnarbeit existieren auch solche, die prinzipiell unter Verdacht stehen. Dazu gehört insbesondere Arbeitslosigkeit. Obwohl auch für Arbeitslose die Perspektive der Reintegration aufrecht erhalten wird, konstituiert sie für die Betroffenen, folgt man den Befunden der Arbeitslosenforschung, eine Phase belasteter Distanzierung in Form materieller Einschränkungen, perspektivischer Verunsicherungen und vielfältiger Verdachtsmomente (fehlende Qualifikation, unzureichende Motivation, potentielle Devianz).

Moderne Wohlfahrtsstaaten sind dadurch gekennzeichnet, dass sie neben einer materiellen Grundsicherung zugleich ein breites Netz von Angeboten der Beratung, der Fort- und Weiterbildung, flankierender sozialpädagogischer Angebote usw. schaffen, die als institutionalisierter Ausdruck des Prinzips der Erreichbarkeit begriffen werden können, als Aufrechterhaltung und Generalisierung des Modells der sozialen Integration durch Lohnarbeit auch an den gesellschaftlichen Rändern bzw. über die Ränder hinaus.

Eine in dieser Analyse anklingende Facette muss an dieser Stelle noch vertieft werden, da sie für die Konstitution sozialpädagogischer Handlungsvollzüge folgenreich ist, insofern sich hier Entwicklungsmuster abzeichnen, die sozialpädagogischen Förderprozessen als Zielfolie dienen. Gemeint ist der angedeutete Umstand, dass sich im flexiblen Management sozialer Integration moderner Wohlfahrtsstaaten Lebenslaufmuster identifizieren lassen, die als „Geländer der Lebensführung" biographische Prozesse institutionell vorstrukturieren.

MARTIN KOHLI (1986, S. 183) hat den Zusammenhang von sozialstaatlicher Institutionalisierung und Lebenslaufpolitik untersucht und kommt zu einem doppelten Ergebnis: „erstens ist der Lebenslauf in der Entwicklung zur Moderne zu einer zentralen gesellschaftlichen Institution geworden; zweitens sind die institutionalisierten Lebenslaufprogramme heute die zentrale Stütze für die Erfahrung von Kontinuität." KOHLI begreift den Lebenslauf als ein Regelsystem, „das die zeitliche Dimension des individuellen Lebens ordnet. Dieses System ist heute eine der wesentlichen Vermittlungsinstanzen zwischen Gesellschaft und Individuum“ (ebd., S. 183). Die Institutionalisierung des Lebenslaufs ist das Ergebnis einer Verzeitlichung des Lebens im Gefolge einer umfassenden Freisetzung der Individuen aus vormodernen Lebensformen, die geprägt ist durch den Übergang von einer „Haushaltsökonomie zu einer Ökonomie auf der Grundlage freier Arbeit“ (ebd., S. 184). Für KOHLI ist die Durchsetzung von modernen Lebenslaufmustern das Ergebnis der sich entfaltenden Arbeitsgesellschaft (ebd., S. 186), die durch Enttraditionalisierung zu einer „Zufälligkeit der Lebensereignisse“ führt, die mittels eines institutionalisierten „vorhersehbaren Lebenslaufs“ (ebd., S. 185) lebbar gemacht wird. STEPHAN LEIBBFRIED, LUTZ LEISERING u.a. (1995) verweisen analog zu KOHLI auf die lebenslaufbezogene Steuerungsfunktion, die aus der sozialstaatlichen Gewährung von Teilhabechancen in den Kernbereichen Bildung, Alterssicherung und soziale Risikobearbeitung resultiert. Unter Lebenslauf verstehen die Autoren ein doppeltes: „durch staatliche und andere Institutionen vorgeformte, ‚angebotene’ Lebenswege und Lebenslaufmuster in rechtlichen Regelungen, kontrollierenden Akteuren und kulturellen Leitbildern und der subjektive Umgang mit der eigenen Lebensgeschichte, mit den individuellen Wegen innerhalb, gelegentlich auch außerhalb der vorgezeichneten institutionellen Fährte“ (ebd., S. 39). KOHLI zeigt empirisch stichhaltig, wie der Ausbau von Bildungssystem und wohlfahrtsstaatlicher Sicherung ein Lebenslaufmuster formieren, dass „um das Erwerbssystem herum organisiert (ist, M.G.). (...) Anders gesagt: der Lebenslauf als Institution ist Teil der Struktur der Arbeitsgesellschaft - und zwar ... ein zentraler Teil“ (ebd., S. 184).[19]

Diese „Selbstverständlichkeit“ des Lebenslaufs in wohlfahrtstaatlichen Arbeitsgesellschaften findet, wie neuere sozialpsychologische Arbeiten betonen, auch in der Identitätsforschung ihren Niederschlag. Unter Identität kann man in einer ersten Annäherung „die Herstellung einer Passung zwischen dem subjektiven ‚Innen’ und dem gesellschaftlichen ‚Außen’„ (KEUPP u.a. 1999, S. 28) verstehen. Identität ist somit ein „modernes Phänomen“, insofern „das Individuum in vormodernen Gesellschaften keinen inneren Zusammenhang zu produzieren (braucht, M.G.), weil die Gesellschaft ihn bietet. Die Dissoziation, die Aufsplitterung des Subjekts wird also erst in dem Maß ein Problem, wie die Gesellschaft sich dissoziiert und damit die Kohärenzzumutung an das Individuum weitergibt“ (ebd., S. 87). Das in den letzten Jahrzehnten dominierende Modell der Identitätsbildung in modernen Gesellschaften geht auf ERIK ERIKSON (1973) zurück.

19 In einer neueren Arbeit hat KOHLI (2000, S. 362 f.) diesen Gedanken differenzierter ausgeführt. Demnach lassen sich drei Dimensionen unterscheiden, „in denen sich die Erwerbsarbeit im Lebenslauf entfaltet“: (1) die Phasengliederung des Lebenslaufs in Kindheit/Jugend, Erwerbsphase und Ruhestand bzw. in der weiblichen Variante als Kindheit/Jugend, einem Mix von Erwerbs- und vor allem Familienphase und Ruhestand; (2) die langfristige Verstetigung des Arbeitsverhältnisses und seine sozialrechtliche Verdichtung in der Figur der „Normalerwerbsbiographie“ sowie (3) die Entwicklung langfristiger Lebensperspektiven durch Integration in Lohnarbeit.

ERIKSON begreift das Problem der Identität, der Passung von Außen und Innen, zwar auch als ein lebenslanges Problem (vgl. KRAPPMANN 1998, S. 67), allerdings unterstellt er einen Phasenverlauf, der der Konstruktion des sozialstaatlich konstituierten Lebenslaufmodells folgt: Die Jugendphase (Adolesenz) ist die Periode der Orientierung und Erprobung, in der man sein Identitätsprojekt formuliert und auf den Weg bringt. Das Erwachsenenalter ist Phase der Realisierung und Verteidigung der erarbeiteten Stabilität. Eriksons Identitätsmodell liegt damit eine lineare Entwicklungsfigur zugrunde, die ein lebensaltersspezifisches Ergebnisoptimum formuliert, dessen Erreichen Stabilität verleiht, Scheitern hingegen zu Identitätsdiffusionen führt. KEUPP u.a. haben herausgestellt, dass dieses Modell „offensichtlich unauflöslich mit dem Projekt der Moderne verbunden (ist, M.G.). Es überträgt auf die Identitätsthematik ein modernes Ordnungsmodell regelhaft-linearer Entwicklungsverläufe. Es unterstellt eine gesellschaftliche Kontinuität und Berechenbarkeit, in der sich die subjektive Selbstfindung verlässlich einbinden kann“. Anders ausgedrückt: ERIKSONs Modell der Identitätsentwicklung transformiert in gewisser Weise sozialhistorisch funktionale Anforderungen an die habituellen Strukturen der Subjekte in Entwicklungsaufgaben der Identitätsarbeit. Insofern ist sein Modell Ausdruck eines „gültigen Sozialtypus“.

Fokussiert auf die wohlfahrtsstaatlich abgefederte Arbeitsgesellschaft lässt sich festhalten: Indem der Sozialstaat

- Bildungszeiten und Bildungswege standardisiert, ausbaut, verknüpft und rechtlich reglementiert (Schulpflicht, Bildungsexpansion etc.),
- durch Bildung, Qualifizierung, Beratung, Betreuung Lebenswege innerhalb des biographischen Normalitätsmusters inhaltlich fördert und formal stabilisiert,
- durch Arbeits(schutz)rechte in die Konstitution von Beschäftigungsverhältnissen reglementierend eingreift (z.B. Verbot der Kinderarbeit, Jugendarbeitsschutz, Normierung des Arbeitstages, der Wochen- und Lebensarbeitszeit, rechtliche Kodifizierung von Mitspracherechten),
- Phasen der Nicht-Arbeit materiell (durch Sozialversicherung und Sozialhilfe) absichert,
- zugleich die Arbeitsverpflichtung (z.B. durch Leistungshöhe, rechtliche Auflagen in AFG und BSHG) aufrecht erhält
- und Phasen der Nicht-Arbeit mittels Bildung, Qualifizierung, Beratung u. Ä.. im Modell der Erreichbarkeit einfängt,

kreiert er die Eckpfeiler und Fluchtpunkte eines Lebensentwurfs, der mit BÖHNISCH/SCHEFOLD (1985, S. 12) zusammenfassend wie folgt skizziert werden kann: „Der Sozialstaat bietet seinen Bürgern ... ein Menschenbild an: einen Lebensentwurf, der darauf baut, dass es bei ausreichendem Arbeitsvermögen und sozialer Anpassungsfähigkeit immer weiter aufwärts geht, dass die Chancen sich mehren. Je offener die Zukunft, desto größer die sozialen Chancen. Gelungene Sozialintegration im Wohlfahrtsstaat heißt also auch allgemeine Anerkennung dieses durchschnittlichen Lebensentwurfs und allgemeines Ausrichten der Lebensführung auf diesen Lebensentwurf. Der allgemeine Lebensentwurf im Sozial- und Wohlfahrtsstaat ist vor allem durch die lebenslange Volllzeitarbeit, die zumindest ein Mitglied der Familie leisten muss, gekennzeichnet. Bei dieser zentralen Bedeutung der Arbeit haben natürlich Schule und Berufsausbildung, in denen die einzelnen sozialcharakterlichen Grundlagen und spezifischen Kompetenzen jenes Arbeitsvermögens erworben werden, eine zentrale Bedeutung."

Die im wohlfahrtstaatlichen Arrangement geronnenen Normalitätsannahmen dienen, folgt man dem Hinweis auf die Rolle pädagogischer Institutionen, nicht nur den Subjekten als Entwicklungsschablone individueller Biographien, sondern notwendig auch als Orientierung und Leitlinie für die biographische Unterstützungsarbeit in Familie, Schule, außerschulischen Bildungseinrichtungen und Sozialer Arbeit. Damit wäre die schon an mehreren Stellen angedeutete Frage nach der Rolle von Pädagogik und Sozialpädagogik im Prozess der Genese und Stabilisierung des wohlfahrtsstaatlichen Lebenslaufregimes angesprochen, die Gegenstand des folgenden Kapitels sein wird.

5. Die Arbeitsgesellschaft und ihre Soziale Arbeit

> *„Soziale Arbeit ist als personenbezogene soziale Dienstleistung ein Produkt der zunehmenden Entkoppelung von System und Lebenswelt. Diese Entkoppelung konstruiert und charakterisiert in spezifischer Weise die Gesellschaft der Moderne. Und erst auf dieser Stufe der gesellschaftlichen Entwicklung erweist sich die Entstehung besonderer sozialpädagogischer Hilfeinstitutionen als notwendig, möglich und ‚sinnvoll'."*
> *(THOMAS RAUSCHENBACH 1999a, S. 131)*

Bislang ist der Begriff Soziale Arbeit im Laufe der Arbeit vergleichsweise selten gefallen - und doch haben wir uns die ganze Zeit im Koordinatensystem der Sozialen Arbeit bewegt und ihre Fundamente ausgeleuchtet:

- Mit der Entwicklung der Arbeitsgesellschaft zu einem geregelten, wohlfahrtsstaatlichen Industriekapitalismus fordistischer Prägung haben wir die gesellschaftliche Folie thematisiert, vor der die Geburt und Expansion der Sozialen Arbeit als verberuflichtes, professionalisiertes[1], institutionalisiertes und verrechtlichtes System personenbezogener Hilfen interpretiert werden muss.
- Mit der Herausbildung der wohlfahrtsstaatlich geregelten Arbeitsgesellschaft hat die Soziale Arbeit - wenn man es so ausdrücken will - eine strukturelle Heimat, einen Ort bekommen. Sie konstituiert sich als personenbezogene soziale Unterstützung innerhalb der sozialstaatlichen

---

1 Die Professionalisierung Sozialer Arbeit ist immer noch eine so umstrittene und vieldiskutierte Frage, dass es zumindest Unbehagen bereitet, ohne Vorbehalte von Sozialer Arbeit als professionalisiertem System Sozialer Hilfe zu sprechen. Obwohl Ausbau und Ausdifferenzierung von Ausbildung und Arbeitsmarkt ohne Zweifel einen enormen Akademisierungs- und Verberuflichungsschub widerspiegeln (vgl. RAUSCHENBACH 1999 a), ist je nach theoretischer Position und Professionalisierungsbegriff umstritten, ob Soziale Arbeit aufgrund ihrer Konstitutionsbedingungen überhaupt als Profession bezeichnet werden kann. Die kontroverse Debatte der 70er Jahre, ob die Soziale Arbeit nun schon eine Profession oder erst auf dem Weg zu ihr sei, oder ob sie z.B. aufgrund ihrer fehlenden Autonomie gar ewiglich im Status einer Semiprofession verharren muss (vgl. zusammenfassend GALUSKE 2001, S. 117 ff.), ist spätestens mit den Arbeiten von THOMAS OLK (1986) in ein aufgeklärteres Stadium eingetreten. Demnach können neue, sozialstaatliche Professionen wie die Soziale Arbeit, die sich unter spezifischen Konstitutionsbedingungen entwickelt haben, strukturell nicht mehr mit den Modellen der klassischen Professionen (Medizin, Recht) verglichen werden. Vgl. auch THOLE/KÜSTER-SCHAPFL (1997); COMBE/HELSPER (1996).

Konstitution des Lebenslaufs und unterliegt insofern den Imperativen und Funktionsanforderungen der Sozialpolitik.

- Mit dem Habitus, der Repräsentation der Geschichte im Denken und Handeln der Subjekte, wurde quasi die Zielfolie benannt, auf die hin die Denk-, Handlungs- und Institutionalisierungsformen der Sozialpädagogik um den Preis ihrer Dysfunktionalität zu organisieren sind.

Dieses, sich in den bisherigen Ausführungen eher implizit und in Andeutungen entfaltende Verständnis gilt es im Folgenden unter Rekurs auf die pädagogische und sozialpädagogische Theoriediskussion zu grundieren und zu präzisieren. Dabei vollzieht sich die Argumentation in zwei Schritten: Zunächst wird das Verhältnis von Arbeit und Erziehung thematisiert, um darauf aufbauend das funktionale Gewebe sozialstaatlich induzierter Sozialer Arbeit genauer zu betrachten.

Arbeit und Erziehung

Eine historische Klärung des Verhältnisses von Arbeit und Erziehung kann zumindest zwei Pfaden folgen:

(a) einem sozial- und institutionengeschichtlichen sowie
(b) einen begriffs- und ideengeschichtlichen.

(a) Spürt man der Bedeutung der Arbeit für organisierte Bildungs- und Erziehungsprozesse zunächst sozialgeschichtlich nach, so ist - um ein Fazit voranzustellen - ERICH RIBOLITS (1995, S. 57) zu folgen, der in seiner umfangreichen Studie zum Verhältnis von Lohnarbeit und institutionalisierter (Berufs-)Erziehung zu dem Urteil kommt, dass die Pädagogik „mehr als nur am Rande an der Installierung der arbeitsethischen Grundlagen der bürgerlich-kapitalistischen Gesellschaft beteiligt (war, M.G.): Ihre Geschichte stellt sich über weite Strecken als identisch mit der sukzessiven Durchdringung der Gesellschaft mit dem Geist der Arbeit dar.“ Die habituellen Grundlagen des modernen Arbeitsbürgers werden nicht erst dort gelegt, wo explizit Arbeitsamkeit und Arbeitsfähigkeit eingefordert, eingeübt, gelehrt und überprüft wird, sondern sie beginnt mit der Durchsetzung eines Musters rationaler Lebensführung, das auf Zeit- und Körperdisziplin aufbaut. Das Entwicklungsmuster folgt dem von NORBERT ELIAS beschriebenen Übergang von den harten Methoden der Disziplinierung zu den weicheren und effektiveren Methoden der Förderung der Selbstdisziplin.

In der Frühphase der Industrialisierung priesen die Apologeten des aufkeimenden Industriekapitalismus angesichts der sich schwierig erweisenden Erziehung der ersten erwachsenen Arbeitergenerationen durch Fabrik- und Armenordnungen, Kontrollwesen und Werkssirenen den Zugriff auf die nachwachsende Generation als Königsweg zu einer den neuen Bedingungen und Anforderungen angepassten Arbeitermentalität.

Der Sozialhistoriker EDWARD P. THOMPSON (1973, S. 95) hat diesen Zusammenhang für den Beginn der Industrialisierung in England beschrieben: „Außerhalb der Industrie bot sich eine weitere Institution an, um an sparsamen Umgang mit der Zeit zu gewöhnen: die Schule. Clayton klagte, die Straßen Manchesters seien voll von ‚unbeschäftigten' zerlumpten Kindern, die nicht nur ihre Zeit verlieren, sondern sich ans Spielen gewöhnen usw. Er pries die Armenschulen, die Fleiß, Sparsamkeit, Ordnung und Regelmäßigkeit lehrten: ‚Die Schüler werden an frühes Aufstehen und Pünktlichkeit gewöhnt.' Als William Temple im Jahr 1770 dafür plädierte, arme Kinder im Alter von 4 Jahren in die Arbeitshäuser zu schicken, wo sie Fabrikarbeit leisten und zwei Stunden am Tag Schulunterricht erhalten sollen, hatte er sehr genaue Vorstellungen vom sozialisierenden Einfluss dieses Prozesses: ‚Es ist sehr nützlich, dass sie auf irgendwelche Art ständig beschäftigt werden, wenigstens 12 Stunden am Tag, ob sie damit nun ihren Unterhalt verdienen oder nicht; denn wir hoffen, dass sich auf diese Weise die heranwachsende Generation so sehr an ständige Beschäftigung gewöhnen wird, dass sie diese zuletzt als angenehm und unterhaltend empfindet' ... Sobald sich die Schultore hinter ihm schlossen, trat das Kind in die neue Welt strenger Zeiteinteilung ein. In den methodischen Sonntagsschulen in York wurden unpünktliche Lehrer mit Geldbußen bestraft und die erste Regel, die die Schüler lernen mussten war: ‚Ich habe mich einige Minuten vor halb zehn in der Schule einzufinden.'„

Jenseits ihrer Qualifizierungsaufgabe, implizierte die Ordnung und Organisation der sich vor allem im 19. und 20. Jahrhundert verallgemeinernden Masseninstitution Schule[2] von Anfang an auch eine sozialisierende Dimension im Sinne einer Habitualisierung der neuen Formen von Zeiterfahrung, Zeit- und Körperdisziplin und Arbeits- und Zukunftsorientierung, wie sie

---

2 Nach BLANKERTZ (1969, S. 13) sind in „der zweiten Hälfte des 18. Jahrhunderts ... die Grundlagen für ein modernes, die gesamte Jugend des Volkes erfassendes Schulwesen geschaffen worden, zwar noch unter den Bedingungen der vorindustriellen Gesellschaft, aber doch schon bezogen auf einen Staat, der als Sachwalter des sozialen Nutzens aller sich der Erziehung als eines Instruments merkantiler Zwecke zu bedienen gedachte." Parallel zur Entwicklung und Ausdifferenzierung der modernen Industriegesellschaft breitet sich auch die schulisch dominierte Lebensphase aus. Veranschaulichen lässt sich diese Entwicklung an den altersspezifischen Erwerbsquoten. Waren 1960 noch rund 76% aller 15 bis unter 20jährigen erwerbstätig, so sank ihr Anteil bis 1985 auf 45% (vgl. BAETHGE u.a. 1988, S. 40). In die gleiche Richtung weisen Zahlen des INSTITUTS FÜR ARBEITSMARKT- UND BERUFSFORSCHUNG, die eine drastisch gesunkene Erwerbstätigkeit bei den 15 bis 24jährigen konstatieren. „Während die Erwerbsbeteiligung Jugendlicher zwischen 1991 und 1995 von 40,5% auf 30,9% sank, erhöhten sich parallel dazu die Anteile jugendlicher Arbeitsloser um 1,6 Prozentpunkte und die Anteile jugendlicher Nichterwerbspersonen - also solcher, die weder beschäftigt noch arbeitslos gemeldet waren und sich auch nicht in Ausbildung befanden - um 1,9 Prozentpunkte. mit einem Plus von 6,1 Prozentpunkten ist jedoch die Bildungs- und Ausbildungsbeteiligung besonders stark gestiegen" (ENGELBRECH/REINBERG 1998, S. 4).

die ideologisch und technologisch entfesselte Wachstumsökonomie verlangte. Der Weg zu einer „besseren" Zukunft führt (nur) durch das Nadelöhr der Arbeit, die wiederum eines disziplinierten, rationalen Umgangs mit dem eigenen Körper und der eigenen Zeitökonomie verlangt. Deshalb entsprach der „Rhythmus der schulischen Sozialisation ... dem der Produktion. Man unterteilte die Zeit in kleine Abschnitte, brachte den Kindern bei, auf Glockenzeichen zu reagieren, man zwang sie pünktlich zu sein und stillzusitzen, man korrigierte ihre Körperhaltung und ihre Gesten, man disziplinierte ihr ganzes Verhalten und bestrafte jede noch so geringfügige Abweichung und Nachlässigkeit" (EISENBERG 1999, S. 51).

Dass Schule immer auch Anpassung an gesellschaftliche Rationalitätsvorstellungen und Zeitdisziplinen ist, hat der dänische Schriftsteller PETER HOEG (1998) in seinem autobiographischen Roman „Der Plan von der Abschaffung des Dunkels" anschaulich beschrieben.[3] Anfang der siebziger Jahre wird HOEG nach langjährigem Aufenthalt in verschiedenen Erziehungsheimen in ein Internat eingewiesen, in dem er zum Objekt eines pädagogischen Experiments wird, dessen Ziel die Integration besonders „schwieriger" Jugendlicher in eine reguläre öffentliche Bildungseinrichtung ist. Dass dieses Experiment scheitert, ist für den hiesigen thematischen Zusammenhang weniger von Belang, als die Beschreibung des „Experiments". HOEG skizziert detailgenau und sensibel die Institution und deren Rituale aus der Perspektive des Jugendlichen, den das unbehagliche Gefühl befällt, dass das ganze Geschehen in der Schule einem unausgesprochenen Plan folgt und der diesen „Plan" nach und nach entschlüsselt. Das Internat wird beschrieben als eine Maschinerie zur minutiösen Steigerung der Bedeutung von Zeit. Dass man Zeit nicht einfach verstreichen lassen darf, sich einer rationalen Lebensführung zu unterwerfen hat, manifestiert sich in der Ordnung des Alltags ebenso wie in den Verhaltens- und Pünktlichkeitsregeln, symbolisiert in den Schulglocken, die „die Schule mit einem feinmaschigen Netz von Zeit" (ebd., S. 80) durchziehen. „Es waren nicht nur die Stunden und die Morgenandacht, die präzise anfingen. Auch das obligatorische Schulaufgabenmachen und die Mahlzeiten und die Hausarbeit und der freiwillige Sport

3 Da der Stellenwert literarischer, nicht-fachlicher Quellen in (sozial- bzw. erziehungs-) wissenschaftlichen Texten abhängig ist von Fragestellung, Methode und Erkenntnisinteresse, bedarf der hiesige Gebrauch einer kurzen Erläuterung. Sozialwissenschaft und Literatur teilen den selben Gegenstand, die „Beschreibung und Interpretation von Welt". Im Gegensatz zur Wissenschaft ist die Literatur jedoch nicht beweispflichtig und kann insofern nicht den „Beweis" ersetzen bzw. selbst als solcher dienen. Allerdings kann sie dort, wo wissenschaftlicher Befund und literarische Beschreibung sich treffen, von erheblicher didaktischer Bedeutung sein, da sie Zusammenhänge häufig plastischer entfaltet und insofern die veranschaulichende Qualität wissenschaftlicher Texte zu erhöhen in der Lage ist. Darüber hinaus können literarische Texte auch als Dokumente des Zeitgeistes interpretiert werden, in denen sich neue Ideen, Möglichkeiten und Gefahren wie in einem Brennglas wiederfinden.

und wann das Licht ausgemacht wurde und wann man aufstehen musste, um sich sauber waschen zu können und zu welchem Zeitpunkt alle drei Wochen grüne Vitamintabletten für die nächsten drei Wochen verteilt würden und um welche Zeit am Sonntagabend man sich bei Flakkedam melden musste, wenn man aus dem Heimfahrtswochenende kam, all das lag auf den Glockenschlag fest, der sehr sorgfältig eingehalten wurde. Ungenauigkeit hieß weniger als plus oder minus zwei Minuten. Man bekam die Zeit nie erklärt. Doch man wusste, sie war kolossal, größer als etwas Menschliches oder Irdisches" (HOEG 1998, S. 48 f.). Die Schule drückt in ihren Regeln, Strukturen und Ritualen ein lineares Zeitverständnisses aus, das Geschichte und Zukunft als Punkte auf einer aufsteigenden Linie begreift, auf der die Gegenwart nur ein Zwischenschritt ist. In der Schule „ist nur die lineare Zeit zugelassen, Leben und Unterricht an der Schule waren in völliger Übereinstimmung damit organisiert. Die Schulgebäude, die Umgebung, die Lehrer, die Schüler, die Küchen, die Pflanzen, das Inventar und der Alltag waren eine bewegliche Maschine, ein Symbol der linearen Zeit" (ebd., S. 299). Die Anpassung an die fremdbestimmte Zeitordnung, die Einübung von Körper- und Zeitdisziplin sind die bestimmenden Momente eines Plans, der die Veredelung des Menschen zum Ziel hat. „Es geht um eine Auslese, Menschen werden nach Naturgesetzen ausgewählt. Die Schule ist ein Apparat zur Veredelung. Wenn man leistet, was man leisten soll, hebt die Zeit einen empor. Darum sind die Klassenzimmer auch so angeordnet. Man geht in die Erste bis Dritte unten im Parterre, dann kommt man in den ersten Stock, dann in den zweiten, dann in die Realabteilung im dritten, schließlich bekommt man sein Abschlusszeugnis von Biehl, in der Aula, ganz oben, und kann in die Welt hinausfliegen" (ebd., S. 91 f.).

HOEGs Roman beschreibt anschaulich, was die erziehungswissenschaftliche Forschung etwa unter dem Stichwort „heimlicher Lehrplan" (vgl. ZINNECKER 1975)[4] diskutiert hat: In den alltäglichen Ritualen, den Organisationsstrukturen, den Hausordnungen, der Gebäudearchitektur, den Lehrplänen, den Interaktions- und Handlungsformen der Institutionen des organisierten Bildungs-, Erziehungs- und Sozialwesens spiegelt sich eine soziale Grammatik wieder, die als „Moral in den Strukturen" (THIERSCH 1997, S. 18) den Habitus der Menschen wesentlich mit erzeugt und stabilisiert. Dabei läuft der heimliche dem offiziellen Lehrplan nicht entgegen, sondern unterlegt diesen mit einer durch ihre Existenz, Alltäglichkeit und Selbstverständlichkeit wirkenden Schicht an (im Regelfall) nicht mehr diskutierten

4 PHILIP W. JACKSON (1975, S. 23) beschreibt ganz analog zu HOEG den Lehrer als „Zeitnehmer" und die Schule als Ort der Durchsetzung einer fremdbestimmten Zeitdisziplin, die durch Verzögerung, Versagung und Unterbrechungen gekennzeichnet ist. Diesen in der schulischen Praxis zu vollziehenden institutionellen Anpassungsprozeß, versteht JACKSON als „Grundkurs in den sozialen Regeln, Regelungen und Routinen" der Gesellschaft.

„Grundwahrheiten", die erst im Krisenfall überhaupt wieder als diskutable Größen ins Blickfeld geraten.[5]

In den erziehungswissenschaftlichen Funktionsbeschreibungen von Schule schlägt sich dieser Befund spätestens in den strukturfunktionalistischen Ansätzen einer Theorie der Schule[6] nieder. HELMUT FEND (1980, S. 2) etwa versteht unter Schulsystemen „Institutionen der gesellschaftlich kontrollierten und veranstalteten Sozialisation." Er unterscheidet drei grundlegende Funktionskomplexe, die der Schule in modernen, wohlfahrtsstaatlich verfassten Industriegesellschaften zukommen:

1. Zum Ersten ist Schule Ort der Qualifizierung, d.h. die Funktion der Schule liegt in der Sicherung eines für Gesellschaft und Ökonomie funktional notwendigen Bestands an Wissen und Können, die zugleich die Teilhabe der Menschen an den verschiedenen Teilbereichen des gesellschaftlichen Lebens ermöglicht. Dazu gehört auch und in zentraler Weise die „Reproduktion kultureller Systeme ... Dabei geht es von der Beherrschung grundlegender Symbolsysteme wie Sprache und Schrift bis zum Erwerb spezifischer Berufsqualifikationen" (ebd., S. 15). (Qualifikationsfunktion).

2. Zum Zweiten ist Schule, wie es vor allem innerhalb der Chancengleichheitsdebatte der 70er Jahre herausgearbeitet wurde (vgl. BOURDIEU/PASSERON 1971; ROLFF 1974), Ort der Reproduktion der Sozialstruktur der Gesellschaft, d.h. das Schulsystem reproduziert „von Generation zu Generation die bestehenden sozialen Positionsverteilungen und die personellen Besetzungen der jeweiligen Positionen (Selektionsfunktion)" (ebd., S. 16).

3. Zum Dritten schließlich ist Schule „Instrument der gesellschaftlichen Integration. In ihr ist die Reproduktion von solchen Normen, Werten und Interpretationsmustern institutionalisiert, die zur Sicherung der Herrschaftsverhältnisse dienen. Hier liegt die zentrale politische Funktion des schulischen Sozialisationsprozesses ... (Legitimationsfunktion)" (ebd., S. 16).

---

5 SIEGFRIED BERNFELD (1990, S. 27) hat in seiner erstmals 1925 erschienen Streitschrift „Sisyphos oder die Grenzen der Erziehung" eindringlich herausgestellt, dass die Funktion der Schule nur im Rekurs auf die gesellschaftlichen Anforderungen zu bestimmen ist. „Die Institution Schule ist nicht aus dem Zweck des Unterrichts gedacht und nicht als Verwirklichung solcher Gedanken entstanden, sondern ist da, vor der Didaktik und gegen sie. Sie entsteht aus dem wirtschaftlichen - ökonomischen, finanziellen - Zustand, aus den politischen Tendenzen der Gesellschaft; aus den ideologischen und kulturellen Forderungen und Wertungen, die dem ökonomischen Zustand und seinen politischen Tendenzen entsprangen".

6 Vgl. zum Überblick über die Diskussion um eine Theorie der Schule FEND (1980); TILLMANN (1987); DIEDRICH/TENORTH (1997). Für TILLMANN ist das Kernproblem einer Schultheorie das „Verhältnis zwischen der Institution Schule und dem gesamtgesellschaftlichen System" (TILLMANN 1987, S. 8).

Mit dem letzten Punkt verweist FEND auf die in der Struktur schulischer Bildungs- und Erziehungsarbeit strukturell angelegten Aufgabe der Vermittlung eines Menschenbildes, eines bestimmten Sozialtypus, der in jedem einzelnen Erziehungsprozess immer wieder neu erzeugt werden muss und dessen Handlungsimperative in den Strukturen als nicht mehr hinterfragbare Eckpfeiler fungieren, durch ihre Selbstverständlichkeit bis zur Unkenntlichkeit maskiert.

In der bisherigen Analyse wurde der disziplinierende und strukturkonservative Aspekt institutionalisierter Bildungs-, Erziehungs- und Sozialisationsprozesse hervorgehoben, mithin das Bild einer „schwarzen Pädagogik" (RUTSCHKY 1993) skizziert. Dieser Blickwinkel ist verengend und überzeichnet. Er unterschlägt, dass in den mehr und mehr die Allgemeinheit umfassenden institutionalisierten Bildungsprozessen nicht nur disziplinierende sondern auch befreiende Potentiale liegen. Die Befreiung aus den ständischen und religiösen Begrenzungen des Daseins ist allerdings verschränkt mit der Genese neuer Kontroll- und Machtstrukturen und neuer sozialer Verwerfungen. HEINZ-ELMAR TENORTH (2000) hat dies am Beispiel der ambivalenten Einschätzung der Aufklärungspädagogik verdeutlicht, die als Berufs- und Standeserziehung am Beginn einer modernen Pädagogik und eines modernen Erziehungsdenkens steht.[7] Erziehung im Sinne der Aufklärung wird demnach einerseits als Beispiel für die Unterwerfung des Menschen unter gesellschaftliche Zwänge gedeutet. Aufklärungspädagogik ist „Sozialdisziplinierung" und modernes Instrument der Anpassung, das in die „Seelen eindringt, ihre Identität formt und sie zugleich mit der gesellschaftlichen Kontrolle um ihre besseren humanen Möglichkeiten bringt" (ebd., S. 80). Aufklärungspädagogik wird andererseits „als eine Zeit gedeutet, die mit der pädagogisch kontrollierten Organisation der Erziehung die größten Hoffnungen verbindet und historisch auch erstmals eröffnet: die Beförderung des Fortschritts, die Höherbildung der Menschheit, die Erziehung des Menschengeschlechts zu einem aufgeklärten Zeitalter" (ebd., S. 81). Für TENORTH sind diese Interpretationen nicht Widersprüche, sondern Ausdruck der Dialektik von Erziehung in der Moderne. Die kontroversen Bewertungen zeigen „die Widersprüche der Epoche ... die mit der Moderne für Erziehung gesetzt werden und kontrovers bleiben: den Konflikt zwischen Freiheit und Zwang, zwischen Individuum und Gesellschaft, zwischen Anpassung und Mündigkeit, zwischen dem Utilitarismus, also der Aufopferung des Subjekts für den ökonomisch-gesellschaftlichen Zweck, und der Bildung der Individuen zur Humanität. Die Pädagogen können diesen Widersprüchen nicht entgehen, weil genau sie zum Gegenstand neuzeit-

---

7 Nach TENORTH (2000, S. 78) wird in der Aufklärung „das Erbe der vormodernen Welt im neuzeitlichen Geiste umgeformt, der Idee der Bildung eine säkularisierte Gestalt gegeben und die Definition des Wissens und des Wissenswerten endgültig unter dem Gesichtspunkt des Erkenntniswandels und des Fortschritts gestellt."

lich-moderner Erziehung gemacht und den Erziehern als Aufgabe zugeschrieben werden" (ebd., S. 81).

Darüber hinaus setzten die Institutionalisierung eines wachsenden Bildungssektors und eines zunehmend rechtlich kodifizierten Berechtigungswesens ebenso wie der in den individuellen Bildungsprozessen liegende Zugewinn an Wissen, Können, Interpretationsfähigkeit und Selbstbewusstsein eine Eigendynamik in Gang, die den sozialdisziplinierenden Intentionen und Funktionen durchaus zuwider laufen kann. Auch jenseits individueller Erträge von Bildung lassen sich Effekte konstatieren, die einer bruchlosen und eindimensionalen Disziplinierungslogik widersprechen. So haben etwa BLANKE/SACHßE (1978) in ihrer „Theorie der Sozialarbeit" darauf hingewiesen, dass mit der Durchsetzung des Sozialstaates auch eine Veränderung sozialer Verkehrsformen einher geht. Durch eine De-Kommodifizierung, d.h. eine sukzessiven Rücknahme der Marktabhängigkeit der Individuen durch sozialstaatliche Leistungen, erscheint das Subjekt in seinen Lebenszusammenhängen „immer weniger von privaten Austauschverhältnissen mit dem Kapital bestimmt, sondern erscheint wesentlich als Resultat mehr oder minder geglückter sozialstaatlicher Vorkehrungen" (ebd., S. 27).[8] Sozialstaatliche Leistungen und Leistungssysteme funktionieren dabei (bislang) nach anderen Regeln als der Markt. Während es dort wesentlich um die Konkurrenz von privaten Individualinteressen geht, erfordern sozialstaatliche Verkehrsformen „die Herstellung der Fähigkeit, kollektive Interessen zu formulieren und im Konfliktfall zu vertreten; die Herstellung von Einstellungen und Dispositionen, die bezogen sind auf die staatlichen Steuerungsmittel in Form von Partizipationssystemen" (ebd., S. 28). Dem per se komplexen Geschäft der Herstellung einer handlungsfähigen Persönlichkeit wird unter den Bedingungen der wohlfahrtsstaatlichen Arbeitsgesellschaft eine weitere Facette hinzugefügt.[9]

(b) Betrachtet man nun das Verhältnis von Arbeit und Erziehung eher ideengeschichtlich, so lässt sich hier eine Entwicklungsfigur ausmachen, die ihre Eckpunkte im Erziehungs- bzw. Bildungsverständnis von Aufklärung, Neuhumanismus und Berufsbildungstheorie findet. Dieser Zusammenhang soll im Folgenden kurz skizziert werden.

Das Thema der Aufklärung ist, folgt man der bekannten Definition KANTs, die Befreiung des Menschen aus seiner selbstverschuldeten Unmündigkeit durch den Gebrauch seines Verstandes und seines Willens. Ihr Ziel ist „die Abkehr von der Überlieferung, und zwar unter Berufung auf die Macht der Vernunft" (BLANKERTZ 1969, S. 14).

---

8 Vgl. zur sozialstaatlichen Konstitution von Lebenslauf und Biographie auch Kapitel 3.

9 Auch auf dieser Ebene scheint sich mithin EDUARD HEIMANNs Analyse (vgl. Kapitel 3) von den ungleichen „Ehepartnern" Kapitalismus und Sozialstaat zu bestätigen.

Im Mittelpunkt der Berufs- und Standeserziehung[10] der Aufklärung steht die Frage, wie das Erziehungsgeschäft zwischen den Polen der gemeinnützigen Brauchbarkeit und der individuellen Vollkommenheit auszutarieren sei. In der Tradition der aufklärerischen Geschichtsphilosophie schlägt das Pendel zugunsten des Gemeinnutzes, der Brauchbarkeit aus, die allerdings in der Logik der Aufklärung zugleich der einzige Weg ist, auf dem der Einzelne seine Glückseligkeit finden kann.[11] Der Einzelne, so das Credo der Berufs- und Standeserziehung, kann nur an dem ihm angestammten (sozialen) Ort glücklich werden, die „Veredlung des Subjekts“ findet seine Grenzen in der ständischen Brauchbarkeit.[12] Die Ideen

10 Vgl. zum folgenden beispielhaft CAMPE (1965); VILLAUME (1965). VGL. zum Überblick BLANKERTZ (1969, 1982); STRATMANN (1979); TENNORTH (2000).

11 Exemplarisch lässt sich dies an einem Text des Aufklärungspädagogen PETER VILLAUME (1965) verdeutlichen, der sich ausdrücklich der Frage widmet, ob die Erziehung die Vollkommenheit der Brauchbarkeit opfern darf. Das damit implizierte Spannungsverhältnis zwischen beiden Elementen, löst er definitorisch auf, indem er einen Begriff von Vollkommenheit entwickelt, der nicht die unbegrenzte Vervollkommnung der Verstandeskräfte meint („... diese absolute Vollkommenheit ist das Los des Menschen nicht“ ebd., S. 85), sondern Gemeinbrauchbarkeit. Vortrefflichkeit „ist der Brauchbarkeit zuwider, weil jene dem Menschen seine alltäglichen Geschäfte verekelt“ (ebd., S. 102). Der Erzieher „muss seinen Zögling nicht vollkommener machen, als es sein Stand erlaubt“ (ebd., S. 107). Folglich soll der „gemeine Mann .. nicht den contrat social des Rousseau lesen, sondern die vernünftigen, wohlgemeinten Lehren seines Predigers begreifen und tätig glauben können“ (ebd., S. 108). Erziehung ist deshalb vor allem dazu nütze, „den Menschen (zu, M.G.) lehren, seine Kräfte zu mäßigen“ (ebd., S. 90). PETER BECKER (1998, S. 160) resümiert: „Wer die finanziellen Grundlagen seines Lebens durch tägliche Arbeit erwirtschaftet, und wer mit dem Erworbenen haushalten muss, der ist geradezu gezwungen, ganz bestimmte Tugenden herauszubilden. Zugleich muss er dafür sorgen, dass Leidenschaft und Phantasie, die den knappen Lebensrahmen zu sprengen drohen, diszipliniert und unter Kontrolle gehalten werden. So wird neben der Liebe zur Ordnung die Kontrolle der Affekte zu einem wesentlichen Grundpfeiler der bürgerlichen Lebensgestaltung. Sind die Leidenschaften kontrolliert, können sich die Tugenden des Erwerbs: Ordnung, Fleiß, Durchhaltevermögen, Pünktlichkeit, Redlichkeit, Pflichterfüllung und Gehorsam sowie die Tugenden des Erhaltens: Bescheidenheit, Sparsamkeit, Mäßigung und Genügsamkeit herausbilden.“ Vgl. auch BLANKERTZ (1969, 1982)

12 BLANKERTZ (1969, S. 42) sieht in dieser Konstruktion eine Folge der aufklärerischen Geschichtsphilosophie, „derzufolge dem einzelnen Menschen kein ausgezeichneter Wert eingeräumt, vielmehr als Ordnungsprinzip der Geschichte ein sinngebender Bezugspunkt in Gestalt der Verwirklichung des Kulturideals behauptet war.“ Befreiende und Beschränkende Aspekte der Pädagogik der Aufklärung sind nach BLANKERTZ Ausdruck für die Dialektik der Aufklärung. „Indem gegen die historisch gewachsenen Formen des gemeinschaftlichen Lebens Staat und Gesellschaft verstanden wurden als vernunftgemäße Zügelung der Selbstsucht zum Gleichgewicht der Egoismen, das Recht als Übereinkunft zum Nutzen aller, die Ökonomie als der große Funktionszusammenhang der Bedürfnisse, ebnete sich der Weg für die modernen Wissenschaften, die die Dinge kennen, sofern sie machbar sind. (...) Aber der solcher Art befreienden Wissenschaft, die im Laufe des 19. Jahrhunderts zum Positivismus sich konkretisierte, musste alles das, was nicht in Zahlen aufgeht, schließlich zum bloßen Schein werden: die wissenschaftstheoretische Entsprechung zur Preisgabe des Individuums in Geschichtsphilosophie und Pädagogik. Damit aber wendet sich die Auf-

der Aufklärungspädagogen, auch wenn eine massenhafte Verbreitung in der Erziehungspraxis nicht unterstellt werden kann[13], fanden ihren praktischen Ausdruck etwa in den Industrieschulen, den „produktionsverbundenen Elementarschulen insbesondere des späten 18. und beginnenden 19. Jahrhunderts, in denen die Lehre der Kulturtechniken und der Religion einerseits, Arbeitslehre und wirtschaftliche Kinderarbeit andererseits miteinander auftraten“ (HEYDORN/KONEFFKE 1973, S. 51). Ihre Zahl wuchs etwa in Böhmen zwischen 1786 und 1798 von 100 auf 674.

Genau gegen jene Verzweckung der Subjekte im Interesse der Gesellschaft als „Pflegemutter des Menschen“ (vgl. VILLAUME 1965, S. 109) richtet sich die etwa von NIETHAMMER, vor allem aber von WILHELM VON HUMBOLDT vorgetragene neuhumanistische Kritik an der Aufklärungspädagogik. Gegen das Primat der Gemeinnützigkeit setzen sie in Anknüpfung an das von der Aufklärung formulierte Ziel der Befreiung des Subjekts, das Ziel der Erziehung des Individuums zu Kraft und Selbständigkeit, zur bestmöglichen Ausbildung aller in ihm wohnenden Kräfte jenseits einer berufs- und standesbegrenzten Instrumentalisierung. Oder wie HUMBOLDT (1964, S. 5 f.) es ausdrückt: „Im Mittelpunkt aller besonderen Arten der Tätigkeit nämlich steht der Mensch, der ohne alle, auf irgendetwas Einzelnes gerichtete Absicht, nur die Kräfte seiner Natur stärken und erhöhen, seinem Wesen Wert und Dauer verschaffen will.“ Verdichtet wird dieser Perspektivenwechsel im Begriff der Bildung, der nach TENORTH (2000, S. 22) den Übergang von der vormodernen Welt zur Moderne markiert; „theoretisch diskutiert er die Mechanismen der Konstitution von Individualität; normativ schließlich hält der Bildungsbegriff die Frage fest, ob der Prozess der sozialen Reproduktion auch den Anspruch verwirklicht, dem er in der Moderne entsprechen soll, der Bildung eines handlungsfähigen Subjekts.“ Dieser paradigmatische Wechsel bleibt nicht ohne Folgen für das Verhältnis von Arbeit und Erziehung. Fand die Aufklärungspädagogik in der Berufs- und Standeserziehung ihr Vehikel zur Vervollkommnung des Menschen in den Beschränkungen seiner Herkunft, seiner örtlichen Gegebenheiten und seines sozialen Ranges, so zielt der Neuhumanismus auf eine Befreiung von Bildungsprozessen aus genau diesen Schranken. Die Folge ist eine Abkehr vom Beruf als Medium von Bildung und Erziehung. Erziehung „muss in kritischer Distanz zu Beruf, Ökonomie, Staat und Gesellschaft erfolgen, weil nur so der die Unvernünftigkeit und Unmündigkeit verewigende Druck der Herrschaftsverhältnisse reduziert werden könne“ (BLANKERTZ 1969, S. 50 f.). Im Königsberger und Litauischen Schulplan formuliert

---

klärung gegen den eigenen Anspruch ... Der Mensch, um dessentwillen das ganze Unternehmen in Gang gesetzt worden war, ging verloren“ (ebd., S. 42 f.)

13 TENORTH (2000, S. 116) hebt hervor, dass die Wirkung der Aufklärungspädagogik, die mehr „im philosophischen, publizistischen und literarischen Bereich“ lag, die Lebensweisen der Menschen allerdings nur langsam veränderte (ebd., S. 99).

HUMOLDT (1964, S. 17) deutlich, dass Bildung nicht vom Beruf ausgehen kann, da dieser notwendig einseitig macht, es gleichwohl „viele Spezialschulen gebe und kein bedeutendes Gewerbe des bürgerlichen Lebens eine entbehre." Dieser Spezialbildung aber soll die Allgemeinbildung vorausgehen, die die Grundlagen von Kraft und Selbständigkeit zu fördern hat, und die sich möglichst solcher Gegenstände bedienen muss, die zur Ausbildung der formalen Kräfte jenseits einer unmittelbaren Verwertbarkeit beitragen.[14]

Das mit dem Neuhumanismus begründete kritische Verhältnis zum Beruf als Medium von Bildung und Erziehung bestimmt den pädagogischen Diskurs bis zum Ende 19. Jahrhunderts, mithin der Formierungsphase des „geregelten" Industriekapitalismus fordistischer Prägung. Es ist die Berufsbildungstheorie, die dem Bildungsverständis ihren arbeitsweltfeindlichen Stachel zieht. Exemplarisch sei hier kurz auf die Arbeiten EDUARD SPRANGERs eingegangen, der in seinen basalen Aufsätzen der 20er Jahre einen zentralen Beitrag zur Konstitution der Berufsbildungstheorie geleistet hat.[15] SPRANGERs Weg der Rehabilitation des Berufsbegriffs ist zunächst ein formaler, indem er sich der zentralen Begriffe der HUMBOLDTschen Bildungstheorie vergewissert. Allgemeinbildung verstanden als formale Bildung der Kräfte muss sich in bestimmten Stoffen konkretisieren, was das Problem der Auswahl bildender Inhalte aufwirft. SPRANGERs Antwort ist der Beruf. Der Bildungsprozess durchläuft, so SPRANGER, drei Phasen: Zunächst die der grundlegenden Bildung, dessen organisches Bildungszentrum die Heimat ist, und in der es „um die erste methodische Belebung aller geistigen Grundkräfte und materiell um ein einfaches Weltbild in Umrissen (geht, M.G.), das eine erste Orientierung in Natur und Kultur ermöglicht" (SPRANGER 1973, S. 282). Die zweite Phase ist die der Berufsbildung. Während die Subjekte in der ersten Phase noch keine ausgeprägte Interessensrichtung aufweisen, bildet sich idealer Weise im Bildungsprozess ein „entschiedenes Interessenszentrum" (ebd., S. 283) heraus, das SPRANGER als „inneren Beruf" bezeichnet, der zwar nicht zwangsläufig deckungsgleich mit dem „weltlichen" Beruf ist, gleichwohl den entwicklungspsychologischen Anknüpfungspunkt für weitere Bildungsprozesse darstellt. Erst wenn das Subjekt sein persönliches Bildungszentrum gefunden hat, seinen originären Ausgangspunkt für seine Lebensreise, kann er in die Weite der Allgemeinbildung streben. „Er folgt jetzt den Strahlen, die von seinem Zentralgebiet ausgehen, und bemächtigt sich auf diesen Linien des ganzen Lebens, soweit davon beim Menschen die Rede sein kann. So gelangt er allmäh-

14 Vgl. zur kritischen Einschätzung der Bedeutung HUMBOLDTs, die an dieser Stelle nicht geliefert werden kann, TENORTH (2000, S. 130 ff.).

15 Vgl. ausführlicher zum Werk Eduard Sprangers GALUSKE (1992), darüber hinaus zur Berufsbildungstheorie STRATMANN (1979); MÜLLGES (1967); BLANKERTZ (1969, 1982); RIBOLITS (1995).

lich zu einer Art der Allgemeinbildung, die mehr enthält, als die Schulung der Grundkräfte und die intellektuellen Umrisse eines Weltbildes. Sie erstreckt sich mehr und mehr auf den Inhalt der Kulturgüter und erfüllt so das Subjekt mit einem Kulturgehalt, der der Zeitlage entspricht und die Teilnahme am Kulturleben gemäß der individuellen Bildungskapazitäten ermöglicht" (ebd., S. 284). Im Stufengang der Bildung erweist sich die Berufsbildung bei SPRANGER als notwendiges Zentrum von Bildungsprozessen schlechthin. Der Beruf ist der Mittelpunkt, von dem aus sich das Subjekt eine spezifische Weltsicht erschließen soll und mittels dessen es sich in das Gewebe des Volksganzen einbindet.

Dass SPRANGERs formaler Nachweis der Bildungsmacht der Arbeit letztlich eine Setzung bleibt und er überdies auf einen kulturkritisch instrumentalisierten, vormodernen Berufsbegriff rekurriert, der mit der Wirklichkeit der Arbeitswelt des beginnenden 20. Jahrhunderts nur wenig zu tun hat (vgl. GALUSKE 1992), sind berufspädagogische Spezifika, die hier weniger interessieren als die Tatsache, dass mit der Berufsbildungstheorie gerade rechtzeitig in der Phase der Durchsetzung und Etablierung der geregelten, industriekapitalistischen Arbeitsgesellschaft auch die berufliche Arbeit wieder in den Schoß der Bildungsgüter zurückgekehrt ist, und das an exponierter Stelle, an der „Pforte zur Menschenbildung" (GEORG KERSCHENSTEINER).

Um ein Fazit dieses kurzen „Ausflugs" in die Sozialgeschichte der Erziehung und die Theoriegeschichte des Bildungsbegriffs zu ziehen, lässt sich festhalten, dass Bildung und Erziehung von Anfang an Pate bei der „Erzeugung" des modernen Menschen standen, und dass ihr Einfluss in dem Maße zunahm, in dem bedingt durch die Ausdifferenzierung von Arbeits- und Lebensräumen auch die Qualifikationsfunktion im Interesse einer wachsenden industriekapitalistischen Ökonomie aus der Familie ausgelagert wurde. Die verschiedenen, hier kurz angerissenen Epochen sind dabei nicht einseitig als Reflexe auf ökonomische Modernisierung zu verstehen, sondern als Aushandlungsprodukte in der Dialektik der Förderung der Subjekte zu Kraft und Selbständigkeit einerseits und den gesellschaftlichen Imperativen von Brauchbarkeit und Gemeinnützigkeit andererseits, wenngleich im Bestreben nach Ausgewogenheit nicht übersehen werden darf, dass das Pendel von Förderung und Kontrolle gerade in der Konstitutionsphase der modernen Arbeitsgesellschaft deutlich zugunsten der disziplinierenden Anteile ausgeschlagen hat.[16]

---

16 Zumindest ist mit HANS THIERSCH (1998 a, S. 37) festzuhalten: Das „pädagogische Arrangement gerät in die Schwierigkeiten unserer gesellschaftlichen Situation. Die Erwachsenen durchschauen zunehmend - und mit Schrecken und Angst - wie sehr sie in früheren Zeiten im Namen von pädagogischer Verantwortung Geschäfte der Anpassung und Sozialdisziplinierung betrieben haben." Und auch der Sozialen Arbeit „steht deutlich vor Augen, wie sie durch die Jahrhunderte hindurch immer wieder verführt wurde und sich auch verführen ließ - es sich also zu eigen machte -, im Na-

Sozialpädagogik und Sozialstaat

Die „Erkenntnis", dass die Soziale Arbeit als System ein Kind der arbeitsgesellschaftlichen Moderne, genauer: ihrer geregelten, fordistischen Phase ist, ist keineswegs neu. KLAUS MOLLENHAUER (1959, S. 124) hat schon in seiner 1959 veröffentlichten Dissertation mit dem Titel „Die Ursprünge der Sozialpädagogik in der industriellen Gesellschaft" in Auseinandersetzung mit dem zeitgenössischen Verständnis von Sozialer Arbeit aufgezeigt, dass die sozialpädagogische Aufgabe „ein akutes, mit der Struktur der modernen Gesellschaft wesensmäßig gegebenes und im Vergleich zur alten Gesellschaft neues Erziehungsbedürfnis" befriedigt. MOLLENHAUER (1959, S. 55), der Sozialpädagogik im Wesentlichen mit dem Feld der Jugendhilfe gleichsetzt[17], formuliert als Aufgabe der Sozialpädagogik: „Das Entstehen der Sozialpädagogik ist daher abhängig von bestimmten Schwierigkeiten, die im Allgemeinen pädagogischen Zusammenhang auftauchten: von der Unzulänglichkeit der schulischen Erziehung, der Familienerziehung, der pädagogischen Leistungen der Berufswelt; von der mangelhaften sozialen Bindung, dem Auftreten eines unkontrollierten Raumes im Leben der Jugend, den auftretenden Erziehungsschäden. Die Gesamtheit der institutionellen Mittel, die bereitgestellt wurden, um diese Diskrepanz auszugleichen, ihren praktischen und theoretischen Zusammenhang, nennen wir somit die Sozialpädagogik, da diese mit der durch eine bestimmte und besonders zugespitzte soziale Problematik - der der industriellen Gesellschaft nämlich - charakterisierten geschichtlichen Situation notwendig verbunden war und ist, von ihr ihren Anfang nahm und ihre Aufgaben erhielt."

Blieb MOLLENHAUERs Blick noch auf den Aspekt der Industrialisierung beschränkt, so griff die sozialpädagogische Funktionsdebatte diese Fragestellung aus der Perspektive der marxistischen Gesellschaftskritik auf und lenkte das Augenmerk auf die Tatsache, dass sich die Industrialisierung im Kontext einer kapitalistischen Ökonomie vollzog, d.h. Soziale Arbeit mithin nicht nur „Kind" der Industrialisierung, sondern auch „Kind" des Kapitalismus sei. Die am Beginn der Auseinandersetzung stehende radikale Antithese zum ahistorischen „Hilfeverständnis", im Rahmen derer Soziale Arbeit als Erfüllungsgehilfe des kapitalistischen Systems „entlarvt" wurde[18], wurde dabei schon ab Mitte der 70er Jahre in eine gesellschaftstheoretisch aufgeklärtere und differenziertere Theoriedebatte überführt, die im Anschluss an die frühen Entwürfe der Jahrbücher für Sozialarbeit (vgl. BARABAS u.a. 1974, 1977) ein sozialstaatliches Verständnis Sozialer Arbeit

---

men von Moral nur die Anpassung an schlechte Verhältnisse, zur Disziplinierung und Normalisierung zu praktizieren" (THIERSCH 1997, S. 18).

17 Vgl. zum Sozialpädagogikbegriff MOLLENHAUERs ausführlicher RAUSCHENBACH/GALUSKE (1998).

18 Vgl. dazu ausführlicher GALUSKE (1993, S. 91 ff.).

entwickelten.[19] Musste BÖHNISCH (1982, S. 1) noch betonen: „Die Sozialpädagogik kann sich die Sozialpolitik nicht dadurch vom Leibe halten, dass sie - ganz im Sinne wissenschaftlicher Weltenteilung - eine ‚Nachbardisziplin' aus ihr macht", so hat sich ein sozialstaatlich akzentuiertes Verständnis Sozialer Arbeit im theoretischen Diskurs mittlerweile weitgehend durchgesetzt und bildet auch den theoretischen Horizont neuerer Diskussionen, wie etwa der Dienstleitungsdebatte (vgl. SCHAARSCHUCH 1999 b, 2000).

Die Präzisierung eines sozialstaatlich akzentuierten Verständnisses von Sozialer Arbeit verlangt zunächst nach einer genaueren Beschreibung des Orts der Sozialpädagogik innerhalb des Systems sozialstaatlicher Sicherung. Einen ersten Hinweis geben SACHßE/TENNSTEDT (1980, 1988, 1992) in ihrer historischen Analyse der Entwicklung der Armenfürsorge, wonach die Geburt der Sozialversicherungssysteme und Spezialfürsorgen an der Wende zum 20. Jahrhundert eine Ausdifferenzierung von materiellen Sicherung (Sozialversicherung, Fürsorge, Sozialhilfe) und personenbezogenen Unterstützung in Form von „helfenden" Dienstleistungen nach sich zogen.

NIKLAS LUHMANN (1981) hat in seiner Theorie des Wohlfahrtsstaats auf die Notwendigkeit materieller wie personenbezogener Elemente der Sozialstaatlichkeit in modernen Gesellschaften hingewiesen, da materielle Hilfen bestimmte Wirkungsgrenzen nicht überschreiten können. Die Notwendigkeit personenbezogener Unterstützung erzeugt aber zugleich neue Paradoxien: „Recht wie Geld bieten externe Gründe, das eigene Verhalten auf bestimmte Bedingungen einzustellen. Was über Recht und über Geld nicht zu erreichen ist, ist die Änderung der Person selbst. Der gesamte sozialpolitische Bereich, den man heute unter dem Gesichtspunkt der Personenveränderung (people processing) diskutiert, ist über Recht und über Geld kausaltechnisch nicht zu steuern. Das gilt sowohl für Erziehung als auch für alle sozialtherapeutischen Bemühungen, für Maßnahmen der Rehabilitation oder der Hilfe für Personen, die ihre psychischen und sozialen Probleme nicht selbst lösen können. Alle Aktivitäten professioneller Art in diesem Bereich sind zwar auf Recht und auf Geld angewiesen; aber sie sind mit diesen Bedingungen in ihren Erfolgen nicht zu sichern" (ebd., S. 97). Auch wenn LUHMANN diese Entwicklung mit Skepsis beschreibt[20], umreißt der

---

19 Das, so könnte man hinzufügen, im übrigen schon in der frühen Schrift MOLLENHAUERs intendiert war. MOLLENHAUER (1959, S. 132) beabsichtigt der explizit, den „Gegensatz der pädagogischen und sozialwissenschaftlichen, sozialpolitischen Gesichtspunkte, die in der Diskussion meist als ergänzendes Nebeneinander dargestellt werden, in der besonderen Struktur sozialpädagogischen Denkens" aufzuheben.

20 Für LUHMANN entsteht damit ein neues Problem, da Techniken der Verhaltensänderung grundsätzlich unsicher sind (vgl. zur These vom Technologiedefizit zusammenfassend Galuske 2001, S. 55 ff.). „Die immanenten Schranken der Expansion des Wohlfahrtsstaates lassen sich an diesem Beispiel besonders deutlich aufweisen. Das Prinzip der Inklusion scheint dort seine Grenzen zu finden, wo die Personen selbst geändert werden müssen, damit sie die Chancen nutzen können, die ihnen die Gesellschaft bietet. Personenänderung ist ohnehin das gefährlichste Ziel, das eine Politik

beschriebene Zusammenhang wohl den funktionalen Motor, der an der Schwelle zum 20. Jahrhundert die Geburt der Sozialen Arbeit vorantreibt. Salopp formuliert: Eine Gesellschaft, die den Subjekten abfordert, die „Rollen“ des in erster Linie asketischen und konkurrenzorientierten Arbeitsbürgers, aber auch des genussfähigen Konsumenten und nicht zuletzt des beziehungsfähigen Familienmenschen in ihrer Identitätsarbeit zu synthetisieren und zugleich den steigenden Qualifikationsanforderungen des Produktionsprozesses gerecht zu werden, kann diesen Prozess nicht allein der privaten Reproduktionsarbeit überlassen.

RICHARD MÜNCHMEIER (1981) hat die Geburt der Sozialen Arbeit als eigenständiges Handlungssystem der Sozialpolitik an der Schwelle zum 20. Jahrhundert zurückgeführt auf die Durchsetzung einer neuen Art der Problemwahrnehmung, die er als „Pädagogisierung“ bezeichnet. War mit der Etablierung einer sozialen Grundsicherung durch Sozialversicherung und Fürsorge das soziale Problem der materiellen Versorgung entschärft, so lenkte sich der Blick jetzt auf die „innere Not“, die zum Gegenstand fürsorglicher Hilfe und Unterstützung wird. Das Ergebnis dieses Perspektivenwechsels ist ein Ausdifferenzierungsprozess, innerhalb dessen die Soziale Arbeit ihre Spezifika wie ihren Sozialen Ort herausbildet. „Sozialarbeit ist innerhalb des arbeitsteiligen Systems der ‚sozialen Sicherung' nur noch für eine bestimmte Klasse von Problemen zuständig ..., und zudem bearbeitet sie diese Probleme nur unter bestimmten Aspekten (als vorwiegend individuelles Anpassungsdefizit) und mit einem begrenzten Set an Hilfen“ (ebd., S. 89).

> Ein prägnantes Beispiel für die Individualisierung der Problemsicht ist die Geschichte der sozialen Einzel(fall)hilfe (social casework) als Methode der Sozialen Arbeit[21], die nach C.W. MÜLLER (1996, S. 13) ein „wesentlicher Beitrag beim Übergang von der Verberuflichung zur Professionalisierung in der Sozialen Arbeit gewesen ist.“ Soziale Einzelfallhilfe kann einer zeitgenössischen Definition zu Folge verstanden werden als „eine Kunst, bei der Erkenntnisse der Wissenschaft von den menschlichen Beziehungen und die Fertigkeit in der Pflege dieser Beziehungen dazu benutzt werden, Kräfte im Einzelmenschen und Hilfsquellen in der Gemeinschaft zu mobilisieren, die geeignet sind, eine bessere Einordnung des Klienten in seine ganze Umwelt oder in Teile seiner Umwelt herbeizuführen“ (BOWERS, zit. nach LATTKE 1955, S. 40). Von MARY RICHMOND aus empirischen Untersuchungen der Arbeit von Fürsorgerinnen entwickelt und 1917 in ihrem Buch „Social Diagnosis“ als Me-

---

sich setzen kann; und selbst dort, wo für das Aufdrängen von ‚Hilfe' eine ausreichende Legitimation besteht, fehlen die Technologien, über die man zentral mit einem Sinn für Verantwortung und Erfolg disponieren könnte“ (LUHMANN 1981, S. 97 f.).

21 Vgl. dazu ausführlicher und zusammenfassend GALUSKE (2001, S. 71 ff.; S. 109 ff.). Darüber hinaus MÜLLER (1988, 1992); NEUFFER (1990); SACHßE (1993).

thode der Fürsorgearbeit eingeführt, von ALICE SALOMON 1926 nach Deutschland überführt, erlebte die Soziale Einzelfallhilfe ihre deutsche Blütezeit vor allen in den 50er und 60er Jahren mit den Arbeiten von HERTHA KRAUS, HERBERT LATTKE, RUTH BANG, MARIE KAMPHUIS u.a. Jenseits aller Differenzen zwischen psychosozialen, funktionalen und problemlösenden Ansätzen der Einzelhilfe lassen sich aus den Konzepten einige relevante Gemeinsamkeiten herausfiltern.

(1) Soziale Einzelhilfe lokalisiert die zu bearbeitenden Probleme *in* den Individuen selbst. Zwar betont nicht nur ALICE SALOMON (1926), dass Probleme auch in der Umwelt liegen können, diese sind für den Prozess der Behandlung aber nur insofern von Belang, wie es sich um ein begrenztes Neuarrangement von Beziehungen, Beziehungsmustern und verfügbaren Hilfsquellen handelt. Umweltfaktoren werden als kausale Problemursachen nur insofern wahrgenommen, wie sie innerhalb der definierten Reichweite des Behandlungsprozesses liegen. Für HELEN PERLMAN (1973, S. 43) sind die Probleme, auf die Soziale Einzelhilfe antworten will, „solche, die das soziale Funktionieren einer Person zutiefst berühren oder die durch deren soziales Funktionieren beeinflusst werden". Und weiter heißt es: „Das bedeutet, dass der Hauptakzent der Hilfe des Caseworkers auf die Schwierigkeiten gerichtet ist, die die Person hat, sich sozial richtig oder konstruktiv zu verhalten, oder auf die Angriffe, denen sie sich durch die Umwelteinflüsse ausgesetzt fühlt" (ebd., S. 44). Nach HEGE (1981, S. 146) ist die Grundannahme der Einzelfallhilfe - wie aller klassischen Methoden -, dass soziale Probleme psychische Probleme sind.

(2) Angesichts der Fokussierung auf individuelle Probleme ist es nur folgerichtig, dass die Veränderungsabsicht sich primär auf die Individuen, ihre Kompetenzen, Qualifikationen, Sichtweisen, Verhaltensweisen beziehen. „Die Aufgabe des Fürsorgers besteht deshalb darin, die Haltung des Klienten zu beeinflussen, auf einen Menschen einzuwirken - und das ist im Grunde genommen eine Führeraufgabe" (SALOMON 1926, S. 60). Noch deutlicher heißt es bei VIRGINIA ROBINSON (zit. nach SMALLEY 1977, S. 97): „Wenn uns die Geschichte der Sozialen Einzelhilfe etwas lehrt, dann ist es vor allem dies, dass es nur auf dem Gebiet der individuellen Reaktionsmuster und der Möglichkeiten ihrer therapeutischen Veränderung durch verantwortungsvolle und bewusste Beziehungen eine legitime professionelle Einzelhilfe geben kann." Soziale Einzelhilfe wird verstanden als therapeutische Intervention, die mittels Einstellungs- und Verhaltensänderung zu einer Verbesserung der problematischen Lebenslage beiträgt. Insgesamt ist SACHßE (1993, S. 34) zu folgen: „Soziale Hilfe ist daher als Persönlichkeitsentwicklung zu verstehen, die den Klienten dadurch zur Selbständigkeit verhilft, dass er individuelle Kräfte und soziale Umgebung in ein ausgewogenes Verhältnis bringen kann".

Das Ziel des Hilfeprozesses ist in allen Fällen die Steigerung des Wohlbefindens des Klienten durch eine ausgewogenere Balance zwischen Individuum und Umwelt. Um diese Balance zu erreichen, wird eine verbesserte Anpassung angestrebt. Nun kann Anpassung - wie schon SALOMON betonte - zweierlei bedeuten: Anpassung des Individuums an seine Umwelt oder umgekehrt: Anpassung der Umwelt an die individuellen Möglichkeiten des Subjekts. Insofern Umweltanpassung sich auf Erschließung von Hilfsquellen, Umgestaltung des sozialen Nahraums bzw. Modifikation von Kommunikations- und Beziehungsnetzen bezieht, also die Ebene einer generellen gesellschaftlichen Veränderungsstrategie nicht erreicht, ziehen einige Ansätze diese Ebene in die Betrachtung ein. Der Schwerpunkt liegt allerdings bei der Anpassung des Individuums, seiner Wahrnehmungs- und Interpretationsmuster sowie seiner Verhaltensweisen.

Genau diese Individualisierung der Problemsicht wurde in der Methodenkritik der ausgehenden 60er und frühen 70er Jahre zum Ausgangspunkt einer gesellschaftstheoretisch akzentuierten Fundamentalkritik,[22] an deren Ende die Einzelfallhilfe in der Fachdiskussion über Handlungsformen und Konzepte keine bedeutende Rolle mehr spielte. Individualisierung der Problemsicht, so der Kern der Argumentation, führt zu einer Pathologisierung der betroffenen Subjekte, lenkt von den eigentlichen, gesellschaftlichen Gründen ab und entlastet damit die kapitalistische Gesellschaft von einer Bearbeitung der strukturellen Ursachen sozialer und psycho-sozialer Probleme. „Indem man das abweichende oder ‚pathologische' Verhalten als einen strikt ‚persönlichen Vorfall' definiert und dessen Ursachen in das Individuum hineinverlegt, verfällt man einem normativen Humanismus, der darauf ausgeht, den ‚unangepassten' einzelnen an die ‚gesunde Gesellschaft anzupassen. Die soziale Einzelhilfe, weit davon entfernt, den Klienten über die wahren Ursachen seiner Hilfsbedürftigkeit aufklären zu können, diskriminiert stattdessen die Opfer einer pathologischen Gesellschaft und betreibt weiterhin deren Anpassung an die sie krankmachenden Verhältnisse" (BARON u.a. 1978, S. 127).

In der Separierung und Spezialisierung ihres Handlungsansatzes und Repertoires lässt sich mit MÜNCHMEIER (1981) das Konstitutionsprinzip Sozialer Arbeit als eigenständiges und verberuflichtes Handlungssystem identifizieren, indem sie 1. eine Differenzbildung zu anderen Leistungsnormen und Angeboten der Sozialpolitik vollzieht, 2. ihren eigenen Handlungsansatz als originell, möglichst einzigartig ausweist und 3. auf ein etabliertes, tradiertes und verwissenschaftlichtes Handlungssystem, die Pädagogik, Bezug nimmt. Die Soziale Arbeit kann sich separieren, weil der „neue" Aufgaben- und Handlungszuschnitt, der der neuen Problemsicht notwendig folgt, funktio-

---

22 Vgl. zusammenfassend GALUSKE (2001, S. 109 ff); exemplarisch BARON u.a. (1978).

nal auf die Erfordernisse der industriekapitalistischen Arbeitsgesellschaft abgestimmt ist: Die Soziale Arbeit unterstützt die soziale Integration der Individuen durch die Repräsentation von Normalitätsmustern und Normen in den lebensweltlichen Zusammenhängen der Subjekte. Dies geschieht durch die Unterstützung der alltäglichen Erziehungsarbeit in der Familie, aber auch dort, wo sie auf die sozialen und psychischen Folgekosten der kapitalistischen Lebensweise, ihre zyklische individuellen und sozialen Bedarfslagen und Krisen reagiert (z.B. Kinderbetreuung, Übergänge zwischen Altersphasen; Arbeitslosigkeit, Kriminalität, Drogenabhängigkeit).

Die bislang präziseste Funktionsbeschreibung Sozialer Arbeit in der wohlfahrtsstaatlichen Arbeitsgesellschaft haben THOMAS RAUSCHENBACH, RAINER TREPTOW UND HANS GÄNGLER (vgl. RAUSCHENBACH 1999 a, S. 73 ff.)[23] im Anschluss an JÜRGEN HABERMAS entwickelt. HABERMAS beabsichtigt, ähnlich wie BOURDIEU, eine Verbindung zwischen Handlungs- und Gesellschaftstheorie herzustellen. Die Absicht schlägt sich in der „Doppelkonstruktion" von Gesellschaft als System und Lebenswelt nieder, wobei beide unterschiedlichen Rationalitätsformen folgen. „Während die Kategorie der Lebenswelt Gesellschaft über die intentional handelnden Subjekte als soziale Gruppe konzipiert, erfasst die Kategorie des Systems Gesellschaft als eine funktionale Vernetzung von nicht normativ gesteuerten Handlungsfolgen" (ebd., S. 93). Während die Handlungskoordination der Subjekte aus systemischer Perspektive durch die Medien Macht und Geld funktional und effizienzorientiert gesteuert wird, also mit Blick auf die „Resultate" von Handlungen (z.B. Lohnarbeit), setzt lebensweltliche Vernetzung Verständigungsprozesse voraus, kommunikative Infrastrukturen, gemeinsam geteilte Erfahrungen und Werte etc., was sich nur kommunikativ herstellen lässt. Mit der Differenz von System- und Sozialintegration soll, so HELMUTH DUBIEL (1986, S. 270) „dem Umstand Rechnung getragen werden, dass Gesellschaften sowohl durch das tendenziell bewusste - an Normen, Traditionen und kulturellen Praktiken orientierte - Handeln ihrer Mitglieder integriert sind, als auch durch das - dem Willen und Bewusstsein relativ unzugängliche - Wirken politischer und ökonomischer Zusammenhänge." Das Auseinanderfallen von System- und Sozialintegration, so DUBIEL weiter, ist ein Produkt der Moderne. Die Ausdifferenzierung einer eigenständigen systemischen Integration erfolgte „erst im Zuge der kapitalistischen Modernisierung: Die gesellschaftliche Arbeit streift ihre ständischen Fesseln ab, die Produktion und Verteilung von Gütern wird

23 Im wesentlichen wurde das hier skizzierte Modell in zwei Aufsätzen entwickelt, die von THOMAS RAUSCHENBACH gemeinsam mit RAINER TREPTOW bzw. HANS GÄNGLER in den 80er Jahren verfasst wurden. Die Beiträge werden hier in der aktualisierten Version in RAUSCHBACH (1999 a) zitiert. Im folgenden wird auf die sozialpädagogische Interpretation, nicht auf die Originalquellen bei HABERMAS, Bezug genommen, da es nicht Sinn und Zweck ist, die Qualität der Interpretation zu überprüfen, die in der Fachdiskussion nicht angezweifelt wird, sondern deren Ertrag zur Bestimmung der Sozialen Arbeit in der (ersten) Moderne herauszustellen.

schrittweise von norm- und traditionsvermittelten Mechanismen abgelöst und der anonymen Gewalt des Marktes übertragen" (ebd., S. 270). Die zunehmende Entkoppelung von System und Lebenswelt, von Systemintegration und Sozialintegration, ist ein Merkmal der Moderne. Mit ihrem Auseinanderfallen differenzieren sich auch unterschiedliche Reproduktionssphären aus. Vereinfacht gesprochen: Während das System für die materielle Reproduktion zuständig ist, ordnet HABERMAS die symbolische Reproduktion, d.h. den Aufbau tragfähiger Identitäten und die Gewährleistung von kulturellen Überlieferungen und Werten, der Lebenswelt zu.

Soziale Arbeit ist ein Kind, oder besser „Produkt der zunehmenden Entkoppelung von System und Lebenswelt" (RAUSCHENBACH 1999 a, S. 131). Salopp ausgedrückt: Je weiter System und Lebenswelt sich entkoppeln, „getrenntere Wege gehen", auseinander driften, desto notwendiger bedarf es Hilfsmittel, die trotz wachsender Distanz und unterschiedlicher „Sprachen", Verständigung und Stabilität gewährleisten. Da Sozialpolitik mittels materieller Zuwendungen nicht oder nur unzureichend auf die symbolische Reproduktion der Subjekte, etwa die Gewährleistung „stabiler" Identitäten zugreifen kann, gebiert der Sozialstaat ein System personenbezogener, sozialer Dienstleistungen, deren Typik darin liegt, eine „Brückenfunktion" als Verständigungsmedien zwischen den Welten zu übernehmen (vgl. Übersicht 1).

Übersicht 1: Soziale Arbeit als intermediäre Instanz

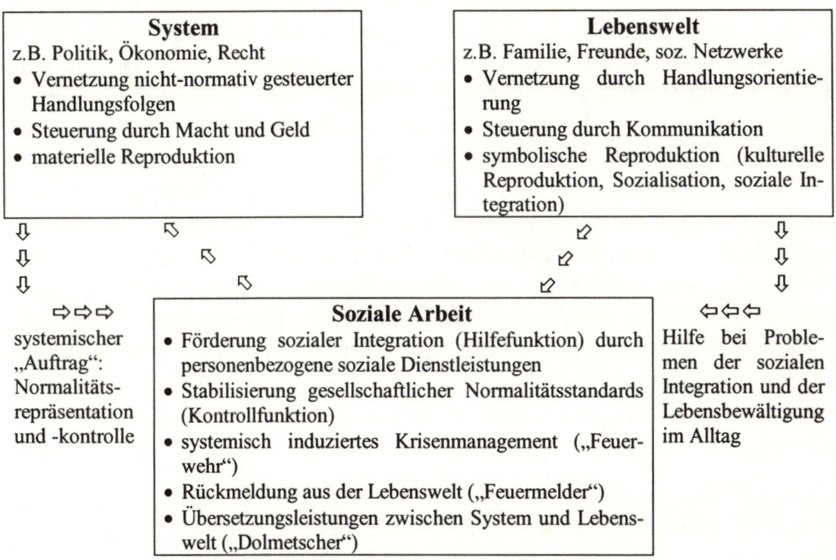

Die oben dargestellte Entwicklungslinie der Sozialen Arbeit hin zu einer personenbezogenen, „pädagogischen" Dienstleistung, die im Übergang von den harten zu den weichen Methoden der Sozialdisziplinierung selbst „vom repressiven zum ‚strategischen' Instrument sozialer Integration geworden" ist (BÖHNISCH 1982, S. 25) und sich immer näher an die Lebenswelt der Subjekte anschmiegt, ihre „Sprache" spricht, veranschaulicht diesen Zusammenhang. Soziale Arbeit ist weder eindeutig dem System noch eindeutig der Lebenswelt zuzuordnen. Einerseits ist die Soziale Arbeit durch ihre Einbindung in den sozialstaatlichen Funktionskontext eindeutig systemisch induziert (staatlich finanziert, rechtlich reglementiert, bürokratisch institutionalisiert), andererseits gewinnt sie ihre Originalität und damit ihre funktionale Existenzberechtigung erst dadurch, dass sie sich - idealtypisch gesprochen - der Probleme der Lebenswelt annimmt, sie in der Lebenswelt angeht und in der Sprache der Lebenswelt bearbeitet. THOMAS RAUSCHENBACH (1999 a, S. 100) verdichtet diesen Zusammenhang im Begriff der „intermediären Stellung" der Sozialen Arbeit (vgl. auch Übersicht 1): „Systemisch induziert, aber in lebensweltliche Rationalität eingelassen, muss Soziale Arbeit versuchen, zwischen den Anforderungen und Imperativen der Systeme (effizienzorientierte Produktionsformen, administrativ funktionierender Staat) und den Überlebens- und Lebensbedürfnissen der Betroffenen in der Lebenswelt zu vermitteln" (ebd., S. 105).

Soziale Arbeit als systemisches Medium zur Stützung und Kontrolle von Subjekten in ihren Lebenswelten ist damit ausgerichtet auf die Beförderung symbolischer Reproduktion, die nach HABERMAS drei Aspekte umfasst: (a) die kulturelle Reproduktion, d.h. die Vermittlung von Werten, Normalitätsvorstellungen, Traditionen, Kulturtechniken usw., (b) die soziale Integration, d.h. den Anschluss des Subjekts an den sozialen Raum, seine Vernetzung innerhalb sozialer Bezüge, sowie (c) die Sozialisation, d.h. die Ausbildung einer tragfähigen Identität, den „Erwerb generalisierter Handlungsfähigkeiten ... durch die Abstimmung individueller Lebensgeschichten mit kollektiven Lebensformen ..." (ebd., S. 108). Auch wenn in pädagogischen Interaktionen alle drei Dimensionen symbolischer Reproduktion enthalten sind, lassen sich nach RAUSCHENBACH (1999 a, S. 108 f.) tendenzielle Unterschiede zwischen pädagogischen Institutionen in der Gewichtung ausmachen: „Zugespitzt formuliert verweist im Bereich des Erziehungssystems ... Schule dabei eher auf Prozesse der kulturellen Reproduktion (Überlieferung, Kritik und Erwerb von kulturellem Wissen), Familie eher auf Prozesse der Sozialisation (Identitätsbildung) und Sozialpädagogik eher auf Prozesse der sozialen Integration (konsensorientierte Handlungskoordinierung)."

Eine einfache Ableitung der Funktionslogik aus den Handlungsimperativen des ökonomisch-politischen Systems, wie sie etwa von den marxistischen Ansätzen der 70er Jahre unterstellt wurde, muss folglich den ambivalenten Funktionskontext und Funktionswert Sozialer Arbeit verfehlen. Für LOTHAR BÖHNISCH (1982, S. 67) ist die Sozialpädagogik „nicht im ökonomisch-politischen Zentrum der Staatstätigkeit, sondern in den Lebensbereichen lokalisiert. Sie bearbeitet soziale Konflikte und ihre psychosozialen

Auswirkungen aus der Perspektive und im Mikrokosmos der individuellen Lebensbereiche. Gerade deshalb ist sie aber nicht autonom, sie ist auch - vermittelt - den sozialstaatlichen Mechanismen ausgesetzt. Denn die Sozialpädagogik hat in den Lebensbereichen eine Doppelfunktion: sie soll zwar in erster Linie Lebenswelten stützen, gleichzeitig dadurch aber den Staat von konflikthaften und politisch riskanten Auswirkungen aus diesen Lebenswelten abschirmen, entlasten. Konflikte in den Lebensbereichen sollen nicht gleich die politische Risikoschwelle überschreiten.“ Soziale Arbeit hat ihre Wurzeln im System, gleichwohl verlangt die „Aufgabe der Stützung der Lebenswelt“, sich auf ihre Orte, Verkehrs- und Steuerungsformen einzulassen, wenn man so will: „Die Seite zu wechseln“, und zwar um den Preis der eigenen Funktionalität. „Sozialpädagogisches Handeln, so lautet unsere Schlussfolgerung, ist im Kontext von gesellschaftstheoretisch zwischen lebensweltlicher und systemischer Rationalität gefassten Widersprüchen durch die professionelle Notwendigkeit charakterisiert, in spezifischer Weise zwischen Verständigungsorientierung und strategischer Orientierung, zwischen zweckrationaler und kommunikativer Vernunft, zwischen manipulativen und illokutionären Akten interessengeleitet zu oszillieren“ (RAUSCHENBACH 1999 a, S. 118).

Dass Soziale Arbeit nie nur Hilfe ist, sondern immer zugleich auch über ihre Hausordnungen und Institutionalisierungsformen, ihre Handlungsmodelle und Normalitätsvorstellungen, eine Form gesellschaftlicher Kontrolle darstellt, wird seit Anfang der 70er Jahre unter verschiedenen Chiffren wie „Hilfe-Kontroll-Paradigma“ oder „doppeltes Mandat“ (BÖHNISCH/LÖSCH 1972) diskutiert. Im Begriff der Intermediarität Soziale Arbeit ist diese Ambivalenz strukturell aufgehoben. Anders ausgedrückt: Indem Soziale Arbeit sich zwischen den „Welten“ bewegt, ist sie zugleich notwendig Diener vieler Herren: des Anstellungsträgers, der Geldgeber, der Fachöffentlichkeit, der Öffentlichkeit und - nicht zuletzt - des Klienten. Um den Preis ihrer Funktionalität ist sie darauf angewiesen, sich auf die Strukturen und Formen der Lebenswelt einzulassen, ohne dabei aber die „Leine“ des systemischen Auftrags der „Bewahrung und Reproduktion von Normalzuständen bzw. Normalverläufen“ (OLK 1986, S. 6) ablegen zu können, die ihren Handlungsradius strukturell begrenzt. Das „doppelte Mandat“ der Sozialen Arbeit ist deshalb keine „historische Altlast“, derer sich die Soziale Arbeit im Zuge ihrer „Erfolgsgeschichte“ und „Wandlung“ zu einer modernen Dienstleistung, sukzessive entledigt. Der Kontrollaspekt sozialpädagogischen Handelns ist strukturell angelegt und weder mittels ethischem Appell und per Akklamation, noch durch die subtilsten Management-, Organisations- und Beratungstechniken aufzulösen. Der Doppelcharakter von Hilfe und Kontrolle ist der Preis der Profession für ihre Entstehungs- und Erfolgsgeschichte, da die Originalität ihrer intermediären Stellung zugleich ihre Ambivalenz bedingt. LOTHAR BÖHNISCH (1982, S. 24) hebt die strukturelle Qualität des Doppelcharakters Sozialer Arbeit auch im Prozess ihrer

Modernisierung hervor: „Sozialarbeit als strafende und kontrollierende Fürsorge vornehmlich für die Arbeiterbevölkerung tritt in den Hintergrund, und es bildet sich ein allgemeiner gesellschaftlicher Bereich ‚öffentlicher Erziehung'. Damit ist auch ein historischer Funktionswandel verbunden. Die klassische Doppelfunktion von ‚Hilfe und Kontrolle', welche die historische Grundstruktur der Sozialpädagogik/ Sozialarbeit kennzeichnet, ist zwar nicht verschwunden. Sie hat aber eine neue - den Strukturproblemen des Sozialstaates angemessene - historische Qualität erhalten. Die ‚alte' Funktion der Repression und Kontrolle sozial und politisch abweichender Bevölkerungsgruppen ist - nun historisch gewandelt - in die heutigen Funktionen der ‚Sozialintegration' und der ‚sozialpädagogischen Verwaltung sozialer Probleme' eingegangen." Soziale Arbeit kann sich ihrer kontrollierenden Anteile nicht entledigen, sie kann sie allenfalls „kontrollieren", indem sie sie reflektiert.

6. Die flexible Arbeitsgesellschaft

> *„Flexibilität bezeichnet zugleich die Fähigkeit des Baumes zum Nachgeben wie die, sich zu erholen, sowohl die Prüfung als auch die Wiederherstellung seiner Form. Im Idealfall sollte menschliches Verhalten dieselbe Dehnfestigkeit haben, sich wechselnden Umständen anpassen, ohne von ihnen gebrochen zu werden. Die heutige Gesellschaft sucht nach Wegen, die Übel der Routine durch die Schaffung flexibler Institutionen zu mildern. Die Verwirklichung der Flexibilität konzentriert sich jedoch vor allem auf die Kräfte, die die Menschen verbiegen." (RICHARD SENNETT 1998, S. 57)*

Die vorliegende Arbeit vertritt die These, dass sich in den letzten 30 Jahren des 20. Jahrhunderts ein gesellschaftlicher Umbruch vollzogen hat, der mit ULRICH BECK als Übergang von der Ersten zur Zweiten Moderne charakterisiert werden kann. Dieser „Übergang" erwächst aus der Kontinuität der Freisetzung der Individuen aus Traditionen und sozialen Zwängen, wie sie als Programm an der Wiege der Moderne formuliert wurde und seinen soziologischen Ausdruck im Begriff der Individualisierung fand. Die Ausdeutung dieser Freisetzungsprogrammatik erfolgte, wie im ersten Teil skizziert, sozialhistorisch betrachtet in enger Verzahnung mit der kapitalistischen und industrialistischen Vergesellschaftungslogik der Arbeit. Der Übergang von der Ersten zur Zweiten Moderne ist deshalb zugleich Kontinuität und Bruch, indem die Zweite Moderne[1] zentrale Postulate und Maximen der Ersten Moderne fortführt und in Bereiche einsickern lässt (wie z.B. die Familie und die sozialen Netzwerke), die dem Konkurrenzkapitalismus vormals als traditionelle Artefakte Stabilität verliehen. Zweite Moderne im Sinne BECKs ist deshalb nicht Postmoderne sondern radikalisierte Moderne, ist nicht Post-Kapitalismus, sondern Turbokapitalismus (vgl. BECK/WILLMS 2000, S. 77). Gesellschaften der Ersten Moderne waren nach BECK (ebd., 2000, S. 27)

- kapitalistische Arbeitsgesellschaften
- in nationalstaatlichen Gehäusen
- mit ausgeprägten Kollektivstrukturen (Klassen, Milieus, Geschlecht etc.),
- die auf der Annahme der Unendlichkeit der Ressource Natur

beruhten.

1 Vgl. dazu sowie zu den zentralen Begriffen Individualisierung und Globalisierung ausführlicher Kapitel 1.

Im Prozess der Modernisierung, lösen sich nun diese Grundpfeiler nach und nach auf, verändern bzw. verlieren ihre Bedeutung, müssen neu austariert werden. Während die Nationalstaaten im Sog einer technologisch grundierten, gleichwohl politisch erzeugten[2] Globalisierung zunehmend an Souveränität, finanzieller und politischer Gestaltungskraft verlieren, muss sich der Kapitalismus spätestens seit den Studien von DENNIS MEADOWS (1973, 1992)[3] zu den ökologischen Grenzen des Wachstums und der seitdem steigenden Sensibilität für ökologische Fragen mit der unangenehmen Tatsache auseinandersetzen, dass die bislang als unendlich gesetzte Ressource Natur unübersehbare „Ge- und Verbrauchsspuren" aufweist, die die Frage nach den Grenzen des ökonomischen Wachstums als Dauerthema auf die Tagesordnung setzt. Mindestens ebenso nachhaltig hat es die im Postfordismus als Vollbeschäftigungsgesellschaft gedachte Arbeitsgesellschaft getroffen, der seit Mitte der 70er Jahre immer lauter ihr Ende verkündet, angedroht oder prophezeit wird. Um nur einige Beispiele zu nennen: So spricht etwa der Liberale RALF DAHRENDORF (1983, S. 94) schon Anfang der 80er Jahre vom „Verfall der Arbeitsgesellschaft", der Neomarxist ANDRE GORZ (1983, S. 53) verkündet das „Zeitalter der Beseitigung der Arbeit", für JÜRGEN HABERMAS (1985, S. 146) hat die ‚arbeitsgesellschaftliche Utopie ihre Überzeugungskraft eingebüßt' und JEREMY RIFKIN (1997) erklärt Mitte der 90er Jahre schlicht das „Ende der Arbeit".

Die neuere Diskussion ist allerdings weit davon entfernt, ein Ende der Arbeitsgesellschaft - je nach Perspektive - „anzudrohen" oder „in Aussicht zu stellen". Sie dokumentiert Veränderungen, die es erlauben, von einem Übergang zu sprechen, der im Folgenden als Übergang von der fordistischen Arbeitsgesellschaft zur flexiblen Arbeitsgesellschaft[4] charakterisiert werden

2 BOXBERGER/KLIMENTA (1998, S. 51) weisen darauf hin, dass Globalisierung keine Naturgewalt ist, sondern ein „politisches Projekt". „Ohne politische Entscheidungen gibt es keinen Freihandel und keine Globalisierung. Globalisierung ist das Ergebnis einer bewussten politischen Gestaltung von Wirtschaftsräumen im Zeichen von Deregulierung und Liberalisierung. (...) Die Nationalstaaten haben ganz bewusst ihre Handlungsfähigkeit an den Weltmarkt abgetreten" (ebd., S. 60). Diverse Studien zur ökonomischen und politischen Entwicklung der letzten 30 Jahre bestätigen diese Einschätzung. Vgl. z.B. REICH (1996); THUROW (1997); LUTTWAK (1999); CHOMSKY (2000); FUKUYAMA (2000).

3 Laut einer Notiz des Nachrichtenmagazins DER SPIEGEL (18/1999, S. 221) liegen die Ergebnisse der zweiten Folgestudie vor. Demnach ist - so MEADOWS - der Kollaps nicht mehr aufzuhalten. Die Studie soll angeblich den Titel „Wir haben euch gewarnt" tragen. Vgl. auch MEADOWS (1998). Vgl. ausführlicher zur Bedeutung der Ökologie in der Diskussion um Gegenwart und Zukunft der Arbeitsgesellschaft GALUSKE (1993, S. 64 ff.)

4 Trotz einer gewissen Abneigung gegen die „Bereicherung" der an Begriffen nicht arme Diskussionslandschaft um eine „neue" Chiffre, soll im folgenden nicht auf eingeführte Termini wie „Turbokapitalismus" (LUTTWAK 1999), „digitaler Kapitalismus" (GLOTZ 2001), „globaler Kapitalismus" (BOXBERGER/ KLIMENTA 1998) etc. zurückgegriffen werden. Ein Festhalten am Begriff der Arbeitsgesellschaft erscheint nicht nur aus analytischen Gründen sinnvoll (vgl. Kapitel 1), sondern auch, weil er

soll. Die Veränderungen im ökonomischen Sektor der „Systemwandel der Erwerbsarbeit“ steht nach BECK (1999, S. 16) im Zentrum des Paradigmas der Zweiten Moderne. Oder anders ausgedrückt: „Das Ende der traditionellen Arbeitsgesellschaft ist das Epizentrum aller anderen Veränderungen“ (DETTLING 1998 a, S. 60).

Dieser Übergang von der geregelten zur flexiblen Arbeitsgesellschaft ist - wie zu zeigen sein wird - folgenreich

- für die wohlfahrtsstaatlich regulierten Strukturen des sozialen Bedarfsausgleichs (vgl. Kapitel 7)
- die darin eingelagerten Vorstellungen von gelungenem Leben, von Normalität und Lebensläufen (vgl. Kapitel 8)
- und folglich auch für die Konstitution sozialpädagogischer Unterstützungsleistungen (vgl. Kapitel 10).

Im Folgenden stehen zunächst die Veränderungen im ökonomischen Sektor im Mittelpunkt.

Zur Genese der flexiblen Arbeitsgesellschaft

Die meisten der in den 90er Jahren erschienenen zeitdiagnostischen Studien markieren die 70er Jahre als Ausgangspunkt einer rasanten ökonomischen und gesellschaftlichen Veränderung, die ihren Höhepunkt in den 90er Jahren nach dem Zusammenbruch der sozialistischen Staaten fand.[5] Was den

---

die zentrale Bedeutung der Modernisierung von Ökonomie und Produktion für den gesamtgesellschaftlichen Modernisierungsprozess in umfassender Weise thematisiert. Mit dem Begriff der Flexibilität wurde eine Chiffre gewählt, die im öffentlichen Diskurs positiv besetzt ist, weil sie wie keine andere Anpassungsbereitschaft und – fähigkeit signalisiert, die in Zeiten beschleunigten Wandels zur Kardinaltugend von Subjekten, Organisationen und Systemen (erklärt) wird. Zugleich ist der Begriff der Flexibilität in der soziologischen Debatte spätestens seit RICHARD SENNETT (1998, 1999, 2000) mit der kritischen Frage verbunden, wie viel Flexibilität den Menschen zuzumuten ist (vgl. dazu ausführlicher Kapitel 8). Da der Begriff der Flexibilität die Veränderungen im ökonomischen wie sozialen Sektor fokussiert, scheint mir die Einführung des bislang eher ungebräuchlichen Begriffs der „flexiblen Arbeitsgesellschaft“ gerechtfertigt.

5 Im Hinblick auf die genaue Datierung verweisen die meisten Studien auf die 70er Jahre als Ausgangspunkt. HANS-PETER MARTIN und HARALD SCHUMANN (1998, S. 72) sehen die „Befreiung des Geldes aus den staatlich verfügten Beschränkungen“ mit der Freigabe der Wechselkurse im Jahr 1973 als Ausgangspunkt. Die Aufkündigung der internationalen Währungsordnung basierend auf den Regeln von Bretton Woods ist für MARTIN/SCHUMANN der Startschuss einer weltweiten Deregulierungswelle. NOAM CHOMSKY (2000, S. 28) betont ebenfalls die Demontage der Weltwährungsordnung der Nachkriegszeit durch die NIXON-Administration als Ausgangspunkt. Vgl. auch LUTTWAK (1999, S. 21), RIFKIN (1997); BOXBERGER/KLIMENTA (1998); THUROW (1996); BOURDIEU (1998). Der ehemalige Berater des State Departement und Politologe FRANCIS FUKUYAMA (2000, S. 28) lokalisiert die Ursprünge des „großen Bruchs“ in den Protest- und Liberalisierungsbewegungen (Frauenbewe-

„großen Bruch“ (FUKUYAMA 2000) verursachte, ist in der Literatur umstritten, was angesichts der sich in unterschiedlichsten Feldern entfaltenden Veränderungsdynamiken und ihrer verschlungenen Wechselwirkungen nicht überrascht. Jeder monokausale Erklärungsversuch gerät vergleichsweise schnell in das „Henne-Ei-Dilemma“, da jeder „Effekt“ zugleich zur Ursache für neue Modernisierungsaspekte werden kann. An einem Beispiel gesprochen: Technologische Neuerungen sind Ergebnis kapitalistischer Produktivität, die zugleich zur Ursache neuer Produktivität wird, indem sie (a) die Produktion gegenüber dem vorherigen Zustand steigert und effektiviert und (b) nun selbst zum „status quo“ wird, den es in der Logik kapitalistischen Denkens wieder „kreativ zu zerstören“ gilt, um die Effektivität weiter zu steigern.

Sinnvoller, als nach *der* Ursache zu fragen erscheint es deshalb, Wirkkomplexe zu benennen, von denen vor allem zwei hervorgehoben diskutiert werden:

- Zentral sind die *technologischen Innovationen* im Rahmen der „dritten industriellen Revolution“ (RIFKIN 1997, S. 13), die zumindest auf drei Ebenen nachhaltige Wirkungen zeigten: (a) Zum Ersten eröffnete vor allem die Mikroelektronik völlig neue Wege in der Effektivierung der menschlichen Arbeitskraft und erschloss damit neue Rationalisierungspotentiale bislang unbekannten Ausmaßes (vgl. RIFKIN 1997). (b) Zum Zweiten erlaubten die neuen Fertigungs- und Produktionsmethoden neue, effektivere Methoden der Vernetzung von Arbeitskräften in Form neuer Management- und Organisationskonzepte. (c) Zum Dritten ermöglichten vor allem die neuen Informationstechnologien aber auch die räumliche Verkürzung von Distanzen durch schnellere und kostengünstigere Transportsysteme eine Vernetzung der internationalen Märkte mit dem Effekt der sukzessiven „Entlassung“ der kapitalistischen Ökonomien aus ihren nationalstaatlichen Gehäusen.[6]

---

gung, Bürgerrechtsbewegung etc.) der 60er Jahre, interpretiert die Freisetzung allerdings als „kapitalistisch“ motiviert, „denn es ist Voraussetzung für den Erfolg des modernen Kapitalismus, dass alte Regeln gebrochen werden, dass alte soziale Beziehungen, Gemeinschaften und Technologien durch neue, effizientere abgelöst werden“ (ebd., S. 28). Eine breite ideen- und realgeschichtliche Dokumentation des ökonomischen Übergangs in Europa, Asien und Amerika gibt die Studie von DANIEL YERGIN und JOSEPH STANISLAW (2001). Für die Autoren markiert der „Rückzug des Staates von den Kommandohöhen der Wirtschaft ... eine große Wasserscheide zwischen dem 20. und dem 21. Jahrhundert“ (ebd., S. 15).

6 ROBERT REICH (1996, S. 15), ehemaliger Wirtschaftsminister der ersten CLINTON-Administration prognostiziert, dass es keine „Volkswirtschaften“ in dem Sinne mehr geben wird, wie wir sie kennen: „Da fast sämtliche Produktionsfaktoren - Geld, Technologien, Fabrikanlagen und –ausrüstungen - mühelos Grenzen überschreiten können, wird das Konzept einer nationalen Wirtschaft praktisch bedeutungslos, ebenso das Konzept nationaler Unternehmen, nationalen Kapitals, nationaler Erzeugnisse und nationaler Technologien.“

- Die technologischen Möglichkeiten alleine schaffen allerdings keine globalen Veränderungen. Dazu bedurfte es *politischer Entscheidungen* auf verschiedensten Ebenen: Zum einen verlangten die neuen „Technologien“ nach Menschen, die die in ihnen liegenden Potentiale sehen und produktiv nutzen können, die über Fähigkeiten und Fertigkeiten verfügen, sich „effektiv“ in den Strukturen der „schönen neuen Arbeitswelt“ (BECK 1999) zu bewegen. Ein Ausdruck dieses Notwendigkeit ist etwa die Bildungsreform und -expansion (vgl. KLEMM u.a. 1985), die unter dem Banner der „Ausschöpfung der Begabungsreserven“ nicht nur in Deutschland der „Bildungskatastrophe“ (PICHT 1965) durch Ausweitung, Differenzierung und Akademisierung von Bildungsgängen begegnete. Dazu gehört aber auch die Expansion sozialer Dienste, die etwa über den Ausbau von Kindertageseinrichtungen zu einer verstärkten Marktorientierung von Frauen beitragen. Zum anderen ist ab Mitte der 70er Jahre eine weltweite Deregulierungspolitik zu beobachten, im Rahmen derer die nationalstaatlich verfassten Ökonomien zunehmend an Gestaltungsmacht einbüßten.[7]

Mit dem letzten Punkt, ist der politische Kontext der ökonomischen und sozialen Veränderungen der letzten drei Jahrzehnte angesprochen, der im Folgenden etwas genauer betrachtet werden soll, da er quasi den ideologischen Hintergrund der technologischen, ökonomischen und sozialen Modernisierungsprozesse darstellt.

Die Chiffre, unter der man die politischen Veränderungen zusammenfassen kann, ist die der Neoliberalisierung[8]. Nach BECK (1999, S. 9) ist der Übergang von der Ersten zur Zweiten Moderne als „Erfolg eines technologisch avancierten Kapitalismus“ zu interpretieren, der „unter der Flagge des Marktes ... den Sturm auf die morschen Grundlagen der ersten Moderne, als da wären Sozialstaat, Nationalstaat, gewerkschaftliche Macht, ‚ökonomische Hemmnisse privater Investitionsbereitschaft',, (BECK 1997, S. 25 f.) probt. NOAM CHOMSKY charakterisiert die politische, ökonomische und so-

7 Eine zusätzliche Beschleunigung erfuhr der Prozess der Neoliberalisierung durch den Niedergang der sozialistischen „Gegenwelt“. LESTER THUROW (1996, S. 97) hebt hervor: „Es gibt einfach keine Alternative, keine anderen überzeugenden Wirtschaftssysteme. Einen großen Teil des neunzehnten Jahrhunderts und das ganze zwanzigste Jahrhundert über war der Kapitalismus damit beschäftigt, sich nach innen gegen den Sozialismus und nach außen gegen den Kommunismus zu verteidigen. Heute haben diese Ideologien nur noch in den Schulbüchern eine Zukunft. Allein der Kapitalismus hat weiter Bestand.“ Nach dem Untergang der „Alternative“ ist, so die Argumentation, zumindest ein Grund für den Ausbau des sozialstaatlichen Integrationsmodells nicht mehr existent. THUROW (1996, S. 234 f.) geht von der These aus, dass die kapitalistische Weltwirtschaft in der zweiten Hälfte des 20. Jahrhunderts nicht deshalb zusammengehalten wurde, weil sie selbst eine einigende Ideologie präsentierte, „sondern durch die Furcht vor dem Kommunismus und die daraus resultierende Macht und Führungsrolle der Vereinigten Staaten.“

8 Vgl. dazu u.a. MISIK (1997, 1998); CHOMSKY (2000); FORRESTER (1997, 2001); YERGIN/STANISLAW (2001); GRAY (2001).

ziale Entwicklung der westlichen Gesellschaften im letzten Viertel des letzten Jahrhunderts ebenfalls als Sieg des Neoliberalismus. Nach CHOMSKY (2000, S. 22) lauten die Grundsätze der neoliberalen Ordnung: „Liberalisierung von Handel und Finanzen, Preisregulierung über den Markt, Beendigung der Inflation (‚makroökonomische Stabilität'), Privatisierung."

Im Kern zielt die neoliberale Ideologie auf eine Verschiebung des Kräfte- und Machtverhältnisses von Markt, Staat und privaten Haushalten zugunsten des Marktes. EDWARD LUTTWAK (1999, S. 63) vom Washingtoner Zentrum für strategische und internationale Studien spricht von Turbokapitalismus, zielt aber im Kern auf den selben Zusammenhang. „Der Turbo-Kapitalismus wird von seinen Anhängern nicht Turbo-Kapitalismus genannt. Sie sprechen einfach von dem freien Markt, doch diese Kurzform umfasst wesentlich mehr als die Freiheit des Kaufens und Verkaufens. Seine Anhänger drängen darauf, dass private Unternehmen von staatlicher Regulierung befreit werden und ohne Kontrolle der Gewerkschaften, unbehindert von sentimentalen Bedenken über das Schicksal der Angestellten oder der Gemeinschaft, unbehindert von Zollschranken oder von Investitionsbeschränkungen agieren und einer möglichst geringen Abgabenlast ausgesetzt sind. Sie bestehen nachdrücklich auf der Privatisierung aller staatlichen Konzerne, sowie auf der Umwandlung öffentlicher Einrichtungen in private Unternehmen, die gewinnorientiert arbeiten, ganz gleich, ob es nun Universitäten, botanische Gärten, Gefängnisse, Bibliotheken, Schulen oder Altersheime sind." LUTTWAK bringt den Turbokapitalismus auf die ideologische Kurzformel: „Privatisierung + Deregulierung + Globalisierung = Turbo-Kapitalismus = Wohlstand" (ebd., S. 60).

Mit den Begriffen Privatisierung und Deregulierung hat LUTTWAK die beiden zentralen Elemente neoliberaler Politik benannt.

Privatisierung meint dabei, dass sich der Staat als Akteur aus dem wirtschaftlichen Geschehen sukzessive zurückzieht und überdies immer weitere Felder der Staatsaktivität den Gesetzen des Marktes unterwirft. In dem Zitat von LUTTWAK sind Beispiele angesprochen, die aus der wirtschafts- und sozialpolitischen Diskussion der Bundesrepublik hinlänglich bekannt sind und die von daher nur der stichwortartigen Erwähnung bedürfen, wie die Privatisierung von Post und Bahn, der steigende Effizienz- und Ökonomisierungsdruck in Einrichtungen des Sozial- und Bildungswesens und die „neue" Konkurrenz durch private, gewinnorientierte Anbieter. Im neoliberalen Gesellschaftsverständnis ist der Staat in erster Linie Hemmschuh eines auf Wachstum durch „kreative Zerstörung" angelegten kapitalistischen Marktes, der als einziges effizientes Regulativ gilt.[9] Plastisch hat dies

---

9 Folgt man der in Kapitel 3 entwickelten Hypothese zur Genese des Sozialstaats, so ist seine Charakterisierung als „Marktbremse" durchaus angemessen und funktional, wurde der Sozialstaat doch als notwendige Überlebensbedingung eines zur Gemeinschaftsbildung unfähigen kapitalistischen Wirtschaftssystems beschrieben. Seine

MILTON FRIEDMAN, Urvater des Neoliberalismus, in einem Interview mit dem Nachrichtenmagazin DER SPIEGEL (FRIEDMANN 2000, S. 131) ausgedrückt: „Der einzige Weg, den Staat effizienter zu machen, ist ihn zu verkleinern.“[10] Die Ideologie des freien Spiels der Marktkräfte setzt „Staatsinterventionismus mit ‚Totalitarismus' gleich ... und behauptet damit ..., dass dabei die Freiheit auf jeden Fall Schaden nehmen müsse; man assoziiert Effizienz und Modernität mit dem Privatunternehmen, Archaismus und Ineffizienz mit dem öffentlichen Dienst und will dadurch das vermeintlich egalitäre und effizientere Kundenverhältnis an die Stelle des Verbraucherverhältnisses setzten. Man identifiziert ‚Modernisierung' mit der Überführung der rentabelsten öffentlichen Dienstleistungen in den Privatsektor“ (BOURDIEU 1997, S. 209). Privatisierung kann in diesem Sinne auch gelesen werden als Ausdruck einer Vermarktlichung der Gesellschaft, eines sukzessiven Rückzugs des Staates als Akteur und „Kontrolleur“ des Marktes.[11]

Die zweite Form der (Selbst-)Entmachtung des Staates und der Politik ist die international seit den 70er Jahren zunehmende *Deregulierung* der ökonomischen Beziehungen. Deregulierung meint „einen immer weitergehenden Verzicht auf Gesetze und Verordnungen, mit denen staatliche Instanzen in die Marktvorgänge eingreifen“ (BOXBERGER/KLIMENTA 1998, S. 27).

Aufgabe besteht demnach nicht zuletzt darin, die „kreative Zerstörungskraft“ des Industriekapitalismus zu bändigen. GANẞMANN (2000, S. 94) hat in diesem Sinne den Sozialstaat als „absichtsvolles Flexibilitätshindernis“ bezeichnet. Nach neoliberaler Vorstellung soll der Staat „lediglich die Rahmenbedingungen für die Wirtschaftstätigkeit sichern, d.h. durch entsprechende Gesetze Wettbewerb garantieren, Straßen bauen usw. Dabei gilt: soviel Markt wie möglich und nur soviel Staat wie unbedingt nötig“ (BOXBERGER/KLIMENTA, 1998, S. 35).

10 Nur wenige Zeilen später gesteht FRIEDMANN (2000, S. 31) allerdings, dass ihm der Gedanke eines effizienten Staates überhaupt nicht behagt. „Weil ein effizienter Staat zu viel Macht hat. (...) Ein mächtiger Staat bedroht meine Freiheit, er mischt sich überall ein.“

11 NOAM CHOMSKY zeigt an unterschiedlichen Beispielen, dass das Verhältnis von Ökonomie und Staat auch unter den Bedingungen des Neoliberalismus keineswegs eindeutig ist. Demnach ist insbesondere die Ära RONALD REAGANs durch ein hohes Maß an Protektionismus gekennzeichnet. Unter Bezug auf eine internationale Vergleichsstudie zu transnationalen Wirtschaftsunternehmen hält CHOMSKY (2000, S. 49) fest, dass „nahezu alle Großfirmen weltweit ihre Strategie und ihren Wettbewerbsvorteil dem entscheidenden Einfluss regierungspolitischer Maßnahmen und/oder Handelsbarrieren verdanken, während zumindest 20 von ihnen, die 1993 laut Fortune zu den 100 größten Unternehmen gehörten, als unabhängige Unternehmen gar nicht überlebt hätten, wenn sie nicht von ihren jeweiligen Regierungen gerettet worden wären.“ So wurde beispielsweise der Lockheed-Konzern nur durch massive staatliche Interventionen (Übernahme von Lohn- und Gehaltszahlungsgarantien in Höhe von zwei Milliarden Dollar), mithin einer Sozialisierung der Verluste, vor dem Zusammenbruch gerettet. Zugespitzt verweist die von CHOMSKY anhand vieler Beispiele nachgewiesen Doppelzüngigkeit von Wirtschaftsprotektionismus und Freihandelsideologie auf die Tatsache, dass es in kapitalistischen Gesellschaften letztlich nur eine Wahrheit gibt, nämlich die der Gewinnmaximierung.

Dazu gehört zum einen der Abbau internationaler Handelsschranken und Wettbewerbsbeschränkungen[12], wie sie vor allem die Entwicklung der Finanzmärkte nachhaltig beeinflusst hat. Nach MARTIN/SCHUMANN (1998, S. 74) ist Globalisierung in Folge von Deregulierung vor allem auf den entgrenzten Finanzmärkten und Börsen Wirklichkeit geworden. Demnach hat sich von Mitte der 80er bis Mitte der 90er Jahre der Umsatz des internationalen Devisen- und Wertpapierhandel mehr als verzehnfacht. Auch CHOMSKY (2000, S. 27) verweist auf die gigantische „Explosion unregulierter Kapitalströme" und hebt zugleich eine qualitative Umgestaltung der Finanzmärkte hervor. „1971 bezogen sich 90% der internationalen Finanzgeschäfte auf reales Kapital - Handel oder langfristige Investitionen - und 10 Prozent auf spekulatives Kapital. 1990 hatte sich das Verhältnis ins Gegenteil verkehrt, und 1995 sind etwa 95 Prozent der sehr viel größeren Summen spekulativ, wobei an jedem Tag die Summe des in- und zurückfließenden Kapitals sich auf mehr als eine Billion Dollar beläuft und damit die gesamten Fremdwährungsreserven der sieben führenden Industriemächte übersteigt" (ebd., S. 27 f.).[13] Auf nationalstaatlicher Ebene bedeutet Deregulierung vor allem die Entlastung der Unternehmen und ihrer Produktion von einschränkenden Vorschriften und Verordnungen ebenso wie von Steuern und Abgaben.[14] Auch dieser Prozess lässt sich international mit vielfältigen Beispielen veranschaulichen, die den hiesigen Rahmen sprengen würden.[15] Für den vorliegenden Zusammenhang sind vor allem die Deregulierungsprozesse im Arbeitsrecht (vgl. MATTHIES u.a. 1994) von Interesse, auf die im Laufe dieses Kapitels noch einzugehen sein wird.

---

12 Ein Beispiel für die forcierte und expansive Freihandelspolitik sind etwa anhand der Strategien des Weltwährungsfonds (IWF) und der Welthandelsorganisation (WTO) als Nachfolger des Allgemeinen Zoll- und Handelsabkommens (GATT) zu belegen. „Kaum ein Staat, egal ob Entwicklungsland, Industrienation oder ehemals sozialistisch, kann sich heute dem neoliberalen und monetaristischen Wettbewerbsdenken entziehen. Denn der Internationale Währungsfonds (IWF) und die Weltbank sind Institutionen, die neoliberales Denken bis in die entlegensten Winkel der Erde transportieren. Sie knüpfen die Vergabe von Krediten an Entwicklungsländer oder osteuropäische Staaten an neoliberale wirtschaftspolitische Maßnahmen: Abbau von Zöllen, Rückzug des Staates aus der Wirtschaft, Privatisierung von Staatsunternehmen, Grenzöffnung für Handel und Firmenbeteiligungen, Haushaltsdisziplin und Währungsstabilität" (BOXBERGER/KLIMENTA 1998, S. 39; vgl. auch CHOMSKY 2000).

13 Nach JOHN GRAY (2001, S: 88) belaufen sich die Transaktionen auf den Devisenmärkten mittlerweile auf die Summe von 1,2 Billionen täglich, was dem fünfzigfachen des Welthandelsvolumens entspricht. „Fünfundneunzig Prozent dieser Transaktionen sind spekulativer Natur, wobei immer neue und immer komplexere, auf Termingeschäfte und Optionen beruhende Techniken der Finanzierung durch Finanzderivate benutzt werden" (ebd., S. 88).

14 MILTON FRIEDMANN (2000, S. 129) drückt dies etwas drastischer aus: „Alle Steuern sind zu hoch, alle Regierungen zu fett."

15 Vgl. dazu die zahlreichen weltweiten Beispiele in CHOMSKY (2000); BOURDIEU (1998); THUROW (1997), LUTTWAK (1999).

(Selbst-)Rücknahme des Staates, Privatisierung und Deregulierung, sind der mit breitem Daten- und Informationsmaterial unterfütterten Studie LUTTWAKS (1999, S. 249) zufolge international beobachtbare Prozesse, die ihrer je spezifischen nationalen Logik unter dem Dach einer gemeinsamen Entwicklungsrichtung folgen: „Jedes Land baut seine Version des gelenkten Kapitalismus auf seine eigene Art und Weise ab, in seinem eigenen Tempo und in Einklang mit seiner eigenen Innenpolitik." Mit der Abkehr vom gelenkten, geregelten Kapitalismus geht ein folgenreicher Wechsel der Perspektiven einher, den LUTTWAK als das „turbokapitalistische Umkehrprinzip" bezeichnet: „Die Volkswirtschaft dient nicht der Gesellschaft, sondern vielmehr die Gesellschaft der Volkswirtschaft" (ebd., S. 383). Oder anders ausgedrückt: Im Turbokapitalismus geht es nicht mehr um den „Wohlstand der Nationen", sondern um den Wohlstand der Unternehmen, Konzerne, Aktionäre und Leistungseliten. Das Urteil des ehemaligen US-amerikanischen Arbeitsministers ROBERT REICH (1997, S. 156) fällt ähnlich aus: „Der amerikanische Kapitalismus baut heute gnadenlos auf Profit, nicht mehr auf Patriotismus."

Veranschaulichen lässt sich dies an der Vorherrschaft der Finanzmärkte, insbesondere der Börsen, die im „Shareholder Value" ihren ideologischen Ausdruck findet. Shareholder Value meint eine Wirtschaftsphilosophie, die den (kurzfristigen) Wertzuwachs der Aktie und damit den (kurzfristigen) Gewinn der Aktionäre in das Zentrum unternehmerischen Handels stellt. „Der Kurs der Aktien muss steigen, sonst suchen sich die Anleger eine Anlageform, die größeren Gewinn verspricht. Dieser Mechanismus beinhaltet nicht nur, dass ein Unternehmen seine Produkte verkaufen können muss und Gewinn machen soll, sondern dass es seinen Gewinn heute um jeden Preis maximieren muss" (BOXBERGER/KLIMENTA 1998, S. 81). Das Paradigma des Shareholder Value hat zumindest zwei folgenreiche Konsequenzen:

Zum einen verhindert die Orientierung an kurzfristiger Gewinnsteigerung eine längerfristige Unternehmenspolitik und erschwert notwendige Investitionen „in die Zukunft" - etwa im Bereich des Bildungswesens, das zwar unverzichtbar notwendige funktionale und extrafunktionale Qualifikationen für den Wirtschaftsprozess erzeugt, zugleich aber ob ihrer aktuellen Kosten die kurzfristige Gewinnerwartung schmälert. „Der Kapitalismus braucht dringend Langfristinvestitionen, auch wenn sie der eigenen inneren Logik zuwiderlaufen" (THUROW 1996, S. 31). Die Logik des Shareholder Value verstärkt damit die Tendenz, soziale und infrastrukturelle „Vorleistungen" einer expansiven Reichtumsproduktion im ökonomischen Sektor in erster Linie als Kosten zu begreifen, die es zu minimieren gilt. MICHAEL SCHUMANN, der gemeinsam mit HORST KERN Mitte der 80er Jahre zu dem Befund kam, dass das Zeitalter der tayloristischen Arbeitsteilung seinem Ende entgegengeht (vgl. KERN/SCHUMANN 1986), kommt Ende der 90er Jahre zu dem Befund, dass unter den

Bedingungen der „Kurzfrist-Ökonomie" (SCHUMANN 1998, S. 27) keine eindeutige Linie der Rationalisierungspolitik mehr auszumachen ist. „Die Rationalisierungssituation ist also durch eine neue Widersprüchlichkeit gekennzeichnet. Noch ist unklar, ob sich damit erneut ein Paradigmenwechsel der Arbeitspolitik andeutet oder ob sich ein nebeneinander so unterschiedlicher, ja sogar kontradiktorischer Rationalisierungskonzepte herausbilden könnte. (...) Es könnte aber Sinn geben, zwischen zwei Verwertungskalkülen zu unterscheiden, die eine differente Rationalisierungspolitik privilegieren. Insbesondere am Umgang mit den Human Ressources kann man die Unterschiede verdeutlichen: Das Shareholder-Value Kalkül sucht vorhandenes Arbeitsvermögen optimal auszunutzen, schreckt aber vor kostspieligen Human Ressource Development zurück; demgegenüber kann ein Verwertungskalkül, für das die weitere Entfaltung der Produktivitäts- und Innovationsressourcen und der Kampf um Technologieführerschaft im Zentrum steht, auf die Pflege und den Ausbau der Produktionsintelligenz und des kreativen Humanvermögens nur schwer verzichten" (ebd., S. 29).

Zum anderen verschärft sich unter der Herrschaft des Shareholder Value das Konkurrenzprinzip.[16] Mehr noch als die Globalisierung der Warenmärkte, die Opel, Lada, Fiat, Toyota, Nissan, Rover, Mercedes, Renault, Saab, Volvo, VW (incl. Konzerntöcher wie Audi, Seat, Skoda) usw. als Konkurrenten eines (zumindest in weiten Teilen) entgrenzten Automobilmarkts aufeinander treffen lässt, multipliziert sich unter den Bedingungen globalisierter Finanzmärkte und kurzfristiger Renditeerwartungen die Konkurrenz sektoral, da es den Kapitalanlegern letztlich egal ist, ob sie ihre Gewinne mit Autos, Federbetten oder Kamillentee optimieren. Praktisch ausgedrückt: VW, Mercedes, Nissan usw. konkurrieren nicht mehr nur miteinander um Anteile des Automobilmarkts, sondern mit Chemiemultis wie Bayer, Lebensmittelkonzernen wie Nestle, Stahlkonzernen wie Thyssen-Krupp, Softwareschmieden wie Microsoft und Internet-Kaufhäusern wie amazon.de - um die Höhe ihrer Gewinne, Erträge, Dividenden und Kapitalrendite - mit entsprechend forciertem Druck auf die Effektivierung von Produktion, Verwaltung und Handel. (vgl. auch KLEIN 2002).

16 Zu den Auswirkungen des Shareholder Value auf Management und Vorstandsetagen vgl. SCHWEIKART (2001). Schweikart, selbst Vorstandsvorsitzender der Atlanta AG, einem Chemieunternehmen aus Bad Homburg, skizziert, wie der „American way of Business ... die kontinentaleuropäischen, speziell die deutschen Wirtschafts- und Informationsstrukturen kräftig" (ebd., S. 26) aufmischt. Dazu gehören Druck von Seiten der Fondmanager, Börsenanalysten, neue, subtile Mess- und Kontrollinstrumente etc. Nach SCHWEIKART verliert das klassische „Bild des Unternehmers auf der Kommandobrücke" (ebd., S. 26) an Bedeutung. „Elemente des Getriebenwerdens schleichen sich ein" (ebd., S. 26).

Mit PIERRE BOURDIEU (1998 b, S. 112), dem vielleicht theoretisch schärfsten Kritiker des Neoliberalismus in Europa[17], lässt sich resümieren: „Denn der Weg zu einer neoliberalen Utopie des reinen und vollkommenen Marktes, wie ihn die Politik der Deregulierung der Finanzmärkte ermöglicht hat, vollzieht sich im Rahmen einer transformatorischen, oder um es beim Namen zu nennen, einer destruktiven Arbeit, die mit allen politischen Mitteln ... versucht, sämtliche kollektiven Strukturen in Frage zu stellen, die der Logik des reinen Marktes irgendwelche Steine in den Weg legen können: den Nationalstaat, dessen Handlungsspielraum unaufhörlich schwindet; die Lohngruppen, ihre Einheitsentgelte und Beförderungsverfahren, deren Auflösung die Arbeit immer stärker vereinzelt; Verteidigungsgemeinschaften der Arbeiterrechte, Gewerkschaften, Berufsverbände, Genossenschaften; selbst die Familien, denen mit der Ausbildung von altersabhängigen Märkten ein Teil ihrer Handhabe als Verbrauchsgemeinschaft entgleitet. Dies begünstigt weltweit einen immer tieferen Schnitt zwischen dem Wirtschaftsleben und den gesellschaftlichen Tatsachen, mit dem, tatsächlich, ein ökonomisches Regime emporwächst, das mit seiner theoretischen Beschreibung übereinstimmt - es wird eine Art logische Maschine, die sich als Kette von Sachzwängen darstellen kann, von der die ökonomischen Akteure mitgerissen werden."

Das Ende der Vollbeschäftigungsgesellschaft

Wie oben einführend angesprochen, wurde die Diskussion um Gegenwart und Zukunft der Arbeitsgesellschaft ab Mitte der 70er Jahre überwiegend unter dem Stichwort vom „Ende der Arbeit" geführt. Dem lag die - je nach Position - optimistische oder pessimistische Annahme zugrunde, dass sich die technischen und arbeitsorganisatorischen Innovationen in immer schnelleren Tempo in einem Abbau des gesamtgesellschaftlichen Arbeitsvolumens und damit auch von Lohnarbeitsplätzen niederschlagen würde, wobei die seit Mitte der siebziger Jahren steigende Arbeitslosigkeit in den westlichen Industrienationen den „Propheten" Recht zu geben schien.

Die Prognose eines Endes der Arbeit ist nicht neu, und gerade die Tatsache, dass auch führende ProtagonistInnen der Debatte um die Arbeitsgesellschaft wie etwa HANNAH ARENDT in ihren Voraussagen eher falsch lagen, sollte Anlass dazu geben, die Entwicklungstrends anhand einiger basaler Daten zu überprüfen. Zumindest gibt es keinen logischen Grund, warum man der Prognose JEREMY RIFIKINs (1997, S. 155) aus den 90er Jahren, dass uns die neuen Technologien innerhalb kürzester Zeit in ein „Zeitalter der Fabriken ohne Menschen" führen würden, mehr Glauben schenken soll, als der offenkundig nicht eingetretenen Annahme HANNAH ARENDTs (1987, S. 11) Ende der 50er Jahre, „dass die Fabriken sich in wenigen Jah-

17 Vgl. zusammenfassend zu BOURDIEUS Kritik des Neoliberalismus SCHIMANK (2000).

ren von Menschen geleert haben werden und dass die Menschheit der uralten Bande, die sie unmittelbar an die Natur ketten, ledig sein wird."

Neuere theoretische und vor allem empirische Analysen erteilen Prognosen vom „Ende der Arbeitsgesellschaft" eine Absage.[18] Sie dokumentieren allerdings fundamentale ökonomische Strukturveränderungen mit weitreichenden sozialen Folgen, die sich verdichten lassen in der Formel vom Ende der Vollbeschäftigungsgesellschaft.[19] GEORG VOBRUBA (2000, S. 11) definiert Vollbeschäftigungsgesellschaft wie folgt: „Mit Vollbeschäftigungsgesellschaft meine ich, dass wichtige Institutionen, etwa das Steuerwesen und die Sozialpolitik, auf Vollbeschäftigung in Normalarbeitsverhältnissen aufbauen und dass das Normalmuster individueller Lebensläufe sich an abhängiger Erwerbstätigkeit orientiert. Die Vollbeschäftigungsgesellschaft ist durch Vollbeschäftigung geprägt, ohne dass tatsächlich Vollbeschäftigung bestehen müsste. Im Gegenteil, die Charakteristika der Vollbeschäftigungsgesellschaft werden erst richtig deutlich, wenn ihr die Vollbeschäftigung abhanden gekommen ist, wenn sie nur noch als Sollgröße hochgehalten wird."

Tabelle 1: Arbeitslosenquote in ausgewählten Industrienationen (1970 - 1999)*

	1970	1980	1990	1995	1999
Deutschland[1]	0,8	2,9	4,8	8,2	9,1
Italien	5,3	7,5	9,1	11,6	11,4
Dänemark	0,7	6,5	7,7	7,2	4,5
Spanien	2,5	11,1	16,2	22,9	15,8
Frankreich	2,5	6,2	8,9	11,7	11,0
Niederlande	1,0	6,0	6,2	6,9	3,1
Großbritannien	3,0	6,4	7,1	8,7	6,1
Irland	5,8	7,3	13,4	12,3	6,5
Japan	1,1	2,0	2,1	3,1	4,7
USA	4,8	7,0	5,6	5,6	4,2

[1]Ab 1995 Zahlen für Gesamtdeutschland.
* in % der zivilen Erwerbspersonen.
Quelle: INSTITUT DER DEUTSCHEN WIRTSCHAFT KÖLN 2000, (S. 146)

Eine offensichtliche Erschütterung der Vollbeschäftigungsgesellschaft manifestiert sich in der Arbeitslosigkeit in den westlichen Industrienationen (vgl. Tabelle 1). Der internationale Vergleich von Arbeitslosenquoten ist allerdings nicht unproblematisch, da die Konstruktion der nationalen Statistiken nach höchst unterschiedlichen Regeln und Vorgaben erfolgt.[20]

18 Vgl. z.B. VOBRUBA (2000); BONß (2000); BECK (1999).

19 Unter Vollbeschäftigungsgesellschaft versteht BECK (2000, S. 8) „eine Gesellschaft, deren zentrale Institutionen auf Vollbeschäftigung in Form von Normalarbeit aufbauen und in der das Muster individueller Normalbiographie auf abhängiger Arbeit beruht".

20 BOXBERGER/KLIMENTA (1998, S. 141) zeigen etwa am Beispiel Großbritanniens, wie mittels der Modifikation statistischer Erfassungskriterien Politik betrieben wird:

Gleichwohl lassen sich dieser Statistik trotz der erheblichen Einschränkungen zwei Trends entnehmen: Zum einen verfolgt die Entwicklung des Arbeitsmarktes (insofern es sich hier nicht um ein Artefakt statistischer Politik handelt, was im Einzelfall zu prüfen wäre) unterschiedlichen nationalstaatlichen Pfaden, was sich unter anderem in der regen und heftigen Konjunkturschwankungen unterliegenden Diskussion um die mögliche Vorbildfunktion der auf dem Arbeitsmarkt zum jeweiligen Zeitpunkt vermeintlich erfolgreichen Nationen niederschlägt.[21] Zum anderen ist nicht zu übersehen, dass selbst die Länder, die als vermeintliche Gewinner aus dem Prozess der Internationalisierung hervorgegangen sind, Arbeitslosenzahlen zu „feiern" gelernt haben, die in der „Blütezeit" des Fordismus bis Mitte der 70er Jahre durchweg als problematische Größenordnungen angesehen worden wären. Auch die realen Zahlen untermauern diese These: Zwischen 1970 und 1995 stieg die Zahl der arbeitslosen Erwerbspersonen in den Ländern der OECD von 10,3 auf 35 Millionen an (vgl. BONß 2000, S. 330). Dass die Bundesrepublik Deutschland in der internationalen Arbeitsmarktbilanz nicht unbedingt als Gewinner abschneiden würde, ließ sich theoretisch schon aufgrund der Tatsache vermuten, dass Wohlfahrtsstaaten des konservativen Typs, zu denen ESPING-ANDERSEN (1998) auch Deutschland zählt, in besonderer Weise durch die Zentrierung auf Lohnarbeit gekennzeichnet sind und sich überdies Veränderungsprozesse aufgrund der korporatistischen Struktur eher zäh vollziehen.

Ohne hier die Entwicklung der Arbeitslosenzahlen im Detail zu analysieren, zeigt die Arbeitslosenstatistik für die Bundesrepublik konjunkturell bedingte Wellenbewegungen, die allerdings nicht darüber hinwegtäuschen, dass mit jeder Welle das Ausgangsniveau des Arbeitslosensockels angehoben wurde (vgl. Tabelle 2), d.h. durch konjunkturelle oder anderweitig bedingte ökonomische Abschwünge stieg die Zahl der Arbeitslosen, während sie in

---

„Durch bislang 32 Änderungen des Statistikgesetzes wurde die Arbeitslosigkeit schlicht weggerechnet. Ohne diese rein formalen Gesetzesänderungen wären heute (die Zahlen beziehen sich auf 1997, M.G.) 4 Millionen Briten arbeitslos, was einer Quote von 14% entspricht; sie wäre höher als die in Deutschland (12,6%). Ein Beispiel: Wer nach 6 Monaten kein Arbeitslosengeld mehr erhält, wird einfach aus der Statistik genommen, auch wenn er weiterhin arbeitslos ist. In Deutschland werden hingegen Langzeitarbeitslose und arbeitslose Sozialhilfeempfänger in der Arbeitslosenquote berücksichtigt." Da wir an späterer Stelle dieses Kapitels noch auf die Problematik der amerikanischen Statistiken eingehen werden, mag dieser Hinweis genügen, um vor dem Kurzschluss zu warnen, diese Zahlen bildeten die ökonomische Realität der Arbeitsmärkte der betreffenden Länder ab. Gleichwohl geben sie einen Eindruck von den jeweiligen Entwicklungstrends.

21 In nicht chronologischer Reihenfolge waren dies in den letzen Jahren neben den „Evergreens" USA und Großbritannien vor allem Dänemark, die Niederlande und Neuseeland, wobei letzteres mittlerweile aus dem Kreis der neoliberalen Vorreiter ausgeschieden zu sein scheint (vgl. UCHATIUS 2000). Vgl. die Dokumentation internationaler Modelle bei HEINZE/SCHMIDT/STRÜNCK (1999, S. 96 ff.) sowie die international vergleichende Studie von Yergin/Stanislaw (2001).

konjunkturellen Aufschwüngen in deutlich geringerem Maße wieder abnahm.

Tabelle 2: Entwicklung der Arbeitslosigkeit in Deutschland (1960 - 1999)*

Alte Bundesländer			
	Arbeitslose insgesamt	Männer	Frauen
1960	271	178	92
1970	149	93	56
1975	1.074	623	452
1980	889	426	462
1985	2.304	1.289	1.015
1990	1.883	968	915
1991	1.689	898	792
1992	1.808	983	826
1993	2.270	1.278	993
1994	2.556	1.462	1.094
1995	2.565	1.464	1.101
1996	2.796	1.617	1.180
1997	3.021	1.741	1.280
1998	2.904	1.641	1.264
1999	2.756	1.536	1.220
Neue Bundesländer			
1991	913	383	530
1992	1.170	429	741
1993	1.149	414	734
1994	1.142	401	741
1995	1.047	387	660
1996	1.169	495	674
1997	1.364	602	762
1998	1.375	632	743
1999	1.344	624	719

*Jahresdurchschnittszahlen in Tausend.
Quelle: INSTITUT DER DEUTSCHEN WIRTSCHAFT Köln (2000, S. 23)

Arbeitslosenstatistiken taugen allerdings nur bedingt als Indikator für die Überprüfung der These vom Ende der Arbeitsgesellschaft, da die Entwicklung der Arbeitslosenzahlen nicht nur von der strukturellen und konjunkturellen Aufnahmefähigkeit des Marktes, der Arbeitskraftnachfrage, abhängig ist, sondern noch von einer zweiten Größe, dem Angebot an Arbeitskräften, das sowohl durch demographische (Veränderung von Geburten- und Sterberaten, Zuwanderung usw.) wie motivationale Aspekte beeinflusst wird. Gerade auf der Angebotsseite haben sich in den letzten 30 Jahren deutliche Veränderungen vor allem durch eine verstärkte Erwerbsorientierung von Frauen vollzogen. Von 1975 bis 1991 stieg die Erwerbsquote[22] der weibli-

22 Die Erwerbsquote schießt neben den sozialversicherungspflichtig Beschäftigten auch die Selbständigen ein.

chen Bevölkerung im erwerbsfähigen Alter (15 - 64 Jahre) in den alten Bundesländern von 49,1% auf 57,8% und erfuhr auf gesamtdeutscher Ebene durch die traditionell höhere Frauenerwerbsquote in der DDR einen Zuwachs auf 60,4% (vgl. ZUKUNFTSKOMMISSION DER FRIEDRICH-EBERT-STIFTUNG 1999, S. 296).

Um längerfristige und globalere Aussagen über die Entwicklung der Arbeitsgesellschaft in der Bundesrepublik Deutschland treffen zu können, ist es sinnvoll, den Blick auf die zentralen volkswirtschaftlichen Indikatoren der ökonomischen Entwicklung, nämlich

- Bruttoinlandsprodukt
- Arbeitsvolumen
- Erwerbstätige
- Arbeitszeit
- Arbeitsproduktivität

zu lenken (vgl. Tabelle 3).

Nimmt man das Jahr 1970 als Ausgangspunkt (100%), so hat sich das Bruttoinlandsprodukt auf 187% gesteigert, die Produktivität je Erwerbstätigenstunde auf 223% und auch die Zahl der Erwerbstätigen konnte auf 105% zulegen. Das Arbeitsvolumen, d.h. die Menge der gesamtgesellschaftlich auf dem Arbeitsmarkt gehandelten Arbeitsstunden, sank auf 84% des Niveaus von 1970 (vgl. BÄCKER u.a. 2000, S. 263). Eine auch nur oberflächliche Betrachtung dieser ökonomischen Entwicklungsdaten offenbart zunächst, dass von einer Krise der Arbeitsgesellschaft in einem Sinne nicht die Rede sein kann: Innerhalb von rund 35 Jahren ist die Reichtumsproduktion in den alten Bundesländern um mehr als das 2,5fache gestiegen. Für eine Produktions- und Reichtumskrise gibt es bis Mitte der neunziger Jahre keinen schlagenden Beleg. Die erhebliche Steigerung der Güter- und Dienstleistungsproduktion konnte allerdings mit einem um rund 1/5 gesunkenen Arbeitsvolumen erreicht werden. Anders ausgedrückt: Innerhalb von 35 Jahren erlaubte es die Entwicklung der Produktivkräfte in Deutschland mit rund 20% weniger menschlicher Arbeit die Menge des produzierten „Reichtums" um das zweieinhalbfache zu steigern.

Hintergrund dieser Erfolgsgeschichte der Arbeit ist eine gewaltige Steigerung der Effektivität der Lohnarbeit durch den Einsatz neuer Technologien und neuer Managementkonzepte, die sich in der Steigerung der Arbeitsproduktivität um mehr als das 3,5fache niederschlägt. Produzierte ein Erwerbstätiger 1960 in einer Arbeitsstunde Güter und Dienstleistungen im Wert von ca. 18 DM, so lag sein in Geldwert umgesetzter produktiver Output 1995 bereits bei über 61 DM. Steigerung der Produktivität ist eines der kapitalistischen Arbeitsgesellschaft immanenten Leitziele und es überrascht von daher wenig, dass die zunehmende Effektivierung der Arbeit die Begleitmusik kapitalistischer Modernisierung ist.[23]

Tabelle 3: Bruttoinlandsprodukt, Arbeitsvolumen, Jahresarbeitszeit und Arbeitsproduktivität in den alten Bundesländern (1960 - 1995)

Jahr	Bruttoinlandsprodukt in Mio. DM[1]	Arbeitsvolumen in Mio. Arbeitsstunden	Erwerbstätige in 1000	Arbeitszeit je Erbwerbstätiger in Stunden	Produktivität je Erwerbstätigenstunde in DM
1960	1.000.000	56.085,0	26.063	2.151,9	17,83
1970	1.543.200	51.768,1	26.560	1.949,1	29,81
1975	1.718.600	46.802,2	26.020	1.798,7	36,72
1976	1.810.100	47.400,3	25.882	1.831,4	38,19
1977	1.861.600	46.597,2	25.919	1.797,8	39,95
1978	1.917.400	46.555,8	26.130	1.781,7	41,18
1979	1.998.400	46.783,6	26.568	1.760,9	42,72
1980	2.018.000	47.101,7	26.980	1.745,8	42,84
1981	2.020.000	46.598,3	26.951	1.729,0	43,35
1982	2.001.000	46.187,1	26.630	1.734,4	43,32
1983	2.036.200	45.343,3	26.251	1.727,3	44,91
1984	2.093.500	45.221,3	26.293	1.719,9	46,29
1985	2.136.000	44.928,0	26.489	1.696,1	47,54
1986	2.186.100	45.257,7	26.856	1.685,2	48,30
1987	2.218.400	45.265,5	27.050	1.673,4	49,01
1988	2.301.000	45.700,3	27.261	1.676,4	50,35
1989	2.384.400	45.801,6	27.658	1.656,0	52,06
1990	2.520.400	46.161,6	28.479	1.620,9	54,60
1991	2.635.000	46.900,6	29.227	1.604,7	56,18
1992	2.694.300	47.697,9	29.455	1.595,0	56,17
1993	2.644.500	46.219,3	29.005	1.568,0	56,96
1994	2.706.800	45.248,7	28.654	1.560,1	59,29
1995	2.748.300	44.886,7	28.461	1.549,2	61,31

(1) Real, in Preisen von 1991

Quelle: Autorengemeinschaft (div. Jahrgänge); Statistisches Bundesamt; eigene Berechnungen

Durch die informationstechnologischen Innovationen und neuen Managementkonzepte scheint eine neue Runde der Potenzierung der Produktivität von Lohnarbeit eingeläutet worden zu sein, die JOHN MAYNARD KEYNES (1956, S. 267) schon Mitte der 50er Jahre von der „Krankheit der technologischen Arbeitslosigkeit" sprechen ließ, gegen die offensichtlich bis Heute kein Kraut gewachsen zu sein scheint. Fast alle Studien zur Modernisierung der Ökonomien an der Schwelle zum 21. Jahrhundert sind gefüllt mit Bei-

23 Gerade die Entwicklung hin zum Fordismus wurde nur durch enorme Produktivitätsfortschritte möglich. Zwischen 1912 und 1932 verkürzte sich die Zeit der notwendigen Arbeitsstunden für die Produktion eines Autos von 4.664 auf 813 Stunden und die Steigerungsrate der US-amerikanischen Industrie insgesamt lag zwischen 1920 und 1927 bei 40% (vgl. RIFKIN 1997, S. 29).

spielen bereits vollzogener Rationalisierungsmaßnahmen und noch anstehender, noch nicht realisierter Rationalisierungspotentiale. Zur Veranschaulichung seien wenige Beispiele aus einem fast unbegrenzt erweiterbaren Katalog angeführt:

Besonders betroffen von den informations- und mikroelektronischen Innovationen ist der Finanzsektor, der exemplarisch für bereits vollzogene Rationalisierungsprozesse stehen mag. Im Bankgewerbe der USA wurden zwischen 1983 und 1993 ca. 179.000 Kassierer, ca. 37% der Beschäftigten, durch die Einführung von Geldautomaten arbeitslos (vgl. RIFKIN 1997, S. 109). 1996 baute die Deutsche Bank ihren Personalbestand um 2.250 Mitarbeiter ab, bei gleichzeitiger Steigerung des Gewinns um 2,2 Mrd. DM. Auch die Dresdener Bank baute ihr Personal zwischen 1995 und 1997 um 10% ab (vgl. BOXBERGER/KLIMENTA 1998, S. 84).

In der deutschen Industrie gingen zwischen 1991 und 1995 insgesamt 1,2 Millionen Arbeitsplätze verloren, davon nach BOXBERGER/KLIMENTA (1998, S. 84) 223.000 im Maschinenbau, 195.000 in der Elektroindustrie, 160.000 in der Auto- und Motorradfertigung und 73.000 in der chemischen Industrie. Das Opelwerk Rüsselsheim erreichte 1996 eine Steigerung der Produktion um 14% mit einer um 4,1% reduzierten Belegschaft.

Die Rationalisierungspotentiale sind, folgt man den vorliegenden Studien, bei weitem noch nicht ausgeschöpft. MARTIN/SCHUMANN (1998, S. 148 ff.) haben mögliche Beschäftigungsverluste berechnet, die sich ergeben würden, wenn die Personalstandards amerikanischer Unternehmen zur Leitgrößen der Personalentwicklung in Deutschland würden. Diesen „hypothetischen Fall" unterstellt, müsste sich die Deutsche Bank ausgehend vom Beschäftigungsstand 1995 und gemessen an ihrem amerikanischen Pendant der Citicorp rund 31.000 ihrer etwa 74.000 Beschäftigten entledigen, die Dresdener Bank müsste 26.000 von 46.000 Beschäftigten kündigen und auch die Commerzbank dürfte ihr Personal halbieren. Nicht viel besser ist die Situation in der Telekommunikationsbranche. Bei der TELEKOM stünden demnach 92.000 von 240.000 Beschäftigte zur Entlassung an. Vergleichbare Trends konstatieren MARTIN/SCHUMANN für Fluggesellschaften und Versicherungen, die zwischen 30% und 60% ihres Personals entlassen müssten, wollten sie auf „amerikanischem" Beschäftigungsniveau arbeiten. Aus der Perspektive des technisch Möglichen resümieren BOXBERGER/KLIMENTA (1998, S. 86): „Würden schon heute in den Betrieben alle derzeit verfügbaren Technologien zum Einsatz kommen, die die menschliche Arbeitskraft ersetzen, würden allein in Westdeutschland etwa neun Millionen Arbeitsplätze vernichtet werden. Die Arbeitslosenquote stiege dann auf 38%. Wenn alle Rationalisierungspotentiale ausgeschöpft werden, könnten in naher Zukunft theoretisch sämtliche Güter und Dienstleistungen von 20% der Bevölkerung erbracht werden."

Die Beispiele technologisch möglicher Rationalisierungspotentiale sind zweifelsohne spekulativ, da Rationalisierung zunächst ein soziales Phänomen ist, d.h. sie ist das Produkt von Auseinandersetzung zwischen sozialen Interessengruppen, woraus folgt, dass nicht jede technologische Möglichkeit auch soziale Realität werden muss. Für die 90er Jahre ist mit WOLFGANG BONß (2000, S. 332) allerdings jenseits aller spektakulären Einzelbeispiele insgesamt ein erheblich beschleunigter „rationalisierungsbedingter Produktivitätsanstieg" zu verzeichnen. „Immer weniger Menschen erarbeiten also immer mehr, und dieser Trend dürfte auch in Zukunft anhalten." Spitzt man diesen Befund zu, so scheint sich der von OSKAR NEGT (1985, S. 37) konstatierte säkulare Trend moderner Gesellschaften zu bestätigen: „Dass das Maß gesellschaftlich notwendiger Arbeitszeit fortwährend geringer wird, wie die Kapitalproduktivität wächst, ist eine universale Tendenz der bürgerlich kapitalistischen Gesellschaftsordnungen, ungleichzeitig in den einzelnen Wirtschaftszweigen und in den verschiedenen Ländern, aber unaufhaltsam." Arbeit wird weniger und auch Prognosen wie die IAB-PROGNOS-PROJEKTION zur Entwicklung der Arbeitslandschaft in der Bundesrepublik bis zum Jahr 2010 (vgl. SCHNURR 1999, S. 2; DOSTAL/REINBERG 1999) gehen von einer weiteren Produktivitätssteigerung von im Durchschnitt 2,2% pro Jahr und einem weiterhin insgesamt sinkenden Arbeitsvolumen aus.

Gleichzeitig belegen die in Tabelle 3 angeführten Zahlen einen zweiten Trend, der dem ersten zu widersprechen scheint. Mitte der 90er Jahre waren immerhin annähernd 2,5 Millionen Menschen mehr erwerbstätig, als noch zu Beginn der 60er Jahre. Immer mehr Menschen teilen sich mithin die immer knapper werdende Menge der auf dem Markt gehandelten Arbeit. Der paradoxe Befund lautet also: Schwinden der Arbeit und Verallgemeinerung der Arbeit als Königsweg ökonomischer und sozialer Integration gehen Hand in Hand. Von einem absehbaren „Ende der Arbeit" kann mithin keine Rede sein.

Hinter dieser Paradoxie verbirgt sich, dass die Arbeit in den letzten 30 Jahren ihre Gestalt verändert hat. Quantitativ gesehen, ist sie weniger geworden. Systematisch gesprochen wurden die Produktivitätsgewinne nicht nur in Arbeitslosigkeit, sondern auch in individuelle Zeitersparnis der Beschäftigten umgesetzt. So sank die individuelle Arbeitszeit der Erwerbstätigen seit Anfang der 60er Jahre um mehr als ein Drittel, was sowohl auf eine geringere Wochenarbeitszeit, aber auch auf vermehrte Teilzeitarbeit und zeitlichen variablere Gestaltung von Beschäftigungsverhältnissen verweist. Zentrales Merkmal des Gestaltwandels der Erwerbsarbeit ist ihre Flexibilisierung!

Vom Normalarbeitsverhältnis zur flexiblen Arbeit

Die geregelte Arbeitsgesellschaft stellt für alle Menschen einen „lebbares" Normalitätsmodell zur Verfügung, welches sie in Form des Normalarbeitsverhältnisses zur Norm macht und in arbeits- und sozialrechtliche Formen gießt. Innerhalb dieser Bahnen sind zwar viele Variationen von Auf-, Ab- und Umstiegen möglich, die sich aber im Regelfall um den Preis sozialer Randständigkeit innerhalb der arbeits- (bzw. familien)bezogenen Geländer der Lebensführung bewegen. Diesem Lebensmodell entspricht ein Arbeitsmarkt, der zwar segmentiert ist (vgl. SENGENBERGER 1978) und konjunkturellen Schwankungen unterliegt, gleichwohl der Mehrzahl der Marktsubjekte auch die Einlösung des Lebensmodells ermöglicht.

Im Zeitalter des flexiblen Kapitalismus löst sich dieses Modell sukzessive auf. Unternehmen im geregelten Industriekapitalismus waren gewinnorientiert und an der Ausweitung ihrer Märkte interessiert, aber sie waren auch relativ standorttreu, planten zumindest mittelfristig und waren ihrer Arbeiterschaft verbunden, weil sie sie als Produzenten und Konsumenten benötigten und Mobilität nur im begrenzten Maße profitabel war. Das Unternehmen der flexiblen Arbeitsgesellschaft folgt einer anderen Logik, die ROBERT REICH (1996, S. 119) karikiert hat: „Ihre würdevollen Unternehmenszentralen, ausgedehnten Fabrikanlagen, Lagerhäuser, Laboratorien, Lastwagenflotten und Firmenjets sind geleast. Ihre Fabrikarbeiter, Hausmeister und Buchhalter haben Zeitverträge; ihre führenden Forscher, Designer und Marketing-Experten sind am Gewinn beteiligt."[24]

In diesem Bild drückt sich in zentraler Weise eine Maxime des modernen, auf Hochgeschwindigkeit getrimmten Kapitalismus aus: Bindung kostet Zeit und damit Geld! Je schneller sich der Markt verändert, desto anpassungsfähiger müssen die Unternehmen hinsichtlich ihre Produktionsorte

---

24 Beispielhaft für diesen Typ des neuen, „flüchtigen" Unternehmens sind die Firmen der New Economy, die ob der Eigenschaften ihrer Produkte in hohem Maße „flexibel" zu arbeiten und zu liefern in der Lage sind. DER SPIEGEL (JUNG 2000, S. 56) veranschaulicht diesen Zusammenhang am Beispiel eines Software-Unternehmers. „Fast 50-mal war Schnitzenbaumer in den vergangenen Jahren in den USA, sonst sitzt er meist am Rechner in München. ‚Manchmal powere ich drei Tage durch', sagt er, ‚und dann mache ich drei Tage Party.' Seine Leute schuften im selben Rhythmus. Hierarchien sind passé. Jeder kommt und geht, wann er will, wichtig ist nur, dass ein Projekt zum vereinbarten Termin fertig ist. So sind die neuen Arbeiter: flexibel bis zum Verbiegen, leistungsbereit bis zur Selbstausbeutung. Und vor allem sind sie jung. Das müssen sie auch sein, denn spätestens wenn Lebensentscheidungen anstehen - eine Familie gründen, ein Haus bauen -, dürfte sich mancher zurücksehnen nach der Gemütlichkeit der alten Wirtschaft." ANDRE GORZ (2000, S. 46) beschreibt das „ideale" Unternehmen der postfordistischen Epoche unter Rückgriff auf den Begriff des Netzwerkes: „Das Paradigma der hierarchischen Organisation wird darin durch das der Netzwerkstrukturen ersetzt, die an ihren Knotenpunkten selbstorganisierte Kollektive in loser Koppelung koordinieren, von denen keines das Zentrum bildet."

und -methoden, ihrer Leitungsstrukturen, ihres Personal und ihres Personaleinsatzes usw. sein. Bezogen auf den Arbeitsmarkt und die Beschäftigungsverhältnisse schlägt sich dies in Entwicklungen nieder, die man in der Leitformel der Flexibilisierung verdichten kann.

Flexibilisierung der Lohnarbeit meint die Ablösung des Standardmodells der (männlichen) Normalarbeit (Vollzeit, dauerhaft, ausreichend entlohnt, sozialrechtlich geschützt, vgl. Kapitel 3) durch marktförmige Beschäftigung mit minderen Schutz- und Sicherheitsgarantien. Die Flexibilisierung der Lohnarbeit ist die Folge einer international zu verzeichnenden Welle der Deregulierung arbeitsrechtlich kodifizierter und definierter Rahmenbindungen der Normalbeschäftigung. Flexibilisierung der Beschäftigung zielt nicht nur auf eine optimale Kapitalausnutzung durch kontinuierlichen Betrieb teurer Großtechnologien, sondern es geht auch um eine Feinabstimmung auf die vielfältigen Wellenbewegungen des Marktes. „Die größere Dynamik des Marktes, schwankende Konjunkturlagen, aber auch die Bedeutungszunahme dienstleistender Tätigkeiten und zeitlich differenzierter Kundenströme verlangen darüber hinaus nach größeren Dispositionsspielraum beim Personaleinsatz, der internen nur über eine flexiblere Arbeitszeitgestaltung erreicht werden kann. Kapazitätsorientierte Arbeitszeiten, Jahresarbeitszeitverträge, rollierende Schichten: Hinter diesen Begriffen verbergen sich nur einige der Formen neuer Arbeitszeitorganisation, mit deren Hilfe Unternehmen auf diese neuen Flexibilitätsanforderungen zu reagieren versuchen. Auf der rechtlichen Ebene wurde dem Flexibilisierungsruf mit Deregulierung gefolgt“ (MATTHIES u.a. 1994, S. 125).[25]

Beispiele für deregulierende Eingriffe in das Arbeitsrecht lassen sich den verschiedenen Novellen von Arbeitsförderungs- und Arbeitsschutzgesetzen entnehmen. Um nur drei Beispiele zu nennen (vgl. WALWEI 1998, S. 4):

- die stufenweise Verlängerung der Überlassungshöchstdauer für LeiharbeitnehmerInnen von 3 (1985) auf 12 Monate (1997);
- der Wegfall von sachlichen Befristungsgründen bei Beschäftigungsverhältnissen von zunächst 18 Monaten (1985), später 24 Monaten (1996) Dauer;
- der Anhebung der Mindestbeschäftigtenzahl im Hinblick auf die Anwendung des Kündigungsschutzrechtes von 6 auf 11 Beschäftigte sowie die stärkere Berücksichtigung betrieblicher Interessen bei Kündigungen (1996).

25 Das WISSENSCHAFTSZENTRUM BERLIN (WZB-Mitteilungen 88/2000, S. 22) konstatiert einen arbeitzeitpolitischen Paradigmenwechsel im Übergang von den 80er zu den 90er Jahren. „In der arbeitszeitpolitischen Debatte hat ein grundlegender Themenwechsel stattgefunden. Während noch in den 80er Jahren die Forderung nach einer kollektiven Arbeitszeitverkürzung in Richtung 35-Stunden-Woche die Agenda beherrscht hatte, ist heute die Flexibilisierung der Arbeitszeit zunehmend in den Mittelpunkt gerückt.“

MATTHIES u.a. (1994, S. 175) unterscheiden in ihrer Studie zur Modernisierung des Arbeitsrechts zwei Formen der Flexibilisierung der Beschäftigungsverhältnisse: externe und interne Flexibilisierung.

Externe Flexibilisierung meint Formen der Beschäftigung, in der die „tendenzielle Auflösung der arbeitsvertraglichen Bindungen“ (ebd., S. 175) selbst im Mittelpunkt steht, mithin die Regelung der Form der Beziehung zwischen Unternehmen und Beschäftigten. In der Fachdiskussion werden in diesem Zusammenhang unter den Synonymen „atypische oder prekäre Beschäftigungsverhältnisse“ wie

- befristete Beschäftigung, d.h. Lohnarbeitsverhältnisse, die von vornherein nicht auf Dauer gestellt sind,
- Arbeitnehmerüberlassung (Leiharbeit),
- geringfügige Beschäftigung[26] und
- (Schein-)Selbständigkeit[27]

zusammengefasst.

Alle diese Formen der Beschäftigung haben für das Unternehmen den Vorteil, dass sie wenig „Bindung“ stiften und damit eine schnelle (flexible) kapazitäre Abstimmung auf Schwankungen der Nachfrage oder verbesserte Produktionstechnologien erlaubt und damit die Unternehmenskosten mini-

---

26 Der Anteil der geringfügig Beschäftigten lag im Bundesgebiet 1998 bei 3,7% der erwerbsfähigen Bevölkerung (vgl. WZB-MITTEILUNGEN 88/2000, S. 5). BÄCKER u.a. (2000, S. 296) verweisen allerdings auf eine insgesamt unsichere Datenlage. Demnach variieren allein die Angaben für 1998 je nach Datenquelle erheblich und reichen von 2,15 Millionen Personen laut Mikrozensus bis zu 5,4 Millionen Personen nach Aussagen des Sozio-ökonomischen Panels. Folgt man den Daten des in der Erfassung defensiveren Mikrozensus, so lag der Anteil 1998 nicht bei 3,7%, sondern bei 6% (1990 = 3,2%).

27 Die Gruppe der Erwerbspersonen zwischen Arbeitnehmerstatus und Selbständigkeit stellt nach MATTHIES u.a. (1994, S. 192 ff.) eine Grauzone dar. Leitkriterium der rechtlichen Abgrenzung ist die „persönliche Abhängigkeit im Arbeitnehmerstatus“, die anhand der Kriterien der Weisungsunterworfenheit, der Eingliederung in die betriebliche Organisation, des fehlenden Unternehmensrisikos sowie der persönlichen Arbeitsleistung für nur einen Auftraggeber im Einzelfall zu überprüfen ist. Anlage 4 des Gesetzes zur Förderung der Selbständigkeit vom 20. Dezember 1999, nennt beispielhaft bestimmte Berufsgruppen wie z.B. Ableser, ambulante Sonntagshändler, Dozenten, Lehrbeauftragte, Honorarkräfte, Franchisnehmer, Kurier-, Express und Paketdienstfahrer, Platzierungshilfen (Regalauffüller), Propagandisten, Tagesmütter, Taxifahrer, Tele- und Heimarbeit (vgl. BUNDESMINISTER FÜR ARBEIT UND SOZIALORDNUNG 2000 a, S. 97 ff.). MATTHIES u.a. (1994, S. 190 ff.) zählen zur Gruppe der „flexiblen“ ArbeitnehmerInnen mit minderem Schutz auch solche, die in Kleinstbetrieben unter 5 Beschäftigten arbeiten, da hier eine Vielzahl an Arbeitsschutzrechten außer Kraft gesetzt sind. Die mittlerweile mehr als sechs Jahre alte Studie ist hier von der Deregulierungswelle überholt worden, da - wie oben angeführt - z.B. die Beschäftigungsgrenze beim Kündigungsschutz von 6 auf 11 Arbeitnehmer angehoben wurde. BÄCKER u.a. (2000, S. 302) geben aufgrund von Ergebnissen des IAB an, dass Mitte der 90er Jahre rund 510.000 Personen als Scheinselbständige zu zählen sind, bei weiteren 855.000 wäre eine Überprüfung des Einzelfalls notwendig.

miert. Atypisch sind diese Formen der Beschäftigung insofern, als dass sie alle in spezifischer Weise zentrale „Garantien" des Normalarbeitsverhältnisses unterlaufen,

- wie Dauerhaftigkeit im Falle von Befristung und Leiharbeit,
- sozialversicherungsrechtlicher Schutz bei Scheinselbständigkeit und geringfügiger Beschäftigung usw.

Das INSTITUT FÜR ARBEITSMARKT- UND BERUFSFORSCHUNG (IAB) (vgl. HOFFMANN/ WALWEI 1998; WALWEI 1998) hat die Entwicklung der Erwerbsformen in Westdeutschland in den Jahren 1985 bis 1995 anhand der Daten des Mikrozensus analysiert und kommt zu dem Ergebnis, dass der Rückgang der Normalarbeitsverhältnisse in der Bundesrepublik weniger auf die Ausbreitung atypischer Beschäftigungsverhältnisse zurückzuführen ist, als auf Maßnahmen der internen Flexibilisierung, auf die noch einzugehen sein wird. Die quantitative Entwicklung weist aus, dass der Anteil der befristeten Beschäftigungsverhältnisse ebenso wie der Leiharbeitsverhältnisse stabil bei ca. 3% liegen, wohingegen der Anteil der Selbständigen außerhalb der Landwirtschaft von 8% auf 9% gestiegen sind. BÄCKER u.a. (2000, S. 299) verweisen auf eine Zunahme von Verleihbetrieben (von 6.255 im Jahr 1991 auf 8.728 im Jahr 1997) und Leiharbeitnehmern. Demnach stieg die Zahl der registrierten LeiharbeitnehmerInnen zwischen 1991 und 1997 von rund 138.000 auf annähernd 213.000. Darüber hinaus scheint die illegale Leiharbeit ein quantitativ bedeutsames Problem darzustellen, da allein im Jahr 1998 insgesamt 400.000 Fälle illegaler Beschäftigung vor allem im Baugewerbe durch die Arbeitsämter aufgedeckt wurden.

Hinsichtlich der befristeten Beschäftigung berechnet RUDOLPH (2000, S. 12 f.) in einer neueren Untersuchung unter Einbeziehung von Arbeitsbeschaffungsmaßnahmen einen Anteil der befristet Beschäftigten an allen Arbeitern und Angestellten, der im April 1999 im Westen bei 7,1% (1,64 Millionen befristete Arbeitsverträge), im Osten bei 13,1% (704.100 befristete Arbeitsverträge) lag. RUDOLPH konstatiert keine gravierende Schwankung im Anteil befristeter Beschäftigungsverhältnisse seit Mitte der 80er Jahre. Seit Mitte der 90er Jahre ist eine Zunahme um ca. 1,5% zu konstatieren, die auf einen höheren Anteil befristeter Verträge bei jüngeren ArbeitnehmerInnen zurückgeführt wird.[28]

---

28 In Amerika, dem Vorbild neoliberaler Deregulierung, ist die Entwicklung ausgeprägter. Demnach wuchs beispielsweise zwischen 1982 und 1990 die Zahl der Zeitarbeitkräfte in den USA zehnmal so schnell wie die Gesamtzahl der Beschäftigten (vgl. RIFKIN 1997, S. 135). Der größte Arbeitgeber der USA ist nicht General Motors oder IBM, sondern das Zeitarbeitsunternehmen Manpower (vgl. RIFKIN 1997, S. 135); DER SPIEGEL (17/1997, S. 34); SENNETT (1998). Für NAOMI KLEIN (2002, S. 243 ff.) ist vor allem die Politik der Global Players verantwortlich für die weltweite Deregulierung von Arbeitsverhältnissen. „Multinationale Konzerne, die sich einst als ‚Motoren des Beschäftigungswachstums' lobten - und mit dieser Begründung aller Art von Staatssubventionen herausholten -, bezeichnen sich heute lieber als ‚Motoren des

Die zweite, interne Ebene der Flexibilisierung betrifft quasi die „innere Gestaltung“ der Beschäftigungsverhältnisse. Interne Flexibilisierung zielt ab auf die Aufweichung und Verflüssigung verfestigter Arbeitsstrukturen, die eine schnelle und angemessene betriebsinterne Anpassung an veränderte Marktbedingungen behindert. Dieses Interesse schlägt sich zum einen in einer Flexibilisierung der Arbeitszeitarrangements wieder, die verschiedene Formen annehmen kann, die für MATTHIES u.a. (1994, S. 125 ff.) von der vertraglichen Vereinbarung kapazitätsorientierter Arbeitszeiten oder Teilzeitarbeit bis hin zu „neuen Organisationsformen“ von Arbeitszeit wie Gleitzeit etc. reichen.

Für die Entwicklung des Arbeitsmarktes in der Bundesrepublik Deutschland ist nach Befunden des INSTITUTS FÜR ARBEITSMARKT UND BERUFSFORSCHUNG (HOFFMANN/ WALWEI 1998) die Ausweitung der Teilzeitarbeit von besonderer Bedeutung. Zwischen 1985 und 1995 steig ihr Anteil an allen Beschäftigungsverhältnissen von 11 auf 19% um bis 1998 nochmals auf 20% zuzulegen (INSTITUT DER DEUTSCHEN WIRTSCHAFT KÖLN 2000, S. 18). Auch zukünftig ist von einer weiteren Zunahme der Teilzeiterwerbstätigkeit auszugehen. Die IAB-PROGNOS-Projektion (vgl. SCHNUR 1999, S. 2) prognostiziert einen weiteren Anstieg der Teilzeitquote auf 30% bis zum Jahr 2010.

Teilzeitarbeit ist ein Sammelbegriff für unterschiedliche Phänomene von hoch qualifizierter und hochentlohnter Expertenarbeit bis hin zur geringfügig bezahlten Dienstbotentätigkeit. MATTHIES u.a. (1994, S. 142) weisen darauf hin, dass sich hinter dem Begriff Teilzeitarbeit „nicht nur die klassische Halbtagsbeschäftigung, sondern ein breites Spektrum unterschiedlicher Arbeitzeitarrangements (verbirgt, M.G.), deren Umfang von eher kleinen Abweichungen vom tariflichen Arbeitszeitumfang bis zur geringfügigen Beschäftigung reicht und in denen die Verteilung der Arbeitszeit ebenso unterschiedlich gestaltet sein kann: von gleich bleibenden Arbeitszeitlagen, verteilt auf alle Werktage, bis zur Arbeit auf Abruf.“

Die Ausweitung von atypischen Beschäftigungsverhältnissen und Teilzeitarbeit gehören ebenso wie die strukturelle Arbeitslosigkeit zu den vergleichsweise klar beobachtbaren Phänomenen der postfordistischen Modernisierung der Arbeitsgesellschaft. Subtiler hingegen sind jene Veränderungen, die sich in den betrieblichen Arbeitszeitordnungen selbst vollzogen haben. Basierend auf neuen Managementphilosophien, die auf die fortlau-

---

Wirtschaftswachstums’. Dies ist ein feiner Unterschied, aber ein großer, wenn man zufällig gerade Arbeit sucht. Die Konzerne erzeugen in der Tat ‚Wirtschaftswachstum’, aber sie erzeugen es, wie wir gesehen haben, durch Entlassungen, Fusionen und Outsourcing - mit anderen Worten, durch Abwertung und Vernichtung von Arbeitsplätzen. Zwar trifft es zu, dass die Wirtschaft wächst, aber zugleich fällt der Prozentsatz der von den größten Konzernen der Welt Beschäftigten. Die transnationalen Konzerne, die über mehr als 33 Prozent des Welt-Produktivvermögens verfügen, stellen nur 5 Prozent der Weltarbeitsplätze“ (ebd., S. 273).

fende Optimierung und Effektivierung der betrieblichen Abläufe abzielen (wie beispielsweise das bei Toyota entwickelte „kaizen", vgl. GORZ 2000, S. 44 ff.), lösen sich die starren Arbeitszeitordnungen zugunsten immer individuellerer und offener Zeitarrangements auf. Nach HIELSCHER/HILDEBRAND (2000, S. 136) hebt eine Flexibilisierung der Arbeitszeit „auf eine Variabilisierung der Dauer, der Lage und der Stabilität der individuellen Arbeitszeit ab." Drei Beispiel mögen diesen Prozess veranschaulichen:[29]

> Anfang der 90er Jahre verschrieb sich das Volkswagenwerk Wolfsburg als Reaktion auf kapazitäre und temporäre Anpassungsprobleme an die Marktschwankungen eine neue Unternehmensphilosophie. VW wird zum „atmenden Unternehmen" werden. Das Bild des atmenden Unternehmens bedeutet die „konsequente Umsetzung des Lean-manufacturing-Gedankens für das gesamte Unternehmen. Alle Prozesszeiten werden kürzer. Kein Kunde - kein Markt bringt diese Unternehmen außer Atem" (HARTZ 1996, S. 32). Das Unternehmen - und damit zwangsläufig auch seine Mitarbeiter - passt sich wie ein „lebendes und atmendes Wesen" an die Bedürfnisse des Marktes und die Wünsche der Kunden an. Personal- und arbeitszeitpolitischer Ausdruck dieses „Paradigmenwechsels" war ein Arbeitszeitvertrag, der in der ersten Phase an die Stelle des etablierten Schichtsystems zunächst rund 140 verschiedene Arbeitszeitvarianten setzte (vgl. SEIFERT/TRINCZEK 2000, S. 107). „Atmen durch Zeit heißt maximale Gleitzeit am Tag, 28,8 bis 38,8 Stunden Atmungsspielraum pro Woche mit Flexibilitätskaskade, Leistungsbeitrag zur Beschäftigungssicherung, Zeitsouveränität und das Zeitwertpapier ‚Beschäftigungsscheck' auch für den Mehrjahresausgleich" (HARTZ 1996, S. 295). Dass diese Veränderung des „Zeitgebers Betrieb" (vgl. HILDEBRAND/REINECKE/RINDERSPACHER/VOß 2000, S. 11) erhebliche lebensweltliche Folgen nach sich ziehen musste, wird in Kapitel 8 ausführlicher thematisiert, in dem es um die Folgen der flexiblen Arbeitsgesellschaft für die Subjekte geht.

> Ein weiteres Beispiel für die Umgestaltung der Arbeitszeitordnungen ist eine veränderte Zeitkontrolle. Die Kontrolle der Arbeitszeit gehörte zu den zentralen Paradigmen des Fordismus, ihr symbolischer und praktischer Ausdruck sind die seit etwa 1910 eingeführten Stechuhren (vgl. RUPPERT 1983, S. 58), die die Anwesenheit des Beschäftigten am Arbeitsplatz dokumentieren und kontrollieren. Anfang 1999 wurden die Stechuhren bei IBM Deutschland abgeschafft mit der Begründung, es käme nicht auf Anwesenheit, sondern auf Resultate an. „‚Deswegen legen wir keinen Wert mehr auf Ort und Zeit der Arbeit. Wir geben dem Mitarbeiter mehr Selbstverantwortung. Wir ersetzen Kontrolle durch Vertrauen!' Wilfried Glißmann, Betriebsratsvorsitzender bei IBM in Düsseldorf ist ein ruhiger Mensch. Aber wenn er das Wort Vertrauen nur

29 Vgl. zu weiteren Beispielen wie BMW, Signal, Bosch u.a. WILLKE (1998, S. 100 ff).

hört! ‚Die vertrauen nicht der Belegschaft, sondern dem Druck, den sie durch ihre neuen Managementtechniken erzeugen.' Und die funktionieren offenbar so gut, dass die Beschäftigten ihre Arbeit ganz von selbst verlängern. Der Trick dabei sei die ‚indirekte Steuerung' sagen die Betriebsräte. Kein Chef gibt den Angestellten vor, welche Kunden sie auf welche Weise werben oder wie viele Serviceverträge sie pro Tag anfertigen sollen. Vorgegeben wird den Teams aber eine Gewinnquote. Wird die nicht erreicht, drohen Abmahnung, Geldentzug, Deinvestition, schließlich Stilllegung. Auf diese Weise wird jeder Mitarbeiter direkt dem Marktdruck ausgesetzt" (HOLCH 2000, S. 242). Die Stechuhr, einst das Symbol für unternehmerische Kontrolle und Unterdrückung, offenbart erst im Zuge ihrer Abdankung ihren Schutzcharakter: Sie kontrollierte nicht nur, ob die Arbeitenden ihren vertraglichen Zeitverpflichtungen nachkam, sie „schützte vor Überbeanspruchung. Man konnte nachweisen, dass man genug getan hat. Wer aber hindert die IBM-Angestellten daran, nach acht Stunden den Krempel einfach liegen zu lassen" (ebd., S. 245)?

Die Waagenfabrik Mettler-Toledo in Albstadt (Baden-Württemberg) wurde Anfang der 90er Jahre als „Fabrik der Zukunft" bezeichnet und ist ein gutes Beispiel für die Verzahnung von technologischen und arbeitsorganisatorischen Innovationen. „Nach der Übernahme des Familienunternehmens durch die Schweizer Mettler-Toledo-Gruppe wurde die Belegschaft von über 600 auf ca. 300 Mitarbeiter verkleinert. Das Management führte eine radikal-innovative Form der Arbeitszeitflexibilisierung ein, bei der die Mitarbeiter ihre tägliche Arbeitszeit weitgehend frei einteilen und ihre Salden über ein Gleitzeitkonto ausgleichen können. Um die Produktion auf Lager zu vermeiden, wurde das System der ‚absatzgesteuerten Produktion' eingeführt, bei dem - just in time - nur das produziert wird, was von den Kunden fest bestellt ist. Entsprechend schwankt die tatsächliche Arbeitszeit der Mitarbeiter stark mit dem Auftragseingang: In einem Monat kann die Regelarbeitszeit um bis zu 72 Stunden über- oder unterschritten werden. Aber auch die klassische Arbeitsteilung wurde weitgehend aufgehoben: Ziel der von Management und Betriebsräten gemeinsam getragenen Umstrukturierung ist, dass jeder Monteur an jedem Arbeitsplatz einsetzbar ist. Im Zuge der Rationalisierung und Flexibilisierung ist die Beschäftigung von 300 weiter auf 200 Mitarbeiter verringert, der Umsatz von 40 auf 100 Millionen DM erhöht worden" (WILLKE 1998, S. 139).

Flexible Arbeitsgesellschaft meint nicht „nur" Massenarbeitslosigkeit oder das mehr oder minder schleichende Ende des Normalarbeitsverhältnisses. Externe Flexibilisierung der Zugänge zu (dauerhafter) Erwerbsarbeit in Form von Arbeitslosigkeit und atypischen Beschäftigungsverhältnissen, wie auch eine Verflüssigung der Erwerbsarbeit selbst durch die Flexibilisierung von internen Arbeitszeitordnungen (Gleitzeit, Arbeitszeitkonten, Vertrauensarbeitszeit etc.) und neuen Management- und Kontrollphilosophien verändern die soziale Gestalt der Arbeit grundlegend. Allerdings mutieren zwei der Grundfesten der fordistischen Arbeitsgesellschaft - das Normalarbeitsverhältnis als Leitbild und Vollbeschäftigung als Zielkoordinate - im Zuge der sukzessiven „Auflösung von Arbeitszeit, Arbeitsort und Arbeitsvertrag" (BECK 1999, S. 87) zu historischen Größen, die im Denken eher haften, als dass sie Gegenwart und Zukunft der Arbeitswelt prägen. Nach Beck (ebd., S. 86) fiel der Anteil der Normalarbeitsverhältnisse in Deutschland von 80% im Jahr 1980 auf 68% im Jahr 1995. Nach etwas genaueren Berechnungen des INSTITUTS FÜR ARBEITSMARKT UND BERUFSFORSCHUNG (HOFFMANN/WALWEI 1998, S. 1) liegt der den Anteil der Normalarbeitsverhältnisse für 1995 bei 56%. Damit ist das Normalarbeitsverhältnis in Deutschland - im Gegensatz zu anderen Ländern, die den Weg der Liberalisierung konsequenter beschritten haben - zwar immer noch die häufigste Form der Erwerbstätigkeit, gleichwohl nimmt ihre Menge und Bedeutung ab.[30]

GERD MUTZ u.a. (1995, S. 151 f.) haben in ihrer Studie zu veränderten Erwerbsverläufen unter den Bedingungen der flexiblen Arbeitsgesellschaft schon Mitte der 90er Jahre festgestellt, dass es Abschied zu nehmen gilt von den durch Stabilität gekennzeichneten beruflichen Lebensentwürfen der fordistischen Ära. „Registrierte Arbeitslosigkeit ist zu einem Bestandteil von normalen Erwerbsverläufen geworden, und die Ergebnisse der getrennten Analyse von älteren und jüngeren Erwerbspersonen - lange und kurze Erwerbsverläufe - sprechen für die These, dass frühere Erwerbsverläufe kontinuierlicher waren und eher dem Bild von Normalarbeitsverhältnissen entsprechen. Umgekehrt formuliert sehen wir bereits bei den kurzen Erwerbsverläufen einen Trend zur Institutionalisierung von Diskontinuität - die ansonsten aber durchaus stabil sein können, sofern die Unterbrechung nicht allzu lange andauert. Der ‚Traum immer währender Kontinuität' ... scheint den nun endgültig vergangenen Prosperitätsphasen anzugehören." MUTZ u.a. halten dies allerdings nicht für ein Problem mangelnden Wachstums o. Ä., sondern für ein neues Prinzip der Arbeitsmärkte unter den Bedingungen von Flexibilisierung und Deregulierung. „Arbeitsmärkte sind nicht ‚eigentlich' im Gleichgewicht, Erwerbsverläufe sind dementsprechend nicht ‚eigentlich' kontinuierlich und ebenso wenig verlaufen Erwerbsbiographien selbstverständlicherweise stabil. Vielmehr ist unsere These, dass sich Arbeitsmärkte in einem permanenten Ungleichgewicht befinden" (ebd., S. 295 f.).

30 In Berlin hat sich der Rückgang des Normalarbeitsverhältnisses nach Studien des Wissenschaftszentrums Berlin (vgl. WZB-Mitteilungen 88/2000, S. 5) noch dramatischer vollzogen. „Hier ging innerhalb von nur sieben Jahren die Erwerbsquote im Normalarbeitsverhältnis von fast 45 auf 32,3 Prozent zurück. Das heißt, nicht einmal mehr jede dritte Person im erwerbsfähigen Alter war 1998 in Berlin noch im Rahmen eines Normalarbeitsverhältnisses tätig."

Auch wenn sich die Folgen der flexiblen Umgestaltung von Arbeitsmarkt und Beschäftigungsverhältnissen in Deutschland nicht so gravierend niederschlagen, ist der verdichteten Einschätzung der Deregulierungspolitik PIERRE BOURDIEUs (1998 b, S. 112) zu folgen, der die spezifischen Charakteristika postfordistischer Modernisierung wie folgt zusammenfasst: „Und so schwingt sich die unumschränkte Herrschaft der Flexibilität empor, eine der befristeten Arbeitsverhältnisse, der Leiharbeit, der ‚Sozialpläne', trägt den Wettbewerb in die Unternehmen selbst, zwischen unabhängige Zweigstellen, Arbeitsgruppen, zuletzt eines Jeden gegen den anderen, den die Individualisierung der Beschäftigungsverhältnisse mit sich bringt: individuelle Zielvorgaben, individuelle Bewertungsverfahren, individuelle Lohnerhöhungen oder Leistungszuschläge, individuelle Beförderungen; Strategien der ‚Delegation von Verantwortung', die die Selbstausbeutung der Angestellten gewährleisten sollen, Beschäftigte, die zwar wie einfache Lohnempfänger in einem streng hierarchischen Abhängigkeitsverhältnis stehen, gleichzeitig aber für ihre Verkaufszahlen, ihre Außenstelle, ihr Geschäft verantwortlich gemacht werden wie ‚Selbständige'."

Im Zuge ihrer Modernisierung entledigt sich die kapitalistische Arbeitsgesellschaft immer mehr jener Bremsen, die der geregelte Industriekapitalismus fordistischer Prägung dem Markt in Form von Schutz- und Sicherheitsrechten verordnet hat. Damit ist die Arbeit nicht am Ende, aber sie legt sich ein neues Gewand zu. Die Arbeitsgesellschaft geht über von ihrem geregelten, fordistischen in ihr flexibles Stadium.

„Übergangsunsicherheit" oder „Unsicherheit als Prinzip"? - Anmerkungen zur „Zukunft der Arbeitsgesellschaft"

Im Laufe der bisherigen Argumentation wurde versucht, eine sozialhistorisch, sozialpsychologisch, soziologisch und ökonomisch plausible Skizze der Entwicklung der Arbeitsgesellschaft im Übergang von der Ersten zur Zweiten Moderne zu entwickeln, die im Begriff der „flexiblen Arbeitsgesellschaft" verdichtet wurde. In der gegenwartsanalytischen Diskussion ist allerdings umstritten, ob wir es bereits mit einem neuen „Gleichgewichtszustand" zu tun haben, oder uns noch in einem Übergangsstadium befinden. Eine Beantwortung dieser Frage ist aus der Perspektive des Zeitgenossen schwerlich möglich, gleichwohl ist es notwendig im Folgenden kurz auf einige prominente Argumente einzugehen, da die Einschätzung der Frage nach Übergang oder „neuem Gleichgewicht" höchst folgenreich ist. BOURDIEU (1998 b, S. 100) wie BECK jedenfalls begreifen die Zunahme an Unsicherheit nicht als Übergangsphänomen, sondern als Prinzip der Zweiten Moderne. „Vom Risikoregime zu sprechen bedeutet nicht ein Übergangsphänomen im Auge zu haben. Gemeint ist das absehbare und begrifflich klar bestimmte Unschärfe-Prinzip, welches das Bild von Arbeit, Gesellschaft und Politik in der Zweiten Moderne prägt" (BECK 1999, S. 73). Auch für ROBERT CASTEL (2000, S. 350) sind „Arbeitslosigkeit und das Prekärwerden der Beschäftigung in der gegenwärtigen Modernisierungsdynamik fest verankert."

In der an statistischen Scharmützeln nicht gerade armen Auseinandersetzung um die Zukunft der Arbeit, wird die Übergangsthese in vielen Varianten vorgetragen, von denen zwei der prominentesten hier kurz beleuchtet werden sollen:[31]

a. Die in den letzten Jahren beobachtbaren Verwerfungen sind Anpassungsphänomene im Übergang von der Industrie- zur Dienstleistungsgesellschaft.

b. Arbeitslosigkeit und ökonomische Schwäche sind Ausdruck einer noch nicht genügend vollzogenen „Befreiung des Marktes" von den Zwängen der geregelten Arbeitsgesellschaft.

Zu (a): Die These vom sektoralen Wandel ist traditionsreich und begleitet den Diskurs um die Modernisierung der Industriegesellschaft spätestens seit FOURASTIE (1954) und BELL (1985). Tatsächlich ist der Übergang von der Industrie- zur Dienstleistungsgesellschaft, betrachtet man die „langen Wellen", quantitativ längst vollzogen (vgl. Tabelle 4).

Auch prognostisch setzt sich dieser Trend fort. SCHNURR (1999, S. 3) geht davon aus, dass sich der primäre Sektor von 2,9% im Jahr 1995 auf 1,8% im Jahr 2010 verkleinert, der sekundäre Sektor von 35,5% auf 29,4% schrumpft, der tertiäre Sektor hingegen seinen Anteil an der Gesamtbeschäftigung von 61,5 auf 68,7% erhöht. Genauere Prognosen zur Entwick-

31 Eine dritte, gerade im letzten Jahr vertretene Variante der Übergangsthese geht davon aus, dass sich eine „Normalisierung" (implizit zumeist im Sinne einer Rückkehr zur Vollbeschäftigung) auf dem Arbeitsmarkt im Gefolge des demographischen Wandels vollziehen wird. Bevölkerungsstatistische Prognosen zeigen, dass sich in den nächsten Jahren eine dramatische Umschichtung der Alters- und Bevölkerungsstruktur vollziehen wird. Der Wandel manifestiert sich u.a. in einem Rückgang der Bevölkerung im erwerbsfähigen Alter. So sinkt die Zahl der 20 bis 60jährigen von rund 46 Millionen im Jahr 2000 über 44,6 Millionen im Jahr 2020 auf nur noch 36,1 Millionen im Jahr 2040 ebenso wie der Anteil der Altersbevölkerung unter 20 Jahren von 17,6 Millionen (2000) auf 11,4 Millionen (2040). Einzig die Gruppe der über 60jährigen steigt den Prognosen zu folge von 18,8% im Jahr 2000 auf 26,3% im Jahr 2040 (vgl. BÄCKER u.a. 2000, S. 109; KAUFMANN 1997, S. 71). Der Entwarnungsschrei, der Mitte 2000 durch die Presse ging und dem Lamento über die stagnierende Massenarbeitslosigkeit direkt die Klage über einen anstehenden Facharbeitermangel folgen ließ, scheint allerdings etwas verfrüht. Das IAB (FUCHS/SCHNUR/ZIKA 2000, S. 1) hält die mittelfristige Entwicklung des Erwerbspersonenpotentials für sehr unsicher. „In Abhängigkeit von den Zuwanderungen kann es ab- aber durchaus auch zunehmen. Erst nach 2015 wird das Arbeitskräfteangebot rapide zurückgehen." (Vgl. auch VOBRUBA 2000, S. 137). Insbesondere eine mögliche Zuwanderung im Zuge der Ost-Erweiterung der EU ist bislang prognostisch kaum erfassbar.

lung des Dienstleistungssektors (vgl. DOSTAL/ REINBERG 1999) sagen voraus, dass der größte Teil dieses Anstiegs auf die so genannten sekundären Dienstleistungen entfallen (Forschen, Entwickeln, Organisation, Management, Betreuen, Beraten, Lehren, Publizieren). Besonders hohe Beschäftigungszuwächse wären demnach im Segment „Betreuen, Beraten, Lehren, Publizieren u. Ä." zu erwarten, der im genannten Zeitraum von 14,6% auf 17,7% ansteigen soll.

Tabelle 4: Beschäftigte nach Sektoren (1870 - 1997) (in %)

	1870	1913	1950	1970	1990	1997
PRIMÄRER SEKTOR (Land- u. Forstwirtschaft, Fischerei)	49,5	34,6	22,2	8,5	3,5	2,7
SEKUNDÄRER SEKTOR (Bergbau und verarbeit. Gewerbe)	28,7	41,4	43,0	48,9	39,7	34,0
TERTIÄRER SEKTOR (Dienstleistungen)	21,8	24,3	34,8	42,6	56,8	63,2
Quelle: SENATSVERWALTUNG FÜR ARBEIT, BERUFLICHE BILDUNG UND FRAUEN BERLIN (1998, S. 6); BÄCKER u.a. (2000, S. 257)						

In Bezug auf die Entwicklung des bundesrepublikanischen Arbeitsmarktes wird nun ein Entwicklungsrückstand gegenüber anderen Ländern, insbesondere den USA konstatiert, dessen Kompensation zu einer Gesundung des Arbeitsmarktes führen würde.[32] Grundsätzlich muss demnach das Gebäude der Arbeitsgesellschaft nicht einem wie auch immer gearteten Neubau weichen, sondern es gilt vielmehr durch gezielte Beschäftigungsanreize (Effizienzsteigerung der Dienstleistungsarbeit, Begrenzung der Lohnhöhe etc.) den Umstrukturierungsprozess zu befördern.

Gegen eine solche Kompensationsthese sprechen allerdings einige Argumente. Zum einen weist die Bundesrepublik Deutschland keineswegs so gravierende Rückstände auf, wie behauptet und die häufig konstatierte Lücke ist in erster Linie, so GERD MUTZ (1999, S. 203 f.) ein Artefakt unterschiedlicher statistischer Erfassungsverfahren. GERHARD WILLKE (1998, S. 59 f.) zeigt auf, dass sich die beträchtliche Dienstleistungslücke, die sich bei einer sektoral gegliederten Erfassung zwischen den USA (72%) und Deutschland (59%) 1993 auftut, sich auflöst, wenn man die Anteile nach den Tätigkeitsstrukturen der Beschäftigten berechnet. In diesem Fall ergibt sich schon 1993 ein mehr als ausgeglichenes Verhältnis von 72% Dienstleistungen in den USA und 73% Dienstleistungen in Deutschland. Nach MUTZ (1999, S. 203) zumindest „zeigen alle seriösen Berechnungen, dass

32 Ein Vertreter dieser These ist beispielsweise JÜRGEN RÜTTGERS (1998, S. 55): „Wir müssen alle begreifen: Neue Jobs entstehen nicht da, wo die alten verlorengingen. Der Dienstleistungssektor ist der zentrale Bereich zur Lösung unserer Beschäftigungsprobleme."

in den USA tatsächlich gar nicht mehr Dienstleistungen erbracht werden" (ebd., S. 203).[33]

Zum anderen wird übersehen, dass Studien schon Mitte der 80er Jahre gezeigt haben, dass Dienstleistungen, insbesondere produktionsbezogene Dienstleistungen, keineswegs rationalisierungsresistent sind und auch hier die Effektivierung der Beschäftigung voranschreitet (vgl. BAETHGE/OBERBECK 1985). Die Hoffnung auf den Dienstleistungssektor als Jobmaschine auf dem Weg zur Vollbeschäftigung dürfte sich vor diesem Hintergrund als trügerisch erweisen.

EDWARD LUTTWAK (1999, S.142 ff.) hat sich kritisch mit einer spezifischen Variante dieser Kompensationsthese befasst, nämlich der Annahme, dass die Beschäftigungsverluste im produzierenden Sektor durch die expandierende „New Economy" aufgefangen würden. Dem widerspricht, so LUTTWAK, schon die Tatsache, dass die Unternehmen der „New Economy" im Vergleich zu ihren Börsenwert verschwindend geringe Beschäftigungszahlen aufweisen. So beschäftigten Microsoft und Intel, zwei der wohl erfolgreichsten Unternehmen dieser Branche, 1995 insgesamt 48.100 Menschen, General Motors hingegen 721.000. „Tatsächlich waren bei allen oben genannten Neuen Titanen zusammen, bei Apple, Novell, Cisco, Oracle, Bay Net, Sun Microsystems, Sybase, Adobe Systems, Amgen, Cirrus, Informix, Intuit, Cordis, America Online (AOL), Autodesk, MBC Soft, Picturetel und Peoplesoft sowie Intel und Microsoft insgesamt 128.420 Mitarbeiter angestellt, also nicht einmal 20 Prozent der Beschäftigtenzahl, die General Motors allein vorweisen kann" (ebd,. S. 143). In der Tat spricht auch das Verhältnis von Börsenwert,

33 Die KOMMISSION FÜR ZUKUNFTSFRAGEN DER FREISTAATEN BAYERN UND SACHSEN (1997 b) sieht Ende der neunziger Jahre prozentual ebenfalls keinen gravierenden Unterschied mehr zwischen dem Anteil der Dienstleistungstätigkeiten in den USA mit 76% und in Deutschland mit 74%. Aufgrund eines insgesamt höheren Beschäftigungsanteils der amerikanischen Bevölkerung berechnen die Verfasser des Berichts allerdings eine Dienstleistungslücke von rechnerisch drei Millionen Erwerbstätigen, die vor allem in den einfachen personenbezogenenen Diensten lokalisiert werden. Nur am Rande erwähnt sei, dass die arbeitsmarktpolitische Rechnung der Zukunftskommission nur dann aufgehen würde, wenn die Anzahl der Stellen im Sektor einfacher personenbezogener Dienstleistungen sich dem amerikanischen Niveau anpassen würde, nicht aber die Erwerbsquote, da dann der Effekt letztlich ein Nullsummenspiel von gleichzeitiger Erhöhung von Angebot und Nachfrage wäre. Angesichts der auch von der Kommission angemahnten Qualität der fehlenden Stellen, wäre es auch im öffentlichen Diskurs eindeutiger, nicht von einer Dienstleistungs-, sondern von einer Dienstbotenlücke zu sprechen. Wie man sich Alltag und Wirklichkeit dieser Dienstbotengesellschaft vorzustellen hat, ist bei BARBARA EHRENREICH (2001) nachzulesen, die ähnlich wie Günther Wallraff in der Bundesrepublik der 70er Jahren einen „under cover" Ausflug in die Niederungen des Arbeitsmarktes unternimmt. Interessant an dieser Studie ist darüber hinaus, dass sie sich nicht nur der Arbeitswelt von Restaurantbedienungen und Verkäuferinnen bei Walmart widmet, sondern auch den Reproduktionsstrategien, sprich den Überlebenstechniken der Betroffenen unter materiell außerordentlich beschränkten Bedingungen.

Umsatzzahlen und Beschäftigten nicht für mögliche Kompensationseffekte. So verfügte der Branchenführer Yahoo über einen Marktkapitalisierungswert von 155,8 Milliarden DM bei einem Umsatz von 1,2 Milliarden DM und 2300 Beschäftigten. Daimler-Chrysler, dessen Marktkapitalisierung bei gerade einmal 111,5 Milliarden DM lag, beschäftigte derweil 467.900 Arbeitende und erzielte einen Umsatz in Höhe von 293,3 Milliarden DM. Der Karstadt/Quelle Kaufhauskonzern beschäftigte 116.500 Menschen und erzielte einen Umsatz von 32,4 Milliarden DM. Er übertraf damit seinen Internet-"Konkurrenten", das virtuelle Kaufhaus amazon.com beträchtlich, das Mitte 2000 gerade einmal über 1.200 Beschäftigte bei einem Umsatz von 0,4 Milliarden DM verfügte. Hinsichtlich des Börsenwertes hingegen konnte amazon.com seinen nicht-virtuellen Konkurrenten um Längen überholen. Karstadt/Quelle verfügten über ein Marktkapital von 7,3 Milliarden DM, amazon.com immerhin über 27,5 Milliarden DM (vgl. JUNG 2000, S. 57).

Nach LUTTWAK (1999, S. 147) gibt es zwei Gründe, warum ein entlassener Arbeiter von General Motors nicht bei Microsoft unterkommt: Erstens verfügt er nicht über die Qualifikation. „Zweitens wird man von Microsoft auch dann nicht eingestellt, wenn man eine gute Ausbildung hat. Die Herstellung und der Versand von Softwarepaketen, die von wenigen Tausend Mitarbeitern und ihren Assistenten entworfen und geschrieben wurden, ist nun einmal nicht sehr arbeitsintensiv."[34]

Zu (b): Die zweite, häufig anzutreffende These, die man als „Übergangsthese" bezeichnen könnte, ist hinlänglich bekannt und zielt im Kern darauf ab, dass der Prozess der Deregulierung und Freisetzung der Marktkräfte noch nicht weit genug vorangeschritten ist. In weiten Teilen, insbesondere des politischen und ökonomischen Diskurses, wird die Debatte um die Modernisierung der Arbeitsgesellschaft in diesem Sinne durch die Wiederholung der immer gleichen Argumente bestimmt: In Deutschland ist Arbeit zu teuer, sind die Lohnnebenkosten zu hoch, um für die Unternehmen noch interessante Gewinnmargen zu garantieren und Investitionen lohnend erscheinen zu lassen.[35] Folglich werden Produktion und Kapitalströme dorthin um-

---

34 Überdies zeigt die Wirtschaftsentwicklung des Jahres 2000, dass auch der Wachstumstrend der New Economy Grenzen gesetzt sind. So entlässt Cisco, eine der Vorzeigefirmen der New Economy nach der Börsentalfahrt Anfang 2001 5.000 Mitarbeiter. Der Nasdaq als Börsenwert der High-Tech-Branche sank seit dem Höchststand zu Beginn 2000 um 60%, ehemalige Börsenlieblinge wie Yahoo büßten gar 90% ihres Marktwertes ein. Vgl. PINZLER/TENBRUCK (2001, S. 25).

35 Beispielhaft sei hier etwa NIKOLAUS PIPER (1999, S. 1) in seinem Titelkommentar in der Wochenzeitschrift DIE ZEIT zum Bündnis für Arbeit angeführt, der den Protagonisten zwei einfache Wahrheiten mit auf den Weg gibt: „Erstens muss jede Beschäftigung konjunkturgerecht sein. Dies bedeutet, alles zu tun, um Zinssenkungen in Europa zu erleichtern - durch Disziplin in der Lohnpolitik und in den Reden der Politiker. Zweitens ist unstrittig, dass der Preis der Arbeit zu hoch ist. Dabei geht es um die Bruttolöhne, den eigentlichen Gegenstand der Tarifverhandlungen. Es geht aber

geleitet, wo „bessere", d.h. „freiere" Wettbewerbsbedingungen herrschen, die höhere Kapitalrenditen versprechen. Unterfüttert wird diese Argumentation zumeist mit Hinweisen auf diverse Jobwunder in Ländern, die sich den Bedingungen des Marktes stärker geöffnet haben, wie vor allem die USA, Großbritannien, Neuseeland, die Niederlande usw.

Dass sich die vermeintliche Brisanz vieler Argumente schon nach einem Blick in die öffentlichen Statistiken auflöst, ist mittlerweile hinlänglich belegt und oftmals nachgewiesen, weshalb wir uns hier auf drei Hinweise beschränken:

(1) Die Beschwörung des Wirtschaftswachstums als Formel zur Wiederherstellung der Vollbeschäftigung verliert angesichts des Umstandes an Gewicht, dass Wirtschaftswachstum und Beschäftigungsentwicklung sich zunehmend entkoppeln. Nach Angaben von BOXBERGER/KLIMENTA (1998, S. 79) bedürfte es eines Wirtschaftswachstums von etwa 3% um allein mit dem Rationalisierungstempo Schritt halten zu können und weiteren Beschäftigungsabbau zu verhindern. „Selbst ein Boom mit unrealistisch hohen Wachstumsraten von 4,5% über zehn Jahre hinweg würde nur 3,4 Millionen neue Beschäftigungsverhältnisse schaffen. Bei acht Millionen fehlenden Arbeitsplätzen reicht dieser an sich schon utopische Wachstumstraum aber nicht zur Beseitigung der Arbeitslosigkeit aus und ist ökologisch ohnehin unvertretbar. Offensichtlich ist Wirtschaftswachstum kein Modell zur Lösung der Massenarbeitslosigkeit mehr". Dies zeigt sich auch in den Entwicklungsdaten der größten bundesrepublikanischen Unternehmen, die zeigen, dass die Beschäftigungszuwächse deutlich unter den Quoten der Umsatzzuwächse blieben, d.h. dass die Unternehmen in der Lage waren, immer größere Umsätze mit proportional gesehen immer weniger Personal zu er- und bewirtschaften (vgl. Tabelle 5).

Überdies übersieht die auf Wirtschaftswachstum als Rezept zur Wiedererlangung von Vollbeschäftigung setzende Strategie, dass unter der Maxime erhöhter Marktkonkurrenz die Erträge des Wirtschaftswachstums selbst wieder zum Motor eines beschleunigten Strukturwandels werden. „Jedem leuchtet ... die schlichte Erkenntnis ein, dass der Kapitalismus zwangsläufig für ein Wirtschaftswachstum sorgt, indem er durch den freien Wettbewerb unrentable Strukturen und Methoden beseitigt, wodurch Platz für effizientere Strukturen und Verfahren geschaffen wird. (...) Der Turbo-Kapitalismus unterscheidet sich vom traditionellen Kapitalismus nur graduell, und zwar durch die höhere Geschwindigkeit des Strukturwandels, der von der wirtschaftlichen Wachstumsrate abgekoppelt ist. Der Strukturwandel mit seinen personellen und sozialen Umwälzungen vollzieht sich mittlerweile selbst

noch mehr um das, was nach Steuern und Sozialabgaben am Ende netto auf den Gehaltszetteln bleibt. Für die Senkung der Steuer- und Abgabenlast sind Staat und Tarifparteien gemeinsam verantwortlich."

bei einem Nullwachstum in rasantem Tempo und gewinnt bei steigender Konjunktur noch an Geschwindigkeit“ (LUTTWAK 1999, S. 80).[36]

Tabelle 5: Entwicklung von Umsatz und Beschäftigtenzahlen acht deutscher Großunternehmen* (1991 - 1998)

	Umsatz (in Mill. DM)		Beschäftigte (in 1000)	
Unternehmen	1991	1998	1991	1998
Daimler-Benz/ Daimler Chrysler	95.010	257.744	379,2	441,5
VW	76.315	123.234	260,1	297,9
Siemens	73.008	117.696	402,0	416,0
Veba AG	59.505	76.365	114,5	116,8
BMW	29.839	63.134	74,4	119,9
RWE AG	49.891	61.348	102,2	145,5
Metro	46.272	91.704	o.A.	181,3
Rewe	41.400	63.680	150,0	162,0

* Bei der Auswahl wurden die nach Angaben des Instituts der deutschen Wirtschaft sechs größten Industrieunternehmen sowie die zwei größten Handelsketten des Jahres 1998 berücksichtigt.
Quelle: INSTITUT DER DEUTSCHEN WIRTSCHAFT KÖLN (1993, 2000).

(2) Die Entwicklung der Löhne und der Lohnnebenkosten allein sind keine hinreichenden Indikatoren, um die Wettbewerbsfähigkeit der (nationalen) Arbeit im internationalen Vergleich zu ermitteln, da sie die Relation zur tatsächlichen Produktivität der Arbeit außer Acht lässt. Vereinfacht gesprochen: Wenn ein Arbeiter 100 DM verdient, aber „nur“ Produkte im Wert von 110 DM erarbeitet, ist es ökonomisch sinnvoller auf einen Arbeiter zu setzen, der 1000 DM verdient und dafür Werte in Höhe von 2000 DM erwirtschaftet. Als Vergleichsindikator eignen sich deshalb eher die Lohnstückkosten. Deren Anstieg fiel nach BOXBERGER/KLIMENTA (1998, S. 90) im internationalen Vergleich zwischen 1980 und 1997 in Deutschland und Frankreich am geringsten aus, wohingegen die USA und Großbritannien deutlich schlechter abschnitten. „Deutschland ist in den letzten 15 Jahren immer konkurrenzfähiger geworden.“ Folgt man internationalen Vergleichszahlen (vgl. BUNDESMINISTERIUM FÜR ARBEIT UND SOZIALORDNUNG 2000 b), so hat sich diese Entwicklung auch in der zweiten Hälfte der 90er Jahre fortgesetzt. Gemessen am Ausgangsjahr 1960 liegen die Lohnstückkosten heute in allen Industrienationen deutlich unter dem damaligen Niveau. Während für Deutschland im Jahr 2001 ein Wert von 90,9% im Vergleich zum Ausgangsjahr 1960 angenommen wird, liegen die USA mit 96,2% und Großbritannien mit 98,5% zwar auch unter ihrem damaligen Werten, gleichwohl ist die Produktivität und Effektivität der Arbeit in

36 VIVIANNE FORRESTER (2001, S. 10) hat die argumentative Paradoxie auf den Punkt gebracht: „Die Beschäftigung ist abhängig vom Wachstum, das Wachstum von der Wettbewerbsfähigkeit; die Wettbewerbsfähigkeit vom Umfang, in dem Arbeitsplätze gestrichen werden können. Das läuft auf die Aussage hinaus: Im Kampfe gegen die Arbeitslosigkeit gibt es kein besseres Mittel als Entlassungen!“

Deutschland erheblich schneller angestiegen als in den neoliberalen Musterländern.

(3) Als Beispiel an vorderster Stelle wird häufig auf die US-amerikanische Arbeitsmarktentwicklung als Gegenbeleg zur These vom Ende der Arbeitsgesellschaft bemüht. „Das ‚Jobwunder USA' ist also ein klares Gegenbeispiel zur These, dass uns die Arbeit ausgeht" (BÖRSCH-SUPAN 2000, S. 110). Allerdings wird in der Fachdiskussion auch vermehrt darauf hingewiesen, dass das US-amerikanische Modell einige „Kratzer" aufweist. Zum einen ist bekannt, dass ein Vergleich der offiziellen Arbeitslosenstatistiken, die für die USA 1999 einen Wert von 4,2% belegt, für die Bundesrepublik zum gleichen Zeitpunkt einen mehr als doppelt so hohen Wert von 9,1%, kein realistisches Bild der ökonomischen Situation zeichnet. LESTER THUROW (1996, S. 243) bezeichnet die amerikanische Arbeitslosenquote als „Spitze eines Eisbergs", die gezielt klein gehalten wird (vgl. auch BOXBERGER/KLIMENTA 1998, S. 132). Nach seinen Berechnungen lag die Arbeitslosenquote in den USA bei Anwendung gängiger statistischer Erfassungsverfahren 1995 bei 14% gegenüber einem offiziellen Wert von 4,7%. GERD MUTZ (1999, S. 202) resümiert: „Das Job-Wunder in den USA entpuppt sich bei genauerem Hinsehen mehr als Folge der verschlungenen Wege von statistischen Erfassungsmethoden denn als tatsächliche Veränderung des Arbeitsvolumens. Indem selbst Personen als Beschäftigte gezählt werden, die nur wenige Stunden in der Woche jobben, ist es gelungen, die Zahl der Arbeitslosen statistisch zu senken - auch wenn es keine einschneidenden Verbesserungen auf dem Arbeitsmarkt gegeben hat. (...) Ebenso wie in den frühindustrialisierten Ländern Europas ist auch in den USA das Volumen der Erwerbsarbeit in den letzten Dekaden relativ konstant geblieben. Allerdings gibt es eine größere Anzahl von Jobs. (...) Per Saldo wurden folglich mehr Jobs, aber nicht mehr Erwerbsarbeit geschaffen."

Ein zweiter Aspekt, der hinsichtlich der Entwicklung des amerikanischen Arbeitsmarktes bedacht werden muss, ist die Frage der Qualität der geschaffenen Beschäftigungsverhältnisse. REICH (1996, S. 227) zumindest hat in Bezug auf den amerikanischen Arbeitsmarkt der 80er und beginnenden 90er Jahre zwar dessen quantitatives Wachstum hervorgehoben, doch zugleich betont: „Auf lange Sicht kommt es auf die Qualität der Arbeitsplätze nicht auf deren Zahl an. In den 90er Jahren gibt es viele Jobs, die ihren Mann (oder ihre Frau) nicht mehr ernähren." Bis Mitte der 90er Jahre wurde das Beschäftigungswunder in den Vereinigten Staaten nicht von gut bezahlten High-Tech-Jobs getragen. „In Wahrheit sind ... die Zuwächse in diesem Bereich in Deutschland und in den USA identisch (+ 2,6%). Ein Beschäftigungszuwachs ergibt sich in den USA allein bei den ‚McJobs' mit Niedrigstlöhnen und ohne soziale Absicherung. Knapp 20% aller Amerikaner arbeiten für Löhne unterhalb der Armutsgrenze - die so genannten ‚working poor' machen ein Fünftel der arbeitenden Bevölkerung aus"

(BOXBERGER/KLIMENTA 1998, S. 132 f.).[37] HÄUßERMANN/SIEBEL (1995, S. 81 f.) weisen Mitte der 90er Jahre darauf hin, dass sich das Wachstum des amerikanischen Arbeitsmarktes vorwiegend im Sektor der konsumorientierten Dienstleistungen (einfach Dienstleistungen, Schnellgastronomie, Freizeitindustrie) abgespielt hat, die gekennzeichnet sind durch „niedrigere Löhne, wenig Regulierung der Arbeitsbestimmungen, geringe Gemeinkosten (z.B. für Lohnfortzahlung im Krankheitsfall oder Urlaub), eine niedrigere Produktivität und durch eine stärkere Nachfrage. (....) Ein großer Teil der neu geschaffenen Arbeitsplätze besteht also aus so genannten ‚bad jobs', d.h. solchen, die sehr niedrig bezahlt sind, ungewöhnliche Arbeitszeiten haben, niedrige Qualifikation erfordern und kurzfristig kündbar sind" (ebd., S. 82). HÄUßERMANN/SIEBEL (1995, S. 81 ff.) sprechen deshalb von den USA als Dienstbotengesellschaft. Entsprechende Anpassungsstrategien im Sinne einer Ausweitung einfacher, niedrig entlohnter Dienstleistungstätigkeiten finden vermehrt auch in der bundesrepublikanischen Diskussion ihre Befürworter.[38]

So setzt etwa die bayrisch-sächsische Zukunftskommission u.a. auf eine Vermehrung einfacher, personenbezogener Dienste. „Kennzeichnend für sie ist, dass sie in der Regel von gering qualifizierten Erwerbspersonen geleistet werden können und wenig Wissen und Kapital erfordern. Damit eignen sie sich zum einen vor allem für den Teil der Erwerbsbevölkerung, der von Arbeitslosigkeit weit überdurchschnittlich betroffen ist. Zum anderen werden sie nicht durch den zunehmenden Einsatz von Wissen und Kapital verdrängt. (...) Angesiedelt sind diese Dienste im Wesentlichen im häuslichen Bereich, wo vor allem Bedarf in der Alten- und Kinderbetreuung besteht, im Freizeitbereich sowie in Randbereichen der Hotelerie, Gastronomie und des Einzelhandels" (KOMMISSION FÜR ZUKUNFTSFRAGEN DER FREISTAATEN BAYERN UND SACHSEN 1997 b, S. 19).[39] Zur Durchsetzung einer solchen Strategie einfacher Dienstleistungen müssen allerdings „mentale Hürden" überwunden werden, weil sie in dem Ruf stehen, der historisch überwundenen feudalen Periode anzugehören. (vgl. ebd., S. 21). „Bislang ist sowohl das Ausüben als auch das Annehmen eines einfachen Dienstes sozio-kulturell problematisch: Po-

37 EDWARD LUTTWAK (1999, S. 120) betont: „Europäer beneiden die Amerikaner um ihr Angebot an offenen Stellen, doch die wenigsten beneiden die Amerikaner um deren Verdienst." Vgl. zu den sozialen und subjektiven Folgen der Flexibilisierung der Arbeit ausführlicher Kapitel 7 und 8.

38 Für Hinweise zur Thematik der einfachen, personenbezogenen Dienstleistungen danke ich Tim Rietzke.

39 Der Bericht der Kommission ist mit vielen Beispielen angereichert, die häufig dem Vorbild der „Dienstleistungsoase" USA entlehnt sind, wie z.B. Einkaufs- und Lieferdienste, Hundesitter oder Rikscha-Fahrer, deren Erprobung in Berlin allerdings auf wenig Gegenliebe stieß. „Die Rikschas werden bislang nur spärlich in Anspruch genommen, weil sich die Kunden genieren" (KOMMISSION FÜR ZUKUNFTSFRAGEN DER FREISTAATEN BAYERN UND SACHSEN 1997 b, S. 135).

tentielle Dienstleister sehen ihr Ansehen oder sogar ihre Würde beeinträchtigt, potentielle Nachfrager kommen sich anmaßend vor. Besonders problematisch sind einfache Dienste, wenn Anbieter und Nachfrager den Augen der Öffentlichkeit ausgesetzt sind. Schuhputzer zum Beispiel sind in Deutschland selten, obwohl manche den Schuhputz-Dienst als solchen durchaus schätzen und Anbieter damit durchaus ein ansprechendes Einkommen erzielen können" (ebd., S. 134). Auch im Hinblick auf die Lösung des „Niedriglohnproblems" verweist die Kommission neben Modellen wie dem Kombilohn (staatliche Zuschüsse zu Niedrigsteinkommen) auch auf das US-amerikanische Vorbild: „Wie das Beispiel der USA zeigt, kann durch die Senkung des Sozialhilfeniveaus der Beschäftigungsstand besonders im Niedriglohnbereich abermals erhöht werden. Erwerbsfähige werden geneigter, Arbeit auch zu noch niedrigeren Löhnen anzunehmen" (ebd., S. 22). Die Zukunft der Arbeitsgesellschaft liegt demnach „im Putzen, Wäschewaschen, Mahlzeiten zubereiten, häusliche Altenhilfe, aushilfsweisem Kellnern, Gepäcktragen, Helfen am Skilift oder jenem gemäß dem Vorbild USA vielbeschworenen, vielbeklagten ‚Schuhputzertum'„ (BECK 2000 a, S. 25).[40]

Insgesamt ist eine Skepsis gegenüber den etablierten Versionen der These von der „Übergangsgesellschaft" angebracht, die die gegenwärtig beobachtbaren Folgeprobleme der arbeitsgesellschaftlichen Modernisierung als Begleiterscheinungen der Suche nach einem neuen Gleichgewicht (in Arbeitsmarkt und Gesellschaft) unter dem Dach einer dann erneuerten Arbeitsgesellschaft kapitalistischer Bauart interpretieren. In gewisser Weise ist die Ausgangsfrage dieses Kapitels eine „Scheinfrage", den natürlich haben wir es in den letzten 30 Jahren, aktuell und zukünftig mit Übergangsphänomenen zu tun. UWE JENS HEUSER (2000, S. 72) unterscheidet zwei Quellen der Unsicherheit. „Einerseits die Phase des Übergangs, in der die alten Muster durch neue ersetzt werden - sie geht vorüber. Andererseits die neuen Regeln selbst. Was bleibt, ist die Veränderlichkeit der vernetzten Wirtschaft - ihr Drang, auf jede Änderung zu reagieren, die Werte schleunigst anzupassen, sich nicht festlegen zu müssen." Die Frage nach den Unsicherheiten des Übergangs ist - zugespitzt formuliert - müßig und überflüssig, wenn

---

40 MILTON FRIEDMANN (2000, S. 129) hat in dem schon zitierten Interview darauf insistiert, dass eine Gesundung des europäischen und insbesondere deutschen Arbeitsmarktes von mehr Flexibilität hinsichtlich Löhnen, Preisen und Freiheit der Unternehmen abhängt. Auf die Nachfrage, ob die Europäer wohl die „Hire-and-Fire-Mentalität" des amerikanischen Arbeitsmarktes tolerieren würden, betont FRIEDMAN: „Ich glaube, die Menschen werden sich allmählich daran gewöhnen. Falls nicht, dann müssen sie in Europa eben mit hoher Arbeitslosigkeit und niedrigerem Wachstum weiterleben." ROBERT CASTEL (2000, S. 389) bewertet die Ausbreitung einfacher Dienstleistungen kritischer. „Diese famosen ‚nachbarschaftlichen Dienstleistungen' laufen folglich Gefahr, zwischen einer paternalistischen Neo-Philanthropie und den postmodernen Formen der Ausbeutung von Arbeitskraft hin und her zu pendeln, mittels derer sich die Begüterten aus Steuerermäßigungen finanzierte ‚personenbezogene Dienstleistungen' gönnen."

Ökonomie und Gesellschaft auf die kreative Zerstörungskraft der Märkte setzen, die Gegenwart zum permanenten Übergang erklärt und Unsicherheit unter dem Banner der Flexibilität zum Prinzip erhoben wird.

Zumindest gibt es einige Gründe der Annahme zu misstrauen, die von der Leine gelassene kreative Zerstörungskraft des postfordistischen Dienstleistungskapitalismus führe zu einem neuen - auch sozialen Gleichgewicht. WOLFGANG BONß (2000) zumindest hält nach kritischer Durchsicht unterschiedlicher Trendszenarien eine Vollbeschäftigungsgesellschaft in Zukunft für ebenso unwahrscheinlich, wie eine sozial integrierte, gleichwohl hochindividualisierte Arbeitsgesellschaft, vielmehr spricht vieles für das negative Trendszenario einer sozial gespaltenen und zerklüfteten Gesellschaft mit ausgeprägten sozialen Verwerfungen.

7. Der flexible Sozialstaat. Zur Vermarktlichung des sozialstaatlichen Arrangements

„Es ist in der Tat erstaunlich, dass es linken Parteien leichter fällt, rechte Reformen durchzusetzen. Das ist nicht nur in Deutschland so, sondern innerhalb Europa oder in Neuseeland. (...) Die jetzigen Reformen in Deutschland entsprechen eigentlich perfekt den Ideen der Regierung Kohl. Und dennoch musste erst Gerhard Schröder kommen, um sie durchzusetzen." (MILTON FRIEDMANN 2000, S. 128)

An der Wiege des modernen Wohlfahrtsstaats stand ein Kalkül: Indem man den Arbeitenden ein Mindestmaß an Sicherheit, an kalkulierbaren Lebenswegen garantierte, sie an den Erträgen der gesellschaftlichen Reichtumsproduktion teilhaben ließ, und an die Stelle der Maxime „(Lohn-)Arbeite um zu leben" das „Lebensmodell der Erreichbarkeit" (BÖHNISCH 1994, S. 32; vgl. Kapitel 4) setzte, wurden die Bedingungen für eine neue Prosperitätsphase des Industriekapitalismus geschaffen, die auf Massenproduktion und Massenkonsum basierte. „Der Sozialstaat ist mit dieser wohlfahrtspolitischen Überformung der Arbeitsgesellschaft ‚elastischer' geworden. Das Organisationsmodell der Arbeitsgesellschaft wurde zwar im Prinzip beibehalten, jedoch seiner normativen Ausschließlichkeit entkleidet" (ebd., S. 32). Anders ausgedrückt: Der Kapitalismus ließ sich - mit EDUARD HEIMANN (1980) gesprochen - auf das systemfremde „Übel" des Sozialstaates ein, weil die Erhöhung von Produktion, Umsatz und Gewinn arbeitsfähiger und -williger Menschen und Käufer bedurfte. Das Kalkül beruhte deshalb in gewisser Weise darauf, dass der Kapitalismus die Menschen in doppelter Weise brauchte: Als Produzenten und Konsumenten.

Diese „Systemnotwendigkeit", die bildlich gesprochen den Kapitalismus die „Systemfremdheit" der wohlfahrtsstaatlichen Philosophie ertragen ließ, scheint sich heute zu verflüchtigen. Zumindest hinsichtlich ihrer Funktion als Produzenten haben sich, wie beschrieben Veränderungen vollzogen. Einerseits werden zwar immer mehr Menschen in den Arbeitsmarkt einbezogen und vermittelt über die neue Formen der Vertragsbindung, neuer Arbeitszeitordnungen u. Ä. einem verschärften Ökonomisierungsdruck ausgesetzt (vgl. auch Kapitel 8), gleichzeitig signalisieren die Bedingungen des flexiblen Arbeitsmarktes wie Massenarbeitslosigkeit, deregulierte Beschäftigungsverhältnisse, instabile Arbeitsbiographien, dass der konkrete Einzelne vor Ort nicht gebraucht wird, als Person austauschbar ist. Bedenkt man überdies den beschriebenen Trend zur Abnahme von Lohnarbeit (nicht von Beschäftigungsverhältnissen), so ist dem britischen Historiker ERIC HOBSBAWM (2000, S. 111) zu folgen, wenn er feststellt: „Das Neuartige an der Situation liegt darin, dass von allen Produktionsfaktoren menschliche Arbeitskräfte immer weniger benötigt werden. Das liegt daran, dass sie relativ gesehen weniger produzieren als sie kosten. Die Menschen wurden nicht für den Kapitalismus erschaffen."[1] ROBERT CASTEL (2000, S. 359) schließlich spricht von einem für die flexible Arbeitsgesellschaft kennzeichnenden „Platzmangel in der Sozialstruktur", die eine wachsende Zahl an Menschen aufgrund schwindender lohnarbeitgesellschaftlicher Partizipationschancen zu „Überzähligen" werden lässt, die durch „gesellschaftliche Nutzlosigkeit" gekennzeichnet sind.

Systematisch gesprochen ist mit dieser Zuspitzung auf dem Umstand verwiesen, dass die Modernisierung der Arbeitsgesellschaft nicht, wie lange diskutiert, als „Krise der Arbeit" begriffen werden kann. Arbeit ist produktiver als jemals zuvor, die Reichtumsproduktion wächst, Unternehmen und Kapitaleigner verzeichnen in den 80er und 90er Jahren beträchtliche Gewinnzuwächse (worauf noch einzugehen sein wird). Mit LOTHAR BÖHNISCH (1994, S. 47) gesprochen: „Die Krise liegt vielmehr im Bereich sozialintegrativer Funktionen der Arbeit, also darin, dass nicht mehr Arbeit für alle da ist und somit die Erreichbarkeit des durchschnittlichen Lebensentwurfs, der auf Vollzeitarbeit gründet, für zunehmend mehr Menschen nicht nur vorübergehend nicht mehr gegeben ist." Was sich auflöst, ist weder „die Arbeit", noch „die Arbeitsgesellschaft" noch „der Industriekapitalismus" o. Ä. Was sich auflöst, verändert, modifiziert ist das auf Lohnarbeit, Familie und Konsum basierende Vergesellschaftungsmodell der wohlfahrtsstaatlichen Arbeitsgesellschaft und mit ihm seine Entwicklungs- und Lebenslaufschablonen - und auch seine Sicherheiten. RICHARD SENNETT (2000, S. 431) hebt ähnlich wie BÖHNISCH die Labilisierung sozialer Integration als bedeutsamstes Merkmal des Modernisierungsprozesses voraus. Für SENNETT setzt soziale Inklusion gegenseitige Anerkennung voraus: „Menschen müssen einander signalisieren, dass sie ein gemeinsames Bewusstsein davon haben, berechtigterweise an einer gemeinsamen Unternehmung teilzuhaben." Genau diese Bedingungen aber verflüssigen sich unter der Herrschaft der flexiblen Arbeitsgesellschaft, die die soziale Inklusion dadurch schwächt, „dass Individuen in ihrem Arbeitsleben die Erfahrung verweigert wird, anderen wichtig zu sein" (ebd., S. 432). Nach SENNETT fällt die „soziale Inklusion ... der Flexibilität zum Opfer" (ebd., S.

1 Auf der Suche nach Ursachen für gravierenden Verschlechterungen der sozialen Lage in Amerika kommt LESTER THUROW (1996, S. 50), nach Abwägung unterschiedlicher Faktoren zu dem Ergebnis: „Die größte Ursache liegt jedoch in der Wirtschaft. Unsere Wirtschaft braucht eine große Gruppe unserer Bürger einfach nicht, will sie nicht oder weiß nicht, was sie mit ihnen anfangen soll."

436). Oder, wie es SENNETT (1999, S. 195) an anderer Stelle ausdrückt: Der flexible Kapitalismus wirft die Frage auf: „Wer braucht mich?“[2]

Mit dem Abschied vom „Modell der Erreichbarkeit“ ist im Kern die Frage nach der Funktionalität des Sozialstaats im Kontext von Modernisierung gestellt. ULRICH BECK (2000 a, S. 15) formuliert bereits den Abgesang auf die wohlfahrtsstaatliche Epoche: „Eine Epoche geht zu Ende, die mit Bismarcks Sozialgesetzen begann und die ganz zuletzt den Anschein erweckte, als sei tatsächlich die große Aufgabe gelöst worden, für die Mehrzahl der Menschen ein Leben in Freiheit und Sicherheit auf der Grundlage ihrer Beteiligung an der Erwerbsarbeit zu gewährleisten. Diese Lösung der ‚sozialen Frage‘ ist nun ihrerseits zum sozialen Problem geworden.“

Und in der Tat gerät das etablierte sozialstaatliche Modell schon bei oberflächlicher Betrachtung von zwei Seiten her unter Druck: Zum einen verändern sich durch die Flexibilisierung des Arbeitsmarktes und Ab- und Umbau sozialstaatlicher Steuer- und Sicherungssysteme die Konstellationen von sozialer Ungleichheit, Armut und Desintegrationsrisiken. Zum anderen geraten Philosophie, Strukturen und Leistungen des Sozialstaats im Zuge von Finanzkrise und Neoliberalismus unter Legitimationsdruck gegenüber Staat und Leistungsnehmern, die ihren Ausdruck z.B. in der Endlosdebatte um die Reform des Systems sozialer Sicherung in allen seinen Gliedern (insbesondere Renten-, Kranken-, und Arbeitslosenversicherung sowie Steuer- und Arbeitsförderungsrecht) findet. Bevor man jedoch vorschnell dem weitreichenden Urteil ULRICH BECKs zustimmt, bedarf es zunächst einer etwas gründlicheren Analyse der Entwicklungen.

Armut und Ungleichheit

Höhere Leistungsfähigkeit, beschleunigter Strukturwandel und größere soziale Ungleichheit sind nach EDWARD LUTTWAK (1999, S. 303) die wesentlichen Folgen des von ihm so benannten Turbokapitalismus. Die Zunahme sozialer Ungleichheit liegt dabei für THUROW in der „Natur“ des von seinen Fesseln befreiten Marktprinzips. „Durch die Dynamisierung des Strukturwandels belohnt der Turbo-Kapitalismus Beweglichkeit ebenso stark wie Kompetenz. Er bietet eine Vielzahl neuer Möglichkeiten. Wer sich geschickt in die richtige Position zu bringen weiß, kann daraus Vorteile für sich ziehen. Durchschnittsmenschen, denen es nicht gelingt, ihre Position zu verbessern, die entlassen wurden und deren Arbeit sich aufgrund technischer Innovationen, Deregulierung oder Importen verschlechtert hat, werden dagegen bestraft. Wenn alle schneller rennen müssen, um ihre Positio-

2 ANDRE GORZ (2000, S. 79) spitzt diesen Gedankengang zu, wenn er formuliert: „Wir erleben das Verschwinden einer spezifischen Weise, der Gesellschaft anzugehören“, nämlich, so könnte man hinzufügen, jener Gesellschaft, die die Integration des Einzelnen durch das Nadelöhr der Berufsarbeit zwängt.

nen zu halten, setzen sich einige wenige an die Spitze und liefern hervorragende Leistungen, doch weitaus mehr fallen zurück" (ebd., S. 152 f.).

LUTTWAKs Annahme findet eine erste Bestätigung in den die Diskussion durchziehenden „Spaltungsszenarien": Für ANDRE GORZ (2000, S. 70) etwa spaltet sich die Arbeiterschaft in zwei große Gruppen: „einen Kern, der sich aus fest angestellten Vollzeitkräften zusammensetzt, die zu beruflicher Vielseitigkeit und Mobilität fähig sind. Und - um diesen Kern herum - eine große Menge von peripheren Arbeiten, die größtenteils prekär beschäftigt und befristet sind, mit variabler Arbeitszeit und variablem Lohn. Zu diesen Randarbeitern gesellt sich noch ein stetig wachsender Anteil von ‚Externen', das heißt von vorgeblich ‚selbständigen Dienstleistern, die dem Zeitaufwand oder ihrer Aufgabe entsprechend bezahlt werden und deren Arbeitsbelastung je nach Nachfrage variiert." Differenzierter ist die Analyse ROBERT REICHs (1997, S. 194 ff.), der im Hinblick auf den amerikanischen Arbeitsmarkt der 80er und 90er Jahre drei funktionale Gruppen unterscheidet:

- *Routinemäßige Produktionsdienste* entsprechen im Regelfall der Typik industrieller Arbeit in Unternehmen der Massenfertigung, die sich aus „ständig wiederholenden Handlungen" (ebd., S. 195) zusammensetzen und durch hohe Standardisierung gekennzeichnet sind.[3]
- *Kundenbezogene Dienste* bestehen ebenfalls aus einfachen Tätigkeiten. Als wesentlichen Unterschied zu den routinemäßigen Produktionsdiensten sieht REICH im Anschluss an die sozialwissenschaftliche Dienstleistungstheorie[4], die Tatsache, „dass die Leistungen ... von Person zu Person erbracht und deshalb nicht weltweit vermarktet werden" (ebd., S. 197). Zu dieser Gruppe zählt REICH VerkäuferInnen, KellnerInnen, TaxifahrerInnen, Sekretärinnen Wachpersonal, Hausangestellte, sowie ErzieherInnen, Krankenbetreuungspersonal, HeilgymnastikerInnen usw.
- Die dritte Gruppe der *symbolanalytischen Dienste* „schließen ... Aktivitäten der Problemlösung, -identifizierung und strategischen Vermittlung ein ... Wie die ‚routinemäßigen Produktionsdienste', jedoch anders als die ‚Dienstleistungen' können symbolanalytische Dienste weltweit gehandelt werden ... Doch sie fließen nicht als standardisierte Produkte in

---

3 Nach REICH (1997, S. 195) sind solche routinemäßigen Tätigkeiten nicht auf den industriellen Sektor beschränkt. Er zählt dazu auch die „Fußsoldaten der Informationswirtschaft", die „Horden von Datenverarbeitern, die in ‚Hinterzimmern' an weltweit mit Datenbanken verbundenen Computer-Terminals sitzen, Daten eingeben und sich ausgeben lassen: Listen von Kreditkartenkäufen und –zahlungen, Kreditauskünfte, Scheckabrechnungen, Kundenkonten und –korrespondenz, Lohnabrechnungen, Fakturierung von Krankenhauskosten, Krankenblätter, ärztliche Honorarforderungen, Gerichtsurteile, Abonnentenlisten, Personalunterlagen, Büchereikataloge und so weiter."

4 Vgl. BADURA/GROß (1976); GROß (1983); HÄUßERMANN/SIEBEL (1995); BAETHGE/WILKENS (2001).

den Welthandel ein. Es werden vielmehr manipulierte Symbole gehandelt: Daten, Wörter, akustische und visuelle Darstellungen“ (ebd., S. 198). Zu dieser Gruppe zählen Design-, Software-, Ton und Bauingenieure, Management- und Beratungstätigkeiten, Forschung und Entwicklung usw.

Für REICH ist die ökonomische und politische Entwicklung gekennzeichnet durch eine zunehmende Verlagerung der Balance zugunsten der „Symbol-Analytiker“. Am Beispiel der USA skizziert REICH (1997, S. 316) die „Sezession der Symbol-Analytiker vom Rest Amerikas.“ Als ökonomischen Beleg für sein These führt REICH die Entwicklung von Löhnen, Steueraufkommen und Gewinnen bzw. Kapitalerträgen in den USA an. Und in der Tat spricht die Entwicklung der Löhne in den USA eine recht eindeutige Sprache: „1990 lagen die durchschnittlichen Stundenlöhne amerikanischer Arbeiter ohne Aufsichtsfunktionen in amerikanischen Unternehmen inflationsbereinigt niedriger als in irgendeinem Jahr seit 1965. Manager der mittleren Ebene standen etwas besser da, obwohl ihre Gehälter inflationsbereinigt nur weniger über dem Niveau der 70er Jahre lagen. Für die Spitzenmanager der amerikanischen Unternehmen hingegen waren die Jahre zwischen 1977 und 1990 eine wahre Goldgrube. Ihre durchschnittlichen Bezüge stiegen in dieser Zeit um 220 Prozent - beziehungsweise 12 Prozent jährlich - an“ (ebd. S. 228). LUTTWAK (1999, S. 100) verweist ebenfalls auf die rückläufige Gehaltsentwicklung in der US Wirtschaft. Demnach ist das durchschnittliche Einkommen eines Universitätsabsolventen mittleren Alters (auf der Grundlage des Geldwerts von 1992) innerhalb von zwanzig Jahren zwischen 1972 und 1992 von 55.000 Dollar auf 41.898 Dollar gesunken. Der durchschnittliche Stundenlohn eines Angestellten in nicht leitender Position eines privaten Unternehmens, der 1965 7,52 Dollar betrug, stieg bis 1975 auf 8,12 Dollar, um bis 1994 auf 7,41 zu sinken - und sich bis 1997 nur leicht auf 7,66 zu erholen (ebd., S. 166). Der Realwert des Mindestlohns sank zwischen 1967 und 1997 um 20% ebenso wie der durchschnittliche Stundenlohn männlicher Arbeiter im Dienstleistungsbereich zwischen 1979 und 1996 und 16% (vgl. WACQUANT 2000, S. 66 f). Während das Bruttoinlandsprodukt der USA zwischen 1973 und 1995 inflationsbereinigt um 36% stieg, ging der Stundenlohn von Arbeitern und Angestellten in nichtleitender Position im gleichen Zeitraum um 14 Prozent zurück (vgl. THUROW 1996, S. 13).[5]

---

5 Folgt man Prognosen, so sind die einkommensschwächeren Schichten der USA nicht nur die Verlierer des Aufschwungs, sondern sie wären auch bei einem anstehenden ökonomischen Abschwung die Leidtragenden. Als mögliche Folgen des Börsencrashs bei den High-Tech-Werten Anfang 2001 konstatieren PINZLER/TENBROCK (2001, S. 26): „Die ohnehin gewachsene Kluft zwischen Arm und Reich würde zunehmen, die soziale Spaltung tiefer. Kündigungen würden zuerst den geringer Qualifizierten drohen, die schon in der Blütezeit gerade einen Billigjob ergattern konnten. Trotz einer Dekade des Aufschwungs hat Amerika unter allen Industrieländern der

Auch in der Verlagerung des Steueraufkommens der USA manifestiert sich eine weitere Umdrehung der Ungleichheitsschraube. Zusätzlich zu den Lohneinbußen müssen die „Verlierer der Modernisierung“ auch höhere Steuerbelastungen verkraften. „1980 wurden dem untersten Fünftel der Steuerzahler 8,4 Prozent ihres Einkommens an Bundessteuern abgezogen, 1990 bereits 9,7 Prozent - eine Zunahme von einem Sechstel. Die durchschnittliche Steuerbelastung des obersten Fünftels der Steuerzahler hingegen sank von 27,3 auf 25,8 Prozent. Die Gruppe der sehr Reichen kam sogar noch besser davon. Ende der 80er Jahre zahlte das oberste Prozent der amerikanischen Steuerzahler eine kombinierte Bundes-, Bundesstaats- und Kommunalsteuerrate von nur noch 26,8 Prozent gegenüber 29 Prozent im Jahr 1975 und 39,6 Prozent im Jahr 1966“ (REICH 1997, S. 224).[6]

Tabelle 6: Nettolohn- und -gewinnquoten in Deutschland (1991 - 1997)

	Nettolohn- und -gehaltsquote* (in %)	Nettogewinn und -vermögenseinkommen** (in %)
1991	48,1	30,6
1992	47,3	30,9
1993	46,9	30,6
1994	45,1	32,3
1995	43,9	33,0
1996	43,4	34,1
1997	41,9	35,6

*Die Nettolohnquote gibt die Verteilung der Einkommensanteile aus unselbständiger Arbeit nach Eingriff staatlicher Umverteilung (Steuer- und Sozialrecht) wieder.
**Die Quote des Nettogewinns und -vermögenseinkommens ist Indikator für die Einkommensanteile aus unternehmerischen Gewinnen und Kapitalerträgen nach Eingriff staatlicher Umverteilungsmaßnahmen (Steuer- und Sozialrecht).
Quelle: FUCHS (2000, S. 389 u. S. 391)

Die Entwicklung in Deutschland weist in die selbe Richtung, wenn auch quantitativ weit weniger stark ausgeprägt. Betrachtet man in einem ersten Zugriff die Entwicklung der Lohn- und Gewinnquoten (vgl. Tabelle 6), so

westlichen Welt die höchste Armutsrate. Das soziale Netz ist noch weitmaschiger geworden, fast jeder fünfte Bürger lebt ohne Krankenversicherung. Das Wall Street Journal warnt unlängst: ‚In der letzten Rezession hat niemand gehungert, in der nächsten könnte das jedoch passieren.“ Vgl. auch FISCHERMANN (2002).

6 Protagonisten einer neoliberalen Modernisierung der Ökonomie bestreiten eine zunehmende soziale Ungleichheit als Folge einer „Befreiung der Märkte“ nicht, verweisen aber auf einen „Fahrstuhleffekt“: Dadurch, dass es der Wirtschaft insgesamt besser geht, partizipieren auch die unteren sozialen Schichten. Die Unterschiede nehmen zu, aber alle haben Teil am Zuwachs, „oben“ ein wenig mehr, „unten“ ein wenig weniger. Empirische Belege für diese Annahme wurden bislang nicht vorgelegt. Im Gegenteil. In allen Ländern, die sich seit den 80er Jahren einer neoliberalen Modernisierung verschrieben haben, sind die oberen Einkommen z.T. rapide gestiegen, während die unteren Einkommensgruppen Verluste hinnehmen mussten.

zeigt sich, dass sich auch in Deutschland die Schere zwischen den Einkommensarten öffnet.

Während der Anteil der Nettolohn- und Gehaltsquote, in den 90er Jahren drastisch von rund 48% auf kaum mehr 42% gesunken ist, stiegen die Gewinne aus Unternehmertätigkeiten und Kapitaleinkünften in ungefähr gleichem Umfang an. Vergleicht man die nominalen Zuwächse durch Vermögenseinkommen bzw. Gehälter, so zeigt sich ein ähnlicher Trend: Die Nettolohn- und Gehaltssumme hat sich zwischen 1980 und 1996 etwas weniger als verdoppelt, während sich die Vermögenseinkommen mehr als verdreifacht haben (vgl. Tabelle 7).

Tabelle 7: Entwicklung der Vermögenseinkommen und Nettolohn- und Gehaltssummen (1980 - 1996)

	Vermögenseinkommen (in Mrd. DM)	Nettolohn- und Gehaltssumme (in Mrd. DM)
1980	73,0	506,2
1985	109,4	571,0
1990	152,4	743,6
1991	181,2	899,7
1992	205,8	953,6
1993	212,0	977,8
1994	220,3	972,6
1995	214,9	973,4
1996	222,7	995,0
Quelle: FUCHS (2000, S. 400)		

Lenkt man nun den Blick von den Relationen zwischen Gehältern/Löhnen einerseits und Kapitalerträgen bzw. Erträgen aus Unternehmertätigkeiten andererseits auf die internen Verteilungsrelationen der durch Lohnarbeit erwirtschafteten Einkommens und Vermögenswerte, so belegt die Statistik einen ähnlich polarisierende Trend. Als empirischer Indikator für die veränderten Verteilungsstrukturen des erwirtschafteten gesellschaftlichen Reichtums ist das Nettoäquivalenzeinkommen (bedarfsgewichtetes Pro-Kopf-Einkommen, vgl. BÄCKER u.a. 2000, S. 151) unterschiedlicher Haushaltsgruppen hilfreich. Bei durchgängig steigenden monatlichen Durchschnittseinkommen - die Einkommenshöhe pro Kopf stieg von 2.380 DM im Jahr 1991, über 2610 DM (1993) und 2.770 DM (1995) bis auf 2.910 DM im Jahr 1997 (vgl. BÄCKER u.a. S. 152) - partizipierten die unterschiedlichen Haushaltsgruppen nicht alle in gleichem Maße. Die folgende Tabelle gibt die Abweichung der verschiedenen Haushaltsgruppen vom jeweiligen durchschnittlichen Monatseinkommen (100%) in Prozent an (vgl. Tabelle 8).

Zur Erklärung: Der Wert von 229,4% für Selbständige im Jahr 1991 besagt vereinfacht gesprochen, dass das durchschnittliche Einkommen von Selbständigen, das 1991 bei 5.460 DM lag, im Vergleich zum Durchschnittseinkommen aller Haushalte (1991 = 2380 DM) deutlich höher war. Demnach sind in den 90er Jahren Selbständige, Pensionäre und Rentner die Gewinner in der Auseinandersetzung um die Verteilung des gesellschaftlich produzierten Reichtums, Angestellte konnten ihre Position vergleichsweise behaupten, wohingegen Beamte (die allerdings immer noch deutlich über dem Durchschnitt liegen), Arbeiter, Arbeitslose und Sozialhilfeempfänger weitere Abstriche hinnehmen mussten.

Tabelle 8: Monatliches Nettoäquivalenzeinkommen nach Haushaltsgruppen (1991 - 1997)*

	1991	1993	1995	1997
Selbständige	229,4	199,2	239,7	240,9
Beamte	121,4	110,7	119,1	115,5
Angestellte	106,7	112,3	107,6	106,5
Arbeiter	79,0	80,5	76,5	76,6
Pensionäre	131,5	136,0	135,4	138,8
Rentner	84,5	87,7	86,6	88,0
Arbeitslose	60,0	63,2	59,2	57,4
Sozialhilfeempf.	46,6	47,1	47,3	45,7

*in %-Abweichungen vom jeweiligen Durchschnittseinkommen (100%)
Quelle: BÄCKER u.a. (2000, S. 152)

Dieser Trend Anfang der 90er Jahre ist anschlussfähig an die Befunde von HAUSER/BECKER (1999, S. 111), die in einer Langzeitstudie der Einkommensverteilung in Deutschland seit den siebziger Jahren eine weitgehende Stabilität bescheinigen, „die aber durch eine merkliche Zunahme der Ungleichheit Anfang der neunziger Jahre abgelöst wurde", was die Autoren u.a. auf eine abnehmende Ausgleichswirkung des Steuer- und Transfersystems zurückführen.[7]

Insgesamt deuten diese Daten auf eine Zunahme sozialer Ungleichheit in den 90er Jahren hin. Eine Zunahme an Ungleichheit hinsichtlich der Verteilung der Einkommen muss nicht zwangsläufig auch ein mehr an Armut[8]

7 Mit dem letzten Hinweis ist die staatliche Regulation angesprochen, die u.a. vermittelt über Steuer- und Abgabenpolitik auf die marktinduzierten Ungleichgewichte der Einkommensverteilung Einfluss nimmt und diese stabilisiert, forciert oder mildert. Im Hinblick auf die letzten zwei Jahrzehnte scheint die Steuerpolitik ihre ausgleichende Funktion eher eingebüßt zu haben. Die Einkommen aus Unternehmensgewinnen und Vermögen nahmen im Zeitraum von 1980 bis 1996 von 287,5 Mrd. DM auf 861,2 Mrd. DM zu, während im gleichen Zeitraum die Steuereinnahmen aus dieser Quelle lediglich von 61 Mrd. DM auf 77 Mrd. DM steigen (vgl. OFFERMANN 1998, S. 239). Dem entspricht eine Senkung der Steuerbelastung von 21,2% auf 8,9%. Laut BLANPAIN/SADOWSKI (1994, S. 40) verwies der BMW Konzern Anfang der 90er Jahre auf eine Gewinnsteigerung durch Internationalisierung in Höhe von 1,5 Mrd. DM. Im selben Zeitraum sank BMWs deutsches Steueraufkommen von 545 Millionen DM im Jahr 1988 auf 31 Millionen DM im Jahr 1992. Vgl. zur Steuerpolitik auch BECK/MEINE (1998, S. 173 ff.).

8 Im folgenden wird unter Armut in Anlehnung an den main-stream der Armutsforschung eine relative, materielle Deprivationslage verstanden. Anders ausgedrückt: Armut in Industriegesellschaften ist mit einem absoluten Armutsbegriff, der als Kri-

bedeutet, wenn die erwirtschafteten Erträge innerhalb der Gesellschaft insgesamt gestiegen sind, was in den letzten drei Jahrzehnten annähernd kontinuierlich der Fall war. Im Jahr 1992 waren demnach in Deutschland, gemessen an einer Armutsschwelle von 50% des durchschnittlichen Haushaltseinkommens, rund 10% der Gesamtbevölkerung als arm zu klassifizieren, bei einer ausgeprägten Ost-West-Spaltung: Während die Quote in den westlichen Bundesländern bei ca. 7,5% lag, betrug sie im Osten annähernd 15%, wobei sich dort, abweichend vom Westen (vgl. LEIBFRIED/LEISERING u.a. 1995) Sozialhilfe in weiten Teilen zu einer „Grundversorgung auf Dauer" entwickelt hat. Zum Stichtag 1.7.1992 waren rund 41% der Sozialhilfeempfänger im Osten länger als ein Jahr im Bezug (vgl. HANESCH u.a. 1994). Für die 90er Jahre belegt die Armutsstudie von HANESCH/KRAUSE/BÄCKER (2000) auf der Basis des sozio-ökonomischen Paneels eine im Vergleich zur Mitte der 90er Jahre leicht rückläufige Tendenz bei einer insgesamt schwankenden Entwicklung der Armutsquoten (vgl. Tabelle 9).

Betrachtet man die Sozialhilfequote, d.h. den Anteil der Menschen, die auf Unterstützung durch Leistungen der Sozialhilfe als „letztem Netz sozialer Sicherung" angewiesen sind, so ist ihr Anteil seit Mitte der 80er Jahre von 2,3% auf 3,8% gestiegen. Die Zahl der Empfänger von laufender Hilfe zum

---

terium nur die Bedrohung der Existenz gelten lässt, nicht mehr zu erfassen. Zugrunde gelegt wird vielmehr eine relative Armutsdefinition, die allgemein so bestimmt wird, „dass die mittlere Lebensweise eines Landes als Referenzpunkt zur Abbildung mittlerer Wohlfahrtsstandards angesehen wird" (HANESCH/KRAUSE/BÄCKER 2000, S. 50; vgl. auch DIETZ 1997, S. 85 ff.). Als Instrument zur Bemessung von Armut (innerhalb des Ressourcenkonzepts der Erfassung relativer Armut) dienen Einkommensschwellen. Nach Maßgabe der EUROPÄISCHEN UNION gilt demnach als arm, wer über weniger als 50% des durchschnittlichen Einkommens eines Landes verfügt. Dieser relative Armutsbegriff ist in letzter Zeit unter Kritik geraten (vgl. KRÄMER 2000), weil er angeblich dem gewachsenen Wohlstand keine Rechnung trüge. Überspitzt gesprochen könnte demnach ein relativer Armutsbegriff zu der zweifelsohne absurden Situation führen, dass in einer Gesellschaft von Milliardären der Millionär als „arm" gelten würde. Eine solche Argumentation ist aber nur dann stichhaltig, wenn man unterstellt, dass die westlichen Industrienationen ein Reichtums- und Wohlfahrtsniveau erreicht hätten, das es nicht mehr erlaubt, von Armut zu sprechen. Da dies erkennbar nicht der Fall ist, zielt sie notwendig auf eine veränderte Vorstellung von Verteilungsgerechtigkeit und Solidarität. Zugespitzt formuliert zielt eine solche Argumentation in letzter Konsequenz auf die Ersetzung des Prinzip der Gewährleistung eines soziokulturellen Minimums durch ein Existenzminimum und damit auf die Abkehr vom sozialstaatlichen Grundsatz, den Bürgern nicht nur ein „Über-leben" zu ermöglichen, sondern eine Teilhabe an der „Normalität" der Gesellschaft (vgl. HANESCH/KRAUSE/BÄCKER 2000, S. 23). Auch hinter dieser vermeintlich „statistischen Wahrheit" verbergen sich mithin gesellschaftliche Wertentscheidungen, die auf eine Gesellschaft abzielen, die nach anderen Prinzipien mit Armut verfährt, als bislang. Vgl. zur Armutsforschung und Armutsentwicklung in Deutschland BOSCH (1998); DIETZ (1997); LEIBFRIED/LEISERING u.a. (1995); BECK/MEINE (1998); HANESCH u.a. (1994); HANESCH/KRAUSE/BÄCKER (2000); HAUSER (1997); HAUSER/BECKER (1999); MÜLLER/OTTO (1997) JACOBS (2000); BÄCKER u.a. (2000); BARLÖSIUS/LUDWIG-MAYERHOFER (2001).

Lebensunterhalt wuchs von 852.000 im Jahr 1975 auf annähernd 2,9 Millionen im Jahr 1998 (vgl. Tabelle 10).

Tabelle 9: Entwicklung von Sozialhilfe- und Armutsquote in den alten Bundesländern (1985 - 1998)

	Sozialhilfequote in % der Bevölkerung	Armutsquote 50%
1985	2,3	11,2
1991	2,8	8,8
1992	3,1	8,5
1993	3,3	10,1
1994	3,1	9,4
1995	3,4	11,2
1996	3,6	9,5
1997	3,9	9,1
1998	3,8	9,5
Quelle: HANESCH/KRAUSE/BÄCKER (2000, S. 145)		

Tabelle 10: Entwicklung der Empfänger von Sozialhilfe (1965 - 1998)

	Laufende Hilfe zum Lebensunterhalt außerhalb von Einrichtungen (am Jahresende) - in 1000	Hilfe in besonderen Lebenslagen während des Jahres - in 1000
1965	522	862
1970	528	965
1975	852	1147
1980	851	1125
1985	1398	1108
1990	1772	1510
1991*	2036	1711
1992	2339	1870
1993	2450	1915
1994	2258	1306
1995	2516	1485
1996	2689	1409
1997	2893	1411
1998	2879	1378
* Ab 1991 Gesamtdeutschland. Quelle: BUNDESMINISTER FÜR ARBEIT UND SOZIALES (2000 b, Tab. 8.16.)		

Während die Sozialhilfequote auch Mitte der 90er Jahre stieg, verzeichnete die Armutsquote nach kurzzeitigem Höhepunkt 1995 einen Rückgang. Die Autoren interpretieren diese Entwicklung allerdings nicht als „Entwarnung“, sondern verweisen vielmehr auf eine gestiegene Mobilität und Flexibilität in den unteren Einkommenssegmenten, besonders in den neuen Bundesländern: „Der Rückgang der Besetzungszahl in der untersten Einkommensklasse in der zweiten Hälfte der 90er Jahre bedeutet somit aus gesamtdeutscher Perspektive lediglich einen Rückgang unter den Ärmsten der in prekären Einkommenslagen befindlichen Bevölkerung. Betrachtet man die untersten beiden Einkommensklassen zusammen, so zeigt sich stattdessen in den neuen Bundesländern auch in der zweiten Hälfte der 90er Jahre eher ein Verharren beziehungsweise eine weitere langsame Zunahme der Bevölkerungsanteile im unteren Einkommenssegment" (HANESCH/KRAUSE/BÄCKER 2000, S. 68). Dies deutet auf einen wachsende Flexibilisierung der Armut hin, d.h. auf häufigere Wechsel zwischen den Segmenten knapp unterhalb bzw. knapp oberhalb der (statistischen) Armutsgrenze, ein Befund, der kompatibel wäre zur Flexibilisierung des Arbeitsmarktes und auch in der Armutsforschung Bestätigung gefunden hat.

LEIBFRIED/LEISERING u.a. (1995) haben anhand der Analyse der Bremer Sozialhilfepopulation nachgewiesen, dass Sozialhilfe entgegen einem langläufigen Vorurteil in den meisten Fällen nicht in eine dauerhafte Abhängigkeit von staatlicher Alimentierung führt. Die Studie belegt zunächst einen Anstieg der Bevölkerungsanteile, die von laufender Hilfe zum Lebensunterhalt abhängig sind, von 1,2% Anfang der siebziger Jahre auf 4,4% Anfang der 90er Jahre. Als zweiten Befund neben der Zunahme belegen die Bremer Daten eine hohe Fluktuation der Sozialhilfeklientel. Ein großer Teil der Bezieher von Sozialhilfe ist nur kurzzeitig auf Unterstützung angewiesen. Bei 57% der Bezieher liegt die Dauer unter einem Jahr, lediglich 11% stehen seit 6 oder mehr Jahren in Bezug (ebd., S. 80). „Armutslagen erweisen sich ... als komplexe Gebilde, bestehend aus Armutsphasen, Unterbrechungen, Wiedereinstiegen und zum Teil endgültigen Abstiegen. Pauschale Vorstellungen von Abstiegskarrieren sind schon insoweit relativiert" (ebd., S. 81).

Der Ansatz der so genannten dynamischen Armutsforschung ist vielfach dahingehend kritisiert und missverstanden worden, dass seine Befunde als Entwarnung zu werten wären.[9] „Armut wäre nicht länger ein besonderes sozialstaatliches Problem, da offensichtlich für die Masse der Bedürftigen Sozialhilfe nur ein Intermezzo darstellt, also keine dauerhafte Lebenserfahrung mehr sei" (DIETZ 1997, S. 161). Eine solche Interpretation bewegt sich allerdings auf dünnem Eis, bedeutet das Ende vom Mythos der Einbahnstraße der Armut gleichzeitig auch, dass immer mehr Menschen in ihrem Leben damit rechnen müssen, zumindest kurz- bzw. mittelfristig in Armutslagen zu geraten, die Unterstützung notwendig werden lässt. Die Erfahrung

---

9 LEIBFRIED/LEISERING u.a. (1995, S. 306) haben sich explizit gegen den Vorwurf der Verharmlosung von Armut gewandt. Ihre Ergebnisse weisen „in die entgegengesetzte Richtung: Behält man die herkömmliche Sicht bei, so unterschätzt man, wie weit das Armutsrisiko in unserer Gesellschaft verbreitet ist. Die übliche Querschnittsmessung zu einem Stichtag ergibt für 1992 nur eine Armutsquote von 10% (50%-Grenze) bzw. von 19% (60%-Grenze). Ein Querschnitt lässt also nur ein Drittel bzw. weniger als die Hälfte der Armut sichtbar werden, die sich bei einer Längsschnittbetrachtung erschließt."

Armut, so könnte man formulieren, verallgemeinert sich. LEIBFRIED/LEISERING u.a. (1995, S. 338) sprechen in diesem Sinne von einer höheren „personellen Fluktuation und Entgrenzung von Armut ... Größere Teile der Schichtungsstruktur sind vom Arbeitslosigkeits- und Armutsrisiko ‚durchwirkt'." oder anders ausgedrückt: Armut ist „verzeitlicht, individualisiert, aber auch in erheblichem Maße sozial entgrenzt" (ebd., S. 9).

Die zu Beginn skizzierten Spaltungsszenarien wären demnach dahingehend unpräzise und „altmodisch", als dass sie nicht berücksichtigen, dass in der flexiblen Arbeitsgesellschaft auch Armut und biographische Armutspassagen sich „flexibilisieren", mobil werden, und die Grenzen zwischen Arm und Reich, zwischen Integration und Desintegration sich fließender gestalten, sowohl materiell wie zeitlich. Ebenso wie Arbeitslosigkeit wird Armut zumindest in den unteren Segmenten der sozialen Hierarchie normalisiert, wird einzuplanender „Normalfall" neuer flexibler Lebensmuster an den zunehmend verschwommeneren sozialen Demarkationslinien.

Tabelle 11: Einkommensarmut in EU-Mitgliedsländern* (1994 und 1996)

	1994	1996
Deutschland	15,7	13,7
Belgien	13,2	13,6
Luxemburg	15,6	12,9
Niederlande	11,3	11,8
Frankreich	17,9	14,1
Italien	18,0	18,2
Großbritannien	21,2	19,9
Irland	21,3	20,5
Griechenland	22,2	20,1
Spanien	20,2	18,0
Portugal	25,0	22,7
Dänemark	6,4	6,9
* in % der Bevölkerung auf Basis des 50%-Grenzwerts. Quelle: HANESCH/KRAUSE/BÄCKER (2000, S. 465)		

Im europäischen Vergleich der Armutsentwicklungen (vgl. Tabelle 11) liegt Deutschland - wie andere Wohlfahrtsstaaten konservativen Typs - im „Mittelfeld" zwischen eher liberalen Wohlfahrtsstaaten wie Großbritannien und den rudimentären Wohlfahrtsstaaten südeuropäischer Prägung wie Spanien und Portugal, die deutlich höhere Armutsquoten aufweisen, und den sozialdemokratischen Wohlfahrtsstaaten des nordeuropäischen Modells mit einer kleineren Armutspopulation.[10] Die höheren Armutsrisiken in den liberalen und rudimentären Wohlfahrtsstaaten sind nach HANESCH/KRAUSE/BÄCKER

10 Nach HANESCH/KRAUSE/BÄCKER (2000, S. 31) bewegen sich aus europäischer Perspektive „in der Bundesrepublik die Höhe der Armutsquote wie das Risiko, in Armut zu verbleiben, im mittleren Bereich."

(2000, S. 31) vor dem Hintergrund einer starken Ungleichheit der Einkommensverteilung zu interpretieren.[11]

Will man ein Fazit ziehen, so belegen die skizzierten Befunde der Armuts- und Ungleichheitsforschung bei allen nationalen Eigenheiten, Sonderwegen und Schwankungen zwei Tendenzen: Zum einen ist im Zuge der neoliberalen Reformen eine globale Tendenz der Zunahme sozialer Ungleichheit zu beobachten, die in den 90er Jahren an Dynamik gewonnen hat. Diese Tendenz fällt je nach (nationalem) Ausgangspunkt mehr oder weniger stark aus, zielt aber im langfristigen Trend auf eine zunehmende Spreizung gesellschaftlicher Reichtumsunterschiede bzw. auf eine ungleichere Verteilung der Reichtumsressourcen. Zum anderen, und dass macht die Einschätzung der Situation schwieriger, werden Armutslagen flexibler und mobiler, bewegen sich mehr Menschen phasenweise oder längerfristig an der Grenzlinie zwischen Armut und Niedrigeinkommen. Armut wird „uneindeutiger“: „Mehr und mehr Menschen leben zwischen den Kategorien von arm und reich“ (BECK 1999, S. 10)

Das geläufige Bild von der 2/3 Gesellschaft wäre in diesem Sinne mit LEIBFRIED/ LEISERING u.a. (1995, S. 306) besser in Richtung auf eine 70/20/10 Gesellschaft zu modifizieren. „Wir leben nicht in einer ‚Zweidrittelgesellschaft’, sondern in einer ‚70-20-10-Gesellschaft’, die aus 70% Nie-Armen, 20% gelegentlich Armen und 10% häufiger Armen besteht“, wobei, so müsste man zu Beginn des 21. Jahrhunderts hinzufügen, das „Drittel“ der flexiblen Armen in dem Maße (langsam) wächst, indem die Ungleichheit der Einkommensverteilung zunimmt.

Die Modernisierung der Arbeitsgesellschaft ist im Sinne dieser Befunde ebenso wenig eine Krise der Arbeit, wie eine Krise der Reichtumsproduktion. Allenfalls wäre es berechtigt, von einer Krise der Reichtumsverteilung zu sprechen. Was wir in den letzten 30 Jahren erlebt haben, war *kein* Kampf um einen kleiner werdenden Kuchen gesellschaftlichen Reichtums, sondern um einen ständig wachsenden Kuchen. Allerdings haben sich die Regeln verändert, nach der die Kuchenstücke „unters Volk“ gebracht werden. Der sukzessive und je nach nationalen Eigenheiten und Ausgangspunkten unter-

11 Folgt man der an den Anfang des Kapitels gestellten Formel EDWARD LUTTWAKS, so müsste als weitere Dimension der Ungleichheit jene zwischen den Nationen berücksichtigt werden. Dieser Blickwinkel kann an dieser Stelle nicht vertieft werden. Allerdings verweisen die Analysen von BOSCH (1998) auf der Basis der Daten der OECD ebenso wie LUTTWAK (1999), REICH (1997) und THUROW (1996), darauf, das es auch auf dem Weltmarkt zu einer deutlicheren Ausdifferenzierung von Gewinnern und Verlierern kommt. BOXBERGER/KLIMENTA (1998, S. 145 ff.) dokumentieren, dass die sogenannten Entwicklungsländer Anfang der 90er Jahre deutlich weniger am Welthandel und an den Kapitalströmen partizipieren, als noch 20 Jahre zuvor. „1965 war das Pro-Kopf-Einkommen in den sieben reichsten Staaten 20mal so hoch wie in den sieben ärmsten Ländern. 1995 beträgt dieses Verhältnis bereits das 40fache. Während 1960 die wohlhabendsten 20% der Weltbevölkerung nur 30mal mehr Einkommen hatten als die ärmsten 20%, sind es 1990 schon 60mal mehr“ (ebd., S. 146).

schiedlich weitreichende und schnelle Abbau von Schutzrechten und Verteilungsregeln zugunsten eines Regimes des Marktes führt - um im Bild zu bleiben - zu einer wachsenden Ungleichheit in der Akkumulation von Anteilen am Kuchen. Global, d.h. im ungleichen Wettkampf zwischen Industrienationen, so genannten Schwellenländern und Ländern der dritten und vierten Welt, wie national in der Verteilung des Volkseinkommens zwischen den einzelnen Statusgruppen. Im Spannungsfeld zwischen einem die Ungleichheit vorantreibenden System wie den Kapitalismus und einem auf Gleichheit bauenden politischen System wie dem Demokratie stellt sich notwendig die Frage: „Wie weit darf das Einkommensgefälle gehen, und wie weit können die Reallöhne sinken, ehe es in einer Demokratie zur Zerreißprobe kommt“ (THUROW 1996, S. 284)? Oder anders formuliert: „Ohne materielle Sicherheit keine politische Freiheit“ (BECK 1997, S. 113)!

Kommodifizierung des Sozialstaats

Die beschriebenen Veränderungen der Arbeitsgesellschaft üben auf vielfältige Weise Druck auf das wohlfahrtsstaatliche System aus. Offensichtliche Indikatoren sind in einem ersten Zugriff die Finanz- und Legitimationskrise des Sozialstaats.

Die Finanzkrise des Sozialstaats verweist auf die Dauerdiskussion um die steigenden Kosten der sozialen Sicherung. Betrachtet man die Sozialquote d.h. den Anteil der volkswirtschaftlich für die soziale Sicherung verausgabten Ressourcen, so ist zunächst festzuhalten, dass sich ihr Anteil seit 1980 mit Schwankungen konstant über 30% hält und bis 1998 auf 33,5% gestiegen ist. Ebenso haben sich die Sozialausgaben je Einwohner sich zwischen 1980 und 1998 mehr als verdoppelt (vgl. Tabelle 12).

Tabelle 12: Sozialquote und Sozialausgaben je Einwohner (1960 - 1998)

	Sozialquote - in % -	Sozialausgaben je Einwohner - in DM -
1960	21,7	1.184
1970	26,0	2.899
1980	32,2	7.695
1991	30,0	11.031
1993	32,7	13.033
1995	33,5	14.466
1997	33,9	15.197
1998	33,5	15.509
Quelle: INSTITUT DER DEUTSCHEN WIRTSCHAFT KÖLN (2000, S. 92)		

Hinsichtlich der Sozialquote ist allerdings zu berücksichtigen, dass sich hier die immensen Kosten der deutschen Vereinigung ebenso niederschlagen, wie die anhaltende soziale Schieflage zwischen Ost und West. Dies spiegelt sich u. a. in deutlich differenten Sozialquoten in den alten und neuen Bundesländern. Während die Sozialquote im Westen nach Angaben von DÖRING (1999, S. 34) ihren Höchststand mit 32,1% erreicht hatte, sank sie in den neuen Bundesländern allmählich von anfänglich 60,2% (1991) auf 54,4% im Jahr 1997.

Die Steigerung der Sozialausgaben je Einwohner ist ebenfalls der Interpretation bedürftig. Die nahe liegende und im öffentlichen Diskurs häufig anzutreffende Deutung, die sukzessive Erhöhung der Sozialausgaben je Einwohner repräsentiere als rechnerische Größe die steigende Gesamtbelastung aller am Prozess der Erbringung des Sozialbudgets Beteiligten, erweist sich bei genauerer Betrachtung zumindest als problematisch. Betrachtet man nämlich die Entwicklung des Sozialbudgets aus der Perspektive der veränderten Beteiligung unterschiedlicher Finanzierungsquellen, so offenbaren sich massive Verlagerungen in der Finanzierung des Sozialbudgets, die man als Privatisierung der Sozialkosten bezeichnen kann (vgl. Tabelle 13).

Während Unternehmen, Bund und Länder seit 1960 immer weniger Beiträge zum Sozialbudget liefern, der Anteil der Sozialversicherung und der privaten Organisationen leicht angestiegen ist, sind es die Kommunen und vor allem die privaten Haushalte, die vermehrt den Preis der Sozialen Sicherung bezahlen. Trugen die privaten Haushalte 1960 noch rund ein Fünftel der Kosten des Sozialbudgets, so müssen sie 38 Jahre später schon annähernd ein Drittel eines nicht nur im Zuge der deutschen Vereinigung enorm gewachsenen Wohlfahrtsstaates bezahlen. Mit anderen Worten und etwas überspitzt ausgedrückt: Man kann den rechnerischen Pro-Kopf-Wert der steigenden Belastung je Einwohner in der Tendenz durchaus wörtlich nehmen: Es sind die Bürger, die die vermehrten Kosten der sozialen Sicherung in überproportionalem Maße tragen, nicht die prosperierenden Unternehmen, Börsen, Banken u. Ä.

Tabelle 13: Quellen der Finanzierung des Sozialbudgets 1960 - 1998 (in %)

	1960	1970	1980	1991	1995	1998
Unternehmen	33,7	31,8	32,0	31,4	28,7	27,1
Bund	25,1	23,6	22,3	19,5	19,7	20,0
Länder	13,4	13,4	11,2	9,8	9,8	10,8
Gemeinden	5,1	6,9	7,6	8,4	9,3	8,9
Sozialversicherung	0,2	0,3	0,3	0,3	0,3	0,3
Priv. Organisationen	1,0	0,9	1,1	1,3	1,4	1,4
Private Haushalte	21,5	23,1	25,6	29,7	30,7	31,3
Quelle: INSTITUT DER DEUTSCHEN WIRTSCHAFT KÖLN, (2000, S. 92)						

Trotz einer insgesamt permanent wachsenden Reichtumsproduktion und einer gleichzeitigen tendenziellen Verlagerung der Sozialkosten von den Unternehmen zu den Privathaushalten werden die Rufe von der Unbezahlbarkeit des Sozialstaats in seiner fordistisch-wohfahrtsstaatlichen Gestalt nicht leiser. Wechselt man den Blickwinkel von Ausgaben- zur Einnahmenseite, so hat die sozialpolitische Debatte in der letzten Zeit verstärkt darauf hingewiesen, dass die Krise des Sozialstaats vor allem und in erster Linie eine Krise ihrer lohnarbeitszentrierten Konstruktion sei[12], die nun vor dem Hintergrund demographischer Veränderungen und der Flexibilisierung von Arbeit und Beschäftigungsverläufen in allen Gliedern spürbar würde. So ist die Arbeitslosenversicherung aufgrund ihrer Konstruktion in Zeiten der Massenarbeitslosigkeit in doppelter Weise gebeutelt: Auf der Einnahmenseite entfallen ihr die Versicherungsbeiträge derjenigen, die sie gleichzeitig vermehrt als „Kostenfaktor" auf der Ausgabenseite verbuchen muss.

Die Rede von der Finanzierungskrise ist zugleich Teil der Legitimationskrise des Wohlfahrtsstaates, der im Zuge der Globalisierungsprozesse und der mit ihr einhergehenden Selbstentmachtung der Politik in zweierlei Weise unter Druck gerät: Finanziell engen sich die Spielräume der nationalstaatlichen Sicherungssysteme durch die verschärfte Standortkonkurrenz ein. Zugleich gerät der Wohlfahrtsstaat in den Sog der neoliberalen Staatskritik, die einer weitergehenden Vermarktlichung der sozialen Beziehungen das Wort redet.

> Traditionsreich und besonders im politischen Diskurs beliebt ist in diesem Zusammenhang das Argument von der „sozialen Hängematte", der die Menschen durch eine zu „luxuriöse" Ausstattung der Notwendigkeit enthebt, sich den Zumutungen des Arbeitsmarktes auszusetzen, wie es sich etwa in der Debatte um das Lohnabstandsgebot niederschlägt. WERNER DOSTAL (1999, S. 9) vom IAB etwa kritisiert die Fehlentwicklungen des Wohlfahrtsstaats: „Das abhängige Arbeitsverhältnis und die soziale Sicherheit hat den Menschen zu einer gewissen Verantwortungslosigkeit verführt. In vorindustriellen Zeiten mussten die Menschen auch vorsorgen, Saatgut zurückhalten für das nächste Frühjahr, Vorräte für den Winter anlegen." In eine ähnliche Richtung verweisen die Vorschläge der KOMMISSION FÜR ZUKUNFTSFRAGEN DER FREISTAATEN BAYERN UND SACHSEN (1997 b, S. 38), die für Mut zu mehr Ungleichheit plädieren und gleichzeitig die Starrheit der Sicherheiten des Sozialstaats als Bremse möglicher neuer Entwicklungen ausmachen. „Große Teile der Bevölkerung Deutschlands spüren bislang jedoch kaum Druck, der zu Veränderungen zwingt. Sie genießen einen im historischen und internationalen Vergleich fast einzigartigen materiellen Wohlstand gepaart mit sozialem Frieden, einem hohen Maß innerer und äußerer Sicherheit, viel Freizeit u.a.m. Dass dieses Gebäude wie ein Kartenhaus zusammenfallen kann, ist für die meisten eine eher abstrakte Vorstellung. Die große Mehrheit bekundet individuelles Wohlergehen. Unter diesen Bedingungen ist es schwer, die Bevölkerung zu spürbaren Verhaltensänderungen zu bewegen."[13] Im Frühjahr 2001 machte ein aktuelles und prominentes

---

12 Vgl. VOBRUBA (1999, 2000); DÖRING (1999); KAUFMANN (1997); LEIBFRIED/ LEISERING (1995).

13 Nur am Rande sei angemerkt, dass diese „Klage" in vielem dem Duktus der Unternehmer der frühen Industrialisierung ähnelt, die auch über die Wohlstandsmentalität

Beispiel Schlagzeilen, die von Bundeskanzler GERHARD SCHRÖDER (2001) mit der auf die Zumutbarkeitsregelungen der Arbeitslosenversicherung gemünzte Formulierung, es gäbe in Deutschland kein „Recht auf Faulheit“ ausgelöste „Faulenzerdebatte“. Wohl um in Zeiten wirtschaftlichen Abschwungs ein bewusstes[14] „Zeichen“ zu setzen bedient sich SCHRÖDER aus der konservativen Mottenkiste der Vorbehalte gegen Arme und Arbeitslose, um dabei im Kern seine Politik des „aktivierenden Sozialstaats“ zu forcieren: „Ich bleibe dabei: Wer einen zumutbaren Job ablehnt, obwohl er arbeiten kann, also nicht zu alt oder krank ist, muss mit Sanktionen rechnen“ (ebd., S. 86). Eine entsprechende Gesetzesinitiative ist für den Sommer 2001 angekündigt.[15] Die CDU stimmt in den Chor der Sozialstaatskritiker ein und lässt den ehemaligen Bundespräsidenten Roman Herzog in einer Anzeigenaktion zur Initiative Neue Soziale Marktwirtschaft behaupten: „Wir haben so viel Sozialstaat aufgebaut, dass er unsozial geworden ist. (...) Schauen Sie sich die Sozialhilfe an. Was ich jetzt sage, gilt natürlich nicht für alle. Aber für viele ist es komfortabler, sich vom Staat aushalten zu lassen, als sich anzustrengen und etwas zu leisten. (...) Der übertriebene Staat gründet auf einer Lüge: Angeblich hilft er den Menschen. Aber in Wirklichkeit macht er sie abhängig von der Versorgung und erstickt ihre Antriebskräfte“ (Anzeige in der Wochenzeitschrift Die Zeit vom 22. November 2001, S. 48).

BÄCKER u.a. (2000, S. 40 f.) haben die hier nur beispielhaft angeführten Sozialstaatskritiken der 90er für den bundesrepublikanischen Zusammenhang systematisch analysiert und identifizieren vier Schlüsselargumente:

- Die Fesseln, die der Sozialstaat dem Arbeitsmarkt durch Schutzrechte und Regulierungen anlegt, behindert ebenso wie die hohe Kostenbelastung der Unternehmen durch Lohn-, Lohnnebenkosten und Steuern die zunehmend wichtiger werdende internationale Wettbewerbsfähigkeit des Standorts Deutschland.
- Das (zu) hohe Leistungsniveau der Sozialen Sicherung in Deutschland belastet die öffentlichen Kassen (und vermittelt über die Steuern wiederum die Unternehmen) in nicht mehr akzeptablem Ausmaß.
- Zugleich beschneidet die Höhe der Leistungen die Motivation der Betroffenen, sich mit allen ihnen zur Verfügung stehenden Kräften auf dem (Arbeits-)Markt zu behaupten.

---

der ersten Arbeitergenerationen klagten, die nur soviel zu arbeiten bereit waren, bis sie nach ihrer Auffassung „genug“ zum Leben hatten.

14 In einem Interview mit dem Nachrichtenmagazin DER SPIEGEL zumindest betont SCHRÖDER (2001, S. 86): „Wenn man bestimmte Fakten offen benennt, muss man immer mit Reaktionen rechnen. Die sind durchaus einkalkuliert.“

15 Vgl. auch HAMMERSTEIN/REIERMANN (2001, S. 22 ff.).

- Das (zu) hohe Leistungsniveau bei gleichzeitig verminderten Anreizen für die Leistungsschwächeren führe wiederum zu einer überproportionalen Belastung der Leistungseliten, die wiederum die Triebkraft des wirtschaftlichen Innovationsprozesses seien.

Die Quintessenz dieser in verschiedenen Varianten immer wiederkehrenden Argumentation liegt nah: Der Markt ist aus den Fußfesseln des Sozialstaats so weit wie möglich zu lösen, die Subjekte müssen stärker auf den (Arbeits-) Markt verwiesen werden. Selbst Sozialstaatsbefürworter wie CHRISTOPH SACHßE (1999, S. 34) kommen angesichts der Gemengelage von Finanz- und Struktur- und Legitimationskrise zu der eher defensiv-pessimistischen Einschätzung: „Die finanziellen Sicherungssysteme werden auf ihre Ursprungsfunktionen zurückzuführen sein: Notleidende zu schützen, gegen existentielle Risiken zu sichern und derart Ausgrenzung zu verhindern."

Die im Gefolge von Finanz- und Legitimationskrise vollzogen Veränderungsprozesse des sozialstaatlichen Arrangements lassen sich in drei Tendenzen verdichten:

- der Deregulierung,
- der Privatisierung und
- der Ökonomisierung,

wobei alle drei Prozesse miteinander verwoben sind.

Auf Tendenzen der Deregulierung im Arbeitsrecht ist bereits hingewiesen worden. Die Einschnitte in die Struktur der sozialen Sicherung gehen allerdings überall in Europa weiter, wie die folgende Übersicht von HEINZE/SCHMID/STRÜNCK (1999) zeigt, die zentrale Arbeitsmarkt- und sozialpolitische Trends in Großbritannien, Frankreich, Deutschland, Schweden und den Niederlanden zusammenfasst (vgl. Übersicht 2).

Bei aller Unterschiedlichkeit und Reichweite der Reformen, die je nach Sozialstaatstyp und nationaler Tradition notwendig unterschiedlich ausfallen, lässt sich als gemeinsamer Trend aller Reformen eine verstärkte Marktorientierung ausmachen. In der Theoriesprache ESPING-ANDERSENs (1998) ausgedrückt, zielt der Kern der Reformen auf eine Rücknahme der De-Kommodifizierung und damit auf eine wachsende Abhängigkeit der Subjekte vom (Arbeits-)Markt. Politökonomisch gewendet scheinen alle wohlfahrtsstaatlichen Industriegesellschaften in den 80er und 90er Jahren etwas „liberaler" geworden zu sein, wobei Geschwindigkeit, Ausmaß und Ausprägung variieren.[16]

---

16 HEINZE/SCHMID/STRÜNCKs (1999, S. 196 f.) Plädoyer für einen experimentellen Wohlfahrtsstaat, der sich mehr als bisher dem internationalen Wettbewerb der verschiedenen Systeme stellt und aus ihm lernt, mutet auf diesem Hintergrund etwas befremdlich an. Setzt man das Modell bildlich um, so ginge es um einen „best-practice" Wettbewerb in Fragen der Gestaltung des Sozialstaats der Zukunft. In der Logik der bisherigen Entwicklung und vor dem Hintergrund der von HEINZE/SCHMIDT/

Übersicht 2: Merkmale arbeitsmarkt- und sozialpolitischer Regulation und Reform in fünf EG-Ländern

	Hauptmerkmale der Arbeitsmarktpolitik	**Veränderungen in der Finanzierung der sozialen Sicherung**	**Schwerpunkte sozialpolitischer Kürzungen**
Deutschland	• Frühpensionierung • restriktive „Ausländerpolitik“	• Steuerentlastung der Unternehmen	• Stärkung des Versicherungs- und Äquivalenz-Prinzips; • Pensionen und soziale Basisleistungen
Großbritannien	• Teilzeitarbeit • Lohnflexibilisierung und Quasi-Selbständigkeit	• Kürzung staatl. Subventionen zur Sozialversicherung • Senkung der Unternehmensbeiträge	• extreme Kürzungen der pauschalen Arbeitslosengeld- und Hilfesätze
Frankreich	• Vorruhestand • geminderter Kündigungsschutz • befristete Beschäftigung	• Beitragsanhebungen • Senkungen der Unternehmensbeiträge bei der Einstellung von Problemgruppen	• Krankenversicherungen (restriktiverer Zugang und stärkere Eigenbeteiligung)
Niederlande	• Teilzeitoffensive	• Verlagerung der Sozialversicherungsbeiträge von Unternehmen zu den Beschäftigten	• Senkung der sozialen Grundversorgung
Schweden	• Teilzeitarbeit • Lohn- und Einkommens-flexibilisierung	• Erhöhung indirekter Steuern und Senkung der Sozialversicherungsbeiträge der Unternehmen	• breit gestreute Kürzungen bei Lohnersatzleistungen und Sozialhilfe
Quelle: Heinze/Schmidt/Strünck (1999, S. 142)			

Ein Aspekt bzw. eine Folge der sozialrechtlichen Deregulierung ist die Privatisierung sozialer Risiken, d.h. die Verlagerung vormals staatlich regulierter und reglementierter Schutzrechte und Leistungen auf Markt und Subjekte. In Bezug auf die Subjekte macht sich dies durch eine verstärkte Be-

STRÜNCK skizzierten Trends wäre der Gewinner dieses Wettbewerbs allerdings der Sieger eines internationalen Kürzungswettbewerbs. In diesem Sinne ist CHRISTOPH BUTERWEGGES (1999 b, S. 440) Kritik zu folgen: „Wenn sich die sozialpolitische ‚Experimentierlust' jedoch darauf beschränkt, in der Bundesrepublik ausländische Modelle einer Reduktion von Leistungen und einer Regression wohlfahrtsstaatlicher Arrangements, wie sie die Niederlande und Neuseeland darstellen, zu imitieren, kann von Innovationsbereitschaft nicht ernsthaft die Rede sein.“

tonung der Eigenverantwortung (vgl. dazu ausführlicher Kapitel 8) bemerkbar, die sich z.B. ganz konkret ausdrückt

- in der bereits beschriebenen Verlagerung der Sozialkosten von den Unternehmen zu den privaten Haushalten;
- in einer verstärkten Betonung von Rechten und Pflichten, insbesondere der Pflicht sich über Lohnarbeit zu reproduzieren;
- in einer Integration privater Vorsorgeelemente in das System der Sozialversicherung, wie zuletzt beispielsweise im Rahmen der Rentenreform.

Das am 26.01.2001 in 2. und 3. Lesung verabschiedete Altersvermögensgesetz sieht neben anderen Konsolidierungsmaßnahmen u.a. die massive staatliche Förderung einer kapitalgedeckten Vermögensbildung zum Zwecke der Altersvorsorge vor. In der Endstufe im Jahr 2008 beläuft sich die geplante Förderung auf 20 Mrd. DM. Es wird damit versucht, ein Element in die Altersversorgung einzubauen, mit dem in anderen Ländern wie den Schweiz, den Niederlanden, Großbritannien und den USA bereits längerfristige Erfahrungen gesammelt wurde. Der Gesetzentwurf nennt als mögliche Formen der Kapitalbildung ausdrücklich Direktversicherungen, Pensionskassen und Pensionsfonds. Pensionsfonds lassen das Geld ihrer Einzahler an der Börse arbeiten und erzielen damit deutlich höhere Renditen als herkömmliche Anlageformen. BROST/NIEJAHR (2001, S. 25 f.) verweisen allerdings auf ein mögliches sozialpolitisches Paradox, da die Pensionsfonds und ihre Manager mit ihrer immensen Finanzkraft - in der Schweiz und den Niederlanden überschreitet das Volumen der Pensionsfonds die Höhe der dortigen Bruttoinlandsprodukte - trotz z.T. vorhandener Sozialklauseln (die das deutsche Gesetz für die private Vorsorge vorsieht, bislang aber nicht für die betriebliche Altersrente) vor allem auf kurzfristige Rendite und im Sinn des „shareholder-value" auf Steigerung der Effizienz und der Kapitalerträge abzielt. „Schon heute klagen Vorstände über die Exzesse des Kapitalmarkts, über quälende Sitzungen, in denen aggressive Fondsmanager vermeintliche Schwachstellen im Unternehmen bloßlegen und vom Vorstand bessere Zahlen einfordern - ihn ‚grillen', wie es in der Finanzszene heißt" (ebd., S. 26). Mit dieser auf kurzfristige Renditen abzielenden Strategie erhöhen die Fondsmanager Druck auf Rationalisierung von Produktion, Verwaltung und Vertrieb oder anders ausgedrückt: Die Ausbreitung von Pensionsfonds könnte u.U. den kapitalseitigen Druck auf die Unternehmen bezüglich forcierter Rationalisierungsmaßnahmen und Entlassungen zusätzlich erhöhen. Zumindest sehen BROST/NIEJAHR (2001, S. 26) eine strategische Falle: „Kostet die höhere Rente des einen Arbeitnehmers also den anderen den Job? Dieser Schluss liegt nahe. ‚Letztlich geht es doch darum, den Leuten eine attraktive Pension zu zahlen', sagt Kapitalmarktexperte Voth." Beispielsweise waren amerikanische Gewerkschaftsfonds maßgeblich an der Übernahme von Mannesmann durch Vodafone beteiligt, trotz Versuche gegenteiliger Einflussnahme durch die deutschen Gewerkschaften.[17]

Privatisierung hat auch eine „Anbieterseite“, insofern im Zuge der sozialrechtlichen Deregulierung auch die Produzenten sozialer Dienstleistungen unter Marktdruck gesetzt werden, indem (a) das Anbieterspektrum sozialer Dienstleistungen (von der Altenpflege bis zur Kindertageseinrichtung) geöffnet wird für privatgewerbliche und gewinnorientierte Anbieter und (b) sich zudem alle Anbieter sozialer Dienstleistungen in wachsendem Maße den Effizienzkriterien des Marktes unterwerfen müssen. Da dieser Prozess der Privatisierung und Ökonomisierung sozial(pädagogisch)er Angebote in Kapitel 10 näher beleuchtet wird, mag an dieser Stelle der Hinweis genügen.

Die bislang skizzierten Entwicklungslinien des Sozialstaats unter den Bedingungen der flexiblen Arbeitsgesellschaft lassen sich pointiert auf zwei Aspekte verdichten:

- eine wachsende soziale Ungleichheit bei anhaltendem gesamtgesellschaftlichen Reichtumszuwachs sowie
- eine Vermarktlichung des sozialstaatlichen Arrangements.

Ergeben diese Tendenzen bereits ein neues Muster sozialstaatlicher Philosophie, wie sie etwa die fordistische Epoche der Industriegesellschaft prägte? Diese Frage quasi „während der Fahrt“ zu beantworten, ist höchst problematisch. Will man sich der Antwort zumindest nähern, bedarf es einiger Unterscheidungen: Zum einen ist zu differenzieren zwischen praktischen Reformen und Reformmodellen, wie beispielsweise die in Kapitel 9 näher zu behandelnde Bürgerarbeit. Auch Reformmodelle nehmen Einfluss auf die Gestaltung und Weiterentwicklung des Sozialstaats, gleichwohl sollte sich die Beantwortung der Frage nach einem neuen Muster sozialstaatlicher Philosophie eher auf die faktischen Entwicklungen beziehen, da ansonsten nur all zu leicht die Gefahr besteht, Wunsch und Wirklichkeit zu verwechseln. Zum anderen muss differenziert werden zwischen „Rhetorik“ und Praxis. Mit BECK (2000 b, S. 11) liegt die Vermutung nah, „dass die vermutlich bevorstehende Beerdigung ‚sozialer Gerechtigkeit‘ unter ihrer allgemeinen Beschwörung vonstatten gehen wird. Eine neoliberale Politik wird also ganz sicher auch ‚soziale Gerechtigkeit‘ beanspruchen.“ Notwendig ist deshalb eine ideologiekritische und - soweit möglich - eine empirische Überprüfung der gängigen Leitformeln.

Im Folgenden sollen zwei Modelle der Sozialstaatsentwicklung skizziert und analysiert werden:

- das „Modell“ Amerika
- das europäische Modell des „Dritten Weges“.

17 Vgl. zur Kritik auch GANßMANN (2000, 132 ff.).

Warum gerade diese beiden Modelle? Dass das amerikanische Modell nicht als „vorweggenommene Zukunft des europäischen und deutschen Wohlfahrtsstaats“ missverstanden werden darf, ist bereits betont worden. Auch wenn sich einzelne Elemente des amerikanischen Modells im bundesrepublikanischen Diskurs wieder finden, so müsste ein einfacher Transfer schon an der Beharrlichkeit der etablierten korporatistischen Strukturen scheitern.[18] Wenn Amerika überhaupt als Entwicklungsmodell herhalten kann, so allenfalls in Form destillierter Strukturprinzipien, die in die jeweilige Eigenlogik des nationalen Systems übersetzt werden müssen und damit in Art, Ausmaß und Form variieren. Auf dieser Ebene spricht allerdings einiges dafür, sich die sozialstaatliche Entwicklung Amerikas etwas genauer anzuschauen, da hier der Prozess der Liberalisierung in besonders ausgeprägter Form zu beobachten ist und sich überdies deutliche strategische und inhaltliche Anknüpfungen an das europäische Modell des „Dritten Weges“ aufzeigen lassen. Für eine etwas genauere Betrachtung des europäischen Modells des „Dritten Wegs“ sprechen vor allem zwei Gründe:

HEINZE/SCHMID/STRÜNCK (1999, S. 209) machen in ihrer Analyse der europäischen Reformmodelle - neben dem Abbau sozialer Leistungen - einen Richtungskonsens in den Kernländern der Reform (Niederlande, Dänemark, Großbritannien) aus, der auf eine „neue Balance aus Rechten und Pflichten, insbesondere was die ‚Pflicht' zur Arbeit angeht“ abzielt (vgl. auch TRUBE/WOHLFAHRT 2001). In ausgeprägter Form ist dieses neue Arrangement von Rechten und Pflichten in den Verlautbarungen der sozialdemokratischen Regierungschefs[19] thematisiert und vor allem in der Politik der britischen Labour-Regierung TONY BLAIRs realisiert worden. Aus deutscher Perspektive scheint ein besonderes Augenmerk auf die sozialpolitischen Strategien des dritten Weges geboten, weil die Bundesrepublik mit GERHARD SCHRÖDER an prominenter Stelle im Netzwerk des neuen europäisch-sozialdemokratischen „mitte-links“ Bündnisses vertreten ist.

18 GEBHARDT/JACOBS/LEIBFRIED (1999) haben in ihrer vergleichenden Analyse der Sozialhilfereformen in den USA und Deutschland aufgezeigt, dass der bundesrepublikanische Föderalismus und Korporatismus ein wesentlicher Grund für die im Vergleich zu den USA noch moderaten Abbautendenzen der sozialstaatlichen Sicherung sind. Allgemein verweist dieses Beispiel auf den Umstand, dass gewachsene Strukturen eine Beharrlichkeit und Eigendynamik entwickeln, die wiederum auf die Neugestaltungsprozesse zurückwirken. „Einmal etablierte institutionelle Strukturen werden dauerhaft, weil sie alle zukünftigen Debatten entscheidend vorprägen, indem sie Aufmerksamkeit auf bestehende Kernstrukturen bündeln und Interessenlagen beeinflussen. Zugleich weisen die modernen Wohlfahrtsstaaten eine erhebliche Binnenkomplexität auf, die eine politische Steuerung in Richtung Um- oder Abbau erschweren (HEINZE/SCHMIDT/STRÜNCK 1999, S. 21).

19 Vgl. SCHRÖDER/BLAIR (1999); BLAIR/KOK/PERSON/SCHRÖDER (2000).

Das Modell USA

Die USA, nach ESPING-ANDERSEN (1998) prototypischer Vertreter des liberalen Wohlfahrtsstaats, sind seit den siebziger Jahren gemeinsam mit dem zweiten neoliberalen Reformland Neuseeland[20], aufgrund ihrer Erfolge auf dem Arbeitsmarkt auch als sozialpolitischen Vorzeigeländer gehandelt worden. Die Politik beider Lände war geprägt durch die klassischen Elemente neoliberaler Deregulierungspolitik wie Steuersenkungen, Privatisierung, Absenkung sozialer Sicherungsstandards, Rücknahme von Arbeitsschutzrechten. Eine umfassende empirische wie ideologiekritische Analyse der sozial- und gesellschaftspolitischen Veränderungen der USA seit den siebziger Jahren hat LOIC WAQUANT (2000), Soziologe an der Universität von Berkeley, Kalifornien vorgelegt. Das neue sozialpolitische Arrangement beruht demnach auf mehreren Säulen:

Zentrales Element ist die „Befreiung der Arbeitsmärkte" von rechtlichen Beschränkungen und hinsichtlich Arbeitsbedingungen, Löhnen usw., die - wie oben beschrieben - zur Grundlage eines „Jobwunders" werden soll.

Zur Durchsetzung des Prinzips „Arbeit um jeden Preis" bedarf es allerdings eines Wandels der sozialpolitischen Philosophie. Am Beispiel eines der Chefideologen der amerikanischen und britischen Sozialreformen, des New Yorker Politologen LAWRENCE MEAD, veranschaulicht WAQUANT (2000, S. 34 f.) die „neue", marktorientierte sozialstaatliche Philosophie. In seinen Werken Mitte der 80er Jahre vertritt MEAD die These, die Krise der amerikanischen Armutsbekämpfung in den siebziger und achtziger Jahren sei die Folge ihrer „permissiven" Konstruktion, da sie an die Vergabe von Leistungen zu geringe Verhaltenserwartungen knüpfe. Um die dadurch bedingte Passivität zu beseitigen und die Eigenkräfte der Individuen zu wecken, muss der Staat seine Leistungen mit Forderungen verknüpfen, im Zentrum

20 Vgl. HEINZE/SCHMIDT/STRÜNCK (1999, S. 105 ff.). ROBERT DOUGLAS, neuseeländischer Finanzminister, deregulierte Arbeitsmarkt und Sozialsystem, privatisierte Staatsbetriebe, Eisenbahn, Banken, Versicherungen etc., senkte die Spitzensteuersätze von 66% auf 33%, strich Preis- und Kapitalverkehrskontrollen etc., mit den bekannten Folgen: Steigendes Wirtschaftswachstum, Ausweitung von (Billig)Arbeit, Zunahme sozialer Ungleichheit. „Seit 1984 sind die Einkommen der untersten 50% der neuseeländischen Bevölkerung gesunken. Lediglich die oberen 20% haben deutlich dazugewonnen" (UCHATIUS 2000, S. 35). Auch für den britischen Ökonomen JOHN GRAY (2001) ist Neuseeland das radikalste Beispiel für die neoliberale Umgestaltung der Volkswirtschaften im letzten Drittel des 20. Jahrhunderts. „Unter allen Versuchen dieses Jahrhunderts, einen freien Markt zu schaffen und ihn als gesellschaftliche Institution zu etablieren, ist das neoliberale Experiment in Neuseeland das ambitionierteste. Noch viel deutlicher als im Falle der Regierung Thatcher in Großbritannien erkennt man hier den Preis, der für die Neuerfindung des freien Marktes unter den Bedingungen des späten 20. Jahrhunderts gezahlt werden muss, und auch die Grenzen, an die man dabei stößt. Eine der vielen Konsequenzen der neoliberalen Politik in Neuseeland ist die Herausbildung einer Unterschicht - in einer Gesellschaft, die zuvor keine hatte" (ebd., S. 57).

die Forderung, jede Arbeit (zu jedem Preis) zu akzeptieren. Diesen Grundgedanken führt MEAD in seinen Werken Anfang der neunziger Jahre weiter und verdichtet sie in der Formel des neuen Paternalismus. Sozialstaatliche Hilfe muss demnach gebunden werden an Forderungen und Verhaltenserwartungen an die Hilfeempfänger. „Paternalistische Programme bestehen dagegen aus Verpflichtungen. Sie gehen grundsätzlich davon aus, dass die Armen zwar einer gewissen Form von Unterstützung, vor allem aber einer festen Struktur bedürfen. Die Durchsetzung der entsprechenden Verhaltensregeln obliegt dem Staat. Dieses ‚ordnungsorientierte' Moment der Sozialpolitik dient nicht nur der Freiheit der überwiegenden Mehrheit, sondern soll auch die Freiheit der Armen fördern" (MEAD 1997, zit. nach WAQUANT 2000, S. 37).[21]

Der Gedanke der stärkeren Betonung der Pflichten von Hilfeempfängern konkretisiert sich in einer verstärkten Verpflichtung zur Arbeit, die in der Sozialhilfereform von 1996 ihren prägnantesten Ausdruck findet. Das 1996 in Kraft getretene „Gesetz über persönliche Verantwortung und Arbeitsmöglichkeiten", von BILL CLINTON als „Ende des Sozialstaats, wie wir ihn kennen" (vgl. SCHIESSEL 1999, S. 234) charakterisiert, stellt, folgt man HAMMELs (1999) Rekonstruktion der US-amerikanischen Sozialpolitik seit dem zweiten Weltkrieg, den vorläufigen „Endpunkt" einer Entwicklung dar, die spätestens mit den „Sozialreformen" RONALD REAGANs zu Beginn der 80er Jahre ihren Anfang nahm. GEBHARDT/JACOBS/LEIBFRIED (1999, S. 167) machen dabei eine Zuspitzung des Diskurses aus, der die Geschichte (nicht nur) des amerikanischen Wohlfahrtsstaats begleitenden Vorbehalt, staatliche Fremdhilfe halte von „Selbsthilfe" ab und schwäche damit „Überlebenskräfte und Überlebenswillen" der Armen, ins Zentrum rückt. „Vielmehr wurde in der öffentlichen Debatte der ‚Exzess der Sozialhilfegewährung' genauer gesagt: die Existenz von Sozialhilfe überhaupt, zum Skandal erklärt. Mehrheitlich ging man davon aus, dass die Sozialhilfe ein Verhalten der Armen motiviert, das auf kurze Sicht rational und sinnvoll, auf mittlere und lange Sicht jedoch zerstörerisch ist. So belohne die ‚Familienhilfe' AFCD die Geburt nicht-ehelicher Kinder, fördere eine Kultur der Anspruchshaltung, eine Kultur der ‚Abhängigkeit'; sie untergrabe eine gesellschaftlich wirksame Stigmatisierung der Armen und sie unterhöhle die Arbeitsethik der Mittelklasse. Der Schwerpunkt der Debatte wurde - bei weitgehender Vernachlässigung des ungelösten Problems der Einkommensarmut - auf soziale Devianz und die devianzförderlichen (gesellschaftszerstörerischen) sozialen Hilfeleistungen verschoben."[22]

---

21 WAQUANT (2000, S. 35) fasst die Kernidee des MEADschen Sozialmodells pointiert zusammen: „Die Akzeptanz eines Elendslohns soll zur Bürgerpflicht erhoben werden."

22 JOHN GRAY (2001) hat in polemischer Zuspitzung Einspruch gegen das neoliberale Standardargument erhoben, ein ausgebauter Sozialstaat führe letztlich zur Erschlaffung der Überlebenskräfte, zur Abkehr von der Arbeit und fördere letztlich die Kri-

Die wesentlichen Elemente der Sozialhilfereform von 1996 sind neben einer Begrenzung der Bundeszuschüsse und einer Erhöhung der Gestaltungsspielräume der einzelnen Bundesstaaten[23] und einer praktisch von einigen Bundesstaaten vorgenommenen Privatisierung der Sozialhilfe[24] vor allem:

- Sozialhilfe wird auf einen Zeitraum von höchsten 5 Jahren gewährt (wobei die Bundesstaaten diese Grenze absenken können). Nach fünf Jahren entfällt die Unterstützung unabhängig von den Lebensumständen.
- Die Vergabe von Unterstützungsleistungen durch den AFDC[25] wird an die Übernahme von Arbeiten geknüpft.

Der schlichte Grundgedanke dieses Modells ist letztlich die „Rückkehr" zum Prinzip „Arbeite, um zu (über-)leben", wobei der Rückweg im liberalen Wohlfahrtsstaat Amerika weit kürzer ist, als in den europäischen Wohl-

---

minalität. „Wo sind die gesetzlosen Unterschichten von Österreich oder Norwegen, von Ländern also, deren Sozialfürsorge so großzügig ist? Wo ist die Unterschicht in Kanada? Warum hat es sie im alten Neuseeland nicht gegeben, vor den Reformen? In der amerikazentrierten Welt der Neuen Rechten werden solche Fragen nicht gestellt, geschweige denn beantwortet" (ebd., S. 61).

23 Vgl. HARTMANN (1999, S. 26 ff.); HAMMEL (1999, S. 80 ff.); GEBHARDT/JACOBS/LEIBFRIED (1999, S. 160 ff.); SCHIESEL (1999).

24 In Bundesstaat Wisconsin wurden in einigen Städten die Durchführung der Sozialhilfe kommerziellen und gemeinnützigen Organisationen übertragen. „Diese Organisationen erhalten den Sozialhilfeausgabenbetrag der letzten 28 Monate für die zukünftigen 28 Monate und müssen dann bestimmte Leistungen und Erfolge (Integrationsquoten in den 1. Arbeitsmarkt, Qualitätsgarantie usw.) erbringen bzw. nachweisen" (HARTMANN 1999, S. 30) (vgl. auch Tenbrock 1997). Die KOMMISSION FÜR ZUKUNFTSFRAGEN DER FREISTAATEN BAYERN UND SACHSEN (1997, S. 67) empfiehlt solche Modelle auch für die bundesrepublikanische Praxis: „Vor allem Im Bereich der Kommunen liegen noch erhebliche Privatisierungspotentiale. Viele der derzeit über 100.000 Unternehmen, die in Regie von Gemeinden und Städten betrieben werden, sind privatisierungsfähig, z.B. im kommunalen Wohnungswesen, in der Stadtplanung oder im kommunalen Entsorgungsbereich. Selbst die Organisation von Tätigkeiten für Arbeitslosenhilfe- bzw. Sozialhilfeempfänger kann an Private übertragen werden."

25 Zur Erläuterung bedarf es einer knappen Skizze des US-amerikanischen Sozialhilfesystems, das mit dem bundesrepublikanischen kaum vergleichbar ist. Die Sozialhilfe in den USA setzt sich aus vier Programmen zusammen, die alle streng bedarfsabhängig sind (vgl. zum folgenden HARTMANN 1999, S. 24 ff.): (1) der ausschließlich durch den Bund finanzierte Einkommenshilfe für Behinderte (Supplemental Security Income - SSI); (2) als teuerstem Programm mit einem bundesstaatlichen Finanzierungsanteil von 50% - 80% der Krankenversicherung für Arme (Medicad); (3) Lebensmittelkarten (Food Stamps) für alle Personen, deren Einkommen nicht mehr als 30% über der nationalen Armutsgrenze liegt, sowie als Kern der amerikanischen Sozialhilfe (4) die Unterstützung für Familien mit abhängigen Kindern (Aid for Familiies with dependent Children - AFDC), das in etwa der bundesrepublikanischen Hilfe zum Lebensunterhalt entspricht und sich an Familien mit Kindern wendet. Die drastischen Veränderungen der Sozialhilfereform von 1996 betrafen im Kern den Bereich des AFDC.

fahrtsstaaten. Gleichwohl ist die Grundtendenz der US-amerikanischen Sozialhilfereform eine Rücknahme der für die fordistische Epoche der Arbeitsgesellschaft kennzeichnenden Tendenz zur De-Kommodifizierung der Menschen und damit eine sukzessive steigende Abhängigkeit von den Bedingungen des Marktes.

Kern der amerikanischen Sozialhilfereform ist neben der Begrenzung der Unterstützung mithin die Verpflichtung zur Arbeit (workfare), die zugleich die Kommunen und Bundesstaaten bindet, Arbeitsgelegenheiten für Hilfeempfänger zu schaffen. Zu diesem Zweck gingen die Bundesstaaten unterschiedliche Wege (vgl. HARTMANN 1999, S. 27 ff.), wobei in der Regel die zuständigen Behörden auch Aufgaben der Vermittlung und Arbeitsbeschaffung übernahmen. Ein Beispiel ist das Programm „wisconsin works", das das Ziel der Arbeitsintegration in den Mittelpunkt stellt. Sozialhilfe wird demnach nur noch als Entgelt für geleistete Arbeit ausgezahlt, wobei unterschiedliche Formen von Arbeitsgelegenheiten (Übergangsarbeiten, Gemeinschaftsarbeiten, Versuchs-Jobs, reguläre Arbeit) geschaffen werden, die die Betroffenen - nach Bewährung - in Art einer Karriereleiter durchlaufen können. Vergleichbare Bemühungen in Michigan führten zu einer deutlichen Senkung der Fallzahlen des AFDC von 221.000 im September 1992 auf 176.000 im Mai 1996. SCHIESSL (1999, S. 234) verdeutlicht in einem Artikel in der Wochenzeitschrift „Die Zeit" am Beispiel eines Arbeitsvermittlers die Praxis der Sozialhilfe in Zeiten der „harten Liebe" (wie die Amerikaner laut SCHIESSL die Soziahilfereform im Volksmund nennen): „‚Direct Job Placement', erklärt Joyce Dameron vom Sozialamt das System. Es funktioniert so: Die Hühnerfleischfabrik von Tyson Foods, dem größten Arbeitgeber am Ort, meldet ihre freien Stellen direkt ans Sozialamt, das postwendend seine Klienten schickt. Die können das Angebot für 5,50 Dollar die Stunde am Fließband Innereien aus Hühnerbäuchen zu reißen, kaum ablehnen: Wer sich weigert, verliert die Beihilfe. Auf diese Art entstand eine für Staat und Unternehmen praktische Symbiose. Der Lebensmittelmulti (Umsatz 1998: 7,4 Milliarden Dollar) kriegt Billigarbeiter frei Haus, das Sozialamt senkt die Fallzahlen. Nötigung? Eine Art Zwangsarbeit? Dameron schüttelt den Kopf: ‚Wer Arbeit braucht, muss alles nehmen' findet sie. ‚Wer solche Jobs nicht will, kann auch von uns nichts haben." „Workfare" erweist sich als funktional im Hinblick auf eine flexible Arbeitsgesellschaft, die der permanenten Arbeitsbereitschaft zu (fast) jedem Preis bedarf, ohne zugleich jederzeit Arbeitsgelegenheiten zur Verfügung zu stellen. Die Verpflichtung der Subjekte zur Veräußerung ihres Arbeitsvermögens auf dem Arbeitsmarkt wird mit den Programmen zur Arbeitsverpflichtung von Sozialhilfeempfängern (workfare) „zur staatsbürgerlichen Norm" erhoben (WAQUANT 2000, S. 64). Mit der Implementierung der zeitlichen Leistungsbegrenzung bei gleichzeitiger Arbeitsverpflichtung konnten - gemessen am Rückgang der Sozialhilfeklientel - „Erfolge" erzielt werden: nach Angaben von SCHIESSL (1999, S. 236 ist die Zahl der Fürsorgeempfänger seit 1996 um 40% gesunken, 1999 erhielten nur noch 12,3 Millionen Amerikaner Sozialhilfe (Tiefstand seit 32 Jahren) - bei gleichzeitig steigender sozialer Ungleichheit und Armut in den USA (vgl. WAQUANT 2000, S. 64 ff.).[26]

Als drittes Elemente einer veränderten sozialpolitischen Strategie, neben der Flexibilisierung der Arbeitsmärkte und Kommodifizierung des sozialstaatlichen Arrangements identifiziert WAQUANT eine rapide Zunahme der Kontrollorientierung des Staates, die sich vor allem in einer Verschärfung strafrechtlicher Normen und einer restriktiveren Strafverfolgungspolitik niederschlägt. Dabei handelt es sich nicht um die Reaktion auf eine exorbitante Kriminalitätssteigerung in den 90er Jahren, wie sie etwa RIFKIN (1997) als Reaktion auf die sozialen Verwerfungen der Zweiten Moderne prognostiziert hat, sondern vor allem um eine veränderte Strafrechtsphilosophie, die nach dem Prinzip „wehret den Anfängen" frühzeitige, drastische und konsequente Strafen als bestes Mittel gegen eine Verwilderung der Gesellschaft propagiert. Einige Beispiele mögen diese veränderte Strafrechtsphilosophie veranschaulichen und belegen.

In den verschiedenen Bundesstaaten der USA ist nach LUTTWAK insgesamt eine unterschiedlich ausgeprägte Tendenz zur rigorosen Verfolgung jeglichster Straftaten zu beobachten. Als Beispiel führt LUTTWAK (1999, S. 58 f.) den Bundesstaat Idaho an, „der mit 83.557 Quadratmeilen deutlich größer ist als England, mit schönen Bergen und saftigen Tälern, die bis an die kanadische Grenze reichen, mit ausgedehnten Ranches und einer blühenden High-Tech-Industrie in den wenigen kleinen Städten ... Von den 1,2 Millionen Einwohnern dieses Bundesstaates sind 95 Prozent Weiße, nur wenige sind arm, und noch weniger fallen dem Staat zur Last, und sei es auch nur deshalb, weil dort die Höchstgrenze für Sozialhilfe unabhängig von der Größe der Familie im Monat 276 Dollar pro Familie beträgt und außerdem auf zwei Jahre im ganzen Leben begrenzt ist. Die braven Einwohner Idahos müssen sich in ihrem unabhängigen, arbeitsamen und gottesfürchtigen Leben vor Kriminalität kaum fürchten, zum einen, weil sie so gute Menschen sind, und zum anderen, weil nur wenige Gesetzesbrecher auf freiem Fuß sind und Unordnung in ihr Leben bringen können. Auf die üblichen Verbrechen stehen hohe Strafen. Im Rahmen einer zunehmend rigiden Gesetzgebung wurde die Entlassung auf Bewährung bei guter Führung abgeschafft, seitdem sitzen Straftäter ... im Durchschnitt 44 Monate im Gefängnis. Manche würden in an-

26 GEBHARD/JACOBS/LEIBFRIED (2000) haben in ihrer schon erwähnten Vergleichsstudie zu den Sozialhilfereformen des Jahres 1996 in den USA und Deutschland die deutschen Reformen als eher moderat gekennzeichnet, wohingegen die US-amerikanische Reform als radikal gewertet wird, weil sie die Ziele und Struktur der Sozialhilfe insgesamt stark verändern. Als zentralen Trend teilen beide Reformen allerdings die verstärkte Arbeitsverpflichtung von Hilfeempfängern.

deren Bundesstaaten nicht einmal als Kriminelle gelten, aber in Idaho steht auf das Ausstellen ungedeckter Schecks, Trunkenheit am Steuer, Fahren ohne Führerschein und den Besitz kleinster Mengen Rauschgift bereits Gefängnis. Haftanstalten sind teuer, doch während sich die Ausgaben für die Armen 1997 nur auf 15 Millionen Dollar beliefen, fanden sich im Haushalt von Idaho für den Bau eines neuen Gefängnisses - mit dessen Leitung natürlich ein gewinnorientiertes Privatunternehmen beauftragt wurde - immerhin 200 Millionen Dollar."

Kalifornien führte 1994 zur „Abschreckung" für Mehrfachtäter ein neues Gesetz ein, das angelehnt an eine Baseballregel im Volksmund „Three strikes and you are out" genannt wurde. Die Regel besagt, dass ein Straftäter im Falle seiner dritten Verurteilung mit der Höchststrafe belegt werden muss. „Als Erster wurde seinerzeit ein Mann namens Jerry Dewayne Williams aufgrund des kalifornischen Three-Strikes-Gesetzes verurteilt. Der 27-jährige Williams hatte einer Gruppe von Kindern ein Stück Pizza entrissen, ein geringfügiger Diebstahl, wie es im amerikanischen Recht heißt. So etwas wäre früher als Vergehen eingestuft worden. Doch dank Williams Vorverurteilungen wegen Raubs, versuchten Raubs, Rauschgiftbesitzes und Fahrens ohne Führerschein, die allesamt verbüßt waren, wurde der Pizzaklau zum Verbrechen erklärt - Williams bekam 25 Jahre bis lebenslänglich" (SCHWELIEN 2000, S. 20). Wie in anderen Bundesstaaten ist die Three-Strikes-Regel eingebettet in eine insgesamt verschärfte Strafverfolgungspolitik. „Wer ohne ärztliches Attest einen Joint raucht, wird bestraft, bei der zweiten oder dritten Verurteilung mit 16 Monaten Haft. Wer Kokain verkauft, bekommt schon beim ersten Mal 180 Tage aufgebrummt. Hat er noch zwei Vorverurteilungen für frühere Verbrechen - was bei kleinen Dealern wegen der üblichen Beschaffungskriminalität häufig der Fall ist -, dann gilt auch für ihn: Three strikes and you are out" (ebd., S. 21).

Das wohl international bekannteste Beispiel für die verschärfte Strafrechtspolitik in den USA ist der unter den Begriffen „broken windows" und „zero toleranz" populär gewordene Strategiewechsel der New Yorker Sicherheitsbehörden unter der Ägide des Polizeichefs WILLIAM BRATTON. Die „broken windows" Theorie geht auf die konservativen Kriminologen J. Q. WILSON und G. KELLING zurück, die Anfang der 80er Jahre die These vertraten, „durch die kompromisslose Bekämpfung alltäglicher Bagatelldelikte ließen sich schließlich auch die großen kriminellen Plagen unserer Zeit zurückdrängen" (WAQUANT 2000, S. 16). BRATTON griff diese Annahme auf, machte sie zum inhaltlichen Credo seiner Strafverfolgungspolitik. „Unter Brattons Ägide begann die Polizei, Vergehen wie Schwarzfahren, Ecken pinkeln und Graffiti-Sprayen aggressiv zu verfolgen. Selbst Fußgänger, die bei Rot über die Straße laufen, werden gestellt. An Verbrechensschwerpunkten patrouillieren verstärkt Zivilstreifen. Die ‚Street Crime Units' stoppen Passanten nach dem Zufallsprinzip" (SCHIESSL 2000,

S. 80). Neben einer veränderten Philosophie griff Bratton auch in die Organisation der Polizeibehörde ein, die personell erheblich aufgestockten Polizeiabteilungen[27] wurden auch materiell besser ausgestattet mit computergestützten Erfassungssystemen, Bordcomputern in Streifenwagen u. Ä. Überdies betrieb Bratton, gemäß neuster Managementphilosophien, eine Verflachung der Entscheidungshierarchien durch eine Massenentlassung ranghoher Polizeioffiziere, vor allem der Revierkommissare. „Die Kommissariate werden in ‚profit centers' umgewandelt, wobei der ‚Profit' in der statistischen Verringerung registrierter Verbrechen besteht und alle eingesetzten Kräfte ausschließlich nach diesem Kriterium bewertet werden. Er (BRATTON, M.G.) leitet, um es kurz zu sagen, die Polizeibehörde wie ein Industrieller, dessen Betrieb von den Aktionären als unzureichend leistungsfähig eingestuft wurde" (WAQUANT 2000, S. 18 f.). Die Erfolge dieser Strategien drücken sich in der gesunkenen Zahl der Straftaten aus: „Die Zahl der Delikte insgesamt sank um die Hälfte, Vergewaltigungen gingen um 25% zurück, Raubüberfälle um 54 Prozent, Morde gar um 70 Prozent" (SCHIESSL 2000, S. 80).[28] Der Preis für diese Erfolgsbilanz ist allerdings nicht gering. So führte die Strafverfolgungsoffensive zu einer „beispiellosen Überlastung der Gerichte" (WAQUANT 2000, S. 30) und Gefängnisse. Auf jeden der 77 Richter des New Yorker Strafgerichtshofs entfielen 1998 3.500 Fälle, eine Verdoppelung gegenüber 1993. Die Zahl der Einlieferungen ins städtische Gefängnis ist von 106.900 im Jahr 1993 auf 133.300 im Jahr 1997 gestiegen und übersteigt damit laut WAQUANT die Zahl der Gefängniseinlieferungen in ganz Frankreich. Die verschärfte Kontroll- und Strafpolitik traf dabei vorrangig die ärmeren und hier wiederum vor allen die ethnischen Minderheiten. „Aus den Straßenkontrollen ist Terror gegen Minderheiten geworden. Jüngst hat die US-Bürgerrechtskommission die Polizeipraxis als rassistisch eingestuft" (SCHWELIEN 2000, S. 80). Allein 1998 musste

---

27 Nach WAQUANT (2000, S. 19) konnte BRATTON über eine außergewöhnliche Steigerung der Mittel verfügen. „Innerhalb von fünf Jahren ist das Budget der Polizei um 40% auf 2,6 Milliarden Dollar gestiegen (das ist z.B. das Vierfache des Etats der öffentlichen Krankenhäuser) und es wurden 12.000 neue Polizisten eingestellt, was für 1999 eine Gesamtzahl von 46.000 Beschäftigten im Polizeidienst ergibt, davon 38.600 Polizeibeamte in Uniform. Im vergleichbaren Zeitraum wurden die Mittel der sozialen Dienste der Stadt um ein Drittel gekürzt und ihr Personalbestand sank um 8.000 auf 13.400."

28 Laut WAQUANT (2000, S. 20) ist diese Erfolgsstatistik allerdings nicht zweifelsfrei der Politik Brattons zuzuschreiben, da bereits drei Jahre vorher die Kriminalitätsrate in vergleichbaren Hochburgen wie Boston, Chicago und San Diego zu sinken begangen, ohne dass man sich dort der New Yorker Strategie bediente. San Diego, wo die Mordrate innerhalb von 8 Jahren ebenfalls um 76,4% sank, verfolgte ein anderes Konzept, in dem „die Stadt in 99 Nachbarschaften mit fest zugeordneten Polizeigruppen aufgeteilt (wurde, M.G.) zu denen ein Vertrauensverhältnis aufgebaut wurde. Zwecks Erfolgskontrolle wird alljährlich die Bürgerzufriedenheit erhoben - zuletzt äußerten 89 Prozent Zustimmung" (SCHIESSL 2000, S. 80).

die New Yorker Polizei 40 Mio. Dollar Entschädigung für ungerechtfertigte Verhaftungen aufbringen.

Die Folgen dieser Kontroll- und Strafrechtsoffensive sind nahe liegend: Amerika erfuhr in den 80er und 90er Jahren, wie es ULRICH BECK (1999, S. 18) zugespitzt hat, nicht nur ein Beschäftigungswunder, sondern auch ein Gefängniswunder, dass WAQUANT (2000, S. 68) auf die Formel des Übergangs vom Wohlfahrtsstaat zum strafenden Staat verdichtet. Demnach wuchs die Zahl der Inhaftierten von 380.000 im Jahr 1975 über 740.000 im Jahr 1985 auf 2 Millionen im Jahr 1998 an, mit einer konstanten Wachstumsrate von 8% in den 90er Jahren. „Die Verdreifachung der Haftbevölkerung während der letzten 15 Jahre ist ein für demokratische Gesellschaften bislang einmaliges Phänomen, insbesondere da sie während eines Zeitraums stattfand, in dem die Kriminalitätsrate weltweit konstant blieb und später sogar abnahm" (ebd., S. 69). Im Vergleich zu den europäischen Staaten weisen die USA eine exorbitant hohe Inhaftierungsquote auf, die laut WAQUANT nur von der Russlands mit 750 pro 100.000 Einwohner übertroffen wird (vgl. Tabelle 14).

Tabelle 14: Inhaftierungen 1997 in den USA und ausgewählten europäischen Ländern

	Inhaftierte	Quote pro 100.000 Einwohner
USA	1.785.079	648
Portugal	14.634	145
England/Wales	68.124	120
Spanien	42.827	113
Deutschland	74.317	90
Frankreich	54.442	90
Niederlande	13.618	87
Italien	49.477	86
Dänemark	3.299	62
Schweden	5.221	59
Quelle: WAQUANT (2000, S. 70)		

Dabei sind vor allem Schwarze vom „großen Einsperren zu Ende unseres Jahrhunderts" (ebd., S. 72) betroffen. Seit 1989 stellen die Afroamerikaner die Mehrheit der Neueinweisungen in Staatsgefängnisse - bei einem Bevölkerungsanteil von 12%. „1995 waren von 22 Millionen schwarzen Amerikanern 767.00 in Haft, 999.000 waren zu Bewährung mit Auflagen verurteilt und 325.000 auf Bewährung freigelassen. Damit stehen insgesamt 9,4% dieser Population unter Aufsicht der Strafgerichtsbarkeit. Bei der weißen Bevölkerung ergibt eine hoch gegriffene Schätzung eine entsprechende Quote von 1,9% bei insgesamt 163 Millionen Erwachsenen, also etwa ein Fünftel" (ebd., S. 83). Gerade an diesem Beispiel wird augenscheinlich, dass die Staatskritik des Neoliberalismus offensichtlich nicht, wie MILTON FRIEDMANNs (2000) markiger Spruch vom guten Staat, der notwendig ein kleiner Staat sein muss, dies suggeriert, auf eine Abschaffung des Staates abzielt, sondern - wie im skizzierten Fall - auf eine Funktionsverlagerung von der Kontrolle der Märkte zur Kontrolle der Menschen.[29]

WAQUANT sieht einen direkten Zusammenhang zwischen den sozialen Folgen arbeitsmarktlicher Deregulierung der Lohnarbeit, dem Abbau sozialer Sicherung und der drastischen Verschärfung strafrechtlicher Kontrolle und Verfolgung. „In erster Linie trägt das Strafrechtssystem, durch seinen ausgeprägten Zwangscharakter, mehr als alle Verwaltungsregelungen und Kürzungen im Sozialbereich direkt zur Regulierung der untersten Segmente des Arbeitsmarkts bei. Zum einen senkt es die Arbeitslosenquote künstlich, indem es Millionen Menschen aus der Kategorie der ‚Arbeitsuchenden' herausnimmt, zum anderen werden zusätzliche Arbeitsplätze im Bereich der Güter und Dienstleistungen des Strafvollzugs geschaffen ... Man geht davon aus, dass die amerikanische Arbeitslosenquote der 1990 Jahre durch den Strafvollzug um 2 Prozentpunkte gesunken ist" (ebd., S. 87). Dieser Übergang von einem Krieg gegen die Armut, wie er noch die US-amerikanische Sozialpolitik von Mitte der 60er Jahre bis Mitte der 70er Jahre bestimmte (vgl. HAMMEL 1999, S. 46 ff.), zu einem Krieg gegen die Armen, wie ihn WAQUANT u.a. beschreiben, macht auch theoretisch Sinn: Dort wo die Arbeitspflicht radikal verallgemeinert wird, Arbeit aber zugleich diskontinuierlicher, flüchtiger, weniger planbar, episodenhafter wird und zudem unter materiell prekären Bedingungen vollzogen werden muss, kann sie selbst nicht mehr die Kontrolle ausüben, wie noch unter den Kontinuitätsbedingungen der Arbeitsgesellschaft der Ersten Moderne. BECK (BECK/WILLMS 2000, S. 213) hat in diesem Sinne zu Recht betont: „Das heißt mit der Arbeit ist eine alltägliche Sinnsetzung und Kontrolle, eine verinnerlichte Herrschaftsstruktur verbunden. Die Leute werden beschäftigt, und sie werden dadurch kontrollierbar, man kann sagen, dass der Wunsch, über den Arbeitsmarkt eine Tätigkeit und damit eine Existenz, eine Biografie, eine Identität aufzubauen, eine der raffiniertesten Formen der Selbstanpassung, Selbsteinpassung der Individuen in die gesellschaftliche Herrschaftsstruktur ist." Auf diesem Hintergrund sind Liberalisierung der Arbeitsmärkte, Zunahme sozialer Ungleichheit, radikalisierte Arbeitsverpflichtung, Zwangsarbeit und verschärfte Strafverfolgung Aspekte einer neuen Strategie der sozialstaatlichen Regulation des flexiblen Arbeitsbürgers. Gerade die Zunahme an Sozialer Ungleichheit, die REICH (1996), THUROW (1996), WAQUANT (2000), LUTTWAK (1999), CHOMSKY (2000) und andere in den USA als sozialen Spaltungsprozess beschreiben, führt zwingend zu einem

29 Das amerikanische Beispiel scheint CHRISTOPH BUTTERWEGGE (1999 b, S. 436) recht zu geben: „Tatsächlich ist Neoliberalismus nicht mit Staatsfeindschaft gleichzusetzen, sondern er differenziert sehr genau zwischen unterschiedlichen Staatsfunktionen: Was man dem (helfenden) Sozialstaat an Finanzmitteln verweigert, billigt man dem (strafenden) Kriminalstaat gern zu. Transformation, nicht Liquidation oder Substitution des Sozialstaates ist das Ziel der Ultraliberalen."

erhöhten Kontrollbedarf an den flüssiger werdenden Grenzen zwischen den sozialen Sphären.[30] Eine gespaltene Gesellschaft ist eine Gesellschaft mit hohem Kontrollbedarf oder anders ausgedrückt, eine Gesellschaft, in der sich der Staat aus der sozialen Verantwortung für die BürgerInnen zurückzieht und sich Regulationspolitik wieder primär als Ordnungspolitik realisiert.[31]

„Dritter Weg" und „aktivierender" Sozialstaat

Unter dem Stichwort „Dritter Weg"[32] werden seit Anfang der 90er Jahre Ansätze einer modernisierten sozialdemokratischen Politik in Europa zusammengefasst, die sich in der politischen Geographie mitte-links einordnet. Dabei ist der Begriff „Dritter Weg" nicht neu. Bereits während des kalten Krieges wurde die Sozialdemokratie selber als ein Dritter Weg zwischen US-amerikanischen Marktliberalismus und den Staaten des real exis-

30 THUROW (1996, S. 389) führt als weiteres Indiz für eine Zunahme des gesellschaftlichen Kontrollbedarfs den Boom der privaten Wach- und Schutzdienste in Amerika sowie die Ausbreitung „geschützter Wohnareale" an, die - hätte man sie als Beispiel erfunden - den Verfasser noch vor wenigen Jahren als mit einer blühenden Phantasie ausgestattet ausgewiesen hätte. „In Kalifornien gibt es eine Siedlung mit einer Stadtmauer, einem Wassergraben, einer Zugbrücke und einem Instrument namens ‚Poller', das in die Unterseite von Autos, die ohne Genehmigung auf das Gelände fahren, einen fast einen Meter langen Metallzylinder schießt." Vielleicht sind es solche Beispiele, die THUROW zu seiner eher düsteren Prognose veranlassen, wir befänden uns auf dem Weg in ein neues Mittelalter und die gegenwärtigen Krisentendenzen wiesen erstaunliche Parallelen zum Untergang des römischen Reiches auf (vgl. ebd., S. 284 f.). Zumindest in der Tendenz weiß sich THUROW allerdings mit vielen Protagonisten der Debatte einig: So zeichnet EDWARD LUTTWACK (1999) das Bild einer sich der demokratischen Kontrolle zunehmend entledigenden Diktatur des Kapitals, JEREMY RIFKIN (1997) prognostiziert eine um sich greifende soziale Verelendung und Kriminalisierung, WARNFRIED DETTLING (1998 b) spricht von einer möglichen „Brasilianisierung" Europas, VIVIANNE FORRESTER (1997; 2001) sieht uns auf dem Weg vom „Terror der Ökonomie" zur „Diktatur des Profits" und RICHARD RORTRY hält es in einem Interview für klar, „dass die Wahrscheinlichkeit eines Volksaufstandes mit jedem Jahr wächst, in dem es mit den unteren 75 Prozent in kapitalistischen Gesellschaften konsequent abwärts geht" (RORTRY/SENNET 1998, S. 143).

31 Für ROBERT REICH (1996, S. 31) hat die ökonomische Entwicklung der 80er und 90er Jahre dazu geführt, dass es die „traditionelle Gemeinschaft der Amerikaner" nicht mehr gibt. „Die Mehrheit lebt, jeweils für sich, entweder in schicken Eigentums-Wohnanlagen und Wohnkolonien oder in baufälligen Apartmenthäusern und Sozialwohnungen. Sie pendelt zur Arbeit und pflegt Bekanntschaften auf anderer Basis als der geographischen Nähe zum Schlafplatz. Und die meisten packen sowieso alle fünf Jahre die Koffer und ziehen in eine andere Gegend. Es gibt nur eins, was Amerikaner zunehmend mit ihren Nachbarn gemein haben, und diese Gemeinsamkeit bildet zugleich die Grundlage der neuen amerikanischen ‚Gemeinschaft': die Höhe des Einkommens. (...) Das neue amerikanische Gemeinschaftsgefühl beruht zunehmend auf der Einkommenshöhe und dem Geschmack, der damit einhergeht."

32 Für Hinweise und Anregungen zur Ideologie und Praxis des „Dritten Weges" danke ich PATRICIA KOSCHEK.

tierenden Sozialismus sowjetischer Prägung gesehen. Die Renaissance des Dritten Weges in den 90er Jahren wurde insbesondere von den amerikanischen Demokraten und der britischen Labour Party auf den Weg gebracht und von einigen sozialdemokratischen Regierungschefs Europas aufgenommen.[33]

Vordenker der Umgestaltung der Labour Party von einer traditionellen linken Arbeiterpartei zu einer „modernen Partei der linken Mitte“ ist ANTHONY GIDDENS (1997, 1999, 2000). Eckpunkte der Politik des Dritten Weges bzw. des „New Progressivism“ (der ‚neuen Fortschrittlichkeit‘, wie das Konzept in den USA genannt wird) sind

- Stärkung der Eigenverantwortung,
- Mobilisierung der Zivilgesellschaft[34] und
- Chancengleichheit (vgl. GIDDENS 2000, S. 2).

Der „Dritte Weg“ unterscheidet sich in seinem Umgang mit den „Konsequenzen der Moderne“ in zwei Punkten von der traditionellen Sozialdemokratie: Zum einen teilt der „Dritte Weg“ mit den Liberalen seine Abneigung gegen Eingriffe in die Dynamik von Märkten, deren Kreativität und Dynamik durch solche Eingriffe nur gebremst werden. Anders als der Liberalismus sind sich die VertreterInnen des dritten Weges allerdings bewusst, dass die Dynamik des Marktes zu sozialen Verwerfungen führt, die durch Intervention des Staates zu regulieren sind. Zum anderen teilt GIDDENS die Ansicht BECKs, dass die Ära BISMARCks vorbei ist, da der wohlfahrtsstaatliche Kompromiss nur unter den Bedingungen der „einfachen Moderne“ funktionieren konnte. Da die einfache Moderne aber in eine reflexive Moderne übergegangen ist, die durch eine Zunahme von Risiken und Unsicherheit im Zuge von Globalisierung, Krise der Erwerbsarbeit, Individualisierung und Pluralisierung gekennzeichnet ist, ist die für die Arbeitsgesellschaft der ersten Moderne typischen Haltung der „vorsorgenden Nachsorge“ (GIDDENS 1997, S. 247) nicht mehr hinreichend. Die Zweite Moderne ist gekennzeichnet durch beschleunigten Strukturwandel und eine Entgrenzung von Risiken, die GIDDENS allerdings nicht nur als Problem wahrnimmt. „Das Risiko ist kein bloß negatives Phänomen - etwas, das es zu vermeiden oder auf ein Mindestmaß zu reduzieren gilt. Es ist zugleich die Antriebskraft einer Gesellschaft, die sich von Natur und Tradition losgerissen hat. (....) Wir alle benötigen

33 Zu den Protagonisten des „Dritten Weges“ gehören u.a. TONY BLAIR (Großbritannien), GERHARD SCHRÖDER (Deutschland), GÖRAN PERSSON (Schweden) und WIM KOK (Niederlande). In der bundesrepublikanischen Diskussion um eine Erneuerung des Sozialstaats werden Grundelemente des Modells des Dritten Weges unter dem Stichwort des „aktivierenden Sozialstaats“ vorgeschlagen und diskutiert. Vgl. VON BANDEMER/HILBERT (1999); OLK (2000); TRUBE/WOHLFAHRT (2001). Vgl. auch Kapitel 9.

34 Auf den Aspekt der Zivilgesellschaft wird in Kapitel 9 noch genauer eingegangen. Vgl. vorläufig BÖLLERT (2000); THAA (2000).

Schutz vor Risiken, aber eben auch die Fähigkeit, uns auf sie einzulassen und sie uns in produktiver Weise zunutze zu machen" (GIDDENS 1999, S. 79).

Eine moderne sozialdemokratische Sozialpolitik versucht folglich nicht mehr, Risiken in solidarisch-korporatistischen Strukturen (wie dem System der Sozialversicherungen) zu bearbeiten, sondern will die Subjekte in ihren sozialen Netzwerken unterstützen, selbst kreativ mit den neuen Anforderungen umzugehen. Sozialleistungssysteme sollen nicht mehr „die Versuchung zu unehrlichem Verhalten erzeugen" sondern „eine risikobereite Einstellung..., wenn möglich durch Anreize, wenn nötig durch gesetzliche Verpflichtungen" (ebd., S. 143) fördern. Der kompensierende Wohlfahrtsstaat soll - in der Terminologie GIDDENs - zum ermöglichenden Sozialinvestitionsstaat werden - zur Not mit Druck. Die Neubewertung sozialer Risiken mündet deshalb in einer Neubewertung des Verhältnisses von Individuum und Gesellschaft und damit auch von Rechten und Pflichten. „Vielleicht könnte das zentrale Motto der neuen Politik so lauten: Keine Rechte ohne Verpflichtungen. (...) Die Sozialdemokratie alten Stils neigte (...) dazu Rechte als unbedingte Ansprüche zu behandeln" (ebd., S. 81). Weitgehende „Freiheit der Märkte" gepaart mit einer sozialpolitischen Philosophie, die Risiken nur noch auf Basisniveau zu „versichern" beabsichtigt, dafür bildlich gesprochen einen „Werkzeugkasten" zur Verfügung stellen will, der es dem Einzelnen erlaubt sich eine Leiter zu bauen, um durch eigene Kraft einen Ausweg aus der „Fallgrube" zu finden, die in der flexiblen Arbeitsgesellschaft und den ihr eigenen diskontinuierlichen Biographieverläufen an Zahl und Tiefe zunehmen, sind die Eckpfeiler des neuen sozialstaatlichen Arrangements, das die GRUNDWERTEKOMMISSION IM PARTEIVORSTAND DER SPD (1999, S. 11) in Anlehnung an einen britischen Labour-Abgeordneten auf die Formel bringt: „Der Staat schafft die Rahmenbedingungen, deren faire Chancen dann die Bürger in individueller Verantwortung wahrnehmen sollen. Danach gilt für die Verteilung das (meritokratische) Prinzip des Marktes."

Die Programmatik des Dritten Weges weist deutliche strukturelle Gemeinsamkeiten mit der Philosophie der amerikanischen Sozialreformen der 90er Jahre auf (womit keine Aussage über Art und Ausmaß der Realisierung dieser Philosophie in den jeweiligen Staaten getroffen ist), die nach WAQUANT (2000) nicht zuletzt auf den Transfer der Ideen durch Protagonisten wie LAWRENCE MEAD u.a. zurückzuführen ist und die ihren Ausdruck auch in den europäischen Verlautbarungen der Vertreter des dritten Weges finden. Aus sozialpolitischer Perspektive sind vor allem folgende Punkte bedeutsam:

- Das wohlfahrtsstaatliche Modell der sozialstaatlichen Sicherung wird in seinen Grundsätzen kritisiert: „In der Vergangenheit wurde die Förderung der sozialen Gerechtigkeit manchmal mit der Forderung nach Gleichheit im Ergebnis verwechselt. Letztlich wurde damit die Bedeutung von eigener Anstrengung und Verantwortung ignoriert und nicht belohnt und die soziale Demokratie mit Konformität und Mittelmäßigkeit verbunden statt mit Kreativität, Diversität und herausragender Leistung. Einseitig wurde die Arbeit immer höher mit Kosten belastet. (...) Wir haben Werte, die den Bürgern wichtig sind - wie persönliche Leistung und Erfolg, Unternehmergeist, Eigenverantwortung und Gemeinsinn - zu häufig zurückgestellt hinter universelles Sicherungsstreben." (SCHRÖDER/BLAIR 1999, S. 325). Die Motive der liberalen Sozialstaatskritik wie Leistungsmissbrauch, Ausbreitung eine Versorgungsmentalität, abnehmender Leistungswille etc. finden sich hier alle in recht deutlicher Form wieder, zuletzt in der oben erwähnten, von GERHARD SCHRÖDER in Gang gesetzten „Faulenzer-Debatte" (vgl. SCHRÖDER 2001).

- Folge ist ein notwendiger Wandel der Sozialpolitik, der sich in drei Punkten konkretisiert: (1) Durch Steuersenkungen soll sich Leistung und Arbeit wieder lohnen: „Die Steuerbelastung von harter Arbeit und Unternehmertum sollte reduziert werden" (ebd., S. 327). (2) Die öffentliche Verwaltung ist effizienter zu gestalten und nach den Wettbewerbsregeln des Marktes zu reorganisieren. „Der öffentliche Dient muss den Bürgern tatsächlich dienen: Wir werden nicht zögern, Effizienz-, Wettbewerbs- und Leistungsdenken einzuführen. (....) Innerhalb des öffentlichen Sektors muss es darum gehen, Bürokratie auf allen Ebenen abzubauen, Leistungsziele zu formulieren, die Qualität öffentlicher Dienste rigoros zu überwachen und schlechte Leistungen auszumerzen" (ebd., S. 326). (3) In einer verstärkten Betonung der Eigenverantwortung der Subjekte zur Reproduktion über den Arbeitsmarkt. „Wir brauchen aktive Regierungen, die nicht die Arbeit der Wirtschaft verrichten, sondern unsere Bürger vielmehr motivieren und befähigen, den Arbeitsmarkt zu erobern, ihre Fähigkeiten zu erweitern und eigene Unternehmen zu gründen. (...) Sozialpolitik muss mehr als ein Sicherheitsnetz sein. Sie sollte ebenso auf aktive Hilfe ausgerichtet sein, die Arbeit und Unabhängigkeit fördert und Problemen vorbeugt, anstatt sie zu lindern" (BLAIR/ KOK/PERSSON/SCHRÖDER 2000, S. 7).
- Der reaktive Wohlfahrtsstaat ist mit Blick auf die Zielfolie eines aktivierenden „Sozialinvestitionsstaats" zu erneuern und zu reformieren, der Ermöglichungsstrukturen in Form von Arbeitsgelegenheiten, Bildungsangeboten etc. schafft, um den Einzelnen so „fit" zu machen, dass ihn die rasend beschleunigten Innovationszyklen der flexiblen Arbeitsgesellschaft nicht außer Atem geraten lassen. Soziale Sicherung soll vom abfedernden „Ruhekissen" zum „Sprungbrett in die Eigenverantwortung" (SCHRÖDER/BLAIR 1999, S. 329) umgebaut werden. „Zeiten der Arbeitslosigkeit müssen in einer Wirtschaft, in der es den lebenslangen

Arbeitsplatz nicht mehr gibt, eine Chance für Qualifizierung und persönliche Weiterbildung sein. Teilzeitarbeit und geringfügige Arbeit sind besser als gar keine Arbeit, denn sie erleichtern den Übergang von Arbeitslosigkeit in Beschäftigung. Eine neue Politik, mit dem Ziel arbeitslosen Menschen Arbeitsplätze und Ausbildung anzubieten, ist eine sozialdemokratische Priorität - wir erwarten aber auch, dass jeder die ihm gebotenen Chancen annimmt“ (ebd., S. 330).

- Als drittes Element neben einer Liberalisierung der Märkte und dem Umbau des Sozialstaats zum aktivierenden Staat betont der Dritte Weg die Bedeutung der öffentlichen Sicherheit, den immer drängenderen Problemen von „Kriminalität, sozialem Zerfall und Drogenmissbrauch“ (ebd., S. 326). „Wir wissen auch, dass einer der schädlichsten Einflüsse auf ein Gemeinwesen das Verbrechen ist. Daher sind wir entschlossen, alle uns zur Verfügung stehenden Instrumente zur Bekämpfung des Verbrechens und seiner Ursachen zu nutzen, von wirksamer Polizeiarbeit in den Gemeinden bis hin zur neuesten DNA-Technologie“ (BLAIR/KOK/ PERSSON/SCHRÖDER 2000, S. 7).

Gerade hinsichtlich der Strafrechtspolitik ist es zwingend geboten, zwischen Rhetorik und Praxis zu unterscheiden, da mit den Fragen öffentlicher Ordnung und Kriminalität sozialpsychologisch höchst sensible Fragen angesprochen sind (vgl. HITZLER/PETERS 1998). Betrachtet man nun die Entwicklung der Strafrechtspolitik in Europa gemessen am Indikator der Entwicklung der Inhaftiertenzahlen, so zeigt sich ein uneinheitlicher Trend. Während Länder wie Spanien (192%), Portugal (140%), Niederlande (240%), Irland (66%), England/Wales (43%) zwischen 1983 und 1997 bei sehr unterschiedlichen Ausgangsniveaus z.T. erhebliche Zuwächse der Zahlen ihrer Inhaftierten verzeichnen - ohne je auch nur annähernd das Niveau der USA zu erreichen, erweisen sich andere Länder wie Österreich (- 8%), Finnland (- 41%) und auch Deutschland (alte Bundesländer) (- 4%) als resistent gegen den Trend zur Erhöhung der Strafintensität und -häufigkeit (vgl. WAQUANT 2000, S. 94 u. S. 147). Für Großbritannien zieht WAQUANT (2000,. S. 134) ein negatives Fazit: „New Labour hat damit John Majors Politik eines strafrechtlichen Umgangs mit Elend vollständig übernommen und sorgt, aus gutem Grund, für ihren weiteren Ausbau: sie bildet das unverzichtbare funktionelle Gegenstück zur Einführung unsicherer und unterbezahlter Arbeitsverhältnisse und der drakonischen Beschneidung sozialer Absicherung, die von New Labour als Prüfsteine auf ihren ‚Dritten Weg‘ zwischen Kapitalismus und Sozialdemokratie angesehen werden. Wirtschaftliche Deregulierung und strafrechtliche Reglementierung gehen Hand in Hand: der Abbau sozialer Investitionen bedingt notwendigerweise erhöhte Investitionen in den Strafvollzug als einzigem Mittel zur Bewältigung der Auflösungserscheinungen, die vom Abbau des Wohlfahrtsstaates und der damit verbundenen allgemeinen materiellen Unsicherheit im unteren Bereich des Klassengefüges ausgehen."

In Deutschland unterliegen die Verurteiltenzahlen seit Anfang der 80er Jahre zwar Schwankungen, gleichwohl hat sich das Gesamtniveau nicht wesentlich erhöht (vgl. Tabelle 15).

Tabelle 15: Entwicklung der Verurteiltenzahlen in den alten Bundesländern* 1970 - 1999

Jahr	Verurteilte
1970	643.285
1975	664.536
1980	732.481
1985	719.924
1990	692.363
1995	759.989
1999	759.661

* ab 1995 einschließlich Berlin-Ost
Quelle: Statistisches Bundesamt (www.statistik-bund.de/basis/a/recht/rechts3.htm)

Allerdings ist die Zahl der Strafgefangenen, d.h. jener Angeklagten, die zu einer Freiheitsstrafe verurteilt wurden, gegen Ende der 90er Jahre deutlich angestiegen, und zwar von 51.642 im Jahr 1997 auf 59.707 im Jahr 1999, was einer Zunahme von rund 16% entspricht. Diese Daten könnten darauf hindeuten, dass sich zwar die justizielle Kontrolle in der Bundesrepublik im Laufe der 80er und 90er Jahre „nur" vergleichsweise moderat ausgeweitet hat, dass allerdings für diejenigen, die justiziellen Sanktionen unterliegen, die Wahrscheinlichkeit steigt, mit härteren und höheren Strafen belegt zu werden.

In eine ähnliche Richtung verweist JOACHIM WALTER (2000), Leiter der Justizvollzugsanstalt Adelsheim, der für Baden-Württemberg in der zweiten Hälfte der 90er Jahre einen deutlichen Anstieg der Inhaftiertenzahlen im Zuständigkeitsbereich des Jugendstrafrechts hervorhebt. Demnach wird in Baden-Württemberg „wieder häufiger (steiler Anstieg der Belegung) und früher (gesunkenes Alter bei Zugang zur Jugendstrafe ohne Bewährung)" (ebd., S. 253) auf Freiheitsentzug als Reaktion auf jugendliche Delinquenz zurückgegriffen. WALTER führt die Zunahme der Inhaftiertenzahlen nicht auf eine steigende Jugendkriminalität zurück, sondern auf ein verändertes Entscheidungsverhalten innerhalb der Jugendstrafrechtspflege und damit ein sich verschärfendes Strafrechtsklima. Der Anstieg der Tatverdächtigenzahlen hat über Jahre hinweg nicht zu einer Erhöhung der Verurteiltenzahlen und Inhaftiertenzahlen geführt.[35] „Im Gegensatz zu den Tatverdächtigenzahlen haben sich diese vielmehr insgesamt nahezu gleich bleibend auf erheblich niedrigerem Niveau gehalten. Der Schluss von steigenden Tatverdächtigenbelastungsziffern auf eine allgemein steigende Jugendkriminalität erweist sich somit als eine unzulässige Verallgemeinerung" (ebd., S. 253). Um die Trends der verschiedenen statistischen Indikatoren für die Entwicklung von Kriminalität und Strafverfolgungspolitik auf eine Formel zu bringen, die die angedeuteten Entwicklungen zusammenfasst: Während die Verdächtigtenzahlen gestiegen sind, blieben die Verurteiltenzahlen vergleichsweise stabil, allerdings mussten die Verurteilten mit früheren und härteren Strafen rechnen.

Als Indiz für eine Verschärfung des strafrechtlichen Klimas in Deutschland kann auch gewertet werden, dass die CDU/CSU-BUNDESTAGSFRAKTION im April 2000 einen Gesetzentwurf unter dem Titel „Gesetz zur Verbesserung der gesetzlichen Maßnahmen gegenüber Kinder- und Jugendkriminalität" (Bundestagsdrucksache 14/3189, Gesetzentwurf der CDU/CSU-Fraktion vom 12.04.2000) eingebracht hat, den sie als Reaktion auf die „Besorgnis erregende" Steigerung der Kinder- und Jugendkriminalität versteht und der u.a. eine Senkung der Eingriffsschwelle, Einführung richterlicher Erziehungsgespräche und erweitertes Weisungsrecht, Fahrverbote, Meldepflicht, Einführung eines „Einstiegsarrests", Ahndung von Straftaten Heranwachsender nach Erwachsenenstrafrecht, Erhöhung der Höchststrafe für Jugendliche von 10 auf 15 Jahre vorsieht (vgl. zur Kritik BETTINGER 2001). Die Bundesländer Thüringen (Gesetzesantrag vom 15.09.2000, Bundestagsdrucksache 14/5014 vom 21.12.2000), Bayern (Gesetzesantrag vom 17.10.2000) und Mecklenburg-Vorpommern (Gesetzesantrag vom 16.11.2000) haben im Laufe des Jahres 2000 ebenfalls Anträge zur Änderung des Jugendstrafrechts eingereicht, die z.T. auf ähnliche Punkte abzielen, wie der Entwurf der

35 Wie die jährliche Veröffentlichung der Polizeilichen Kriminalstatistik (PKS) und ihre mediale Thematisierung (zumeist in Form von Politikerwehklagen über die „besorgniserregende Zunahme" insbesondere der Jugendkriminalität) immer wieder plastisch vor Augen führt, sind Zahlen (nicht nur) in diesem Sektor ein höchst sensibles Produkt. Die kriminologische Forschung hat den spezifischen Aussagewert der unterschiedlichen Statistiken ebenso herausgearbeitet, wie ihre Schwach- und Leerstellen, ohne das dies dem eher skandalisierenden Tenor der öffentlichen Thematisierung abträglich gewesen wäre. So stieß etwa der gebetsmühlenartig vorgetragene Einwand, die Polizeiliche Kriminalstatistik sei als Abbild der Kriminalitätsentwicklung ungeeignet, da sie primär ein Tätigkeitsbericht der Polizei sei, in den veränderte, verbesserte Verfolgungsmethoden ebenso eingehen würden wie verändertes Anzeigeverhalten in der Bevölkerung oder eine schärfere Strafverfolgungspolitik a là „broken windows", auf wenig Resonanz im öffentlichen Diskurs. Vgl. zur Problematik der Erfassung der Jugendkriminalität durch die öffentlichen Statistiken WEITEKAMP/MEIER (1998).

Bundestagsfraktion (Fahrverbote, Meldepflicht) und darüber hinaus eine Beschleunigung der Verfahren vorsehen.[36]

Die hier anhand des politischen Diskurses aufgezeigten sozialpolitischen Elemente wie

- Senkung von Steuern und Abgaben, Abbau von Marktbeschränkungen
- Ab- und Umbau sozialstaatlicher (Ver-)Sicherung; erhöhte Eigenbeteiligung und Neugewichtung von Rechten und Pflichten
- verstärkte Verpflichtung zur Arbeit

finden sich in der sozialpolitischen Praxis der sich dem „Dritten Weg" verpflichtet fühlenden Regierungen in mehr oder minder ausgeprägter Form wieder.[37]

Ein Beispiel für die Neugewichtung von Rechten und Pflichten, für den „aktivierenden" Umbau des Sozialstaats ist das britische „welfare to work Programm", das idealtypisch die Elemente der Verknüpfung von Unterstützung an erbrachte Leistungen, der Qualifikation und der Förderung zivilgesellschaftlichen Engagements integriert. Der „New Deal" für jugendliche Arbeitslose, Anfang 1998 in Testregionen erprobt und im April 1998 landesweit eingeführt, zielt auf die Förderung der Beschäftigungsfähigkeit (employability) von 18 - 25-jährigen, die seit mindestens sechs Monaten arbeitslos sind. Anstelle einer reinen materiellen Unterstützung werden an Leistungen bestimmte Anforderungen geknüpft. „Die Möglichkeit, nicht teilzunehmen, besteht nicht, da sämtliche Unterstützung entzogen wird, wenn sich die Personen nicht für eine der vier Optionen entscheiden, die ihnen angeboten werden" (DOLTON/BALFOUR 2000, S. 379). Nach einer Einstiegsphase (Gateway) von bis zu vier Monaten Dauer müssen die Jugendlichen, sich für eine von vier Optionen der Beschäftigung entscheiden:

---

36 Vgl. zum genauen Wortlaut der verschiedenen Gesetzesinitiativen DVJJ-JOURNAL 4/2000, S. 328 ff. Ebenda ist auch die kritische Stellungnahme der Deutschen Vereinigung für Jugendgerichte und Jugendgerichtshilfen dokumentiert.

37 In wesentlichen Elementen unterscheidet sich die Programmatik des aktivierenden Sozialstaats bzw. des „Dritten Weges" nur unwesentlich von den Reformstrategien und Entwürfen, die eher dem konservativen Lager zugerechnet werden. Die KOMMISSION FÜR ZUKUNFTSFRAGEN DER FREISTAATEN BAYERN UND SACHSEN (1997 b) etwa schlägt einen Kanon von Maßnahmen vor, der von „Mut zur Lohnspreizung" (S. 106), Senkung des Sozialhilfeniveaus nach US-amerikanischen Vorbild zur Erhöhung des Beschäftigungsstandes im Niedriglohnsektor („Erwerbsfähige werden geneigter, Arbeit auch zu noch niedrigeren Löhnen anzunehmen" ebd., S. 22); einer weiteren Deregulierung von Güter- und Dienstleistungsmärkten sowie einer Privatisierung öffentlicher Unternehmen und Leistungen (S. 65), strikter Anwendung der Zumutbarkeitsanforderung bei Arbeitslosigkeit und Sozialhilfe (S. 25), Förderung von Qualifizierung und Schlüsselqualifikationen (S. 47) insbesondere von Arbeitstugenden und Leistungsbereitschaft (S. 47) bis hin zur vermögensbildenden Umgestaltung der Sozialen Sicherungssysteme (S. 2) reicht.

- „ein Arbeitsplatz mit staatlicher Lohnsubvention von 60 Pfund pro Woche, die dem Arbeitgeber sechs Monate lang ausgezahlt wird,
- eine auf sechs Monate befristete Stelle bei einem Umweltprojekt, das mit 15 Pfund über dem Sozialleistungssatz bezahlt wird,
- eine Stelle bei einer gemeinnützigen Einrichtung oder
- ein Platz in einem Vollzeitlehrgang bei voller Weiterzahlung der JSA" (HEINZE/SCHMIDT/STRÜNCK 1999, S. 134).

Aufgrund der kurzen Laufzeit liegen bisher nicht genügend empirische Ergebnisse vor, um die Maßnahmen des New Deal umfassend einzuschätzen. FISCHERMANN (2001, S. 18) fasst die Ergebnisse zusammen: „600.000 Briten haben am New Deal for Young People teilgenommen, und 180.000 haben dadurch Jobs am Markt gefunden und diese länger als drei Monate behalten. Andere sind in Programmen zur Arbeitsbeschaffung und in Ausbildung gelandet. Ein Drittel allerdings hat den New Deal aus ‚unbekannten Gründen' verlassen, mindestens ein Fünftel bezieht schon wieder Arbeitslosengeld. Zwar hätten viele der erfolgreichen Jobsucher auch ohne den New Deal eine Stelle gefunden - aber nach einer Schätzung des National Institute of Economic and Sozial Research (NIESR) wären es 60.000. weniger gewesen."[38]

Insgesamt deuten Analysen der sozialpolitischen Entwicklung Großbritanniens in den 90er Jahren darauf hin, dass die Reformen des dritten Weges den in der THATCHER-Ära grundgelegten Trend einer Zunahme sozialer Ungleichheit nicht gebrochen haben (vgl. OPPENHEIM 1998).[39]

---

38 Vgl. zu ersten vorläufigen Ergebnissen DALTON/BALFOUR (2000).

39 Lediglich zur Veranschaulichung - eine detaillierte Analyse und Bewertung der sozialpolitischen Entwicklung in England wäre ein eigenständiges Thema - sei hier das Fazit des SPIEGELs angeführt. „Aus ‚Cool Britannia' ist die ‚Katastropheninsel' geworden, auf der nach heftigen Regenfällen ganze Landstriche in den Fluten versinken, weil der Hochwasserschutz vernachlässigt wurde. Wo tödliche Eisenbahnunfälle offenbaren, dass das Schienennetz inzwischen so verrostet ist, dass allein die notwendigsten Reparaturen alle Fahrpläne zu Makulatur machen und die Fahrgäste im Nirgendwo stranden lassen. Hinzu gesellen sich Dauerkrisen wie etwa die von Krankenhäusern und Schulen. Nach einer Studie der Weltgesundheitsorganisation könnten von den Briten, die jährlich an Krebs sterben, bis zu 25.000 gerettet werden, wenn die Krankheit rechtzeitig diagnostiziert und behandelt würde. Die staatlichen Schulen sind auf ein derartig jämmerliches Niveau abgesunken, dass ein Fünftel aller Bürger nicht mehr über die mathematischen Grundkenntnisse verfügt, um das Wechselgeld zu zählen" (HOYER/SONTHAG 2001, S. 130). Und weiter: „Großbritannien ist die viertgrößte Wirtschaftsmacht weltweit, die Arbeitslosigkeit mit 5,6% so niedrig wie seit 26 Jahren nicht mehr und die Inflationsrate mit 1,8 Prozent die geringste Europas. London ist nicht nur die multikulturellste Stadt der Welt, sondern das unangefochtene Finanz- und Bankenzentrum Europas. Dennoch ist es keine journalistische Übertreibung, wenn etwa die ‚Times' Britannien zur Dritten Welt zählt. Denn während die Wirtschaft floriert und es der Mehrheit der Briten finanziell so gut geht wie

Auch in Deutschland lassen sich sozialpolitische Tendenzen belegen, die im Kern auf eine umfassende Kommodifizierung des sozialstaatlichen Arrangements hinweisen, wie z.B.

- die Debatten um Lohnabstandsgebot, Kombilohn und Etablierung eines Niedriglohnsektors,
- die rechtliche Verschärfung von Zumutbarkeitsregelungen in Arbeitsförderungs- und Sozialhilferecht[40] und
- der verstärkte Einsatz von Hilfen zur Arbeit im Rahmen Sozialhilfe.[41]

Kritiker des „Dritten Weges" haben vor allem zweierlei hervorgehoben. Zum einen handele es sich beim „Dritten Weg" um einen „Thatcherismus mit menschlichem Antlitz" (JESSOP 1998), der mit seinen sozialdemokratischen Begriffsartefakten nur mühsam den neoliberalen Gehalt seiner Botschaft kaschieren kann. TONY BLAIRs Charakterisierung als „Maggie Thatcher in Hosen" (HOBSBAWM 2000, S. 130) ist eine ironische Verdichtung dieses Bildes. In diese „Kritiklinie" passt sich das Lob MILTON FRIEDMANNs, eines der Väter des Neoliberalismus, für TONY BLAIR und seinen deutschen Kollegen GERHARD SCHRÖDER ein. FRIEDMANN (2000, S. 128) stellt fest: „Es ist in der Tat erstaunlich, dass es linken Parteien leichter fällt, rechte Reformen durchzusetzen. Das ist nicht nur in Deutschland so, sondern in halb Europa oder in Neuseeland. Reagan und Thatcher als konservative Reformer waren eher eine Ausnahme. (...) Die jetzigen Reformen in Deutschland entsprechen eigentlich perfekt den Ideen der Regierung

---

noch nie, rottet alles, was staatlich ist und dem Gemeinwohl dienen soll, vor sich hin" (ebd., S. 133).

40 Die SPD plant schon seit längerem eine Verschärfung der Arbeitsverpflichtungen für Empfänger von Sozialleistungen. So fordert der stellvertretende Fraktionsvorsitzende der SPD-Fraktion ERNST SCHWANHOLD unter dem Stichwort aktivierender Sozialstaat, das Arbeitslosengeld in Abhängigkeit von der Dauer der Arbeitslosigkeit abzusenken, um das „Interesse an der Aufnahme einer Tätigkeit" aufrechtzuerhalten. „Der Kürzung entgeht nach Schwanholds Plänen nur, wer ‚eigene Initiativen für eine Arbeitsaufnahme nachweist' - etwa durch ‚die Bereitschaft, geringer wertige Arbeiten zu übernehmen' oder durch ‚Vorbereitung auf eine Selbständigkeit'." (SAUGA 2000, S. 82). In einem interessanter Weise wortgleich betitelten Artikel („Zuckerbrot und Peitsche") skizziert MEYER-TIMPE (2001, S. 28) eine für Sommer 2001 avisierte Gesetzesinitiative der SPD nach dem Muster des „New Deal". Arbeitslose sollen demnach zu „Karriereplanung" und Weiterqualifikation bei Androhung des Verlusts des Arbeitslosengeldes ermuntert werden. Eine Arbeitsverpflichtung ist bislang innerhalb der Arbeitslosenversicherung nicht vorgesehen, da es sich beim Arbeitslosengeld um eine Versicherungsleistung handelt, im Rahmen derer die Versicherten Ansprüche auf Leistungen erwerben, die nicht beliebig aussetzbar sind.

41 Vgl. LOHOFF/MASSIP (1999); SONNENFELD (1998). Laut Pressemitteilung des Deutschen Städtetages vom 28. April 2000 lag die Zahl der arbeitslosen Sozialhilfeempfänger, die 1998 im Rahmen der Hilfen zur Arbeit beschäftigt wurden, bei 300.000 und damit um 50% höher als 1996. Hauptbeschäftigungsfeld ist demnach der Grünflächenbereich (18), gefolgt vom Handwerk (17%) und dem Sozialen Sektor (12%).

Kohl. Und dennoch musste erst Gerhard Schröder kommen, um sie durchzusetzen."

Zum anderen wird der Vorwurf erhoben, der „Dritte Weg" sei im Grunde genommen eine defensive Unterwerfung unter Globalisierung und Neoliberalismus. Deregulierung, Flexibilisierung, Lohnspreizung etc. werden als Naturgegeben hingenommen und als Gegenstände politischer Intervention ausgeklammert bzw. den Märkten zur Gestaltung überlassen. Die neue Politik der Rechte und Pflichten versucht lediglich die Individuen besser auf die schärfer gewordenen Bedingungen des individuellen (und nationalen) Überlebenskampfes vorzubereiten, sie an die Bedingungen der „neuen Zeit" anzupassen, nicht aber diese neuen Bedingungen zu kontrollieren.

Insbesondere der Verpflichtungsgedanke wird von Kritikern wie RALF DAHRENDORF (2000, S. 15) als unpassendes Instrument zur Erzeugung sozialen Zusammenhalts kritisiert: „Kann man die Leute zu ihrem Glück zwingen? In den so genannten freien Gesellschaften treten hier allerlei Erwägungen auf den Plan, die sämtlich auf Varianten der Zwangsarbeit hinauslaufen. Die mildere Form ist die in Großbritannien zunehmend praktizierte Bindung von Anrechten an Leistungen. Das passt in eine neue Stimmung des ‚Wer Rechte will, muss auch Pflichten akzeptieren'. Also wird selbst ledigen Müttern mit ganz kleinen Kindern Sozialhilfe gekürzt, wenn sie nicht arbeiten, wobei Haushaltstätigkeit und Kindererziehung nicht als Arbeit gelten. Bei arbeitslos Gemeldeten wird das Prinzip noch rigoroser angewendet. Von hier ist es nur noch ein Schritt zur regelrechten Zwangsarbeit. (...) Ob auf diese Weise Solidarität gestiftet, soziale Kohäsion gefördert wird, darf man tunlich bezweifeln." ANDRE GORZ (2000, S. 114) hat überdies darauf hingewiesen, dass die Renaissance des (Arbeits-)Verpflichtungsgedankens zugleich eine Stigmakomponente enthält. „Alle Formen von Workfare stigmatisieren die Arbeitslosen als Versager und Faulenzer, die von der Gesellschaft berechtigterweise und zu deren eigenen Besten zur Arbeit zu zwingen sind. Die Gesellschaft überzeugt sich so selbst von der Ursache der Arbeitslosigkeit: Diese Ursache seien die Arbeitslosen selbst. Sie besäßen weder die Qualifikation noch die sozialen Kompetenzen, noch den notwendigen Willen, um einen Arbeitsplatz zu erhalten." Aus sozialpädagogischer Perspektive wertet HANS-UWE OTTO (1999) das SCHRÖDER-BLAIR-Papier und das mit ihm unterbreitete Sozialstaatsverständnis als radikale „Abkehr von bisherigen Vorstellungen über Solidarität, sozialen Ausgleich und Wohlfahrt, allesamt Begriffe, die in der Gültigkeit ihrer bekannten Begründungskontexte als fortschrittlich zu verorten waren, in dem Papier aber als traditionalistisch gelten" (ebd., S. 323).

Das Stichwort, unter dem dieses neue Sozialstaatsverständnis Eingang in die bundesrepublikanische Diskussion gefunden hat, ist das des „aktivierenden Sozialstaats", dessen Konzepte nach ADALBERT EVERS (2001, S. 84 f.) im Brennpunkt von Umorientierungen nicht nur der Sozial-, sondern der

Gesellschaftspolitik stehen. Beispielhaft ist etwa der Kabinettsbeschluss der Bundesregierung vom 01.12.1999 unter dem Titel „Moderner Staat - moderne Verwaltung“, der nach DAHME/WOHLFAHRT (2001, S. 10) als „Agenda des aktivierenden Staates“ gelesen werden muss. „Das Programm formuliert Ziele wie: Die Selbstregulierungskräfte der Gesellschaft zu stärken, Ehrenamt, Bürgerengagement und Gemeinwohlorientierung zu fördern, die Eigenverantwortung des Einzelnen zu stärken, Bürgerbeteiligungsrechte an politischen und administrativen Entscheidungen weiter zu entwickeln, effizientes Verwaltungshandeln und Verwaltungsorganisation durch Wettbewerb und Leistungsvergleiche zu implementieren sowie ein neues Prinzip der Verantwortungsteilung zu etablieren, das den Staat zum Moderator und Impulsgeber der gesellschaftlichen Entwicklung macht.“ Im Gegensatz zum neoliberalen Dogma eines Minimalstaats ist das Staatsverständnis der Vertreter des Dritten Weges nicht durch Reduktion sondern durch eine funktionale Verlagerung gekennzeichnet, die DAHME/WOHLFAHRT (2001, S. 12) als „Aufwertung regulativer Strategien“ kennzeichnen.

TRUBE/WOHLFAHRTs (2001) Argumente gegen Strategien des aktivierenden Sozialstaats knüpfen in der Substanz an die von OTTO formulierte Kritik des SCHRÖDER-BLAIR-Papiers an. Im Kern stabilisiert und radikalisiert demnach der aktivierende Sozialstaat die Lohnarbeitszentrierung des „alten“ wohlfahrtstaatlichen Arrangements. Die Analyse der Modelle in Dänemark, Großbritannien und den USA ergibt, bei aller Unterschiedlichkeit der nationalstaatlichen Entwicklungspfade, ein „einheitliches Grundmuster“: „Schritt für Schritt werden die sozialpolitischen Instrumente der Betreuung und Versorgung arbeitsmarktpolitischen Kriterien untergeordnet, die sich fast ausschließlich an einer Integration der ‚Betreuten’ in den ersten Arbeitsmarkt zu messen haben. Parallel dazu findet ein Ausbau Druck ausübender, Aufsicht führender und kontrollierender sozialstaatlicher Funktionen statt, die eine aktive Anpassung der vom Arbeitsmarkt Ausgegrenzten an eben diesen befördern soll“ (ebd., S. 29). Der aktivierende Sozialstaat ist ein durch und durch lohnarbeitszentrierter Sozialstaat, der die Kommodifizierung der Menschen vorantreibt, zur Not mit den Mitteln des Zwangs. DAHME/WOHLFAHRT (2001, S. 12) weisen ausdrücklich auf den „autoritären Charakter des aktivierenden Sozialstaats“ hin, der seine Herrschaft auf der Ebene der Organisationen durch den Druck des Effizienzimperativs ausübt, auf der Ebene der Subjekte durch eine inflationäre Verpflichtungspolitik, die vor allem eine „Arbeitspflichtpolitik“ ist. Aktivierung wird verkürzt auf Erhöhung der Marktfähigkeit (employability), das „welfare-regime“ transformiert sich zu einem „workfare-system“.

Während OTTO (1999), EVERS (2001) DAHME/WOHLFAHRT (2001) und TRUBE/ WOHLFAHRT (2001) neben der Zunahme sozialer Spaltung und Exklusionslagen vor allem die sozialstaatliche Funktionsverlagerung in den Vordergrund ihrer Analyse und Kritik betonen, nimmt THOMAS OLK (2000, S. 102) in einer neueren Veröffentlichung eine gegenteilige Perspektive ein, und plädiert für das Modell eines „aktivierenden Sozialstaats", das er dem „Repertoire des ‚Dritten Weges' zuordnet, als Reform- und Zukunftsmodell für Sozialstaat und Soziale Arbeit in Deutschland. OLK unterscheidet zunächst Gewährleistungsverantwortung und Durchführungsverantwortung als zwei Komponenten sozialstaatlicher Sicherung. Für den expandierenden Wohlfahrtsstaat fordistischer Prägung ist charakteristisch, dass er sowohl die Verantwortung für die Gewährleistung von Angeboten als auch für deren Durchführung übernimmt. Der aktivierende Staat zieht sich nach OLKs Analyse auf die Gewährleistungsverantwortung zurück und eröffnet damit dem aktiven Bürger die Möglichkeit, seine Belange selbst in die Hand zu nehmen. „Bislang ist der Sozialstaat fast ausschließlich mit dem Konzept der sozialen Rechte verbunden worden. Ausbau des Sozialstaats war daher gleichbedeutend mit einer Ausweitung sozialer Anspruchsrechte. Im Rahmen aktivierender Strategien wird nun intensiv diskutiert, inwiefern es legitim ist, die Bereitstellung von Rechten und Optionen mit Verpflichtungen sowie mit positiven und negativen Sanktionen zu verknüpfen, um ein bestimmtes erwünschtes Verhalten der Zielgruppe zu erreichen. Beispiel hierfür sind insbesondere im Bereich der Sozialhilfe sowie bei Beschäftigungsprogrammen für Jugendliche zu finden." In Abgrenzung zu vergleichsweise undifferenzierten Forderungen nach einer neuen Balance von Rechten und Pflichten, die zumeist nur unzureichend die Intention ihrer Urheber kaschieren, die auf einen Abbau von Rechten und eine Zunahme von Pflichten abzielt, bindet OLK eine mögliche neue Gewichtung zurück an vorhandene Ungleichheitsstrukturen. Eine solche Verschiebung schafft nur dann keine neue Ungerechtigkeit, wenn „die Mitglieder der Zielgruppen aktivierender Strategien tatsächlich über die Kompetenzen und Ressourcen für aktive Bewältigungsstrategien verfügen. Es ist also sorgfältig zu prüfen, ob und unter welchen Bedingungen die stärkere Betonung von Pflichten gerade die schwächsten Gruppen erneut benachteiligt. Aktivierende Politik muss daher von einer ungleichen Verteilung von Bewältigungskompetenzen und Ressourcen ausgehen und gegebenenfalls durch gezielte Maßnahmen solche Ressourcen umverteilen" (ebd., S. 117). Ob OLKs Rückbindung des Modells des „aktivierenden Staates" an die Frage sozialer Gerechtigkeit, die angesichts der praktischen Politik deutlich über die soziale Verantwortungsrhetorik der politischen Protagonisten des „Dritten Weges" hinausgeht, zu einer Neutarierung eines Modells führen könnte, dass bislang eher durch eine soziale Schieflage gekennzeichnet ist, oder ob die Diskussion nur um einen weiteren konzeptionell mehrdeutigen Begriff bereichert wird, bleibt abzuwarten.

Fassen wir die zentralen Befunde des vorliegenden Kapitals noch einmal kurz zusammen: Im Gefolge des Übergangs von der fordistischen zur flexiblen Arbeitsgesellschaft haben sich auch die Strukturen des sozialen Bedarfsausgleichs und der sozialen Sicherung verändert. Die Umgestaltung des Wohlfahrtsstaates in den europäischen Kernländern und Amerika folgte

- bei allen nationalen Eigenheiten und Unterschieden in Art, Reichweite und Umfang der Umsetzung - dabei einem Trend, der im Wesentlichen durch fünf Merkmale gekennzeichnet ist:

- der „Befreiung der Märkte" von wachstumsbeschränkenden Bedingungen (Abbau von Arbeitsschutzrechten, Flächentarifverträgen etc., proportionale Senkung von Steuern und Abgabe, Freihandelspolitik) (*Deregulierung*)
- einem Druck auf öffentliche Verwaltungen und staatlich finanzierte Dienstleistungen zum effizienten Einsatz der Mittel (*Ökonomisierung*)
- einen Abbau sozialer Leistungen und damit notwendig eine steigende Eigenverantwortung des Einzelnen für die materielle Gewährleistung von Sichheitsstandards (*Privatisierung*);
- verstärkte Verpflichtung des Einzelnen zur Entäußerung seiner Kraft, Zeit und Qualifikation auf dem Arbeitsmarkt (z.B. Verschärfung von Zumutbarkeitsregelungen, Arbeitsverpflichtung im BSHG; Absenkung von Leistungsstandards, Lohnabstandsgebot etc.) (*Kommodifizierung*);
- eine zunehmende Verknüpfung von Unterstützung an Leistungsverpflichtung aufseiten des Hilfesuchenden (neue Balance von Rechten und Pflichten) (*Paternalisierung*).

In den Ländern, die als liberale Wohlfahrtsstaaten per se durch ein geringeres Niveau an De-Kommodifizierung geprägt waren, hat die Politik des „aktivierenden Sozialstaats" - defensiv formuliert - eine Zunahme sozialer Ungleichheit und Armutslagen nicht verhindern können. Anders formuliert: Während die liberalen Wohlfahrtsstaaten den Abbau ihres per se geringen Niveaus an De-Kommodifizierung mit einer Zunahme an sozialer Ungleichheit und Armut erkauft haben (vor allem USA und England), sind entsprechende Tendenzen zwar auch in den kontinentaleuropäischen Ländern (Frankreich, Deutschland) beobachtbar, jedoch weit weniger ausgeprägt. Zwischen den Polen eines deregulierten Arbeitsmarktes mit geringer Arbeitslosigkeit und wachsender sozialer Ungleichheit einerseits und dem Kontinentalmodell einer „gebremsten Deregulierung" mit vergleichsweise stabilen Ungleichheitsrelationen, hohen Arbeitslosenzahlen und Dauerkrise des Systems sozialer Sicherung scheint es unter der Ägide des Globalismus (im Sinne BECKs 1997) zwar viele Mischformen und „Geschwindigkeiten", aber bislang keine praktischen Alternativen zu geben. Das „konservative Sozialstaatsmodell" bundesrepublikanischer Prägung hat sich dabei, insofern man soziale Gerechtigkeit als Indikator und Leitidee gesellschaftlicher Entwicklung unterstellt, in seiner „letzten Schlacht" als durchaus leistungsfähig erwiesen und trotz hoher Arbeitslosenzahlen die Zunahme des Ungleichheitsniveaus auf einem niedrigen Level gehalten, was Sozialstaatskritiker auf seine „institutionelle Trägheit" zurückführen dürften. Auch wenn die Entwicklung in Deutschland insgesamt deutlich langsamer voranschreitet, als etwa in den USA, England, Dänemark oder den Niederlanden, so sind auch hier die Entwicklungsrichtungen vergleichbar. Insofern gilt für Deutschland wie für alle flexiblen Arbeitsgesellschaften, dass sie trotz Arbeitslosigkeit, sinkendem Arbeitsvolumen und Ende von Vollbeschäftigung und Normalarbeit mehr Arbeitsmarktgesellschaft sind, als die Arbeitsgesellschaft fordistischer Prägung es je war.

Das sozialstaatliche Projekt ist für LEIBFRIED/LEISERING u.a. (1995, S. 365) international einer politischen Konstellation ausgesetzt, die wenig Anlass zu der Annahme gibt, die konservativen Wohlfahrtsstaaten könnten sich dem Trend zur Liberalisierung auch nur mittelfristig widersetzen. „Deutschland nähert sich den USA, insofern Sozialpolitik nicht gestaltet, sondern mit dem Rücken an der Defizitwand ‚gedämpft' wird. Allgemeine Verknappung der Ressourcen durch Steuersenkung verengt automatisch den sozialpolitischen Korridor. Jens Borchert spricht vom Typus ‚einer Transformation des Sozialstaats durch Verschuldung', von einer eher ‚zufälligen', nur durch die Gunst der Stunde ermöglichten konservativen Sozialpolitik‚reform' über die Hintertreppe." Auch HEINZE/SCHMID/ STRÜNCK (1999, S. 214) sehen diese Gefahr: „Ein ‚neuer' Wohlfahrtsstaat ist - denkt man an mögliche politische Akteure - nicht in Sicht. Auch die an einigen Orten aufflackernden Proteste gegen einzelne Kürzungsprogramme der Regierung und die ungleiche Lastenverteilung haben insgesamt nichts an dieser Situation bislang ändern können. Die sozialen Differenzen und Spaltungstendenzen in der Bevölkerung vertiefen sich weiter. Mit dem Hinweis auf vermeintliche Sachzwänge werden wohlfahrtsstaatliche Ziele immer weiter zurückgefahren, gleichzeitig gelingt dadurch jedoch keine Sanierung des Wohlfahrtsstaates, da aufgrund der Beschäftigungskrise und der Zersplitterung der Arbeitsverhältnisse die Sozialausgaben weiter ansteigen. Es droht die Gefahr, dass die wohlfahrtsstaatlichen Strukturelemente zu einer Fassade verkommen." Bezieht man die den öffentlichen Diskurs beherrschende Sachzwangideologie auch nur oberflächlich auf die diskutierten ökonomischen Daten, so ist festzuhalten, dass der Sachzwang sich weder aus einer Krise der Produktivität der Arbeit ergibt noch aus einer Krise der Reichtumsproduktion. Sie resultiert einzig aus einer Krise der Reichtumsverteilung und damit aus einer Krise der etablierten Antworten auf die „soziale Frage", die (mehr oder minder unbemerkt) zur Neuverhandlung ansteht, was weder ein „Naturphänomen" ist, noch notwendige Folge technologischer Entwicklungen, sondern das Ergebnis eines Prozesses politischer (Nicht-)Entscheidungen.

8. Der flexible Habitus. Lebensläufe und Normalitätsmodelle in der flexiblen Arbeitsgesellschaft

> *„Der Mensch wird in eine ständige Bewerbungssituation gedrängt, er soll selbst prüfen, ob er den neuen Anforderungen gewachsen ist, ansonsten muss er lernen. Der Mensch muss ständig beweisen, dass er flexibel genug ist, um bestehen zu können. Der flexible Lerner ist die Vergesellschaftungsform individueller Lebensführung im digitalen Kapitalismus. (...) Handlungsfähig ist, wer im digitalen Kapitalismus Erfolg hat, die anderen Menschen müssen flexibler werden und lernen."*
> *(LOTHAR BÖHNISCH/WOLFGANG SCHRÖER 2001, S. 92)*

Flexibilität ist das Strukturmerkmal der neuen, biegsamen Ökonomie, deren Ideal ein „Betrieb" ist, der sich allen Erschütterungen des Marktes, gleich welcher Höhe auf der nach oben offenen Richterskala, anschmiegt wie ein erdbebensicheres Gebäude. „Schlankes" Unternehmen, „just-intime-Produktion" und ähnliche. Vokabeln sind Synonyme für die Idee vom kostengünstigen und anpassungsfähigen Unternehmen in den Stürmen der globalen Turboökonomie.

Wertet man diese Veränderungen nicht lediglich als Erneuerung des technischen Inventars, sondern als Strukturwandel des ökonomischen Sektors, wofür wie beschrieben einiges spricht, so liegt es nahe, ausgehend von BOURDIEUs Feststellung (1998 a, S. 197), dass es keinen Wandel in den Dispositionen der Subjekte gibt „ohne einen im voraus- oder mit ihm einhergehenden Wandel der objektiven Strukturen, deren Produkt und vielleicht auch Überbleibsel sie sind", nach den Folgen der Modernisierung des ökonomischen Sektors für die Menschen zu fragen.

Zur Erinnerung und Zusammenfassung seien noch einmal die wesentlichen Aspekte der Flexibilisierung der Erwerbsarbeit angeführt. HANS-EBERHARD PLATH (2000, S. 584 f.) analysiert die Veränderung der Strukturen der Erwerbsarbeit als Entgrenzung. Die Übersicht PLATHs, die im Folgenden in einer längeren Passage zitiert wird, zeigt zuvörderst zweierlei: Zum einen weist sie noch einmal darauf hin, dass Flexibilisierung des Arbeitsmarktes nicht auf das Phänomen von Integration und Ausgrenzung (z.B. Arbeitslosigkeit) zu reduzieren ist, sondern tief in die Poren der alltäglichen Arbeits- und Produktionsprozesse eindringt. Alltägliche Arbeitsvollzüge flexibilisieren sich ebenso wie die Übergänge von Arbeit und Nicht-Arbeit fließender werden, dies veranschaulichen vor allem die zahlreichen Stichworte PLATHs, die nach der vorgeschlagenen Lesart als Teilaspekte eines Gesamtprozesses gedeutet werden müssen. Zum anderen verweisen die Stichworte bereits auf die in diesem Kapitel zu bearbeitenden Thematik, nämlich die Konsequenzen der Flexibilisierung für die Subjekte. Nach PLATH (2000, S. 584 f.) lässt sich die Flexibilisierung der Lohnarbeit in mehreren Dimensionen beschreiben:

- „‚Zeit': z.B. gestaffelte Teilzeitarbeit, exzessive Gleitzeit, keine festen Arbeitszeiten, regelmäßige, informelle Mehrarbeit, Zeitkonten und Zeitkorridore, Arbeit nach Abruf und Anfall, Wochenendarbeit;
- ‚Raum': z.B. Teleheimarbeit, Home-office-work, extensive Mobil- und Außendienstarbeit, weite Anfahrtswege zur Arbeit, Bindung der Aufgabenerfüllung an ausgedehnte Dienstreisetätigkeiten, oft wechselnde Einsatzorte, wie etwa bei Projektarbeit;
- ‚Arbeitsmittel/Technik': z.B. wachsende Individualisierung und Selbstorganisation der Auswahl und der spezifischen Nutzung insbesondere bei IuK-Technologien, z.T. Entstandardisierung der Nutzungsweise von Subsystemen;
- ‚Sozial'- bzw. Arbeitsorganisation: z.B. verschiedene und wechselnde Formen der Organisation von Projektarbeit, wechselnde Teamzugehörigkeit und folglich häufig andere Arbeitspartner, aufgabenabhängig wechselnde sowie autonom geregelte Kooperationsnetze und strategische Allianzen, ‚Intrapreneurship', ‚Kostencenterstrategien';
- ‚Arbeitsinhalte/Qualifikation': z.B. Selbstorganisation und Selbstverantwortung der Aufgabenbearbeitung bei unklaren Grenzen zwischen Arbeits- und Freizeit, Abnahme der Detailkontrolle zu Gunsten einer lockeren Rahmensteuerung i.S. des sog. Selbstmanagements, Dynamisierung von Qualifikationen und fachliche Flexibilität sowie umfassende Bildungsbereitschaft;
- ‚Sinn/Motivation': z.B. Eigen- oder Selbstmotivierung und selbständige individuelle Sinngebung, Selbstbegeisterung und Selbstdisziplinierung sollen tätigkeitsinterne Motivationen und Zielorientierungen ersetzen, deren Entstehung an bestimmte Strukturen betrieblicher Führungs-, Informations- und Arbeitssysteme relativ überdauernder Art gebunden ist."

Notwendig erscheint eine genauere Analyse der Folgen von Flexibilisierung für die Subjekte auch deshalb, weil Flexibilisierung im öffentlichen und politischen Diskurs quasi als „Heilsbegriff" fungiert (vgl. DETTLING 1999 b, S. 8), während er Kritikern eher als Synonym für eine (nicht mehr) schleichende Ökonomisierung der Gesellschaft dient. Für BOURDIEU (1998 b, S.

41) zumindest gibt es „ein ganzes Spiel mit den Konnotationen und Assoziationen von Wörtern wie Flexibilität, Anpassungsfähigkeit, Deregulierung, das glauben macht, die neoliberale Botschaft sei eine der allgemeinen Befreiung."

Die Flexibilisierung der Arbeitsmärkte und Arbeitsverhältnisse ist aber nur ein Aspekt dessen, was wir unter dem Stichwort „flexible Arbeitsgesellschaft" beschrieben haben, insofern sie einhergeht mit einer national unterschiedlich ausgeprägten (Neo-) Liberalisierung des Sozialstaats, die gekennzeichnet ist durch

- eine zunehmende soziale Ungleichheit, eine „Spreizung" der Teilhabe am (wachsenden) gesellschaftlich produzierten Reichtum, wobei die Grenzen zwischen Arm und Reich fließender werden, sich Phasen der Armut mit solchen, mehr oder minder weit von der Armutsgrenze entfernten, abwechseln;
- die Kommodifizierung der Instrumente sozialstaatlicher Sicherung im Sinne einer zunehmenden Privatisierung, Deregulierung und Ökonomisierung, wobei das neue Modell sozialstaatlicher Sicherung als paternalistisches Programm zu beschreiben ist, dass die Verpflichtung der Subjekte auf „Wahrung ihnen offerierter Chancen" in den Vordergrund rückt.

Folgt man LEIBFRIED/LEISERING (1995, S. 328) in ihrer Einschätzung, dass sozialstaatliche Reformen zugleich auch immer Entscheidungen über Lebenslaufmodelle implizieren, so kommt man nicht umhin zu fragen, inwieweit sich die Flexibilisierung des Arbeitsmarktes und die Kommodifizierung des Sozialstaates in neuen habituellen Anforderungen niederschlagen und wie diese zu beschreiben sind. Um der Beantwortung dieser Frage näher zu kommen, wird im Folgenden in zwei Schritten vorgegangen: In einem ersten Schritt wird auf der Basis neuerer Ergebnisse aus der Flexibilisierungsforschung nach möglichen Konsequenzen der „schönen neuen Arbeitswelt" (BECK 1999) für die alltägliche Lebensführung der Menschen gefragt und dies in Verbindung gebracht zu aktuellen Befunden aus der Identitätsdebatte. Im zweiten Schritt wird darauf aufbauend das sich abzeichnende neue Leitbild des „unternehmerischen Menschen" skizziert und diskutiert.

Flexibilität - Alltägliche Lebensführung - Identität

Flexibilität meint in seiner ursprünglichen Bedeutung Biegsamkeit, sinnbildlich in der Fähigkeit des Baumes, der Kraft des Windes und den Widrigkeiten des Wetters durch extreme Anpassungsfähigkeit zu widerstehen. Übersetzt auf die Frage nach dem „flexiblen Arbeitnehmer" hieße dieses Beispiel größtmögliche Flexibilität bei Koordination der Anforderungen in Arbeit, Familie und Lebenswelt, wobei angesichts der beschriebenen Prozesse der Ökonomisierung die These nahe liegt, dass der Marktflexibilität auch analytisch eine Priorität eingeräumt werden muss.

In jedem Fall macht es Sinn, die Genese des flexiblen Arbeitsmarktes nicht als Naturgewalt zu begreifen, sondern als Ergebnis politischer Prozesse der Aushandlung, in denen sich bestimmte Akteure mehr und andere weniger durchsetzen. Aus der Sicht der Ökonomie meint Flexibilisierung - wie beschrieben - die höchstmögliche Anpassungsfähigkeit des Unternehmens an Marktschwankungen bei gleichzeitiger Minimierung der Kosten. Aus der Sicht der Subjekte knüpfen sich an die Flexibilisierungsdebatte vor allem Vorstellungen von mehr (Zeit-)Autonomie und Selbstbestimmung, während der Staat, im fordistischen Modell, die Aufgabe übernimmt, eine Balance zwischen beiden Interessen zu gewährleisten. Folgt man dem oben skizzierten Erklärungsmodell, so könnte man den Übergang von der fordistischen zur flexiblen Arbeitsgesellschaft auch dahingehend interpretieren, dass sich der Staat zunehmend aus seiner regulativen Rolle zurückzieht und damit immer weitere Felder den Steuerungsimperativen des Marktes überlässt.

Die Flexibilisierungsdebatte der 80er und 90er Jahre ist von der zumeist unausgesprochenen Prämisse ausgegangen, dass die Flexibilisierungsinteressen der Betriebe und jene der Arbeitnehmer sich decken, dass das marktgängige Unternehmen zugleich Chancen- und Handlungsspielräume der Arbeitenden erhöht. Die obige Skizze lässt es sinnvoll erscheinen, diese These zu überprüfen, da sie in der Konsequenz eine Harmonie der Interessen unterstellt, die unweigerlich die Frage aufkommen lässt, warum es dann überhaupt einer langen Periode sozialstaatlicher Eingriffe bedurfte, um das prästabile Gleichgewicht von Subjekt und Markt zu regulieren.

Hinweise, die uns der Beantwortung der Frage nach den Folgen der Flexibilisierung der Arbeit für die Subjekte näher bringen, liefern die verschiedenen Studien aus dem Kontext der vor allem subjektorientierten Arbeitszeitforschung. Aus sozialpädagogischer Perspektive sind die Arbeiten von besonderem Belang, die Flexibilisierung aus der Perspektive des Konzepts der alltäglichen Lebensführung betrachten und damit stärker an den Folgen ökonomischer Modernisierung für die Lebenswelten der Subjekte interessiert sind.[1] Anders als die klassische Industrie- und Arbeitssoziologie betont das Konzept der alltäglichen Lebensführung den „Zusammenhang des gesamten Spektrums von Tätigkeiten einer Person in allen für sie relevanten sozialen Lebenssphären. Der Blick auf Lebensführung als Gesamtzusammenhang der Alltagstätigkeiten ist bewusst antireduktionistisch angelegt, d.h. er will die in der Soziologie nach wie vor häufige Unterstellung einer ungebrochenen strukturellen Dominanz der Erwerbssphäre über den Alltag Einzelner und über die Gesellschaft insgesamt vermeiden, durch die andere

1 Vgl. dazu Voß (1994); Hildebrandt u.a. (2000); Düren/Wiedemeyer (2000); Rinderspacher (2000 a, 2000 b); Hielscher/Hildebrand (2000); Jurcyk/Voß (2000); Eberling/Henckel (2000).

Sphären als rein abhängige Größen der Erwerbssphäre erscheinen" (HILDEBRANDT u.a. 2000, S. 31).

Insbesondere die im Sammelband von ECKART HILDEBRANDT (2000) dokumentierten Ergebnisse mehrjähriger zumeist qualitativer Forschungsvorhaben zur Begleitung vor allem der Umstellung der Arbeitszeitordnungen bei VW-Wolfsburg ab 1993, aber auch andere Studien[2] belegen, dass das die öffentliche Debatte bis zum heutigen Tag prägende harmonische Bild einer Flexibilisierung, die allen einen Zugewinn bringt, zumindest in Zweifel gezogen werden muss. In der Tendenz belegen die Beiträge, dass die Marktlogik der Flexibilisierung dominiert und vielfältige Konsequenzen für die alltägliche Lebensführung mit sich bringt, die beschrieben werden als „Rationalisierung der Lebensführung" (JÜRGENS 2000, S. 194) oder als „Verbetrieblichung der Lebensführung" (DÜREN/WIEDEMEYER 2000, S. 169). HILDEBRANDT u.a. (2000, S. 34) verdichten die Ergebnisse ihres Begleitforschungsverbunds in der Formel von der „Verarbeitlichung des Alltags", die zum Ausdruck bringen soll, dass durch die neuen, flexiblen Anforderungen des Arbeitsmarktes, die Entgrenzung ökonomischer Prinzipien (von Zeitgestaltung, Präferenzen etc.) zunehmend auch struktureller Druck auf die lebensweltlichen Arrangements der Arbeitenden, ihrer Familien und sozialen Netzwerke ausgeübt wird. „Mit einer zugespitzten Formulierung kann man sogar von einer Tendenz zur ‚Verarbeitlichung' des Alltags sprechen, wenn unterstellt wird, dass Lebensführung im Verlauf der ‚Modernisierung' der Arbeits- und Lebensverhältnisse nicht nur zunehmend aktiv und bewusst gestaltet werden muss, sondern immer mehr individuell und gesellschaftlich zu einer ergebnisorientierten Aufgabe eigener Art wird, die in vielem an Prozesse erinnert, wie sie bisher allein für die Sphäre der formal verfassten, zweckrationalen Erwerbsarbeit typisch waren. Etliches deutet darauf hin, dass der Alltag zunehmend zu einem Ort und Objekt systematischer Effizienzsteigerung und Rationalisierung wird, bei dem (wie in Wirtschaftsbetrieben) bewusst Organisationstechniken und zunehmend materielle Technik als produktivitätssteigernde Hilfsmittel eingesetzt werden müssen, um die Anforderungen zu bewältigen."

Die These, die letztlich im Sinne der weiter oben genutzten Terminologie auch als Ökonomisierung lebensweltlicher Beziehungen begriffen werden kann, lässt sich an einigen Kernpunkten veranschaulichen. Folgewirkungen für die Ökonomie der alltäglichen Lebensführung zeigen den Befunden zufolge insbesondere die veränderten Stabilitätsbedingungen der Arbeit. Dabei stehen in den Untersuchungen weniger die Folgen

- abnehmender Planbarkeit von Berufsverläufen oder gar Karrieren (vgl. SENNETT 1998) in Folge der Normalisierung kürzerer oder längerer Phasen der Arbeitslosigkeit (vgl. MUTZ u.a. 1995),

2 Vgl. z.B. DURAN u.a. (1981); DÜREN/WIEDEMEYER (2000); JÜRGENS (2000).

- der steigenden Geschwindigkeit strukturellen Wandels und der daraus resultierenden raschen Entwertung von Qualifikationen und Erfahrungen,
- der Ausbreitung atypischer Beschäftigungsverhältnisse (vgl. Kapitel 6) im Vordergrund,
- sondern eher jene, die sich durch die interne Verflüssigung der Zeitordnungen innerhalb der Betriebe

ergeben.

Wenn beispielsweise die Lage der Arbeitszeit im Tagesverlauf variabler wird und den Erfordernissen des Betriebes und der Produktion angepasst werden muss, mittel-, vor allem aber kurzfristige Umstellungen und Anpassungen folglich zum „Alltag“ werden, kann daraus die paradoxe Situation resultieren, dass ein evtl. durch Teilzeitarbeit erkauftes „Mehr an Lebenszeit“ dadurch relativiert oder gar konterkariert wird, dass ein breiterer zeitlicher Korridor für die betrieblichen Belange „frei gehalten“ und eingeplant werden muss, als unter den starren Bedingungen eines arbeitsrechtlich und (flächen-)tarifvertraglich normierten Normalarbeitsverhältnisses der fordistischen Ära. Das wiederum erschwert die Herstellung von Alltäglichkeit im Sinne z.B. von zeitlichen Routinen und Kontinuitäten, die nicht permanent Gegenstand von Absprachen und Diskussionen sein müssen.

Die neuen Formen der Arbeitszeitorganisation nehmen aber nicht nur über die Zeitordnungen Einfluss auf die Balance der alltäglichen Lebensführung, sondern auch vermittelt über die neuen Steuerungs- und Kontrollelemente der flexiblen Arbeitswelt. Am Beispiel der Ersetzung der Stechuhr (vgl. auch BÖHLE 1999) durch die Projektarbeit bei IBM wurde bereits veranschaulicht, wie die scheinbare Entlastung vom Druck eines externen Taktgebers unter den Bedingungen von Projektarbeit, Produktorientierung und verschärfter Konkurrenz nur zu einem Umzug des Taktgebers von der Außen- in die Innenwelt führt. DÜREN/WIEDEMEYER (2000, S. 175) veranschaulichen diesen Zusammenhang am Beispiel der Projektarbeit in der Computerbranche: „Mit Haut und Haaren frisst einen der Job - stöhnen IT-Programmierer. Die Projektarbeit führt dazu, dass ‚der Arbeitgeber in den eigenen Kopf einzieht'. Das Projekt ist immer das eigene Projekt, für dessen erfolgreiche Fertigstellung Energie freigesetzt und bereitwillig - zumeist unentgeltlich - Überstunden geleistet werden. Das Nicht-Einhalten von Terminplänen, das Verfehlen inhaltlicher Zielsetzungen ist immer nur das eigene Scheitern - die in der Struktur angelegte Überforderung ist nur schwer wahrnehmbar.“

Das schon in Kapitel 6 herangezogene Beispiel Wolfsburg[3] kann an dieser Stelle noch einmal dienlich sein. Unter dem Stichwort Beschäfti-

---

3 Nach RINDERSPACHER (2000 b, S. 71) zeigen schon frühe Studien zu Beginn der achtziger Jahre, die sich mit der Deregulierung im Einzelhandel beschäftigen, „dass

gungssicherung wurden - wie schon erwähnt - in Wolfsburg vergleichsweise radikal flexible Arbeitszeitstrukturen eingeführt (vgl. SEIFERT/TRINCZEK 2000, S. 104 f.; HARTZ 1996). Neben der Einführung neuer Zeiterfassungssysteme unter dem Stichwort „Vertrauensarbeitszeit" (auf die oben schon eingegangen wurde) bestanden die wesentlichen Elemente der neuen Zeitordnung aus einer durchschnittlichen Wochenarbeitszeit von 28,8 Stunden, die allerdings ungleichmäßig über das Jahr verteilt werden kann und sich je nach Auftragslage im Bedarfsfall auf bis zu 38,8 Stunden ausdehnen kann. Der Nutzen für den Betrieb liegt dabei nicht nur in einem effektiveren Maschineneinsatz und einer größeren Anpassungsfähigkeit an den Markt, sondern auch in einer Kostenersparnis durch die weitgehende Reduktion von Sonder- und Überstundenzuschlägen.

Um die ungleiche Verteilung im Jahresverlauf durch Freizeit auszugleichen, führt Volkswagen so genannte Beschäftigungsschecks, eine Variante des Arbeitszeitkontos ein.[4] Der Volkswagen-Beschäftigungsscheck ist ein Organisationsmittel, um die neuen flexiblen Arbeitszeitstrukturen zu koordinieren. „Für Freizeitstunden aus geleisteter Mehrarbeit stellt der betriebliche Vorgesetzte ein Freizeitguthaben in Form eines Beschäftigungsschecks aus, in dem der Anspruch auf freie Stunden (Zeitwert) festgehalten wird. Gleichzeitig wird der Zeitwert auf einem individuellen Zeitkonto erfasst. Die Freizeitentnahme kann auf unterschiedliche Weise erfolgen, etwa durch die zweckgebundene Entnahme. Hierunter fallen längere Unterbrechungszeiten und Blockzeiten wie z.B. für Qualifizierungsmaßnahmen, Hausbau, längere Urlaubsreisen oder Ähnliches. Weiterhin kann der Beschäftigungsscheck für das Absenken der Arbeitszeit zwecks Übergang in den Ruhestand oder eine zusätzliche Arbeitszeitabsenkung im Rahmen der Stafette für Ältere eingesetzt werden. (...) Der Beschäftigungsscheck ermöglicht so für alle denkbaren Lebenssachverhalte ein Ansparen von Zeitwerten. Heutige unvermeidbare Mehrarbeitsvolumen verwandeln sich so in Beschäftigungssicherung für die Zukunft" (HARTZ 1996, S. 128). HARTZ, der zum Vorstand von Volkswagen gehört und sich unschwer als Vertreter eines „harmonischen" Verständnisses von Flexibilisierung zu erkennen gibt, betont vor allem die Vorteile der neuen Zeitorganisation für die Zeitgestaltung der Arbeitenden.

Flexibilisierung stets der Gefahr ausgesetzt ist, als bloßes Instrument der Anpassung des Personaleinsatzes an die Schwankungen der Nachfrage zu dienen." Vgl. auch DURAN u.a. (1981).

4 Nach BECKER (2000, S. 213) bezeichnen Zeitkonten „ein Erfassungssystem von Arbeitszeit, bei dem die tarifliche Regelarbeitszeit lediglich ein normatives Durchschnittsvolumen angibt. Die tatsächliche Arbeitszeit kann davon phasenweise nach oben oder unten abweichen, muss aber innerhalb bestimmter, betrieblich vereinbarter Zeiträume ausgeglichen werden."

Allerdings belegen die Begleituntersuchungen, dass die Strategien der „Freizeitentnahme" nicht ausschließlich den Kalkülen der Arbeitenden obliegen, sondern zugleich neue strategische Optionen des Zugriffs durch die Betriebe ermöglichen. „Die Arbeitszeitkonten werden potentiell zu einem sehr attraktiven Instrument der Personalpolitik auch in dem Sinne, dass die Entnahme - die eigentlich für Zeitoptionen der Beschäftigten genutzt werden soll - für betriebliche Zwecke genutzt wird. So lässt sich beispielsweise Kurzarbeit mit ihren administrativen und finanziellen Kosten vermeiden, indem stattdessen die Arbeitszeitguthaben der Beschäftigten zwangsweise abgebaut werden. Ein anders Beispiel ist der informelle Druck auf die Beschäftigten, im Krankheitsfalle Zeitguthaben und Urlaubstage einzusetzen, um den Krankenstand in den einzelnen Abteilungen abzusenken. Am Beispiel des Arbeitszeitkontos lässt sich exemplarisch zeigen, dass die formale Abwägung zwischen Betriebs- und Beschäftigteninteressen zwar prinzipiell zugestanden, aber durch das Primat des Betriebes überlagert wird. Die unternehmensseitigen Anforderungen setzen sich häufig nicht nur auf der einen Seite der Leistung von Mehrarbeit, sondern tendenziell auch auf der Seite der individuellen Entnahme vom Arbeitszeitkonto durch" (HIELSCHER/ HILDEBRANDT 2000, S. 141 f.).[5]

Arbeitszeitordnungen sind neben Natur (Tag/Nacht, Jahreszeiten etc.) und Staat ein zentraler Taktgeber moderner Gesellschaften (vgl. RINDERSPACHER 2000 a, 2000 b). Insofern liegt die Vermutung nahe, dass die Leistungsverdichtung und die Veränderung der Arbeitszeitordnungen auch Auswirkungen auf die Rhythmen des Alltags haben.

Auch hier kann das Beispiel Wolfsburg herangezogen werden. „Wolfsburg war geprägt durch die drei Schichten im Werk, deren Anfangs- und Endzeiten über lange Jahre stabil blieben. Kurz vor Schichtbeginn und kurz nach Schichtende waren die Straßen überfüllt mit Fahrzeugen. Dieses ‚Zeitkorsett' von sechs Zeitpunkten extremer Verkehrsentwicklung war allen Wolfsburgern bekannt. Auch die Gastronomie lebte in diesem Rhythmus. Die Wirte wussten, zu welcher Uhrzeit sie zwanzig oder

---

5 Auch BECKER (2000, S. 215) hebt den betriebswirtschaftlichen Wert der Arbeitszeitkonten hervor, der sie zu einer „favorisierten Unternehmensstrategie" hat werden lassen. „Gemeint ist das Kosteneinsparpotenzial, das durch den flexiblen, an saisonale und konjunkturelle Schwankungen der Auftragslage gebundenen Einsatz der Arbeitskräfte entsteht. Denn unnötige Überkapazitäten der zur Verfügung stehenden Arbeitskräfte werden dadurch weitgehend vermieden, Mehrarbeitszuschläge radikal reduziert, teure Lagerhaltung durch kurzzyklische Reaktion von Produktion und Logisitk abgebaut und insgesamt eine optimale Ausnutzung kapitalintensiver Technologie gewährleistet." Nach BECKER wäre es deshalb „ein völliger Widerspruch gegenüber dem eigentlichen Anliegen der Zeitkonten, variabel auf Marktschwankungen zu reagieren, wenn Aufbau und Entnahme des Kontos ganz unter die Verfügungsmacht der Beschäftigten gestellt würden" (ebd., S. 216). Vgl. auch KLENNER/SEIFERT (1998).

dreißig Pils vorzapfen mussten, um den Durst der hereindrängenden Massen löschen zu können. Auch in der Frequentierung von Geschäften, Arztpraxen, Behörden und Dienstleistern (Reisebüros etc.) zeigten sich die Arbeitszeiten in ihrer prägenden Wirkung auf den Alltag und auf die Stadt: ‚Nutzungswellen' erfassten regelmäßig die öffentlichen und privaten Einrichtungen und ließen einen rhythmischen Wechsel von Überlastung und Unternutzung entstehen" (EBERLING/HENCKEL 2000, S. 237). Auch die Abfolge von Arbeitswoche und Wochenende sowie der Jahresrhythmus wurden durch die Zeittakte des VW-Werks reguliert. Die Stadt Wolfsburg atmet im Takt des Volkswagenwerks. Die Flexibilisierung und damit Individualisierung der Zeitordnung führte zu weitreichenden Einschnitten in die alltägliche Rhythmik (vgl. EBERLING/HENCKEL 2000; JÜRGENS/REINECKE 2000):

- Der öffentliche Nahverkehr, der von den zyklischen Überlastungen des Verkehrs profitierte, da zu „Rush-Hour-Zeiten" vieles für die Nutzung von Bus und Bahn sprach, wurde durch die Auflösung des starren Schichtsystems „unattraktiver". Ohne Staus sahen sich von vormals 7000 nur noch 3000 Betriebsangehörige genötigt, eine Dauerkarte der öffentlichen Verkehrsbetriebe zu ordern und nutzen den nun weit flüssiger laufenden Individualverkehr.

- Die flexible Arbeitszeitordnung fördert eine Entrhythmisierung und Desynchronisation des sozialen Lebens. Man kann sich nicht mehr darauf verlassen, nach Dienstende Kollegen, Freunde und Bekannte in der Eckkneipe anzutreffen. Oder: „Wie sollen noch elf Fußballer zur gleichen Zeit auf dem Platz zusammenfinden, um für die Wochenendpartie zu trainieren? Vereinsmannschaften berichten von massiven Koordinationsproblemen - nicht nur innerhalb der VW-Belegschaft, sondern auch zwischen VW-Mitarbeitern und anderen Beschäftigten. Vor diesem Hintergrund gewinnen organisations- und synchronisationsfreie Sportaktivitäten an Attraktivität: Jogging, Inline-Skating, Fitnesstraining etc. sind an keine festen Zeiten oder andere Menschen gebunden. In Weiterbildungseinrichtungen lösen zunehmend Blockseminare und Crash-Kurse den guten alten Semesterkurs mit festgelegten Übungsstunden ab, um den Zeitnöten der Teilnehmer entgegenzukommen. Die mangelnde Planbarkeit von Zeit führt zur sinkenden Berechenbarkeit des Bürgers als Kunde und Konsument" (EBERLING/HENCKEL 2000, S. 241). Das Auseinanderfallen der Arbeitszeiten führt so zu einer Entdifferenzierung, Verflüssigung oder prägnanter: zum Auseinanderfallen von Sozialzeiten.

- Das „neue Koordinationsproblem" zieht natürlich auch (und gerade) in die Familien ein. Was früher durch Schichten und feste Arbeitszeiten einen Rahmen bekam, muss nun von Woche zu Woche neu verhandelt, begründet und organisiert werden. Paradoxerweise erschwert „die Flexibilisierung der Arbeitszeit (...) vor allem die Flexibilität der Reaktion auf unerwartete Anforderungen der Familie: Das Kind erkrankt, in der Schule fallen Unterrichtsstunden aus, auch die Ferienzeit will von Seiten der Eltern organisatorisch bewältigt werden. Die Synchronisation des Familienlebens wird so immer mehr zur Zerreißprobe, an der häufig Ehen und Beziehungen zerbrechen" (ebd., S. 240 f.).[6] Spickbrett und Magnetwand als Kommunikationsmedien werden unter den Bedingungen der flexiblen Arbeitswelt ebenso zu alltäglichen Hilfsmitteln, um das soziale Netzwerk der Familie aufrechtzuerhalten, wie Timer und Terminkalender als notwendiges Organisationsmittel unerlässlich scheinen.

Vertrauensarbeitszeit und andere neue Gleitzeitsysteme, Arbeitszeitkonten, variables Wochenarbeitsvolumen, wechselnde Arbeitszeiten usw. tragen in sich zweifelsfrei die Option einer Erhöhung der Zeitautonomie der Subjekte. Inwieweit die Chancen auch Realität werden, ist allerdings davon abhängig, ob und in welchem Maße sie über diese flexibilisierten Zeitstrukturen verfügen können. Die vorliegenden Studien zur Arbeitszeitflexibilisierung deuten eher darauf hin, dass die der Flexibilisierungsdebatte im öffentlichen Diskurs häufig unterlegte Annahme einer Harmonie von betrieblichen und privaten Interessen durch die Praxis sich nicht bestätigt. Die durch die Deregulierung der Beschäftigung vorangetriebene „Durchmischung von Arbeits- und Privatleben" (PLATH 2000, S. 590) erhöht die Anforderungen an Kooperations- und Koordinationsfähigkeit der Akteure in erheblichem Maße und fördert notwendig eine (zeitliche) Ökonomisierung des gesamten Lebenszusammenhangs, eine Rationalisierung der alltäglichen Lebensführung.

Resümierend sehen HIELSCHER/HILDEBRANDT (2000, S. 147 f.) in den Flexibilisierungsmaßnahmen „zwar prinzipiell Gestaltungschancen in der Form, dass in einem Abwägungsprozess die Dauer und Lage der Arbeitszeit auch an eigenen Bedürfnissen ausgerichtet werden können. Allerdings werden diese Gestaltungsspielräume von zwei Seiten aus verengt: Zum einen durch ein Leistungsparadox, also die Verknüpfung der Arbeitszeitflexibilisierung mit erhöhten Leistungs-, Ergebnis- und Produktivitätsvorgaben. Die permanente, selbstorganisierte Leistungssteigerung wird dabei von den Unternehmen einseitig abgeschöpft und zunehmend als ein von den Beschäftigten einzufordernder Beitrag zu Standortsicherung und Beschäftigungssicherheit gesehen. Die Dezentralisierung von Ergebnisverantwortung bei einer Steigerung der Leistungsvorgaben hat zur Folge, dass die Beschäftigten häufig ihre privaten Präferenzen und Bedürfnisse einer ausschließlichen Optimierung der Arbeitszeit entlang der betrieblichen Bedarfe unterordnen. (...) Zum anderen bringen die Beschäftigten ihre persönlichen Zeitinteres-

6 Vgl. zu erhöhten Scheidungsquoten in Wolfsburg auch WILLEKE/KLEINE-BROCKHOFF (2000, S. 136).

sen kaum offensiv in einen Abwägungsprozess über die Gestaltung der Arbeitszeit ein. Unter diesen Bedingungen wachsen de facto die Abhängigkeiten der individuellen Lebensführung von den betrieblichen Vorgaben - die Arbeitszeitflexibilisierung kann von den Beschäftigten kaum in einen Zugewinn an Lebensqualität überführt werden."[7]

Flexibilisierung unter den Bedingungen einer sich liberalisierenden Ökonomie und eines sich flexibilisierenden Arbeitsmarktes führt nach Maßgabe der referierten Befunde (bislang) strukturell eher nicht zu einem Mehr an Autonomie, zu einem Mehr an selbstbestimmter Zeiterfahrung der Subjekte. Zwar verschwinden die alten Insignien der Zeitkontrolle wie Stechuhr und Aufsichtspersonal, dafür üben verstärkte Leistungsanforderungen unter verschärften Konkurrenzbedingungen einen Druck in Richtung „universeller Verfügbarkeit für betriebliche Belange aus, dem die Subjekte mit einer ‚selbst-kontrollierten Fremdkontrolle'" (VOß 1994, S. 287) begegnen, um den Preis ihrer per se labilisierten Integration in den Arbeitsmarkt.

KARLHEINZ A. GEIßLER (1999) plausibilisiert die These, dass die Neugestaltung von Arbeitszeitordnungen nur ein - wenn auch zentraler Baustein im Kontext der Etablierung eines neuen, ökonomisierten und auf Selbstkontrolle bauenden Zeitverständnisses ist. Als Indizien für eine Veränderung gesellschaftlicher Zeitordnungen führt GEIßLER (2000, S. 18) drei Phänomene an: das Verschwinden öffentlicher Uhren[8], die Ablösung einer vergleichsweise starren Pünktlichkeitsmoral durch eine „Flexibilitätsmoral"[9] sowie dass Ende einer möglichen Steigerung (im Sinne eines neuerlichen „Quantensprungs" a la Internet) der Transportgeschwindigkeit von Informationen. Die neue flexible Zeitordnung, die das in Kapitel 4 skizzierte „moderne" Zeitverständnis radikalisiert, zeichnet sich durch fünf Charakteristika aus (ebd., S. 115 ff.):

---

7 Da die neue Arbeitszeitordnung in Wolfsburg von den Arbeitnehmern in erster Linie aus Gründen der Beschäftigungssicherung akzeptiert wurde, überrascht der eher defensive Umgang mit den eigenen Zeitinteressen nicht, da diese im Zweifelsfall hinter dem Wunsch nach materieller Sicherung anstehen dürften.

8 Nach GEIßLER (1998, S. 141) kann man den Rückzug der öffentlichen Uhren dahingehend interpretieren, dass ihre „integrierende Erziehungswirkung" ausgedient hat, die ihren Einzug in den öffentlichen Raum einst bedingte. In dem Maße, wie Zeitorganisation zu einem individuellen Geschäft wird und sich aus gemeinschaftlichen Strukturen löst, bedarf es einer Innensteuerung, die die normierende Wirkung öffentlicher Uhren übersteigt.

9 „Das ‚Nicht-pünktlich-Sein' ist schon allein deshalb kein strafwürdiger und verachtenswerter Tatbestand mehr, weil das Zuspätkommen in einer sich immer rascher verändernden Welt zum Normalzustand wurde. Kommen aber alle immer häufiger zu spät, läuft die Pünktlichkeitserwartung leer. Sie wandelt sich zur immerwährenden Hoffnung, früh genug zu spät zu kommen. (...) Die Maxime postmodernen Zeithandels ist, zum richtigen, nicht unbedingt zum vereinbarten Zeitpunkt zu erscheinen" (GEIßLER 1998, S. 149 f.).

- Wie bereits von der Arbeitszeitforschung herausgestellt, konstatiert GEIßLER eine globale Tendenz zur Auflösung des sozialen Rhythmus, auch bedingt durch einen Bedeutungsverlust ehemaliger Taktgeber: „Jahrtausendelang hat die untergehende Sonne der Menschheit den Weg in die Betten gewiesen, und die aufgehende Sonne hat sie dazu motiviert, diese wieder zu verlassen. Im letzten halben Jahrhundert hat, zumindest, was den Beginn der Nachtruhe betrifft, der Sendeschluss des Fernsehens diese Funktion übernommen. Heute nun, wo die meisten Programme keinen Sendeschluss mehr kennen, müssen wir täglich selbst entscheiden, wann wir ins Bett gehen“ (ebd., S. 143).
- Das zweite Merkmal ist die Individualisierung von Zeitordnungen, die schon am Beispiel der Folgewirkungen der Wolfsburger Flexibilisierung geschildert wurden. Durch den Wegfall externer Taktgeber bei gleichzeitig erhöhtem Anspruch an die Verfügbarkeit verliert sich das „Gemeinsame“ in den alltäglichen Tagesabläufen. Was vormals per stummen Zwang der Verhältnisse geregelt wurde, muss nun aktiv hergestellt werden. Es gilt nicht mehr Schichten zu koordinieren, sondern je individuelle Terminkalender.
- Unter den Bedingungen erhöhter betrieblicher Leistungsanforderungen bei gleichzeitiger Desynchronisierung des Alltags ist das dritte Merkmal eine Zunahme von Zeitkonflikten, die zudem durch die steigende Optionalität kompliziert werden. „Das Gefühl, etwas zu versäumen, steigt mit wachsender Wahlfreiheit und steigenden Wahlmöglichkeiten. Immer mehr findet gleichzeitig statt und auch immer mehr zu einem Zeitpunkt, zu dem man schon etwas anderes vorhat. ‚Zeit haben’ heißt unter diesen Bedingungen: immer zu wenig Zeit zu haben“ (ebd., S. 119).
- Das vierte Merkmal ist die Privatisierung der Zeitkoordination, die ihren Ausgang nahm mit der Verbreitung der Armbanduhr als alltägliches Utensil, und die unter den Bedingungen flexibler Arbeits- und Lebensorganisation zu einem höchst komplizierten Geschäft wird.
- Die Folge ist, fünftens, ein steigender Aufwand an Zeitkoordination. „Als Unternehmer unserer eigenen Lebenszeit sind wir dazu verurteilt, diese Lebenszeit ohne Unterlass zu organisieren, zu optimieren und zu kontrollieren“ (ebd., S. 120).

Auch wenn die fünf von GEIßLER herausgestellten Merkmale eher veranschaulichenden Charakter haben und aus analytischer Perspektive wenig trennscharf sind, verdeutlichen sie, wie sich die Anforderungen der neuen Ökonomie quasi übersetzen in eine neue Art und Weise, Zeit wahrzunehmen und zu gestalten, die man mit den Stichworten Verdichtung, Rationalisierung und Ökonomisierung zusammenfassen könnte. GEIßLER interpretiert die neue Zeitordnung nicht als Bruch, sondern für ihn ist

„diese zunehmende Flexibilität (...) auch die radikale und die konsequente Weiterführung der modernen Zeit-Dynamik" (ebd., S. 111). Ähnlich wie BECK beschreibt GEIßLER die Veränderung hin zu flexiblen Zeitordnungen als Kontinuität und Bruch zugleich, als Bruch, der aus Kontinuität erwächst und der zugleich einen erhöhten Orientierungsbedarf der Subjekte nach sich zieht. „Beschreiben wir die historischen Veränderungen unseres Zukunftshandelns mit der Formel ‚Von der Zeit Gottes zu den Zeiten der Individuen', so entspricht dieser Entwicklung der relativ lange Weg von den Gebeten zu den Beratungsangeboten. (...) Sie liefert die postmodernen Möglichkeiten, um uns die Angst vor dem Unabsehbaren zu nehmen" (ebd., S. 178). GEIßLER begreift die Individualisierung von Zeitordnungen allerdings nicht als „Bemächtigung" der Subjekte, sondern eher als „Zwang zur Flexibilität" (ebd., S. 170), als Ausdruck der Entgrenzung einer ökonomischen Logik, die von den Subjekten bewältigt werden muss.

In den Bedingungen des flexiblen Arbeitsmarktes manifestiert sich ebenso wie in den neuen Arbeitszeitmodellen und ihrem Anspruch einer marktgerechten Verfügbarkeit von Arbeitskräften ein neues Lebensmodell, das die Subjekte weit mehr als sein Vorgänger, der „familienorientierte Normalarbeiter" (vgl. Kapitel 4), den Bedingungen des Marktes aussetzt.[10] VOß (1994, S. 280) hat aufgezeigt, dass Lebensführung unter den Bedingungen der flexiblen Arbeitsgesellschaft einen neuen Grad an Ökonomisierung der Lebensvollzüge nach sich zieht: „individuelle Zeitökonomie wird zunehmend bedeutsam, Alltagstechnik muss selbstverständlich und kompetent zur Unterstützung eingesetzt werden, die individuellen Fähigkeiten müssen sorgsam gepflegt und systematisch weiterentwickelt werden, soziale Beziehungen müssen geschickt gestaltet werden, Konsum ist aktive Rekreation wie auch bewusste Investition, Motivierung, Ablenkung und Belohnung, räumliche und berufliche Mobilität ist unausweichlich und muss geschickt arrangiert werden u.v.a.m. Eine solche zunehmend erforderliche Methodik der Alltagspraxis bedeutet aber nichts anderes als eine immer stärker reflexive und schließlich sogar bewusst zweckrationale Gestaltung der Lebensführung - eine in wachsendem Maße bewusst und aktiv effizienzorientierte Alltags-Organisation, die sich immer mehr von traditionalen, auf selbstverständlicher Eingelebtheit und Gewohnheit beruhenden Formen des Alltags abhebt." Allerdings steht auch zu erwarten, dass ein solches, auf Kalkül, Organisationstalent, sozialen Kompetenzen u.v.m. basierendes Modell der Lebensführung nicht eben wenig störanfällig ist. Zumindest tritt mit den neuen Zeitordnungen an die Stelle der „linearen" Zeitvorstellung, die die Zukunft als eine aufsteigende Linie betrachtete und den Übergang von der Vormoderne zur Moderne markierte, die „Achterbahn" als neues Symbol

10 OSKAR NEGT (2000, S. 77) hebt als das „Neue" der gegenwärtigen Phase des Kapitalismus hervor, „dass Kapital und Markt noch nie so ungehindert und praktisch ohne domestizierende Schutzschicht agieren konnten."

der flexiblen Arbeitsgesellschaft, in der man nur unter Vorbehalt die Frage beantworten kann, wo man denn in zwei Monaten in welcher Funktion, wann und in welchem Umfang arbeitet.[11]

Wie gehen die Subjekte mit diesen neuen Anforderungen an eine flexible Lebensführung um? Aus sozialpsychologischer Perspektive zielt diese Frage auf mögliche Folgen arbeitsgesellschaftlicher Modernisierung für die Identitätsarbeit der Subjekte. Unter den Studien, die sich der Identitätsbildung unter den Bedingungen der Zweiten Moderne widmen[12], ist insbesondere die Arbeit von HEINER KEUPP u.a. (1999, S. 15) herauszustellen, die sich explizit die Frage stellt: „Wie gelingt es den Subjekten in der zunehmenden Entsynchronisierung der Lebensbereiche, für sich noch eine subjektiv stimmige innere Ordnung zu stiften?“ Mit der Thematisierung der Identitätsfrage unter Modernisierungsbedingungen bündeln die Verfasser nach eigenem Bekunden „in prismatischer Form die Folgen aktueller Modernisierungsprozesse für die Subjekte“ (ebd., S. 9).

Die Ergebnisse der Studie beruhen auf einer Längsschnittuntersuchung, im Rahmen derer 152 Jugendliche über einen Zeitraum von mindestens vier Jahren in drei Wellen qualitativ interviewt wurden. Was die Studie überdies für die sozialpädagogische Diskussion besonders interessant macht ist die Tatsache, dass KEUPP u.a. sich ganz gezielt nicht auf Jugendliche der Mittelschicht und deren adoleszente Identitätsentwicklung konzentrieren, sonder eher „krisenanfällige“ Lebenswege in den Blick nehmen. Als Untersuchungsgruppen dienen deshalb neben Jugendlichen, die einer Ausbildung in der Kommunalverwaltung nachgehen, Teilnehmer von Maßnahmen der Jugendberufshilfe.[13]

Identitätsentwicklung als Passung zwischen Innen und Außen kann nach Auffassung von KEUPP u.a. nicht mehr im Sinne ERIKSONs als Suche nach einem Gleichgewichtszustand begriffen werden, die sich im Wesentlichen

---

11 SUSANNE FRANKS (2000, S. 65 f.) hat in diesem Sinne die Flexibilisierungsdebatte kritisch resümiert: „Der berühmte ‚flexible Arbeitsmarkt‘ bedeutet in Wirklichkeit, dass die Individuen jetzt imstande sein müssen, die Unsicherheit zu absorbieren, die bislang von Institutionen abgemildert wurde. Früher wurden bestimmte Arbeitsplätze mit dem Etikett ‚flexibel‘ versehen, weil man sich die Arbeitszeit bequem selbst einteilen konnte. Heute ist damit etwas ganz anderes gemeint: Die Individuen müssen sich heute anpassen und flexibel sein, gleichgültig ob das Kurzarbeit (schlimmstenfalls Kurzarbeit null), Schichtarbeit, Ladenöffnung am Sonntag oder eine ständige Verfügbarkeit für Kunden bedeutet.“

12 Vgl. Keupp (1989); KEUPP/HÖFER (1997); KEUPP u.a. (1999); GROSS (1999); BEHRINGER (1998).

13 „Beiden Gruppen gemeinsam war ein relativ niedriger Schulabschluss - normalerweise maximal ein (qualifizierter) Hauptschulabschluss. Das war eine bewusste Entscheidung in Auseinandersetzung mit vorliegenden Studien. Hatte sich doch die empirische Identitätsforschung bisher hauptsächlich an (College-)Studenten orientiert. Wir hingegen wollten untersuchen, wie Identität auch unterhalb eines mittelständischen Bildungsniveaus entwickelt wird“ (KEUPP u.a. 1999, S. 115).

in der Jugendphase abspielt. Die Identitätsdebatte im Gefolge ERIKSONs hat bereits dem Umstand Rechnung getragen, dass die Moderne durch einen fortlaufenden Prozess der Enttraditionalisierung gekennzeichnet ist, durch eine - in den Worten RALF DAHRENDORFs (1979) - Verwandlung von Ligaturen in Optionen, von Sicherheit und Orientierung stiftenden sozialen Bezügen in Wahlmöglichkeiten, die aber wiederum von den Ressourcen der Subjekte begrenzt werden. Das Identitätsmodell ERIKSONs basiert auf einer Stabilitätsannahme, indem sie bestimmte Ligaturen, soziale Ordnungsmuster (in jenem Fall den arbeitenden Familienmenschen), in einem naturalistischen Fehlschluss zum „überzeitlichen" Ziel der Identitätsentwicklung erklärt. Unter Bezug auf den amerikanischen Psychologen JAMES E. MARCIA, der herausgearbeitet hat, dass es unter den Bedingungen der Moderne funktionale Diffusionszustände geben kann, Zustände, unter denen die gesellschaftlichen Bedingungen es nahe legen, sich nicht festzulegen und nicht starr an einem Ziel festzuhalten (vgl. ebd., S. 81 f.), gehen KEUPP u.a. von vier möglichen Identitätszuständen aus (vgl. ebd., S. 81 f.) mit denen Subjekte auf Unsicherheitsbedingungen reagieren:

- Diffusion, d.h. einem Offenhalten des Identitätsprojekts,
- Forclosure, d.h. die Übernahme von Traditionen,
- Moratorium, d.h. das Neuinfragestellen bereits getroffener Festlegungen,
- Achievement, d.h. „das Sich-Festlegen auf eine selbst erarbeitete Identität" (ebd., S. 118).

Die Auswertung der Interviews bestätigt die These der Verfasser, dass im Kontext einer risikogesellschaftlichen Modernisierung jene Identitätszustände an Bedeutung gewinnen, die das Identitätsprojekt offen halten (Diffusion, Moratorium). In dem Maße, in dem die Subjekte sich „als Darsteller auf einer gesellschaftlichen Bühne (wahrnehmen, M.G.), ohne dass ihnen fertige Drehbücher geliefert würden" (ebd., S. 53), in denen sie nicht mehr nur Darsteller, sondern mehr und mehr auch als Drehbuchautor gefordert sind, ohne sich der Macht des Regisseurs und Produzenten entziehen zu können, macht es Sinn, sich die Option zum (kleinen oder großen) Richtungswechsel zu bewahren. „Im Eriksonschen Modell ist die Jugend die Zeit, in der das Identitätsprojekt des einzelnen definiert wird. Es geht also nicht bloß darum, wer jemand sein will, sondern auch, wer er werden will. Erwachsensein heißt das Einlösen dieses Programms. Jetzt sind Projekt und Realisierung miteinander verschleift. Sich entwerfen und leben fallen in eins. Das Identitätsprojekt wird zu einem imaginären Fixpunkt, der beständig geändert werden kann. Vieles gleicht eher dem Umbau eines Schiffs auf hoher See" (ebd., S. 83).

Folgt man den Befunden KEUPPs u.a., so könnte man von einer biographischen Entgrenzung der Identitätsproblematik sprechen. Was vormals als Übergangsphase galt, als notwendige Episode des Lernens und Erprobens für den „Ernst des Lebens“, wird nun zum Lebensprinzip erhoben: Bleib beweglich, leg dich nicht fest, weil in jeder Festlegung angesichts der Geschwindigkeit des Strukturwandels und seiner Folgen der Keim des Scheiterns steckt, weil „Starrheit“ im Zeitalter der Flexibilität folgenreich sein kann. Identität wird unter den Bedingungen der flexiblen Moderne zu einem „endlosen Prozess“ (ebd., S. 83). Dabei wird allerdings nicht der für die Identitätsdebatte zentrale Begriff der Kohärenz, der Stimmigkeit aufgegeben. Kohärenz stellt sich nun allerdings weniger in der gelungenen Passung zwischen Innen und Außen her und konkretisiert sich nicht mehr „als innere Einheit, als Harmonie oder als geschlossene Erzählung. Kohärenz kann für Subjekte auch eine offene Struktur haben, in der - zumindest in der Wahrnehmung anderer - Kontingenz, Diffusion im Sinne der Verweigerung von commitment, Offenhalten von Optionen, eine idiosynkratische Anarchie und die Verknüpfung scheinbar widersprüchlicher Fragmente sein dürfen. Entscheidend bleibt allein, dass die individuell hergestellte Verknüpfung für das Subjekt selbst eine authentische Gestalt hat, jedenfalls in der gelebten Gegenwart, und einen Kontext von Anerkennung, also in einem Beziehungsnetz von Menschen Wertschätzung und Unterstützung gefunden hat. Es kommt weniger darauf an, auf Dauer angelegte Fundamente zu zementieren, sondern eine reflexive Achtsamkeit für die Erarbeitung immer wieder neuer Passungsmöglichkeiten zu entwickeln“ (ebd., S. 57).

Die Beschreibung KEUPPs u.a. fügt sich in das Bild einer Gesellschaft, deren Ökonomie in immer kürzeren Zyklen Innovationen und damit neue Anforderungen produziert (vgl. Kapitel 6), in der der Sozialstaat die Menschen zu mehr „Beweglichkeit“ auffordert (vgl. Kapitel 7) und in der Starrheit bestraft wird. Insofern liefern KEUPP u.a. eine scharfe Beschreibung, wie Anpassungsfähigkeit an eine immer schnellere Ökonomie (und Welt) bei gleichzeitigem Verlust an Orientierungspunkten in ein Identitätsprogramm übersetzt wird, das die Ligaturen des wohlfahrtsstaatlichen Lebensentwurfs (Familie, Arbeit, Sozialstaat) zwar als Optionen hochhält, das „Glück der inneren Stimmigkeit“ aber nicht mehr auf diese eine Karte setzt. Identitätsarbeit unter den Bedingungen der Zweiten, flexiblen Moderne heißt dann im Grunde genommen, immer unterwegs sein, von einem „Projekt“ zum andern zu driften - und letztlich nie anzukommen.

Was als Befreiung der Subjekte aus den „gesicherten Identitätsgehäusen der Berufsarbeit“ (KEUPP 1998, S. 14) gelesen werden könnte, relativiert sich allerdings bei genauerer Betrachtung. Zum einen ist zu berücksichtigen, dass die Zunahme an Optionalität rückgebunden werden muss an die Verteilung von Ressourcen zur deren Realisierung. „Es klingt natürlich für Subjekte verheißungsvoll, wenn ihnen vermittelt wird, dass sie ihre Drehbücher selbst schreiben dürften, ein Stück eigenes Leben entwerfen, inszenieren und realisieren könnten. Die Voraussetzungen dafür, dass diese Chancen auch realisiert werden können, sind allerdings bedeutend. Die erforderlichen materiellen, sozialen und psychischen Ressourcen sind oft nicht vorhanden, und dann wird die gesellschaftliche Notwendigkeit und Norm der Selbstgestaltung zu einer schwer erträglichen Aufgabe, der man sich gern entziehen möchte. Die Aufforderung, sich selbstbewusst zu inszenieren, hat ohne Zugang zu den erforderlichen Ressourcen etwas Zynisches" (KEUPP u.a. 1999, S. 53).

Überdies stellt sich die Frage, was die Untersuchung eigentlich genau zum Gegenstand hat, eine Übergangssituation oder einen neuen instabilen Gleichgewichtszustand? Geht man von der zweiten Variante aus (wofür die Verfasser plädieren), d.h. von der Annahme, Offenheit, Flexibilität und Unsicherheit sind Strukturmerkmale der Arbeitsgesellschaft der Zweiten Moderne, muss man die Frage stellen, ob die beobachteten Strategien eher defensive oder offensive Reaktionsformen darstellen. KEUPP u.a. (1999, S. 128) sind hier unentschieden: „Ob diese empirisch vorfindbaren Identitätsstrategien eher als Bewältigungsmechanismen im Rückzug aus der Arbeitswelt oder als kreative Strategien zu betrachten sind, ist nur am Einzelfall zu beurteilen. Wahrscheinlich sind sie beides."[14]

Begreift man Flexibilität und Unsicherheit tatsächlich als Strukturprinzipien der Zweiten Moderne, so stellt sich überdies ein forschungsmethodologisches Problem. Indem KEUPP u.a. Mitte der 90er Jahre Jugendliche in ihrem Identitätsprozess begleiten, können sie Aussagen über Identitätsbildung im Jugendalter treffen. Was hier funktional sein mag und temporär durchaus „lebenswerte" Biographien ermöglicht, muss im Erwachsenenalter noch lange nicht zum selben Ergebnis führen. Anders ausgedrückt: Dass Jugendliche offenbar Strategien gefunden haben, mit der neuen Offenheit umzugehen, ohne die Vielfalt der Anforderungen als permanente Bedrohung ihres Identitätsprojekts zu erfahren, lässt noch keine Aussagen darüber zu, ob sich daraus ein Modell generieren lässt, das auch im späteren biographischen Verlauf noch als kohärent und stimmig erfahren wird. Jugendliche

14 Lohnarbeit bleibt nach Auffassung von KEUPP u.a. (1999, S. 122 ff.) vorerst zentraler Bezugspunkt des biographischen Projekts und damit auch der Identitätsarbeit. Die Beziehung zwischen Subjekt und Lohnarbeit wird dabei komplexer und komplizierter. Einerseits wird Arbeit, obwohl sie quantitativ im Lebenslauf eine immer geringere Rolle spielt, zugleich immer wichtiger, weil immer unsicherer. Dieser Befund, den z.B. auch NEGT (2000, S. 85) bestätigt, überrascht nicht, da unter Marktbedingungen die Knappheit eines Gutes seinen Wert steigert und überdies die Lohnarbeitszentrierung von Institutionen, Denk- und Handlungsmustern keine Alternative zu bieten scheint. Gleichzeitig wird Arbeit aber auch auf ihre subjektfördernden Wirkungen hin betrachtet oder anders ausgedrückt: Arbeit soll Spaß machen, einen persönlich weiter bringen, Kontakte stiften, Bedürfnisse jenseits des Lohns befriedigen, wie dies schon BAETHGE (1991) in der sperrigen Formel von der „normativen Subjektivierung der Arbeitswelt" zum Ausdruck gebracht hat. Analog zu diesen Befunden beschreibt die letzte Shell-Jugendstudie die Berufsorientierung der Jugendlichen im Spannungsfeld von Selbstverwirklichung und Selbstbehauptung (vgl. FISCHER u.a. 2000, S. 105). Lohnarbeit gerät damit unter den Bedingungen der flexiblen Moderne mehr und mehr in ein Spannungsfeld zwischen der Notwendigkeit materieller Absicherung und Selbstverwirklichungsinteressen.

sind in gewisser Weise „Fachleute“ für Offenheit, da die Jugendphase in der bürgerlichen Gesellschaft als Such-, Lern- und Erprobungsphase konstruiert ist. Was aber, wenn sich diese Unsicherheitsbedingungen biographisch generalisieren, sich ausdehnen über den gesamten Lebensverlauf? Die Studie KEUPPs lässt die Vermutung zu, dass Jugendliche von heute Morgen als Erwachsene flexibler mit Risiken und Anforderungen umgehen werden, als ihre Vorgängergeneration. Um daraus allerdings abzuleiten, dass eine Identitätsstrategie, die sich im Jugendalter als vergleichsweise tragfähig erwiesen hat, über das ganze Leben hinweg „funktioniert“, bedürfte es weiterer Untersuchungen.

Im Identitätsmodell des „nachgiebigen Ichs“, das nach RICHARD SENNETT (1998, S. 182) einer „Collage aus Fragmenten, die sich ständig wandelt, sich immer neuen Erfahrungen öffnet“ gleicht, spiegeln sich die gesellschaftlichen Anforderungen, „die der kurzfristigen, ungesicherten Arbeitserfahrung, flexiblen Institutionen, ständigen Risiken entsprechen.“ Der „offene, anpassungsfähige Mensch“ ist der Prototyp einer Welt, in der niemand die Frage beantworten kann, „welche Art von Menschen morgen gefragt sein wird, für welche Art von Arbeit, für welche Art von Existenz“ (SUPP/HOLTHUSEN 2000, S. 20).

Der norwegische Psychoanalytiker FINN SKARDERUD hat in einer äußerst anregenden phänomenologischen Studie unter dem Titel „Unruhe - Eine Reise in das Selbst“ verschiedene Formen psychischer Reaktionen auf die Ungewissheitsbedingungen der Moderne beschrieben und analysiert. Die Unruhe als kulturelle (und psychische) Grundhaltung resultiert nach SKADERUD (2000, S. 95) aus der Etablierung der Unbeständigkeit als Prinzip. „In der westlichen Kultur sind wir alle Einwanderer, und zwar nicht in einem Raum, sondern in der Zeit. Zwei Grundprinzipien der kapitalistischen Produktion sind Umsatz und Innovation, was Veränderung und nicht Stabilität bedeutet. Umgesetzt werden Kapital und Tradition und in unserem spätkapitalistischen System ist die Umsatzgeschwindigkeit für beides hoch, haben Traditionen eine kurze Lebensdauer. Im Neuen sind wir alle Fremde. Das Wissen der Alten ist passé, und die Jugend fängt das Neue auf. Es ist wie mit den Einwanderern. Ihre Kinder spielen auf den Straßen und sind die Ersten, die die Sprache und die Regeln des neuen Landes erlernen.“ Solange sich der Wandel in der Generationsfolge abspielt, vollzieht er sich noch quasi unter „psychischen Sicherheitsbedingungen“, insofern Erfahrung, soziales Netz und Tradition eine basale Beständigkeit gewährleisten. Zieht der Wandel allerdings in immer schnellerer Abfolge „in die Generation ein“, wird also vom inter- zum intragenerativen Phänomen, erfordert dies vom einzelnen Subjekt eine immens steigende Anpassungs- und Umstellungsfähigkeit.[15] Postmodernen Identitätskonstrukten hält SKADERUD

15 EDWARD LUTTWAK (1999, S. 95) hat diesen Aspekt hervorgehoben. „Die vom freien Wettbewerb vorangetriebene schöpferische Zerstörung veralteter Kenntnisse, Ge-

(2000, S. 224) allerdings die Frage nach der Notwendigkeit eines Prinzips der Einheit entgegen. So kommt er in Auseinandersetzung mit SHERRY TURKLE und deren Thesen zum möglichen Einfluss des Internets auf die Identitätsentwicklung zu dem Schluss: „Hinter der Faszination für das Identitätsspiel fehlt dem Cyberoptimismus eine Problematisierung des subjektiven Erlebens von Einheit. Ohne ein Prinzip der Einheit ist man vom medizinischen Standpunkt aus betrachtet psychotisch. Auch wenn man der Ansicht zustimmen kann, dass Gesundheit nicht mehr auf Stabilität an sich beruht, sondern eher auf Flexibilität, bedarf es einer Kernidentität, um zwischen den vielen sozialen Identitäten zu verhandeln."[16] SKADERUDs Einwand spricht nicht gegen einen offeneren Prozess der Identitätsbildung, wie ihn KEUPP u.a. beschrieben haben, sehr wohl aber formuliert er implizit die Frage, wie viel Offenheit Subjekte zu integrieren in der Lage sind, wie viel Unsicherheit Menschen ohne psychopathologische Folgewirkungen ertragen können bzw. wie es den Subjekten unter den Bedingungen der Zweiten Moderne gelingt, die Abfolge von Identitätsprojekten noch als eine zumindest zusammenhängende, wenn schon nicht immer stimmige Geschichte zu erleben.

---

werbe, Firmen und ganzer Branchen erstreckt sich heute nicht mehr über ein oder zwei Generationen, sondern über Jahre, oft nur über sehr wenige Jahre. (...) Wenn die Söhne und Töchter amerikanischer Stahlarbeiter, britischer Bergleute und deutscher Schweißer in den Berufen ihrer Eltern keine Arbeit mehr finden und statt dessen als Software-Entwickler, Lehrer, Rechtsanwälte oder Verkäufer tätig sind, haben nur wenige Grund zur Klage. (...) Doch wenn derselbe Veränderungsprozess so schnell vor sich geht, dass Stahlarbeiter, Bergleute und Schweißer lebenslange Gewohnheiten aufgeben und sich anspruchsvolle neue Kenntnisse aneignen müssen, um nicht auf Dauer arbeitslos zu sein oder sich mit Niedriglohnjobs für ungelernte Arbeiter abfinden zu müssen, führt das häufig zu Versagen und zu Frustration."

16 GÖTZ EISENBERG (2000) stellt in seinem Buch „Amok - Kinder der Kälte", in dem er sich mit den Grundlagen extremer Gewalttaten bei Jugendlichen beschäftigt, einen ähnlichen Zusammenhang heraus. Für ihn sind die Verhaltensanforderungen der flexiblen Ökonomie eine wesentliche Bedrohung einer stabilen Ich-Identität. „Was da mobilisiert und flexibilisiert wird, ist eben nicht nur die Ware Arbeitskraft. Da diese, wo man sie noch benötigt, nach wie vor in den Körpern real existierender Menschen, die von den Apologeten des ‚Neuen Zeitalters' als ‚Unternehmer ihrer Arbeitskraft' begriffen werden, eingebunden ist, verflüssigt sich deren psychische Struktur gleich mit. Von den neuen Funktionsimperativen des hochfluiden, globalisierten Kapitals dazu aufgefordert, sich permanent psychisch umzuorientieren und auf sich drehende Marktwinde wendig und prompt zu reagieren, sind immer mehr Menschen genötigt, eine fragmentarische Identität herauszubilden, die ‚borderline-artige' Züge trägt" (ebd., S. 10). Es besteht die Gefahr, „dass das, was man bislang für schwere Krankheitszeichen hielt und mit den Namen ‚narzisstische' oder ‚Borderline-Störung' belegte, zur sozialpsychologischen Signatur des ‚Neuen Zeitalters' zu werden droht" (ebd., S. 11).

Der unternehmerische Mensch. Flexibilität zwischen Markt und Autonomie

Die fordistische Arbeitsgesellschaft hat mit dem Normalarbeitsverhältnis und dem auf ihm basierenden Biographiemodell ein Normalitätsmuster herausgebildet, das die zentralen Anforderungen der wohlfahrtsstaatlich abgefederten Ökonomie in einen erreichbaren und strukturierten Lebenslauf übersetzte. Unter der Ägide der flexiblen Arbeitsgesellschaft verliert dieses Normalitätsmuster nicht nur zunehmend an Realitätsgehalt, sondern es wird - ähnlich wie der „traditionelle Arbeiter" in den Umbrüchen der Industrialisierung - zum Sinnbild einer starren, verkrusteten und eher innovationsfeindlichen Ökonomie (vgl. KOMMISSION FÜR ZUKUNFTSFRAGEN DER FREISTAATEN BAYERN UND SACHSEN 1997 b, S. 34 f.). Umso deutlicher stellt sich die Frage, ob im gesellschaftlichen Diskurs bereits ein „Nachfolger" gehandelt wird, der das Erbe des „Normalarbeiters" als Leitbild für Biographie und Lebenslauf antreten könnte, der trotz wachsender Pluralität und Unübersichtlichkeit die Vielfalt und Widersprüchlichkeit der Anforderungen an den modernden Arbeitsbürger prismatisch bündelt? Und in der Tat kursieren einige Chiffren, die im Kern das neue Gewicht von Selbstverantwortung und Marktorientierung auf einen „Nenner" bringen. Neben altbekannten Formeln wie der vom „mündigen Menschen", der an die Stelle des „betreuten Menschen" tritt (vgl. SCHÄUBLE 1999, S. 21)[17], finden sich neue Chiffren, die bezeichnenderweise zumeist ökonomisch akzentuiert sind, wie etwa die Rede vom „Betriebsführer in eigener Sache" (VOß 1994, S. 282), vom „Arbeitskraftunternehmer" (JURCYK/VOß 2000, S. 167), vom „Leitziel Lebensunternehmertum" (OPASCHOWSKI 1998, S. 82)[18] oder vom „Selbstunternehmer" (BECK/WILLMS 2000, S. 91). Diese zum Teil in kritischer Absicht kreierten Begriffe beziehen sich u.a. auf die von der KOMMISSION FÜR ZUKUNFTSFRAGEN DER FREISTAATEN BAYERN UND SACHSEN (1997 b) in die öffentliche Diskussion eingebrachte Figur vom „unternehmerischen Menschen" als Leitbild einer neuen, unternehmerischen Wissensgesellschaft.

In ihren Reformvorschlägen nimmt die Durchsetzung eines neuen Leitbildes eine zentrale Stellung ein. „Wichtigster Bestandteil der Erneuerungsstrategie zur Verbesserung der Beschäftigungslage und des Lebens-

17 „Was wir also heute vor allem brauchen, das ist nicht Anspruchsdenken und Besitzstandswahrung, denn darin liegt immer letzten Endes der Gedanke, andere Kollektive sind verantwortlich für die Lösung der Probleme, sondern eher eine Kultur der Selbständigkeit auch des freiwilligen Engagements" (SCHÄUBLE 1999, S. 21).

18 Für HORST W. OPASCHOWSKI (1998, S. 82) hält ebenfalls der unternehmerische Geist in Arbeit, Freizeit und Familie Einzug: „Das Lernziel der Zukunft heißt Lebensunternehmertum. Der Arbeitnehmer als Leitfigur des Industriezeitalters wird zunehmend abgelöst von einer Persönlichkeit, die gegenüber dem eigenen gesamten Leben eine unternehmerische Grundhaltung entwickelt - im Erwerbsbereich genauso wie bei Nichterwerbstätigkeiten. Prononciert: Jeder sein eigener Unternehmer!"

standards breiter Bevölkerungsschichten ist eine tiefgreifende Veränderung individueller Sicht- und Verhaltensweisen sowie kollektiver Leitbilder in den Bereichen Arbeitsmarkt und Daseinsvorsorge. Gegenwärtig dominieren hier noch Muster einer arbeitnehmerzentrierten, kolonnenhaft formierten Industriegesellschaft. In dieser Gesellschaft vermarktet eine kleine Minderheit von Arbeitgebern die Arbeitskraft der großen Mehrheit von Arbeitnehmern und verschafft ihr so ein Erwerbseinkommen. Für weite Bereiche der Daseinsvorsorge ist der Staat zuständig. Die Masse der Bevölkerung verhält sich mehr oder minder passiv. Sie erwartet, dass Dritte ihre Arbeitskraft nachfragen und sie bei Arbeitslosigkeit, Krankheit, Pflegebedürftigkeit oder im Alter versorgen" (ebd., S. 34). Die neue Wirtschaft verlangt nach einer Abkehr von diesem Modell, in der Terminologie SCHÄUBLEs (1999, S. 21) eine Abkehr vom „betreuten Mensch" und eine Förderung der Eigenkräfte, Selbständigkeit und Selbstverantwortung. „Zwar wird auch in absehbarer Zukunft die Mehrheit der Erwerbsbevölkerung ganz oder teilweise abhängig beschäftigt sein. Doch darf das Leitbild des Arbeitnehmers nicht im bisherigen Umfang bewusstseinsprägend bleiben. Vielmehr ist das Leitbild der Zukunft der Mensch als Unternehmer seiner Arbeitskraft und Daseinsvorsorge" (ebd., S. 7), was u.a. heißt:

- der Einzelne muss mit seinem Arbeitsvermögen unternehmerisch umgehen, es permanent entwickeln und den Erfordernissen der Ökonomie anpassen und vermarkten,
- der Einzelne muss sich den ökonomischen Realitäten des Arbeitsmarktes als zentralem Reproduktionsort stellen (Akzeptanz gespreizter Lohnniveaus, Akzeptanz von Niedriglöhnen, zeitliche und räumliche Mobilität etc.),
- der Einzelne muss mehr private Vorsorge für soziale Krisenfälle (Krankheit, Arbeitslosigkeit, Arbeitsunfähigkeit etc.) und Altersvorsorge treffen.

Die Entwicklung eines solchen neuen Leitbilds sehen die Verfasser als Aufgabe der Zukunft an. „Um sich diesem Leitbild zu nähern, muss der Staat die von ihm gesetzten Rahmenbedingungen so umgestalten, dass individuelle Initiative und Verantwortung geweckt und gefördert werden. Dazu gehört, dass er nicht tiefer in die individuellen Handlungs- und Gestaltungsräume eingreift als dies für den Einzelnen und das Gemeinwohl unerlässlich ist. Alles was darüber hinausgeht, entzieht dem Einzelnen mehr als notwendig und entwöhnt ihn einer eigenständigen Lebensführung" (ebd., S. 7 f.). Als Hemmschuh auf dem Weg zum unternehmerischen Menschen macht die ZUKUNFTSKOMMISSION vor allem das System der sozialstaatlichen Daseinsvorsorge aus, dass die Überlebenskräfte der Subjekte schwächt. „Durch das Übermaß staatlicher Vorsorge und Versorgung haben viele Menschen nicht gelernt, ihre Kräfte anzuspannen. Das ist ein individueller und gesellschaftlicher Verlust. Denn viele Menschen wissen gar nicht, was sie selber vermögen, und der Gesellschaft entgehen innovative Impulse. Ein Mehr an unternehmerischer Betätigung und Verantwortung führt somit geradewegs zu einem Weniger an Sozialstaat" (ebd., S. 37).[19] Der unternehmerische Mensch wird sich nach Auffassung der Kommission unter den Bedingungen des gegenwärtigen Sozialstaats nur schwer realisieren lassen, da er ein Anspruchsniveau etabliert hat, das eine „freiwillige Wende" nicht erwarten lässt. Deshalb „bequemen sich Individuen, Gruppen und Gesellschaft in aller Regel nur unter Druck, namentlich materiellem Druck, tradierte Sicht- und Verhaltensweisen sowie Leitbilder aufzugeben und der veränderten Wirklichkeit Rechnung zu tragen. Große Teile der Bevölkerung Deutschlands spüren bislang jedoch kaum Druck, der zu Veränderungen zwingt. Sie genießen einen im historischen und internationalen Vergleich fast einzigartigen materiellen Wohlstand gepaart mit sozialem Frieden, einem hohen Maß innerer und äußerer Sicherheit, viel Freizeit u.a.m. Dass dieses Gebäude wie ein Kartenhaus zusammenfallen kann, ist für die meisten eine eher abstrakte Vorstellung. Die große Mehrheit bekundet individuelles Wohlergehen. Unter diesen Bedingungen ist es schwer, die Bevölkerung zu spürbaren Verhaltensänderungen zu bewegen" (ebd., S. 38).

Die Vision, die sich hier abzeichnet, das neue Leitbild des flexiblen Arbeitsbürgers trägt Züge des von OSKAR NEGT (2000, S. 89) identifizierten neuen Typus des universell verfügbaren Menschen, dessen organisierendes Zentrum die Marktverfügbarkeit und Marktflexibilität ist. „Der universell verfügbare Mensch ist derjenige, der in schnell wechselnden Beziehungen, ohne Verwurzelungen irgendwelcher Art, weder in familiären Zusammenhängen, noch des Dorfes und der Stadt, sich zu bewegen vermag, jederzeit verfügungsbereit. Wer in Emden den Arbeitsplatz verliert, soll möglichst rasch in den Schwarzwald ziehen, wenn die Marktverhältnisse dort günstiger sind."[20] Das Leitbild des unternehmerischen Menschen bündelt auf die-

---

19 Um die historische Reputation dieser Argumentation zu belegen, die die (neo-)liberale Sozialstaatskritik von Beginn an begleitete, verweist die ZUKUNFTSKOMMISSION in einer Fußnote auf die „Erkenntnis" LUDWIG ERHARDs aus dem Jahr 1958: „Nichts ist darum in der Regel unsozialer als der sogenannte ‚Wohlfahrtsstaat', der die menschliche Verantwortung erschlaffen und die individuelle Leistung absinken lässt" (ERHARDT, zit. nach ZUKUNFTSKOMISSION DER FREISTAATEN BAYERN UND SACHSEN 1997 b, S. 37). Die Vorschläge der Kommission zielen folgerichtig auf Maßnahmen, die den „Selbsterhaltungskräften der Subjekte" förderlich sind wie Privatisierung sozialer Sicherung, Aufbau eines Niedriglohnsektors, dessen Attraktivität durch eine Senkung von Sozialhilfe und anderen Sozialleistungen erhöht werden soll sowie die Verschärfung der Zumutbarkeitsregelungen in Arbeitslosen- und Sozialhilfe.

20 NEGT (2000, S. 91) wertet das Menschenbild, das sich hinter diesem neuen Leitbild der flexiblen Moderne verbirgt, als dürftigste „offizielle Definition des Menschen", die es je gegeben hat: „abgemagert, um seine Potenziale, seine Fähigkeiten gebracht. Er soll sich nicht ausruhen in Bildung, Muße und Mußefähigkeit entwickeln, sondern

sem Hintergrund weniger die Vorstellungen eines befreiten Subjekts, als vielmehr die funktionale Gestalt der „Turboarbeitskraft des Turbokapitalismus" (JURCZYK/VOß 2000, S. 195).

Die abstrakte Ökonomie, so LOTHAR BÖHNISCH und WOLFGANG SCHRÖER (2001), produziert ihr eigenes Menschenbild. „Der ‚abstract worker' geht in seiner Arbeit auf, ‚job-enrichment', anspruchsvoller Konsum und Libidinöse Einbindung in die Grenzenlosigkeit technologischer Entwicklungsmöglichkeiten schaffen Erfüllungsbiographien, die keiner kritischen Reflexivität mehr bedürfen. (...) Der Mensch ist sein eigener Produzent. Wie kann er da noch entfremdet sein" (ebd., S. 133). Dem „abstract worker" entspricht aus pädagogischer Perspektive der flexible Lerner als neues Leitbild dieser Epoche. „Der Mensch wird in eine ständige Bewerbungssituation gedrängt, er soll selbst prüfen, ob er den Anforderungen gewachsen ist, ansonsten muss er lernen. Der Mensch muss ständig beweisen, dass er flexibel genug ist, um bestehen zu können. Der flexible Lerner ist die Vergesellschaftungsform individueller Lebensführung im digitalen Kapitalismus. (...) Unsere Betriebe, die Schulen, der Staat, jeder Einzelne soll seine Handlungsfähigkeit wiedererlangen. Das geht nur - so die Flexibilisierungslogik -, wenn der einzelne Mensch und die einzelnen Einrichtungen selbst die Steuerung übernehmen. Grundlegend ist nun, und entscheidend für unsere pädagogische Perspektive, dass die Handlungsfähigkeit nicht am subjektiven Leben der einzelnen Menschen gemessen wird, sondern dass der abstrakte Vergesellschaftungsmodus individueller Lebensführung der Maßstab der Handlungsfähigkeit ist. Handlungsfähig ist, wer im digitalen Kapitalismus Erfolg hat, die anderen Menschen müssen flexibler werden und lernen" (ebd., S. 92).

MARTIN BAETHGE (1999 b) hat die Empfehlungen der Zukunftskommission der Freistaaten Bayern und Sachsen, die sich dieses Leitbild auf die Fahnen geschrieben hat, einer kritischen Überprüfung unterzogen und kommt zu dem Ergebnis, dass das Konzept den ideologischen Überbau der ökonomischen Liberalisierungstendenzen in den Industrienationen liefert. „In der Anrufung von natürlicher Begabung und Wert- bzw. Verhaltenseliten werden unschwer tragende Ideologeme des politischen Konservatismus erkennbar, jetzt in einer markttheoretischen Variante. (...) Der Markt als gesellschaftliche Utopie, das Marktsubjekt als anthropologische (nicht als historische) Konstruktion und als Inbegriff von Subjektivität, die Renaissance der Begabungskategorie als Kriterium für gesellschaftliche Förderung - dies ist kaum anders als als Legitimationsbasis für den endgültigen Bruch mit

---

sich schnell umbilden, flexibel sein, vergessen, was er gestern gedacht hat." Der universell verfügbare Mensch scheint dabei ein globales Projekt zu sein, denn es ähnelt den VON LESTER THUROW (1996, S. 450) identifizierten Zügen des von der Ökonomie präferierten Sozialcharakters, insbesondere bei den „Symbolanalytikern", die er auf das Motto der Revolverhelden in alten Western verdichtet: „Habe Waffe und bin bereit zu reisen."

dem wohlfahrtsstaatlichen Entwicklungspfad und als Ankündigung einer radikal deregulativen Gesellschaftspolitik zu verstehen“ (ebd., S. 35 f.).[21]

Für JURCZYK/VOß (2000, S. 167) ist das neue Leitbild des „unternehmerischen Menschen“ längst in den Strukturen des Arbeitsmarktes, der neuen Arbeitszeitordnungen und Managementmethoden Wirklichkeit geworden. Der von den Strukturen des liberalisierten Arbeitsmarktes geforderte Typus des „Arbeitskraftunternehmers“ ist demnach durch drei Anforderungen gekennzeichnet: eine forcierte Selbstkontrolle des Arbeitenden, eine „aktive Selbst-Ökonomisierung“ sowie eine wachsende „Selbst-Rationalisierung der Betroffenen als Basis einer zunehmend erforderlichen gezielten Durchorganisation ihres gesamten alltagspraktischen Lebenszusammenhangs.“ Der Arbeitskraftunternehmer ist gefordert, „die erwerbsorientierte Entwicklung und Erhaltung der eigenen Arbeitsfähigkeit (...) als auch deren Verkauf und Verwertung (...) fortlaufend, unter stets wechselnden Bedingungen und bei steigenden Konkurrenzbedingungen explizit und immer wieder neu aktiv zu betreiben. (...) Dies bedeutet jedoch nichts anderes als eine neue historische Stufe der (immer schon erforderlichen) doppelten Selbst-Ökonomisierung von Arbeitskraft“ (ebd., S. 175 f.). Die Flexibilitätserfordernisse, die die in ihrer Geschwindigkeit entfesselte Ökonomie mit ihrem kreativen Zerstörungspotential produziert, wird in der Figur des unternehmerischen Menschen in einen neuen Anforderungskanon für die Subjekte übersetzt, der sich der im sozialstaatlichen Kompromiss enthaltenen Sicherheiten, Garantien, Schutzzonen und Geländer der Lebensführung entledigt und die „Leistung“ des Einzelnen im Überlebenskampf (wieder) im Zentrum des offiziellen Menschenbildes inthronisiert.[22]

In diese Richtung verweist auch RICHARD SENNETTs (1998) Studie über den „flexiblen Menschen“. SENNETT beschreibt und analysiert anhand einzelner Beispiele, wie die Menschen mit den Bedingungen der neuen Ökonomie umgehen, wie sie auf kurzfristige Beschäftigung, häufigen Arbeits-

---

21 Allerdings muss man der ZUKUNFTSKOMMISSION zugute halten, dass sie mit diesem Anliegen nicht hinterm Berg hält, in aller Deutlichkeit für eine neoliberale, marktorientierte Strategie plädiert und auch hinsichtlich möglicher sozialer Folgen (Zunahme sozialer Ungleichheit etc.) nicht an Offenheit zu wünschen übrig lässt.

22 Die Ikonographie dieses neuen Zeitgeistes ist noch zu schreiben. Als Beispiel sei eine ganzseitige Werbeanzeige der Mannheimer Firma ABB angeführt, einem Unternehmen aus dem Sektor Energie- und Industrietechnik, deren obere Hälfte ein vibrierendes Gehirn zeigt, das Seilchen springt um sich „in Form“ zu halten. Vervollständigt wird die Anzeige durch den Text: „Denk schneller. Die Idee, die Du heute hast, ist in 5 Jahren veraltet. Du hast die ganze Welt als Konkurrent. Was du kaufen kannst, musst Du nicht erfinden. Finde raus, wo das Problem liegt. Such nicht das, was Du für perfekt hältst. Fang an zu machen. Lieber nur 98,5% als 1,5 Jahre zu spät - oder zu teuer. Perfektion ist Zeitlupe, Phantasie ist Lichtgeschwindigkeit. Wie schnell warst Du heute?“ Die Anzeige suggeriert nur eines: Flexibilität, schnelle Anpassung an neue Problemlagen als Credo. Bezeichnenderweise ist der Anzeige nicht zu entnehmen, um welche Produkte es geht. Auch das ist offensichtlich im Zeitalter der flexiblen Arbeit beliebig.

platzwechsel, Leistungsverdichtung, „Ende“ der Idee von einer Laufbahn und Karriere etc. reagieren. Das kennzeichnende Merkmal der neuen Ökonomie ist ihre Unbeständigkeit, die den Subjekten keine strukturelle Basis mehr liefert, ihr Leben an der für die fordistische Arbeitsgesellschaft typischen linearen Modellvorstellung einer Zukunft als aufsteigender Linie auszurichten. Damit aber verwandelt sich das Lebensprojekt in eine Vielzahl von Lebensprojekten, die Biographie zerfällt in Fragmente, die vom Subjekt nun aktiv in eine sinnhafte Geschichte transformiert werden müssen, ohne dass ihm die Gesellschaft eine „Bauanleitung“ an die Hand geben würde. Diese Erfahrung der Zusammenhangslosigkeit „bedroht die Fähigkeit der Menschen, ihre Charaktere zu durchhaltbaren Erzählungen zu formen“ (ebd., S. 37). Die flexible Arbeitsgesellschaft produziert neue Risiken und baut alte Sicherheiten ab, verdampft Ligaturen und schafft Optionen, und setzt damit das biographische Projekt der Subjekte einem deutlich höheren Maß an Risiken und Unsicherheit aus. Eine Zunahme an Planungsnotwendigkeit korrespondiert mit einer Abnahme an Planungssicherheit. SENNET sieht in dieser Reduktion von Planungshorizonten und Sicherheiten ein Gefahrenpotential sowohl für die Identitätsbildung der Subjekte wie auch für die Konstitution sozialer Beziehungen, da sie Schnelligkeit und Kurzfristigkeit zur Lebensmaxime erheben. „Es ist die Zeitdimension des neuen Kapitalismus, mehr als die High-Tech-Daten oder der globale Markt, die das Gefühlsleben der Menschen außerhalb des Arbeitsplatzes am tiefsten berührt. Auf die Familie übertragen bedeuten diese Werte einer flexiblen Gesellschaft: bleib in Bewegung, geh keine Bindung ein und bringe keine Opfer“ (ebd., S. 29). Die neue Zeitordnung, die sich an den Takten von Produktion und Konsumtion orientiert, steht nicht im Einklang mit der Tatsache, dass die Entwicklung von personalem Vertrauen als fundamentale Voraussetzung tragfähiger sozialer Beziehungen, egal ob in Familie, sozialen Netzwerken oder im Betrieb, Zeit bedarf, und diese nicht beliebig im Rahmen eines ökonomischen Kalküls effektiviert werden kann. „Informelles persönliches Vertrauen braucht seine Zeit; man muss lange genug mit anderen gearbeitet haben, um zu wissen, wer zusammenbricht und auf wen man sich verlassen kann. Anders ausgedrückt: Die Austauschprozesse im Kern von sozialer Inklusion haben eine Zeitdimension; das heißt, sie erfordern Dauer in sozialen Beziehungen - keine Permanenz, aber genügend Zeit, um sich zu entfalten, und wiederholte Interaktion, um einer formellen Verpflichtung die Bedeutung einer Erfahrung zu geben“ (SENNETT 2000, S. 437). Genau diese Bedingungen schwinden im ökonomischen Kontext des (liberalen amerikanischen) Arbeitsmarktes und dringen zudem vermittelt über die flexibilisierten Organisationsformen der Arbeitszeit ebenso wie über die neuen Leitbilder des „flexiblen Menschen“ in die Gesamtheit der alltäglichen Lebensführung ein.[23]

---

23 Der englische Politikwissenschaftler JOHN GRAY (2000, S. 424) hält im Sinne SENNETs weniger Arbeitslosigkeit für das zentrale gesellschaftliche Problem, als viel-

Problematisch ist diese Entwicklung auch deshalb, weil die Zunahme an Selbstverantwortung nicht gleichbedeutend ist mit Selbstbestimmung, da sich nach SENNETT (1998, S. 59) mit der flexiblen Arbeitsgesellschaft ein neuartiges Machtsystem[24] etabliert, das durch einen diskontinuierlichen Umbau von Institutionen nach dem Muster anpassungsfähiger Netzwerke bei gleichzeitiger flexibler Spezialisierung der Produktion zu einer „Konzentration der Macht ohne Zentralisierung" führt. Als Beispiel führt SENNETT die Struktur netzwerkartiger, in teilautonome Arbeitseinheiten organisierter Unternehmen an, die sich durch eine Verflachung der Hierarchie auszeichnen, die die Illusion größerer Entscheidungsfreiheit auf den unteren Ebenen erzeugt. Die von den neuen Managementkonzepten propagierten flacheren Hierarchien sind nach SENNETT (1998, S. 70) allerdings alles andere als ein dezentralisierendes Verfahren. „Es gibt ein Festland der Macht in der Inselgruppe flexibler Macht. Irgendjemand auf dem Festland muss entscheiden, dass ‚Barbados' die Aufgaben übernehmen kann, die früher von ‚Trinidad' oder ‚Guadeloupe' erfüllt wurden; ‚Barbados' wird sich wohl kaum selbst um zusätzliche Lasten reißen. Die Überlastung kleiner Arbeitsgruppen durch viele unterschiedliche Aufgaben ist regelmäßiges Merkmal des Unternehmensbaus".

Für SENNETT ist das Modell des flexiblen Menschen kein Modell für eine tragfähige Bildung von Gemeinschaft und Gesellschaft, da unter den Bedingungen einer liberalen Ökonomie „die Schwäche sozialer Kohäsion eher strukturell als psychologisch" motiviert ist. Die flexible Arbeitsgesellschaft ist eine Marktgesellschaft, die nach SENNETT elementaren Bedingungen menschlicher Gemeinschaftsbildung entgegenläuft. Hinter dieser Wertung verbirgt sich eine anthropologische Setzung, die am Beispiel der Individualismuskritik SENNETTs verdeutlicht werden kann. SENNETT wendet sich gegen den radikalisierten Autonomiegedanken der liberalen Ideologie und hält ihm das fundamentale soziale Bindungsbedürfnis des Menschen als Grenze individueller Autonomie entgegen. „Die moderne politische Ökonomie unterstellt, dass Individuen ihr Leben allein bewältigen können, ihre Handlungsfähigkeit aus sich selbst heraus gewinnen und erneuern. Aber diese Ideologie vom „Selbstunternehmer" steht im krassen Gegensatz zur Realität. Sie widerspricht der alltäglichen Erfahrung in der Arbeitswelt und beim Zusammenleben, dass man unvollständig ist. Sie ist eine totale Illusion und führt dazu, dass der Sinn für gegenseitige Verpflichtung schwindet. Ihret-

---

mehr die „moralischen Risiken der Art von Arbeit, die unsere Ökonomien produzieren" und die er ebenfalls in einer Durchdringung des Lebenszusammenhangs mit den Kurzzeit-Imperativen der liberalisierten Ökonomie lokalisiert.

24 In Bezug auf die neuen Arbeitszeitordnungen stellt SENNETT (1998, S. 75) fest: „Beim Angriff auf die Routine erscheint eine neue Freiheit der Zeit, doch ihre Erscheinung täuscht. Die Zeit in Unternehmen und für den einzelnen ist aus dem eisernen Käfig der Vergangenheit entlassen, aber neuen Kontrollen und neuer Überwachung von oben unterworfen. Die Zeit der Flexibilität ist die Zeit einer neuen Macht."

wegen bedroht der Neoliberalismus den Wohlfahrtsstaat. Insofern ist die Freiheitsfrage für mich eng verbunden mit der Frage, wie Individuen diese falsche Vorstellung von Autarkie entmystifizieren. Nicht die Wahlfreiheit, sondern die Einsicht in die fundamentale Unvollkommenheit des Selbst ist für mich der Kern der Freiheit" (BECK/SENNETT 2000, S. 24). Ähnlich wie SKADERUD (2000) geht SENNETT davon aus, dass Menschen Sicherheit wie Beständigkeit bedürfen und dass eine Ökonomie, die diesen Phänomenen den Kampf angesagt hat, grundlegenden menschlichen Bedürfnissen zuwider läuft. Die Frage, wie viel Sicherheit, wie viel - symbolisch gesprochen - „Heimat" Menschen brauchen, ist substantiell, im Sinne eines allgemeinen „Grenzwerts", nur schwerlich zu klären, da eine Antwort von individuellen Lebensverläufen, materiellen und sozialen Rahmenbedingungen und Ressourcen abhängig ist und nicht zuletzt einer ethischen Klärung bedarf. Auch wenn eine Frage, insofern sie nicht strategischer Natur ist, normalerweise eine Antwort impliziert, so liegt gerade angesichts der Heterogenisierung von Lebenslagen und Lebenswegen in der Zweiten Moderne der Wert der von SENNETT u.a. aufgeworfenen Frage eher in ihrer Funktion, als kritisches Korrelat einer (markt-) liberal gewendeten Flexibilisierungsideologie dafür Sorge zu tragen, mögliche soziale und psychische Kosten eines solchen Weges nicht aus dem Blick zu verlieren.

Die sich in den 90er Jahren vollziehenden Veränderungen der ökonomischen und sozialen Ordnungen der westlichen Industriegesellschaften und ihre Folgen für Identitätsbildung und Alltagsleben der Subjekte finden ihren Niederschlag auch und gerade in der zeitgenössischen Literatur. DOUGLAS COUPLAND (2001 a, S. 8), Protokollant, nicht Protagonist der „Generation X" beschreibt vor allem in seinen „Amerikanischen Polaroids" die Metamorphosen des amerikanischen Alltagslebens in vielen anschaulichen Skizzen, Beobachtungen und Miniaturen, denen er in der Einleitung den Befund voranstellt: „Die meisten Menschen sind sich heute der tief greifenden Veränderungen des Alltagslebens durchaus bewusst - Veränderungen, durch die die 80er nach kurzer Zeit so weit von den 90ern entfernt schienen, wie es der Osten vom Westen ist. Viele dieser Veränderungen werden, so hoffe ich, in den Texten, die dieses Buch enthält, widergespiegelt. Ich glaube, man sollte nicht vergessen, dass unsere Welt zwar scheinbar immer ‚schneller' wird, das Verfallsdatum dessen, was ‚eine Epoche definiert' jedoch entweder immer früher angesetzt wird oder keine Rolle mehr spielt. Ich ertappe mich dabei, wie ich einer Zeit hinterher trauere, noch keine drei Jahre her, als in Teenagerzimmern wieder Blümchenaufkleber sprossen und Grunge die Laufstege regierte. In dieser Zeit war der Zwang, sich in neue Technologien ‚einzuklinken', noch nicht so stark, dass die Arbeitnehmer dieser Welt vom Low-Tech-Paranoia und dem Alptraum, ohne Absicherung den Anschluss zu verlieren, geplagt wurden. Es ist viel passiert in diesem halben Jahrhundert." In seinem 1998 im Original erschienen Roman „Girlfriend in a coma" lässt COUPLAND (2001 b) Karen, eine junge kanadische Frau, mit 17 Jahren in ein Koma fallen und Ende der 90er Jahre wieder erwachen. COUPLAND schildert ihren Blick auf die Welt und die Menschen, ihr Erstaunen angesichts eines aberwitzigen Geschwindigkeitsrausches und ihre Gefühle der Entfremdung angesichts einer immer betriebsameren Arbeitsamkeit. Die an Geist und Erfahrungen 17-jährige Karen befremdet die Welt ihrer vermeintlich erwachsenen Freunde, die Welt, die sich ihr in den Medien erschließt: „Was sie Richard jedoch verschweigt, ist, dass ihre alten Freunde auf seltsame Weise gar keine richtigen Erwachsenen sind - sie sehen aus wie Erwachsene, aber innerlich sind sie eigentlich keine. Sie sind verkümmert; ihnen fehlt etwas. Und sie alle scheinen zu hart zu arbeiten. Die ganze Welt scheint zu hart zu arbeiten. Karen glaubt sich zu erinnern, dass Freizeit früher ein wichtiger Lebensaspekt war, doch an dieser Qualität scheint es der Welt, mit der sie jetzt sowohl in der Realität als auch im Fernsehen konfrontiert wird, immens zu mangeln. Arbeit Arbeit Arbeit Arbeit Arbeit Arbeit Arbeit" (ebd., S. 179 f.).

Auch in der französischen Literatur erfreut sich in den letzten Jahren das Thema Individuum - Gemeinschaft - Kapitalismus wieder steigender Beliebtheit. Neben FRANCOIS EMMANUEL, der in seinem Roman „Der Wert des Menschen" (2000) einen Psychologen die soziale und psychologische Anatomie eines Wirtschaftsmagnaten zeichnen lässt, ist es insbesondere der wohl meistdiskutierte französische Autor der letzten Jahre, MICHEL HOUELLEBECQ, der in seinen Romanen „Ausweitung der Kampfzone" (1999 a), „Elementarteilchen" (1999 b) und „Plattform" (2002) sowie in seinen Essays (2001) mit unverkennbar kulturkritischem Unterton gleichwohl analytischer Schärfe die Atomisierung der Subjekte in der modernen Gesellschaft, das Eindringen des Kapitalismus in die innersten Bereiche der Beziehungsfähigkeit zum Thema macht und in einem ausweglosen Szenario der Vereinzelung münden lässt. In seinem letzten Roman „Plattform" veranschaulicht HOUELLBECQ die Ausbreitung von Beziehungsunfähigkeit als Signum einer durchökonomisierten Moderne am Beispiel von Tourismusbranche und der Vermarktung von Sexualität. Der Protagonist der Geschichte, Michel, ein desillusionierter Beamter des Pariser Kultusministeriums, zieht sich am Ende voll apathischem Ekels vor dem emotionalen Trümmerhaufen der Moderne nach Thailand zurück. „Bis zum Schluss werde ich ein Kind Europas, ein Kind des Kummers und der Schande bleiben. Ich habe keinerlei Hoffnungsbotschaft zu verkünden. Ich empfinde keinen Hass auf die westliche Welt, höchstens tiefe Verachtung. Ich weiß nur, dass wir alle, die wir hier sind, von Egoismus, Masochismus und Tod durchdrungen sind. Wir haben ein System geschaffen, in dem es ganz einfach unmöglich geworden ist zu leben; und dieses System exportieren wir noch dazu" (HOUELLEBECQ 2002, S. 338). Die atomisierenden Mechanismen der schönen neuen kapitalistischen Konkurrenz- und Konsumwelt seziert

HOUELLBECQ messerscharf und in einer Radikalität, die die ambivalenten Folgekosten der Moderne bis zur Kenntlichkeit auf die Spitze treibt. Beispielhaft sei in der gebotenen Kürze HOUELLEBECQs (2001, S. 73 f.) Kritik der Werbung angeführt: „Die Werbung, die jedes Konzept von Ewigkeit in Abrede stellt, die sich selbst als Prozess einer ständigen Erneuerung definiert, strebt die Zerstörung des Subjekts an, um es in ein höriges Phantom des Werdenden zu verwandeln. Und diese oberflächliche, seichte Beteiligung am Leben der Welt soll das Begehren nach dem Sein ersetzen. Die Werbung scheitert, die Depressionen werden zahlreicher, die Verwirrung nimmt zu. Die Werbung baut trotzdem an den Infrastrukturen weiter, mit deren Hilfe ihre Botschaften empfangen werden. Sie arbeitet weiter an der Vervollkommnung der Fortbewegungsmittel für Menschen, die keinen Ort haben, an den sie fahren könnten, weil sie keinen Ort haben, an dem sie zu Hause sind. Sie arbeitet weiter an der Entwicklung von Kommunikationsmitteln für Menschen, die sich nichts mehr zu sagen haben. Sie arbeitet weiter an der Erleichterung von Interaktionen zwischen Menschen, die keine Lust mehr haben, mit wem auch immer in Verbindung zu treten."

MARTIN BAETHGE (1999 a, S. 36) hat angesichts der skizzierten Argumente die Gefahr angedeutet, dass die „flexibilisierte Gesellschaft (...) eine entgrenzte, aber nicht unbedingt eine offene Gesellschaft (wäre)", deren neuer, individualisierter Sozialcharakter die Selbständigkeit am Arbeitsmarkt mit einer Labilisierung sozialer Beziehungen erkauft. Und auch der von BAETHGE[25] implizit kritisierte BECK scheint sich zumindest in den Veröffentlichungen Ende der 90er Jahre deutlicher als Kritiker der Individualisierungsprozesse der letzten 30 Jahre zu etablieren. Obwohl selbst Mitglied der Kommission für Zukunftsfragen, kritisiert er deren Leitbild des Selbstunternehmers als „Phänotyp des neoliberalen Individualismus", den er vom Idealtyp eines experimentellen Individualismus unterscheidet, der eine neue Kultur sozialer Vernetzung und Kommunikation voraussetzt. Nach BECK ist die Entwicklung der letzten drei Jahrzehnte Anlass zu eine Unterscheidung, „nämlich die zwischen einer Individualisierung, die sich auf der Basis relativer sozialer Sicherheit vollzogen hat, wie wir sie seit den sechziger, siebziger Jahren in Deutschland erlebt haben, und einer Individualisierung, in der diese Sicherheiten immer weniger gegeben sind, da die kollektiven Sicherungssysteme abgebaut werden. Ich möchte das Erste wiederum Individualisierung nennen, das Zweite Atomisierung" (BECK/WILLMS 2000, S. 102 f.).

Die Unterscheidung zwischen Individualisierung und Atomisierung ist aus systematischer Perspektive problematisch, weil sie Individualisierung nicht mehr als soziologische Strukturkategorie nutzt, die die sukzessive Lösung

---

25 BAETHGE (1999 a, S. 36) wirft den Vertretern der „Zweiten Moderne" - wie einige andere Kritiker - eine zu ausgeprägte Betonung der Chancenpotentiale vor.

der Subjekte aus Bindungen, Traditionen und Vorgaben begrifflich einfängt, sondern als normative Figur einer gelungenen, den Subjekten zuträglichen und die Chancen nutzenden Form der Individualisierung fasst. Der Individualisierungsbegriff gerät damit zwischen die (schon in Kapitel 1 angesprochenen) „Fronten“ von Analyse und Entwurf. Diese Problematik ist auch im folgenden Kapitel virulent, das sich mit der Frage beschäftigt, ob das auch von BECK protegierte Modell der Bürgerarbeit eher eine Vision oder einen möglichen (und wahrscheinlichen) gesellschaftlichen Entwicklungspfad aus den Bedrohungen der liberalisierten Marktgesellschaft darstellt.

9. Auf dem Weg in die Bürgergesellschaft? Bürgerarbeit im Lichte empirischer und theoretischer Befunde

> *„Die bittere Gedichtfrage Brechts, was es für Zeiten seien, in denen ein Gespräch über Gedichte ein Verbrechen sei, weil es das Schweigen über so viele Untaten einschließt, könnte man variieren in die Frage, was es für Zeiten sind, in denen das Reden über bürgergesellschaftliches Engagement und Selbsthilfe problematisch ist, weil es das Faktum eines ordinären Kapitalismus mit seinen Entsolidarisierungstendenzen verdeckt." (HANS THIERSCH 1998 b, S. 35)*

Seit Mitte der 90er Jahre ist der Diskurs über die Zukunft der wohlfahrtsstaatlichen Demokratien nicht nur in der Bundesrepublik durch die Konjunktur eines Begriffs, besser eines Begriffsfeldes geprägt. Stichworte, die diesem Spektrum zugeordnet werden können, sind z.B. Bürgerarbeit, bürgerschaftliches, zivilgesellschaftliches bzw. freiwilliges Engagement oder zugespitzt in Form der Bürgergesellschaft, Weltbürgergesellschaft oder Zivilgesellschaft.[1] Alle diese Begriffe haben z.T. eine eigene Geschichte und Tradition, verschmelzen aber im sozial- und gesellschaftspolitischen Diskurs des letzten Jahrzehnts zu einem „Begriffsfeld", in dem Nuancen und Differenzen kaum mehr auszumachen sind.[2]

Allen diesen Modellen, Entwürfen und Chiffren ist jenseits aller Differenzen im Detail gemeinsam, dass sie die Zukunft der Arbeitsgesellschaft jenseits des bisherigen Arbeitsmarktes ausmachen und jene Tätigkeitsfelder ins Blickfeld rücken, die in der Fachdiskussion unter dem Begriff des „Dritten Sektors" zwischen Staat und Markt diskutiert werden (vgl. ANHEIER 1999). Die gemeinsame Grundidee der Modelle ist, dem Schwinden der Lohnar-

1 Vgl. z.B. zur theoretischen Tradition des Begriffs Zivilgesellschaft BÖLLERT (2000).

2 ADALBERT EVERS (2001, S. 83) hat dies am Beispiel des politischen Diskurses über den aktivierenden Sozialstaat veranschaulicht: „Forderungen nach einem ‚aktivierenden Sozialstaat' kommen heute aus den verschiedensten politischen Lagern. Ganz explizit ist die Vokabel vor allem im Umkreis der Sozialdemokratie entwickelt und in Umlauf gesetzt worden, aber auch in der CDU und CSU wird von der Notwendigkeit gesprochen, die Bürgergesellschaft zu aktivieren. Die FDP stellt die Stärkung individueller Verantwortung ins Zentrum ihrer Aussagen und die Grünen betonen, dass sie ja eigentlich als erste das Konzept einer aktiven Bürgergesellschaft vertreten hätten, das inzwischen vom Bundeskanzler Schröder selbst programmatisch zum Kernpunkt einer erneuerten sozialdemokratischen Politik erhoben worden ist."

beit durch eine Ausweitung des Arbeitsbegriffs in jene Felder zu begegnen, die sich trotz rasant zunehmender Verberuflichung (vgl. RAUSCHENBACH 1999 a) der mehrwert- und gewinnzentrierten Logik des Marktes (bislang) zumindest in letzter Konsequenz entziehen. Gemeint sind vor allem der große Bereich der familialen, nachbarschaftlichen bzw. sozialräumlichen Dienstleistungen wie z.B Betreuung von Angehörigen und Nachbarn, Erziehung etc.

In der bundesrepublikanischen Diskussion ist die Akzentverlagerung hin zum „Dritten Sektor" durch ULRICH BECKs im Rahmen der Empfehlungen der KOMMISSION FÜR ZUKUNFTSFRAGEN DER FREISTAATEN BAYERN UND SACHßEN (1997 b, S. 146 ff.) eingeführten Begriff der Bürgerarbeit vorangetrieben worden und wird seitdem kontrovers diskutiert. Für BECK (2000 a, S. 47) kann „Bürgerarbeit neben Erwerbsarbeit - ergänzend nicht ersetzend - zum zweiten Zentrum sozialer Inklusion und gesellschaftlicher Erneuerung werden." Die vergessene, überwiegend weibliche Seite der Arbeitsgesellschaft, d.h. vor allem Hausarbeit und Erziehung, die schon immer stillschweigende Voraussetzung der „wertschaffenden" Arbeit in Fabriken, Büros, Kaufhäusern und Call-Centern war, wird nun zum Hoffnungsträger der Zukunft.

Eine der aus wissenschaftlicher Sicht problematischen Konsequenzen dieser Diskussionskonjunktur ist ein fast babylonisch anmutendes Sprachengewirr, in dem unklar definierte Begriffe fast beliebiger Nutzung offen zu stehen scheinen, in dem einerseits Begriffe, die auf Differenz abzielen, synonym verwendet werden, andererseits Begriffe wie Bürgerarbeit, die im scheinbaren Konsens quer zu allen politischen Lagern Verwendung finden, je nach Kontext auf höchst unterschiedliche Bedeutungen verweisen können. KEUPP/KRAUS/STRAUS (2000, S. 217) führen die Einmütigkeit, mit der alle „politischen Lager" das bürgerschaftliche Engagement als Quelle einer besseren gesellschaftlichen Zukunft entdeckt haben, darauf zurück, dass sich hier unterschiedliche Diskursinteressen in einem Fokus bündeln. Es sind vor allem vier thematische Linien, die aus je spezifischer Perspektive und mit je spezifischen Interessen die Bedeutung des an der Gemeinschaft interessierten und für die Gemeinschaft engagierten Subjektes hervorheben:

- Der *Demokratiediskurs* thematisiert die Frage, wie die Subjekte angesichts der sozialen und politischen Folgen von Liberalisierung und Ökonomisierung an der Gestaltung des Gemeinwesens beteiligt werden können. „Hier ist die Rede von Zivilgesellschaft als dem demokratischen Kern der Gesellschaft, der aus dem Engagement ihrer Mitglieder besteht. Er fragt nach den Bürgern, die sich einmischen und öffentliche Anliegen zu ihren eigenen machen" (ebd., S. 217).[3] Die Diskussion um

3 HELMUTH KLAGES (2000, S. 152) wertet das „neue" Interesse an der Förderung zivilgesellschaftlichen Engagements als Reaktion auf eine „sich abzeichnende Krise im Verhältnis zwischen dem Staat und den immer ‚verdrossener' werdenden Bürgern."

Bürgerarbeit, Förderung ehrenamtlichen Engagements, Zivilgesellschaft etc. der 90er Jahre knüpft damit im Kern auch an die unter dem Stichwort Kommunitarismus geführte Auseinandersetzung um die sozialmoralischen Grundlagen einer „fairen Gesellschaft" (ETZIONI 1996) bzw. einer „Verantwortungsgesellschaft" (vgl. ETZIONI 1999) an[4] und integriert zudem den zweiten Diskursstrang.

- Der *Gemeinwohldiskurs* zielt auf eine kritische Berücksichtigung der sozialen Folgen einer voranschreitenden Individualisierung und Ökonomisierung der Gesellschaft, die zumeist mit der Befürchtung eines Niedergangs des „sozialen Kapitals" verbunden ist, der man mittels (Re-) Aktivierung der gemeinschaftlichen Engagements der Subjekte zu begegnen sucht. Förderung bürgerschaftlichen Engagements erhält den Charakter eines Gegengiftes gegen die schleichende Entsolidarisierung und soziale Segmentierung der liberalen Marktgesellschaft.

- Ein dritter Strang, der zum gesteigerten Interesse an den Tätigkeiten jenseits des Arbeitsmarktes geführt hat, bezeichnen KEUPP/KRAUS/STRAUS (2000, S. 218) als *Tätigkeitsdiskurs*. „Tätigkeit im Sinne von Erwerbsarbeit ist das zentrale Medium der Identitätsentwicklung der Moderne gewesen. Wenn aber die Erwerbsarbeit für viele Menschen keine Verankerungsmöglichkeit mehr bietet, wie soll dann im positiven Sinne Identität geschaffen werden? Die Idee der Tätigkeitsgesellschaft zeigt vor diesem Hintergrund viele sinnvolle gesellschaftliche Aktivitätsfelder auf, die sich nicht auf Erwerbsarbeit reduzieren lassen." In der Krise des lohnarbeitsgesellschaftlichen Vergesellschaftungsmodus gerät die historisch vergleichsweise junge Verengung des Arbeitsbegriffs auf jene Tätigkeiten in den Blick, die sich auf dem Arbeitsmarkt verkaufen lassen. Die von HANNAH ARENDT (1987) schon in den 50er Jahren in kritischer Absicht herausgestellte Reduktion des Tätigkeitsbegriffs auf Lohnarbeit, die, wie es die Frauenforschung beschrieben hat, Hierarchisierung von Tätigkeiten zu Lasten der zum aller größten Teil von Frauen zu erbringenden reproduktiven Tätigkeiten in Familie und sozialem Nahraum, gerät unter der Herrschaft des flexiblen Arbeitsmarktes in Bewegung und öffnet sich - zumindest begrifflich.

---

4 Nach LANGE (2000, S. 255) ist Kommunitarismus „eine seit den achtziger Jahren anwachsende Theorieströmung in der Geistes- und Sozialwissenschaften ..., die den westlichen Gesellschaften eine Tendenz zur sozialen Desintegration diagnostizieren und die philosophischen und sozialwissenschaftlichen Reflexionstheorien dieser Gesellschaften als zu einseitig dem liberalen Individualismus verhaftet kritisiert. Im Gegenzug wird ein Eigenwert der ‚Gemeinschaft' gegenüber ‚Individuum' und ‚Gesellschaft' proklamiert." ETZIONI (2000 a; 2000 b) hat sein kommunitaristisches Modell kürzlich nochmals ausdrücklich unter dem Stichwort „Dritter Weg" rekapituliert. Vgl. dazu ausführlicher ETZIONI (1999), HONNETH (1993). Vgl. zur Kritik BRUMLIK (1995).

- Der vierte thematische Strang, der die Förderung bürgerschaftlichen Engagements als Thema auf die Tagesordnung gesetzt hat, ist der Diskurs um die soziale Sicherung, der sich angesichts der politisch eingeschränkten finanziellen Handlungsspielräume auf die Suche nach „Leistungsalternativen“ zum „expandierenden“ Sozialstaat begibt und im „aktiven“, um das Gemeinwohl bemühten Bürger zu finden scheint.

Dass alle vier Fragestellungen zu einer vergleichsweise einmütigen Antwort kommen, indem sie das gemeinwohlorientierte Engagement der Subjekte ins Visier nehmen, überrascht dabei aus theoretischer Perspektive wenig, hat doch die Fachdiskussion zum Thema Ehrenamt (das einen Teilbereich dessen ausmacht, was unter dem Sammelbegriff bürgerschaftliches Engagement zusammengefasst werden kann und das man getrost zu den begrifflichen „Gewinnern“ der 90er Jahre zählen darf) schon in den 80er Jahren betont, dass ehrenamtliche Tätigkeiten nicht nur für die Subjekte ertragreich sein kann, sondern auch für das System von hohem Nutzen ist (vgl. MÜLLER/RAUSCHENBACH 1992). Aus systemischer Perspektive kommt dem Engagement der Bürger sowohl ein ökonomischer wie ein symbolischer Nutzen zu. Ökonomisch ist das Engagement bedeutsam, weil es die Kosten des staatlich organisierten und alimentierten Systems sozialer Hilfe senkt, symbolisch, weil sich im Engagement zugleich der tätige Ausdruck des solidarischen Anspruchs der Gesellschaft manifestiert.[5]

Aus den vier skizzierten Diskurslinien resultieren recht unterschiedliche Motive, die die Konjunktur und Popularität der Debatte um die Aktivierung des Bürgers begründen: von der Förderung demokratischen Engagements über die Reaktivierung von Gemeinschaftswerten und die Durchbrechung bislang gültiger geschlechtsspezifischer Hierarchien in Arbeitsmarkt und Gesellschaft bis hin zu mehr oder minder deutlich artikulierten (und mit vermeintlichen Sachzwängen begründeten) Sparinteressen. Ähnlich wie im Falle der Diskussion um die Flexibilisierung der Lohnarbeit (vgl. Kapitel 6), die durch eine vergleichbar vielfältige Interessenkonstellation gekennzeichnet ist, stellt sich mithin die Frage, ob diese verschiedenen Interessen miteinander harmonieren, ob sich mit der Chiffre Bürgerarbeit ein tragfähiges Konsensmodell mit Perspektiven abzeichnet, das geeignet ist, vergleichbar den BISMARKschen Sozialgesetzen eine neue Lösung der sozialen Frage zu etablieren.

Um einer Klärung dieser Frage näher zu kommen, wird im Folgenden in zwei Schritten vorgegangen. Zunächst werden einige Modelle in wesentlichen Grundzügen skizziert, um darauf aufbauend eine Unterscheidung zwi-

5 In diesem Sinne stellen RAUSCHENBACH/MÜLLER/OTTO (1992, S. 224) angesichts der Konjunktur der Ehrenamtsdebatte fest: „Ehrenamtliches Engagement ist eine der letzten Bastionen, in der eine auf Vertrauen, Einfluss und Anteilnahme basierende Sozialintegration jenseits der systemischen Steuerungsmedien von Geld, Recht und Macht gelingen kann.“

schen zwei unterschiedlichen Modelltypen vorzuschlagen und zu plausibilisieren, die auf gänzlich unterschiedlichen Gesellschaftsverständnissen und Gesellschaftsvisionen beruhen: (a) Bürgerarbeit als Steuerungs- und Kontrollinstrument einer flexiblen Arbeitsgesellschaft und (b) Bürgerarbeit als Element einer Tätigkeitsgesellschaft zeitsouveräner Subjekte. Im zweiten Schritt wird anhand empirischer und theoretischer Befunde der Frage nachgegangen, ob es Anhaltspunkte dafür gibt, dass wir uns auf dem Weg in eine „Bürgergesellschaft" befinden. Abschließend wird auf möglichen Konsequenzen für die Soziale Arbeit eingegangen.

„Bürgerarbeit" - Modelle und Typen im Überblick

Verfolgt man den in den 90er Jahren vor allem an Umfang enorm expandierenden Markt der Gegenwartsanalysen und (zumeist damit verknüpften) Zukunftsprognosen, so fällt die Einmütigkeit auf, mit der sich die überwiegende Mehrzahl der Protagonisten auf den „Dritten Sektor" als „Lösung" einigen.[6] Auch der politische Diskurs, der den Gedanken des zivilgesellschaftlich aktiven Bürgers im Modell des aktivierenden Staats zum programmatischen Kernpunkt einer Reform des überkommenen Wohlfahrtstaats hat werden lassen und bereits auf den „dritten" Weg gebracht hat, verschreibt sich zivilgesellschaftliches Engagement als Heilmittel gegen die Konsequenzen der Moderne.[7]

Dabei offenbart eine genauere Betrachtung der vorgelegten Entwürfe und Modelle, dass sich jenseits des konsensualen Kerns sehr wohl folgenreiche Unterschiede ausmachen lassen, die es sinnvoll erscheinen lassen, sich einige Modelle etwas genauer anzuschauen. Allerdings stellen die meisten der im öffentlichen Diskurs wahrgenommenen und diskutierten Arbeiten im eigentlichen Sinne keine wissenschaftlichen „Modelle" dar, insofern man darunter einen begründeten, mit klar definierten Begriffen operierenden und in sich stimmigen Entwurf versteht. Einige Autoren begnügen sich mit vergleichsweise kurzen, zustimmenden Verweisen auf die Zukunft des „Drit-

6 Vgl. z.B. BECK (1999, 2000) BECK/WILLMS (2000); GORZ (2000); DETTLING (1998); RIFKIN (1997); STRASSER (1999); GIARINI/LIEDTKE (1998); OPASCHOWSKI (1998); FUKUJAMA (2000); GRAF/PLATTHAUS/SCHLEISSING (1999); EICHEL/HOFFMANN (1999).

7 THAA (2000) weist darauf hin, dass der Begriff Zivilgesellschaft insbesondere im Kontext der osteuropäischen Oppositionsbewegung der 80er Jahre Popularität erlangte und hier „zwar vage, aber doch noch politisch identifizierbar für die Umorientierung der Linken weg von Klasse und Staat, hin auf soziale Bewegungen, Selbstorganisation und politische Öffentlichkeit" (ebd., S. 9) stand. In den 90er Jahren verweist THAA auf eine Entpolitisierung und Instrumentalisierung des zivilgesellschaftlichen Diskurses. THAA konstatiert, „dass die zivilgesellschaftliche Orientierung in dem Maße, in dem sie ihre Bindung an das Ideal der republikanischen Selbstregierung aufgibt, zur emanzipatorischen Begleitmusik einer Privatisierung der Welt unter kapitalistischen Vorzeichen wird" (ebd., S. 18).

ten Sektors“ (vgl. STRAßER 1998), seiner wachsenden Bedeutung (FUKUYAMA 2000) und seine notwendige Förderung. Andere, wie RIFKIN (1997) propagieren den Dritten Sektor als einzige Rettung, ohne einen klaren Begriff davon zu entwickeln, was alles darunter zu subsumieren wäre. Da es an dieser Stelle weder um „Vollständigkeit“ in dem Sinne geht, die Wiederkehr des Immergleichen bis in die letzte Ausdeutung hin zu belegen (was für LeserIn und Schreiber gleichermaßen ermüdend und im Hinblick auf die Fragestellung wenig ergiebig wäre), noch um eine detaillierte kritische Auseinandersetzung mit einzelnen Ansätzen, sondern um eine strukturierende Analyse des Diskurses, beschränkt sich die Darstellung auf sechs Beispiele, die einen besonderen Stellenwert in der fachlichen und öffentlichen Auseinandersetzung eingenommen haben bzw. einnehmen.[8]

(1) Die von JEREMY RIFKIN (1997) erstmals 1995 vorgelegte Streitschrift mit dem Titel „Das Ende der Arbeit und ihre Zukunft“ stellt so etwas wie den Startschuss der seit Mitte der 90er Jahre nochmals an Intensität zunehmenden Welle zivil- bzw. bürgergesellschaftlicher Entwürfe dar. RIFIKINs Abgesang auf die industrielle Arbeitsgesellschaft, deren ständig wachsenden Fähigkeit zur Substitution menschlicher Arbeitskraft die sozialintegrative Kraft der Lohnarbeit zersetzt, mündet in der Beschwörung eines unvermeidlichen Konflikts, für den RIFKIN nur eine Lösung sieht. „Was die wachsende Zahl von Menschen anbelangt, die in der Wirtschaft keinen Platz mehr finden werden, so steht der Staat vor der Wahl, entweder mehr Geld für Polizisten und Gefängnisse auszugeben, um eine stetig größer werdende Schicht von Kriminellen wegzusperren, oder mehr Geld in den Dritten Sektor zu investieren, um dort für Beschäftigung zu sorgen“ (ebd., S. 189). Für RIFIKIN (1997, S. 217 f.) besteht die Aufgabe der Zukunft darin, „die Fähigkeiten und Energien jener Hunderte Millionen arbeitsloser Frauen und Männer in die richtigen Bahnen zu lenken und ihnen eine sinnvolle Aufgabe zu geben“, denn sonst „werden Verelendung und Gesetzlosigkeit unsere Gesellschaft erfassen, sie werden zerfallen, und niemand wird sie retten können.“

Das Heilmittel gegen die drohende Apokalypse der westlichen Zivilisation liegt nicht in einer auf Wirtschaftswachstum abzielenden Förderung der Arbeitsmärkte, da eine solche Strategie das Tempo des strukturellen Wandels nur erhöht. „Im marktwirtschaftlichen Bereich ist die Produktivität das einzige Kriterium, und daher können in diesem Sektor Maschinen an die Stelle von Menschen treten. Im Gegensatz dazu kommt es im Dritten Sektor auf die Entwicklung menschlicher Beziehungen, auf Einfühlungsvermögen, Solidarität und Verantwortung an - alles Eigenschaften, die Apparate nicht besitzen. Dieser Bereich, der den Maschinen

8 Vgl. für den internationalen Diskurs RIFKIN (1997), GIARINI/LIEDKE (1998), GORZ (1994, 2000). Vgl. für den nationalen Diskurs DETTLING (1998 a), OPASCHOWSKI (1999), KOMMISSION FÜR ZUKUNFTSFRAGEN DER FREISTAATEN BAYERN UND SACHSEN (1997 a); BECK (1999, 2000 a).

weitgehend verschlossen bleiben wird, wird zwangsläufig zum Zufluchtsort für die Opfer der Dritten Industriellen Revolution. Dort werden sie ihrem Leben einen neuen Sinn geben können und ebenso ihrer Arbeit, die im marktwirtschaftlichen Sektor nichts mehr Wert ist" (ebd., S. 218). Obwohl RIFKIN (1997, S. 189) den Zusammenschluss der Menschen zu Selbsthilfeorganisationen als notwendige Folge weltwirtschaftlicher Globalisierung und sozialer Zerklüftung betrachtet, die ihren Ausdruck im Wachstum des dritten Sektors findet (vgl. ebd., S. 200), bedarf es, gerade für die gesellschaftliche Übergangsphase zum „postmarktwirtschaftlichen Zeitalter" (ebd., S. 191) einer staatlichen Förderung durch gezielte Infrastruktur- und Steuerpolitik, die ehrenamtliches Engagement fördert sowie ein Sozialeinkommen für gemeinnützige Tätigkeiten. Eine solche Förderpolitik zielt auf eine Doppelstrategie: „Erstens müssen diejenigen, die noch einen Arbeitsplatz haben, durch geeignete Maßnahmen dazu veranlasst werden, einen Teil ihrer vermehrten Freizeit der ehrenamtlichen Arbeit zu widmen. Zweitens müssen durch geeignete Gesetze Millionen von Langzeitarbeitslosen mit sinnvoller Arbeit im Dritten Sektor versorgt werden" (ebd., S. 191). Was hier als großangelegtes Arbeitsbeschaffungsprogramm, als pragmatische Antwort auf das Schwinden der Erwerbsarbeit gedeutet werden könnte, will RIFKIN als einen fundamentalen Wandel des gesellschaftlichen Koordinatensystems verstanden wissen, dessen Finanzierung sich auf einer Umverteilung „von den Produktionszuwächsen, die die Dritte Industrielle Revolution dem Marktbereich beschert" (ebd., S. 218), gründet.

Im Begriff des postmarktwirtschaftlichen Zeitalters zeigt sich ebenso wie im vorgeschlagenen Finanzierungsmodus, dass RIFKINs Modell auf eine „andere Gesellschaft" abzielt, die sich von der Hegemonie des Marktes und des Gewinndenkens löst. Die Hinwendung zum „Dritten Sektor" ist dabei für RIFKIN mehr als ein einfacher Strategiewechsel, da der Dritte Sektor nach einer anderen Logik funktioniert, als der bislang strukturbildende Arbeits- und Gütermarkt. „Das Weltbild des Dritten Sektors bietet uns ein bitter notwendiges Gegenmittel gegen den Materialismus des industriellen Denkens, von welchem das 20. Jahrhundert beherrscht war. Im privaten Sektor arbeitet man der Aussicht auf materiellen Gewinn wegen, und je mehr man konsumiert, desto sicherer fühlt man sich. Im Dritten Sektor arbeitet man, um anderen zu helfen, und Sicherheit gewinnt man durch persönliche Beziehungen und durch das Gefühl der Verbundenheit mit der ganzen Welt" (ebd., S. 187).

(2) Der letzte Bericht an den CLUB OF ROME, der von den Ökonomen ORIO GIARINI und PATRIK M. LIEDTKE (1998) zum Thema „Wie wir arbeiten werden" vorgelegt wurde, thematisiert zunächst die weltwirtschaftlichen Entwicklungen. Ihr Modell nimmt seinen Ausgangspunkt bei der Kritik des herkömmlichen Verständnisses produktiver Arbeit, wie er sich in der Konstruktion von Leistungsindikatoren wie dem Bruttoso-

zialprodukt niederschlägt. In die volkswirtschaftliche Gesamtrechnung gehen ausschließlich die von GIARIANI/LIEDTKE (1998, S. 149) als monetarisierte Tätigkeiten bezeichneten marktförmig erbrachten Lohnarbeitstätigkeiten ein, während die nichtmonetarisierten Tätigkeiten, z.B. zum Zwecke der Eigenproduktion und des Eigenkonsums, unberücksichtigt bleiben.[9] Wie unsinnig ein solches Verständnis gesellschaftlichen Reichtums ist, das als einzigen Indikator den Geldwert kennt, verdichten GIARINI/LIEDTKE (1998, S. 96) im Bild des „Pardoxon des Paradieses": „Das Paradies ist ein Ort, wo die Technologie so weit fortgeschritten ist, dass es möglich ist, alle materiellen Waren praktisch ohne jegliche Kosten herzustellen. Der Haken an der Sache ist, dass in einer solchen Situation niemand bezahlt werden könnte, mit dem Ergebnis, dass unser Produktionsparadies eher wie eine gesellschaftliche Hölle - kein Geldeinkommen und hundert Prozent Arbeitslosigkeit - aussähe."

Das von GIARINI/LIEDTKE (1998, S. 231) vorgeschlagene Mehrschichten-Modell produktiver Tätigkeiten versteht sich als Antwort auf die durch die Globalisierung der Weltwirtschaft offenkundig gewordenen Schwächen eines reduzierten Begriffs von produktiver Tätigkeit. Das Modell einer „neuen Vollbeschäftigungspolitik" (ebd., S. 236) unterscheidet drei miteinander verzahnte Ebenen. Die erste Ebene ist die eines staatlich garantierten Beschäftigungssektors, der jeder BürgerIn eine Grundbeschäftigung im Umfang von ca. 20 Wochenstunden zu garantieren hat. Die Verpflichtung ist dabei eine doppelte: Der Staat wird verpflichtet, „dass er das Äquivalent einer Grundbeschäftigung anbietet, die rund zwanzig Stunden pro Woche umfasst, was etwa 1000 Stunden jährlich entspricht" (ebd., S. 234). Dem Bürger obliegt die Pflicht, die ihm angebotene Gelegenheit zu nutzen. „Die Annahme der Arbeit dieser ersten Schicht ist eine notwendige Voraussetzung für die Auszahlung von staatlichen Leistungen, die nach den individuellen Bedürfnissen als Gehalt verteilt werden, wobei regionale und lokale Unterschiede u.Ä. in Rechnung gestellt werden. Wer aus welchen Gründen auch immer nicht bereit ist, seine Arbeitskraft als Gegenleistung für ein Grundeinkommen, das ihm eine bescheidene Existenz sichern wird, zur Verfügung zu stellen, der wird keinen Anspruch auf die Auszahlung von staatlichen Leistungen haben" (ebd., S. 234 f.). Das geforderte garantierte Mindesteinkommen (vgl. ebd., S. 176) als Basis sozialer Absicherung nimmt bei

9 Gerade im Hinblick auf die Ökonomien der sogenannten Entwicklungsländer plädieren GIARINI/LIEDTKE (1998, S. 187) für eine integrierte Betrachtung des Wohlstands, da die monetarisierten Tätigkeiten in weiten Teilen „parasitär" auf die den Erträgen nichtmonetarisierter Arbeit aufbaut. Als ein Kernproblem benennen die Autoren allerdings den Umstand, dass gerade der durch Eigenarbeit erzeugte Wohlstand in irgendeiner Form quantifiziert werden muss, um gesellschaftlich sichtbar zu werden. „Die Anerkennung des so geschaffenen Anstiegs an Wohlstand in einer angemesseneren Wirtschaftstheorie und seine Bewertung durch geeignetere Indikatoren werden wesentliche Bedeutung erlangen" (ebd., S. 241).

GIARINI/LIEDTKE somit die Form eines Sozialgehalts an. Die zweite Ebene umfasst Beschäftigungsverhältnisse auf dem Arbeitsmarkt, der von staatlichen Eingriffen zu befreien ist. Wer sich über den Arbeitsmarkt in vollem Umfang reproduzieren kann, bedarf keiner Tätigkeit in der ersten Ebene. Die dritte Ebene ist die der Eigenarbeit und der freiwilligen Tätigkeit. „Sie ist deshalb und insofern eine Ergänzung, als die tätige Person zum Wohlstand der Gesellschaft oder eines Teils der Gesellschaft beiträgt, ohne dass sie irgendeine monetäre Entschädigung dafür erhält. Viele Tätigkeiten, die entweder keinen Marktwert haben oder deren Marktwert sich nicht wirklich schätzen lässt, sind mögliche Tätigkeiten der dritten Schicht der Arbeit“ (ebd., S. 244 f.). Zu diesem dritten Bereich zählen GIARINI/LIEDTKE u.a. auch ehrenamtliches Engagement. Die Finanzierung des Dreischichtenmodells soll durch eine Bündelung der bisherigen Sozialausgaben erfolgen. „Sämtliche Ressourcen, die zurzeit für Arbeitslosen- und Sozialleistungen aufgewendet werden, bilden künftig die finanzielle Basis für die Bereitstellung der neuen ersten Schicht. Es wird keine Bezahlung mehr für das Untätigbleiben geben, sondern Unterstützung für das Tätigbleiben“ (ebd., S. 260).

(3) Schon seit Mitte der 80er Jahre beteiligt sich ANDRE GORZ an der Diskussion um die Zukunft der Arbeitsgesellschaft. Plädierte GORZ (1994, S. 291) noch bis Anfang der 90er Jahre für „die unauflösliche Verbindung zwischen dem Recht auf Einkommen und dem Recht auf Arbeit“, das mittels einer radikalen Arbeitszeitverkürzung[10], der Institutionalisierung eines Rechts auf Arbeit bei gleichzeitiger Förderung von Arbeitsmöglichkeiten jenseits ökonomischer Zweckbestimmung durchgesetzt werden sollte, so zielt der neueste Entwurf (vgl. GORZ 2000) zwar immer noch auf einen Zugewinn an Zeitsouveränität und Entscheidungsspielräumen auf Seiten der Subjekte, nimmt aber Abschied vom Recht auf Arbeit. Dieses Modell, so GORZ (2000, S. 119), blieb „in der Logik einer fordistisch-industrialistischen Arbeitsteilung gefangen“. Die Eckpunkte seines neuen Entwurfs einer Gesellschaft der „Multiaktivität“ (ebd., S. 107) sind

- ein bedingungslos garantiertes Grundeinkommen für alle
- die Verbindung der Arbeit mit individueller und kollektiver Zeitsouveränität sowie
- „die Entfaltung neuer Formen von Gesellschaftlichkeit, neuer Kooperations- und Tauschverfahren ..., die jenseits der Lohnarbeit soziale Bindungen und sozialen Zusammenhalt schaffen.“

10 GORZ (1994, S. 320) plädiert für eine Verkürzung der jährlichen Arbeitszeit in den nächsten 15 - 20 Jahren von ca. 1600 Stunden auf etwa 1000 Stunden jährlich. Diese Arbeitszeitverkürzung geht einher mit einer Umgewichtung der Philosophie der Entlohnung, „die die Realeinkommen nicht mehr von der geleisteten Arbeitsmenge, sondern von der Menge gesellschaftlich produzierten Reichtums abhängig macht.“

Die Basis des neuen Modells ist ein „ausreichendes" soziales Grundeinkommen, da nur die Entkoppelung von Arbeit und Unterhalt die „Befreiung von den Zwängen des Arbeitsmarktes" (ebd., S. 115) ermöglicht und dem Subjekt damit ein neues Maß an Souveränität über Zeit, Aktivität und Lebenszusammenhänge jenseits der „Hungerpeitsche" des Arbeitsmarktes eröffnet.[11] Ein solche an den Bürgerstatus und nicht an die Arbeitnehmerrolle geknüpfte existentielle Grundsicherung ermöglicht es auch, alle „Arten von erlittener Diskontinuität der Erwerbsarbeit und von erlittener Flexibilität des Personalbestands und der Arbeitszeiten ... in selbstgewählte und selbstbestimmte Möglichkeiten von Diskontinuität und Flexibilität" (ebd., S. 139) zu verwandeln. Erst diese neue Freiheit eröffnet die Perspektive einer Intensivierung sozialaktiver Tätigkeiten, einer Politik der sozialen Stadterneuerung, in der der „Entwurf einer anderen Gesellschaft Gestalt und Bewusstsein gewinnt" (ebd., S. 145). Flankiert wird die Politik einer Bemächtigung des Subjekts durch die Förderung von neuen Formen der nichtmonetären Vernetzung, wie beispielsweise die Kooperationsringe.[12]

(4) In der bundesrepublikanischen Diskussion hat u.a. WARNFRIED DETTLING (1998 a) die Konturen eines bürgergesellschaftlichen Arrangements beschrieben, das sich in weiten Teilen als zivilgesellschaftliches Programm im Sinne des dritten Weges versteht und artikuliert. Nach DETTLING (1998 a, S. 251) besteht das Rezept einer auch sozialpolitisch erfolgreichen Gesellschaft in einer gelungenen Mixtur aus den Elementen Staat, den DETTLING mit Zwang assoziiert, dem Markt, der das Verhalten der Menschen durch ökonomische Anreize steuert sowie der Gesellschaft, denen DETTLING die Kategorien des moralischen Dialogs und der freiwilligen Assoziation als Steuerungsprinzipien zuordnet. Das neue Ordnungsmodell skizziert DETTLING wie folgt: „In Zukunft wird die Gesellschaft auf drei Fundamenten ruhen: Staat, Wirtschaft und Gesellschaft (Dritter Sektor), die jeweils in sich reformiert und zueinander in eine neue Beziehung gebracht werden müssen. Die veränderten Rahmenbedingungen führen zu neuen Formen der Wertschöpfung, der Abschöpfung und der Umverteilung. Der Dritte Sektor wird an Bedeutung

---

11 „Das bedingungslose soziale Grundeinkommen verweist letztendlich auf eine Gesellschaft, in der die Notwendigkeit der Arbeit sich als solche nicht mehr bemerkbar macht, weil jeder von Kindheit an von einer Fülle künstlerischer, sportlicher, wissenschaftlich-technischer, kunstgewerblicher, politischer, philosophischer, ökosophischer und kooperativer Aktivitäten beansprucht und mitgerissen wird" (GORZ 2000, S. 133).

12 Kooperationsringe organisieren den Austausch von Kompetenzen innerhalb eines Netzwerks auf der Basis des „Naturalientauschs". So kann etwa eine Stunde Rasenmähen mit einer Klavierstunde, kleinere Reparaturen mit Besorgungen oder Babysitting „bezahlt" werden. Entscheidend ist, dass erbrachte und „erworbene" Leistungen nicht in Geld verrechnet werden können, sondern auf der Basis der Gegenseitigkeit erbracht werden müssen. (vgl. GORZ 2000, S. 147 ff.; HOFFMANN 1998).

gewinnen und in seinem Umfang wachsen. Der Reichtum der Gesellschaft wird eine komplexe Größe sein. Die sozialen und politischen Beziehungen der Menschen werden intensiver werden und sich mehr auf ihre Lebenswelt verlagern“ (ebd., S. 262). Auch DETTLING weist dem Dritten Sektor eine hervorgehobene Bedeutung bei der Erneuerung der Gesellschaft zu[13] und sieht die Wachstumspotentiale vor allem in folgenden Bereichen:

- „im Umweltbereich: Dazu gehören Verschmutzungskontrollen, Landschaftspflege, Abfallmanagement.
- bei den personenbezogenen sozialen Dienstleistungen: Kinderbetreuung, Tagesmütter, Altenbetreuung, einschließlich der privaten Dienstleistungen für Familien und im Haushalt.
- im kulturellen und im Freizeitbereich: Hier könnte sich der Bogen spannen von Freizeit- und Urlaubsberatungen über Renovierung von Kulturgütern bis hin zu Aus-, Fort- und Weiterbildungsangeboten ...
- Transport, Entrümpelung, Wohnumfeld.
- Handwerkliche Arbeiten, Reparaturen.
- audiovisuelle Aktivitäten: Die Arbeit der Internet-Freaks wird gleitende Übergänge haben. Viele werden aus ihrem Hobby eine Beratungstätigkeit für andere entwickeln und dabei auf große Nachfrage stoßen“ (ebd., S. 277).

Um den Dritten Sektor „eigenständig zu begründen und zu legitimieren, zu organisieren und zu finanzieren“ (ebd., S. 295) bedarf es einer gezielten staatlichen Ordnungspolitik in Form der

- Leistungssteigerung durch Einführung wettbewerblicher Elemente (vgl. ebd., S. 48);
- Kommunalisierung der Hilfen und einer damit verbundenen Dezentralisierung und Poolung von Ressourcen (vgl. ebd., S. 48, S. 299);
- einer Qualifizierungsoffensive für den Dritten Sektor.

Die veränderte sozialstaatliche Philosophie zielt dabei weniger auf Sozialversicherung und Fürsorge, sondern auf die Aktivierung des Bürgers, auf die „Wiedergewinnung des Sozialen aus den Wurzeln der Gesellschaft“ (ebd., S. 43). „Möglichst viele Menschen sollen auch an der Herstellung von sozialen Gütern und Diensten beteiligt werden; sie sollen

13 DETTLING zeichnet im Vergleich zu manchen anderen Autoren wie z.B. RIFKIN (1997) oder auch OPASCHOWSKI (1998) ein vergleichsweise konturiertes Bild vom Dritten Sektor als nur bedingt heterogene Gemengelage aus eher marktorientierten und eher lebensweltorientierten Segmenten, aus Ehrenamtlichkeit und Professionalität, aus großen „Wohlfahrtskonzernen“ und kleinen Selbsthilfegruppen.

auch als soziale Produzenten aktiv werden und nicht nur als soziale Konsumenten passiv bleiben“ (ebd., S. 44). DETTLING formuliert damit im Anschluss an DANIEL YANKELOVICH das auch für die Konzepte des dritten Weges konstitutive Prinzip der „Hilfe auf Gegenseitigkeit“. „Es gibt eine Solidaritätspflicht nicht nur für die ‚Produzenten’, sondern auch für die ‚Konsumenten’ gesellschaftlich erbrachter Solidarität“ (ebd., S. 48).

(5) Schon seit den 70er Jahren hat sich HORST W. OPASCHOWSKI zumeist aus der Perspektive der Freizeitforschung und der Freizeitpädagogik mit Fragen der Modernisierung der Arbeitsgesellschaft beschäftigt. In seiner Studie „Feierabend? Von der Zukunft ohne Arbeit zur Arbeit mit Zukunft!“ zieht OPASCHOWSKI (1998) angesichts schwindender Arbeitsgelegenheiten auf dem ersten Markt einen pragmatischen Schlussstrich unter die fordistische Arbeitsgesellschaft. Die Notwendigkeit einer Veränderung begründet OPASCHOWSKI im Wesentlichen mit der finanziellen Unbezahlbarkeit eines ausufernden Sozialstaats in Folge der Umstrukturierungen der Arbeitsgesellschaft. „Massenhafte Beschäftigungslosigkeit wird auf Dauer staatliche Sozialprogramme unbezahlbar machen, d.h. sie müssen Zug um Zug durch freiwillige soziale Arbeiten ersetzt werden. Insofern stellen die einzig sinnvolle und auch gesellschaftlich anerkannte Alternative zur Erwerbsarbeit Freiwilligenarbeit, gemeinnützige Tätigkeit und soziales Engagement dar“ (ebd., S. 30). In der Unbezahlbarkeit der „Hauptberuflichen“ sieht OPASCHOWSKI „neue Beschäftigungschancen für ehrenamtliche Gesellschafts-Arbeiter“ (ebd., S. 95). Auf jeden Fall sind die „Zeiten des Wohlfühlens im warmen Bad des Wohlstands ... vorerst vorbei“ (ebd., S. 26). In Zukunft stützt sich die Gesellschaft auf drei Säulen:

- die Erwerbsarbeit (in Produktion und Dienstleistung),
- die Lernarbeit und
- die Gemeinschaftsarbeit, die Familienarbeit (Kinderziehung, Hausarbeit, Selbstversorgung etc.) und Gesellschaftsarbeit (Ehrenamt, Nachbarschaftshilfe, Bürger- und Zivilarbeit, Soziales Volontariat, politisches Engagement, Selbsthilfe; vgl. ebd., S. 57) umfasst.

Während Erwerbsarbeit auch weiterhin die notwendige Sphäre der Produktion gesellschaftlichen Reichtums bleiben wird, gewinnt Lernarbeit in einer Gesellschaft, die ihr Wissen in einem immer höheren Tempo umschlägt, an Bedeutung, da nur sie die Anpassung der Menschen an sich wechselnde Lebensbedingungen ermöglicht. Im Hinblick auf die Gemeinschaftsarbeit, die ihren Eigenwert in der Symbolisierung solidarischer Potentiale hat, konstatiert OPASCHOWSKI überdies eine kompensatorische Funktion im Hinblick auf die entfallenden Lohnarbeitsgelegenheiten. Familien- und Gesellschaftsarbeit „können im Einzelfall zum moralischen Ersatz für Erwerbs-Arbeit werden“ (ebd., S. 56). Tätigkeiten im sozialen Bereich können allerdings „Erwerbs-Arbeit nie ersetzen, wohl aber den Verlust von Erwerbs-Arbeit ausgleichen helfen. Jeder Mensch braucht eine Aufgabe. Das Gefühl, gebraucht zu werden, zählt mehr als Geldverdienen. Etwas Sinnvolles für sich und etwas Nützliches für die Gemeinschaft zu tun, verdient gesellschaftliche Anerkennung“ (ebd., S. 58).

Die Subjekte können allerdings diesen Wert gemeinschaftlicher Tätigkeiten für sich nicht immer zweifelsfrei wahrnehmen. Überdies stellt sich die Frage, wie die soziale Absicherung jenseits der Garantien der Vollbeschäftigungsgesellschaft funktionieren soll. Als „pragmatische Lösung“ schlägt OPASCHOWSKI die Koppelung von Sozialleistungen und Verpflichtung zur Gemeinschaftsarbeit vor. „Seit über dreißig Jahren wird in aller Welt die Idee eines so genannten ‚Sozialeinkommens' diskutiert. Gemeint ist ein Grundgehalt bzw. garantiertes Mindesteinkommen für alle. Die Meinungen sind geteilt. Zu groß ist in Politik und Wirtschaft noch die Angst, dass sich mit der Verwirklichung eines garantierten Mindesteinkommens vor allem bei der jüngeren Generation ein ‚Arbeitswille' erst gar nicht mehr entwickeln könne. Dieses Problem ist jedoch lösbar, wenn von vornherein das Sozialeinkommen an eine gemeinnützige Tätigkeit gekoppelt ist. Das Sozialeinkommen, das den Menschen die Existenzängste nimmt und vom Stigma der Arbeitslosigkeit befreit, wird also nur gewährt, wenn eine Gegenleistung (= Leistung auf Gegenseitigkeit) erbracht und sozial nützliche Tätigkeit nachgewiesen wird“ (ebd., S. 30).

(6) Das in der bundesrepublikanischen Debatte am nachhaltigsten (und kontroversesten) diskutierte Modell ist von ULRICH BECK erstmals im Rahmen der Empfehlungen der KOMMISSION FÜR ZUKUNFTSFRAGEN DER FREISTAATEN BAYERN UND SACHSEN (1997 b, S. 146 ff.) zur Diskussion gestellt worden.[14] Betrachtet man die inhaltliche Weiterentwicklung des Modells der Bürgerarbeit in den Folgeschriften (vgl. BECK 1999, 2000 a; BECK/WILLMS 2000), auf die wir uns im Folgenden konzentrieren, so überrascht die Platzierung des Entwurfs in dem an neoliberaler Deutlichkeit nicht zu überbietenden Programmpapier der Zukunftskommission. In Abgrenzung zu Modellen, die Bürgerarbeit als Pflichtarbeit konzipieren, entwickelt BECK ein plurales Tätigkeitskonzept, in dem

- Erwerbsarbeit
- Eigenarbeit und
- Bürgerarbeit

14 In der Logik der Empfehlungen der Kommission, die von Privatisierung und Deregulierung geprägt sind, den Abbau sozialer Leistungen zur Förderung der Arbeitsmoral empfehlen, sich gegen eine soziale Grundsicherung und für eine stärkere Inpflichtnahme der Individuen aussprechen, nimmt sich das Modell der Bürgerarbeit (zumal unter Berücksichtigung der späteren Veröffentlichungen) wie ein Clown auf einer Beerdigung aus. Ob BECK mit dem gewählten Publikationsort die Idee verbunden hat, ein „trojanisches Pferd“ in einem neoliberalen Konsenspapier einsickern zu lassen, kann hier nur spekuliert werden.

auf der Grundlage eines neuen Modells sozialer Grundsicherung zu frei wählbaren Optionen werden. BECK plädiert für ein Nachdenken darüber, „ob man nicht das, was als zivilgesellschaftliches Engagement in den Soziotopen der Gesellschaft überall beobachtbar ist - die Fähigkeit zur Selbstorganisation, aber auch als Interesse an politischen Projekten, die von Institutionen ungenügend wahrgenommen werden -, aufgewertet werden kann zu einem zweiten Aktivitäts- und Integrationszentrum neben Erwerbsarbeit: öffentliche Arbeit, Bürgerarbeit. Was heißt das? Bisher ehrenamtlich geleistete Arbeit für alte Menschen, Behinderte, Obdachlose, Aids-Kranke, Analphabeten, Ausgeschlossene, ökologisches Engagement und vieles mehr sollte ökonomisch sichtbar gemacht werden“ (BECK 1997, S. 235 f.). Bürgerarbeit bedarf nach diesem Verständnis bestimmter Voraussetzungen, die es überhaupt erst ermöglichen, zeit- und entscheidungssouverän zwischen den verschiedenen Sphären der Arbeit zu wechseln (vgl. BECK 1999, S. 13 f. und 145 ff.):

- einer generellen, gesamtgesellschaftlichen Arbeitszeitverkürzung bei
- gleichzeitigem Recht auf Erwerbsarbeit sowie
- einem garantierten Grundeinkommen[15], das jedem Bürger die Wahl eröffnet, ob er sein Recht auf Erwerbsarbeit in Anspruch nimmt oder nicht.

Erst wenn Bürgerarbeit auf diesen sozialen Stützpfeilern steht, ist es möglich, dass sie für nun zeitsouveräne Bürger zu einer „echten“ Alternative wird, die freiwillig gewählt wird. Freiwilligkeit - die erst durch eine bedingungsloses und ausreichend hohes Grundeinkommen ermöglicht wird - ist die zentrale und fundamentale Bedingung des BECKschen Modells. „Bürgerarbeit ist freiwillige, selbstorganisierte Arbeit, wo das, was getan werden soll, in den Händen derjenigen liegt, die dies tun. Man tötet den demokratischen Geist der Bürgerarbeit und mit ihr die Gesellschaft der selbsttätigen Individuen, wenn man den Jahrhundertfehler begeht und Bürgerarbeit mit Zwangsarbeit verwechselt. Der politische Charakter der Bürgerarbeit bedarf der öffentlich geschützten und hochbewerteten Ei-

15 Garantiertes Grundeinkommen, Mindestsicherung, Sozialdividende, Bürgergeld u.ä. sind Synonyme für Entwürfe eines neuen Modells sozialer Grundsicherung und als Begriffe im Diskurs ebenso präsent wie die verschiedenen Varianten der Bürgerarbeit, Gemeinschaftsarbeit, des freiwilligen Engagements etc. - allerdings auch ebenso vieldeutig. RICHARD HAUSER (1996) veranschaulicht in seinem Überblick über Modell- und Finanzierungsvarianten sozialer Grundsicherung, dass auch hier ganz unterschiedliche Intentionen am Werk sind: Während sich die einen von einer Vereinfachung und Entbürokratisierung einer Mindestsicherung auf unterstem Niveau in erster Linie eine Senkung der Sozialkosten erhoffen, stellt ein garantiertes Sozialeinkommen für andere den Keim einer radikalen Alternative zur Lohnarbeitsgesellschaft dar, insofern eine materielle Absicherung auf akzeptablen Niveau an den Bürgerstatus schlechthin geknüpft wird und nicht an die des Arbeitsbürgers und damit eine Zeitsouveränität jenseits des Arbeitszwangs ermöglicht. Vgl. dazu auch SCHMID (1986) sowie ausführlicher GALUSKE (1993, S. 118 ff).

genständigkeit, die sich in Autonomie und Freiwilligkeit der Beteiligung und der Organisationsformen ausdrückt“ (Beck 1999, S. 129). Das BECKsche Modell der Bürgerarbeit, dies wird auch im letzten Zitat deutlich, ist kein Aktionsprogramm zur Rettung der kapitalistischen Arbeitsgesellschaft, sondern eine alternative politische „Vision“, „in der an die Stelle der auf Erwerbsarbeit zentrierten und fixierten Gesellschaft Schritt für Schritt die Ermöglichung von Zeitsouveränität und erfahrbarer politischer Freiheit in selbstorganisierten Aktivitätsnetzen“ (ebd., S. 12) tritt.

Mit der Skizze der sechs Beispiele ist nicht die Absicht verbunden, die einzelnen Modelle einer kritischen Würdigung zu unterziehen, die zweifelsohne möglich und notwendig wäre, durchziehen die Modelle doch sowohl begriffliche Unklarheiten[16] wie fragwürdige Begründungen[17]. Ziel ist es vielmehr, die Philosophie einer unübersichtlich gewordenen Debatte zu rekonstruieren und evtl. Differenzen herauszustellen.

Fragt man zunächst nach den Gemeinsamkeiten, so lassen sich insbesondere drei Elemente identifizieren, die in allen Modellen eine zentrale Rolle spielen:

a. Alle Entwürfe gehen davon aus, dass der Arbeitsmarkt in Zukunft nicht mehr die zentrale Rolle spielen wird, wie in der fordistischen Epoche der Arbeitsgesellschaft. Erwerbsarbeit bleibt zwar die Basis der gesellschaftlichen Reichtumsproduktion, kann allein aber nicht mehr soziale Sicherung, Anerkennung und soziale Integration vermitteln.

b. Den Ausweg sehen alle Modell darin, bislang normativ und materiell marginale Tätigkeiten aufzuwerten, die jenseits des Arbeitsmarktes erbracht werden. Die meisten Modelle unterscheiden dabei explizit oder implizit drei Formen vom Tätigkeit: (1) am Arbeitsmarkt veräußerte Lohnarbeit, (2) Eigenarbeit und (3) Tätigkeiten im Interesse und zum Nutzen der Gemeinschaft (ökologische, politische, kulturelle und/oder soziale Bürgerarbeit). Letztere wird von einigen Autoren mit dem „Dritten Sektor“ gleichgesetzt.

---

16 Dies liegt wohl nicht zuletzt darin begründet, dass die Arbeit an Zukunftsentwürfen die VerfasserInnen scheinbar manchmal auch aus den begrifflichen Fesseln der Gegenwart befreit. Problematisch sind die terminologischen Unklarheiten vor allem dort, wo sie auf bereits etablierte Begriffe zurückgreift, wie den des Dritten Sektors, der im neuen Umfeld in vielem den Charakter eines „Heilsbegriffs“ angenommen hat und zur Verklärung tendiert. Die Forschung (vgl. ANHEIER 1999; RAUSCHENBACH/SACHßE/OLK 1995) hat aufgezeigt, dass der Dritte Sektor ein komplexes Gebilde ist, dass sich aus höchst disparaten Bausteinen zusammensetzt und nicht auf „Ehrenamtlichkeit“ und „Freiwilligkeit“ reduziert werden kann.

17 So ist beispielsweise OPASCHOWSKIs (1998) Sachzwangargumentation (Weniger Geld - weniger Sozialstaat - mehr Eigenaktivität) angesichts der Tatsache, dass die Krise des Sozialstaats eben nicht eine Folge enger werdender Fleischtöpfe ist, schlicht falsch und irreführend, leistet sie doch einer unkritischen sozialtechnologischen Anpassungsstrategie Vorschub.

c. Das besondere Augenmerk aller Entwürfe gilt dem dritten Tätigkeitssegment, das hier kurz als Bürgerarbeit bezeichnet wird und die zum Objekt politischer Förderung werden soll. Die „Strategien der Aufwertung“ reichen von verstärkter Gratifizierung in Form von Steuervergünstigungen, goldenen Sozialabzeichen (OPASCHOWSKI 1998), Unterstützung neuer Formen der Vernetzung wie Freiwilligenzentren, Kooperationsringe, Selbsthilfegruppen etc. bis hin zur Verpflichtung.

d. Wie ein solches Modell der Bürgerarbeit finanziert werden soll, bleibt zumeist im Dunkeln, insofern man den Verweis auf eine Bündelung der bisherigen Sozialausgaben bei gleichzeitiger Reduzierung bürokratischer Rahmenkosten nicht als schlüssiges Finanzierungskonzept bezeichnet.

Die theoretisch und praktisch folgenreichste Differenz zwischen den vorgestellten Modellen ist die unterschiedliche Bewertung der Frage der Freiwilligkeit des bürgerschaftlichen Engagements:

- GIARINI/LIEDTKE (1998), OPASCHOWSKI (1999) und DETTLING (1998 a) plädieren im weitgehenden Einklang mit der in Kapitel 7 skizzierten neuen Philosophie des „aktivierenden Sozialstaats“ für eine Verknüpfung von materieller Grundsicherung und Verpflichtung zur Gemeinschaftsarbeit.
- Während RIFKIN (1997) hier unklar bleibt, wenden sich GORZ (2000) wie BECK (1999, 2000 a) vehement gegen Pflichtarbeit in jeder Form.

Und in der Tat lässt sich Bürgerarbeit als - zugespitzt formuliert - Zwangsarbeit, um das Prinzip von Leistung und Gegenleistung zu retten, nur schwerlich als Innovation bezeichnen. Der Gedanke, soziale Absicherung an „Leistungen“ der Empfänger in Form von Arbeit zu knüpfen und dies als „pädagogisch förderlich“ für den weiteren Lebensweg zu legitimieren, kann auf eine lange Tradition von den städtischen Bettelordnungen im Spätmittelalter über Arbeitshäuser, Arbeitsdienste bis hin zur Sozialhilfepflichtarbeit zurückblicken. Die Gefahren des Konzepts der Bürgerarbeit als Pflichtarbeit sieht BECK nicht nur darin, dass der „zivilgesellschaftliche Sinn“ erbrachter Leistungen für die Gesellschaft konterkariert würde. Bürgerarbeit als Pflichtarbeit bedeutet überdies die Ausweitung und Stabilisierung der arbeitsgesellschaftlichen Leistungs- und Effizienzlogik. „Keine Sozialleistung ohne sichtbare Gegenleistung! - das ist das Grundprinzip, mit der die Erwerbsgesellschaft sich gegen die Erosion ihrer arbeitsmoralischen Kontrollmechanismen zur Wehr zu setzen gedenkt. Kombilohn und Arbeitspflicht für Sozialhilfeempfänger sollten die Menschen ‚von der Straße holen‘ und die Arbeitsmoral der Arbeitsgesellschaft dort flickschustern, wo sie vielen am nachhaltigsten bedroht erscheint: im Bereich der Gering- oder Gar-nicht-Qualifizierten“ (BECK 2000 a, S. 27). Die Pflichtvariante der Bürgerarbeitsmodelle überwindet die Logik der Arbeitsgesellschaft nicht, sondern weitet sie aus, wobei die fortschrittlichen - im Sinne BECKs befreienden - Potentiale des Modells verloren gehen. Bürgerarbeit als Pflichtarbeit wäre dann ein Baustein der Ordnung einer neuen, ungleicheren flexiblen Arbeitsgesellschaft. Die zukünftige Gesellschaft „spaltet sich ... in die Arbeitsplatzbesitzer - die Überbeschäftigten und Gutverdienenden einerseits und andererseits diejenigen, die von Erwerbsarbeit weitgehend ausgeschlossen sind und ihr Leben dauerhaft im Dritten Sektor ‚freiwilliger Bürgerarbeit' fristen müssen. Dieser wird damit zum Armutssektor und ‚Bürgerarbeit' ein Etikettenschwindel, um dies zu verschleiern" (ebd., S. 50). Dass dieses Modell eher wenig mit den Entwürfen von GORZ und BECK zu tun hat, die nach Pfaden jenseits der kapitalistischen Marktgesellschaft suchen und für die tätigkeitsunabhängige Grundsicherung und Freiwilligkeit der Betätigung elementare Voraussetzungen des Zugewinns an Souveränität und Autonomie der Subjekte sind, ist offensichtlich.

Legt man das folgenreiche Kriterium der Freiwilligkeit zu Grunde, so lassen sich also, bei allen Differenzen im Detail zwei Typen von Modellen unterscheiden, die sich zwar gleicher bzw. ähnlicher Begriffe bedienen, aber auf unterschiedliche Vorstellungen von Gesellschaft abzielen:

- ein Pflichtarbeitsmodell, das die Verknüpfung von Arbeit und sozialer Sicherung radikalisiert und das seine praktische Entsprechung beispielsweise in den amerikanischen Sozialhilfereformen oder im „workfare" des dritten Weges findet;
- ein Freiwilligkeitsmodell, das die politische Utopie einer Tätigkeitsgesellschaft souveräner und engagierter Bürger durch Entlastung vom Arbeitszwang und infrastrukturelle Förderung bürgerschaftlichen Engagements zu erreichen versucht.

Während das erste Modell nicht zuletzt wegen seiner politischen Passung in die sozialpolitische Diskussionslandschaft (vgl. Kapitel 7) Realisierungschancen für sich reklamieren kann, sind hinsichtlich der weitreichenden Implikationen des zweiten Modells Zweifel angebracht. Zumindest ist nicht nur aus pädagogischer Sicht die Frage von belang, mit welcher Art von „Bürgerarbeit" wir es gegenwärtig und auch zukünftig eher zu tun haben. Zwar ist die Frage, welches der beiden Modelle theoretisch stimmiger und ethisch wünschenswerter ist, wissenschaftlich durchaus von Belang, gleichwohl wird das „Rennen" zwischen den Modellen nicht dadurch entschieden, dass der Referent kundtut, welches ihm aus welchen Gründen sympathischer ist. Entscheidender nämlich als die Frage, welche Zukunft wir uns wünschen (ohne die Bedeutung von Utopien für die Gestaltung von Zukunft in Abrede stellen zu wollen), ist die nüchterne Analyse von Hinweisen auf die sich bislang abzeichnenden Möglichkeitshorizonte. Ein empirische Rückversicherung scheint auch deshalb notwendig, um nicht Entwurf und „Wirklichkeit" zu verwechseln. Zumindest bedarf es der Überprüfung, ob nicht beispielsweise ULRICH BECK einem vorschnellen Trugschluss aufgesessen ist, wenn er sein kritisches Modell der Bürgerarbeit innerhalb eines Jahres von einer „Vision" (BECK 1999, S. 12) zu einer verdeckten „Entwicklungsrichtung, auf die heute schon vieles zuläuft" (BECK 2000 a, S. 65) erklärt.

Empirische und theoretische Vergewisserungen

Befragt man die hier unter dem Stichwort Bürgerarbeit subsumierten Entwürfe daraufhin, ob und warum die Verfasser die Genese einer Bürgergesellschaft für wahrscheinlich halten, so findet sich neben dem stereotypen (zumeist empirisch nicht weiter erhärteten, geschweige den detaillierter analysierten) Hinweis auf das Wachstum des Dritten Sektors vor allem die Annahme einer durch Sachzwänge bedingten Logik der Entwicklung. So unterstellt RIFKIN (1997, S. 189) schlicht einen Zusammenhang von wachsender Verelendung und steigender Bereitschaft zum sozialen Engagement, wenn er feststellt: „Die Globalisierung der Wirtschaft und der Rückzug des Staates werden die Menschen dazu bringen, sich zu Selbsthilfeorganisationen zusammenzuschließen." Der Politologe FRANCIS FUKUYAMA, der Ende der 80er Jahre nach dem Abgang des real existierenden Sozialismus von der weltgeschichtlichen Bühne das „Ende der Geschichte" ausrief, da die Idee des Liberalismus sich jetzt durchgesetzt hätte und keine Energien mehr in den Wettstreit der Systeme investiert werden müsse (vgl. FUKUYAMA 1992), dokumentiert an der Schwelle zum 21. Jahrhundert einen großen Bruch (auf den noch einzugehen sein wird), den er allerdings als „Aufbruch" interpretiert. Obwohl er - ähnlich wie ROBERT PUTNAM (1999) - den Niedergang des klassischen Sozialkapitals faktenreich belegt, plädiert er letztlich für eine optimistische Deutung der Modernisierungsprozesse, da dem Niedergang der sozialen Ressourcen einer Gemeinschaft „natürliche" Grenzen gesetzt sind. Nach FUKUYAMA (2000, S. 189) beruht die soziale Ordnung der Gesellschaft auf zwei Fundamenten. „Das eine Fundament ist biologischer Art und ergibt sich aus der Natur des Menschen. In den Wissenschaften, die sich mit dem Leben befassen, hat es in der jüngeren Zeit wichtige Fortschritte gegeben. Ihre kumulative Wirkung besteht darin, dass sich die klassische Sichtweise wieder durchsetzt, wonach Menschen durch ihre spezifische Natur zu gesellschaftlichen und politischen Lebewesen werden, die mit großen Fähigkeiten ausgestattet sind, gesellschaftliche Regeln zu entwickeln. (...) Die zweite Grundlage der gesellschaftlichen Ordnung ist der Verstand des Menschen und seine Fähigkeit, spontane Lösungen für Probleme zu entwickeln, die sich im gesellschaftlichen Zusammenwirken stellen." ULRICH BECK (1999, S. 165) schließlich identifiziert eine dem Risikoregime innewohnenden „verdeckte, gemeinschaftsbildende Seite und Kraft." So wie die Staaten zum Zwecke der Risikoeindämmung - ob politischer, ökonomischer oder ökologischer Natur - auf Kooperation und Absprache angewiesen sind, müssen die Subjekte unter den Bedingungen der Zweiten Moderne ihre sozialen Netzwerke aktiv konstruieren, da sie sich der „gewachsenen“ sozialen Sicherungsnetze immer weniger gewiss sein können.

RIFKIN, FUKUYAMA und BECK führen unterschiedliche Argumente ins Feld, warum der Trend gesellschaftlicher Entwicklung ihrer Meinung nach auf eine Stärkung zivilgesellschaftlicher Strukturen hinausläuft, sind sich aber im Ergebnis einig. Aber nicht nur weil Sachzwangargumentationen in sozialen Zusammenhängen, die immer mit Entscheidungen von Subjekten, Machtstrukturen etc. verbunden sind, per se misstraut werden sollte, sind alle drei Erklärungsvarianten wenig befriedigend, ist doch ohne akribischen Einzelnachweis hinlänglich bekannt,

- dass Not nicht zwangsläufigerweise zu solidarischer Selbsthilfe führt,[18]
- dass die „angeborene“ Fähigkeit des Menschen zur Gemeinschaftsbildung historisch betrachtet nicht immer zu „gerechten“, solidarischen Gesellschaften geführt hat
- und dass auch subjektive Reaktionen auf Risiken und Gefahren keineswegs zwangsläufig in „Gemeinschaftsbildung“ münden.

Anstatt Automatismen zu unterstellen[19] ist es sinnvoll, nach empirischen Indikatoren zu fragen, die Aufschluss darüber geben können, wie es um die Struktur und Entwicklung jener Tätigkeiten bestellt ist, auf die Begriffe wie bürgerschaftliches oder zivilgesellschaftliches Engagement und Bürgerarbeit abzielen. Da wir es hier mit einem begrifflich unscharfen Feld (vgl. BEHER/LIEBIG/RAUSCHENBACH 2000, S. 17 ff.) zu tun haben, das sich zudem in den letzten 10 Jahren eines verstärkten öffentlichen Interesses und damit auch vermehrter Forschungsgelder erfreuen durfte, geht es im Folgenden nicht um eine Rekonstruktion dieses breiten, expandierenden Forschungsfeldes[20], sondern um einige zentrale Befunde im Hinblick auf die

18 So wurden beispielsweise die Vertreter der sogenannten Randgruppenstrategie in den 60er und 70er Jahren, die die These vertraten, dass die sozialen Verelendungsprozesse im Spätkapitalismus (irgendwann) zu einem Prozess kollektiver Interessenvertretung der marginalisierten Betroffenen führen muss, durch die Praxis eines Besseren belehrt. Dass „Leidensdrucktheorien“ nur selten das halten, was sie versprechen, belegen z.B. auch die Misserfolge der bundesrepublikanischen Drogen(hilfe)politik, die z.T. explizit von der Annahme ausgeht, dass Drogenabhängige, die nicht zu einer auf Abstinenz abzielenden Therapie bereit seien, noch nicht genügend unter ihrer Sucht und Lebenssituation leiden würden.

19 Besonders auffällig ist die Diskrepanz zwischen Entwurf und Empirie in der Studie von FUKUYAMA (2000), der faktengesättigt und mit einem Set an statistischen Daten den Niedergang des US-amerikanischen Sozialkapitals beschreibt, sich jedoch hinsichtlich seiner Basisthese, dass der „große Bruch“ vorüber sei (ebd., S. 357), lediglich mit einigen Hinweisen auf positive Wirtschaftsentwicklung, sinkenden Zahlen von Sozialhilfeempfängern und einem wieder ansteigenden Vertrauen begnügt, ohne weitergehende empirische Belege anzuführen.

20 Vgl. zum Überblick für die Forschungen zum Themenbereich Ehrenamt die sekundäranalytische Studie von BEHER/LIEBIG/RAUSCHENBACH (1998) sowie die resümierenden Aufsätze von HEINZE/ STRÜNCK (2000) und KEUPP/KRAUS/STRAUS (2000).

Frage, ob sich aus dem gegenwärtigen Stand der Forschung Anhaltspunkte ergeben, die darauf hindeuten, dass wir uns auf dem Weg in eine Gesellschaft autonomerer und souveränerer Bürger befinden. Zu diesem Zweck konzentrieren wir uns im Folgenden auf drei Komplexe, nämlich empirische Befunde zur Entwicklung des (a) Sozialkapitals, (b) des ehrenamtlichen Engagements sowie (c) des Dritten Sektors.

(a) Der Begriff Sozialkapital hat seit Mitte der 90er Jahre Konjunktur. Auslöser einer regen Debatte um den Zustand sozialer Beziehungsnetze und sozialen Engagements in spätkapitalistischen Gesellschaften sind insbesondere die Arbeiten von ROBERT D. PUTNAM, Direktor des „Center for International Affairs" an der Harvard Universität, der aufbauend auf die Arbeiten JAMES S. COLEMANs die These eines rasanten Niedergangs des Sozialkapitals in den USA zu plausibilisieren versucht. Bevor auf einige Ergebnisse der Studie eingegangen wird, ist vorab jedoch der Begriff des Sozialkapitals zu klären. Soziales Kapital sind nach STEFAN IMMERFALL (1999, S. 121) „Vertrauens-Vorleistungen von Gruppenmitgliedern für und in ihren sozialen Beziehungen. Soziales Kapital bezieht sich auf solche Aspekte der Beziehungen zwischen Personen, die diesen die Verfolgung ihrer gemeinschaftlichen, z.B. wirtschaftlichen Interessen erleichtern. Gemeint sind insbesondere solche Normen, sozialen Netzwerke und Vertrauensverhältnisse, deren Vorhandensein Abstimmung und Zusammenarbeit zwischen den Beteiligten erleichtert." Der Begriff Sozialkapital verweist also auf die gesamtgesellschaftlich stabilisierende Funktion tragfähiger sozialer Netzwerke und Beziehungen zwischen den Subjekten, die das gegenseitige Vertrauen der Subjekte erhöht und damit die gesellschaftlichen Austauschprozesse im Sinne eines „Schmiermittels" befördert.

Die leitende Vorstellung des Konzepts „Sozialkapital" ist nach CLAUS OFFE (1999, S. 114), dass bestimmte wenig formalisierte Assoziations- und Kooperationsformen, wie man sie in Sportvereinen, Musikgruppen, Schulklassen, Nachbarschaftsinitiativen usw. antreffen kann, das Potential aufweisen, die Mitglieder in den Gebrauch von Tugenden und Verhaltensweisen einzuüben, die auch über den Kreis der unmittelbar Beteiligten hinaus zu Kommunikations-, Kooperations-, Hilfsbereitschaft und Urteilsfähigkeit disponieren. Je verbreiteter solche Dispositionen sind, desto günstiger werden die Aussichten sowohl für die Entfaltung von Transaktionen auf Märkten wie von friktionsarmen Beziehungen zwischen Politik bzw. Verwaltung und Publikum." Aus diesem Grund richtet sich die Aufmerksamkeit der Sozialkapitalstudien vorrangig auf die Verbreitung von formalen Assoziationen und Beteiligung, die als Indikatoren für die Dichte und Qualität der sozialen Vernetzung angesehen werden.

Gegenstand der Mitte der 90er Jahre in den Vereinigten Staaten veröffentlichten Studie ROBERT D. PUTNAMs (1999), die bis zum heutigen Tag als Referenzpunkt der aktuellen Diskussion angesehen werden kann, ist die

Entwicklung des Sozialkapitals in den USA. PUTNAMs Kernthese ist, „dass das Zivilengagement in den Vereinigten Staaten im Verlauf der letzten Generation unerwartet abgenommen hat“ (ebd., S. 21). Obwohl PUTNAM ausdrücklich betont, dass formale Assoziationen nur einen Teilbereich dessen abdecken, was mit dem Begriff Sozialkapital (den PUTNAM weitgehend mit Zivilengagement gleichsetzt, vgl. ebd., S. 30) gemeint ist, beschränkt sich seine Analyse vorwiegend auf die öffentlichen Formen der Beteiligung amerikanischer Bürger am politischen und kulturellen Leben.

Zur Stützung seiner These zieht PUTNAM u.a. folgende Befunde heran, die er im Wesentlichen öffentlichen Statistiken und den Ergebnissen der Umfrageforschung entnimmt:

- einen Rückgang der Wahlbeteiligung bei Präsidentschaftswahlen zwischen den 60er Jahren und 1990 um fast ein Viertel (vgl. ebd., S. 30);
- einen Rückgang der Mitarbeit in politischen Parteien zwischen 1973 und 1993 um 56% (vgl. ebd., S. 32);
- im gleichen Zeitraum konstatiert PUTNAM einen Rückgang der Mitarbeit in Gemeinde- oder Schulversammlungen um 39% und eine um 36% gesunkene Bereitschaft zur Teilnahme an öffentlichen Kundgebungen und Ansprachen (vgl. ebd., S. 32);
- einen Rückgang der Leserschaft von Tageszeitungen von 78% auf 61% (vgl. ebd., S. 33);
- ein steigendes Misstrauen gegenüber der Regierung bei gleichzeitig steigenden Werten für soziale Entfremdung (ebd., S. 34);
- ein starker Rückgang der Mitgliedschaft in sekundären Vereinigungen wie Kirchen (gemessen am regelmäßigen Kirchenbesuch), Gewerkschaften, deren Organisationsgrad bei der nicht landwirtschaftlichen Bevölkerung seit den 50er Jahren um mehr als die Hälfte zurückgegangen ist (von 32,5% im Jahr 1953 auf 15,8% im Jahr 1992, vgl. ebd., S. 41) und Eltern-Lehrer Vereinigungen, in denen sich 1960 noch über 45% der Familien mit Kindern engagierte, 1994 nur noch 20% (vgl. ebd., S. 45).

Zum Symbol für den seit PUTNAMs Studie diskutierten Niedergang des US-amerikanischen Sozialkapitals wurde das Beispiel eines veränderten Umgangs mit der Nationalsportart Bowling. „Ein besonders eigenartiges, aber auch beunruhigendes Element lässt sich aus der Datenlage über das Zivilengagement im zeitgenössischen Amerika ablesen: Die Sportart Bowling wird heute von mehr Amerikanern als je zuvor ausgeübt, aber die Beteiligung im Rahmen der Bowling-Liga ist in den letzten 10 bis 15 Jahren drastisch zurückgegangen. Zwischen 1980 und 1993 stieg die Gesamtzahl der Bowling-Sportler um 10 Prozent, während die der Bowling-Ligasportler um 40 Prozent abnahm. (...) Der Anstieg des Einzelbowling stellt für die Betreiber der Bowlingbahnen eine existentielle Bedrohung dar, da Ligaspieler im Vergleich zu Einzelspielern dreimal so viel Bier und Pizzas konsumieren, denn die Umsätze beim Bowling werden vor allem durch das Essen und die Getränke und nicht durch Bälle und Schuhe erzielt. Die eigentliche soziale Bedeutung des Bowling liegt jedoch in der sozialen Interaktion und in den bei Bier und Pizza gelegentlich stattfindenden Gesprächen über zivilbürgerliche Angelegenheiten, die bei Einzelspielern entfallen" (ebd., S. 49). Das Amerika ROBERT PUTNAMs ist eine Amerika des „bowling alone", ein Amerika zunehmend vereinzelter Individuen, die aus den zerfallenden zivilgesellschaftlichen Netzen herausgelöst sind.

Der Politologe FRANCIS FUKUYAMA (2000) knüpft mit seiner Studie „Der große Aufbruch" explizit an die Arbeit PUTNAMs an, erweitert die Perspektive aber über Amerika hinaus auf eine Auswahl westlicher und fernöstlicher Industrienationen. Er konstatiert einen Bruch in der gesellschaftlichen Ordnung der USA und in der Tendenz in allen von ihm untersuchten Nationen, welchen er gleichfalls an einer „Abschwächung der sozialen Bindungen und gemeinsamen Werte" (ebd., S. 18) festmacht und auf eine Radikalisierung der „individualistischen Kultur" zurückführt (vgl. ebd., S. 30). Unter Sozialkapital versteht FUKUYAMA einen „Bestand informeller Werte und Normen, die alle Mitglieder einer Gruppe teilen und die Kooperation zwischen den Mitgliedern der Gruppe ermöglichen. Wenn die Mitglieder der Gruppe davon ausgehen, dass die anderen sich ehrlich und verlässlich verhalten, dann werden sie einander vertrauen. Vertrauen wirkt wie ein Schmiermittel, welches das Wirken jeder Gruppe oder Organisation effizienter macht" (ebd., S. 32).

Da „Vertrauen" eine empirisch, zumindest im Sinne der direkten Beobachtung, eher unzugängliche Größe ist, bedient sich FUKUYAMA zwei unterschiedlicher Wege: Zum einen berücksichtigt er, wie PUTNAM, statistisches Material zum zivilgesellschaftlichen Engagement, zum anderen geht er einen indirekten Weg, in dem er „Störungen" der sozialen Ordnung in den Blick nimmt. „Anstatt das Sozialkapital als einen positiven Wert zu messen, ist es möglicherweise leichter, die Abwesenheit von Sozialkapital mit traditionellen Maßstäben für soziale Funktionsstörungen wie Kriminalitätsraten, Scheidungszahlen, Drogenkonsum, Zahl der Zivilgerichtsverfahren, Selbstmordrate und Steuerhinterziehung zu messen. Dahinter steckt die Annahme, dass Sozialkapital das Vorhandensein von kooperativen Normen widerspiegelt, wenn soziales Fehlverhalten ipso facto den Mangel an Sozialkapital widerspiegelt. Indikatoren für soziale Funktionsstörungen werfen zwar auch Probleme auf, aber sie stehen in sehr viel größerer Zahl zur Verfügung, als Daten über Gruppen und die Mitglieder von Gruppen, und sie stehen für verschiedene Länder und Zeiträume zur Verfügung" (ebd., S. 41).[21]

Als Beleg für seine These vom Niedergang des Sozialkapitals in den westlichen und fernöstlichen Industrienationen führt FUKUYAMA vor allem folgende Ergebnisse an:

- In allen untersuchten nicht-asiatischen Industrieländern ist bis Anfang der 90er Jahre ein Anstieg der Kriminalitätsraten zu verzeichnen[22], der danach allerdings wieder zurückgegangen ist (ebd., S. 50 ff.);
- Als besonders dramatisch wertet FUKUYAMA die Veränderungen im Bereich Fortpflanzung, Familie und Geschlechterbeziehung. Neben einer „Entvölkerung" (ebd., S. 60) der Industrienationen aufgrund einer durchweg beobachtbaren sinkenden Geburtenrate wertet FUKUYAMA vor allem den Rückgang von Heiratsquoten und den Anstieg von Ehescheidungen als Ausdruck des Niedergangs der „grundlegend kooperierenden sozialen Einheit" (ebd., S. 57), der Familie. „Die Menschen heiraten später, trennen sich früher und heiraten seltener ein zweites Mal. Die Quote der Eheschließungen stieg wie die Geburtenrate in den sechziger Jahren in den Vereinigten Staaten, den Niederlanden, Neuseeland, Kanada und anderen Ländern an, seit den siebziger Jahren indes gehen beide Quoten rapide zurück. Die Scheidungsrate ist in Amerika seit dem Bürgerkrieg in jedem Jahrzehnt angestiegen, seit Mitte der sechziger Jahre hat sich der Anstieg enorm beschleunigt. (...) Ungefähr die Hälfte aller in den achtziger Jahren in den Vereinigten Staaten geschlossenen Ehen wird scheitern" (ebd., S. 63).
- Anhand von Umfragedaten verweist FUKUYAMA auf einen ausgeprägten Vertrauensschwund in Politik, Regierung, Religion und andere gesellschaftliche Institutionen (ebd., S. 70 f.). Ergebnisse des World Value Survey unter der Leitung von RONALD INGLEHART zeigen für vierzehn westliche Industrieländer, „dass zwischen 1981 und 1990 in einer großen Zahl von Ländern das Vertrauen in die meisten Institutionen abgenommen hat. Überraschenderweise können nur die Presse und Großunternehmen einen Vertrauenszuwachs verbuchen. Vor allem die

21 Ein gewichtigen Einwand gegen eine solche Indirekte Strategie formuliert FUKUYAMA (2000, S. 41) selbst: „Wenn man soziale Funktionsstörungen stellvertretend für Sozialkapitals betrachtet, ist das ungefähr so, als würde man Daten über Armut heranziehen, um den Reichtum einer Gesellschaft insgesamt zu messen. Bei dieser Betrachtungsweise würden die Vereinigten Staaten als eines der ärmsten Länder in der entwickelten Welt dastehen."

22 FUKUYAMA (2000, S. 48 f.) konstatiert eine enge Beziehung zwischen Sozialkapital und Kriminalität, da dort, wo kooperative Beziehungen und zivilgesellschaftliches Engagement, wo soziale Bindungen stark ausgeprägt sind, niedrigere Kriminalitätsraten zu erwarten sind, weil die Verbindlichkeit gemeinschaftlicher Normen ebenso wie die Kontrolle höher sind, als in Gemeinschaften mit geringer ausgeprägten zivilgesellschaftlichen Strukturen.

eher traditionellen Quellen von Autorität - die Kirche, die Streitkräfte, die Justiz und die Polizei - mussten in der großen Mehrheit der Länder Vertrauensverluste hinnehmen" (ebd., S. 82).

FUKUYAMA sieht insgesamt seine These vom großen Bruch durch die empirischen Daten bestätigt: „Kennzeichnend für den Großen Bruch waren der Anstieg der Kriminalität und der sozialen Verwerfungen, der Niedergang von Familie und Verwandtschaft als Quellen des sozialen Zusammenhalts und abnehmendes Vertrauen. Diese Veränderungen waren in vielen Industrieländern seit den sechziger Jahren zu beobachten und verglichen mit dem Wertewandel in früheren Zeiten vollzogen sie sich sehr rasch. Es gibt verschiedene konsistente Verhaltensmuster: In Japan und Südkorea war der Anstieg der Kriminalität und der Scheidungsraten geringer, aber auch sie erlebten einen Schwund von Vertrauen. In römisch-katholischen Ländern wie Italien und Spanien bleiben die Scheidungsraten unverändert niedrig, aber die Geburtenraten brachen stark ein. Ohne Zweifel kann man die Abnahme des Sozialkapitals auch noch anders messen, als wir es hier getan haben, aber unsere Analyse ergibt ein verblüffendes Muster wachsender sozialer Verwerfungen" (S. 87 f.).

FUKUYAMA (2000, S. 124 f.) beschreibt den Niedergang des Sozialkapitals im Wesentlichen als Vertrauensverlust der Subjekte gegenüber den Strukturen, Regeln und Symbolen der Gesellschaft. Der „Radius des Vertrauens" verkleinert sich sukzessive, beschränkt auf den erfahrbaren sozialen Nahraum und persönliche Beziehungen und führt zu einer „Miniaturisierung der Gemeinschaft und der Moral in der amerikanischen Gesellschaft der Gegenwart" (ebd., S. 125).

Die Studien von FUKUYAMA und PUTNAM können als „soziale Bilanz" einer Epoche gelesen werden, die in allen kapitalistischen Industrienationen durch eine fortschreitende Liberalisierung und Ökonomisierung gekennzeichnet waren und - folgt man den skizzierten Befunden - zu einer Destruktion klassischen Sozialkapitals geführt hat. FRIEDRICH WILHELM GRAF (1999, S. 14) Frage: „Wie passen Putnams Beschreibung vom Niedergang des Sozialkapitals zur ökonomischen Erfolgsgeschichte der USA", ist zugleich ihre eigene Antwort: Der Niedergang des Sozialkapitals ist die Kehrseite einer durch Deregulierung freigesetzten kapitalistischen Ökonomie, die wirtschaftliche Erfolge und soziale Verwerfungen quasi im Gleichschritt produziert.[23]

---

23 Für Deutschland liegen bisher keine vergleichbaren Studien vor, wenn auch Daten und Untersuchungen zu Einzelphänomenen, wie z.B. zur Modernisierung des Ehrenamtes, vorhanden sind. STEFAN IMMERFALL (1999, S. 124) kommt aufgrund von Indikatoren wie Mitgliedschaft in freiwilligen Organisationen u.ä. zu dem Ergebnis: „Im Vergleich mit unseren europäischen Nachbarn scheint es um den sozialen Zusammenhalt in der Bundesrepublik nicht schlecht bestellt." Aufgrund der korpora-

Insbesondere PUTNAMs Aufsatz hat zu einer kontroversen Diskussion geführt, die neben der Qualität der Daten (z.B. der sich auf Umfrageergebnisse stützenden Aussagen zum Vertrauensverlust u.a.) einige inhaltliche Einwände gegen die These vom Niedergang des Sozialkapitals herausstellte:

- Die Vorstellung, dass die Mitgliedschaft in freiwilligen Assoziationen bzw. die Zugehörigkeit zu einem sozialen Netz nur positive Effekte im Sinne eines gesamtgesellschaftlich erhöhten Vertrauensradius mit sich bringen würde, übersieht, dass Zugehörigkeit auch mit in-group/out-group Problemen einhergehen kann. HEINZE/STRÜNCK (2000, S. 179) wenden in diesem Sinne ein: „Wenn Kultur oder Freizeitvereine eine bestimmte ‚ethnische' oder schichtenspezifische Mitgliedschaft favorisieren, fungiert die innerorganisatorische Vertrauensbildung zugleich als eine Barriere des Misstrauens nach außen." Inwieweit die Zugehörigkeit zu einer Assoziation einer Erhöhung des gesamtgesellschaftlichen Vertrauenspotentials führt, ist nicht zuletzt abhängig von Struktur und Programmatik der entsprechenden Institution. In eine ähnliche Richtung geht FUKUYAMAs (2000, S. 39) Hinweis, dass es auch Formen dichten Sozialkapitals gibt, die aus gesamtgesellschaftlicher Perspektive eher problematische Folgewirkungen mit sich bringen dürften, wie etwa im Falle des Ku Klux Klan, der NPD oder der Mafia.

- PUTNAMs eingeschränkte Wahrnehmung der gesellschaftlichen Funktion des Sozialkapitals ist ein Indiz für eine normative Anlage des Untersuchungsdesigns, „dass die in vielen Kultursphären zu beobachtende Durchsetzung von Individualisierungstendenzen schon als solche kritisch, eben als Auflösung vertrauter gemeinwohldienlicher Sozialitätsstrukturen zu sehen sei. Damit droht Putnam mehr oder weniger unreflektiert viele Stereotypen der Individualismuskritik zu übernehmen" (GRAF 1999, S. 14). Für eine solche Deutung spricht auch, dass PUTNAM durchweg die ambivalente Bedeutung von Individualisierungsphänomenen in der Dialektik von Chancen und Risiken nicht wahrnimmt. Wenn PUTNAM (wie FUKUYAMA) etwa die ansteigende Zahl der Ehescheidungen als Indikator für den Zerfall des Sozialkapitals nutzt, ignoriert er, dass sich in diesem sozialen Phänomen zugleich ein Zugewinn an Freiheitschancen manifestiert, die es nicht zuletzt Frauen ermöglicht, sich vormals klar geschlechtshierarchisch organisierten Beziehungsmustern zu entziehen. GRAF (1999, S. 17) konstatiert eine „bemerkenswerte Nähe zu traditionalen Vorstellungen", die in PUTNAMs Analyse zum Bewertungsmaßstab geraten und „sein Sozialkapital-Konzept in eine irritierende Nähe zu den ‚heile Welt'-Träumen von Kleinbürgern in der Provinz bringen".

---

tistischen Sozialstaatstradition Deutschlands scheint ein in Umfang und Geschwindigkeit mit der USA als liberalem Wohlfahrtsstaat vergleichbarer Abbau sozialen Kapitals allerdings auch eher unwahrscheinlich.

- Der traditionsverhaftete Blick, den PLATTHAUS (1999, S. 163) als „Fortsetzung des alten Kulturpessimismus" wertet, kommt auch darin zum Tragen, dass PUTNAM möglicherweise neue Formen der Gemeinschaftsbildung nicht berücksichtigt. Nach HEINZE/STRÜNCK (2000, S. 173) ist einer der wesentlichen Erträge der sozialen Netzwerkforschung, „dass sich unter den Bedingungen sozialstruktureller Modernisierung zwar alte soziale Milieus teilweise auflösen, dafür aber neue Gemeinschaften ‚geknüpft' werden, in denen die Teilnehmer nicht nur Unterstützung bekommen, sondern diese selbst mitproduzieren." In diesem Sinne müssen etwa das Wachstum des Dritten Sektors und neue Formen der Assoziation wie Selbsthilfegruppen, Freiwilligenzentren, Seniorengenossenschaften, Tausch- und Kooperationsringe etc. berücksichtigt werden.

Die von den Kritikern vorgetragenen Einwände sind zweifelsohne berechtigt. Aber selbst wenn man den Aussagewert der Studien unter Berücksichtigung der zentralen Einwände darauf reduziert, dass sowohl PUTNAM wie auch FUKUYAMA den Niedergang des „klassischen Sozialkapitals" der fordistischen Ära der Arbeitsgesellschaft dokumentieren, liefern sie Anhaltspunkte dafür, dass die traditionellen Wege der Gemeinschaftsbildung im Prozess gesellschaftlicher Ökonomisierung an Kraft verlieren. Dieser Befund darf auch deshalb nicht unterschätzt werden, weil bei allen berechtigten Hinweisen auf möglicherweise neue Formen der Sozialkapitalbildung bislang keine Belege vorliegen, die schlüssige Hinweise darauf geben, ob die neuen Formen der Vergemeinschaftung in ähnlicher Weise auf gesamtgesellschaftlicher Ebene vertrauensbildend wirken, wie ihre im Abschied befindlichen Vorgänger. Als optimistische Annahme, wie sie etwa von HEINZE/STRÜNCK (2000) und KEUPP/KRAUS/STRAUS (2000) vertreten wird, bedürfte eine solche Substitutionsthese allerdings noch der empirischen Bestätigung.

Insofern sind die Befunde zum Niedergang des Sozialkapitals bei aller kulturpessimistischen Attitüde ein Indiz für die von PIERRE BOURDIEU (1998 b, S. 117) konstatierte Gefahr, dass der neoliberale Kapitalismus die sozialen Kapitalreserven aufzehrt. „Der Übergang zum ‚Liberalismus' vollzieht sich unmerklich, wie die Kontinentaldrift, und er verstellt die Sicht auf seine langfristig so verheerenden Folgen, paradoxerweise unter Mithilfe jener Widerstände, die sie seit kurzem hervorrufen, Widerstände einer alten Ordnung, die immer mehr von ihren Rücklagen leben, von verbindlichem Recht oder gewissen Praktiken der Sozialhilfe, von einem bestimmten Habitus (bei den Krankenpflegern, den Sozialarbeitern), von den sozialen Kapitalreserven also, die einen ganzen Bereich der gegenwärtigen sozialen Ordnung davor bewahren, in Anomie zu fallen (ein Kapital, das zum Aussterben verurteilt ist, wenn es nicht erneuert werden kann, mögen seine Reserven auch morgen noch nicht erschöpft sein)."

(b) In der bundesrepublikanischen Diskussion hat sich die (Wieder)Entdeckung des aktiven Bürgers in den 90er Jahren u.a. in einer Konjunktur der Thematisierung des ehrenamtlichen Engagements niedergeschlagen.[24] Es kann an dieser Stelle nicht darum gehen, die weit verzweigte und seit den 80er Jahren zunehmend auch zum Gegenstand empirischer Untersuchungen gewordenen Wissensbestand zum Themenbereich Ehrenamt zu rekapitulieren. Es geht vielmehr um die Frage, ob die Ergebnisse der Ehrenamtsforschung Indizien dafür liefert, die die positive Annahme BECKs u.a., wir befänden uns auf dem Weg in eine Bürgergesellschaft, stützen könnten. Bevor auf einige Befunde eingegangen wird, ist es notwendig, den Begriff Ehrenamt inhaltlich zu spezifizieren, da in der Fachdiskussion unter „Ehrenamt" „nichts Einheitliches verstanden (wird, M.G.). Es existiert keine Definition dieses Begriffes, die allgemeine Anerkennung findet und durchgängig gebraucht wird" (BEHER/LIEBIG/RAUSCHENBACH 1998, S. 105 ff.).

Eine vergleichsweise allgemeine Definition liefert TERESA BOCK (1997): „Ehrenamtlich/freiwillig Tätige sind Bürgerinnen und Bürger, die sich, ohne durch verwandtschaftliche Beziehungen oder durch ein Amt dazu verpflichtet zu sein, unentgeltlich oder gegen eine geringfügige Entschädigung, die weit unterhalb der tariflichen Vergütung liegt, für soziale Aufgaben zur Verfügung stellen."[25] Anders ausgedrückt: Ehrenamt bezeichnet unentgeltliche Übernahme sozialer Aufgaben für andere, ist „eine spezifische Variante freiwilliger unentgeltlicher Tätigkeiten" (OLK 1996 b, S. 150). Ehrenamt ist damit eine Form sozialer Hilfe und Unterstützung in einem mehrschichtigen System, das sich nach RAUSCHENBACH/MÜLLER/OTTO (1992, S. 227) aus den Elementen

- familiale Hilfeleistungen
- Netzwerke des sozialen Nahraums
- Selbsthilfegruppen
- berufliche Hilfeleistungen

und Ehrenamt zusammensetzt.

---

24 Vgl. dazu insbesondere die sekundäranalytische Studie von BEHER/LIEBIG/RAUSCHENBACH (1998) sowie darüber hinaus BEHER/LIEBIG/RAUSCHENBACH (2000); MÜLLER/RAUSCHENBACH (1992); HEINZE/STRÜNCK (2000); KEUPP/KRAUS/STRAUS (2000); DÜX (1999); BRAUN/KLEMMERT (1998).

25 Diese Definition integriert bereits Aspekte dessen, was in der Faschdiskussion unter dem Stichwort „neues Ehrenamt" diskutiert wird. Knapp 10 Jahre vorher definiert THERESA BOCK (1986, S. 223): „Ehrenamtlich Tätige sind Bürger, die sich ohne durch verwandtschaftliche Beziehungen oder ein Amt dazu verpflichtet zu sein, ohne Entgelt sporadisch oder regelmäßig für Aufgaben in der sozialen Arbeit zur Verfügung stellen." Auffällig ist, dass neben die eher altertümliche Diktion des Ehrenamtes nun der modernere Begriff der freiwilligen Tätigkeit tritt und dass die kategorische Feststellung „ohne Entgelt" nun in eine wesentlich moderatere Formulierung („Entschädigung weit unter Tarif") überführt wird. Diese „Modernisierung" der Definition bestätigt die These von RAUSCHENBACH/MÜLLER/OTTO (1992), die ein wesentliches Moment des „neuen sozialen Ehrenamtes", eine veränderte Gratifikationserwartung ist.

Alle diese Elemente des Systems des sozialen Bedarfsausgleichs haben bestimmte Leistungsmerkmale und Leistungsschwächen (vgl. RAUSCHENBACH/MÜLLER/OTTO 1992, S. 228 ff.). Während etwa die Familie hohe Erwartbarkeit, Reziprozität, Dauerhaftigkeit miteinander kombinieren, das hohe „Leistungsniveau" der Familie allerdings von Faktoren wie Familiengröße, materiellen und sozialen Ressourcen etc. begrenzt wird, sind informelle Netze höchst voraussetzungsvoll, „nur begrenzt belastbar, hochselektiv, fragil" (ebd., S. 229). Demgegenüber sind professionelle Hilfeleistungen durch hohe Erwartbarkeit gekennzeichnet, da sie personenunabhänig institutionell hergesellt werden.[26] Das Ehrenamt weist nun im Vergleich zu den anderen Elementen des Systems des sozialen Bedarfsausgleichs spezifische Leistungsmerkmale auf:

- in Abgrenzung zu familialer Hilfe, Hilfe im Netzwerk und Selbsthilfe ist ehrenamtliche Tätigkeit wie berufliche Hilfe eine Form der „Hilfe für andere", der Fremdhilfe;
- in Abgrenzung zu familialer Hilfe und Hilfe im Netzwerk ist ehrenamtliche Tätigkeit wie berufliche Tätigkeit institutionell vermittelt, d.h. eingebunden in eine bürokratische Organisationsstruktur (von öffentlicher Verwaltung und öffentlicher Förderung, Wohlfahrts- und Jugendverbänden etc.);
- in Abgrenzung zu beruflicher Tätigkeit ebenso wie familiale Hilfe, Hilfe im Netzwerk und Selbsthilfe ist ehrenamtliche Tätigkeit eine Form der Unterstützung, deren Wiedererstattungserwartung sich nicht primär (oder nur in begrenztem Umfang) in Form von Bezahlung ausdrückt;
- in Abgrenzung zu beruflicher Tätigkeit und familialer Unterstützung ist ehrenamtliche Hilfe weniger erwartbar und in seiner Dauerhaftigkeit nicht voraussetzbar.

Das Ehrenamt ist nach RAUSCHENBACH/MÜLLER/OLK (1992, S. 231) in Anlehnung an BACKES als „Zwischenarbeitsverhältnis" zu verstehen, dass Leistungsvor- und -nachteile unterschiedlicher Erbringungsformen sozialer Unterstützungsleistungen kombiniert.

Fragt man nun nach Entwicklungstrends hinsichtlich des Ehrenamtes, so ist im Hinblick auf die hier zu bearbeitende Leitfrage von Belang, wie sich das Engagement der Bürger in quantitativer Hinsicht entwickelt hat. Eine Beantwortung dieser Frage erweist sich allerdings als höchst schwierig, da die vorliegenden Studien aufgrund unterschiedlicher Arbeitsdefinitionen und

---

26 „Berufliche bzw. professionelle Hilfeleistungen werden zum Zwecke der Einkommenserzielung in formal-organisierten Institutionen auf der Basis von formaler Organisationsmitgliedschaft, Arbeitsteilung und beruflicher Fachkompetenz erbracht. (...) Die hier erbrachten Leistungen sind prinzipiell für jedes Mitglied der Gesellschaft zugänglich und werden auf der Grundlage und nach Maßgabe formal organisierter beruflicher Ausbildungs- und Fortbildungsprozesse erbracht" (OLK 1992, S. 25)

Erhebungsverfahren schon für einen Zeitpunkt nicht zu einem auch nur annähernd gleichen Ergebnis gelangen. So ermittelte die Eurovol-Studie für Westdeutschland einen prozentualen Anteil von 20% Prozent, was Deutschland den vorletzten Platz in der Rangliste, knapp vor der Slowakei einbrachte (vgl. HEINZE/STRÜNCK 2000, S. 188 f.). Zu ganz anderen Ergebnissen kommt eine Auswertung des Sozioökonomischen Panels (SOEP) (vgl. ERLINGHAGEN/RINNE/ SCHWARZE 1997), die für den vergleichbaren Zeitpunkt für Westdeutschland einen Wert von rund 35% veranschlagt.[27] Da die SOEP-Daten seit Mitte der 80er Jahre erhoben werden, lassen sie auch Aussagen zur Entwicklung zu. „Nach dieser Stichprobe hat das Engagement im Westen von rund 25% im Jahr 1985 auf 35% für 1996 - und damit in einem Volumen von 10% - zugenommen. Dieser Anstieg fand jedoch weniger beim regelmäßigen Engagement statt, das sich von 15% auf 18% erhöht hat, sondern vor allem bei den sporadisch auftretenden ehrenamtlichen Tätigkeiten, deren Wert von rund 10% auf 17% - also um 7 Prozentpunkte - gewachsen ist" (BEHER/LIEBIG/RAUSCHENBACH 1998, S. 27).

Mit dem Hinweis von der Verlagerung vom kontinuierlichen zum sporadischen Engagement ist bereits ein qualitativer Aspekt benannt, der in der Fachdiskussion unter Stichworten wie „vom traditionellen zum modernen Ehrenamt", „Modernisierung des Ehrenamtes" etc. diskutiert werden. Das Bild des traditionelle Engagements ist nach KEUPP/KRAUS/STRAUS (2000, S. 221 f.) dadurch gekennzeichnet, dass es (a) verbandlich organisiert ist, (b) auf der Basis einer altruistisch-karitativen Grundhaltung vollzogen wird und sich (c) als kontinuierliches Engagement konkretisiert. Demgegenüber erfolgt modernes Engagement eher in Form (a) selbstorganisierter Zusammenschlüsse, (b) wenig kontinuierlicher Zusammenschlüsse[28], die zudem durch (c) veränderte Gratifikationserwartungen gekennzeichnet sind. „Vorrangig angestrebt wird im modernen bürgerschaftlichen Engagement eine Reziprozität, ein Geben und Nehmen. Grundeinstellung dabei ist: Indem ich etwas für andere tue, tue ich auch etwas für mich selbst. Ausschlaggebend ist nicht mehr die Pflichterfüllung, sondern Eigeninteresse und persönliche Befriedigung."[29]

---

27 Vergleichbar resümieren BEHER/LIEBIG/RAUSCHENBACH (1998, S. 27), dass je nach Studie der Umfang des ehrenamtlichen Engagements in Westdeutschland zwischen 16% und 41% liegt, in den neuen Bundesländern zwischen 9% und 37%.

28 Nach HEINZE/STRÜNCK (2000, S. 189 f.) ist eine der markantesten Veränderungen, die die Analyse des SOEP erbrachte, die Verlagerung von eher kontinuierlichem Engagement (von 15,4% im Jahr 1985 auf 14,9% im Jahr 1994) zu eher gelegentlicher Aktivität (Anstieg im gleichen Zeitraum von 10% auf annähernd 15%).

29 Der amerikanische Religionssoziologie ROBERT WUTHNOW (1997) hat in seiner Untersuchung der Motivation amerikanischer Freiwilliger herausgestellt, dass Individualismus, persönliche Gratifikationserwartungen und Hilfe für Andere keine Gegensätze darstellen müssen. Vielmehr kann ein breites Netz an freiwillig Tätigen durchaus auch auf individualistischer Motivbasis zustande kommen. Vgl. auch WILKINSON (1997)

RAUSCHENBACH/MÜLLER/OTTO (1992, S. 226) haben schon Ende der 80er Jahre die These aufgestellt, dass „die Norm der Reziprozität von Geben und nehmen ... das entscheidende handlungsmotivierende Kriterium des sozialen Ehrenamtes“ ist. „Mit der Ausdifferenzierung des sozialen Ehrenamtes haben sich auch die Rückerstattungserwartungen vervielfältigt, treten materielle (monetäre wie nicht-monetäre) und immaterielle Gratifikation, akkumulierbare und nicht-akkumulierbare Rückerstattungseinheiten zugleich und nebeneinander auf. Das an der nicht-reziproken Norm der Wohltätigkeit (‚etwas gegen nichts') orientierte Engagement für andere ist in den heutigen Formen des sozialen Ehrenamtes bestenfalls noch von marginaler und punktueller Bedeutung“ (ebd., S. 227). So wie sich die Rückerstattungserwartungen verändern und vervielfältigen, so verschwimmt auch die Kontur des sozialen Ehrenamtes etwa

- durch die gestiegene Bedeutung monetärer Gratifikationsangebote,
- die Ausbreitung von Spielarten ungeschützter Arbeitsverhältnisse (Honorartätigkeiten etc.), die immer weniger von ehrenamtlichen Tätigkeiten unterschieden werden können;
- die Ausbreitung anderer Formen von sozialer Unterstützung zwischen „unbezahltem“ Ehrenamt und bezahlter Sozialer Arbeit wie z.B. Praktikantentätigkeiten, Zivildienst, Freiwilliges Soziales Jahr etc. (vgl. ebd., S. 233).

In Abgrenzung zum häufig moralisch aufgeladenen Diskurs über das freiwillige bürgerschaftliche Engagement offenbart die Ehrenamtsforschung ein sehr viel rationaleres Bild einer sich verändernden Austauschbeziehung von Subjekt und Gemeinschaft, das die ehrenamtliche Tätigkeit, das Engagement für andere in das Gesamtkalkül einer alltäglichen Lebensführung einbindet.

Dem Modell der Bürgerarbeit ist eine (implizit oder explizit formulierte) These immanent, dass nämlich freiwilliges Engagement eine Kompensationsfunktion im Hinblick auf die schwindende Integrationskraft des Arbeitsmarktes übernehmen wird (oder besser übernehmen soll). Anders ausgedrückt: Arbeitslose übernehmen Tätigkeiten in ehrenamtlichen Bereichen, um hier Sinn und Anerkennung zu finden, die ihnen auf dem Arbeitsmarkt verweigert wird. GERHARD BÄCKER (1999, S. 58) hat diese Substitutionsannahme auf die Formel „Ehrenamt statt Arbeitsamt“ verdichtet. Aus der Sicht der Ehrenamtsforschung sprechen allerdings gewichtige Argumente gegen eine solche Substitutionsthese. Einer der zentralen und immer wieder bestätigten Befunde zur sozialen Strukturierung des Ehrenamtes belegt, dass das Engagement mit der Höhe des Bildungsniveaus und der sozialen Schicht steigt, d.h. es sind „nicht die Niedrigqualifizierten, die sich zivilgesellschaftlich engagieren, sondern hoch qualifizierte Bürgerinnen und Bürger vor allem solche mittleren Alters in ‚gesicherten' Familienbeziehungen" (ebd., S. 58).

ERLINGHAGEN (2000) untersucht in seiner Analyse der SOEP-Daten ausdrücklich die Frage, ob ein Substitutionseffekt zwischen Arbeitslosigkeit und ehrenamtlichem Engagement zu belegen ist und kommt zu einem negativen Befund: „Arbeitslosigkeit hat in den alten Bundesländern keinen statistisch nachweisbaren Einfluss auf die Wahrscheinlichkeit, ein Ehrenamt im Untersuchungszeitraum aufzunehmen. Dieser Befund ist geschlechtsunabhängig und wird auch von der (kumulierten) Länge der Arbeitslosigkeitsphase(n) nicht beeinflusst. Ebenfalls verursacht auch der Arbeitslosigkeitszeitpunkt keinen statistisch nachweisbaren Effekt auf die Aufnahmewahrscheinlichkeit" (ebd., S. 302). ERLINGHAGEN (2000, S. 303) bestätigt den engen Zusammenhang zwischen Ehrenamt und Qualifikation. „Verallgemeinernd kann festgehalten werden, dass es für arbeitslose Westdeutsche tendenziell nicht wahrscheinlicher ist, ein Ehrenamt zu übernehmen, als für nie arbeitslose Erwerbstätige. Kumulieren Arbeitslosigkeit und ein geringer Qualifizierungsstand (operationalisiert durch den Schulabschluss), verstärken auch die nachgewiesenen negativen Einflüsse dieser Merkmale auf die Wahrscheinlichkeit, ehrenamtlich tätig zu werden bzw. zu bleiben."

Dieses Ergebnis überrascht insgesamt nicht, reiht es sich doch ein in die Forschungsergebnisse zur Unterstützungsqualität sozialer Netzwerke, die sozialstrukturelle Stratifikationen von Hilfepotentialen belegen: „Je niedriger die soziale Schicht,

- desto kleiner und weniger vielfältig sind die sozialen Netzwerke,
- desto weniger an Unterstützungspotential gibt es,
- desto weniger werden die vorhandenen Unterstützungspotentiale genutzt
- und desto schlechter ist die gesamte Hilfebilanz" (KEUPP/KRAUS/STRAUS 2000, S. 232).[30]

Vertreter der Substitutionsthese bleiben den Nachweis schuldig, warum sich unter den Bedingungen der neuen Ökonomie die von Marginalisierungsdrohungen besonders betroffenen Angehörigen sozialer Unterschichten plötzlich einer völlig anderen Strategie der Erzeugung sozialen Kapitals bedienen sollen.[31]

---

30 KEUPP/KRAUS/STRAUS (2000, S. 232) interpretieren diese Befunde als „Globalisierung im Kleinen: Menschen mit einem höheren Bildungsabschluss und einem höheren Einkommen haben Netzwerke, die im Schnitt größer, multiplexer und räumlich weiter verstreut sind. Diese enthalten vor allem auch mehr Freundschafts- und Bekanntschaftsbeziehungen. Demgegenüber besitzen Angehörige unterer sozialer Schichten vergleichsweise kleinere, dichte soziale Netzwerke. Mit abnehmendem Bildungsstand reduziert sich auch die Zufriedenheit mit dem eigenen Netzwerk."

31 BÄCKER (1999, S. 58 f.) kommt in Auswertung der SOEP Daten zu zwei Befunden: Zum einen ist es in Deutschland um das „freiwillige ehrenamtliche bzw. zivilgesellschaftliche Engagement der Bevölkerung ... gar nicht so schlecht bestellt. Auf die

Mehr noch: RAUSCHENBACH/MÜLLER/OTTO (1992, S. 236) haben darauf hingewiesen, dass materielle Absicherung und Verfügung über zeitliche Ressourcen unabdingbare Voraussetzungen ehrenamtlichen Engagements sind. In Bezug auf den Faktor Zeit stellen sie fest: „Im Zwang zur materiellen Reproduktion ist die Ambivalenz der Freiwilligkeit begründet: Mit der enteigneten Zeit durch Erwerbsarbeit reduziert sich die eigene Verfügbarkeit über Zeit. Mit der ‚Befreiung' von Erwerbsarbeit steigt die Zeitsouveränität." Voraussetzung für eine Ausweitung bürgerschaftlichen Engagements ist deshalb eine Zeitpolitik der „Lockerung des erwerbszeitlichen Korsetts" und der „nicht minder einengenden Zeitordnung wie der Haus- und Erziehungsarbeit" (ebd., S. 241). Warum, so muss man zugespitzt fragen, sollte das Zeitregime der flexiblen Arbeitsgesellschaft, das zwar die reale Arbeitszeit verkürzt, gleichwohl die Lebenszusammenhänge vermittelt durch die Flexibilisierung der Arbeitszeitordnungen ökonomisiert und auf das Management der eigenen Arbeitskraft fokussiert, zu einem mehr an freiwilligem bürgerschaftlichen Engagement führen, zumal bei jenen, die im Kampf um die knapper werdenden materiellen Ressourcen nicht gerade Startplätze in der ersten Reihe einnehmen?

(c) In allen skizzierten Entwürfen wird die Zukunft der Arbeitsgesellschaft aufs Engste verknüpft mit dem, was in der Fachdiskussion unter den Begriffen „Dritter Sektor", „Non-Profit-Sektor" bzw. intermediärer Sektor gefasst wird.[32] Bezug genommen wird damit auf einen bestimmten Typus von Organisationen, die im „Zwischenreich" staatlicher, marktlicher und privater Handlungslogiken angesiedelt sind. „Gemeint sind damit Organisationen ganz unterschiedlicher Art, die von unkonventionellen, informellen Initiativen bis hin zu großen Interessenverbänden, von familiennahen Selbstversorgungsgemeinschaften bis zu genossenschaftlichen Großbetrieben reichen" (OLK/RAUSCHENBACH/SACHßE 1995, S. 17). Die Heterogenität, die sich hier andeutet, und die in Deutschland die Spannbreite von Wohlfahrtsunternehmen über GmbHs bis hin zu Selbsthilfegruppen umfasst, lässt sich in einer Definition nur bedingt einfangen. Aus wissenschaftlicher Sicht fokussiert der Begriff der Intermediarität die spezifische Logik des „Dritten Sektors" am präzisesten. Nach OLK/RAUSCHENBACH/SACHßE (1995, S. 17) sind Organisationen des Dritten Sektors intermediär, weil „sie sich in einem ‚Zwischen-Reich' zwischen gewerblichen Unternehmungen, die auf dem Markt anbieten, öffentlichen Verwaltungen, die dem Staat zuzurechnen

wirklichen ‚Problemgruppen' des Arbeitsmarktes scheint dieser Bereich jedoch entweder keine besondere Attraktivität auszuüben, oder es bietet ihnen weniger Betätigungsmöglichkeiten an. Für die Lösung arbeitsmarkt- und sozialpolitischer Probleme ist er (der Dritte Sektor, M.G.) also gerade nicht prädestiniert." GERD MUTZ (1998, S. 25) betont deshalb ausdrücklich, dass bürgerschaftliches Engagement „kein Modell für Langzeitarbeitslose (ist, M.G.). Einem Sozialhilfeempfänger zu sagen, nun engagiere dich mal, damit du dich nicht mehr arbeitslos fühlst - das funktioniert nicht."

32 Vgl. zum Stand der Diskussion Anfang der 90er Jahre BAUER/HERRMANN (1992). Vgl. darüber hinaus RAUSCHENABCH/SACHßE/OLK (1995); ANHEIER (1999).

sind, und Gemeinschaftsformen, die dem Bereich der Familienhaushalte zugeordnet werden können" (ebd., S. 17) bewegen. Während die Handlungskoordination im Marktsektor über den Wettbewerb erfolgt, im Privatsektor über Reziprozität, bedient sich der Staat „hierarchisch durchgesetzter Entscheidungen". Das typische für intermediäre Organisationen ist nun, dass sie keine eigene, vierte Handlungslogik ausbilden, „sondern vielmehr die bekannten drei ‚reinen' Handlungslogiken in jeweils spezifischer Weise miteinander kombinieren" (ebd., S. 17).

Diese Kombination von Elementen staatlicher, marktlicher und privater Handlungslogiken kann im positiven zu einem Synergieeffekt führen, indem die jeweiligen Vorteile und Potentiale kombiniert werden; sie kann aber auch zu einer Kumulation von Nachteilen und Risiken führen, die die jeweiligen Feldlogiken implizieren. In jedem Fall ist es strukturell naiv, eine stabile oder gar „alternative" Handlungslogik des Dritten Sektors zu unterstellen und diese einzig unter Stichworten wie „Solidarität" bzw. „Alternative zur Vorherrschaft des Marktes" wahrzunehmen, wie dies in der Dritten-Sektor-Euphorie bisweilen durchschimmert (vgl. z.B. RIFKIN 1997). Dem widerspricht schon der Befund, dass Institutionen des Dritten Sektors in einer doppelten Vermittlungsproblematik gefangen sind: Sie müssen sich „nach unten" ihren Mitgliedern vermitteln, diese binden, in lebensweltlichen Bezügen agieren, zugleich sind sie aber auch strukturierte Organisationen, die sich „nach außen" in ein Institutions- und Fördersystem eingliedern müssen, in dem sie in Konkurrenz zu anderen Organisationen bzw. Anbietern stehen. Zugespitzt formuliert: „Anstalten, Einrichtungen und Dienste der Freien Wohlfahrtspflege müssen sich als Dienstleistungsbetriebe, die sich am Markt zu behaupten haben, sowohl einer betriebswirtschaftlichen Logik unterordnen als auch - soweit sie ehrenamtliches Personal hinzuziehen oder etwa, wie bei den konfessionellen Wohlfahrtsverbänden, sich gleichzeitig als religiös motivierte ‚Dienstgemeinschaften' verstehen - Anforderungen und Logiken gemeinschaftlichen Handelns folgen" (OLK/ RAUSCHENBACH/SACHßE 1995, S. 19).

Fragt man nach Strukturen und Entwicklungsmustern des Dritten Sektors, so liefert die Studie des Johns Hopkins Comparative Nonprofit Sector Projekt[33] einige Befunde, die im Hinblick auf die Ausgangsfrage die Hoffnungen auf den Dritten Sektor als Retter vor einer fortschreitenden Neoliberalisierung der wohlfahrtsstaatlichen Industrienationen eher zu einer ambivalenten Einschätzung führt:

Der Non-Profit-Sektor, der ein „Produkt des späten 20. Jahrhunderts ist" (ebd., S. 146), ist zum einen ein bedeutender Wirtschaftsfaktor, der schon 1990 das Äquivalent zu rund 1 Millionen Vollzeitarbeitsplätze bereitstellte und rund 3,9% des Bruttoinlandsprodukts erwirtschaftete (ebd., S. 147). Damit ist schon darauf hingewiesen, was hinlänglich bekannt ist, aber in

---

33 Vgl. ANHEIER (1999, 2001); PRILLER/ZIMMER (2001).

den programmatischen Schriften häufig der Euphorie des aktiven und aus Interesse am Gemeinwohl handelnden Bürgers zum Opfer fällt: Der Dritte Sektor ist nicht auf „freiwilliges Engagement“ und Ehrenamtlichkeit zu reduzieren. ANHEIER stellt heraus, dass sich das Verhältnis von Ehrenamtlichkeit und bezahlter Berufsarbeit im Dritten Sektor nach Feldern sortiert: „Insgesamt sind es also vier Bereiche, die überwiegend durch freiwillige, unbezahlte Arbeit gekennzeichnet sind: der Bereich Kultur und Erholung, Umweltschutzorganisationen, Staatsbürgervereinigungen und schließlich Stiftungen. Der Bereich Bildung und Forschung, das Gesundheitswesen und die sozialen Dienste dagegen sind hauptsächlich auf bezahlte Arbeit angewiesen. So kommt zum Beispiel auf dem Gebiet der sozialen Dienstleistungen ein ehrenamtlicher oder freiwilliger Mitarbeiter auf neun bezahlte Angestellte; auf dem Gebiet von Freizeit und Kultur dagegen kommen sechs Freiwillige auf einen bezahlten Mitarbeiter“ (ebd., S. 149). Die Strukturen der Beschäftigung sind dabei schon jetzt in hohem Maße „flexibel“ (befristete Beschäftigung, Werk- und Honorarverträge, Teilzeit etc.).[34]

Betrachtet man nun die Entwicklung des Dritten Sektors, so belegt die Studie ein erhebliches Wachstum in der Zeit zwischen 1970 und 1990, das sich allerdings auf das Segment der professionell Beschäftigten konzentriert. Proportional gesehen wuchs etwa der Anteil der Beschäftigten zwischen 1960 und 1990 um 328%, bei einem Anstieg der Zahl der Gesamtbeschäftigten um 12%, während keine vergleichbaren Anstiege bei Ehrenamtlichen zu verzeichnen waren (vgl. ebd., S. 153 f.). Zugespitzt formuliert: Was im Dritten Sektor wächst, sind vor allem die Felder der sozialen Dienstleistungsproduktion im Gesundheits-, Sozial- und Bildungswesen, mithin jene Felder, die eher der „Außenlogik“ der Organisation und des Wettbewerbs folgen und tendenziell eher nicht der „gemeinschaftlichen Innenlogik“, die mit den Begriffen freiwilliges, bürgerschaftliches Engagement oder Ehrenamt verbunden werden. Dem Optimismus RIFKINs (1997), mit dem Wachstum des Dritten Sektors würde sich zugleich ein „neuer Geist der Gemeinschaftlichkeit“ in der Gesellschaft Platz verschaffen, muss man angesichts der theoretischen und empirischen Befunde durch eine eher „pessimistische“ Lesart ergänzen: Das Wachstum der marktorientierten Segmente des Dritten Sektors führt möglicherweise zu einer steigenden Dominanz wettbewerblicher Prinzipien und einer sinkenden Relevanz eher kommunitärer Segmente. In diese Richtung verweist auch das Fazit der empirischen Befunde von ANHEIER (2001, S. 62), der für den Dritten Sektor ein steigende Ökonomisierung konstatiert, deren Zunahme nach seiner Auffassung auch in Zukunft nicht aufzuhalten sein wird. „Die Ökonomisierung der Gesellschaft allgemein und des Dritten Sektors im Besonderen und die zunehmende Geltung des Marktprinzips sind das Ergebnis, aber nicht die eigentliche Ursache der skizzierten Veränderungen. Die Ursache ist die weiter

34 So wies etwa der Non-Profit-Sektor 1990 einen Teilzeitanteil von 30% auf, gegenüber 16% in der Gesamtwirtschaft (ANHEIER 1999, S. 151).

fortschreitende Rationalisierung der Gesellschaft, die im Markt ihren Ausdruck erfährt. In vielerlei Hinsicht war der Markt als Tauschmedium über Bereiche und Grenzen hinweg gesellschaftspolitisch noch nie so legitimiert wie heute“ (ebd., S. 69).

Zusammenfassend lässt sich festhalten, dass die dargestellten Befunde zur Entwicklung von Sozialkapital, Ehrenamt und Dritten Sektor zwar erhebliche Veränderungen belegen, gleichwohl deuten sie nicht darauf hin, dass wir uns auf einem quasi „naturwüchsigen“ Pfad in eine Gesellschaft der zeitsouveränen, multiaktiven und zivilgesellschaftlich engagierten Bürger befinden, die selbstbestimmt die Sphären von Erwerbsarbeit, Familienarbeit und Ehrenamt integrieren. GERHARD BÄCKER (1999) hat überdies auf die Paradoxie hingewiesen, dass eben jene, die einer Vermarktlichung der Gesellschaft das Wort reden, zugleich die Rettung der Gemeinschaft in der Stärkung von Familie und Ehrenamt zu finden glauben. „Die (Wieder-) Entdeckung und Förderung des altruistischen Gemeinschaftsgefühls mutet anachronistisch an angesichts einer Gesamtstrategie, die im Wesentlichen bekannte neoliberale Argumentationsmuster verfolgt, dem Marktmechanismus huldigt und die von diesem zu erwartenden negativen Auswirkungen auf Einkommensverteilung, Armut und damit die weitere Spaltung der Gesellschaft zwar durchaus erkennt, jedoch nur als ‚unerwünschte Nebenwirkungen‘ bagatellisiert. Es scheint, als folge dem Versuch, die Gesellschaft anzupassen, umgehend der (Alibi?-)Versuch, doch einen Teilbereich aus diesem Denken zu retten. Wird auf der einen Seite in der Wirtschaftspolitik die marktradikale Konkurrenzökonomie propagiert, die den Menschen nur unter dem Bild des an Ertrag und Erfolg denkenden ‚Unternehmers‘ sieht und ihn in diese Richtung formt, wird hier das freiwillige, selbstlose bürgerschaftliche Engagement gepriesen“ (ebd., S. 60), zumal dieses „Gegengift“ preisgünstig zu sein scheint und überdies die Kosten staatlich organisierter Unterstützung senkt, zugespitzt: die „eierlegende Woll-Milch-Sau“ der Sozialpolitik. Jenseits aller unzweifelhaften Bedeutung der Beteiligung von Bürgern an gemeinschaftlichen Belangen und der Hilfe für Andere besteht die Gefahr, dass der Diskurs über zivilgesellschaftliches, bürgerschaftliches und/ oder ehrenamtliches Engagement zu einer symbolisch Form der Politik gerinnt, die durch die alltäglichen sozial- und wirtschaftspolitischen Alltagsentscheidungen konterkariert wird.[35] In diesem Sinne ist HANS THIERSCH (1998 b, S. 35) zu folgen, dass unter den skizzierten Bedingungen „das Reden über Bürgerschaftliches Enga-

35 Für SUSANNE GASCHKE (1999, S. 8) gehört der „Modebegriff Zivilgesellschaft“, wie er derzeit im öffentlichen Diskurs verwendet wird, in den Kontext einer „neoliberalen Rhetorikoffensive“. „Bigott wird die Zivilgesellschaftsrhetorik aber dann, wenn die selbsternannten Modernisierer durch ihre Flexibilisierungsforderungen bestehende Hilfsnetze gefährden; wenn sie die ‚Bürgergesellschaft‘ als Entlastungsbegriff einsetzen, um sich mit den sozialen Folgen ihrer eigenen Politik nicht auseinandersetzen zu müssen. Irgendjemand wird die Schwachen, die straucheln, hoffentlich auffangen, selbst organisiert natürlich.“

gement und Selbsthilfe problematisch ist, weil es das Faktum eines ordinären Kapitalismus mit seinen Entsolidarisierungsstrategien verdeckt."

Soziale Arbeit und Bürgergesellschaft

Dass die Formel vom aktiven Staatsbürger, der seine Belange selbst besorgt und sich überdies für das Gemeinwohl engagiert, im sozialpädagogischen Diskurs auf Gegenliebe treffen würde, überrascht wenig, knüpfen die Grundgedanken der Förderung der Eigenaktivität doch an die bis zum heutigen Tag programmatische Leitformel der „Hilfe zur Selbsthilfe" an, die sich beispielsweise alle klassischen Methoden der Sozialpädagogik als Zielprojektion auf die Fahnen schrieben (vgl. GALUSKE 2001, S. 71 ff.). Überdies bieten die kommunitaristischen, zivilgesellschaftlichen und bürgerrechtlichen Bezüge ein breites Feld für politische Entwürfe.[36]

Die obige Skizze dürfte allerdings zur Vorsicht mahnen, verweisen die beiden unterschiedlichen Modelltypen doch notwendig darauf, dass es *die* pädagogischen Konsequenzen der Debatte um Bürgerarbeit nicht geben kann, da man je nach Perspektive und sozialpolitischem Kontext zu ganz unterschiedlichen Ergebnissen kommen muss:

(a) Geht man davon aus, dass sich das Konzept der Bürgerarbeit in seiner marktliberalen Variante als „Pflichtarbeit" („workfare") durchsetzt, d.h. innerhalb einer flexiblen Marktgesellschaft mit einem ausgeprägten sozialen Risikoregime, einer zunehmenden „Spreizung" gesellschaftlicher Reichtumsunterschiede, sukzessiver bzw. phasenweiser sozialer Ausgrenzung usw., so lässt sich für die Soziale Arbeit eine durchaus ambivalente Entwicklungstendenz ausmachen. Da Merkmale und Tendenzen der Entwicklung der Sozialen Arbeit im Kontext von Flexibilisierung, Privatisierung und Ökonomisierung in Kapitel 10 ausführlicher diskutiert werden, soll an dieser Stelle auf eine weitergehende Analyse verzichtet werden.

(b) Nutzt man das kritische Modell der Bürgerarbeit als Referenzpunkt sozialpädagogischer Reflexion über aktuelle Probleme und zukünftige Wege, so ist Bürgerarbeit als „utopisches Modell", das bestimmte Leitprinzipien einer zeitsouveränen, selbstbestimmten und sozial abgesicherten Lebensführung bündelt, geeignet, gegenwärtige Entwicklungen kritisch zu reflektieren und zugleich für eine pädagogische Phantasie auf der Suche nach neuen Wegen einen Rahmen abzustecken. Das Konzept Bürgerarbeit ernst genommen, wirft für alle Institutionen und Organisationen der Sozialen Arbeit die Notwendigkeit der Selbstüberprüfung auf, da sich die Normalitäts-

36 Für WOLF RAINER WENDT (1998, S. 125) hat das „Nachdenken über die Zivilgesellschaft und der liberal-kumminitaristische Diskurs der vergangenen Jahre ... zu einem neuen Verständnis von Bürgerschaft (citizenship) beigetragen, das für die Soziale Arbeit, ihr Selbstverständnis und ihre Aufgabenerfüllung, besonders relevant ist." Vgl. auch WENDT u.a. (1996).

annahmen der Arbeitsgesellschaft in den Strukturen des Bildungs- und Sozialsystems wie in den Hausordnungen von Einrichtungen ebenso festgesetzt haben, wie in den Denk- und Handlungsmustern ihrer Akteure.

Bei aller kritischen Potenz des auf Zeitsouveränität abzielenden Modells von Bürgerarbeit sollten allerdings einige Risiken nicht übersehen werden: Aus Sicht der Sozialpädagogik ist darauf hinzuweisen, dass den meisten Modellen der Bürgergesellschaft (implizit oder explizit) eine professionskritische Haltung gegenüber den sozialen Berufen zu Eigen ist, die von einer „milden Variante“ reicht, die unterstellt, professionelle soziale Dienste wären ohne Verlust an Substanz und Unterstützungsqualität durch freiwilliges Engagement zu ersetzen (vgl. etwa OPASCHOWSKI 1998), bis hin zu einer expliziten Professionskritik, die sich anknüpfend an Ansätze der 70er und 80er Jahre (vgl. ILLICH 1983) kritisch mit der Verberuflichung von „Liebestätigkeiten“ auseinandersetzt. Stellvertretend sei hier ANDRE GORZ (2000, S. 100) angeführt, der anknüpfend an Theoreme der Lohnerzieher-gleichgültigkeit u. Ä. zu dem Schluss gelangt: „Die Professionalisierung der ‚Beziehungskompetenzen' als Mittel, die Erwerbsarbeit weiterzuentwickeln, vergiftet die Alltagskultur und die Lebenskunst und lässt sie verkümmern.“

Und in der Tat liegt die Vermutung nahe, dass sich in einer entwickelten Bürgergesellschaft im Sinne BECKs und GORZ die Rolle und der Umfang Sozialer Arbeit verändern dürften.

- Quantitativ ständen die Zeichen eher auf Stagnation und Abbau, denn auf Fortsetzung der Arbeitsmarkterfolgsgeschichte der 80er und 90er Jahre, da zumindest viele, bislang in komplexe Aufgabenstrukturen integrierte „einfache“ soziale Unterstützungsleistungen aus dem Kontext beruflicher Aufgabenzuschnitte zunehmend verschwinden dürften. Auch wenn es nichts anderes als Spekulation ist: Die zugespitzte Vermutung liegt Nahe, dass die „Morgenröte der Bürgergesellschaft“ zugleich das „Abendrot“ eines der dynamischsten Felder des Arbeitsmarktes der 80er und 90er Jahre sein könnte.

- Qualitativ spräche einiges für eine Verlagerung von den eher direkt personenbezogenen Hilfs- und Unterstützungsangeboten hin zu eher organisierenden und feldstrukturierenden Interventionsformen in Form von Sozialplanung, gemeinwesenorientierten Arbeitsweisen bzw. sozialer Netzwerkarbeit. MARIANNE MEINHOLDs (1982, S. 165) vielzitierte (programmatische) Formel, die Soziale Arbeit behandele Situationen, nicht Personen, könnte unter den Bedingungen einer Bürgergesellschaft neue Aktualität erlangen.[37]

---

37 BECK (1999, S. 131 f.) hat in seinem Entwurf die neue Rolle des „Gemeinwohlunternehmers“ kreiert, „der Sozialfigur nach sozusagen eine Verbindung zwischen Mutter Teresa und Bill Gates. Soziale oder Gemeinwohlunternehmer kombinieren in ihrer

Aus der Sicht des oben skizzierten Modells des sozialen Bedarfsausgleichs wäre eine solche Verschiebung von professionellen Hilfesystemen zu informeller Unterstützung in sozialen Netzwerken oder auch organisierter, freiwilliger Hilfe allerdings zumindest mit der Frage zu versehen, ob eine solche Substitution nicht auch Probleme aufwerfen könnte. Die verschiedenen Erbringungsformen sozialer Unterstützungsleistungen durch Familien, soziale Netzwerke, Selbsthilfe, ehrenamtliche Hilfe und professionelle Hilfe sind, wie angedeutet, durch unterschiedliche, z.T. komplementäre Stärken und Schwächen gekennzeichnet. Die Stärke professioneller Hilfen liegt nach OLK (1992, S. 25) darin, dass sie „prinzipiell für jedes Mitglied der Gesellschaft zugänglich (sind, M.G.) und ... auf der Grundlage und nach Maßgabe formal organisierter beruflicher Ausbildungs- und Fortbildungsprozesse erbracht" werden. „Berufliche bzw. gar professionelle Hilfeleistungen sind daher der Tendenz nach zuverlässig erwartbar und im Hinblick auf bestimmte Quantitäts- und Qualitätsstandards einklagbar" (ebd., S. 25). Während der Sozialstaat damit ein verfügbares, generalisiertes Unterstützungspotential institutionalisiert, um den möglichen Preis fehlender Lebensweltnähe, Intimität etc., sind privat erbrachte Unterstützungsleistungen weit voraussetzungsvoller, sind sie doch in ein Netz von gegenseitigen Erwartungen und Verpflichtungen eingebunden und bedürfen überdies der ständigen Pflege und „Beziehungsarbeit". GERHARD BÄCKER (1999, S. 59) hat darauf hingewiesen, dass eine Umstellung von professioneller Unterstützung auf (organisiertes) freiwilliges Engagement nicht folgenlos bleiben dürfte. „Bürgerarbeit aber ist freiwillige Arbeit. Es gibt keinen Automatismus, der dafür sorgen würde, dass überall dort, wo Hilfebedarf besteht, sich Menschen bereit finden, kontinuierlich zur Verfügung zu stehen. Im Gegenteil: Die Mitarbeit kann aufgekündigt werden. Sie beruht auf persönlicher Entscheidung und Zuneigung mit der Folge, dass das Leistungspotential personell, zeitlich und regional begrenzt ist. Bürgerarbeit lässt sich nicht verordnen; sie kann deshalb keine dauerhafte und professionelle Versorgungsfunktion übernehmen. Insofern ergibt sich, dass Bürgerarbeit hauptamtliche professionelle soziale Arbeit sinnvollerweise nur ergänzen, nicht aber ersetzen kann."

Bisher spricht wenig dafür, dass wir uns auf dem Weg in eine Bürgergesellschaft BECK'scher Prägung befinden, was die Frage nach einer „Sozialen Arbeit in der Bürgergesellschaft" zu einer höchst spekulativen werden lässt. Gleichwohl ist es angesichts der anhaltenden Konjunktur des Begriffs und des Begriffsfeldes notwendig, einer vorschnellen bürgergesellschaftlichen

---

Person und ihrem Können das, was sich der gängigen Logik funktional differenzierter Gesellschaft nach auszuschließen scheint: Die Fertigkeit und die Kunst des Unternehmers im emphatischen Wortsinn werden für soziale, gemeinnützige Zwecke eingesetzt. Gemeinwohlunternehmer organisieren Mitgliedschaften und Arbeitsformen - nicht exklusiv sondern inklusiv: Bürgerarbeit schließt letztlich niemanden aus, es sei denn er oder sie schließt sich selber aus."

Euphorie einige kritische Fragen entgegenzusetzen, wie die nach den Folgen einer „Entberuflichung" Sozialer Dienste für Art, Umfang, Qualität und Erwartbarkeit sozialer Unterstützungsleistungen. Die zweifelsohne vorhandene kritische Potenz des Modells der Bürgerarbeit darf nicht darüber hinweg täuschen, dass derzeit politische Debatten und empirische Befunde wenig Anlass dazu geben, uns auf dem Weg in eine sozial gerechte Bürgergesellschaft zu wähnen. Zumindest ist der Verdacht nicht unbegründet, dass sich unter dem Deckmantel von Bürgerarbeit, Förderung freiwilligen Bürgerengagements u. Ä. Vokabeln auch eine Variante der „selbsttätigen Gesellschaft" abzeichnen könnte, die letztlich nichts anderes sein wird, „als die größte Sparmaßnahme aller Zeiten im öffentlichen Dienst und in der privaten Wirtschaft" (BECK 1999, S. 71).

10. Die flexible Sozialpädagogik. Soziale Arbeit zwischen Lebensweltorientierung und Vermarktlichung

> *„Worin könnte eine soziale Eingliederung bestehen, die nicht auf eine berufliche Eingliederung, also auf Integration hinausläuft? Unterm Strich in einer Verurteilung zu ewiger Eingliederung. Was ist ein dauernd Einzugliedernder? Jemand, den man nicht völlig fallen lässt, den man in seiner augenblicklichen Situation ‚begleitet', indem man um ihn herum ein Netz aus Aktivitäten, Initiativen und Projekten spinnt." (ROBERT CASTEL 2000, S. 376).*

Die vorliegende Studie beschreibt den Übergang von der fordistischen zur flexiblen Arbeitsgesellschaft. Stichwortartig und zugespitzt lassen sich die bisherigen Befunde verdichten in den Merkmalen

- der *Flexibilisierung der Arbeitsgesellschaft*, die das Modell der lebenslangen Vollzeitarbeit durch die Normalisierung von Arbeitslosigkeit im Lebensverlauf, durch die Ausbreitung von Formen atypischer und prekärer Beschäftigungsformen und durch neue marktsensible Arbeitszeitordnungen und Managementmodelle bei insgesamt schwindenden Lohnarbeitsvolumen zum Anachronismus werden lässt;
- der *Vermarktlichung des Sozialstaats*, der durch den Abbau sozialstaatlicher Sicherungselemente, durch erhöhte finanzielle Eigenbeteiligung der privaten Haushalte, durch verstärkten Einbau von Wettbewerbselementen bei der Erbringung sozialer Dienstleistungen ebenso wie durch eine neue Verpflichtungspolitik unter Stichworten wie „aktivierender Sozialstaat" oder „workfare" den Druck auf die Menschen zur Reproduktion über den Arbeitsmarkt zu (fast) jedem Preis erhöht;
- der *Ökonomisierung der alltäglichen Lebensführung*, die sich niederschlägt in neuen habituellen Leitbildern wie dem „unternehmerischen Menschen", der seine Lebenszeit dazu nutzt, seine Arbeitskraft zu pflegen und ebenso zu managen, wie die immer komplizierter werdende Synchronisation von Arbeits- und Lebenszeit.

Ein derartig fundamentaler Wandel in den Basiskoordinaten der sozialen, politischen und ökonomischen Eckpfeiler der Gesellschaft, der wohl nur mit dem Übergang von der Agrar- zur Industriegesellschaft vergleichbar sein dürfte, wirft für die Soziale Arbeit notwendigerweise eine Vielzahl von

Fragen auf, wie z.B.: Welche veränderten Aufgaben, Zumutungen und Krisen stellen sich den Menschen aufgrund der neuen, „flexiblen“ Bedingungen sozialer Integration? Welche neuen Anforderungen kommen aus der Perspektive des Systems auf die Soziale Arbeit zu? Wie und mit welchen Modernisierungsstrategien reagiert die Soziale Arbeit als Profession in ihrer Programmatik, in ihren Handlungs- und Organisationsformen auf dass neue Anforderungsprofil? Und nicht zuletzt: Inwieweit verändert sich bei geänderten Kräfteverhältnissen die Rolle und Funktion Sozialer Arbeit im System des sozialen Bedarfsausgleichs? Oder radikaler gefragt: Bedarf die flexible Arbeitsgesellschaft überhaupt einer zunehmend wissenschaftlich fundierten Fachlichkeitsstandards genügenden Sozialen Arbeit? Die Liste der Fragen ließe sich ohne große Mühe weiterführen und ausdifferenzieren, wobei alle diese Fragen nicht nur aufgrund ihrer Fülle zum jetzigen Zeitpunkt nur schwerlich abschließend beantwortet werden können, befindet sich der Beobachter doch in der prekären Situation, bildlich gesprochen dem Untergang der Titanic nicht vor dem Fernseher, sondern auf dem Promenadendeck beizuwohnen.

Trotz dieser nicht hintergehbaren Schwierigkeit ist eine Auseinandersetzung mit den beschriebenen Fragen notwendige Voraussetzung einer halbwegs reflektierten professionellen und disziplinären Modernisierungspolitik, einer Modernisierung, die sich weder hinter den Mauern eines kulturpessimistischen Gestern vergräbt und notwendig dem Pfad der Dinosaurier folgen dürfte, die aber auch nicht atemlos dem entfesselten ökonomischen Modernisierungstempo hinterher hechelt. Gerade die Gefahr einer sozialtechnologischen Modernisierung, die sich der (unbeabsichtigten) Nebenfolgen ihres Tuns immer weniger bewusst ist, aber im Transrapid-Tempo neue Chiffren, Formeln und (Modell-)Programme produziert, ist angesichts des verstärkten Außendrucks auf die Träger und Institutionen des Bildungs- und Sozialwesens nicht zu übersehen. DIETRICH HOFFMANN (2001, S. 25) konstatiert in diesem Sinne für den Bildungssektor: „Das eigentlich Frappierende ist allerdings, dass die Neue Ökonomie eine Kette von ‚neuen’ Auffassungen zuwege gebracht hat: Neue Anthropologie, Neue Gesellschaftstheorie, Neue Bildungstheorie, Neue Schultheorie und - schließlich - Neue Bildungsökonomie. Das Bedürfnis, mit dem Strom zu schwimmen, ist erstaunlich verbreitet.“

> Ein Beispiel für eine solche sozialtechnologische Modernisierungsstrategie innerhalb der erziehungswissenschaftlichen und pädagogischen Diskussion ist das Konzept der Schlüsselqualifikationen, das seit seiner Einführung durch DIETER MERTENS (1975) in den 70er Jahren Karriere gemacht hat. Als Antwort auf die Unschärfen moderner Arbeitsmärkte und die mangelnde Planbarkeit zukünftiger substantieller Qualifikationsanforderungen konzipiert, favorisieren Schlüsselqualifikationen die formale Konzentration auf die Förderung psychologischer und motivationaler Basisvariablen. Die KOMMISSION FÜR ZUKUNFTSFRAGEN DER FREI-

STAATEN SACHSEN UND BAYERN (1997 b, S. 47) setzt ebenfalls auf Schlüsselqualifikationen. Darunter verstehen sie „alle jene Fähigkeiten, die über das spezifische fachliche Wissen und Können hinausgehen und als Erkenntnis-, Handlungs- und Leistungskompetenzen nutzbar sind. Sie schaffen die Voraussetzung für die heute notwendige Flexibilität und Mobilität.“ Der „flexible Mensch“ gerät im Konzept der Schlüsselqualifikationen zum Programm und reformuliert die Vision des „universell verfügbaren Menschen“ (NEGT 2000, S. 89). JÜRGEN OELKERS (1996) kritisiert, dass sich das Schlüsselqualifikationskonzept, indem es sich von der Frage der Auswahl der Bildungsgüter abwendet, den pragmatischen Anforderungen der sich wandelnden Gesellschaft ausliefert. „Die Schulen sollen jene ‚Schlüsselqualifikationen' erzeugen, die später gebraucht werden, der Ausdruck ‚Schlüsselqualifikationen' ergibt nur unter dieser Voraussetzung Sinn. Die Schule, unterschiedslos gedacht, wäre die Instanz zur Erzeugung von Schlüsselqualifikationen, eine andere Metapher für die alte Leitidee, dass die Schule ‚dem Leben' zu dienen habe und somit sehr engen Utilitätsvorstellungen folgen müsse“ (ebd., S. 125). Zumindest hätte das Schlüsselqualifikationskonzept in dieser Lesart nur noch wenig gemein mit der Essenz des neuhumanistischen Bildungsbegriffs und seines emanzipatorischen Credos, dass den Möglichkeiten und Potentialen der Subjekte Vorrang einzuräumen sei gegenüber den verengenden Zumutungen der Ökonomie (vgl. Kap. 5). In diese Richtung weist auch die Kritik von ERICH RIBOLITS (1995), der die Konjunktur von Schlüsselqualifikationen als hilflosen, gleichwohl folgenreichen Anpassungsversuch an die Nichtprognostizierbarkeit zukünftiger Qualifikationsanforderungen auf dem entfesselten Arbeitsmarkt begreift. „Als ‚Gebildet' erscheint der, der sich der Anforderung der Anpassung angepasst hat und den Zwang zur lebenslangen Nachjustierung seiner Selbst als ‚Ware Arbeitskraft' völlig verinnerlicht hat. Nicht eine bestimmte Aus-Bildung gilt es anzustreben, sondern die ständige ‚Optimierung' seiner Selbst in Bezug auf vermarktbare Qualifikationen“ (ebd., S. 169).

LOTHAR BÖHNISCH und WOLFGANG SCHRÖER (2001) fragen in ihrer Studie „Pädagogik und Arbeitsgesellschaft“ nach den Folgen der beschriebenen Modernisierungstendenzen vor allem für die Schule. Sie gehen davon aus, dass es sich bei den vollzogenen und sich abzeichnenden Prozessen im Ergebnis um einen fundamentalen gesellschaftlichen Gestaltwandel handelt mit weitreichenden Folgen für die Pädagogik und Erziehung, deren bildungsoptimistischer Hintergrund sich zunehmend verflüchtigt. „Die ökonomische Modernisierung droht der sozialen zu enteilen, dass sie nicht mehr einzuholen ist; die ökonomische und soziale Entwicklung drohen sich zu entkoppeln. Damit entsteht sowohl das Problem, dass die in der industriekapitalistischen Modernisierung liegende Bildungsaufforderung nicht mehr sozial, sondern nur noch ökonomisch gerichtet ist und dass sie - aufgrund dieser nunmehr selektiven Angewiesenheit des Kapitals auf Arbeit -

individualisiert und privatisiert wird. Der ökonomisch-soziale Hintergrund, vor dem die Pädagogik und die Bildungs- und Erziehungsinstitutionen bislang agierten, und die bisherige Selbstverständlichkeit, mit der man sich auf diese Hintergrundsicherheit verlassen hat, wäre dann verschwunden" (ebd., S. 11). Mit anderen Worten: Der von BÖHNISCH in früheren Arbeiten als handlungsleitendes Leitbild herausgearbeitete Lebensentwurf der Erreichbarkeit (vgl. Kapitel 4) schwindet - und mit ihm der substantielle und normative Hintergrund des Ausbaus und der Konsolidierung des modernen Bildungs- und Sozialsystems. Damit aber steht nichts weniger zur Disposition und Neuverhandlung an, als die schwierige Balance zwischen systemischem Auftrag und der Förderung von Subjekten in ihren lebensweltlichen Bezügen.

Diese Entwicklung ist deshalb besonders bedrohlich, „weil die Pädagogik im Selbstverständlichen und meist wenig reflektierten Verlass auf diese Hintergrundsicherheit umso unbekümmerter ihre Selbstreferentialität (als scheinbar immer gesichertes und legitimiertes System) entwickelt und zementiert hat. Indem nun diese modernisierungslogische Verlässlichkeit auf den ökonomisch-sozialen Ausgleich nicht mehr gegeben ist, sieht sich die Pädagogik ... den ökonomischen Funktionszumutungen genauso ausgesetzt, wie sie mit den sozialen Problemen konfrontiert ist, die nun immer weniger sozialpolitisch und bildungsorganisatorisch mediatisiert sind. In ihrer traditionellen Selbstreferentialität versucht sie nun, die ökonomisch-soziale Balance von sich aus zu beschwören - und verbleibt notgedrungen im Programmatischen - oder sich einfach gegenüber dieser Heimsuchung abzuschotten" (ebd., S. 11).[1]

Fragt man nun danach, welche Flexibilisierungstendenzen sich für die Soziale Arbeit in den letzten drei Jahrzehnten ausmachen lassen, so steht man zunächst vor einem schon an früherer Stelle angesprochenen Problem, dass nämlich je nach Fokus Flexibilisierung und Flexibilität etwas Unterschiedliches meinen: In Bezug auf die Flexibilisierung der Arbeitszeiten und Arbeitsverhältnisse etwa zielen Flexibilisierungswünsche der Subjekte auf einen Zuwachs an Entscheidungsfreiheit und Autonomie in Bezug auf die eigene Lebenszeit und die eigenen Lebensbezüge. Aus der Perspektive des

1 Inwieweit die gegenwärtig zu beobachtende Renaissance des Bildungsbegriffs (vgl. FORUM BILDUNG 2001; BFSFJ 2002) eine solche selbstreferenzielle Antwort auf Veränderungen der sozialpolitischen Umwelt des Bildungs- und Sozialsystems darstellt, bedarf der genaueren Analyse. In einer kritischen Lesart signalisiert die aktuelle Bildungsdebatte, dass Pädagogik und Erziehungswissenschaft ein Sensorium für die der Gegenwart innewohnenden Bedrohungen der Subjekte zu entwickeln beginnen (vgl. zur kritischen Potenz des Bildungsbegriffs auch Kap. 5) und nach Antworten suchen. Eine weniger kritische Lesart könnte bemängeln, dass die Auseinandersetzung um Begriffe ein nur begrenzt taugliches Gegengift gegen die massiven sozialen und sozialisatorischen Bedrohungen der flexiblen Moderne sind, zumindest solange sie basale Fragen wie die von materieller Grundsicherung und sozialer Gerechtigkeit ausspart.

Systems zielt der Ruf nach Flexibilisierung hingegen auf eine möglichst große Anpassungsfähigkeit der Betriebe an die Wellenbewegungen des Marktes, zwei Perspektiven, die gleichzusetzen höchst fahrlässig wäre. THEO BOOMGARDEN (2001) ist zu folgen, wenn er im Kontext der Diskussion um flexible Erziehungshilfen, auf die noch einzugehen sein wird, davor warnt, Flexibilität als Heilsbegriff zu verklären, der notwendig im Interesse der Klienten stünde. „Grundsätzlich ... ist davon auszugehen, dass die inhaltliche Besetzung der Begriffe ‚Flexibilisierung' und ‚Flexibilität' innerhalb der Jugendhilfe ebenso wie im gesamtgesellschaftlichen Kontext abhängig ist von Interessen, Rollen, Perspektiven und Ideologien" (ebd., S. 12).[2]

Behält man diese interessensbasierte Offenheit des Flexibilitätsbegriffs im Hinterkopf, überrascht es wenig, dass sich in der Entwicklung der Sozialen Arbeit der letzten 30 Jahre durchaus widersprüchliche Tendenzen ausmachen lassen, die unter dem Begriff der Flexibilisierung subsumiert werden können. Ausgehend von der Strukturbeschreibung Sozialer Arbeit als intermediärer Instanz (vgl. Kapitel 5) scheint es ertragreich, zwischen einer Flexibilisierung zu unterscheiden, die die Subjekte in ihren Lebenswelten zum Fokus hat, und einer Flexibilisierung, die eher den Strukturerfordernissen des Systems entspringt.

(1) Unter *subjektorientierter Flexibilisierung* der Sozialen Arbeit soll ein Trend innerhalb der professionellen und disziplinären Diskussion zusammengefasst werden, für den kennzeichnend ist, dass sich die Konstruktion von Hilfen jenseits institutionell geronnener Organisations- und Hilfeformen, biographie- und lebensweltsensibel an den Besonderheiten des Einzelfalls oder Sozialraums ausrichtet und von diesen aus angepasste Hilfesettings entwirft und realisiert.

(2) *Systemische Flexibilisierung* der Sozialen Arbeit umschreibt ein verändertes Anforderungsprofil an die Soziale Arbeit, die sich von Seiten des Systems (in Person von Gesetzgebern, Behörden und Ämtern etc.) nicht nur mit neuen Anforderungen und Leitbildern konfrontiert sieht, sondern zudem auch mit einem wachsenden Druck zu mehr Wettbewerb, Effektivität etc. konfrontiert wird, der die Koordinaten der Sozialen Arbeit gerade in den 90er Jahren erheblich durcheinander gewirbelt hat.

---

2 Vgl. zur Kritik des Flexibilitätsbegriffs in der Sozialen Arbeit insbesondere MICHAEL WINKLER (1999, 2001), auf den noch einzugehen sein wird.

Subjektorientierte Flexibilisierung. Lebensweltorientierung als biographische und sozialräumliche Sensibilisierung

Subjektorientierte Flexibilisierung meint einen Trend, Institutionen, Organisationsstrukturen, vor allem aber auch die Denk- und Handlungsmuster in der Sozialen Arbeit angesichts einer fortschreitenden Individualisierung zu öffnen für den gestiegenen biographischen Eigensinn der Subjekte und ihre lebensweltliche Eingebundenheit. Das seit Ende der 80er Jahre unter dem Stichwort Lebensweltorientierung in Sozialer Arbeit und Jugendhilfe verbreitete Konzept einer biographisch und sozialräumlich sensiblen Sozialen Arbeit, das insbesondere von HANS THIERSCH ab den 70er Jahren zunächst unter dem Stichwort „Alltagsorientierung" entwickelt wurde, ist der exponierteste Ansatz, der unterschiedliche, in Praxis und Theorie vorfindbare Tendenzen einer gesellschaftlich aufgeklärten Subjektorientierung konzeptionell bündelt.[3]

> Das Konzept einer alltags- und lebensweltorientierten Sozialen Arbeit baut auf der Tradition der hermeneutisch-pragmatischen Pädagogik auf, stützt sich darüber hinaus insbesondere auf Befunde der interaktionistischen Soziologie wie auf die Modernisierungstheorie BECKscher Prägung (vgl. GRUNDWALD/THIERSCH 2001, S. 1136). THIERSCH versteht Lebensweltorientierung als eine Antwort auf die gesellschaftlichen Umbrüche der Moderne, auf die Zunahme der Individualisierung und Pluralisierung von Lebenslagen und Lebenswegen (vgl. THIERSCH 1992, S. 20 ff.). „Die 80er Jahre standen im Zeichen neuer Unübersichtlichkeit, also der zunehmend deutlicher werdenden Erosion tradierter Lebensmuster, der Individualisierung der Lebensführung und der Pluralisierung von Lebenslagen. Die Rede von Alltag und Lebenswelt wurde zum einen zur Überschrift für die jenseits aller Brüche und Widersprüchlichkeiten gegebenen Alltagszuständigkeiten z.B. in der Familie oder sozialen Netzen. Die Rede von Alltag und Lebenswelt aber wurde zum anderen Indiz der Krise lebensweltlicher Selbstverständlichkeit" (GRUNDWALD/THIERSCH 2001, S. 1137).[4]
>
> Lebensweltorientierung nimmt den Alltag der Adressaten, d.h. den Ort, wo Probleme entstehen, wo Leben gelebt wird, wo die Adressaten selbst

---

3 Vgl. dazu ausführlicher THIERSCH (1977, 1986, 1992 b, 1993, 1995); GRUNWALD u.a. (1996); GRUNDWALD/THIERSCH (2001); NEUE PRAXIS (1995); BUNDESMINISTER FÜR JUGEND, FAMILIE, FRAUEN UND GESUNDHEIT (1990). Zum Überblick vgl. ENGELKE (1998, S. 325 ff.), SCHILLING (1997, S. 221 ff.). Eine ausführlichere Zusammenfassung und (kritische wie diskussionswürdige) Interpretation in Abgrenzung zu den Arbeiten KLAUS MOLLENHAUERS findet sich auch bei NIEMEYER (1998, S. 227 ff.).

4 Eine ausführliche Auseinandersetzung mit den sozialpädagogischen Deutungs- und Interpretationsmöglichkeiten der (frühen) Arbeiten von BECK findet sich insbesondere bei RAUSCHENBACH/GÄNGLER (1992).

> mehr oder minder angemessene Strategien der Lebensbewältigung praktizieren, als originären Ort sozialpädagogischen Handelns in den Blick. Nach THIERSCH bezieht sich Lebensweltorientierung „auf die Bewältigungs- und Verarbeitungsformen von Problemen in der Lebenswelt der AdressatInnen, gewissermaßen auf die Spielregeln, in denen die Vorgaben, Themen und Strukturen bearbeitet werden, die sich aus der gesellschaftlichen Situation, den biographisch geprägten Lebenserfahrungen und den normativen Ansprüchen ergeben" (THIERSCH 1993, S. 12). Dabei geht es nicht einfach um die unkritische Verdoppelung evtl. problematischer Alltagserfahrungen, die ja häufig erst Anlass sozialpädagogischer Intervention waren. Alltag wird vielmehr im Anschluss an kritische Alltagstheorien verstanden als eine Gemengelage aus Täuschung und Wirklichkeit, aus gelingender Alltagsbewältigung und Scheitern, aus pragmatischer Alltagsdeutung und Selbsttäuschung, kurz: als „pseudokonkreter Alltag" (vgl. THIERSCH 1986). Aufgabe der Sozialpädagogik ist es, kritisch Bezug auf den Alltag der Klienten zu nehmen, (Selbst-) Täuschungen aufzudecken, Scheitern zu verhindern, allerdings immer unter Respekt vor der Autonomie der subjektiven Lebenspraxis. Ziel der Intervention ist dabei die Unterstützung bei der Konstitution gelingenderen Alltags. Alltag ist nach diesem Verständnis „immer auch unzulänglich, elend und hilflos" und verfängt „sich in seiner Widersprüchlichkeit ... Um zum gelingenderen Alltag zu finden, sind Provokation, Unterstützung, Veränderung im Alltag, ebenso wie in den gesellschaftlichen Bedingungen unverzichtbar. Die Frage an eine alltagsorientierte Sozialpädagogik kann also nur die sein, ob es gelingt, die institutionellen und professionellen Ressourcen zu nutzen, um mit ihrer Hilfe Adressaten zu einem gelingenderen Alltag zu helfen und dabei die in der Form moderner Sozialarbeit angelegten Gefahren zu unterlaufen, die dieses Ziel immer wieder desavouieren" (THIERSCH 1986, S. 42).

Was vielleicht Erfolg, Reiz und Rezeptionsschwierigkeit des Konzepts der lebensweltorientierten Sozialen Arbeit gleichermaßen ausmacht, ist die schon in dieser knappen Skizze zu Tage tretende Doppelstruktur von analytischem Charakter und normativem Anspruch: Zum einen zielt der Ansatz auf eine theoretisch und empirisch fundierte Selbstvergewisserung über Ort, Spezifika und Rahmenbedingungen Sozialer Arbeit unter den Gegenwartsbedingungen der Moderne. Indem THIERSCH den (Klienten-)Alltag als Ort sozialpädagogischer Intervention in den Blick nimmt, identifiziert er gewissermaßen den Knotenpunkt professioneller Angebote sowie individueller und kollektiver (Gesellschafts-)Geschichte. Im Fokus der sozialpädagogischen Handlungssituation fließen damit alle systematischen Besonderheiten ein: gesellschaftliche Entscheidungen über notwendige und angemessene Hilfestandards, institutionelle Settings, Ethik, Normen, Ausbildung und individuelle Biographie der SozialpädagogIn einerseits sowie gesellschaftlich induzierte Lebenslagen, Problemkonstellationen und individuelle Lebens-

und Lerngeschichten der Klienten andererseits. Die jeweils neu zu leistende Entschlüsselung dieser komplexen Einflussfaktoren in je konkreten Handlungssituationen ist die Möglichkeitsbedingung einer gelingenden professionellen Intervention. Diese „Dekodierungsarbeit" wiederum verlangt zwingend nach einer theoretisch fundierten Analysefähigkeit, die nur im Rahmen einer wissenschaftlich Ausbildung erworben werden kann.

Allein zu bedenken, dass Hilfe sich in einem Netz an sozialpolitischen Anforderungen, Möglichkeiten und Unmöglichkeiten bewegt und zugleich ein Instrumentarium zu entwickeln, den biographischen Eigensinn, die individuellen Ausdrucks- und Verständigungsformen wie die spezifischen materiellen, sozialen und emotionalen Bedürfnisse des Einzelfalles zu entschlüsseln, - und ggf. beides noch als ein Gemeinsames zu begreifen - gründet unzweifelhaft auf fachlichem Wissen, da etwa nur theoretische Analysen Brillen mit einer entsprechenden Brennweite liefern, um das mikroskopische Alltagshandeln in Alltagssituationen und globale sozial- und gesellschaftspolitische Strategien und Strategiewechsel als zwei Seiten einer Medaille zu betrachten, die gleichermaßen in alle professionellen Handlungssituationen einfließen.

Zum anderen repräsentiert die Kategorie des „gelingenderen Alltags" die normative Komponente des Konzepts einer lebensweltorientierten Sozialen Arbeit. Damit wird der Erkenntnis Rechnung getragen, dass Handlungen generell und damit auch sozialpädagogische Interventionen nicht ohne Wert- und Zielentscheidungen auskommen. So wie Institutionen und Organisationen, Gesetze wie Hausordnungen geronnener Ausdruck normativer Aushandlungsprozesse und Entscheidungen sind - was HANS THIERSCH (1997, S. 19) treffend von der „Moral in den Strukturen" sprechen lässt -, so ist auch jede einzelne Handlungssituation in ihren öffentlichen und heimlichen Spiel- und Interaktionsregeln, in ihren expliziten und impliziten Zielen durch und durch ein Produkt von normativen Entscheidungen. Ein reflexives Bewusstsein dieser Normativität des eigenen Handelns ist gerade angesichts der intermediären Stellung Sozialer Arbeit zwischen System und Lebenswelt zwingend geboten, steht sie doch als „Diener zweier Herrn" nicht nur in der Gefahr, die Perspektiven zu verwechseln, sondern auch im Dickicht von Hilfe und Kontrolle unbeabsichtigte Nebenfolgen zu produzieren. Dies gilt umso mehr, als dass mit einer zunehmend lebensweltorientierten Sozialen Arbeit nicht nur die Hilfe näher an den Klienten rückt, sondern auch die Kontrolle - ein struktureller Zusammenhang, der angesichts einer eher durch sozialtechnologische Sachzwangargumente dominierten Debatte in Vergessenheit zu geraten scheint, und der durch bestimmte Facetten einer vorrangig am neuen „Image" orientierten Dienstleistungsdebatte auch tendenziell vernebelt wird.[5]

5 Vgl. zur Dienstleistungsdebatte in der Sozialen Arbeit ausführlicher GALUSKE (2002).

Anders als die klassischen Ansätze der Sozialen Arbeit[6] verzichtet die lebensweltorientierte Soziale Arbeit allerdings auf eine materielle Setzung von Interventionszielen, wie sie sich etwa aus gewachsenen Normalitätsstandards der Gesellschaft ableiten lassen (z.B. „der drogenfreie Klient") und rekurriert an ihrer Stelle auf eine prozessuale Kategorie, die der Berücksichtigung der Lebenslage des Klienten und seiner situativen Verdichtung bedarf, wie der permanenten Aushandlung von Möglichkeiten und Grenzen mit dem Klienten. Der Sozialpädagoge soll in Anerkennung der letztendlichen Entscheidungskompetenz des Klienten dessen Autonomie der Lebenspraxis respektieren und sich auf den oft mühsamen Weg der Auseinandersetzung begeben.

Der 8. Jugendbericht hat dieses - hier nur holzschnittartig umrissene Konzept - z.T. pragmatisch verkürzt in Strukturmaximen einer lebensweltorientierten Jugendhilfe übersetzt (vgl. BMJFFG 1990):[7]

- die präventive Orientierung der Jugendhilfe;
- die Dezentralisierung und Regionalisierung der Leistungsangebote;
- die Alltagsorientierung in den institutionellen Settings und Methoden;
- die Orientierung an der Integration der Klienten als Handlungsmaxime;
- die Gewährleistung von Partizipation/Teilhabe der Klienten am Hilfeprozess.

Vielleicht liegt in der pragmatischen Beschneidung durch den 8. Jugendbericht eine Ursache für die Einschätzung CHRISTIAN NIEMEYERs (1998, S. 227), THIERSCH sei „am ehesten wohl als praxisorientierter ‚Sozialreformer' zu umschreiben, dem es um die ‚Gestaltung des Sozialen' zu tun ist" und der von daher eher ein „Klassiker der Profession" (ebd., S. 228) sei. Obwohl eine solche Einschätzung die wohl überdurchschnittliche Resonanz (und Wirkung) der Ideen THIERSCHs in der Praxis als Beleg für sich reklamieren kann, könnte in dem Urteil auch eine Unterschätzung des disziplinären Werts liegen. Nicht nur, dass THIERSCH mit dem Alltag bzw. der Lebenswelt einen begrifflichen Fokus gefunden hat, der die Spezifika sozialpädagogischer Professionalität in Abgrenzung zu anderen „helfenden"

6 Als ein sehr plakatives Beispiel für solche substantiellen Kataloge, die mittlerweile in Form von etablierten Leitformeln in das Alltagswissen von Sozialpädagogen eingedrungen sind (und deren Gehalte man sich im einzelnen vergewissern sollte) wie „Hilfe zur Selbsthilfe" oder „den Klient dort abholen, wo er steht" seien hier HERBERT LATTKES (1961, S. 319 f.) zehn Gebote der Sozialarbeit angeführt, die von „Du sollst jeden Klienten als ganzen Menschen behandeln!" bis zu „Du sollst ihn zum Partner am Hilfevorgang werden lassen" reichen.

7 Auf die Verkürzungen weist THIERSCH selbst hin. „Im Zuge der Etablierung der Sozialen Arbeit rückten in der Diskussion des Konzepts Lebensweltorientierung Probleme der praktischen Realisierung in den Vordergrund - vor allem im Zusammenhang mit dem neuen Kinder- und Jugendhilfegesetz und dem 8. Jugendbericht. Dadurch verlor das Konzept in seiner breiten Benutzung oft an Prägnanz und damit einhergehend an kritischer Schärfe" (GRUNDWALD/THIERSCH 2001, S. 1137).

Professionen (wie etwa Psychologie) auf einen Nenner bringt.[8] Darüber hinaus stellt er mit dem kritischen Alltags- bzw. Lebensweltbegriff eine gesellschafts- wie handlungstheoretisch anschlussfähige Kategorie zur Verfügung. Dass THIERSCH selbst diese Anschlüsse nicht übermäßig forciert hat, sollte für die Fachdiskussion kein Hindernis sein, entsprechende Wege zu beschreiten.[9]

An dieser Stelle ist allerdings weniger die disziplinäre Ausdeutung und Anschlussfähigkeit des Konzepts Lebensweltorientierung von vorrangigem Interesse, sondern vielmehr seine Bedeutung als Ausdruck des disziplinären und professionellen Bemühens der Sozialen Arbeit in den 80er und 90er Jahren, jenseits eines naiven Hilfeverständnisses und im Wissen um die strukturellen Fußangeln des doppelten Mandats, die Bedingungen einer klienten- bzw. subjektorientierten Hilfe angesichts der Individualisierung von Lebenslagen und Pluralisierung von Lebenswegen auszuloten. Zwei Beispiele mögen veranschaulichen, wie sich der Trend zur Lebensweltorientierung als subjektorientierte Flexibilisierung Sozialer Arbeit in Diskursen und Arbeitsfeldern niederschlägt.

(1) Als ein Beispiel für einen Trend zur Lebensweltorientierung innerhalb der Sozialen Arbeit lassen sich die *Entwicklungen im Feld der Handlungsmethoden* in den 80er und 90er Jahren lesen.[10] Die Methodengeschichte der

---

8 THIERSCH hat damit mehr zum schwierigen Prozess der Identitätsbildung der Sozialen Arbeit beigetragen als viele Chiffren vor und nach ihm, was u.a. an der Tatsache abzulesen ist, dass „Lebensweltorientierung" sich im doch recht heftigen Blitzgewitter immer neu gestreuter Begriffsmoden als recht hartnäckig erweist.

9 Beispielsweise können hier die Arbeiten von BURKHARD MÜLLER (1991, 1993), THOMAS RAUSCHENBACH (1999 a) und LOTHAR BÖHNISCH (1982, 1994) genannt werden, die sich nicht immer unbedingt in der begrifflichen Matrix THIERSCHs bewegen, sehr wohl aber in seiner gedanklichen. Welche (bislang nur in Ansätzen genutzten) Möglichkeiten im Modell der Lebensweltorientierung auch disziplinär liegen könnten, kann hier am Beispiel der in Kapitel 5 skizzierten Lesart Sozialer Arbeit in der Tradition von JÜRGEN HABERMAS (vgl. Rauschenbach 1999 a) nur angeregt und angedeutet werden. THIERSCH bezieht sich in seinen Arbeiten nicht explizit auf HABERMAS und seinen Lebensweltbegriff, gleichwohl gewinnt seine Argumentation durch einen Rekurs auf dieses Modell an argumentativer Stabilität, erweist sich Lebensweltorientierung vor dem Hintergrund der Intermediaritätsthese (Sozialer Arbeit als sozialstaatlich induziertem Handlungssystem zwischen System und Lebenswelt) nicht etwa (nur) als programmatische Leitformel einer modernen Sozialen Arbeit, sondern als Strukturformel, die professionelle Orientierung wie analytische Beobachtung Sozialer Arbeit fundieren könnte. Anders ausgedrückt: Liest man Lebensweltorientierung mit der Brille der auf HABERMAS zurückgehenden Theorieentwürfe, so kann es (unter den beschriebenen historischen Konstitutionsbedingungen) keine „nicht lebensweltorientierte" Soziale Arbeit geben, insofern sich gerade in der Zuwendung zur Lebenswelt in systemischer Absicht die Originalität und Funktionalität der Sozialen Arbeit als Handlungssystem erweist.

10 Da der Verfasser hierzu eine ausführlichere Schrift vorgelegt hat (vgl. GALUSKE 2001), seien die Belege und Literaturverweise hier auf ein notwendiges und anschauliches Maß reduziert, um die Literaturliste nicht vollends aus dem Ruder laufen zu

Profession der Sozialen Arbeit war fast fünfzig Jahre zunächst durch die Soziale Einzelfallhilfe, später durch die Soziale Gruppenarbeit und die verschiedenen Varianten der Gemeinwesenarbeit geprägt. Diese klassische Dreifaltigkeit von Einzel(fall)hilfe, Gruppenarbeit und Gemeinwesenarbeit geriet nun im Gefolge der vor allem gesellschaftstheoretisch geführten Debatte der 70er Jahre, die die Gesellschaftsblindheit des medizinischen Krankheitsmodells und dessen individualisierende Problemsicht ins Visier nahm, in das Kreuzfeuer einer Fundamentalkritik, die zunächst wenig Alternativen bot, dem altbekannten Handwerkszeug der Profession allerdings mehr und mehr den legitimatorischen Boden entzog. So wichtig und notwendig die Kritik der 70er Jahre war, sie hinterließ ein Vakuum, da die zentralen Fragen der Profession (Wie reduzieren wir das Problem der prinzipiellen Ungewissheit der Folgen pädagogischen Alltagshandelns? Wie weisen wir uns über unser Handwerkszeug nach außen als originäre Profession aus?) weiterhin der Beantwortung harrten. In dieses Vakuum stießen eine bis zum heutigen Tag geführte Debatte um Bedingungen und Besonderheiten der Handlungskompetenzen und der Professionalisierung Sozialer Arbeit, aber auch der großflächige methodische Import aus anderen Ländern (z.B. den USA), vor allem aber aus angrenzenden Professionen wie z.B. der Psychotherapie.

Nach Fundamentalkritik und Psychoboom in den 70er und 80er Jahren, ist die sozialpädagogische Methodendiskussion in den 90er Jahren in Bewegung geraten, wobei sich die Trends in der hier gebotenen Kürze in vier Stichworten zusammenfassen lassen:

(a) An erster Stelle ist hier die Konjunktur lebensweltnaher Handlungskonzepte zu nennen[11], die sich den Alltagszusammenhängen der Klienten nähern und die Frage der Zugänglichkeit von Hilfen in besonderer Weise thematisieren. So werden etwa unter dem Stichwort der Niedrigschwelligkeit (vgl. JUNGBLUT 1993) Fragen der Erreichbarkeit von Einrichtungen und Hilfeleistungen diskutiert, sowohl aus organisatorischer (Öffnungszeiten, Verkehrsanbindung, Bedürfnislagen der Klienten etc.) wie normativer Perspektive (Welche Bedingungen knüpfen sich an die Gewährung von Unterstützung?). Ein weiteres Beispiel ist die Durchsetzung der Methode der Straßensozialarbeit oder - allgemeiner gesprochen - von Formen aufsuchender, mobiler Sozialarbeit (vgl. BECKER/SIMON 1995; GALUSKE/THOLE 1999), die in jenen Arbeitsfeldern weite Verbreitung gefunden haben, wo herkömmliche, institutionalisierte Formen die Klienten nicht mehr erreichen. Vor allem in der Arbeit mit Randgruppen

---

lassen. Vgl. zum folgenden ausführlicher GALUSKE (2001); GALUSKE/MÜLLER (2002); MÜLLER (1988; 1992; 2001).

11 An dieser Stelle ist bewusst nicht von *lebensweltorientierten* Handlungskonzepten und Methoden die Rede, da die theoretischen Bezüge der mit diesem Punkt angesprochenen Ansätze sehr unterschiedlich, zum Teil nur sehr lose sind. Vgl. dazu GALUSKE/THOLE (1999).

wie Straßenkindern, Prostituierten, Drogenabhängigen, gewalttätigen bzw. auffälligen Jugendgruppen u. Ä. gehört die Straßensozialarbeit mittlerweile zum Standardrepertoire - wenn auch oft schlecht ausgestattet und häufig nur als befristetes Projekt.

(b) Ein zweiter Trend ist die Integration gemeinwesenorientierter, sozialräumlicher Arbeitsprinzipien in einzel- und gruppenbezogene Interventionsformen. Hatten BOULET, KRAUß UND OELSCHLÄGEL (1980) schon Anfang der 80er Jahre auch in programmatischer Absicht Gemeinwesenarbeit von der Methode zum Arbeitsprinzip erhoben, so scheint sich eine solche integrierende Sichtweise, die den Einzelnen im Geflecht seiner regionalen und sozialen Beziehungen und der darin enthaltenen Beschränkungen und Ressourcen wahrnimmt und zum Thema macht, mittlerweile breit durchgesetzt zu haben. Beispiele für diese „Erweiterung des Blickwinkels" sind etwa die soziale Netzwerkarbeit (vgl. BULLINGER/NOWAK 1998), die zum Zwecke der Förderung tragfähiger individueller Sozialbezüge unter Rückgriff auf die soziologische Erforschung sozialer Zusammenhänge ein Instrumentarium zur Erfassung von subjektiven Einbindungen und Anbindungen im sozialen Raum zur Verfügung stellt und das Casemanagement (vgl. WENDT 1991), das auf die effektive Nutzung regionaler Hilferessourcen durch einzelfallbezogene Koordination abzielt. Auch das nicht nur in der Jugendhilfe zurzeit häufiger anzutreffende Stichwort der Sozialraumorientierung weist in diese Richtung.

(c) Einen dritten Trend könnte man als theoriebasierte (Weiter-) Entwicklung einer aufgeklärten sozialpädagogischen Fallarbeit und Diagnostik bezeichnen, ein Trend, der auch in der Professionalisierungsdebatte beobachtbar ist (z.B. im Modell der stellvertretenden Deutung) (vgl. DEWE u.a. 1993). Der Bedeutungszuwachs einer biographisch orientierten Diagnostik ergibt sich folgerichtig aus einer verstärkten Lebensweltorientierung, ist doch die Voraussetzung einer flexiblen Anpassung von Hilfen an die Bedürfnisse der Klienten das genaue diagnostische Wissen um dessen Problemlagen und Ressourcen. Beispielhaft sei hier das Modell einer multiperspektivischen Fallarbeit genannt, mit dem BURKHARD MÜLLER (1993) ein flexibles Kategoriensystem zur Erfassung der Komplexität von sozialpädagogischen Handlungssituationen auf der Basis der einschlägigen Theoriediskussionen entwickelt, das in besonderem Maße die Lebensweltsensibilität von SozialpädagogInnen fördert. Im Bereich der sozialpädagogischen Diagnostik ist Ende der 90er Jahre unter dem Stichwort „rekonstruktive Sozialpädagogik" (vgl. JAKOB/WENSIERSKI 1997) der Versuch unternommen worden, die Sensibilität von SozialpädagogInnen in Ausbildung und Praxis durch den gezielten Einsatz von qualitativ-biographischen Forschungsmethoden aus dem Bereich der empirischen Sozialforschung zu fördern. Gerade angesichts der Offenheit sozialpädagogischer Handlungssituationen kommen diesen vielfältigen Bemühungen um eine Sensibilisierung des „sozialpädagogischen Blicks", der theoretisch fundierten, lebensweltthermeneutischen Sensibilität zur Wahrnehmung und Analyse von Situationen, Biographien und Lebenslagen im Rahmen einer sozialpädagogischen Fachlichkeit eine, wenn nicht *die* zentrale Bedeutung zu.

(d) Als vierter Trend ist die zunehmende Bedeutung von planungs- und organisationsbezogenen Methoden zu nennen, wie z.B. die unter dem Stichwort Sozialmanagement zusammengefassten Methoden der Personalentwicklung, Personalführung, der Qualitätssicherung, des Qualitätsmanagements usw., die in allen Feldern der Jugendhilfe enorm an Bedeutung gewonnen haben. Neben den differenzierteren Anforderungen an eine Jugendhilfeplanung im Gefolge des KJHG ist es vor allem die seit Ende der 80er Jahre die Diskussion um Organisation und Neugestaltung der Sozialen Arbeit bestimmende Vokabel von der „Neuen Steuerung", die hier ihren Niederschlag findet. Kein Arbeitsfeld der Jugendhilfe, das sich heute nicht mit Fragen von Qualitätssicherung, Zertifizierung, Berichtswesen, Kontraktmanagement usw. beschäftigen muss, um sich auf die Imperative und Anforderungen der neuen, marktorientierten Steuerungsmodelle einzustellen.[12] Dem entspricht in Sozialgesetzgebung und Sozialpolitik der letzten Jahre der Trend zur wachsenden Inszenierung von Wettbewerb zwischen Trägern und zunehmend auch privatgewerblichen Anbietern bei gleichzeitig notgedrungen steigender Bedeutung betriebswirtschaftlicher Rationalitäten und Effizienzkriterien für die Organisation der Angebote der Jugendhilfe. Dieser vierte Trend innerhalb der Methodendiskussion der 90er Jahre schlägt quasi die Brücke zur systemischen Flexibilisierung, auf die an späterer Stelle noch detailliert einzugehen sein wird (und den wir insofern im Folgenden vernachlässigen).

Die ersten drei Merkmale von Lebensweltnähe und institutioneller Erreichbarkeit, Sozialraum- und Gemeinwesenorientierung und einer erhöhten lebensweltthermeneutischen Sensibilität sind starke Indizien für eine subjektorientierte Flexibilisierung Sozialer Arbeit, für ein gesteigertes Interesse an den biographischen und lebensweltlichen Eigenheiten und Ressourcen der Subjekte. Sie sind Indiz für ein verändertes Methodenverständnis, das HANS THIERSCH (1993) mit dem Begriff der „strukturierten Offenheit" zu fassen versucht. „Lebensweltorientiertes sozialpädagogisches Handeln ist angewiesen auf Entlastungen und Sicherungen. Eine Form der Sicherung ist der Rekurs auf methodische Strukturierung: Methodische Strukturierung meint das Wissen um Phasen des Arbeits-, Verständigungs-, Unterstützungsprozesses ... in den Aufgaben, um Möglichkeiten der Rückkoppelung

12 Als Beleg hierfür kann die QS-Serie des Bundesministeriums für Familie, Senioren, Frauen und Jugend herangezogen werden, die in schneller Folge Entwicklung und Anwendung von Qualitätssicherungsverfahren, Controlling etc. in den vielfältigen Arbeitsfeldern der Jugendhilfe dokumentiert und diskutiert.

von Ziel, Einlösung und Prüfung im Prozess. Solche Methode, die zweifelsohne ein schematisierend-ordnendes Moment im Handeln ist, scheint im Widerspruch zu stehen zur situativen Offenheit lebensweltorientierten Handelns. Dieser Widerspruch aber löst sich auf, wenn Methode als Grundmuster verstanden wird, das in unterschiedlichen Aufgaben unterschiedlich akzentuiert und konkretisiert wird, indem aber immer das Moment der Strukturierung instrumentell für die Situation realisiert wird. Die Angst vor der in aller Schematisierung liegenden Gefahr zur Verengung der Realität darf nicht dazu führen, die Notwendigkeit absichernder und stabilisierender Momente in offenen, überlastenden und diffusen Situationen zu unterschlagen“ (ebd., S. 24).

(2) Als zweites Beispiel für einen Trend zur subjektorientierten Flexibilisierung der Sozialen Arbeit soll die *Entwicklung der Erziehungshilfen/Hilfen zur Erziehung* in den 80er und 90er Jahren herangezogen werden, wobei die beiden Begriffe schon „Kinder“ dieser Zeit sind. „Erziehungshilfen gibt es in der jetzt vorfindlichen Form erst seit dem Kinder- und Jugendhilfegesetz von 1990. Das SGB VIII hat mit seinem differenzierten Katalog von ‚Hilfen zur Erziehung’ zunächst die Reformprozesse der Jugendhilfe seit den 1960er Jahren rechtlich abgesichert. Absicht des Gesetzgebers war es, die Dominanz der Heimerziehung zu Gunsten eines offenen Konzeptes einzelfallbezogener Hilfen mit Kindern, Jugendlichen und Familien in problematischen Erziehungssituationen abzulösen“ (BIRTSCH/MÜNSTERMANN/TREDE 2001, S. 12).

Das Feld der öffentlichen Hilfen für Familien mit Erziehungsschwierigkeiten bzw. für Kinder und Jugendliche ohne ausreichende familiäre Unterstützung kann zwar auf eine lange Geschichte zurückblicken (vgl. KUHLMANN/SCHRAPPER 2001), bis in die 70er Jahre hinein dominierte neben schwach ausgeprägten ambulanten Angeboten (z.B. in Form der Erziehungsberatungsstellen) allerdings vor allem die Doppelstruktur der Fremdplatzierung von Anstaltserziehung und Pflegefamilie.[13] „Trotz größerer Veränderungen in den letzten 200 Jahren sind die grundlegenden Strukturmerkmale bis in die 80er Jahre dieses Jahrhunderts gleich geblieben: Häuser mit mehreren Gruppen für verschiedene Altersgruppen; Häuser als relativ selbständig wirtschaftende Einheiten; ein Träger, der öffentlich Gelder zu beziehen berechtigt ist; ein mehr oder weniger ausgebildetes Personal;

13 So definiert das Fachlexikon des Deutschen Vereins für Öffentliche und Private Fürsorge aus dem Jahr 1963 Heimerziehung als „eine in Einrichtungen der öffentlichen und privaten Jugendhilfe durch Fachkräfte oder Laien nach unterschiedlichen pädagogischen Grundeinrichtungen stationär gewährte Ersatzerziehung Minderjähriger. Sie wird im wesentlichen in Kinderheimen, Jugendheimen, Lehrlingsheimen, in heilpädagogischen Heimen, Pflegenestern und Fürsorgeerziehungsanstalten durchgeführt. Durch sie sollen dem Minderjährigen über die Heimgruppe oder das Pflegenest z.T. durch psychologisch geschulte Fachkräfte Erziehungs- und Wiederanpassungshilfen gewährt werden“ (PENSE 1963, S. 163).

mehrjährige Dauer der Unterbringung und eine Indikation (pädagogische Legitimation)" (CHASSÉ 2002, S. 172 f.). In Bewegung geriet dieses über lange Dekaden (trotz nicht enden wollender Reformdiskussionen und -versuchen) eher stabile Modell der „öffentlichen Ersatzerziehung" mit der Heimkritik ab Ende der 60er Jahre, die in vielfältigen Reformbestrebungen und Kommissionsberichten[14], aber auch (was ja nicht die notwendige Folge ist) in rechtlichen, konzeptionellen und organisatorischen Veränderungen mündete, die mit dem Kinder- und Jugendhilfegesetz (SGB VIII) ihre rechtliche Form[15] gefunden haben und deren strukturelle Qualität sich erst aus zeitlicher Distanz einschätzen lässt.

KLAUS WOLF (1993) hat Anfang der 90er Jahre ein Resümee der Entwicklungen in der Hamburger Heimerziehung gezogen und dabei sechs Entwicklungsmerkmale herausgestellt, die nach seiner Meinung nicht nur für Hamburg gelten, sondern „typisch für die Entwicklung in der Heimerziehung in der alten Bundesrepublik sind" (ebd., S. 9).

(1) Das erste Merkmal ist das der Dezentralisierung. WOLF (1993, S. 14) definiert Dezentralisierung im Anschluss an HARTFIEL als „Verteilung von (ursprünglich zentralisierten) Funktionen, Autoritäten, Einflüssen, Wohnverhältnissen usw. auf mehrere Zentren." In der Praxis meint Dezentralisierung vor allem die Verlagerung und Auslagerung von Gruppen und Kompetenzen aus Großinstitutionen, die Auflösung von zentralen Versorgungseinheiten, kurz: die Zerlegung der Großinstitution in kleinere Einheiten mit je nach Konzept unterschiedlich weitreichender Autonomie. Nach NICOLE JANZE und JENS POTHMANN (2002) lassen sich der amtlichen Jugendhilfestatistik bundesweit empirische Indikatoren für eine Dezentralisierung der Hilfen zur Erziehung entnehmen. So sank etwa die Zahl der Heimplätze innerhalb zentraler Einrichtungsformen innerhalb von 25 Jahren von rund 90% auf 58%, eine immer noch hohe Zahl, hinter der sich allerdings auch zahlreiche einrichtungsspezifische Varianten der Dezentralisierung verbergen können. Ein weiterer Beleg ist die Tatsache, dass die Platzkapazitäten der Einrichtungen der teil- und stationären Erziehungshilfen zwischen 1974 und 1998 von durchschnittlich 46 Plätzen pro Einrichtung auf lediglich ca. 20 Plätze gesunken ist.

(2) Das zweite Merkmal ist das der Entinstitutionalisierung. Großinstitutionen sind durch eine hohe Arbeitsteilung (Trennung zwischen hauswirtschaftlichen, therapeutischen und pädagogischen Diensten), eine hochformalisierte Regelanwendung (kanonisierte Hausordnungen) und komplexe Leitungsstrukturen und Hierarchien gekennzeichnet. Mit dem Stichwort Entinstitutionalisierung ist mithin mehr gemeint als der formale Abbau von (Groß-)Institutionen. Er zielt auch auf eine Veränderung

---

14 Vgl. zur Heimkritik und Heimreform BÄUERLE/MARKMANN (1974); ALMSTEDT/MUNKWITZ (1982).

15 Vgl. dazu ausführlicher WIESNER (2001); GALUSKE/JANZE (2000).

der sozialen Regeln ihres Innenlebens. „Entinstitutionalisierung wird in unserem Zusammenhang deutlich durch die weitgehende Aufhebung arbeitsteiliger Organisation, durch flexible, von den Pädagogen und den Kindern beeinflusste Regeln und eine flexible Nutzung der Ressourcen" (WOLF 1993, S. 31).

(3) Das dritte Merkmal ist die Entspezialisierung der Heimeinrichtungen. „Entspezialisierung bedeutet ... zweierlei: innerhalb der Einrichtungen die Reduzierung, letztlich die Abschaffung gruppenergänzender Dienste, zwischen den Einrichtungen die Abschaffung der Spezialisierung in der Zuständigkeit der Heime für bestimmte Gruppen von Kindern" (ebd., S. 32). Die Herausbildung von gruppenergänzenden Spezialdiensten für Spezialprobleme führt ebenso wie die Existenz eines nach Problemgruppen und Problemschwere differenzierten Systems an Heimen und Wohngruppen zu einer Verlegungspraxis, die WERNER FREIGANG (1986) analysiert und beschrieben hat. Einfach gesprochen: Wird eine Einrichtung mit einem „Fall" nicht fertig oder erweist er sich als Störfaktor, muss - insofern der Spezialdienst des Hauses keine Abhilfe schafft - eine passende Spezialeinrichtung gefunden werden. In gewisser Weise ist auch die Abstufung nach offener, teiloffener und geschlossener Unterbringung eine Variante der Spezialisierung, zumindest wenn der Grad der Offenheit des Betreuungsarrangements mit der „Schwere des Falles" assoziiert wird, nach dem Muster: je problematischer, schwieriger und unzugänglicher der Jugendliche, desto geschlossener das Arrangement.[16]

(4) Als viertes Merkmal nennt WOLF die Regionalisierung der Erziehungshilfen. Regionalisierung ist u.a. eine Antwort auf die lange Zeit übliche Praxis der Jugendämter, Kinder in möglichst entfernten Heimen unterzubringen bzw. Heimeinrichtungen eher an den Rändern von Städten und in weniger besiedelten Gebieten anzusiedeln. Hintergrund dieser Strategie ist eine Philosophie, die das „alte Leben" zur Problemursache erklärt, demgegenüber man sich zunächst durch (räumliche) Distanz Luft verschaffen muss. „Das alte Leben gilt als schlecht und verfehlt. Die Kinder sollten ihrem bisherigen Lebensstil abschwören, alles vergessen und neu beginnen" (WOLF 1993, S. 39). Nur allzuleicht wird dabei allerdings vergessen, dass es das „alte Leben" ist, in das die meisten zurückkehren müssen - und manchmal auch zurückkehren wollen. Regionalisierung zielt somit auf die Anbindung von Hilfen an die Strukturen des so-

16 In Bezug auf die Entspezialisierung zieht WOLF ein insgesamt negatives Fazit: „Insgesamt konnte die Entspezialisierung nicht durchgesetzt werden. Bald entwickelten sich andere Abschiebungsstrategien. So wurden die Eltern unter Druck gesetzt, ihr Kind wieder Zuhause aufzunehmen, der Heimplatz wurde schnell wieder besetzt und wenn das Kind kurze Zeit nach der Rückkehr ins Elternhaus wieder zur Aufnahme anstand, war die Wiederaufnahme in das gleiche Heim nicht mehr möglich" (WOLF 1993, S. 39).

zialen Nahraums und die Nutzung der darin vorhandenen Ressourcen und Potentiale.

(5) Das fünfte Merkmal der Entwicklung der Erziehungshilfen in Hamburg ist deren Professionalisierung. Und in der Tat verlangen neue, anspruchsvolle und am Einzelfall ausgerichtete Betreuungskonzepte nach einem quantitativen Zuwachs des Fachpersonals und deren qualifikatorischer Förderung. Die Jugendhilfestatistik belegt eine entsprechende Ausweitung, Professionalisierung und Akademisierung des Personals der Erziehungshilfen seit Mitte der 70er Jahre. So erhöhte sich die Zahl des Personals der Einrichtungen der stationären und teilstationären Erziehungshilfen zwischen 1974 und 1998 bei einem leichten Rückgang der Platzzahlen von immerhin rund 35.000 auf rund 51.000 Beschäftigte, der Löwenanteil von 83,7% davon bei freien Trägern (vgl. SCHILLING 2001, S. 460). Innerhalb des Personalbestandes der tätigen Personen im Tätigkeitsfeld Heimerziehung stieg der Anteil der diplomierten SozialpädagogInnen und SozialarbeiterInnen zwischen 1982 und 1998 von 8,9% auf 24,5%, der von DiplompädagogInnen immerhin von 2,5% auf 5,1% (vgl. JANZE/POTHMANN 2002). Insgesamt liegt der Anteil der hochschulisch qualifizierten Beschäftigten in den ambulanten Arbeitsfeldern der Erziehungshilfen in den alten Bundesländern mit einem Anteil von rund 30% im Jahr 1998 höher als in teilstationären und stationären Einrichtungen.

(6) Als letztes aber wohl zentrales, weil an viele der vorher genannten Punkte anknüpfendes Merkmal nennt WOLF die Individualisierung der Hilfen. Erzieherische Hilfen bewegen sich demnach immer weiter fort von der Monostruktur des anstaltsorganisierten, gruppenpädagogischen Betreuungsangebots hin zur „Herstellung individueller Betreuungsarrangements“ (WOLF 1993, S. 55). Diesen Trend stützt schon - bei aller Diskussion im Einzelnen - die neuformulierte Leistungspalette des KJHG (SGB VIII) in den §§ 28 - 35 von der Erziehungsberatung, der sozialen Gruppenarbeit, der Erziehungsbeistandschaft, der sozialpädagogischen Familienhilfe, der Tagesgruppe, der Vollzeitpflege, der Heimerziehung und sonstigen betreuten Wohnformen bis hin zur intensiven sozialpädagogischen Einzelbetreuung, der Vorrang ambulanter, familienergänzender vor den stationären, familienersetzenden Hilfen, sowie die neuformulierten Beteiligungsrechte von Kindern und Jugendlichen (§ 5, § 8; § 36). Empirisch lässt sich ein Trend zur Individualisierung an der Diversifizierung der Hilfeformen ablesen. So zeigt etwa die Jugendhilfestatistik, dass Betreuungssettings wie Wohngemeinschaft und betreutes Einzelwohnen in den 90er Jahren kontinuierlich an Bedeutung gewonnen haben (vgl. JANZE/POTHMANN 2002).

Ein besonders augenscheinliches Beispiel für die subjektorientierte Flexibilisierung der erzieherischen Hilfen in den 90er Jahren sind die seit Anfang des Jahrzehnts zunächst unter dem Stichwort der „flexiblen Erziehungshilfen" später, der „integrierten Erziehungshilfen" diskutierten Ansätze von sozialräumlich vernetzten und auf die Bedürfnisse der Betroffenen abgestimmten Leistungsangeboten.

Das Konzept der flexiblen bzw. integrierten Erziehungshilfen ist so etwas wie eine der ersten West/Ost-Geburten der Jugendhilfe.[17] Auch wenn die Grundidee der flexiblen Betreuung im Westen entstanden ist, zu nennen sind hier insbesondere das „Raue Haus" in Hamburg (vgl. KLATETZKI/WINTER 1990) sowie der Verbund Sozialtherapeutischer Einrichtungen in Celle und Lüneburg (AREND/HEKELE/RUDOLPH 1986), so trug doch insbesondere die Umsetzung der Leitideen in den Jugendhilfestationen in den neuen Bundesländern, erheblich zu Publizität und Verbreitung des Konzepts bei (vgl. WINTER u.a. 1995; KLATETZKI 2001).[18]

Flexible Erziehungshilfen verstehen sich nach KLATETZKI/WINTER (1990, S. 3 f.) als Antwort auf die zunehmende Individualisierung von Lebensläufen und Pluralisierung von Lebenswelten, die eine Vielfalt von Problemlagen und Bedürfnissen entstehen lassen, die mit den versäulten, institutionell verfestigten Angebotsformen nach dem KJHG nur noch unzureichend bearbeitet werden können. Das zu Kategorien geronnene (versäulte) Angebotssystem der Erziehungshilfen ist nicht (mehr) in der Lage, die Angebote auf die sich diversifizierenden Bedürfnisse der Klienten abzustimmen, weil die Fallbearbeitung zu sehr von den institutionellen Vorgaben des Hilfesystems vorbestimmt wird. Grundgedanke der flexiblen Hilfen ist, dass ein Heim nicht mehr (primär) als sinnbildlich und manifest zu Stein gewordene Institution begriffen wird, sondern als ein professionelles Team von Mitarbeitern, das ein je auf die spezifischen Bedürfnisse des Einzelfalles abgestimmtes Betreuungsarrangement für den Jugendlichen zu entwickeln in der Lage ist. Dazu bedarf es zweifelsohne materieller und institutioneller Ressourcen, gleichwohl dürfen diese nicht die Möglichkeiten der Fallbearbeitung von vornherein festlegen.

Dieser Grundgedanke ist im Bundesmodellprojekt INTEGRA unter Federführung der Internationalen Gesellschaft für erzieherische Hilfen (IGfH) aufgegriffen worden. „Im Integra-Projekt und auch in anderen Projekten von Kommunen und freien Trägern wird generell deutlich, dass unter den Begriffen flexible, integrierte und sozialräumlich orientierte Hilfen Suchbewegungen entstanden sind" (KOCH 2000, S. 201).

17 Vgl. zum Überblick KOCH/LENZ (1999); KLATETZKI (1995) WOLFF (2001). Vgl. zur Kritik WINKLER (1999).

18 MICHAEL WINKLER (1999, S. 13) sieht den entscheidenden Impuls zur vergleichsweise raschen Durchsetzung flexibler Hilfen „durch den Zwang, in den neuen Bundesländern rasch eine Jugendhilfe aufzubauen, die den Bestimmungen des KJHG entsprach, den spezifischen Problemstrukturen gerecht werden und innovativ sein sollte."

Ziel von INTEGRA ist es, in den beteiligten Städten Celle, Dresden, Erfurt, Frankfurt (Oder) und dem Landkreis Tübingen den Ausbau integrierter Hilfen zu fördern. Ausdrücklich geht es dabei darum, „durch eine Konkretisierung und Dokumentation des Aufbaus von integrierten Hilfen die Strukturmaximen des 8. Jugendberichtes .... weiterzuführen und zu präzisieren" (KOCH 1999, S. 33). Die Zielsetzung des Projekts ist weitreichend, weil durch die intendierten Formen der Zusammenarbeit zwischen öffentlichen und freien Trägern nicht nur die Erziehungshilfen umgestaltet werden sollen, sondern die gesamte „Kinder- und Jugendhilfe in den beteiligten Städten, Landkreisen und Gemeinden". Das Ziel des Projektes ist zunächst eine verstärkte *AdressatInnenorientierung*, die sich durch ein erhöhtes Maß an *Lebenswelt- und Sozialraumorientierung* realisieren lässt. Wichtige Voraussetzung dafür ist die *Durchlässigkeit der Hilfeformen*. „Unterstützungs- und Hilfeleistungen sollen nicht nach Paragraphen getrennt und ‚versäult' konzipiert, gewährt und durchgeführt werden. Das Hilfearrangement orientiert sich nicht an vorgehaltenen Hilfearten und Einrichtungsformen, sondern an dem Bedarf, den Potentialen der AdressatInnen sowie an den Ressourcen im Sozialraum" (ebd., S. 39). In diesem Anliegen liegt nicht nur der Anspruch auf Überprüfung der etablierten Organisationsstrukturen verborgen, sondern zugleich die Anforderung an Träger der Sozialen Arbeit, *wandlungsfähige Organisationen* zu werden, so „dass Unterstützungsangebote immer wieder neu für den einzelnen Menschen entwickelt und jeweils der Lebenslage angepasst werden" (ebd., S. 39). Wenn Hilfen nicht mehr von institutionalisierten Lösungsangeboten her bearbeitet werden, sondern von den Bedarfslagen des Einzelfalls, bedarf es einer *Stärkung und Förderung des Fachpersonals*. Eine sozialräumlich vernetzte Hilfe zieht ein gewandeltes Verhältnis von *freien und öffentlichen Trägern* nach sich und verlangt auch eine neu gestaltete *Abstimmung zwischen den freien Trägern*. Diese hier arrangierten programmatischen Zielsetzungen des Modellprojekts INTEGRA sind zweifelsohne viel weitreichender, als es die zum Teil harmlose Diktion vermuten lässt, greifen sie doch gerade die im sozialpädagogischen Jahrhundert gewachsenen und konsolidierten institutionellen Spielregeln im Sektor von Sozial- und Jugendhilfe an (z.B. im Hinblick auf das Verhältnis von öffentlichen und freien Trägern) und drängen auf ein Höchstmaß an Ausrichtung an den Bedürfnissen der Betroffenen. Aus Sicht der öffentlichen Träger (und Geldgeber) ist die Förderung von integrierten Erziehungshilfen nicht zuletzt deshalb interessant, weil mit ihrer Durchsetzung auch die Implementierung neuer, leistungsbezogener Finanzierungsmodelle (wie die Fachleistungsstunde, Sozialraumbudget etc.)[19] vorangetrieben wurde.

---

19 Vgl. die Übersicht zu Vor- und Nachteilen verschiedener Finanzierungsmodelle bei BOOMGARDEN (2001, S. 35) sowie den einschlägigen Sammelband von KOCH/LENZ (2000).

HANS THIERSCH wertet das Konzept flexibler, integrierter Hilfen „als Konsequenz der bisherigen progressiven Entwicklungsstränge in der Sozialen Arbeit im Zeichen von Lebensweltorientierung. (...) Integrierte, flexible Hilfen sind ... Moment einer konkreten Utopie der Sozialen Arbeit, konkret, weil sie sich auf heutige Verhältnisse bezieht und in ihnen angezielt werden kann, Utopie, weil sie die heute gegebenen Möglichkeiten zweifelsohne überschreiten, weil sie Entwicklungsprogramm, Aufgabe im Horizont einer neuen, radikal von den Lebensinteressen der Adressaten her verstandenen Sozialen Arbeit ist“ (THIERSCH 1999, S. 16). Und in der Tat stellen die integrierten, flexiblen Erziehungshilfen einen Versuch dar, die vom 8. Jugendbericht implementierten Strukturmaximen der präventiven Orientierung, der Dezentralisierung und Regionalisierung, der Alltagsorientierung, der Normalisierung bei weitestgehender Partizipation der Betroffenen in der Praxis der Erziehungshilfen umzusetzen. Lebensweltorientierung ist der strukturelle Versuch, den gesellschaftlichen Prozessen der Individualisierung eine Antwort entgegenzuhalten, die aus der Perspektive der Betroffenen formuliert ist, d.h. sie versucht, die Klienten bei dem Versuch zu unterstützen, die dem Individualisierungsprozess innewohnenden Traditionsverluste, die Zunahme sozialer und psychischer Unsicherheiten zu kompensieren und die Freiheitsgewinne (als deren Kehrseite) im Sinne und Interesse der Individuen zu nutzen. Programmatisch stehen die flexiblen Erziehungshilfen wohl unzweifelhaft in dieser Tradition, wenngleich auch die flexiblen Erziehungshilfen den Weg aller prominenten Begriffe gegangen sind. MICHAEL WINKLER (1999, S. 133) zumindest spricht von „flexiblen und integrierten Hilfen ... als ein begrifflicher Joker“ und auch FRIEDHELM PETERS (1999, S. 160) hebt eine Begriffsinflation und missverständliche Nutzung der Begriffe hervor, die häufig nur als neue Sprachschablone für das Althergebrachte genutzt werden. Vermittelt über „Neutralisationstechnik wird das Neue offensiv aufgegriffen und begrüßt, aber im Prozess der Implementation subtil und kaum wahrnehmbar verändert, wodurch es in der Praxis in die herrschenden Strukturen eingepasst wird, ohne diese zu bedrohen. Gleichzeitig wird allen der Eindruck vermittelt, etwas Neues, mit dem alten System brechendes, sei aufgebaut worden.“

Weitreichender als diese Kritik, die letztlich alle begrifflichen Neuschöpfungen trifft, die das „Pech“ hatten, populär zu werden, sind die von MICHAEL WINKLER (1999) formulierten Einwände, von denen neben dem Hinweis auf ein tendenziell ungeklärtes Methoden- und Diagnoseproblem und eine mögliche professionelle Überforderung für den vorliegenden Zusammenhang vor allem zwei von besonderem Belang sind: Zum einen hebt WINKLER hervor, dass in den adressatenbezogenen Konzepten der flexiblen Hilfen „die Interaktionen zwischen Helfer und Klienten in eigentümlicher Weise idealisiert“ werden (ebd., S. 139). Das von den Konzepten flexibler, integrierter Hilfen entworfene Bild vom Klient und Sozialarbeiter, die befreit vom Druck institutioneller Vorgaben auf die gemeinsame Suche nach einem den Bedürfnissen des Klienten entsprechenden Hilfearrangement gehen, kann aus diesem Blickwinkel als eine idealisierte Zuspitzung gelesen werden, die nur allzuleicht ausblendet, dass die strukturelle Spannung des doppelten Mandats nicht dadurch gelöst werden kann, dass der Adressat zum Alleinherrscher erklärt wird. „So wird nicht nur übersehen, dass die Klienten systematisch Adressaten öffentlichen Handelns mit kontrollierenden Effekten bleiben. Vielmehr entsteht noch der Eindruck, als wären die Spannungen und Widersprüche der Hilfesituation durch den Professionalisierungsschub beseitigt, den die Flexibilisierung und Integration von Hilfen auslöst“ (ebd., S. 139). Darüber hinaus unterstellt ein solches Adressatenmodell ein hohes Maß an Autonomie und Kompetenz in der Wahrnehmung und Artikulation eigener Bedürfnisse auf Seiten der Klienten. „Dass Familien und jungen Menschen ‚etwas fehlt' und worin ihre defizitäre Situation besteht, dass sie ausgegrenzt und um Lebenschancen gebracht sind, dass sich ihre kritische Lebenslage biographisch zu einem Lebensmodus der Differenz verhärtet haben könnte, welche eine autonome, nicht von Sanktionen bedrohte Lebensführung kaum zulässt, kommt wenig zur Sprache. In welchem Maße hilfebedürftige junge Menschen und Familien mithin über eine Eigenständigkeit verfügen, die sie zur selbständigen Inanspruchnahme von Hilfen befähigen ist kaum geklärt. Dass hier einiger Anlass zu Pessimismus gegeben ist, zeigen die nüchternen Bilanzen der Realität von Hilfeplankonferenzen nach § 36 KJHG. Dort findet die Beteiligung aller Betroffenen ihre Grenzen an der Definitionsmacht der Fachleute“ (ebd., S. 143).

Zum anderen fragt WINKLER danach, auf welches Problem die Flexibilisierung der Hilfen eigentlich antwortet. Und in der Tat gibt es wenig Hinweise darauf, dass es die Klienten und ihr Wunsch nach flexiblen Angeboten war, der einen entsprechenden Innovationsdruck auf die etablierten Strukturen ausgeübt hätte. Auch der Hinweis auf die Individualisierung von Lebenslagen ist hier wenig mehr als ein plakatives Legitimationsargument. Flexible Hilfe „teilt ... zwar die professionsethischen Topoi, nach welchen Klienten als Subjekte ganzheitlich wahrgenommen werden sollen und in ihrer Entwicklung selbst den Hilfeprozess bestimmen sollen. Doch bleibt offen, wieweit die Einführung flexibler Hilfen tatsächlich mit einer Veränderung in den Lebenslagen von Klienten zu tun hat. Bedürfen diese heute eher solche Hilfen als in früheren Zeiten? Artikulieren sie diesen Bedarf und seine Gründe? Dass in den neuen Bundesländern Jugendhilfestationen einen hohen Stellenwert erhalten haben, könnte mit einem Zusammenbruch von sozialstrukturellen Verhältnissen und basalen Netzen im Rahmen des Transformationsprozesses zu tun haben. Aber verstärken individualisierende Hilfen nicht die damit gemachten Erfahrungen“ (ebd, S. 142 f.)?

Gerade mit dem letzten Hinweis zielt WINKLER auf ein Thema, das im Kontext der Begründung individualisierter Hilfen häufig außer Acht gelassen bzw. nur am Rande thematisiert wird: Zweifelsohne ist Ausmaß und Geschwindigkeit der Individualisierung ein, ja das zentrale soziale Merkmal von Lebenslagen in der Zweiten Moderne, gleichwohl stellt sich die Frage, ob man pädagogisch auf eine Individualisierung, die laut BECK in vielem die Grenze zur Atomisierung und Vereinzelung bereits überschritten hat (vgl. Kapitel 8), mit einer immer weiter individualisierenden Hilfepraxis antwortet? Könnte es nicht gerade da, wo traditionelle Gemeinschaften schwinden, eher um die Inszenierung „künstlicher" Gemeinschaften gehen?[20] Noch einmal anders ausgedrückt: Individualisierung ist zwar zweifelsohne markantes Merkmal der Lebenslagen der Subjekte, gleichwohl folgt daraus, gerade im Interesse der Subjekte, nicht zwangsläufig, dass sich sozialpädagogische Hilfsangebote im Gleichschritt zu individualisieren und zu flexibilisieren haben. „Dass eine Gesellschaft im Prozess ihrer eigenen Liberalisierung Institutionen aufgibt, sich selbst dem Programm der Deregulierung verschreibt, bedeutet nicht notwendig, dass sie selbst und ihre Mitglieder dies auch vertragen" (ebd., S. 248).[21] WINKLER fragt in diesem Sinne an anderer Stelle danach, ob die Jugendhilfe „ noch jene Prozesse der Modernisierung weiterführen oder gar verstärken (will, M.G.), welche die Subjekte ohnedies schon belasten, oder Alternativen zu diesen entwickeln, welche in Gefahr geraten, illusionär zu werden, weil sie die Subjekte aus Zwängen zu befreien versprechen, denen sie doch unterworfen sind" (WINKLER 2001, S. 264 f.).

Der Hinweis auf mögliche Kosten und Grenzen der Individualisierung, wo immer Letztere auch liegen mögen, ist kein prinzipielles Argument gegen eine Flexibilisierung und Individualisierung von Hilfen, sie fordert allerdings auf zur reflexiven Wachsamkeit gegen eine Ideologie der Flexibilität, die nicht zuletzt aufgrund ihrer rhetorischen Nähe zum ökonomischen Flexibilisierungsdiskurs in der Gefahr steht, den ideologischen Überbau einer Deregulierung der sozialpädagogischen Infrastruktur zu liefern.

---

20 WINKLER (1999, S. 148) betont: „Vielleicht muss also Sozialpädagogik in fragil gewordenen Zusammenhängen soziale Kompetenzen stärken, um eine Zivilisierung des Individualisierungsgeschehens zu erreichen, so dass die Subjekte ein reflektiertes Verhältnis sowohl zu ihrer beschädigten Sozialität wie zu ihrer schon gesellschaftlich beanspruchten Individualität gewinnen. Darin läge ein pädagogischer Sinn auch der flexiblen Hilfen - gewiss angreifbar, weil nicht frei von utopischen Qualitäten".

21 WINKLER (2001, S. 263 ff.) hat diesen Gedanken an anderer Stelle aufgegriffen und weiter ausgeführt. Demnach steht die Soziale Arbeit normativ „vor dem Dilemma, wie weit sie sich auf die fatale Mischung von Kapitalisierung und Modernisierung einlässt: Soll sie sich selbst modernisieren, dabei ökonomischen Imperativen unterwerfen? Sieht man von der tatsächlichen Verschränkung der Problemlagen ab und geht von möglichen politisch gewollten Präferenzen aus, steht Jugendhilfe möglicherweise vor folgender Alternative: Richtet sie sich auf die strukturell ‚alten' Probleme, droht ihr die Elendsverwaltung mit disziplinierenden und ausgrenzenden Zügen. Versucht sie hingegen die ‚modernen' Problemlagen aufzugreifen, entgleiten ihr die von der Kapitalisierung Betroffenen" (ebd., S. 264).

Systemische Flexibilisierung. Über Privatisierung und Ökonomisierung der Sozialen Arbeit

Unter dem Stichwort subjektorientierte Flexibilisierung wurde das Bemühen der Sozialen Arbeit beschrieben, eine adressatenorientierte Perspektive unter den Bedingungen von und als Antwort auf die Individualisierung und Pluralisierung von Lebenslagen zu entwickeln. Die im Folgenden zu thematisierende systemische Flexibilisierung zielt demgegenüber bildlich gesprochen auf jene Ansprüche und Anforderungen, die von Seiten des Systems an die Soziale Arbeit herangetragen werden.

Insofern diese Studie von einem sozialstaatlich akzentuierten Verständnis von Sozialer Arbeit ausgeht, liegt die These nahe, dass die für den Sozialstaat im Übergang zur flexiblen Arbeitsgesellschaft aufgezeigten Entwicklungsmerkmale einer zunehmenden Kommodifizierung, einer Vermarktlichung, die ihren Ausdruck in Prozessen der Deregulierung, Privatisierung und Ökonomisierung findet, auch für die Soziale Arbeit Gültigkeit besitzen. Und in der Tat weisen neuere Untersuchungsergebnisse für den internationalen (vgl. OTTO/SCHNURR 2000) wie den nationalen Zusammenhang (vgl. BOESSENECKER/TRUBE/WOHLFAHRT 2000) darauf hin, dass Privatisierung, Ökonomisierung, Wettbewerb, Markt usw. die Koordinaten der Modernisierungsstrategien der Sozialen Arbeit in den 90er Jahren bestimmt haben und auch im neuen Jahrhundert bestimmen. HANS-UWE OTTO und STEFAN SCHNURR (2000) geben in ihrem Sammelband u.a. einen Überblick über Entwicklungen in den USA, Australien, den Niederlanden, England, Norwegen, Schweden sowie Deutschland und identifizieren bei allen nationalstaatlichen Eigenheiten ein gemeinsames Muster, eine gemeinsame Entwicklungslinie, die pointiert als „Umkrempelung und Anpassung des Feldes an das Markt-Paradigma" (ebd., S. 18) zusammengefasst wird.

Hintergrund dieser vergleichsweise einmütig festgestellten Entwicklungsrichtung sind die skizzierten Finanzierungsprobleme des Wohlfahrtsstaats im Gefolge der neoliberalen Umverteilung des gesellschaftlich erwirtschafteten Reichtums und den daraus resultierenden sukzessive anwachsenden Finanzierungsnöten der öffentlichen Kassen auf allen Ebenen (Bund, Länder und Kommunen, wobei Letztere in besonderem Maße zum Opfer der Finanzierungskrise wurden). Als „Heilmittel" für die „Kostenkrankheit" öffentlicher (sozialer) Dienstleistungen wurde unter dem Stichwort „New Public Management" seit Anfang der 90er Jahre in fast allen westlichen Industrienationen der Einbau von „Marktelementen", Effizienzkriterien und betriebswirtschaftlichen Steuerungselementen in den bislang eher durch bürokratische Steuerungsformen dominierten Sektoren der Erbringung sozialer Dienstleistungen propagiert. „New Public Management" ist nach OTTO/SCHNURR (2000, S. 6) ein Sammelbegriff für Reforminitiativen in einer Vielzahl westlicher Industrienationen, „in deren Verlauf (etwa seit den 1980er Jahren) die Rolle und Funktion des Staates und der öffentlichen Verwaltung bei der Erbringung und Vorhaltung von Dienstleistung einer grundsätzlichen Kritik und Revision unterzogen wurde.“

HANS BRINCKMANN (1995, S. 302 f.) skizziert schon Mitte der 90er Jahre in einer Analyse der Strategien der Verwaltungsmodernisierung in den Mitgliedsländern der OECD eine zwischen den einzelnen Staaten zwar im Umfang, nicht aber in der Tendenz strittige Entwicklungsrichtung, die durch sieben Merkmale gekennzeichnet ist:

- Begrenzung der Beschäftigtenzahlen und des Ausgabenniveaus,
- Dezentralisierung im Sinne der Neuverteilung der Verantwortung zwischen den Verwaltungsebenen,
- ein Wandel von einem eher obrigkeitsstaatlichen, eingreifenden Typ von Verwaltung zu einem modernen Dienstleistungsverständnis,
- Einführung von Qualitätsmanagement (Zielvereinbarungen, Kennzahlen, Controlling),
- Einführung von Finanzmanagement (Globalbudgets, Output-Steuerung),
- Einführung von Personalmanagement (Weiterbildung, leistungsbezogene Entlohnung, höhere Flexibilität am Arbeitsplatz, erhöhter Leistungsdruck),
- Deregulierung im Sinne der erhöhten Verantwortung „vor Ort“.

OTTO/SCHNURR (2000, S. 7) stellen heraus, dass die basale Philosophie des New Public Management darauf beruht, Erbringung wie die Allokation sozialer Dienstleistungen nach Kriterien von Wettbewerb, Markt und Management umzugestalten. Sie sehen in den Entwicklungen der 90er Jahre einen „Einstieg in eine andere Systemlogik. Die fortschreitende Diffundierung wettbewerbsorientierter und manageralistischer Konzeptionen im Bereich der sozialen Dienste und der Jugendhilfe öffnet einen Möglichkeitsraum für nachhaltige Strukturveränderungen, sowohl auf der Ebene der Beziehungen zwischen öffentlichen Kostenträgern und gemeinnützigen bzw. privaten Leistungsanbietern als auch auf der Ebene der Organisation und der Beziehungen zwischen leistungserbringenden Organisationen, Professionellen und Nutzern. Diese Strukturveränderungen fügen sich ein in eine sozialpolitische ‚Generalagenda‘, über die versucht wird, auf der Basis einer Neudefinition von Staatsaufgaben unter dem Schlagwort des ‚aktivierenden Staates‘ staatliche Normierungs- und Kontrollfunktionen zu revitalisieren“ (ebd., S. 8 f.).

Bevor man dieser resümierenden Bewertung folgt, die im Kern auf die Möglichkeit eines Funktionswandels Sozialer Arbeit hindeutet, ist es notwendig, sich die Entwicklungen etwas genauer anzuschauen. Legt man als Kriterium die Veränderung der sozialpolitischen Kodifizierung sozialpädagogischer Leistungen und Förderbedingungen zugrunde, so lassen sich zwei ineinander verzahnte Prozesse identifizieren:

1. eine zunehmende Inszenierung von Wettbewerb zwischen Trägern, insbesondere eine Öffnung für privat-gewerbliche Anbieter sozialer Dienstleistungen;
2. einer zunehmenden Bedeutung betriebswirtschaftlicher Rationalitäten und Effizienzkriterien für die Organisationen des Sozialen Sektors.

Zu (1): Das deutsche Sozialrecht erfuhr in den 90er Jahren erhebliche Veränderungen, die, folgt man TRUBE/WOHLFAHRT (2000 a, S. 43), „in ihrer Zielsetzung auf eine konsequente Deregulierung hin angelegt (sind, M.G.), die den besonderen privilegierten Status der Wohlfahrtsverbände Schritt für Schritt einschränkt." Das von ESPING-ANDERSEN (1998) als konservativ klassifizierte deutsche Wohlfahrtsstaatsmodell mit seinen ausgeprägten korporatistischen Strukturen war bis Anfang der 90er Jahre durch drei Prinzipien bestimmt: (1) den Sicherstellungsauftrag des Staates; (2) die im Subsidiaritätsprinzip festgeschriebene Vorrangstellung freier Träger[22] und (3) das Selbstkostendeckungsprinzip als Philosophie der Finanzierung (vgl. PABST 2000, S. 76).

Seit Anfang der 90er Jahre sind nun verschiedene sozialrechtliche Regelungen novelliert bzw. erlassen worden, die auf die oben angedeutete „konsequente Marktöffnung" (WOHLFAHRT/RIEDIGER 2000, S. 131) abzielen, auf eine Inszenierung von Wettbewerb und damit auf eine Flexibilisierung des bisherigen Systems der Wohlfahrtsproduktion.

> Der bis Anfang der 90er Jahre bestehende Vorrang freier Träger wurde im Rahmen der Novellierung des Bundessozialhilfegesetzes (BSHG) seit 1993 mehrfach modifiziert. Entscheidend sind nach PABST (2000) die Änderungen des § 93 BSHG im Jahr 1996, die den Vorrang freier Träger quasi abschaffen. „Für den Abschluss von Vereinbarungen ist nunmehr allein (bei gleichem Inhalt und Umfang sowie gleicher Qualität der Leistung) die Höhe der Vergütung entscheidend. Damit gilt das Subsidiaritätsprinzip auch gegenüber privat-gewerblichen Trägern" (ebd., S. 72). Die Novellierung des § 93 (Leistungsvereinbarungen) vom 01.01.99 präzisiert nach DAHME/WOHLFAHRT (2000, S. 319 f.) die den Gesetzesänderungen seit Anfang der 90er Jahre zugrunde liegende Philosophie, den Markt der sozialen Dienstleistungsproduktion für gewerbliche Anbieter zu öffnen. § 93, Abs. 1 (in der Fassung vom 01.01.1999) steht überdies als Beispiel für einen zweiten Trend, dem Übergang vom Selbstkostendeckungsprinzip zur prospektiven Vereinbarung. An einem Beispiel verdeutlicht: Rechnete eine Einrichtung der stationären Obdachlosenhilfe vormals die entstandenen „Kosten" der Unterbringung, Versorgung und

22 WOHLFAHRT/RIEDIGER (2000, S. 130 f.) werten das Subsidiaritätsprinzip als Bestandsgarantie für gemeinnützige Organisationen.

Betreuung ab, so muss sie nun vorab die Kosten der Fallbearbeitung fixieren. Erstmals wird in der am 1.7.1994 in Kraft getretenen Änderung von § 93, Abs. 3 festgehalten, „dass die Vereinbarungen vor Beginn der jeweiligen Wirtschaftsperiode für einen zukünftigen Zeitraum abzuschließen und nachträgliche Ausgleiche nicht zulässig sind" (PABST 2000, S. 71). Wesentliches Kriterium der Zielvereinbarungen sind Wirtschaftlichkeit und Qualität der sozialen Dienstleistungen. Laut § 93, Abs. 2 BSHG sind „Regelungen zu treffen, die den Trägern der Sozialhilfe eine Prüfung der Wirtschaftlichkeit und Qualität der Leistungen ermöglichen."

Das Kinder- und Jugendhilfegesetz (KJHG, SGB VIII) ist dem Beispiel des BSHG gefolgt und hat im Rahmen der Novellierung vom 2.4.1998 an die Stelle des bislang die Praxis bestimmenden Selbstkostendeckungsprinzips in § 78 a - 78 g „Leistungs-, Entgelt- und Qualitätsentwicklungsvereinbarungen" eingeführt (vgl. TRUBE/WOHLFAHRT 2000 b, S. 30). Demnach kennt die Sozialgesetzgebung keine freien Träger mehr, sondern nur noch Anbieter von Leistungen (vgl. DAHME/WOHLFAHRT 2000, S. 319).

Beide zentralen Veränderungen - Öffnung und Gleichstellung auf Anbieterseite sowie leistungsorientierte und an Wirtschaftlichkeitskriterien gebundene Finanzierung - finden sich in „reiner Form" im Pflegeversicherungsgesetz (PflegVG).[23] § 11 formuliert die Gleichbehandlung aller Anbieter (außer den öffentlichen, die nachrangig behandelt werden). „Die Berechtigung zur Erbringung von Pflegeleistungen orientiert sich nicht mehr an dem Status eines Trägers (z.B. seiner Gemeinnützigkeit), sondern ausschließlich an fachlichen, wirtschaftlichen und bedarfsorientierten Kriterien" (ebd., S. 31).

Die Bedeutung dieser Änderungen wird in der Fachdiskussion insgesamt hoch veranschlagt. So spricht BOESSENECKER (2000, S. 83) etwa von einem „Paradigmenwechsel in der Sozialgesetzgebung". TRUBE/WOHLFAHRT (2000 b, S. 31) resümieren: „Ohne Übertreibung lässt sich bilanzierend davon sprechen, dass in Zukunft auch die Versorgung mit sozialen Diensten in einem wettbewerblichen Ordnungsrahmen stattfinden soll, dessen wesentliche Elemente durch eine rechtliche und faktische Gleichstellung aller Anbieter und einen ungehinderten Marktzugang gekennzeichnet sind." DAHME/WOHLFAHRT (2000, S. 319 f.) sehen darin „die Einführung eines Systemwechsels bzw. Paradigmenwechsels in der Sozialen Arbeit; was an-

23 Die Vermutung liegt nahe, dass die marktorientierte neue Sozialstaatsphilosophie im Pflegeversicherungsgesetz deshalb in besonders reiner Form zu beobachten ist, weil hier zwar ein Arbeitsfeld mit gewachsenen Strukturen existierte, aber diese „Traditionen" nicht in rechtlicher Form kanonisiert waren, wie im Falle der Sozialhilfe bzw. der Kinder- und Jugendhilfe. Alte Mauern einzureißen, um ein neues Gebäude zu errichten ist allemal mühsamer als ein Neubau auf freiem Baugrund, zumal dann, wenn die „alten Mauern" die Fähigkeit besitzen, sich zu „wehren".

fänglich auf einen Teilbereich der Sozialen Arbeit beschränkt war, hat sich zum konstitutiven Merkmal des sozialen Dienstleistungssektors weiterentwickelt."

Der Prozess der Inszenierung von Wettbewerb, der Vermarktlichung (oder: Kommodifizierung) im Feld der Erbringung sozialer Dienstleistungen (und damit der Sozialen Arbeit) hat dabei, wie oben angedeutet, einen Binnen- und einen Außeneffekt. Während der Binneneffekt auf den Prozess der Ökonomisierung der organisierten Wohlfahrtsproduktion abzielt, auf die Durchdringung von Strukturen, Handlungs- und Denkmustern Sozialer Arbeit mit den Insignien einer effizienzorientierten Marktlogik - auf diesen Aspekt wird noch einzugehen sein -, umschreiben die Begriffe Privatisierung und Marktöffnung die veränderten Außenbeziehungen der Anbieter sozialer Dienstleistungen.

Wie beschrieben ist ein zentrales Anliegen der Gesetzesänderungen im gesamten Sozialbereich die Herstellung marktähnlicher Bedingungen, die durch eine Gleichstellung aller Anbieter einen Wettbewerbsdruck auf Kosten und Qualität auslösen soll. Diese Strategie führt konsequent zu einer Beseitigung der im „alten" System festgeschriebenen Privilegien der frei-gemeinnützigen Anbieter des dritten Sektors, der Wohlfahrtsverbände. Dieser Prozess wird in der Fachdiskussion unter dem Stichwort Privatisierung öffentlicher Aufgaben diskutiert.[24] Mit dem Begriff Privatisierung wird abgezielt auf einen Aufgabentransfer vom staatlichen in den ökonomischen Sektor (vgl. WOHLFAHRT/RIEGER 2000, S. 131 f.), da diesem eine effizientere Lösung der „Probleme" zugetraut wird, als dem starren System staatlicher Bürokratie. Dabei hat die Verlagerung von staatlichen Aufgaben auf nicht-staatliche Leistungserbringer Tradition, stellt das Subsidiaritätsprinzip letztlich doch nichts anderes dar, als eine Verteilungsregel, nach der staatliche Aufgaben in Regie freier, nicht-staatlicher Träger „erledigt" werden. Wenn von Privatisierung die Rede ist, so können nach TRUBE/WOHLFAHRT (2000 b, S. 22) drei Formen der Privatisierung unterschieden werden:

- *Formale* Privatisierung meint die Ausgliederung öffentlicher Verwaltungseinheiten in betriebswirtschaftliche Einheiten mit eigener Rechtsform, die allerdings im Besitz der öffentlichen Hand verbleiben (z.B. Kommunale Beschäftigungsgesellschaften).
- *Materielle* Privatisierung meint den Verkauf eines bislang in öffentlicher Trägerschaft befindlichen Anbieters sozialer Dienstleistungen an gemeinnützige Träger oder private Unternehmen (Beispiel: Verkauf einer Kindertageseinrichtung an einen freien Träger zum Symbolpreis).
- *Funktionale* Privatisierung meint die Vergabe öffentlicher Aufgaben an privatrechtliche Organisationen, „wobei unter Beibehaltung der öffentli-

24 Vgl. zum Überblick BOESSENECKER/TRUBE/WOHLFAHRT (2000); OTTO/SCHNURR (2000). Vgl. für die Jugendarbeit DEBIEL (1998).

chen Aufgabenverantwortung spezielle Verträge bzw. Konzessionen die Finanzierung und Leistungserbringung regeln" (ebd., S. 22).

Funktionale Privatisierung umfasst im Wesentlichen die nach dem Subsidiaritätsprinzip bekannten Formen der Erbringung öffentlicher Aufgaben in Regie freier Träger. Formale und materielle Privatisierung hingegen sind eher Phänomene, die in den 90er Jahren an Bedeutung gewonnen haben. Auch wenn spektakuläre Beispiele wie die Vermittlung von Sozialhilfeempfängern in den Arbeitsmarkt durch private Beratungsfirmen (vgl. WILLEKE 2001) die mediale Präsenz und Akzeptanz der Privatisierung sozialer Dienste widerspiegeln, sprechen die empirischen Daten nicht dafür, dass der rechtliche „Systembruch" bereits zu einer dramatischen Umstrukturierung der Anbieterlandschaft in der Sozialen Arbeit geführt hätte.

Bislang liegen noch keine flächendeckenden Daten für die Soziale Arbeit vor. Gleichwohl gibt es einige kleinere Studien und weitere empirische Indikatoren, die darauf hindeuten, dass von einer Flutwelle der Privatisierung bislang noch keine Rede sein kann. Die Daten zeigen allerdings, dass die Entwicklung in den verschiedenen sozialen Arbeitsfeldern unterschiedlich weit vorangeschritten ist. Den höchsten Privatisierungsgrad weist - wenig erstaunlich - der Bereich der Altenpflege auf, der im Zuge der Einführung der Pflegeversicherung eine Umschichtung erfahren hat. Mitte der 90er Jahre war nach einer Studie des Landes NRW das Feld der Altenbetreuung im Hinblick auf die vorliegende Fragestellung gespalten: Während die stationäre Pflege in den Altenheimen 1996 durch freigemeinnützige und öffentliche Träger dominiert wurde (76,2% der Leistungen in diesem Feld wurden durch freigemeinnützige, 9,5% durch öffentliche und 12,1% durch privatgewerbliche Träger erbracht), hatten die privatgewerblichen Anbieter bei den ambulanten Pflegediensten mit 51,7% gegenüber 44,9% bei den freigemeinnützigen Trägern die Nase vorn (vgl. GRUNOW/KÖPPE 2000, S. 45).

BOESSENECKER (2000, S. 88 ff.) hat in einer Pilotstudie 279 nordrhein-westfälische Sozial-, Jugend- und Gesundheitsämter (bei einer Rücklaufquote von 37%, d.h. von 103 Institutionen) zum Stand der Privatisierung befragt. Rund ein Drittel der Ämter gab an, bereits Auslagerungen in Form rechtlich selbständiger Ausgliederungen von Verwaltungseinheiten (formale Privatisierung) realisiert zu haben.

WOHLFAHRT/RIEDIGER (2000, S. 138 ff.) ermitteln in einer Auswertung der Daten des Landesamts für Datenverarbeitung NRW (deren Aussagekraft durch die Freiwilligkeit der Meldungen bezüglich Privatisierung kommunaler Einrichtungen und Aufgabenbereiche stark eingeschränkt ist) insgesamt 62 kommunale Unternehmensgründungen bzw. Ausgliederungen, von denen 17 vor 1990 erfolgten, 45 in der Zeit zwischen 1990 und 1996. Der inhaltliche Schwerpunkt der Auslagerungen nach 1990 lag im Bereich der Altenbetreuung (5), bei Pflegeeinrichtungen für ältere

Menschen (19) sowie bei sozialen Einrichtungen für Behinderte (6). Zählt man die Felder der Jugendhilfe zusammen, so erreicht sie mit 8 Ausgliederungen eine recht hohe Zahl, die sich gleichmäßig über Jugendarbeit (1), Jugendwohnheime (2), Tageseinrichtungen für Kinder (1), Beratungsstellen (2) und Einrichtungen der Hilfe zur Erziehung (2) verteilt.

Dass von einer rasanten Privatisierungswelle in der Jugendhilfe eher nicht die Rede sein kann, bestätigen auch die Zahlen der Jugendhilfestatistik. JANZE/POTHMANN (2002) belegen anhand der amtlichen Statistikdaten, dass der Anteil privatgewerblicher Anbieter im Feld der erzieherischen Hilfen 1998 in den alten Bundesländern bei 8,1% und in den neuen Ländern lediglich bei 3,7% lag.

Auch wenn die per Gesetz verordnete Vermarktlichung des Sektors Sozialer Dienstleistungen offensichtlich nicht zu einer Strukturrevolution auf Seiten der Anbieter geführt hat, sind die Umstellungen auf die nun marktähnlichen Wettbewerbsstrukturen folgenreich, weil die neue Konkurrenz im Außenverhältnis sozialer Dienstleistungsorganisationen auch Druck auf die Binnenstruktur ausübt.

Zu (2): Ökonomisierung meint die zunehmende Durchdringung von Strukturen, Organisationsmodellen, Konzepten und Handlungsmustern sozialer Dienstleistungstätigkeit durch wettbewerbliche, marktorientierte Elemente der Konkurrenz und Effizienz. Für die Entwicklung in Deutschland ist in diesem Zusammenhang neben den skizzierten Gesetzesänderungen vor allem die bereits oben erwähnte und durch die KGST angestoßene Debatte um die so genannten „Neuen Steuerungsmodelle“ von belang,[25] die als gemeinsamen Nenner im Gleichklang mit dem neuen sozialrechtlichen Klima auf eine Effektivierung öffentlicher Verwaltungsstrukturen und Dienstleistungen abzielen.

Kern der neuen Steuerungsmodelle ist nach FLÖSSER (1996) eine Neudefinition des Verhältnisses von Politik und Verwaltung nach dem Muster privater Geschäftsbeziehungen und Unternehmensführung. Im Zentrum des neuen Steuerungsmodells steht das so genannte Kontraktmanagement, das auf eine höhere Transparenz und Kontrolle der Verwaltung durch die Politik abzielt. „Die Idee des Kontraktmanagements basiert dabei auf folgenden Kernelementen:

- Verwaltungen werden als autonome ‚business-units' konzipiert.

25 Vgl. zu Verwaltungsreform und Ökonomisierung BRINKMANN (1995); BACKHAUS/MAUL (1995); BODEN (1996) BANDEMER/ BLANKE/NULLMEIER/WEWER (1998); FLÖSSER/OTTO (1996); FLÖSSER (1994); MÜLLER (1996); KILB (2001); HAFENEGER (1998, 2001); DAHME/WOHLFAHRT (2000); FINIS SIEGLER (1997); KNORR/HALFAR (2000); BOESSENECKER/TRUBE/WOHLFAHRT (2000).

- Verwaltungen sind Auftragnehmer von politisch festgelegten Zielsetzungen. Es gibt eine klare Zielvereinbarung zwischen Politik und Verwaltung.
- Die Fach- und Ressourcenverantwortung wird dezentralisiert. Indem die Entscheidungsverantwortung für alle Personal-, Finanz, Organisations- und Informationsfragen an die einzelnen Verwaltungen delegiert wird, wird ein verbesserter Ressourceneinsatz erzielt.
- Verwaltungen operieren auf der Basis eines eigenen Betriebsplanes.
- Verwaltungen sind gegenüber dem Auftraggeber, d.h. den politischen Akteuren rechenschaftspflichtig“ (ebd., S. 58).

Die formalen und organisatorischen Folgen dieses neuen Modells einer Politik, die zielgenaue und überprüfbare Aufträge an eine weitgehend autonom handelnde und über ihr Tun Rechenschaft ablegende Verwaltung erteilt, sind aus der Fachdiskussion hinlänglich bekannt und sollen hier nur stichwortartig benannt werden: Formulierung von Produktdefinitionen und Qualitätsmerkmalen, Kennziffern, Controlling, Expansion des Berichtswesens etc.

Die mit Macht vorangetriebenen und in Profession und Disziplin z.T. überraschend wohlwollend aufgenommenen Systemumstellungen[26] sind zumindest auf zwei Ebenen folgenreich gewesen: Strukturell haben sie die organisatorischen Rahmenbedingungen der Erbringung sozialer Dienstleistungen

26 MANFRED KAPPELER (1999, S. 345) spitzt den „Erfolg“ der Ökonomisierung polemisch und erkennbar parteiisch zu: „‚Verspielt‘ - auch wegen dieser Marktgeilheit, in der morbiden Lust an Cleverness und Akquisition, an Mitspielen auf dem ‚Markt der Möglichkeiten‘ (wir können alles wofür es gerade Geld gibt und sind kompetent zur Bearbeitung jedes die Politik gerade beunruhigenden Problems!) immer mit dem pathetisch-pragmatischen Gebrabbel von ‚Modernisierung und Flexibilität‘ auf den Lippen. Für die neuen Eliten in der Sozialarbeit/Sozialpädagogik, die Manager, Planer, Geschäftsführer, New-Public-Artisten und Neuen Steuerungs-Fetischisten, die gegenwärtig Erfolgreichen, die sich dem beruflichen Nachwuchs als Leitbilder präsentieren, scheint der Zug unwiderruflich in die ‚marktförmige Entwicklung‘ der Sozialen Arbeit abgefahren zu sein. Viel zu viele KollegInnen folgen und glauben diesen Erfolgreichen, beeindruckt von einer in Zahlen vorzuführenden ‚Effektivität und Effizienz‘, ohne deren Nachweis kein Anteil am politisch gelenkten Subventionsstrom der öffentlichen Hand mehr zu erlangen sei.“ THOMAS RAUSCHENBACH (1999 b, S. 223) führt als möglichen Grund für die Attraktivität betriebswirtschaftlicher Kategorien, Denksysteme und Methoden an, dass diese evtl. auf Lücken in der sozialpädagogischen Fachdiskussion verweisen, die sich bislang jenseits der Ökonomie angesiedelt hat und sich eher auf volks- denn auf betriebswirtschaftlichen Referenzen stützte. Dabei wurde ausgeblendet, dass auch Soziale Arbeit Kosten erzeugt, dass anders ausgedrückt die „guten Worte“ der Sozialen Arbeit Geld kosten. „So geraten Gemeingüter und Aufgaben des Gemeinwesens, geraten nicht-marktregulierte öffentliche Aufgaben immer stärker unter den Druck einer privatwirtschaftlichen, kostendeckenden Effizienzlogik, werden also eher einer einfachen Kosten-Nutzen-Rechnung ausgesetzt als mit der ungleich schwieriger zu beantwortenden Frage einer zumutbaren Verteilungsgerechtigkeit konfrontiert“ (ebd., S. 232).

durch eine stärkere Berücksichtigung betriebswirtschaftlicher Konzepte und Maximen auf den Weg einer Modernisierung in Richtung Markt gebracht. Darüber hinaus hat die Ökonomisierung aber auch eine „ideelle“ Komponente, weil mit Stichworten (und mit ihnen korrespondierenden Handlungspraxen) wie Qualitätsmanagement, Controlling, Personalentwicklung, Fundraising, DIN EN ISO 9000 ff., Zertifizierung, Kontraktmanagement, output-Steuerung, lean administration, Budgetierung, dezentrale Ressourcenverwaltung, Sozialmarketing - um nur einen kleinen Ausschnitt aus dem breiten Vokabular der betriebswirtschaftlichen Modernisierung anzuführen - ein „neuer Geist“ in den Alltag von Bildungseinrichtungen und sozialen Organisationen Einzug gehalten hat. Nach WERNER THOLE und PETER CLOOS (2000, S. 561) „dominiert bisweilen der Eindruck, als habe die Soziale Arbeit - pointiert formuliert - beim Sprechen in einer fremden Sprache im Rahmen der Einführung neuer Steuerungsmodelle ihre originär sozialpädagogischen Denkmuster beiseite gelegt. In der Sprache der Ökonomie werden AdressatInnen und KlientInnen zu KundInnen, auch wenn sie nicht freiwillig kommen. Das Angebot eines Jugendamts maskiert sich zur Produktpalette, als seien die Produkte nach Marktkriterien frei wählbar; und die professionell erbrachten Dienstleistungen werden ‚out-put’gesteuert und unter Qualitätskriterien gemessen, ohne dass Klarheit darüber besteht, unter welchen Bedingungen und wann die gute ‚Qualität’ einer Dienstleistung auch den Partizipationsinteressen der AdressatInnen entspricht.“[27]

Aspekte einer Kritik der Ökonomisierung Sozialer Arbeit

Sowohl die gesetzlichen Kodierungen des Sozialsektors wie auch die neuen Verwaltungsmodelle fügen sich bruchlos in die Philosophie der sozialstaatlichen Modernisierung ein, in die Logik einer umfassenden Kommodifizierung der Gesellschaft und der Lebenszusammenhänge, die nach dem Muster effizienzsteigernden Wettbewerbs umgebaut werden. Dieser Umbau ist motiviert durch eine doppelte Zielsetzung: Kostenersparnis bei gleichzeitigem Qualitätsgewinn (zumindest Qualitätserhalt).

Kritiker der Privatisierung heben hervor, dass es für die von fast jeder Begründungsnotwendigkeit entlasteten Annahme, der Markt würde naturgleich für eine effektivere Produktion und Distribution öffentlicher Güter

27 THOMAS RAUSCHENBACH (1999 b, S. 223) konzediert in gleicher Weise, dass die „Sprache der Ökonomie ... mit Nachdruck einen Platz in den Sprachspielen der Sozialen Arbeit“ für sich reklamiert. „Wo früher von kindlichen Bedürfnissen, Stigmatisierung und totaler Institution, von Aufklärung, Ideologiekritik, Emanzipation oder pädagogischem Bezug die Rede war, wird die erziehungs- und sozialwissenschaftliche Terminologie mehr oder minder radikal durch Begriffe wie neue Steuerung, Sozialengagement, Kundenorientierung oder Qualitätssicherung ergänzt, konterkariert oder ersetzt.“

sorgen, kaum empirische Belege gibt.[28] Im Gegenteil: WOHLFAHRT/ RIEDIGER (2000) verweisen auf Studien der Weltbank und andere Evaluierungen, die belegen, dass das groß angelegte Privatisierungsprogramm der THATCHER-Regierung seine programmatischen Ziele nicht erreicht hat. „Das wichtigste Ziel aller Privatisierungsanstrengungen in England war, die wirtschaftliche Leistungsfähigkeit der großen staatlichen Versorgungs- Energie- Transport- und Kommunikationsunternehmen zu verbessern. Ein Vergleich der Produktivitätskennziffern (für die 80er Jahre) der privatisierten und nichtprivatisierten Unternehmen lässt aber keinerlei Anhaltspunkte dafür erkennen, dass dieses Ziel auch realisiert wurde. Ähnlich enttäuschend sind die Ergebnisse der Kostensenkungsanstrengungen" (ebd., S. 130).[29]

Dieses Argument schränkt zunächst den Glauben an die Allmacht des Marktes ein, lässt aber noch keine Schlüsse auf mögliche inhaltliche Konsequenzen einer Vermarktlichung für den Sektor sozialer Dienstleistungen zu. Ohne dass hier auf die weit verzweigte und die ganze Bandbreite zwischen sozialtechnologischer Rezeptsammlung und Fundamentalkritik abdeckende Diskussion um Sozialmanagement, Ökonomisierung und Verbetriebswirtschaftlichung der Sozialen Arbeit eingegangen werden soll, scheinen für den vorliegenden Fragezusammenhang drei Bedenken gegen eine fortschreitende Ökonomisierung von besonderer Bedeutung:

1. das Primat der Ökonomie im Modernisierungsprozess;
2. die differenten Handlungslogiken von Sozialer Arbeit und Ökonomie;
3. die Gefahr einer Entprofessionalisierung Sozialer Arbeit.

Zu (1): Protagonisten des Sozialmanagements heben den Umstand hervor, dass in der betriebswirtschaftlichen Herausforderung der Sozialen Arbeit im positiven eine Aufforderung zur Überprüfung der eigenen Angebote und Strukturen liegt, die das reflexive Potential der Profession zu heben in der Lage ist und dazu beitragen kann, die Qualität der erbrachten Leistungen transparent zu machen, zu kontrollieren, perspektivisch zu erhöhen und überdies die „Macht des Kunden" zu stärken. Inwieweit die unzweifelhaft vorhandenen reflexiven Potentiale etwa von Qualitätsentwicklungsprozessen (vgl. GALUSKE 2001, S. 309 ff.) allerdings zum Tragen kommen können, ist abhängig von den Intentionen, mit denen entsprechende Reformvorhaben angegangen werden, mit anderen Worten: in welchem Verwendungskontext sie realisiert werden. RAUSCHENBACH (1999 b, S. 235) unterscheidet in diesem Sinne die „Optimierung der fachlichen Effektivität" von der Effizienz der „ökonomischen Rationalität von Kosten und Nutzen". Während die erste Perspektive geeignet ist, das Rationalitätspotential Sozia-

28 Vgl. dazu international die Beiträge in MANDER/GOLDSMITH (2002).
29 Vgl. auch GRAY (2001); HOYER/SONNTHAG (2001); BOXBERGER/KLIMENTA (1998); MISIK (1997; 1998); CHOMSKY (1999); DIXON (2000).

ler Arbeit qualitativ zu fördern, stellt die zweite eine folgenreiche Verkürzung dar.

Vor dem Hintergrund der bisherigen Analyse spricht allerdings wenig dafür, dass eine fachliche Reformulierung des Programms einer Vermarktlichung derzeit große Chancen besitzt. Anders ausgedrückt: Ein Kernproblem der gegenwärtigen Managementdebatte in der Sozialen Arbeit ist, dass sie eben nicht durch die Intention einer Steigerung der professionellen Qualität sozialpädagogischer Angebote ausgelöst und bestimmt wurde und wird, sondern vielmehr von den Folgeeffekten der Finanzkrise des Sozialstaats im Allgemeinen und personenbezogener sozialer Dienstleistungen im Speziellen. Managementkonzepte in der Sozialen Arbeit stehen vor diesem Hintergrund immer im Spannungsfeld zwischen fachlicher Qualitätsoptimierung und Professionalisierung einerseits und ökonomischer Rationalisierung und Kosteneinsparung andererseits, wobei das Pendel im Zweifelsfall eher zugunsten der ökonomischen Rationalität ausschlägt.

Am Beispiel des Vernetzungsgedankens, der in der sozialpädagogischen Tradition vor allem unter Aspekten wie Selbstorganisation, Trägerkooperation und Berücksichtigung gewachsener sozialer Strukturen von Klienten positiv konnotiert ist (vgl. BULLINGER/NOWAK 1998), zeigen DAHME/WOHLFAHRT (2000), wie Vernetzung im Kontext der Verwaltungsmodernisierung auf den Aspekt der Effizienzsteigerung reduziert wird. „Das für Netzwerkorganisation und kooperative Koordination typische Doppelverhältnis von Autonomie und Kontrolle, Hierarchie und Markt, soll im Sozialsektor für Effizienz und Kostenersparnis sorgen. Der Netzwerkbegriff, ursprünglich eine gesellschaftspolitische Modernisierungsmetapher, ist eindimensional geworden und zur Rationalisierungsmethapher geschrumpft, die nur noch für einen Modernisierungsaspekt steht: Effizienzsteigerung. Vernetzung ist - wie schon im Wirtschaftssektor - zu einem Rationalisierungsinstrument sozialer Organisationen und sozialer Versorgungssysteme geworden. (...) Vernetzte Systeme mit Effizienzfokus lassen nicht mehr jede Kommunikation zu. Der sozialarbeiterisch geprägte Teil des Vernetzungsdiskurses (z.B. dass professionelle Standards bei der Weiterentwicklung eines Versorgungssystems von ausschlaggebender Bedeutung sind, dass Qualität ohne Rekurs auf Fachlichkeit, rechtsstaatliche Ziele, ethische Werte und Wertorientierungen der freien Träger nicht bestimmt werden kann u. Ä..) wird erschwert oder verunmöglicht, denn durch die Etablierung ‚wettewerblicher Anreiz- und Sanktionsmechanismen' werden fachspezifische Inhalte und Motive aus effizienzlogischer Sicht schnell ‚irrational und zu Störfaktoren', die umgehend ‚verlernt werden müssen'„ (ebd., S. 331).

Als ein weiteres Beispiel für die ambivalenten Folgen der Ökonomisierung eines sozialpädagogischen Feldes sei hier die geplante Einführung der so genannten „Kita-Card" in Hamburg angeführt. Die Hamburger

„Kita-Card", deren Einführung auf das Jahr 2003 verschoben wurde, soll nach dem Muster eines Betreuungsschecks funktionieren. Eltern, die für ihre Kinder einen Platz in einer Kindertagesstätte suchen, erhalten einen „Gutschein" vom zuständigen Jugendamt, mit dem sie sich nach eigener Wahl einen Anbieter entsprechender Leistungen suchen können, der wiederum mit dem Betreuungsscheck bezahlt wird. Die Reform der Finanzierung zielt auf eine Stärkung der „Macht des Kunden", der - so die Absicht - die Anbieter durch seine größere Marktautonomie unter Druck setzt, ihre Angebote den Kundeninteressen entsprechend organisatorisch und pädagogisch umzugestalten. Dadurch geraten die Einrichtungen unter „Marktdruck", was bedeutet, dass sie ihre Angebote, wollen sie im Kampf um die Betreuungsschecks nicht als Verlierer vom Markt gehen, den Kundenbedürfnissen anpassen müssen. Hinter der Ablösung der traditionellen Pflegesatzfinanzierung durch das Modell der Kita-Card steht - wie unschwer zu erkennen ist - die Absicht, die „heilsamen Kräfte der Marktkonkurrenz" auch im Feld der Kindertagesbetreuung zum tragen kommen zu lassen. ANGELIKA VON DER BEEK (2001), Fachberaterin für Kindertageseinrichtungen in Hamburg, skizziert mögliche Konsequenzen: „Da also nur die belegten Plätze finanziert werden, ergeben sich für die Träger zwei Probleme: Zum einen müssen sie Plätze anbieten, zum anderen können sie nicht wissen, welche Plätze die Eltern nachfragen. Um die vorhandenen Plätze jederzeit voll auszulasten, sieht das neue System vor, die Verantwortung für die Belegung der Plätze auf die Kitas zu übertragen. Die MitarbeiterInnen werden dazu verpflichtet, den ‚Markt' zu beobachten und Werbung zu betreiben. (...) Das führt voraussichtlich dazu, dass sich der zeitliche Umfang der Betreuung häufig ändert und damit auch der Stellenzuschnitt der Beschäftigten. Die angestrebte Flexibilität wird durch befristete Arbeitsverträge möglich. Bei großen Trägern wird es häufiger zu innerbetrieblichen Versetzungen kommen. Kleinen Trägern wird zu diesem Zweck empfohlen, mit anderen Trägern zu kooperieren. Andererseits stehen eben diese Träger in einer vorher nicht gekannten Konkurrenz untereinander. Das Kita-Card-System ist darauf angelegt, dass sie untereinander darum konkurrieren, dass die Eltern in ihrer Kita und nicht bei einem anderen Träger ihren Betreuungsscheck einlösen. Die marktwirtschaftliche Orientierung wird, man könnte sagen: selbstverständlich, nicht konsequent verfolgt. Die Ausgaben sollen ja nicht vermehrt, sondern eher vermindert, zumindest konstant gehalten werden. Eine verstärkte Nachfrage der Eltern ist im neuen System nicht vorgesehen. Die Bezirksjugendämter sollen Budgets ja mit einer Deckelung erhalten."[30]

---

30 KAPPELER (1999, S. 42) deutet überdies die Gefahr an, dass eine Ökonomisierung der Sozialen Arbeit zu einer Kartellbildung führt, die immer weniger Nischen für kleine, selbstorganisierte Initiativen lässt, die gerade im „Dritten Sektor" bislang eine nicht geringe Rolle spielten. Ökonomisierung der Sozialen Arbeit bedeute überdies für die

HARTMUT HÄUßERMANN UND WALTER SIEBEL (1995, S. 112 f.). vertreten entgegen einem mit vielen Hoffnungen verbundenen Dienstleistungsverständnis (vgl. SCHAARSCHUCH 1999 b, 2000) eine weitaus nüchternere Auffassung. Dienstleistungen durchlaufen, wenn sie zum Produkt werden, einen Lebenszyklus, ähnlich dem materieller Produkte: „wenn sie neu erfunden und angeboten werden ..., ist ihr Herstellungsprozess zunächst aller Wahrscheinlichkeit nach durch eine geringe Produktivität geprägt (etwa die Zubereitung und das Braten von Frikadellen); danach wird diese zunächst durch organisatorische Rationalisierung gesteigert, dann nach einer Standardisierung der Leistung technisch unterstützt (McDonaldisierung), um schließlich vollständig technisch substituiert zu werden (Fertiggericht aus der Tiefkühltruhe). (...) Alle Dienstleistungen, so unsere These, können im Prinzip diesen Lebenszyklus durchlaufen - es gibt nur kulturelle Grenzen oder Grenzen des ‚guten Geschmacks'. Selbst die intimsten Bedürfnisse unterliegen potentiell diesem Prozess. Ein Knabe kann seine sexuellen Phantasien zunächst onanierend befriedigen (Eigenarbeit), später als junger Mann zusammen mit seiner Geliebten (informell); besucht er ein Bordell, so betritt er das Reich formeller, beruflich organisierter personenbezogener Dienstleistungen, deren Unoactu-Charakter in der Peep-show bereits gelockert ist (Rationalisierung durch Zentralisierung), und mit dem Pornovideo, das unser Mann nach Hause bringt, ist die Verstofflichung zum industriell herstellbaren Konsumgut gelungen" (ebd., S. 145). Dass auch der Bereich sozialpädagogischer Dienstleistungen dieser Dynamik unterliegt, veranschaulichen die Autoren an anderer Stelle am Beispiel der amerikanischen Kinder-Betreuungs-Kette Kinder-Care, die 1969 gegründet wurde und Mitte der 90er Jahre über 17.000 Angestellte in 40 Bundesstaaten bei einem Gewinn von 6,25 Mill. Dollar beschäftigte (vgl. ebd., S. 112). „Professionalisierung und Standardisierung sind die Grundlagen des Erfolgs. Die meisten Einzeleinrichtungen haben eine Kapazität für 100 bis 150 Kinder. Curricula und Lernmaterialien, die Sicherheitsbestimmungen und die Ernährungspläne werden zentral vorgegeben und bereitgestellt. Jeden Monat bekommen die Angestellten ein Paket mit neuesten Lernmaterialien von der Unternehmenszentrale mit Vorschlägen für jede Altersgruppe. (...) Den Eltern wird der Plan täglich am schwarzen Brett bekannt gemacht. Die Eltern von Babys können angeben, wann das Kind essen, schlafen oder spielen soll. Wann es das dann getan hat, erfahren die Eltern am Abend in einem täglichen Report - im Übrigen sind die Mitbestimmungsmöglichkeiten der Eltern begrenzt. Kinder-Care-Zentren sind auf den spezifischen Bedarf von erwerbstätigen Müttern zugeschnitten. (...) Die meisten Kinder bleiben zwischen 10 und 11,5 Stunden pro Tag" (ebd., S. 113). Vom Preisniveau her richtet sich Kinder-Care an den brei-

---

Träger, „dass die Finanzierung ihrer Angebote und Leistungen immer unsicherer, komplizierter, unüberschaubarer und bürokratischer wird."

ten Markt der Mittelschichtfamilien. „Der Fall illustriert, dass der Kommerzialisierung konsumbezogener Dienstleistungen kaum Grenzen gesetzt sind, weder von der Seite des Angebots her noch von der Seite der Nachfrage“ (ebd., S. 113).

Unter dem Primat der Effizienz, so der Kerngedanke dieses Einwands, sind fachliche Belange von sekundärer Natur und werden von den Erfordernissen des Überlebens auf dem Markt mehr und mehr an den Rand gedrängt. Idealtypisch zugespitzt: Wo früher über Kinder und Jugendliche nachgedacht wurde, wird jetzt der Kunde hofiert, der Markt analysiert, Werbung betrieben, Konkurrenz beobachtet, Kosten gesenkt usw.

Der Übergang von einem eher volkswirtschaftlichen Referenzsystem zu einem betriebswirtschaftlich dominierten Denken (vgl. RAUSCHENBACH 1999 b, S. 233) ist allerdings in der Tat kein Systemwechsel sekundärer Natur, da der volkswirtschaftliche Blickwinkel auf den Zusammenhang abzielt, zumindest den nationalstaatlichen Kontext im Auge hat, den „Wohlstand der Nationen“, während die betriebswirtschaftliche Perspektive den Fokus verkleinert auf die einzelne Produktionseinheit. Während eine volkswirtschaftliche Betrachtungsweise mithin das „Ganze“ des sozialen Gebildes Gesellschaft im Blick hat, die Symmetrie bzw. Asymmetrie gesellschaftlicher Subsysteme, ist ein betriebswirtschaftlicher Blick auf die Welt durch Konkurrenz und Wettbewerb bestimmt. Im Übergang von einem volkswirtschaftlichen zu einem betriebswirtschaftlich dominierten Denken in der Sozialen Arbeit liegt mithin auch die Gefahr eines Paradigmenwechsels von Kooperation zu Konkurrenz.

Die zweifelsohne vorhandenen reflexiven Potentiale einer betriebswirtschaftlich formulierten Aufforderung zur Überprüfung der eigenen „Wirtschaftlichkeit“ findet ihre Grenzen in eben jener Effizienz, wie auch in den begrenzten Budgets der Geldgeber. Dies mag ein Hintergrund für den von SCHNURR (1998) in einer Fallstudie veranschaulichten Umgang mit den Anforderungen der Verwaltungsreform im Jugendamt sein. Am Anfang durchaus von Hoffnungen getragen, werden diese allerdings schnell in Frustrationen verwandelt, da die verständigungsorientierte Logik der Sozialarbeiter sich an den Barrieren der marktförmigen, effizienzorientierten Logik der Rationalisierungsstrategien bricht. Damit ist der zweite Punkt angedeutet: Die unterschiedlichen Logiken von Markt und Sozialer Arbeit.

Zu (2) WERNER THOLE und PETER CLOOS (2000) plausibilisieren die These, dass Soziale Arbeit und Ökonomie unterschiedlichen Logiken folgen und somit nur bedingt kompatibel sind.

Die in der Übersicht stichwortartig zusammengestellten Differenzen lassen sich theoretisch vor dem Hintergrund der Verortung von Sozialer Arbeit als intermediärem Handlungssystem zwischen System und Lebenswelt erläutern. Unterstellt man, (a) dass die Intermediarität Sozialer Arbeit und ihrer

Organisationen sich nicht durch die Herausbildung einer eigenständigen Handlungslogik auszeichnet, sondern durch die je spezifische Kombination der unterschiedlichen Feldlogiken eines systemisch verfassten aber zugleich lebensweltlich situierten Handlungssystems, sowie (b) dass die Eigenart Sozialer Arbeit darin liegt, soziale Integration zwar im systemischen Interesse und Auftrag, allerdings in der „Sprache“ und im Mikrokosmos der Lebenswelt zu fördern, so führt die Verlagerung zu systemischen Marktimperativen zu einer Neukalibrierung der handlungsleitenden Koordinaten.

Übersicht 3: Differenzen zwischen Sozialer Arbeit und Ökonomie

	SOZIALE ARBEIT	ÖKONOMIE
GESELLSCHAFTLICHE FUNKTION	symbolische Reproduktion durch sozialisationsunterstützende, sozialintegrative und kulturelle Hilfen	materielle Versorgung der Bevölkerung, Konstitution eines materiellen Reproduktionssystems
STEUERUNGSMEDIEN	Kommunikation/Interaktion	Geld und Macht
PRIMÄRE HANDLUNGSTYPEN	verständigungsorientiert, kommunikativ, strategisch	systemisch-strategisch, erfolgsorientiert instrumentell
HANDLUNGSPRÄMISSEN	Fachlich präjudizierte Operationalisierung von Sozialer Hilfe	Effizienz und Effektivität
HANDLUNGSPARADOXIEN	Doppeltes Mandat: Hilfe und Kontrolle	Soziale Ungleichheit
Quelle: Zusammenstellung nach THOLE/CLOOS (2000, S. 555 f.)		

RAUSCHENBACH (1999 b) betont unter Rekurs auf HABERMAS, dass sich das Unbehagen der Sozialen Arbeit an der Ökonomisierung ihrer Handlungsgrundlagen und Handlungsmaximen auf die unterschiedlichen Steuerungsmedien zurückführen lassen. Während Ökonomie Verhalten durch Macht und Geld steuert, ist der „substantielle Kern“ sozialpädagogischen Handelns „kommunikativ strukturiert und alternativlos auf lebensweltliche Verständigung angewiesen“ (ebd., S. 230). Auch wenn dies, so RAUSCHENBACH weiter, nur die „halbe Wahrheit (ist, M.G.), da sie sich als öffentlich geregelte, beruflich induzierte Institutionalisierungsform, d.h. aufgrund ihrer Strukturmerkmale trotz aller guten Absichten nicht einfach qua Definition und Selbstzuordnung in der Lebenswelt verorten kann“ (ebd., S. 230), Soziale Arbeit sich mithin immer der Tatsache bewusst bleiben muss, dass sie systemisch induziert (und finanziert) ist, so liegt die Gefahr einer Ökonomisierung Sozialer Arbeit in ihren Institutionalisierungs- und Denkformen darin, den lebensweltorientierten und kommunikativen

Kern und damit die Spezifik des Handlungssystems Sozialer Arbeit zu beeinträchtigen, zu bedrohen und ggf. zu zerstören. „Zumindest dürfte kaum strittig sein ..., dass der ungebändigte, freie Markt mit seinem einzigen Steuerungsinstrument Geld nicht jene Probleme lösen kann (Partizipation, Gerechtigkeit, Integration), die er selber durch seine Eigenlogik (mit-) verursacht" (ebd., S. 234). Mehr noch: Soziale Arbeit ist von Anfang an eine „Reaktion" auf die sozialen Unzulänglichkeiten des Marktes gewesen. Dass nun die Soziale Arbeit als „Heilmittel" gegen die durchaus beabsichtigten Nebenfolgen der kapitalistischen Produktionsweise selbst den „Markt" verschrieben bekommt, entbehrt nicht einer gewissen Paradoxie, und legt doch in fataler Weise die Befürchtung nahe, dass hier der Teufel mit dem Beelzebub ausgetrieben werden soll. Auf diesem Hintergrund stellt sich die (Dauer-)Frage: Wie viel Markt und wie viel betriebswirtschaftliches Denken kann die Sozialpädagogik vertragen, ohne sich der Originalität und Produktivität ihrer kommunikativ strukturierten und lebensweltlich situierten Institutionalisierungs- und Handlungsformen zu berauben? Wie viel „Markt" und „Konkurrenz" vertragen erzieherische Entwicklungen und Prozesse?

Die Probleme einer Überlagerung der Logiken Sozialer Arbeit durch ökonomische Strukturprinzipien sind vielfältig: Welche Konsequenzen resultieren z.B. für die Soziale Arbeit aus einer Verlagerung der Steuerung von Hilfeprozessen durch Kommunikation zu Geld und Macht, wie sie etwa in den Verpflichtungsmodellen des aktivierenden Sozialstaats angelegt sind? Welche Folgen für Status und Weiterentwicklung der Professionalität Sozialer Arbeit hätte eine Verlagerung der leitenden Handlungsprämissen von fachlich begründeter Hilfe zu ökonomischer Effizienz? Was heißt überhaupt „effiziente Intervention", etwa im Falle eines drogenabhängigen jugendlichen Trebegängers und wer bestimmt, durch welche Indikatoren das Effizienzkriterium im Einzelfall gefüllt wird? Inwieweit verschleiert die neue „Anbieter-und-Kunden-Welt"-Konstellation, dass soziale Dienstleistungen immer „virtuelle Dreiparteien-Verträge" (OTTO/SCHNURR 2000, S. 15) zwischen Finanzierer, Leistungserbringer und Nutzer sind oder anders ausgedrückt: Inwieweit wird die gesellschaftstheoretisch konstitutive Spannung des doppelten Mandats von Hilfe und Kontrolle durch das neue Gewand der Geschäftsbeziehung bis zu Unkenntlichkeit maskiert, ohne faktisch an Bedeutung zu verlieren?[31]

31 GABY FLÖSSER (1996) zumindest stellt in Bezug auf weite Teile der neuen Steuerungsdebatte fest: „Die dilemmatische Grundstruktur Sozialer Arbeit, das ihr auferlegte ‚doppelte Mandat' (Böhnisch/Lösch), das den prekären Zusammenhang von Emanzipation und Hilfe und den organisierten, spezialisierten und von Verwaltungsroutinen gekennzeichneten Abarbeitungen sozialer Probleme als feldimmanente Konstitutionsprinzipien thematisiert, wird hier einseitig zugunsten organisationstheoretischer Überlegungen aufgelöst."

Exemplarisch lässt sich die Problematik der unterschiedlichen Feldlogiken am Beispiel des Qualitätsbegriffs verdeutlichen, der im Modell der Kontraktsteuerung von strategisch zentraler Bedeutung ist. Die Frage, was die Qualität Sozialer Dienstleistungen ausmacht und wie sie zu messen ist, bestimmt einen nicht unerheblichen Teil der Fachdiskussion (vgl. zum Überblick MERCHEL 1999). Die Schwierigkeiten einer solchen Bestimmung sind vielfältig, sind die Ergebnisse einer sozialen Dienstleistung doch

- immer das Produkt einer irgendwie gearteten Zusammenarbeit zwischen SozialpädagogIn und KlientIn, dienstleistungstheoretisch formuliert: das Ergebnis einer Koproduktion, und insofern nie einzig und allein dem professionellen Arrangement zuzuschreiben;[32]
- angesichts der Spezifika der Gegenstände und individuellen Fälle nur sehr begrenzt standardisierbar.

THOMAS H. MARSHALL (1992, S. 75) hat in seiner Soziologie des Wohlfahrtsstaates darauf hingewiesen, dass das Anrecht auf soziale Dienstleistungen weitaus weniger genau kodifizierbar ist, weil das „qualitative Element" zu groß sei. Man könne zwar beispielsweise die Schulpflicht festschreiben, schon bei der Frage angemessener Rahmenbedingungen (Klassengröße, Ausbildung des Personals etc.) geschweige denn bei der Frage, was eine gedeihliche Bildung und Erziehung ausmache, sei die Grenze der rechtlichen Standardisierung erreicht. Was MARSHALL hier als Problem rechtlicher Kodifizierung formuliert, findet sich in der Qualitätsdebatte in vergleichbarer Weise. Als Frage formuliert: Wie ist die Qualität sozialer Unterstützungsarbeit jenseits zweifelsohne bedeutsamer, gleichwohl nicht die Sache in Gänze treffender Indizes wie Gruppenstärke, individueller Betreuungszeit usw. zu erfassen?

BRINKMANN (1995, S. 315) hat dieses Qualitätsdilemma als ein zentrales Problem der neuen Steuerungsmodelle identifiziert: „Das Performanzmanagement, das Mittelzuweisung auf der Basis von Indikatoren und Kennzahlen zum Ziel hat, ist überall dort relativ leicht umzusetzen, wo sich Aufgaben und der Grad der Aufgabenerfüllung quantifizieren lassen; in den Feldern komplizierter Dienstleistungen stößt es schnell an seine Grenzen, weil Qualitäten sich nur schwer in Kennzahlen umsetzen

---

32 ACHIM TRUBE (2000, S.165) hat aufgrund des Ko-ProduzentInnenstatus hervorgehoben: „Demgemäß kann bei der Qualitätsanforderung an eine Leistung des Sozialbereichs in dem Kontraktmanagement der Neuen Steuerung nicht nur das Output, d.h. das Produkt, als Maßstab definiert werden, sondern es muss zudem der Prozess der Hilfe und das Procedere der Erbringung dieser Leistung in die Bewertung einbezogen werden. Der freiberufliche Sozialarbeiter, der beispielsweise in der Arbeitslosenarbeit, nur daran bemessen wird, ob denn die Beratung als Output eine Einmündung in den ersten Arbeitsmarkt erbrachte, wird sich ganz sicherlich zu Recht in seiner Leistung missverstanden fühlen."

lassen und zudem divergierende Interessen an der Art und Weise der Aufgabenerfüllung bestehen und daher mehrdimensionale Standards erfordern. Man denke hier nur an derartig konfliktreiche Felder wie Jugendhilfe, Strafvollzug, Arbeitsmarktpolitk. Versucht man, komplexe outputs durch komplexere Indikatoren besser zu erfassen, steigt die Regelungsdichte notwendigerweise an. Es besteht die Gefahr, dass an die Stelle der Überregulierung des Verfahrens die Überregulierung des outputs tritt." Wie aber lassen sich „Leistungen" wie Stärkung des Selbstbewusstseins, Entschärfung von Folgekrisen im lebensweltlichen Bereich u. Ä. in marktrelevante (d.h. mess- und zählbare) Parameter überführen?

Eine im Fachdiskurs angebotene und favorisierte „Lösung" dieses Dilemmas ist die Dreiteilung des Qualitätsbegriffs in die Dimensionen Ergebnis-, Prozess- und Strukturqualität (vgl. MERCHEL 1999). Strukturqualität beschreibt demnach die organisatorischen Rahmenbedingungen des Hilfeaktes (z.B. sachliche und räumliche Ausstattung), Prozessqualität meint „das Vorhandensein und die Beschaffenheit solcher Aktivitäten, die geeignet und notwendig sind, ein bestimmtes Ziel der Leistung zu erreichen" (ebd., S. 29) und Ergebnisqualität, die „sichtbaren Erfolge oder Misserfolge". Dieses auf den amerikanischen Organisationsforscher AVEDIS DONABEDIAN zurückgehende Modell wurde Anfang der 80er Jahre für das Gesundheitswesen, im Speziellen für das Management von Krankenhäusern entwickelt und eingeführt.

Am Beispiel der Umsetzung der Pflegeversicherung beschreibt RUDOLF BAUER (1998, S. 88 f.), dass auch diese begriffliche „Präzisierung" die inhaltlichen Probleme nicht löst. „Wie das Beispiel der (gemäß Pflege VG) vereinbarten ‚Gemeinsamen Grundsätze und Maßstäbe zur Qualität und Qualitätssicherung' zeigt, erblühen die professionellen Phantasien in voller Pracht bei der Definition der Strukturqualität einer Einrichtung. Was lässt sich alles einbeziehen in die Auflistung der personellen, räumlichen und sachlichen Ausstattung einer Einrichtung, eines Sozialen Dienstes! Bei der Beschreibung der Prozessqualität lässt das Vorstellungsvermögen dann allerdings schon ein wenig nach. Die komplexen Interaktionen zwischen Dienstleistern und Nutzern - Aktivitäten, die die Gesamtbetreuungsleistung ausmachen - sind schwer zu erfassen. Folgerichtig wird unter dieser Rubrik schlichtweg simplifiziert, werden professionell gesteuerte Planungen, Konzeptionen, die Interaktionen mit anderen Leistungsträgern, vor allem aber Dokumentation um Dokumentation erfasst. Bei der Ergebnisqualität erlahmt der fachliche Einfallsreichtum dann endgültig, selbst wenn sich die professionelle Deutungsmacht auch hier noch in gewissen Grenzen entfalten kann."

BAUER beschreibt hier nicht das Scheitern eines trägen, veralteten Apparats an den Anforderungen der neuen Zeiten, sondern Strukturprobleme, von denen hier nur zwei kurz angesprochen werden sollen:

(1) Zum einen stellt sich das Problem, dass Ergebnisdefinitionen in der Sozialen Arbeit ein „Allparteiengeschäft" sind, bei dem viele „Köche" beteiligt sind, mit durchaus unterschiedlichen Interessen und Einflusschancen. Wer bestimmt beispielsweise, was die Ergebnisqualität einer intensiven sozialpädagogischen Einzelbetreuung eines mehrfachdelinquenten Jugendlichen ausmacht? Die Öffentlichkeit, die morgens ihre Autos und Autoradios unversehrt vorfinden will? Die Politik, der Öffentlichkeit durch Wahlen verpflichtet und durch die Finanzkrise in ihren Handlungsmöglichkeiten begrenzt, als „Auftraggeber im Hintergrund"? Die Jugendamts- bzw. Sozialverwaltung, die im „virtuellen Dreiparteienvertrag" die Geldgeberseite repräsentiert und die in Zeiten des Kontraktmanagements umso mehr am „Tropf der Politik" hängt? Die soziale Dienstleistungsorganisation, d.h. der kommunale oder freie Träger (insofern nicht ein privater Anbieter den Zuschlag erhält), die eine bestimmte Tradition, ein bestimmtes Konzept, ein bestimmtes Menschen- und Gesellschaftsbild repräsentieren, das sich in den Organisationsstrukturen, Handlungsregeln, Verwaltungsroutinen u. Ä. verfestigt hat? Die SozialpädagogInnen, die mit ihrem professionellen Habitus, ihrem Wissen und Können „vor Ort" die Arbeit erledigen? Die Personensorgeberechtigten, im Regelfall die Eltern, die per Gesetz (§ 27, Abs. 1, SGB VIII) zum Nutzer der Dienstleistung „erzieherische Hilfe" erklärt werden? Oder gar der Jugendliche selbst? Die Aufzählung könnte unter Marktbedingungen noch ergänzt werden durch konkurrenzbedingte Interessenlagen, Interessen von privaten Sponsoren u. Ä. Sie veranschaulicht, dass die Frage, was als ein befriedigendes Ergebnis einer sozialpädagogischen Dienstleistung gelten kann, nicht per Indices oder formaler Kriterien zu lösen ist.[33] Was im Sinne des Kontraktmanagements letztlich als Erfolg gilt, ist das Produkt eines Aushandlungsprozesses zwischen (zumindest partiell) divergierenden Interessen, wobei die verschiedenen „Interessenvertreter" mit durchaus unterschiedlichen Chancen ausgestattet sind, ihren Einfluss im Prozess geltend zu machen.[34]

---

33 BURKHARD MÜLLER (1998, S. 54) zeigt für die Hilfen zur Erziehung auf, wie komplex das Geflecht an „Koproduzenten" mit jeweiligen Eigeninteressen ist, die an der Erbringung und am Erfolg einer sozialpädagogischen „Leistung" beteiligt sind. Da sind neben Jugendamt, Maßnahmeträger, Eltern, Sozialpädagoge vor Ort und Jugendliche noch Lehrer und Schulen, Jugendstaatsanwälte, Arbeitgeber, Wohnungsbesitzer, Nachbarn, Polizei, usw. usw., die im je spezifischen Fall situativ zu Koproduzenten gelingender erzieherischer Unterstützung werden können - oder nicht.

34 SCHWABE (1995) versucht die divergierenden Interessen im Fall einer erzieherischen Hilfe mit dem Modell des Dienstleistungsvierecks einzufangen, in dem das Jugendamt die leistungsgewährende, der Personensorgeberechtige die leistungsberechtigte, der Maßnahmeträger die leitungserbringende und das Kind/der Jugendliche die leistungsempfangende Instanz repräsentieren. Nach SCHWABE sind die Machtgewichte strukturell vermittelt über die kodifizierten Eingriffsrechte (Rechtsposition) und Sanktionsmöglichkeiten (Geld) ungleich verteilt. Insbesondere Maßnahmeträger und Jugendliche befinden sich nach Auffassung SCHWABEs in einer strukturell schwachen Position.

(2) RUDOLF BAUER (1998) hat überdies aufgezeigt, dass der Transfer des aus dem Krankenhausbereich entlehnten Modells der Qualitätsbeschreibung in den Kategorien Struktur-, Prozess- und Ergebnisqualität auf andere Bereiche sozialer Dienstleistungen problematisch ist. BAUER unterscheidet im Anschluss an DONABEDIAN zwei Dimensionen sozialer Dienstleistungsqualität, eine technische Dimension, die im Krankenhaus etwa durch die Ausstattung mit technischem Gerät und die fachliche Qualifikation der Mitarbeiter repräsentiert wird, und eine nichttechnische Dimension, die vor allem die soziale Zuwendung durch das Heil- und Pflegepersonal, die „Qualität" der Kommunikation und Interaktion zwischen Arzt, Pflegern und Patient betrifft. Für den Krankenhausbereich ist nun strukturell von Bedeutung, dass die technische Dimension der Qualität im Vordergrund steht, die nichttechnische Dimension hingegen eine sekundäre, unterstützende „Zulieferfunktion" hat. An einem Beispiel veranschaulicht: Die vertrauensvolle und freundliche Pflege auf der Station ist, auch wenn man psychosomatische Aspekte berücksichtigt, im Falle eines operativen Eingriffs nachrangig gegenüber den technischen Möglichkeiten der Klinik und einem medizinischen Personal, das sich dieser technischen Möglichkeiten fach- und sachkundig bedient (Zynisch gesprochen: Andernfalls könnte sich die „gute Pflege" schon im Verlauf der Behandlung erübrigen).[35]

Das Modell weist deshalb, so BAUER, einen technischen Überhang auf, der es für die Beschreibung der Qualität z.B. sozialpädagogischer Dienstleistungen ungeeignet erscheinen lässt. Ihre Qualität liegt darin, dass sie „im Rahmen der psychosozialen Interaktion zwischen den Dienstleistenden und den Dienstbedürftigen erbracht (wird, M.G.). Sie ist insofern der nichttechnischen Dimension zuzuordnen. Erst im Kontext dieser (nichttechnischen) Interaktion entscheidet sich die Bedeutung der technischen Dimension für die Qualität der Leistung. Mit anderen Worten: Nur dann, wenn im Rahmen personenbezogener Sozialer Dienstleistungen die nichttechnische Dimension - d.h. die Kommunikation und Kooperation zwischen Dienstleistenden und Dienstbedürftigen - in optimaler Weise gelingt, erkennen und würdigen die Nutzer/innen auch die Vorteile etwa eines neuen Gebäudes oder professionell gesetzter Standards, weil diese ihnen dann zu einem zusätzlichen Nutzen gereichen. Das Gelingen der psychosozialen Interaktion ist somit im Bereich personenbezogener Sozialer Dienstleistungen der entscheidende Schlüssel und die grundlegende Voraussetzung schlechthin, um auch die Vorzüge der Umgebung und die Qualität technischer Art wahrnehmen und würdigen zu können" (ebd., S. 92). Im Feld personenbezogener Dienstleistungen, so die pointierte Aussage BAUERs, ist das Verhältnis genau umgekehrt wie beispielsweise im Bereich des Krankenhauses: die nicht-technische Dimension gibt Ausschlag über „Erfolg" oder „Misser-

35 RUDOLF BAUER (1998, S. 92) verweist auf den „alten Medizinerspruch": „Der Appendix auf Nr. 13 lässt sich einfach nicht gesundlächeln."

folg“ der Dienstleistung, die technische hat unterstützenden Charakter.[36] „Die deutsche Adaption des verkürzten Qualitätsansatzes von Donabedian macht einmal mehr deutlich, dass das neue Paradigma im Begriff ist, den Gesamtbereich der Sozialen Arbeit ‚klinisch' zu verseuchen. Aufgrund der technischen Orientierung des technischen Blicks ist die Soziale Arbeit auf dem Wege, sich zum Satrapen des medizinisch-technologischen Komplexes zu entwickeln“ (ebd., S. 94). Praktisch gesprochen führt die Dominanz des technischen Blicks in den formulierten Qualitätsstandards zu einer tendenziellen Ausblendung nicht-technischer Aspekte der interaktiven und kommunikativen Qualität helfender Beziehungen, die zudem noch weitaus schwieriger zu erfassen sind - wenn überhaupt.

GRUNOW/KÖPPE (2000, S. 58 f.) haben beispielsweise für die Pflegeversicherung aufgezeigt, dass die Messung und Erfassung der Qualität von Pflegeleistungen unter den Bedingungen von Wettbewerb und Neuer Steuerung durch eine Reduktion auf die leichter messbaren Sachleistungen gekennzeichnet ist, die z.B. Faktoren wie „emotionale Nähe“ u. Ä. nicht berücksichtigen und damit die Gefahr eines Rückschritts zur „Satt-und-Sauber-Pflege“ implizieren. Auch wenn solche sektoralen Befunde nicht verallgemeinert werden sollten, verweisen sie auf eine mögliche Reduktion auf solche Aspekte helfender Beziehungen, die der Standardisierung und Erfassung zugänglicher sind.[37]

Zu (3) HERMANN GIESECKE (2001, S. 19) hat in einem neueren Beitrag am Beispiel von Schule und Bildung zwei Trends in den 90er Jahren hervorgehoben: „Charakteristisch für solche Argumentationstrends ist zweierlei: Geschichtslosigkeit und Expansion betriebswirtschaftlicher Verstehensmuster. Die Geschichtslosigkeit ist darin zu sehen, dass nicht real existierende Verhältnisse und Strukturen in ihrem Verstehenszusammenhang analysiert und hinsichtlich ihrer künftigen Tragfähigkeit überprüft werden, so dass man überzeugende Argumente erhielte, was warum und wie zu verbessern sei. Vielmehr wird die nicht aufgeklärte Öffentlichkeit lediglich mit Postulaten konfrontiert, die irgendwie und ohne weitere Begründung für ‚modern' gehalten werden. Diese geschichtslose Argumentationsweise hat zur Folge, dass der Modernisierungszauber mit der Aura des historisch Unausweichlichen daherkommen kann, zu dem es ernsthaft keine Alternative geben könne. Hier kommt eine typisch betriebswirtschaftliche Sichtweise zum Tragen. Sie vermag mit Kategorien wie Erinnerung und Tradition wenig anzufangen. Ihre Maßstäbe sind ‚Veränderung', ‚Innovation' und ‚Flexibilität'. Von daher kommt auch der permanente Hinweis, dass Wissen schnell veralte, während doch nur seine betriebswirtschaftliche Verwertbarkeit veraltet

36 „In diesem nicht-technischen Kern liegt der Wesensgehalt personenbezogener Sozialer Dienstleistungen“ (BAUER 1998, S. 93).

37 BAUER (1998, S. 94) zumindest konstatiert die Gefahr, „dass die ‚gemeinsamen Grundsätze' der Pflegeversicherung aus Bequemlichkeitsgründen, denn Denken strengt an - Schule machen werden.“

-,was ja nicht dasselbe ist." Was GIESECKE hier andeutet, ist der Umstand, dass die Durchdringung des sozialpädagogischen Diskurses mit betriebswirtschaftlichen Vokabeln und Denkweisen nicht an den Schranken der Organisationsstrukturen im Bildungs- und Sozialwesen halt macht, sondern tief in die Denk- und Handlungsmuster ihrer Akteure eindringt.

Aus professionstheoretischer Perspektive weisen die Bedenken von WERNER THOLE und PETER CLOOS (2000) in eine vergleichbare Richtung. Sie thematisieren die dem betriebswirtschaftlich akzentuierten Fachdiskurs innewohnende Tendenz zum technologischen Reduktionismus, zur Ausblendung von Eigenzeiten und Eigensinn von Bildungsprozessen am Beispiel der schon oben diskutierten Qualitätsmessverfahren im Umfeld personenbezogener sozialer Dienstleistungen. THOLE/CLOOS verweisen auf ein strukturelles Problem: „Bedeutsame Fachlichkeitskriterien - professionelle Wissensstandards, Fähigkeiten zur sozialpolitischen Analyse und Kompetenzen stellvertretender Deutung - fallen aufgrund geringer Praktikabilität bzgl. ihrer Messbarkeit aus dem Evaluierungsraster" (ebd., S. 558). Da es aber genau jene Aspekte sind, die die Qualität sozialpädagogischer Dienstleistungen aus fachlicher Sicht bestimmen, besteht die Gefahr, dass ihre interaktiven und kommunikativen Kernbereiche unter dem Effizienzdiktat an Bedeutung und Raum verlieren. Die betriebswirtschaftliche Modernisierung der Sozialen Arbeit bewerten THOLE/CLOOS aus professionstheoretischer und professionspolitischer Sicht als höchst problematisch: „Bezüglich der Adaption betriebswirtschaftlich ausgerichteter Steuerungs- und Organisationsreformen sind deutliche Tendenzen zu beobachten, die darauf hindeuten, dass dieses neue Wissen weitergehend von einer sozialpädagogischen Reinterpretation entbunden bleibt. Im Gegenteil scheint sogar einiges dafür zu sprechen, davon auszugehen, dass das sozialpädagogische Denken und Handeln jetzt selbst über ökonomische Zweckrationalitäten attackiert wird und die an Effektivitäts- und Effizienzparametern ausgerichteten ‚Modernisierungen' ungebrochen und ungefiltert im System der Sozialen Arbeit an Deutungsmacht gewinnen, da weder die wissenschaftstheoretischen Diskurse noch die sozialpädagogischen Praxen ein ihnen eigenes, konsistentes und souveränes Netzwerk von Kriterien vorliegen hat, welches die Aufnahme nicht-fachspezifischer Wissens- und Könnensressourcen zu filtrieren und kanalisieren vermag" (ebd., S. 563). Die Definition dessen, was die Qualität sozialer Dienstleistungen ausmachen könnte, wird so immer mehr aus fachlichen Legitimationszusammenhängen gelöst und sukzessive dem Diktat eines technizistisch verkürzten Effizienz- und Effektivitätsdenkens geopfert.

Die von THOLE/CLOOS auf theoretischer Ebene formulierten Vorbehalte gegenüber einer mit der Ökonomisierung Sozialer Arbeit einhergehenden inhaltlichen Deprofessionalisierung werden von WOHLFAHRT/RIEDIGER (2000, S. 145) auf personalwirtschaftlicher Ebene konstatiert, insofern im Zuge der Verbetriebswirtschaftlichung eher restriktive Elemente wie Reduktion der „Stammbelegschaften“ bis hin zu tariflicher Verschlechterung durch Auslagerung zu beobachten sind. Die per se schon flexiblen Strukturen des Arbeitsmarktes sozialer Berufe mit hohen Anteilen an befristet Beschäftigten und TeilzeitarbeiterInnen, Werk- und Honorarverträgen, Beschäftigungen in der Grauzone zwischen Ehrenamt und Hauptamt etc., erhalten unter dem Diktat des betriebswirtschaftlichen Kalküls so einen weiteren Schub.

> Internationale Studien bestätigen die Relevanz dieser Befürchtungen. So konstatiert etwa MUETZELFELDT (2000, S. 80 f.) am Beispiel unterschiedlicher Studien im „Contract-State“ Victoria (Australien), dass die „Rolle der Professionen in sozialen Diensten ernsthaft in Mitleidenschaft gezogen wird, wenn man soziale Responsivität in eine marktförmige Ware überführt, die von der Regierung eingekauft und von Trägern aus dem Bereich der Basisinitiativen verkauft wird. (...) Als Individuen mögen die Professionals den ökonomischen Rationalismus internalisieren und dadurch zu Anwälten des Neuen Managerialismus werden. Sie geben dann professionelle Einstellungen auf und gehen Kooptationsverhältnisse mit der Agenda des ökonomischen Rationalismus ein. Oder sie können sich dieser Entwicklung widersetzen und werden ihre Gegner, indem sie ihre professionelle Ausrichtung in einem organisatorischen Setting weiterverfolgen, das weder die notwendige Unterstützung noch die Infrastruktur für die Professionalität bereitstellt. In beiden Fällen wird die Klientel aller Wahrscheinlichkeit nach darunter leiden. Am wahrscheinlichsten ist, dass die Professionellen zwischen Kooptation und Widerstand pendeln - je nach Möglichkeit, die ein bestimmter Kontext im Einzelfall offeriert. Die wahrscheinliche Folge sind fragmentierte bzw. nicht-integrierte organisatorische und professionelle Diskurse und Praktiken, die sich in vielfältigen Problemen innerhalb der Organisationen Sozialer Arbeit ebenso manifestieren, wie in den professionellen und persönlichen Biographien der Sozialarbeiter oder in den jeweiligen Folgen für die betroffene Klientel.“
>
> TOMMY LUNDSTRÖM (2000) zeigt auf, dass die Marktöffnung des Heimsektors in Schweden zu einer „Restrukturierung der Heimerziehung“ geführt hat, die aus der Sicht der Profession Sozialer Arbeit als Rückschritt zu werten ist. Mitte der 90er Jahre konstatierten Untersuchungen, dass in weiten Teilen des expandierenden Marktes privatgewerblicher Einrichtungen kein einschlägiges Fachpersonal (Psychologen und Sozialarbeiter) beschäftigt wird. Während der Anteil der Einrichtungen ohne entsprechendes Fachpersonal bei staatlichen bzw. kommunalen Einrichtungen mit 5% am geringsten lag und mit 17% von den gemeinnützigen Anbietern schon deutlich überschritten wurde, arbeiteten 52% der privatgewerblichen Anbieter von Leistungen der Heimerziehung ohne Fachpersonal (vgl. LUNDSTRÖM 2000, S. 247; vgl. auch SUNESSON 2000).

In ihrem Resümee der internationalen Entwicklungen kommen OTTO/SCHNURR (2000, S. 16) ebenfalls zu einem skeptischen Urteil im Hinblick auf die Folgen der Ökonomisierung für die Professionalisierung der Sozialen Arbeit. „Die Figur des autonom agierenden, nur seiner Professionalität verpflichteten Sozialarbeiters könnte abgelöst werden durch die Figur eines nurmehr Ausführenden, der sich an den Handbüchern und Instruktionen der Qualitätssicherungsverfahren und den betriebswirtschaftlichen Vorgaben des Management orientiert. Ein erhöhter Wettbewerbsdruck kann zudem dazu führen, dass im Unterbietungswettbewerb der konkurrierenden Leistungserbringer den Ansprüchen des Marktes nicht anders entsprochen werden kann als durch eine Personalpolitik der De-Professionalisierung."

Die Professionalisierungsgeschichte der Sozialen Arbeit, die in weiten Teilen als Erfolgsgeschichte geschrieben werden kann und die gerade seit den 70er Jahren einen wissenschaftlichen Rationalitätsschub erhalten hat[38], gerät in die Doppelzange eines Systems der Erfolgskontrolle, das nicht in der Lage ist, die eigentliche Qualität öffentlicher personenbezogener sozialer Dienstleistungen zu erfassen und zentrale (wenn nicht: die zentralen) Momente der „Produktqualität" mangels Sichtbarkeit, Zugänglichkeit und Kontrollierbarkeit ausblendet, und eines in wachsendem Maße den Wettbewerbsbedingungen des freien Marktes ausgesetzten Feldes der öffentlichen Wohlfahrtsproduktion, in dem Professionalität zu einem immer weniger honorierten (und kontrollierten), weil teuren Gut wird.[39]

Die hier angeführten Kritiklinien einer Ökonomisierung der Sozialen Arbeit ließen sich im Detail angesichts einer kaum überschaubaren Reformpalette innerhalb des Bildungs- und Sozialwesens zweifelsohne erweitern, insofern der Ruf nach mehr Markt, Wettbewerb und Effizienz vor keinem Reservat der „pädagogischen Provinz" halt macht, wie die einschlägigen Diskussionen über die Neuorganisation des Schul- und Hochschulwesens nachdrücklich belegen.[40] Die Argumente mögen allerdings ausreichen, um den Ver-

38 Vgl. besonders OTTO/UTERMANN (1972).

39 Mit gleichem Tenor konstatiert MARTIN BAETHGE (1999 a, S. 19) für das Bildungswesen die „bisher radikalste Ökonomisierung oder vielleicht besser Vermarktlichung der Kategorien, in denen die öffentliche wie auch ein Grossteil der wissenschaftlichen Diskussion über Ziele und Organisationsformen von Bildungsprozessen verhandelt."

40 JYRKI HILPELÄ (2001) beschreibt, um noch ein weiteres internationales Beispiel anzuführen, die neoliberale Umgestaltung des Bildungs- und Sozialwesens in Finnland und nimmt dabei insbesondere die Hochschulentwicklung in den Blick. „In der vom Geist des Neoliberalismus geprägten neuen Universität werden Imagepflege, Produktion und ‚Marketing' immer wichtiger. Während früher die Struktur der Disziplin entscheidend dafür war, welches die Schwerpunkte von Forschung und Lehre waren, ist es heute die ‚Nachfrage'. Die Einrichtungen untersuchen das, wofür sie bezahlt werden, und unterrichten, was gefragt ist. (...) Als Folge davon geraten die Grundlagen und Grundbestände der Disziplin aus dem Blick und der Unterricht wird oberflächlich. Ein Fach, das vom unmittelbaren praktischen Nutzen determiniert wird,

heißungen von mehr Kundensouveränität, bunterer Angebotspalette bei gleichzeitig sinkenden Kosten, die als Früchte vom Baum einer nach Effizienzkriterien umorganisierten und durch mehr Wettbewerb „befruchteten" Umgestaltung des Sektors der organisierten Wohlfahrtsproduktion fallen sollen, eine gewisse Skepsis entgegenzuhalten.[41]

Um kein Missverständnis aufkommen zu lassen: Mit dem kritischen Duktus des vorher Gesagten ist weder implizit intendiert, dass es keinen Reformbedarf in öffentlicher Verwaltung und sozialen Organisationen gibt und dass betriebswirtschaftliche Methoden hier nicht hilfreich sein könnten, noch sind die Äußerungen als verstecktes Plädoyer für einen Rückzug aus der Sozialmanagementdebatte zu verstehen, die fachlich viel zu bedeutsam ist, um sie den BetriebswirtschaftlerInnen zu überlassen. Problematisch wird es allerdings, wenn stillschweigend der „Weg" (die Methode) zum „Ziel" wird, oder anders ausgedrückt, wenn sich Reformprozesse unter dem Primat der Effizienzsteigerung vollziehen und fachliche Intentionen ökonomischen Interessen untergeordnet bleiben. Zumindest ist die von BENNO HAFENEGER (2001, S. 25) konstatierte Gefahr einer Verbetriebswirtschaftlichung der Sozialen Arbeit nicht von der Hand zu weisen. „In einem schleichenden Prozess oder auch mit offenen Formulierungen werden der sozialen Arbeit und Jugendhilfe Wege in die Marktregelungsmechanismen und Konkurrenz, in die ‚Sozialwirtschaft' und das Sozialmanagement gewiesen. Soziale Arbeit wird Teil eines ökonomisch dominierten Denkens mit entlehnten Kategorien (Steuerungsmodelle, input-output, Controlling), mit Qualitäts-, Kontrakt- und Kontrollmechanismen (Effizienz, Effektivität etc.), mit Privatisierungs- und Verbilligungsinteressen sowie seinem zugehörigen Vokabular (Dienstleistung, Kunde, Angebot und Nachfrage etc.)."

Die mit diesem Prozess notwendig aufgeworfene Frage, wie viel „Wettbewerb" Bildungs- und Erziehungsprozesse (v)ertragen können[42], ist aktuell

kann Theorie nicht mehr im alten griechischen Sinne betreiben. Der an die Leine der Produktentwicklung gelegten Wissenschaft fehlt die Distanz, die nötig ist, um die Trends der Gesellschaft kritisieren zu können" (ebd., S. 195).

41 Vorschläge, wie die von WOLF RAINER WENDT (2000, S. 59), nicht in Abwehr gegen die „notorische Ökonomisierung" zu verharren, weil Haushalten im Sinne von verantwortlichem Umgang mit den vorhandenen Ressourcen doch das „ursprüngliche Verständnis" von Ökonomik sei, das es zu revitalisieren gelte (was WENDT auch in Anknüpfung an Kommunitarismus und Gemeinwesenökonomie versucht), sind aus analytischer Perspektive wenig hilfreich, weil sie ausblenden, dass die Ökonomisierungswelle der 80er und 90er Jahre mit sozialromantischen Vorstellungen vom „Ganzen Haus" recht wenig zu tun haben. Mögliche Folgen einer solchen Entwicklung zu identifizieren und zu reflektieren ist substantiell etwas völlig anderes, als der normative Entwurf einer „guten Ökonomie".

42 LESTER THUROW (1996, S. 423) stellt in seiner Studie zur Zukunft des Kapitalismus lapidar fest: „wer sehen will, wie ein kapitalistisch ausgerichteter Bildungsmarkt versagt, braucht sich nur die USA anzuschauen." 1995 gab Kalifornien doppelt soviel Geld für den Betrieb und Bau von Gefängnissen aus als für Universitäten (vgl. ebd., S. 126 f.; vgl. auch Reich 1996, S. 307). Interessanterweise trifft MILTON FRIEDMAN

und zukünftig bedeutsam, weil sie einer vorschnellen Anpassung an einen „neuen" sozialstaatlichen Zeitgeist zumindest eine kritische Nachfrage voranstellt, auch wenn sie sich einer letztendlichen Klärung wohl entzieht. Was BENNO HAFENEGER (1998, S. 81) für pädagogische Lern- und Hilfeprozesse reklamiert, dass nämlich deren Eigenlogik „quer zu betriebswirtschaftlicher Stromlinienförmigkeit, politischer Formelrhetorik und administrativem Kontrolldenken" liegt, thematisiert aus der Perspektive der Sozialstaatsentwicklung HANS THIERSCH (1997, S. 22), der die Gefahr konstatiert, dass sich im „Primat des Ökonomischen ... die soziale Einbettung des Leistungsprinzips" verliert, „der für den sozialen Kapitalismus, der für die soziale Marktwirtschaft prekäre Kompromiss zwischen Leistung als Leistungsgerechtigkeit und sozialer Gerechtigkeit."

Zum möglichen Funktionswandel der Sozialpädagogik

Was bedeuten die vorgetragenen Analysen und Deutungen nun für die Rolle der Sozialen Arbeit im 21. Jahrhundert? Steht eher eine Fortsetzung der Erfolgsgeschichte vom „sozialpädagogischen Jahrhundert" an - vielleicht unter veränderten Vorzeichen, oder drohen eher dunkle Wolken am Horizont? Gelingt es der Sozialen Arbeit, eine eher an den Bedürfnissen der Subjekte orientierte Flexibilisierung ihrer Organisations- und Handlungsformen voranzutreiben? Oder droht ihr unter dem Druck verstärkter systemischer Zumutungen die per se fragile Balance zwischen systemischem Anspruch und lebensweltlicher Situierung abhanden zu kommen?

Gegen die optimistische Deutung einer „Normalisierung" Sozialer Arbeit[43] haben insbesondere ANDREAS SCHAARSCHUCH (1990, 1999 a, 1999 b, 2000) sowie ALBERT SCHERR (1999; vgl. auch BOMMES/SCHERR 1996, 2000) kritische Einwände erhoben.

ANDREAS SCHAARSCHUCH (1990) hat dabei schon zu Beginn der 90er Jahre sehr differenziert die Konturen des postfordistischen Wohlfahrtsregimes beschrieben. SCHAARSCHUCH macht auf der Basis der Analyse der ökonomischen Veränderungen und einer damit einhergehenden veränderten Rolle der Staatstätigkeit einen „langsamen Wandlungsprozess hin zu einem neuen historischen Block" (ebd., S. 59) aus. Im Kern der Veränderungen steht dabei die „Flexibilisierung von Akkumulation, Regulation und Reproduktion" (ebd., S. 68). SCHAARSCHUCHs Resümee klingt auch mehr als 10 Jahre nach seinem Erscheinen noch höchst aktuell: „Insgesamt geht es in dieser nachfordistischen Regulationsweise in der Bundesrepublik um eine Deregulierung arbeitspolitischer Strukturen im Produktionsbereich, um eine Re-

(2000, S. 130) dieselbe Diagnose, empfiehlt allerdings als Heilmittel eine stärkere Privatisierung. „Dann würde die Ressource Bildung viel gleichmäßiger verteilt." Vgl. auch PINZLER (2000).

43 Um Wiederholungen zu minimieren vgl. dazu die Einleitung.

Privatisierung der Kosten und Risiken, eine ‚Effektivierung' sozialer Dienstleistungen und deren Spezialisierung, Ambulantisierung, Familialisierung, sowie die Regulation und Bearbeitung der für die Flexibilität der nachfordistischen Akkumulationsweise funktional notwendigen Reservearmee und der dauerhaft aus dem Produktionsprozess Ausgegrenzten: d.h. es ist nicht mehr das Ziel der Regulation, ein ganz bestimmtes Normalitätskonzept durchzusetzen, sondern der Sozialpolitik kommt die umfassendere Aufgabe der Regulation einer gespaltenen Gesellschaft zu" (ebd., S. 106). Mit anderen Worten: Konnte die Soziale Arbeit in ihrem „Jahrhundert" auf einer strukturell (z.B. in Gesetzen, Institutionen) verankerten Philosophie aufbauen, die (zumindest programmatisch) auf die Integration ‚aller' Subjekte abzielte und die als positiver Identifikationskern den normativen Rahmen der qualitativen und quantitativen Erfolgsgeschichte der Sozialen Arbeit im letzten Drittel des 20. Jahrhunderts rahmte, so bringt der schleichende Paradigmenwechsel auch eine Umstellung in Funktion und Programmatik Sozialer Arbeit mit sich. „So ist das Ziel staatlicher Sozialpolitik nicht mehr in erster Hinsicht die Integration in ein Modell der Sozialarbeit, vielmehr ist für eine regulative Sozialpolitik im Postfordismus die Spaltung der Gesellschaft die Voraussetzung, die sie grundlegend nicht verändern kann. Insgesamt ist der Regulationsbedarf gestiegen, erscheint jedoch an der Oberfläche im liberalistischen Gewand als Deregulation" (ebd., S. 157).

Die gesellschaftliche Funktion Sozialer Arbeit bestünde demnach in einem flexiblen Management von Integration und Desintegration, von biographischen Brüchen und Diskontinuitäten unter den Imperativen einer radikalisierten Marktgesellschaft. Vor diesem Hintergrund, so SCHAARSCHUCH (1999 a) Ende der 90er Jahre, ist einer Version der Normalisierungsthese zu misstrauen, der im Zuge der Ausbreitung und Konsolidierung der sozialpädagogischen Infrastruktur das Bewusstsein um ihre intermediäre Stellung und das darin eingelagerte doppelte Mandat abhanden kommt.[44] SCHAARSCHUCH unterscheidet drei mögliche Entwicklungsrichtungen: (a) Eine Sozialpolitisierung der Sozialarbeit, die „verfährt wie bisher, so, als hätte keine Erosion der normativen Kraft der Lohnarbeiterfigur stattgefunden und als sei eine Integration durch und in Lohnarbeit für ihre Klientel weiterhin möglich, wenngleich auch schwierig. Ihre Maßnahmen sind dann hinsichtlich des Integrationsaspektes nicht mehr realitätsgerecht und machen immer nur für kurze Zeiträume Sinn" (SCHAARSCHUCH 1990, S. 165). (b) Eine „Pädagogisierung" der Sozialen Arbeit, die sich im Wesentlichen durch die „pädagogisch-therapeutische Stillstellung und Verwahrung der

44 SCHAARSCHUCH (1999, S. 65) bezieht sich in seiner Kritik insbesondere auf ROLAND MERTEN (1997), generalisiert allerdings den Vorbehalt insofern, als dass er allen „Vertretern der Normalisierungsthese" die Auffassung unterstellt, „mit dem quantitativen Wachstum der Beschäftigtenzahlen im Sozialbereich (sei, M.G.) ein qualitativer Funktionswandel sozialer Arbeit und der Übergang von einem ‚Instrument' ... zur ‚Autonomie' ... zu belegen."

gesellschaftlich Abgespaltenen und Ausgegrenzten" auszeichnet (ebd., S. 164). (c) Einer „reproduktionsorientierten Sozialen Arbeit" (ebd., S. 166), die an den empirisch vorfindbaren Lebenslagen anknüpft und auf der Basis gleicher Bürger- und Teilhaberechte die Subjekte in ihrer Lebensbewältigung, in ihren verschiedenen Reproduktionsweisen unterstützt. Eine reproduktionsorientierte Soziale Arbeit versteht SCHAARSCHUCH als einen „qualitativen Schritt zu einer Emanzipation sozialer Arbeit aus der strikten Funktionalisierung durch die Sozialpolitik" (ebd., S. 166).

Mit dem Konzept der reproduktionsorientierten Sozialen Arbeit geht SCHAARSCHUCH von der Analyse gesellschaftlicher Verhältnisse zum Entwurf einer Sozialen Arbeit über, die sich der Realisierung der Bürgerrechte, sozialer Gerechtigkeit und gesellschaftlicher Teilhabe verpflichtet fühlt und diesen Maximen auch im Übergang von Fordismus zum Postfordismus treu bleibt. SCHAARSCHUCH (1999 b, 2000) hat diesen Aspekt einer normativen Fundierung Sozialer Arbeit Ende der 90er Jahre unter dem Stichwort Dienstleistungsorientierung erneut aufgegriffen.[45]

Während SCHAARSCHUCH auf der Basis politökonomischer Gesellschaftsanalysen und Gegenwartsdiagnosen argumentiert, kommen BOMMES/SCHERR (1996, 2000) sowie SCHERR (1999) auf der Basis einer systemtheoretischen Analyse ebenfalls zu der These, dass sich unter den Bedingungen gesellschaftlicher Modernisierung eine Funktionsverlagerung der Sozialen Arbeit abzeichnet.[46] Moderne Gesellschaften sind in der Lesart LUHMANNs durch eine fortschreitende funktionale Differenzierung gekennzeichnet, die im Vergleich zu vormodernen Gesellschaften ein „Management" der Inklusion und Exklusion in unterschiedlichen gesellschaftlichen Teilsystemen notwendig macht.[47] Wohlfahrtsstaaten nehmen in diesem Kontext eine zentrale Rolle ein, sie „moderieren die Inklusionsbedingungen von Teilsystemen". Vor diesem Hintergrund definieren BOMMES/SCHERR (2000, S. 107) die Funktion Sozialer Arbeit als „Vermeidung drohender und die Bearbei-

---

45 Vgl. dazu kritisch HAUPERT (2001); GALUSKE (2002).

46 An dieser Stelle soll weder eine Skizze der seit Mitte der 90er Jahre vorgenommenen Versuche einer systemtheoretischen Reformulierung sozialpädagogischer Fragestellungen erfolgen, noch soll der seitdem kontrovers diskutierten Frage nachgegangen werden, ob die Soziale Arbeit nun ein Teilsystem der Gesellschaft ist oder nicht. Vgl. zur Übersicht MERTEN (2000).

47 Das Begriffspaar Exklusion/Inklusion wird häufig mit Integration und Ausgrenzung gleichgesetzt. Auch wenn zweifelsohne inhaltliche Anknüpfungspunkte bestehen, ist eine solche Gleichsetzung begriffssystematisch problematisch, da sich soziale Individualität in modernen Gesellschaften „aus der Geschichte der Inklusionen und Exklusionen eines Individuums in die bzw. aus den sozialen Systemen" bildet. Für CASTEL (2000, S. 385) bedeutet Exklusion „nicht das Fehlen von sozialen Beziehungen, sondern die Gesamtheit von besonderen Beziehungen zur Gesellschaft, verstanden als einem Ganzen. Es gibt niemanden außerhalb der Gesellschaft, sondern nur eine Gesamtheit von Positionen, deren Beziehungen zum Zentrum mehr oder weniger straff gespannt sind." Vgl. zur Exklusions-/Inklusionsproblematik auch BOMMES/SCHERR (2000, S. 124 f.).

tung vollzogener Exklusionen". Soziale Arbeit als „Zweitsicherung im Wohlfahrtsstaat" (BOMMES/SCHERR 1996, S. 116) konkretisiert sich in Form der (a) Exklusionsvermeidung, (b) der Inklusionsvermittlung und (c) der Exklusionsbetreuung/-verwaltung.

> Am Beispiel der Sozialen Arbeit mit arbeitslosen Jugendlichen lässt sich veranschaulichen, dass Soziale Arbeit sich aller drei Modi der Bearbeitung von Exklusionsrisiken bedient: Arbeitslosigkeit ist in systemtheoretischer Sprache als Exklusion aus dem System der Erwerbsarbeit zu begreifen. In Bezug auf die Jugendberufshilfe lassen sich demnach drei Wirkungskomplexe unterscheiden:
>
> - Dort, wo sie im Vorfeld von drohender Arbeits- bzw. Ausbildungslosigkeit tätig wird, etwa durch Gespräche mit Betrieben in Konfliktfällen, ausbildungsbegleitende Hilfen, berufsbezogene Arbeit mit Schulentlassklassen etc. betreibt die Jugendberufshilfe Exklusionsvermeidung, indem sie im Vorfeld eines möglichen krisenhaften Übergangs bzw. eines Bruchs durch Intervention die Wahrscheinlichkeit einer Exklusion reduziert.
> - Dort, wo sie akut Arbeitslose durch Ausgleich sozialer Benachteiligungen, Qualifizierung, Vermittlung, Arbeitsbeschaffung u. Ä. unterstützt und ihren Rangplatz im Kampf um die geringer werdenden Inklusionsmöglichkeiten stärkt, betreibt sie - zumindest potentiell - Inklusionsvermittlung.
> - Dort, wo sie im Zuge der labilisierten Inklusionsmöglichkeiten im System der Erwerbsarbeit immer seltener in der Lage ist, Übergänge aktiv zu gestalten und zu befördern, wird „Soziale Arbeit wider Willen zunehmend zur Exklusionsverwaltung" (ebd., S. 116).

Unter dem Regime einer flexiblen Arbeitsgesellschaft und der mit ihr einhergehenden Labilisierung lohnarbeitsgesellschaftlicher Inklusionschancen sehen BOMMES/SCHERR die Gefahr, dass Exklusionsverwaltung „eine Tendenz von voraussichtlich zunehmender Bedeutung" (ebd., S. 116) sein wird. Mit anderen Worten: Fußte das Selbstbewusstsein und die Erfolgsgeschichte Sozialer Arbeit nicht zuletzt auf ihrem „Selbstverständnis" als gesellschaftlich institutionalisiertes „soziales Gewissen" mit der Zielrichtung der Beförderung sozialer Integration und somit als ein Garant der Einlösung des Modells der Erreichbarkeit (vgl. Kapitel 3 und 4), so offenbart sich im Übergang zur flexiblen Arbeitsgesellschaft nicht nur deutlicher als bislang, dass Inklusionsvermittlung und Exklusionsvermeidung schon immer von Exklusionsverwaltung begleitet wurden.[48] „In dem Maße also, wie eine

---

48 Folgt man der Argumentation SCHERRs (1999, S. 51), so ist die Umstellung der sozialstaatlichen Philosophie funktional als historischer Rückschritt zu analysieren. „Kennzeichnend für moderne Wohlfahrtsstaaten des keynsianischen bzw. fordistischen Typus ist eine politische Programmatik der Exklusionsvermeidung bzw. Inklu-

wachsende Diskrepanz von Angebot an und Nachfrage nach menschlicher Arbeitskraft mit dem Abbau sozialstaatlicher Leistungen einhergeht, wird Exklusionsverwaltung zu einer Aufgabe sozialer Arbeit von zunehmender Bedeutung. Von einem sich abzeichnenden Paradigmenwechsel wohlfahrtsstaatlicher Politik und Sozialer Arbeit ist vor diesem Hintergrund insofern zu sprechen, wie die sozialstaatliche Programmatik Inklusion ersetzt wird durch eine Programmatik der Exklusionsverwaltung, wenn also der Ausschluss von Individuen und sozialen Gruppen aus Teilsystemen nicht mehr Anlass für Politiken der Reinklusionsermöglichung bildet, sondern eine Verdichtung von Exklusionseffekten zu Exklusionskarrieren von Individuen und sozialen Gruppen zugelassen wird“ (SCHERR 1999, S. 52).

Auch wenn beide Analysen in unterschiedlichen Theoriesprachen argumentieren, zielen sie auf denselben Zusammenhang, der auch von den Ergebnissen dieser Studie gestützt wird: In dem Maße, in der die lohnarbeitszentrierte, wohlfahrtsstaatlich abgefederte Arbeitsgesellschaft unter dem Diktat des neoliberalen Globalismus bei gleichzeitigem Schwinden des Erwerbsarbeitsvolumens die Strukturen arbeitsmarktlicher Integration verflüssigt, flexiblisiert, und gleichzeitig die wohlfahrtsstaatliche „Zweitsicherung“ unter dem Stichwort „mehr Eigenverantwortung und Aktivierung der Bürger“ zurückfährt und somit die Frage von Integration und Ausgrenzung in sukzessive wachsendem Maße den Gesetzen des Marktes unterwirft, besteht die Gefahr, dass sich hinter der auch weiterhin beständigen Programmatik der Integrationshilfe mehr und mehr, sichtbar und weniger sichtbar, weite Teile der sozialpädagogischen Infrastruktur zu mehr oder minder komfortablen Wartehallen vor den Toren der Arbeitsgesellschaft entwickeln. Liest man die in Teil II dieser Studie zusammengetragenen Befunde einer international beobachtbaren Vermarktlichung des sozialstaatlichen Arrangements, der Privatisierung der Kosten Sozialer Sicherung, der Ökonomisierung sozialer Dienstleistungsarbeit, der faktischen und programmatischen Ausweitung von Verpflichtungsmodellen, Kontrollen und justizieller Bearbeitung der Folgen sozialer Spaltung im Lichte dieser Deutungen, so liegt die Vermutung nicht fern, dass sich die fragile Balance von Hilfe und Kontrolle aktuell und perspektivisch eher zugunsten der Kontrollelemente verlagert. Der neue, „aktivierende“ Konsens der wohlfahrtsstaatlichen Modernisierer könnte sich vor diesem Hintergrund als modernistische Legitimationsformel erweisen, dessen Kehrseite die Rückkehr zu überwunden geglaubten „alten Zeiten“ ist.[49]

---

sionsermöglichung. (...) Zielsetzung von Sozialpolitik ist nicht mehr nur und primär, wie im Falle der Armenfürsorge, Exklusionsverwaltung, sondern umfassende Inklusionssicherung für alle (Staats-)BürgerInnen.“

49 DAHME/WOHLFAHRT (2001, S. 13 f.) verweisen in ihrer Analyse aktivierender Sozialstaatsstrategien für die Soziale Arbeit auf die mit den Verpflichtungsmodellen und der Radikalisierung der subjektiven Lohnarbeitsverpflichtung verbundene Verlagerung hin zu einer stärkeren Kontrollorientierung. „Die Durchsetzung von Disziplin

Diese aus sozialpädagogischer Sicht formulierten Lesarten der Modernisierung gewinnen an Plastizität, wenn man sie auf die Befunde ROBERT CASTELs (2000, S. 364) bezieht, der die Veränderung der sozialpolitischen Regulation des Lebenslaufs unter den Bedingungen der flexiblen Arbeitsgesellschaft als Übergang von der Integrationsgesellschaft zur Eingliederungsgesellschaft beschreibt, wobei unter Integrationspolitik solche Maßnahmen zusammengefasst werden, „die vom Bemühen um globale Gleichgewichte, um die Vereinheitlichung der Gesellschaft vom Zentrum aus inspiriert sind.“ Während Integrationspolitik sich an die gesamte Bevölkerung wendet, zielt Eingliederungspolitik auf besondere Bevölkerungsgruppen und unterliegen nach CASTEL (2000, S. 364 f.) der Logik der „positiven Diskriminierung“. „Sie hat nämlich besondere Bevölkerungsgruppen oder einzelne Regionen des sozialen Raums im Visier und verfolgt spezifische Strategien zu deren Gunsten. Wenn jedoch bestimmte Gruppen oder Räume zum Gegenstand zusätzlicher Aufmerksamkeit und Sorge werden, so geschieht das ausgehend von der Feststellung, dass sie weniger haben und weniger sind, dass sie sich also in einer Mangellage befinden. Sie leiden in der Tat unter einem Mangel an Integration, wie etwa die Bewohner heruntergekommener Stadtviertel, Schüler mit verpatzter Schullaufbahn, Problemfamilien, schwer oder gar nicht vermittelbare Jugendliche, Langzeitarbeitslose. Die Maßnahmen der Eingliederungspolitik lassen sich insgesamt als Versuche verstehen, das Niveau dieser Gruppen anzuheben, damit sie den Abstand zur gelungenen Integration wettmachen können (ein angemessener Lebensstandard, eine ‚normale' Schullaufbahn, ein Dauerarbeitsplatz usw.). Doch heute erhärtet sich zunehmend der Verdacht, dass all die ansehnlichen Bemühungen, die man seit vielleicht fünfzehn Jahren in diese Richtung unternimmt, dennoch nur einen prinzipiellen Schluss zulassen: diese Bevölkerungsgruppen sind womöglich unter den gegenwärtigen Umständen und allen Versuchen zum Trotz nicht integrierbar.“ Das Ergebnis dieser paradoxen Situation ist die Ausbreitung von Wartehallen, Trainingscamps und Vorbereitungskursen auf die Wirklichkeit einer(Arbeits-)Welt, von der keiner genau sagen kann, wie sie morgen aussieht, von der man aber mit an Sicherheit grenzender Wahrscheinlichkeit sagen kann, dass sie einen größeren Teil der Menschen (zumindest als Produzenten) nicht benötigt. Es geht mithin, zugespitzt formuliert, nicht mehr primär um die (Re-) Integration in ein mit Sicherheiten und Perspektiven ausgestattetes Normalitätsmodell, sondern um Eingliederung als Selbstzweck, als dauerhafte „Zwischenwelt“ der „Noch-Nicht-Integrierten“, die sich auf den Weg gemacht haben. In den Worten CASTELs: „Worin könne eine soziale Eingliederung bestehen, die nicht auf eine berufliche Eingliederung, also auf Integration hinausläuft? Unterm Strich in einer Verurteilung zu ewiger Eingliederung. Was ist ein dauernd Einzu-

---

und Anpassung zur Arbeit werden als neues methodisches Prinzip der sozialen Arbeit angesehen, indem im Rahmen ihrer ‚überwachenden' und ‚kontrollierenden Betreuung' Regeln und Normen des Arbeitsmarktes erst einmal in Trainingsprogrammen oder im Niedriglohnsektor simuliert werden.“

gliedernder? Jemand, den man nicht völlig fallen lässt, den man in seiner augenblicklichen Situation ‚begleitet', indem man um ihn herum ein Netz aus Aktivitäten, Initiativen und Projekten spinnt" (ebd., S. 376). Die Folge dieser Transformation von Integration zu Eingliederung im Sinne CASTELs wäre dann ein Muster, das sich in die Koordinaten der flexiblen Gesellschaft nur allzu gut einpasst: „Ein dauerhaft-transitorischer Zustand, eine permanente Zwischenposition oder Eingliederung lebenslänglich" (ebd., S. 377). Was CASTEL hier am Beispiel der französischen Sozialhilfeprogramme herausarbeitet, könnte das Muster für eine Politik des „Managements sozialer Spaltung" abgeben, wie sie SCHAARSCHUCH prognostiziert und wie sie sich in den sozial- und sicherheitspolitischen Tendenzen widerspiegelt. Eine Politik der Eingliederung hätte überdies den Vorteil, dass sie sich nicht der Programmatik der Integration entledigen müsste, sie würde sich nur in (mehr oder minder) schleichender Anpassung an die ökonomische Realität insofern transformieren, als dass der „Weg" für viele dauerhaft das „Ziel" ersetzen muss.

THOMAS RAUSCHENBACHs (1999 a, S. 292) Prognose für die Soziale Arbeit am „Ende des Jahrhunderts", dass nämlich vieles dafür spricht, „dass sie auch in Zukunft gebraucht wird", ist ohne Abstriche zuzustimmen. Soziale Arbeit, die erwachsen wurde im Horizont der sukzessiven Deregulierung des auf Massenintegration abzielenden wohlfahrtsstaatlich befriedeten Kapitalismus, wurde entworfen als (eine) Antwort auf die sozialen Folgeprobleme der industriekapitalistischen Produktionsweise. Die neuen, komplexeren Regulationsanforderungen der flexiblen Arbeitsgesellschaft mit ihren strukturellen Diskontinuitäten, Unsicherheiten und sozialen Verwerfungen könnten sogar den Hintergrund einer möglichen Fortschreibung der quantitativen Erfolgsgeschichte der Sozialen Arbeit abgeben. Allerdings dürfte es (zumindest in Teilen) die Erfolgsgeschichte einer „anderen" Sozialpädagogik sein, die entgegen den auf fachliche Autonomie abzielenden professionstheoretischen Programmatiken der 90er Jahre und trotz neuen Dienstleistungsimages wieder schmerzhaft und verstärkt ihrer ordnungspolitischen Wurzeln gewahr wird.[50]

---

50 In der „Doppelzange" einer auf Dauer gestellten Verpflichtung zur permanenten Effektivierung ihrer Angebote und einer den realen Entwicklungen auf dem Arbeitsmarkt zuwiderlaufenden Radikalisierung der Arbeitsverpflichtung unter dem Stichwort „aktivierender Wohlfahrtsstaat" sehen DAHME/ WOHLFAHRT (2001, S. 13) die Eckpfeiler eines veränderten Koordinatensystems Sozialer Arbeit, das weder für ihre Institutionalisierungs- noch für ihre Handlungsformen folgenlos bleibt. „Soziale Arbeit wird zukünftig in wachsendem Maße im Interesse des Gemeinwohls angesichts individueller Fehlentscheidungen entschieden intervenieren müssen, wobei die soziale Entschiedenheit nicht in das individuelle Belieben der Sozialarbeiter gestellt wird; methodische Prinzipien sozialer Arbeit wie diskursive Lösungssuche, partnerschaftliche Zusammenarbeit, Akzeptanz des Klienten, Wahrnehmung anwaltlicher Funktion, Freiwilligkeit der Hilfe, Bedürfnisorientierung der Hilfe u.ä. erscheinen aus dieser Perspektive als nicht mehr hinreichend für soziale Arbeit in einer individualisierten

Nach dem Ende des sozialpädagogischen Jahrhunderts. Schlussbemerkungen

Die Studie hat sich eingelassen auf soziologische Gegenwartsdiagnosen und versucht, diese begründet miteinander zu verknüpfen, um eine plausible Lesart der „Konsequenzen der Moderne“ (GIDDENS 1996 a) zu entwickeln, die es ermöglicht, die Entwicklungen und Perspektiven in Sozialstaat und Sozialer Arbeit im Zusammenhang zu betrachten. Die Studie verfolgt mithin die Absicht einer soziologisch basierten, sozialpädagogischen Gegenwartsanalyse. So ertragreich und notwendig ein solches Unternehmen gerade angesichts einer gesellschaftlichen Situation ist, die Wandel, Unbeständigkeit, Unsicherheit und Unübersichtlichkeit zum Programm erklärt hat, so fängt sie sich notwendig die von SCHIMANK/VOLKMANN (2000) skizzierten „Nachteile“ soziologischer Gegenwartsdiagnosen ein: Großflächig angelegt muss sie notwendig den Weg der selektiven Plausibilisierung ihrer Thesen gehen, muss sie sich Typologien und Beispielen bedienen - und weist so notwendig einen spekulativen Überhang auf. Diese „Nachteile“ sind der Preis der Fragestellung.

Um den „spekulativen Überhang“ so gering wie möglich zu halten, wurde versucht, zwischen „Gegenwartsanalyse“ und „Zukunftsentwurf“ so weit wie möglich zu trennen, also die Frage der Beschreibung und Interpretation gesellschaftlicher Entwicklungen von der Konstruktion von „Gegengiften“, „Heilmitteln“ oder „Geburtshilfen für eine neue Gesellschaft“ zu unterscheiden. Der weitgehende Verzicht auf den Aspekt des Entwurfs einer Sozialen Arbeit in den Wirren der Moderne hinterlässt dabei zweifelsohne eine Leerstelle, ein „flaues Gefühl im Magen“, weist die Analyse doch auf eine Vielzahl von Widersprüchen, Bedrohungen und Verwerfungen hin, die der disziplinären und professionellen Antwort bedürfen. Der Verzicht auf Entwurf bedeutet aber nicht Verzicht auf eingreifendes Denken, insofern die Komplexität, Schnelllebigkeit und Ambivalenz der Zweiten Moderne nur ein wirksames Gegengift kennt, nämlich Reflexivität (vgl. BECK 1986). Die Absicht dieser Studie liegt in einem Horizont, den MICHAEL WINKLER (1995, S. 156) skizziert hat. Theoriearbeit kann demnach „Wirklichkeit beschreiben, analysieren, vielleicht deuten, ohne jedoch hoffen zu dürfen, dass sich diese Zustände durch ihre Mitwirkung ändern. Theorien machen nämlich, selbst wenn sie empirisch gesättigt sind, nur Denkangebote, welche das Verständnis für gegebene Konstellationen erleichtern. Dann lassen sie vielleicht begreifen, dass diese Bedingungsgefüge auch ganz anders sein könnten, mithin historisch kontingent sind, zugleich für die Gegenwart und die Zukunft alternative Möglichkeiten enthalten.“ Die analytische Perspektive bleibt nicht folgenlos, insofern sie Sehhilfen liefert, Deutungsangebote

Gesellschaft und müssen, um Einsicht in die Notwendigkeit auch durchsetzen zu können, durch autoritäre bis repressive Interventionsmittel ergänzt werden.“

offeriert, die bislang Selbstverständliches in den Horizont der Aufmerksamkeit rücken, es zum Teil überhaupt erst sichtbar werden lassen.

Im Dickicht multipler Begriffsinhalte, gesellschaftlicher Unübersichtlichkeit und einer politischen Entscheidungspraxis unter dem scheinbaren Diktat des Sachzwangs - Letzteres besonders augenscheinlich im Fall des mit Hinweis auf internationale Konkurrenzfähigkeit länderübergreifend voranschreitenden Abbaus sozialer Sicherung - ist eine skeptische, fragende Haltung produktiver als (vorschnelle) Antworten, die dazu verleiten, ein Problem beiseite zu legen, es für erledigt zu erklären. Um es an einem bereits angesprochenen Beispiel zu veranschaulichen: Die von RICHARD SENNETT aufgeworfene Frage, wie viel „Flexibilität" Menschen ertragen können, wie viel Sicherheit und Kontinuität Menschen bedürfen, um eine tragfähige Identität aufzubauen und zu erhalten, weckt Skepsis gegenüber der im politischen und ökonomischen Diskurs zum Heilsbegriff geratenen „Wunderdroge Flexibilisierung". Das in Frageform formulierte Bewusstsein, dass es aus der Sicht der Subjekte eine Grenze der Flexibilisierung geben könnte, institutionalisiert eine Skepsis, die angesichts von Tempo und Komplexität flexibler Arbeitsgesellschaften weit produktiver ist, als das zumeist in „Glaubenskämpfen" mündende Ringen um eine abschließende Antwort, die zur Voraussetzung meist eine (andere) Gesellschaft hat, die es (noch) nicht gibt.

Angesichts der Komplexität des Gegenstandes soll hier nicht versucht werden, ein Schlusswort im Sinne einer Zusammenfassung, also in Form einer nochmaligen Reduktion zu formulieren. Drei Konsequenzen der Analyse seien allerdings abschließend hervorgehoben:

(1) Der sozialhistorische Exkurs in die Geschichte der Arbeit hat das Bewusstsein dafür geschärft, dass die Verengung des Arbeitsbegriffs auf Lohnarbeit ein recht junges Kind der Menschheitsgeschichte ist. Der stetige Rückgang des auf dem Arbeitsmarkt gehandelten Arbeitsvolumens gibt überdies Anlass zu der begründeten Vermutung, dass sie (die Lohnarbeit) evtl. schon kurz vor ihrer Pensionierung steht. Um es zuzuspitzen: Von 1960 bis 1995 sank die Arbeitszeit je Erwerbstätigem von 2.152 Stunden auf 1.549 Stunden, mithin um mehr als 28%. Würden wir uns - hypothetisch - darauf einigen, uns fortan mit einem gleich bleibenden Wohlstandsniveau (Null-Wachstum) zu begnügen, würde bei konstanter Geschwindigkeit der Umsetzung von Produktivitätszuwächsen in individuelle Arbeitszeitverkürzung in ca. 85 Jahren die Jahresarbeitszeit bei annähernd Null Stunden liegen - eine rein hypothetische und ökonomisch zweifelsohne unsinnige Rechnung, die allerdings nochmals vor Augen führt, dass die gegenwärtige Verschärfung der Arbeitsmoral einhergeht mit dem allmählichen Schwinden des Objekts der Moral, nämlich der Lohnarbeit. Zumindest ist BERND GUGGENBERGERS (2000, S. 28 f.) Vision von der Simulationsgesellschaft auf diesem Hintergrund nicht völlig abstrus. Simulationsgesellschaft ist eine Gesellschaft, „die beim allermeisten, womit sie beschäftigt

ist, nur so tut als ob. Sie simuliert Schönheit und Sicherheit, Schicksal und Schrecken, Freiheit und Abenteuer, ja sogar Arbeit und Liebe: Seit sich die Arbeit von der Notwendigkeit losgesagt hat, wird sie vorwiegend als Beschäftigung simuliert - die Arbeitsgesellschaft entpuppt sich als gigantische Übungsfirma, die einen immer größeren Anteil ihrer Mitglieder dafür bezahlt, dass ihre Fähigkeiten und Kapazitäten nicht genutzt werden".

Die Krise des lohnarbeitsgesellschaftlichen Vergesellschaftungsmodells hat deshalb paradoxerweise beides zur Folge: eine Verschärfung und Zuspitzung der Lohnarbeitsmoral einerseits - insofern ist die flexible Arbeitsgesellschaft der Zweiten Moderne mehr Arbeitsgesellschaft, als jede andere „moderne" Gesellschaftsformation vor ihr -, wie die Infragestellung ihrer Hegemonie im Tätigkeitsdiskurs andererseits. Im Tätigkeitsdiskurs manifestiert sich das Bewusstsein, dass Lohnarbeit nie das ganze Leben gewesen ist und immer auf dem stillschweigend vorausgesetzten Fundament der Reproduktionsarbeit fußte.

In der Literatur ebenso wie in den politischen Utopien ist der Gedanke, dass Leben mehr sein könnte als „Bewährung im Beruf", immer erhalten geblieben. So begrenzt THOMAS MORUS (vgl. HEINISCH 1960, S. 55) die Zeit der Arbeit in seinem Zukunftsstaat Utopia (1516) auf höchstens sechs Stunden: „drei vor Mittag, nach denen sie zum Essen gehen; nach der Mahlzeit ruhen sie zwei Nachmittagsstunden, widmen dann wiederum drei Stunden der Arbeit und beschließen das Tagewerk mit dem Abendessen." Die restliche Zeit dient der Bildung, dem wissenschaftlichen Studium, der Verfeinerung der Handwerkskünste, dem Gespräch, der Musik und dem Spiel. In TOMMASO CAMPANELLAs (1623/1636) Sonnenstadt arbeitet man, etwas mehr als einhundert Jahre später, gar nur vier Stunden. „In der Sonnenstadt dagegen werden die öffentlichen Dienste und Arbeiten jedem Einzelnen zugeteilt; deshalb genügt es auch, wenn jeder kaum vier Stunden arbeitet. Die übrige Zeit verbringt er auf angenehme Weise mit Lernen, Disputieren, Lesen, Erzählen, Schreiben, Spazierengehen, geistigen und körperlichen Übungen und Vergnügen" (CAMPANELLA zit. nach HEINISCH 1960, S. 136).

Sei es das von PAUL LAFARGUE (o.J.) auch als Antwort auf die marxistische Variante der Religion der Arbeit seines Schwagers Karl Marx ausgerufene „Recht auf Faulheit", HANNAH ARENDTs (1987) Kritik der „Vita Activa" oder das von BERTRAND RUSSEL (1957) verfasste „Lob des Müßiggangs", in dem er angesichts der sich keimhaft abzeichnenden technologischen Möglichkeiten dafür plädiert, „dass der Weg zu Glück und Wohlfahrt in einer organisierten Arbeitseinschränkung zu sehen ist" (ebd., S. 12): Alle geben der Hoffnung Ausdruck, dass die Entfesselung der Produktivkräfte letztlich (auch) in einer Befreiung der Menschen vom Joch des alltäglichen Überlebenskampfes münden könnte. Nochmals BERTRAND RUSSEL: „Mit den modernen Produktionsmethoden ist die Möglichkeit gegeben, dass alle Menschen behaglich und sicher leben können; wir haben es stattdessen vorgezogen, dass sich manche Überanstrengen und die anderen Verhungern. Bisher sind wir noch immer so energiegeladen arbeitsam wie zur Zeit, da es noch keine Maschinen gab; das war sehr töricht von uns, aber sollten wir nicht auch irgendwann einmal gescheit werden" (ebd., S. 31)? BERTOLT BRECHT (1977, S. 82), um in der Beispielsammlung einen Literaten zu Wort kommen zu lassen, fragt unter der Überschrift „Über den Anbruch gesegneter Jahrhunderte" ganz im Sinne RUSSELs schon in den 30er Jahren: „Müsste nicht die Menschheit angesichts all dieser Maschinen und technischen Künste, welche ihr gestattet, sich leicht zu ernähren, den Eindruck haben, sich am Morgen eines langen reichen Tages zu befinden, die rosige Morgenröte und den frischen Wind verspüren, die den Anbruch gesegneter Jahrhunderte anzeigen?"

HEINRICH BÖLL schließlich hat der verengenden Logik der Lohnarbeitszentrierung seine „Anekdote zur Senkung der Arbeitsmoral" gewidmet, in der ein in der Sonne dösender Fischer gut gemeinte Ratschläge eines eifrigen Touristen über sich ergehen lassen muss, der ihm die Lehren eines produktiven, effektiven und Gewinn bringenden Lebens zu vermitteln trachtet, das ihn zuletzt glücklich, weil materiell unabhängig machen würde. „‚Dann', sagte der Fremde mit stiller Begeisterung, ‚dann könnten Sie beruhigt hier im Hafen sitzen, in der Sonne dösen - und auf das herrliche Meer blicken.' ‚Aber das tu ich ja schon jetzt', sagte der Fischer, ‚ich sitze beruhigt am Hafen und döse, nur ihr Klicken hat mich dabei gestört'. Tatsächlich zog der solcherlei belehrte Tourist nachdenklich von dannen, denn früher hatte er einmal geglaubt, er arbeite, um eines Tages einmal nicht mehr arbeiten zu müssen, und es bleibt keine Spur Mitleid mit dem ärmlich gekleideten Fischer zurück, nur ein wenig Neid" (BÖLL zit. nach RIBOLITS 1995, S. 311 f.).

Solche und ähnliche Erinnerungen daran, dass es jenseits der ökonomischen Rationalität der Lohnarbeit einen viel breiteren Kanon sinnstiftender menschlicher Tätigkeiten gibt, haben in der letzten Zeit Konjunktur. Ihr Wert liegt nicht zuletzt darin, dass sie den Blick für die Historizität der zur Selbstverständlichkeit geronnen Gleichsetzung von Arbeit und Lohnarbeit öffnen. Zugleich liegt in ihnen aber auch die Gefahr, die neuen „Denkmöglichkeiten" mit der Realität des gesellschaftlichen Prozesses zu verwechseln. Augenscheinlich wird dies am gegenwärtigen Tätigkeitsdiskurs, im Rahmen dessen ehrenamtliches, bürgerschaftliches und zivilgesellschaftliches Engagement ebenso „wieder entdeckt" und begrifflich aufgewertet werden, wie die Solidaritätspotentiale der einfachen sozialen Netzwerke. Die Begriffskonjunktur täuscht dabei nur allzu leicht darüber hinweg, dass eine Marktgesellschaft nur ein Medium der Anerkennung und Gratifikation kennt, nämlich das Geld, und dass insofern alle Rhetorikoffensiven über Wert, Bedeutung und Förderungswürdigkeit sozialen Engagements strukturell ins Leere laufen müssen, solange die ökonomische Hegemonie der Lohnarbeit nicht eingeschränkt wird. Mehr noch: das im Tätigkeitsdiskurs als zukunftsfähig hofierte freiwillige bürgerschaftliche Engagement, die Unterstützungspotentiale des sozialen Nahraums und der Familie sind gerade jene Ressourcen, die durch die Vermarktlichung der Gesellschaft und die Durchdringung aller ihrer Poren mit den Zeit- und Effizienzimperativen in Mitleidenschaft gezogen werden.

Überdies hilft der Hinweis auf die Segnungen einer möglichen Tätigkeitsgesellschaft dem arbeitslosen Jugendlichen wenig bei seiner alltäglichen Lebensbewältigung, ja er ist geradezu zynisch angesichts eines Alltags, dessen Planung und Organisation in zunehmenden Maße nach „unternehmerischen" Prinzipien erfolgen soll und somit praktisch einem erhöhten Ökonomisierungsdruck unterliegt. Sozialpädagogisches Handeln, so könnte man pointiert formulieren, erweist sich darin, ob und wie es gelingt, die Lebensbewältigung der Subjekte *heute* zu befördern und zu unterstützen.[51] Um es an einem anderen Beispiel zu verdeutlichen: SUSANNE ELSEN (1998, S. 285), die eine Gemeinwesenökonomie als Ausweg aus dem Orientierungsdilemma Sozialer Arbeit in der flexiblen Arbeitsgesellschaft empfiehlt, denkt sich die Soziale Arbeit in diesem Zusammenhang als „treibende Kraft einer zivilen Gesellschaft. Ihr Auftrag als sanktionierende, hoheitsstaatliche Funktionsträgerin gehört der Vergangenheit an." Dass eine derart neuorientierte Soziale Arbeit durchaus wünschenswert wäre, sei ungenommen und ist allemal der Phantasie wert. Allerdings ist zu fragen, ob es eine Erfolg versprechende Strategie ist, den Bedrohungen Sozialer Arbeit in den Umbrüchen der flexiblen Arbeitsgesellschaft dadurch zu begegnen, dass sich die Soziale Arbeit einfach eine neue Gesellschaft erfindet, in der sie ihrer Kontrollfunktion ledig und bar der Fußketten des doppelten Mandats nun endlich „reine Hilfe" sein darf. Utopien sind notwendig, aber sollen sie jenseits rhetorischer Grabenkämpfe auch praktische Wirksamkeit erlangen, müssen sie als „konkrete Utopien" an die Möglichkeitsbedingungen der Gegenwart gebunden bleiben, auch im Interesse der Subjekte, die ihren Alltag *heute* glücklich und gelingend erleben wollen.

Dieser Zwang zur Lebensbewältigung „im Hier und Jetzt" und nicht im „Irgendwo und Morgen" birgt allerdings in sich die Gefahr der alltagspragmatischen Verkürzung. Und gerade hier liegt eine Chance des Tätigkeitsdiskurses, insofern er den sozialpädagogischen Blick sensibel machen kann für die eigenen Verkürzungen, für die Arrangements, in denen sich die Soziale

51 Der polnische Pädagoge JANUSZ KORCZAK (1978) hat diese Verpflichtung des Pädagogen auf das Heute hervorgehoben. „Der Erzieher ist nicht verpflichtet, Verantwortung für die entfernte Zukunft auf sich zunehmen - aber er ist voll verantwortlich für den heutigen Tag. (...) Es ist leichter, die Verantwortung hinauszuschieben, sie in ein nebelhaftes morgen zu übertragen, als schon heute über jede Stunde Rechenschaft abzulegen. (...) Es ist bequem, den heutigen Tage des Kindes geringzuschätzen im Namen erhabener Losungen für Morgen" (ebd., S. 17).

Arbeit in weitgehend unbegriffener Gefolgschaft zum Anwalt einer verschärften Arbeitsmoral macht und „Hilfe zur Selbsthilfe“ zum Arbeitsmarkttraining verkommt. Perspektivisch dürfte allerdings kein Zweifel darüber herrschen, dass die Lohnarbeitsgesellschaft, die in ihrer flexiblen Phase ihre bislang reinste Form erlebt, tödlich an ihren Erfolgen erkrankt ist. Ohne Zweifel können deshalb die sozialen Zumutungen der Gegenwart und absehbaren Zukunft nicht angemessen angegangen werden, ohne einen offensiven Diskurs über Fragen von Gerechtigkeit und Demokratie.[52] Diese Fragen von Verteilungsgerechtigkeit, Schutzrechten und sozialen Teilhabechancen, die in demokratisch verfassten Gesellschaften einer öffentlichen Auseinandersetzung bedürfen, werden zur Zeit im Nebel einer scheinbaren Sachzwanglogik der leeren Geldbeutel eher verdrängt. Auch in ihrem eigenen Interesse sollte Soziale Arbeit mit ihren Möglichkeiten einen solchen Diskurs vorantreiben. Die soziale Phantasie, die notwendig sein wird, das andere „Morgen“ zu erfinden, sollte allerdings nicht den Blick dafür verstellen, dass wir auch Energien darin investieren müssen, den Menschen heute befriedigende Lebensläufe zu ermöglichen.

(2) Ein zweiter Punkt, der abschließend hervorgehoben werden soll, ist, dass eine Theorie Sozialer Arbeit einer gesellschaftstheoretischen Fundierung bedarf, ohne die sie sich weder selbst verorten, noch ihre Funktionen, Aufgaben und (zumindest zum Teil unbeabsichtigten) Nebenwirkungen angemessen erfassen kann. WINKLER (1995) hat in diesem Sinne darauf hingewiesen, „dass Sozialpädagogik ohne Gesellschaftstheorie kaum betrieben und schon gar nicht zeitdiagnostisch thematisiert werden kann“ (ebd., S. 157) und führt weiter aus: „Darüberhinaus wäre vermutlich allein aus historischen, mehr aber noch aus systematischen Gründen hinzuzufügen, dass von der Sozialpädagogik nur reden kann, wer zugleich eine Kritik der politischen Ökonomie im Sinne von Karl Marx wenigstens mitdenkt, mithin also auch vom Kapitalismus spricht.“ Eine solche gesellschaftstheoretische Fundierung (und damit auch Politisierung) der sozialpädagogischen Theoriearbeit erscheint angesichts der „Rückkehr eines unvermittelten, ordinären Kapitalismus“ (ebd., S. 159) zwingend geboten, der sich unter dem Deckmantel des ökonomischen Sachzwangarguments der politischen Auseinandersetzung entzieht und damit einer Entpolitisierung von Ökonomie und Gesellschaft Vorschub leistet. Ohne ein „gesellschaftstheoretisches Bewusstsein“ dürfte die Modernisierung der Sozialpädagogik wohl kaum über eine sozialtechnologische Anpassung an die neuen systemischen Erfordernisse hinausgehen. Reflektierte Modernisierung hat unter den Bedingungen

52 Einen hochinteressanten Entwurf einer neuen, sozial gerechteren (und sozialpolitisch folgenreichen) Definition von Lohnarbeit hat die Schweizer Philosophin ANGELIKA KREBS (2002, S. 14) unter dem Titel „Arbeit und Liebe“ vorgelegt. Sie legt Argumente für einen erweiterten Lohnarbeitsbegriff vor, der jene Aspekte von zumeist weiblicher Erziehungs- und Hausarbeit umfasst, die erkennbar „in den gesellschaftlichen Leistungsaustausch“ eingelassen sind.

der flexiblen Arbeitsgesellschaft eine gesellschaftstheoretische Sensibilität zur Voraussetzung.

In diesem Sinne ist nochmals MICHAEL WINKLER (1995) zu folgen: „Sozialpädagogik muss wieder politisch werden. Dabei geht es nicht bloß um Einmischungsstrategien, sondern vielmehr darum, dass sie selbst ein Verständnis von ihrer gesellschaftlichen Funktion wiedergewinnt, sich selbst als eine Instanz des Politischen in modernen Gesellschaften begreift. Dazu muss sie sich über ihre gesellschaftliche Aufgabe verständigen - was auch bedeutet, die Forderung nach Pragmatismus zurückzuweisen und jener Ideologie Einhalt zu gebieten, nach welcher die Macher den Denkern vorzuziehen sind" (ebd., S. 183). Meint Politisierung aus professioneller Perspektive verkürzt gesprochen die Einmischung in sozialpolitische Diskurse und sozialpolitische Praxis, so zielt sie im disziplinären Kontext auf eine gesteigerte gesellschaftstheoretische Sensibilität in der empirischen und theoretischen (Re-)Konstruktion der sozialen Wirklichkeit. Eine solche Sensibilität scheint gerade angesichts der Herrschaft des Sachzwangarguments angebracht, unter deren Flagge die Flexibilisierung der Arbeitsgesellschaft wie die Ökonomisierung der Sozialen Arbeit in weiten Teilen Platz greift, und die sich zumeist erst im Licht einer politischen und gegenwartsdiagnostischen Analyse von Interessen- und Machtkonstellationen als das entkleiden, was sie sind, nämlich das Produkt politischer (Nicht-)Entscheidungen.

So stellt sich etwa die zum Standardargument geronnene Betonung der begrenzten Finanzmittel für soziale Belange vor dem Hintergrund einer empirisch und gesellschaftstheoretisch rückgebundenen Lesart als Ergebnis verteilungspolitischer (Nicht-)Entscheidungen dar. Oder anders ausgedrückt: Der Kuchen (gesellschaftlich produzierter Güter und Dienstleistungen) ist gewachsen, die Verteilungsregeln haben sich sukzessive verändert. Die Sozialbudgets leiden unter Verknappung, weil sich im Zuge des Übergangs zur flexiblen Arbeitsgesellschaft die Koordinaten von Verteilungsgerechtigkeit und sozialer Integration verändern, nicht weil diese Gesellschaft - volkswirtschaftlich betrachtet - ärmer geworden wäre. Das Wissen um diesen Umstand ändert nichts an der Tatsache, dass man mit begrenzten Budgets haushalten muss, aber es lässt die Frage begrenzter Sozialbudgets von einer der technischen Anpassung an „Naturgegebenheiten" wieder zu einer der politischen Aushandlung und Diskussion werden.

(3) Eine solche gesellschaftstheoretisch aufgeklärte, begriffs- und ideologiekritische Betrachtungsweise führt wie bereits angeklungen zu einem dritten und abschließenden Punkt. Wenn beispielsweise die Rhetorik der begrenzten Sozialbudgets ihrer Sachzwangideologie entkleidet wieder als politische Entscheidung (bzw. Nicht-Entscheidung) sichtbar wird, sind damit unweigerlich Fragen aufgeworfen wie: Wie viel soziale Ungleichheit will sich die flexible Arbeitsgesellschaft zumuten? Wo beginnt die Grenze dessen, was wir als Armut bezeichnen? Was wird aus dem historischen Modell

des politisch, ökonomisch und sozial integrierten Staatsbürgers? Welchen Stellenwert nimmt die Ressource Solidarität in der künftigen Gesellschaft ein? Wie wollen wir künftig mit Gefährdungen sozialer Integration umgehen? Die Palette der Fragen ließe sich beliebig erweitern. Diese Fragen sind unzweifelhaft ethischer Natur und zielen letztlich auf den Status sozialer Gerechtigkeit in modernen Gesellschaften ab. Die Frage nach den ethischen Grundlagen von Gesellschaft und Sozialer Arbeit mag sehr hoch über den Wolken angesiedelt sein, aber sie entscheidet letztlich (mit) über Zielsetzung, Ausstattung, Ansehen und Legitimation der sozialpädagogischen Flankierung und Unterstützung von Lebensläufen in der Moderne. Soziale Arbeit ist in diesem Diskurs nur ein Akteur, zumal mit begrenzten Einflusschancen, da sie kein politisches und gesellschaftsveränderndes Mandat hat und insofern ihre Macht und ihr Einfluss auf das ökonomische und politische System eher gering sind.[53]

HANS THIERSCH (1998 a, S. 33) hat auf die veränderten Bedingungen von Normalisierungsarbeit unter den Bedingungen der flexiblen Arbeitsgesellschaft hingewiesen. „Die Vermittlung von Normvorgaben und Lebensgestaltung gelingt, wenn gesellschaftliche Mittel und Ressourcen verfügbar oder in ihrer Zugänglichkeit so weit plausibel sind, dass die Normvorgaben glaubwürdig erscheinen, wenn Normen in ihrem Anspruch erkennbar sind, wenn Menschen im Normengefüge ihren Platz und darin für sich Anerkennung finden. Die Vermittlung misslingt - in der Umkehr - wenn die Mittel und Ressourcen nicht ausreichen oder nicht plausibel zugänglich sind, wenn Normen undeutlich sind und wenn Menschen keine Gestaltungsmöglichkeiten und Anerkennung im Normgefüge finden.“ Der Pädagogik kommt innerhalb des komplexen Normengefüges und Normalitätsmodells der Moderne die Aufgabe zu, „Normen vor den Heranwachsenden so zu repräsentieren, dass sie mit ihren Möglichkeiten in sie hineinwachsen können“ (ebd., S. 36). Dieser Kanon von einlösbaren Lebensmodellen hat sich nun erkennbar verflüssigt, pluralisiert, was das Geschäft der Normenrepräsentation nicht eben erleichtert. „In dieser schwierigen Situation kommt es darauf an, neu zu klären, was es bedeutet, Normen zu repräsentieren, wie die pädagogische Notwendigkeit der Normenrepräsentation in den Chancen und Möglichkeiten von Verhandlung praktiziert werden kann“ (ebd., S. 38). Was sich hier andeutet, ist eine prinzipielle Chance, die in den Prozessen der Individualisierung und Pluralisierung von Lebenslagen mitschwingt, und die man angesichts der Konjunktur von Moralappellen, Verpflichtungsmodellen und Rufen nach mehr strafrechtlicher Härte nur recht zöger-

53 Sich diese Begrenzung bewusst zu halten, kann zumindest die negativen Folgen der Selbstüberschätzung lindern. WOLFGANG SCHMIDTBAUER (1992, S. 13) hat der Überfrachtung des professionellen Habitus helfender Berufe durch den Gestus des „Weltgewissens“ entgegengehalten, dass wir nicht verantwortlich für die Struktur der Welt sind, „in der wir leben, sondern nur für unsere Bewegungen darin, denen sich unweigerlich etwas von dieser Struktur mitteilt... Unser Spielraum ist begrenzt, aber wir können ihn besser ausschöpfen, wenn wir uns genauer orientieren.“

lich zu formulieren in der Lage ist. Jenseits dieser sozialpolitischen Instrumentalisierung resultiert aus dem Umstand, dass das über lange Jahre prägende Normalitätsmuster der fordistischen Arbeitsgesellschaft an Realitätsgehalt und damit letztlich auch an normierender Kraft verliert, eine befreiende Komponente, insofern sich Normalisierung aus den engen Denkschablonen zu lösen beginnt und notgedrungen öffnen muss für eine breitere Palette an Lebensmodellen und Reproduktionsweisen. Anders ausgedrückt: Wenn immer weniger klar ist, was eigentlich normal ist, und die Normalität von Heute sich angesichts der Turbogeschwindigkeit des Turbokapitalismus schon Morgen als „von Gestern" erweist, erscheint „Verhandlung", rhetorisch per se der favorisierte Weg sozialpädagogischer Verständigung, nun angebrachter den je.[54]

Die eingangs gestellte Frage, ob auch das 21. Jahrhundert ein sozialpädagogisches sein wird, sollte eher zur Suche motivieren, als dass eine abschließende Beantwortung angestrebt wurde. Die Konturen der Entwicklungsperspektiven Sozialer Arbeit nach dem Ende des „sozialpädagogischen Jahrhunderts" eröffnen vor dem Hintergrund der skizzierten Modernisierungsprozesse im Übergang zur flexiblen Arbeitsgesellschaft eher ein widersprüchliches Szenario: Einerseits dürfte die Nachfrage nach sozialpädagogischen Dienstleistungen angesichts der wachsenden Zerbrechlichkeit des „teuren Guts" soziale Integration eher steigen, auch wenn unter dem Stichwort „Bürgerarbeit" Visionen einer weitgehenden Entprofessionalisierung des Sozialen Sektors als „düstere Wolken" den Horizont der quantitativen Erfolgsgeschichte etwas verdunkeln. Andererseits geben einige Indizien Anlass zu der Vermutung, dass diese evtl. an Zahlen weiter wachsende Soziale Arbeit eine andere sein könnte als bislang: mit höheren ordnungspolitischen Anteilen, unter permanentem, institutionalisiertem Effizienzdruck und einem sich sukzessive auf das rechenbare Beiwerk pädagogischer In-

54 THIERSCH (1998 a, S. 40) hat sehr wohl darauf hingewiesen, dass „Verhandlung" gerade in erzieherischen Situationen nicht mit gleichen Einflusschancen der Akteure auf die Gestaltung der Situation verwechselt werden darf. „Das Prinzip der Verhandlung als Austausch von Gründen und Gegengründen kann dazu verführen, im geklärten, rationalen Diskurs eine Suggestion von Gleichzeit zu praktizieren, die die Realität gegebener Unterschiedlichkeit überspielt. Kinder und Heranwachsende agieren in den Möglichkeiten ihres Alters; sie agieren vor allem aus ihrer nachgeordneten Position, indem sie die eigenen Optionen überpointiert oder auch - um sich zu retten - der Verhandlung verweigern". Erst im Bewusstsein und in der Anerkennung dieser „Verhandlungsbedingungen" entsteht unter den Bedingungen der Normalitätsdiffusion so etwas wie ein Möglichkeitsraum einer partizipativen und subjektorientierten Verständigung, die das Gewicht von den strukturellen Machtkonstellationen zu den Möglichkeiten der agierenden Personen verlagert. Die Variable „Person" erfährt damit unter Ungewissheitsbedingungen einen Bedeutungszuwachs. „In der Offenheit und Vielfältigkeit heutiger Situationen kann er (der Erwachsene, M.G.) nur in seiner Person jene Glaubwürdigkeit präsentieren, die andere zur Auseinandersetzung nötigt. In der Offenheit der Situation trägt die Person das Gewicht des Arguments" (ebd., S. 40).

teraktionsprozesse reduzierenden Professionsverständnis. Der „kurze (sozialpädagogische) Traum immer währender Prosperität" (in Anlehnung an LUTZ 1984) könnte aus dieser Perspektive zumindest qualitativ an ein Ende gelangen.

Literatur

ALBROW; M.: Auf dem Weg zu einer globalen Gesellschaft, in: BECK (1998), S. 411 - 434.

ALLERT, T.: Die Familie, Berlin 1998.

ALLMENDINGER, J./LUDWIG-MAYERHOFER, W. (Hg.): Soziologie des Sozialstaats, Weinheim/München 2000.

ALMSTEDT, M./MUNKWITZ, B.: Ortsbestimmung der Heimerziehung, Weinheim/Basel 1982.

AMTLICHE NACHRICHTEN DER BUNDESANSTALT FÜR ARBEIT, div. Jahrgänge.

ANHEIER, H.K.: Dritter Sektor, Ehrenamt und Zivilgesellschaft. Thesen zum Stand der Forschung aus internationaler Sicht, in: KISTLER/NOLL/PRILLER (1999), S. 145 - 170.

ANHEIER, H.K.: Der Dritte Sektor in Europa: Wachstum und Strukturwandel, in: PRILLER/ZIMMER (2001), S. 57 - 74..

AREND, D./HEKELE, K./RUDOLPH, M.: Sich am Jugendlichen orientieren, Frankfurt a.M. 1986.

ARENDT, H.: Vita Activa oder vom tätigen Leben, München, 5. Auflage 1987.

BACKHAUS-MAUL, H. (Hg.): Von der Sozialhilfe in die Erwerbsarbeit. Die Welfare Reform in den USA als Vorbild? Frankfurt a.M. 1999.

BACKHAUS-MAUL, H./OLK, TH.: Von Subsidiarität zu „outcontracting". Zum Wandel der Beziehungen zwischen Staat und Wohlfahrtsverbänden in der Sozialpolitik, Köln 1995.

BADURA, B./GROß, P.: Sozialpolitische Perspektiven. Eine Einführung in Grundlagen und Probleme sozialer Dienstleistungen, München 1976.

BÄCKER, G.: Sozialstaat im Umbruch: Abbau der Arbeitslosigkeit durch Niedriglöhne und Bürgerarbeit? In: HANSEN, K. (Hg.): Soziale Arbeit zwischen globalen Risiken und nachhaltiger Hilfe vor Ort, Mönchengladbach 1999, S. 45 - 67.

BÄCKER, G./BISPINCK, R./HOFEMANN, K./NAEGELE, G.: Sozialpolitik und soziale Lage in Deutschland. Band 1, 3., grundlegend überarbeitete und erweiterte Auflage Wiesbaden 2000.

BAETHGE, M.: Arbeit, Vergesellschaftung, Identität - Zur zunehmenden normativen Subjektivierung der Arbeitswelt, in: SOZIALE WELT 1/1991, S. 6 -19.

BAETHGE, M.: Institutionalisierung oder Individualisierung - Arbeit und Bildung im Übergang zur Informationsgesellschaft, IN: HANSEN, H. U.A.: Bildung und Arbeit - das Ende einer Differenz? Aarau (Schweiz) 1999 (a), S. 19 - 38.

BAETHGE, M.: Subjektivität als Ideologie. Von der Entfremdung in der Arbeit zur Entfremdung auf dem Arbeits-Markt? In: SCHMIDT, G.: Kein Ende der Arbeitsgesellschaft, Berlin 1999 (b), S. 29 - 43.

BAETHGE, M./HANTSCHE, B./PELULL, W./VOSKAMP, U.: Jugend: Arbeit und Identität. Lebensperspektiven und Interessenorientierungen von Jugendlichen, Opladen 1988.

BAETHGE, M./OBERBECK, H.: Zur Entwicklung von Arbeit und Beschäftigung im Dienstleistungssektor, in: ALTVATER, E. u.a. (Hg.): Arbeit 2000, Hamburg 1985, S. 51 - 75.

BAETHGE, M./WILKENS, I. (Hg.): Die große Hoffnung für das 21. Jahrhundert? Perspektiven und Strategien für die Entwicklung der Dienstleistungsbeschäftigung, Opladen 2001.

BÄUERLE, W./MARKMANN, J. (Hg.): Reform der Heimerziehung. Weinheim/Basel 1974.

BANDEMER, ST. V./LANKE, B./NULLMEIER, F./WEWER, G. (Hg.): Handbuch zur Verwaltungsreform, Opladen 1998.

BANDEMER, ST. V./HILBERT, J.: Vom expandierenden zum aktivierenden Staat, in: BANDEMER u.a. (1998), S. 25 - 31.

BARABAS, F./BLANKE, TH./SACHßE, CH./STASCHEIT, U. (Hg.): Jahrbuch der Sozialarbeit 1976. Projekte, Konflikte, Recht. Reinbek, b.H. 1975.

BARABAS, F./BLANKE, TH./SACHßE, CH./STASCHEIT., U. (HG.): Jahrbuch der Sozialarbeit 1978. Analysen, Berichte, Materialien, Reinbek b.H. 1977.

BARLÖSIUS, E./LUDWIG-MAYERHOFER, W. (Hg.): Die Armut der Gesellschaft, Opladen 2001.

BARON, R.: u.a. (Hg.): Sozialarbeit zwischen Bürokratie und Klient. Dokumente der Sozialarbeiterbewegung. Sozialpädagogische Korrespondenz 1969 - 1973 (reprint), Offenbach 1978.

BAUER, R./HERRMANN, P.: Soziale Dienstleistungen und „Dritter Sektor": Intermediarität als alternativer Vergesellschaftungsmodus, in: SOZIALWISSENSCHAFTLICHE LITERATURRUNDSCHAU 25/1992, S. 7 - 25.

BAUER, R./HANSEN, E.: Soziale Dienstleistungsqualität in deutschen Landen? Eine Fehlanzeige. Warum die Qualitätssicherung den Bock zum Gärtner macht, in: BAUER u.a. (1998), S. 84 - 98.

BAUER, R. u.a. (Hg.): Einstürzende Sozialstaaten. Argumente gegen den Sozialabbau, Wiesbaden 1998.

BAUER, U. u.a.: Recht und Familie. Rechtliche Grundlagen der Sozialisation, Neuwied u.a. 2. überarbeitete Auflage 2001.

BAUMANN, Z.: Schwache Staaten. Globalisierung und die Spaltung der Weltgesellschaft, in: BECK (1997 b), S. 315 - 332.

BERGER, P.L./BERGER, B./KELLNER, H.: Das Unbehagen in der Modernität, Frankfurt a.M./ New York 1975.

BECK, D./MEINE, H.: Wasserprediger und Weintrinker. Wie Reichtum vertuscht und Armut verdrängt wird, Göttingen 1998.

BECK, U.: Risikogesellschaft, Auf dem Weg in eine andere Moderne, Frankfurt a.M. 1986.

BECK, U.: Gegengifte. Die organisierte Unverantwortlichkeit, Frankfurt a.M. 1988.

BECK, U.: Politik in der Risikogesellschaft, Frankfurt a.M. 1991.

BECK, U.: Die Erfindung des Politischen. Frankfurt a.M. 1993.

BECK, U.: Was ist Globalisierung? Frankfurt a.M. 1997 (a).

BECK, U. (Hg.): Kinder der Freiheit, Frankfurt a.M. 1997 (b).

Beck, U. (Hg.): Perspektiven der Weltgesellschaft, Frankfurt a.M. 1998.

BECK, U.: Schöne neue Arbeitswelt. Vision: Bürgergesellschaft, Frankfurt/New York 1999.

BECK, U. (Hg.): Die Zukunft von Arbeit und Demokratie, Frankfurt a.M. 2000 (a).

BECK, U.: Mehr Zivilcourage bitte, in: DIE ZEIT 22/2000 (b), S. 11.

BECK, U./BECK-GERNSHEIM, E.: Das ganz normale Chaos der Liebe, Frankfurt a.M. 1990.

BECK, U./BECK-GERNSHEIM, E.: Riskante Freiheiten, Frankfurt a.M. 1994.

BECK, U./BRATER, M./DAHEIM, H.: Soziologie der Arbeit und der Berufe. Grundlagen, Problemfelder, Forschungsergebnisse, Reinbek b.H. 1980.

BECK, U./ERDMANN ZIEGLER, U.: eigenes leben. Ausflüge in die unbekannte Gesellschaft, in der wir leben, München 1997.

BECK, U./GIDDENS, A./LASH, S.: Reflexive Modernisierung. Eine Kontroverse, Frankfurt a.M. 1996.

BECK, U./SENNETT, R.: Freiheit statt Kapitalismus (Interview), in: DIE ZEIT 15/2000 (06.04.2000), S. 33 - 34.

BECK, U./WILLMS, J.: Freiheit oder Kapitalismus. Ulrich Beck im Gespräch mit Johannes Willms, Frankfurt a.M. 2000.

BECKER, G./SIMON, T. (Hg.): Handbuch Aufsuchende Jugend- und Sozialarbeit, Weinheim/München 1995.

BECKER, U.: Zeitkonten - über die Unmöglichkeit, Zeit zu sparen, in: ENGELMANN/ WIEDEMEYER (2000), S. 212 - 222.

BEHER, K./LIEBIG, R./RAUSCHENBACH, TH.: Das Ehrenamt in empirischen Studien - ein sekundäranalytischer Vergleich, Köln 1998.

BEHER, K./LIEBIG, R./RAUSCHENBACH, TH.: Strukturwandel des Ehrenamtes. Gemeinwohlorientierung im Modernisierungsprozess, Weinheim/München 2000.

BEHRINGER, L.: Lebensführung als Identitätsarbeit. Der Mensch im Chaos des modernen Alltags, Frankfurt a.M. 1998.

BELL, D.: Die nachindustrielle Gesellschaft, Frankfurt a.M./New York 1985. (Original 1973)

BERGER, J. (Hg.): Die Moderne - Kontinuitäten und Zäsuren, SOZIALE WELT Sonderband 4, Göttingen 1986.

BERNFELD, S.: Sisyphos oder die Grenzen der Erziehung, 6. Auflage, Frankfurt a.M. 1990.

BETTINGER, F.: Der Kriminalitätsdiskurs: Bedeutung und Konsequenzen für eine kritische Soziale Arbeit, in: DVJJ-JOURNAL, ZEITSCHRIFT FÜR JUGENDKRIMINALRECHT UND JUGENDHILFE, 1/2001, S. 46 - 50.

BIRTSCH, V./MÜNSTERMANN, K./TREDE, W. (HG.): Handbuch Erziehungshilfen, MÜNSTER 2001.

BIRTSCH, V./MÜNSTERMANN, K./TREDE, W.: Erziehungshilfen: Von der Vielfalt zu einem abgestimmten Arbeitskonzept, in: BIRTSCH/MÜNSTERMANN/ TREDE (2001), S. 9 - 19.

BLAIR, T./KOK, W./PERSSON, G./SCHRÖDER, G.: Ein neues Sozialmodell. Europas Beitrag zum Fortschritt im 21. Jahrhundert, in: DIE ZEIT 37/2000, S. 7.

BLANPAIN, R./SADOWSKI, D.: Habe ich Morgen noch einen Job? Die Zukunft der Arbeit in Europa, München 1994.

BLANKE, TH.: Zur Aktualität des Risikobegriffs. Über die Konstruktion der Welt und die Wissenschaft von ihr, in: BECK (1991), S. 275 - 287.

BLANKE, TH./SACHßE, CH.: Theorie der Sozialarbeit, in: GAERTNER, A./SACHßE, CH. (Hg.): Politische Produktivität der Sozialarbeit, Frankfurt a.M. 1978, S. 15 - 58.

BLANKERTZ, H.: Bildung im Zeitalter der großen Industrie, Hannover 1969.

BLANKERTZ, H.: Die Geschichte der Pädagogik. Von der Aufklärung bis zur Gegenwart, Wetzlar 1982.

BOCK, TH.: Ehrenamtliche Tätigkeit im sozialen Bereich, in: DEUTSCHER VEREIN (Hg.): Fachlexikon der sozialen Arbeit, 2. Auflage, Frankfurt a.M. 1986, S. 223 - 225.

BOCK, TH.: Ehrenamtliche/freiwillige Tätigkeit im sozialen Bereich, in: DEUTSCHER VEREIN (Hg.): Fachlexikon der sozialen Arbeit, 4. Auflage, Frankfurt a.M. 1997, S. 241 - 245.

BODEN, G.: Management für Non-Profit-Organisationen, Bochum 1997.

BÖHLE, F.: Umbrüche in der industriellen Organisation von Arbeit und neue Anforderungen an den Umgang mit Zeit, in: BÜSSING, A./SEIFERT, H. (Hg.): Die Stechuhr hat ausgedient. Flexiblere Arbeitszeiten durch technische Entwicklungen, Berlin 1999, S. 13 - 26.

BÖHNISCH, L.: Der Sozialstaat und seine Pädagogik, Darmstadt 1982.

BÖHNISCH, L.: Gespaltene Normalität. Lebensbewältigung und Sozialpädagogik an den Grenzen der Wohlfahrtsgesellschaft, Weinheim/München 1994.

BÖHNISCH, L.: Normalität, in: KREFT/MIELENZ (1997), S. 413 - 415.

BÖHNISCH, L.: Abweichendes Verhalten. Eine pädagogisch-soziologische Einführung, Weinheim/München 1999.

BÖHNISCH, L./ARNOLD, H./SCHRÖER, W.: Sozialpolitik. Eine sozialwissenschaftliche Einführung, Weinheim/München 1999.

BÖHNISCH, L./LÖSCH, H.: Das Handlungsverständnis des Sozialarbeiters und seine institutionelle Determination, in: OTTO, H.U./SCHNEIDER, S. (Hg.): Gesellschaftliche Perspektiven der Sozialarbeit, Zweiter Halbband, Neuwied/Berlin 1973, S. 21 - 40.

BÖHNISCH, L./SCHEFOLD, W.: Lebensbewältigung. Soziale und pädagogische Verständigungen an den Grenzen der Wohlfahrtsgesellschaft, Weinheim/München 1985.

BÖHNISCH, L./SCHRÖER, W.: Pädagogik und Arbeitsgesellschaft. Historische Grundlagen und theoretische Ansätze für eine sozialpolitisch reflexive Pädagogik, Weinheim/München 2001.

BÖLLERT, K.: Dienstleistungsarbeit in der Zivilgesellschaft, in: MÜLLER. u.a. (2000), S. 241 - 252.

BÖRSCH-SUPAN, A.: Übergang statt Untergang: Wider die Furcht vor dem Ende der Arbeit, in: ENGELMANN/WIEDEMEYER (2000), S. 103 - 114.

BOESSENECKER, K.-H.: Privatisierung und Ausgliederung im Sozialsektor: Ein Balanceakt zwischen Neuer Steuerung und Subsidiarität, in: BOESSENECKER/TRUBE/WOHLFAHRT (2000), S. 80 - 94.

BOESSENECKER, K.-H./TRUBE, A./WOHLFAHRT, N. (Hg.): Privatisierung im Sozialsektor. Rahmenbedingungen, Verlaufsformen und Probleme der Ausgliederung sozialer Dienste, Münster 2000.

BOMMES, M./SCHEER, A.: Exklusionsvermeidung, Inklusionsvermittlung und/oder Exklusionsverwaltung. Zur gesellschaftstheoretischen Bestimmung Sozialer Arbeit, in: NEUE PRAXIS 2/1996, S. 107 - 123.

BOMMES, M./SCHEER, A.: Soziologie der Sozialen Arbeit. Eine Einführung in Formen und Funktionen organisierter Hilfe, Weinheim/München 2000.

BONß, W.: Was wird aus der Erwerbsgesellschaft, in: BECK (2000 a), S. 327 - 415.

BONß, W./HEINZE, R.G. (Hg.): Arbeitslosigkeit in der Arbeitsgesellschaft, Frankfurt a.M. 1984.

BONß, W./LUDWIG-MAIERHOFER, W.: Arbeitsmarkt, in: ALLMENDINGER/ LUDWIG-MAYERHOFER (2000), S. 109 - 144.

BOOMGARDEN, TH. (Hg.): Flexible Erziehungshilfen im Sozialraum. Theoretische Grundlagen und praktische Erfahrungen, Münster 2001.

BOSCH, G.: Ist Vollbeschäftigung nur auf Kosten des sozialen Gleichgewichts möglich?, in: BOSCH, G.: Zukunft der Erwerbsarbeit, Frankfurt a.M./New York 1998, S. 217 - 245.
BOULET, J.J./KRAUS, E.J./OELSCHLÄGEL, D.: Gemeinwesenarbeit als Arbeitsprinzip. Bielefeld 1980.
BOURDIEU, P.: Sozialer Raum und ‚Klassen'. Lecon sur la lecon. Zwei Vorlesungen, Frankfurt a.M. 1985.
BOURDIEU, P.: Sozialer Sinn. Kritik der theoretischen Vernunft, Frankfurt a.M. 1987.
BOURDIEU, P.: Die verborgenen Mechanismen der Macht. Schriften zu Politik und Kultur 1, Hamburg 1992.
BOURDIEU, P.: Der Tote packt die Lebenden. Schriften zu Politik und Kultur 2, Hamburg 1997.
BOURDIEU, P.: Praktische Vernunft. Zur Theorie des Handelns, Frankfurt a.M. 1998 (a).
BOURDIEU, P.: Gegenfeuer. Wortmeldungen im Dienste des Widerstands gegen die neoliberale Invasion, Konstanz 1998 (b).
BOURDIEU, P.: Die zwei Gesichter der Arbeit. Interdependenzen von Zeit- und Wirtschaftsstrukturen am Beispiel einer Ethnologie der algerischen Übergangsgesellschaft, Konstanz 2000.
BOURDIEU, P. u.a.: Titel und Stelle. Über die Produktion sozialer Macht, Frankfurt a.M. 1981.
BOURDIEU, P. u.a.: Das Elend der Welt. Zeugnisse und Diagnosen alltäglichen Leidens an der Gesellschaft, Konstanz 1997.
BOURDIEU, P./PASSERON, J.-C.: Die Illusion der Chancengleichheit, Stuttgart 1971.
BOXBERGER, G./KLIMENTA, H.: Die 10 Globalisierungslügen. Alternativen zur Allmacht des Marktes, München 1998.
BRATER, M.: Schule und Ausbildung im Zeichen der Individualisierung, in: BECK (1997 b), S. 149-174.
BRAUN, F.: Wie arbeitslose Jugendliche für unqualifizierte Arbeit ausgebildet werden, in: LENHARDT, G. (HG.): Der hilflose Sozialstaat, Frankfurt a.M. 1979, S. 284 - 313.
BRAUN, J./KLEMMERT (Hg.): Selbsthilfeförderung und bürgerschaftliches Engagement in Städten und Kreisen, Leipzig 1998.
BRAUN, R. u.a. (Hg.): Gesellschaft in der industriellen Revolution, Köln 1973.
BRECHT, B.: Schriften zur Politik und Gesellschaft 1919 - 1956, Frankfurt a.M., 3. Auflage 1977.
BRINKMANN, H.: Effektivierung öffentlicher Dienstleistungen. Politische Bedingungen der Staatsmodernisierung, in: GRUPPENDYNAMIK 3/1995, S. 301 - 318.
BROST, M./NIEJAHR, E.: Kapitalisten im Blaumann, in: DIE ZEIT 11/2001, S. 25 - 26.
BRÜSEMEISTER, FH.: Das überflüssige Selbst - Zur Dequalifizierung des Charakters im neuen Kapitalismus nach Richard Sennett, in: SCHIMANK/VOLKMANN (2000), S. 307 - 222.
BRUMLIK, M.: Der importierte Kommunitarismus: Plädoyer für die verbandliche Wohlfahrtspflege? In: RAUSCHENBACH/SACHßE/OLK (1995), S. 34 - 53.
BULLINGER, H./NOWAK, J.: Soziale Netzwerkarbeit. Eine Einführung, Freiburg i.B. 1998.

BUNDESMINISTERIUM FÜR ARBEIT UND SOZIALORDNUNG: Scheinselbständigkeit und arbeitnehmerähnliche Selbständige, Bonn 2000 (a).

BUNDESMINISTERIUM FÜR ARBEIT UND SOZIALORDNUNG (HG.): Statistisches Taschenbuch 2000. Arbeits- und Sozialstatistik, Bonn 2000 (b) (Internet-Version ohne Seitenzählung, Zitation nach Nummerierung der Tabellen).

BUNDESMINISTERIUM FÜR FAMILIE, SENIOREN, FRAUEN UND JUGEND: Neunter Jugendbericht. Bericht über die Situation der Kinder und Jugendlichen und die Entwicklung der Jugendhilfe in den neuen Bundesländern, Bonn 1994.

BUNDESMINISTERIUM FÜR FAMILIE, SENIOREN, FRAUEN UND JUGEND: Elfter Kinder- und Jugendbericht. Bericht über die Lebenssituation junger Menschen und die Leistungen der Kinder- und Jugendhilfe in Deutschland, Bonn 2002.

BUNDESMINISTER FÜR JUGEND, FAMILIE, FRAUEN UND GESUNDHEIT: Achter Jugendbericht. Bericht über Bestrebungen und Leistungen der Jugendhilfe, Bonn 1990.

BUTTERWEGGE, CH.: Wohlfahrtsstaat im Wandel. Probleme und Perspektiven der Sozialpolitik, 2. Auflage, Opladen 1999 (a).

BUTTERWEGGE, CH.: Sozialstaat in der ‚Globalisierungsfalle'? Die neoliberale Ideologie und die Realität, in: NEUE PRAXIS 5/1999 (b), S. 435 - 447.

CAMPE, J.H.: Von der nötigen Sorge für die Erhaltung des Gleichgewichts unter den menschlichen Kräften, in: BLANKERTZ, H. (Hg.): Bildung und Brauchbarkeit, Braunschweig 1965, S. 19 - 68.

CASTEL, R.: Metamorphosen der Sozialen Frage. Eine Geschichte der Lohnarbeit, Konstanz 2000.

CHASSÈ, K.A.: Heimerziehung, in: CHASSE, K.A./WENSIERSKI, H.J.V.: Praxisfelder der Sozialen Arbeit, Weinheim/München 2002, S. 172 - 187.

CHOMSKY, N.: Profit over People. Neoliberalismus und globale Weltordnung, Hamburg/Wien 2000.

COMBE, A./HELSPER, W. (Hg.): Pädagogische Professionalität. Untersuchungen zum Typus pädagogischen Handelns, Frankfurt a.M. 1996.

CONZE, W.: Arbeit, in: BRUNNER, O./CONZE, W./KOSELLECK, K. (Hg.): Geschichtliche Grundbegriffe. Historisches Lexikon zur politisch - sozialen Sprache in Deutschland, Bd. 1, Stuttgart 1972, S. 154 - 215.

CONRAD, S./MACAMO, E./ZIMMERMANN, B.: Die Kodifizierung der Arbeit: Individuum, Gesellschaft, Nation, in: KOCKA/OFFE (2000), S. 449 - 476.

COUPLAND, D.: Amerikanische Polaroids, München 2001 (a).

COUPLAND, D.: Girlfriend in a coma, Hamburg 2001 (b).

DAHEIM, H.J./SCHÖNBAUER, G.: Soziologie der Arbeitsgesellschaft. Grundzüge und Wandlungstendenzen der Erwerbsarbeit, Weinheim/München 1993.

DAHME, H.-J./WOHLFAHRT, N.: Auf dem Weg zu einer neuen Ordnungsstruktur im Sozial- und Gesundheitssektor. Zur politischen Inszenierung von Wettbewerb und Vernetzung, in: NEUE PRAXIS 4/2000, S. 317 - 334.

DAHME, H.-J./WOHLFAHRT, N.: Aktivierender Staat: Neues Leitbild für die Sozial- und Gesellschaftspolitik, in: THEORIE UND PRAXIS DER SOZIALEN ARBEIT, 1/2001, S. 10 - 14.

DAHRENDORF, R.: Lebenschancen. Anläufe zur sozialen und politischen Theorie, Frankfurt a.M. 1979.

DAHRENDORF, R.: Die Chancen der Krise, Stuttgart 1983.

DAHRENDORF, R.: Zwei Gasthäuser in jeder Straße, in: DIE ZEIT 41/2000, S. 15.

DEBIEL, S.: Privatisierung der Jugendarbeit. Ein Schritt zur partizipativen Kinder- und Jugendhilfe? In: NEUE PRAXIS 4/1998, S. 406 - 410.

DETTLING, W.: Wirtschaftskummerland? Wege aus der Globalisierungsfalle, München 1998 (a).

DETTLING, W.: Fairness braucht das Land, in: DIE ZEIT 8/1998 (b), S. 6.

DETTLING, W.: Gute Zeiten für Einzelkämpfer, in: DIE ZEIT 34/1999, S. 8.

DEUTSCHER STÄDTETAG: Städte beschäftigen rund 300000 zuvor arbeitslose Sozialhilfeempfänger, Pressemitteilung vom 28. April 2000, Berlin/Köln.

DEUTSCHMANN, CH.: Der Normalarbeitstag. Historische Funktion und Grenzen des industriellen Zeitarrangements, in: KÖNIG, H./GREIF, B.V./SCHAUER, H. (Hg.): Sozialphilosophie der industriellen Arbeit, LEVIATHAN Sonderheft 11, Opladen 1990, S. 77 - 95.

DEWE, B. u.a.: Professionelles soziales Handeln. Soziale Arbeit im Spannungsfeld zwischen Theorie und Praxis, Weinheim/München 1993.

DIEDRICH, J./TENORTH, H.-E.: Theorie der Schule. Ein Studienbuch zu Geschichte, Funktionen und Gestaltung, Berlin 1997.

DIETZ, B.: Soziologie der Armut. Eine Einführung, Frankfurt a.M./New York 1997.

DIXON, K.: Ein würdiges Erbe: Anthony Blair und der Thatcherismus, Konstanz 2000.

DÖRING, D. (HG.): Sozialstaat in der Globalisierung, Frankfurt a.M. 1999.

DOLTON, P./BALFOUR, Y: Jugendarbeitslosigkeit, staatliche Qualifizierungsmaßnahmen und der „New Deal" in Großbritannien, in: MITTEILUNGEN AUS DER ARBEITSMARKT- UND BERUFSFORSCHUNG, 3/2000, S. 371 - 385.

DOSTAL, W.: Völlig losgelöst, in: ZEITPUNKTE 5/1999, S. 8 - 9.

DOSTAL, W./REINBERG, A.: Arbeitslandschaft 2010 - Teil 2. Ungebrochener Trend in die Wissensgesellschaft, IAB-KURZBERICHT 10/1999 (27.08.1999), Nürnberg 1999.

DUBIEL, H.: Autonomie oder Anomie. Zum Streit über den nachliberalen Sozialcharakter, in: BERGER (1986), S. 263 - 281.

DÜREN, H./WIEDEMEYER, M.: zwischen Burnout und Dropout - Das Leben, ein Kunstwerk? In: ENGELMANN/WIEDEMEYER (2000), S. 167 - 179.

DÜX, W.: Das Ehrenamt im Jugendverband - Ein Forschungsbericht, Frankfurt a.M. 1999.

DURAN, M./KLÄHN, M./NASSAUER, M./NAUMANN, J.: Geteiltes Leid ist halbes Leid - ein Binsenirrtum. In: RINDERSPACHER, J.P.: Neue Arbeitszeitregelungen, Auswirkungen auf Arbeitsmarkt und Arbeitsleben, Wissenschaftszentrum Berlin, Berlin 1981, S. 15 - 25.

DVJJ-JOURNAL - ZEITSCHRIFT FÜR JUGENDKRIMINALRECHT UND JUGENDHILFE, div. Jahrgänge.

EBERLING, M./HENCKEL, D.: Städtische Zeitstrukturen im Wandel, in: HILDEBRANDT (2000), S. 231 - 247

EDER, K. (Hg.): Klassenlage, Lebensstil und kulturelle Praxis. Theoretische und empirische Beiträge zur Auseinandersetzung mit Pierre Bourdieus Klassentheorie, Frankfurt a.M. 1989.

EGGEBRECHT, A. u.a.: Geschichte der Arbeit. Vom Alten Ägypten bis zur Gegenwart, Köln 1980.

EHRENBERG, H.: Ohne den Produktionsfaktor Sozialstaat keine stabile Wirtschaft, BONN 1995.

EHRENREICH, B.: Arbeit poor. Unterwegs in der Dienstleistungsgesellschaft, München 2001.

EICHEL, H./HOFFMANN, H.: (Hg.): Ende des Staates - Anfang der Bürgergesellschaft. Über die Zukunft der sozialen Demokratie in Zeiten der Globalisierung, Reinbek b.H. 1999.

EISENBERG, G.: „Wer nicht arbeitet, soll auch nicht essen". Zur Sub- und inneren Kolonialgeschichte der Arbeitsgesellschaft, in: KURZ/LOHOFF/TRENKLE (1999), S. 43 - 56.

EISENBERG, G.: Amok. Kinder der Kälte. Über die Wurzeln von Wut und Hass, Reinbek b.H. 2000.

ELIAS, N.: Die Gesellschaft der Individuen, Frankfurt a.M. 1987.

ELIAS, N.: Über den Prozess der Zivilisation. Soziogenetische und psychogenetische Untersuchungen, 2. Bände, 20. Auflage, Frankfurt a. M. 1997.

ELSEN, S.: Gemeinwesenökonomie, Neuwied 1998.

ELSEN, S. u.a.: Soziale Arbeit und Ökonomie, Neuwied 2000 (a).

ELSEN, S. u.a.: Sozialen Wandel gestalten - Lernen für die Zivilgesellschaft, Neuwied 2000 (b).

EMMANUEL, F.: Der Wert des Menschen, München 2000.

ENGELBRECH, G./REINBERG, A.: Im Sog der Arbeitsmarkt-Turbulenzen, IAB-KURZBERICHT 5/1998 (30.03.1998), Nürnberg 1998.

ENGELKE, E.: Theorie der Sozialen Arbeit. Eine Einführung, Freiburg i.B. 1998.

ENGELMANN, J./WIEDEMEYER, M. (Hg.): Kursbuch Arbeit. Ausstieg aus der Jobholder-Gesellschaft - Start in eine neue Tätigkeitskultur? Stuttgart/München 2000.

ERIKSON, E.: Identität und Lebenszyklus, Frankfurt a.M. 1973.

ERLER, M.: Die Dynamik der modernen Familie, Weinheim/München1996.

ERLINGHAGEN, M./RINNE, K./SCHWARZE, J.: Ehrenamtliche Tätigkeit in Deutschland - komplementär oder substitut? Analysen mit dem Soziooekonomischen Panel 1985 bis 1996 (Diskussionspapier 97-10 der Fakultät für Sozialwissenschaft der Ruhr-Universität Bochum), Bochum 1997.

ERLINGHAGEN, M.: Arbeitslosigkeit und ehrenamtliche Tätigkeit im Zeitverlauf, in: KÖLNER ZEITSCHRIFT FÜR SOZIOLOGIE UND SOZIALPSYCHOLOGIE 2/2000, S. 291 - 310.

ESPING-ANDERSEN, G.: Die drei Welten des Wohlfahrtskapitalismus. Zur Politischen Ökonomie des Wohlfahrtsstaates, in: LESSENICH, S./OSTNER, I. (Hg.): Welten des Wohlfahrtskapitalismus, Frankfurt a.M. 1998, S. 19 - 56.

ETZIONI, A.: Die faire Gesellschaft. Jenseits von Sozialismus und Kapitalismus, Frankfurt a.M. 1996.

ETZIONI, A.: Die Verantwortungsgesellschaft. Individualismus und Moral in der heutigen Demokratie, Berlin 1999.

ETZIONI, A.: Der Dritte Weg - Zwischen Staat und Markt: Zur Theorie der Zivilgesellschaft (I und II), in: THEORIE UND PRAXIS DER SOZIALEN ARBEIT 11/2000 (a und b), S. 403 - 409.

EVERS, A.: Aktivierender Sozialstaat (II) - Ein Beitrag zur Vitalisierung der Bürgergesellschaft, in: THEORIE UND PRAXIS DER SOZIALEN ARBEIT 3/2001, S. 83 - 89.

FELBER, H. (Hrsg.): Berufliche Chancen für benachteiligte Jugendliche? München 1997.

FEND, H.: Theorie der Schule, München/Wien/Baltimore 1980.

FIESELER, G./HERBORTH, R.: Recht der Familie und Jugendhilfe, Arbeitsplatz Jugendamt/ Sozialer Dienst, 5. überarbeitete Auflage, Neuwied 2001.

FINIS SIEGLER, B.: Ökonomik Sozialer Arbeit, Freiburg i.B. 1997.

FISCHER, A./FRITZSCHE, Y./FUCHS-HEINRITZ, W./MÜNCHMEIER, R.: Jugend 2000. 13. Shell-Jugendstudie, Band 1, Opladen 2000.

FISCHERMANN, TH.: Blairs Rechenspiele. Wie die britische Regierung den Arbeitswillen fördert, in: DIE ZEIT 17/2001, S. 18.

FISCHERMANN, TH.: Sozialreformen im Härtetest, in: DIE ZEIT 4/2002, S. 19.

FLÖSSER, G.: Soziale Arbeit jenseits der Bürokratie, Neuwied 1994.

FLÖSSER, G.: Kontraktmanagement. Das neue Steuerungsmodell für die Jugendhilfe, in: FLÖSSER/ OTTO (1996), S. 55 - 74.

FLÖSSER, G./OTTO, H.U. (Hg.): Neue Steuerungsmodelle für die Jugendhilfe, Neuwied 1996.

FORRESTER, V.: Der Terror der Ökonomie, Wien 1997.

FORRESTER, V.: Die Diktatur des Profits, München/Wien 2001.

FORSCHUNGSPROJEKT JULE: Leistungen und Grenzen von Heimerziehung, Stuttgart/Berlin/Köln 1998.

FORUM BILDUNG: Empfehlungen des Forum Bildung, Köln 2001.

FOURASTIE, J.: Die große Hoffnung des zwanzigsten Jahrhunderts, Köln 1954.

FRANKS, S.: Das Märchen von der Gleichheit. Frauen, Männer und die Zukunft der Arbeit, Stuttgart 1999.

FRANKS, S.: Unsichtbare Arbeit: Der Geschlechter-Evergreen? In: ENGELMANN/WIEDEMEYER (2000), S. 62 - 76.

FREIGANG, W.: Verlegen und Abschieben. Zur Erziehungspraxis im Heim, Weinheim/München 1986.

FRIEDEBURG, L.V. (Hg.): Jugend in der modernen Gesellschaft, Köln 1976.

FRIEDMANN, M.: Alle Steuern sind zu hoch, in: DER SPIEGEL 41/2000, S. 128 - 132.

FRIEDRICHS, J. (Hg.): Die Individualisierungs-These, Opladen 1998.

FRÖHLICH, G.: Kapital, Habitus, Feld, Symbol. Grundbegriffe der Kulturtheorie bei Pierre Bourdieu, in: MÖRTH/FRÖHLICH (1994), S. 31 - 54.

FUCHS, J./SCHNUR, P.ZIKA, G.: Von der Massenarbeitslosigkeit zum Fachkräftemangel, IAB-KURZBERICHT 9/2000 (26.08.2000), Nürnberg 2000.

FUCHS, T.: Reichtum, in: ALLMENDINGER/LUDWIG-MAYERHOFER (2000), S. 383 - 407.

FUKUYAMA, F.: Das Ende der Geschichte. Wo stehen wir? München 1992.

FUKUYAMA, F.: Der große Aufbruch. Wie unsere Gesellschaft eine neue Ordnung erfindet, Wien 2000.

GIARINI, O./LIEDTKE, P.M. : Wie wir arbeiten werden. Der neue Bericht an den Club of Rome, Hamburg 1998.

GÄNGLER, H./RAUSCHENBACH, TH.: ‚Sozialarbeitswissenschaft ist die Antwort. Was aber war die Frage, in: GRUNWALD, K. u.a. (HG.): Alltag, Nicht-Alltägliches und die Lebenswelt, Beiträge zur lebensweltorientierten Sozialpädagogik, Weinheim/München 1996, S. 157 - 178.

GÄRTNER, A./SACHßE, CH. (Hg.): Politische Produktivität der Sozialarbeit, Frankfurt a.M./New York 1978.

GALUSKE, M.: Sozialisation durch Arbeitslosigkeit? Zu den psychischen und sozialen Folgen von Jugendarbeitslosigkeit unter pädagogischer Perspektive, in: ZEITSCHRIFT FÜR BERUFS- UND WIRTSCHAFTSPÄDAGOGIK, 82. Jg., 8/1986, S. 703 - 716.

GALUSKE, M.: Zur Pädagogik Eduard Sprangers, in: STRATMANN, K.: Historische Berufsbildungsforschung. Beiträge zu einem gemeinsamen deutschen Wissensbereich der Berufs- und Wirtschaftspädagogik, Beiheft der

ZEITSCHRIFT FÜR BERUFS- UND WIRTSCHAFTSPÄDAGOGIK, Stuttgart 1992, S. 27 - 42.

GALUSKE, M.: Das Orientierungsdilemma. Jugendberufshilfe, sozialpädagogische Selbstvergewisserung und die modernisierte Arbeitsgesellschaft, Bielefeld 1993.

GALUSKE, M.: Jugend ohne Arbeit. Das Dilemma der Jugendberufshilfe, in: ZEITSCHRIFT FÜR ERZIEHUNGSWISSENSCHAFT 4/1998, S. 535 - 560

GALUSKE, M.: Zwischen Horrorszenarium und Idylle - Arbeit im 21. Jahrhundert: Analysen, Prognosen, Utopien, in: DER PÄDAGOGISCHE BLICK. Zeitschrift für Wissenschaft und Praxis in pädagogischen Berufen, 7. Jahrgang, 2/1999 (a), S. 69 - 83.

GALUSKE, M.: Wandlung oder Zusammenbruch? Jugend und die Zukunft der Arbeitsgesellschaft, in: FORUM ERZIEHUNGSHILFEN, 5. Jahrgang, 4/1999 (b), S. 196 - 205.

GALUSKE, M.: Integration als Problem der Jugendberufshilfe, in: TREPTOW, R./HÖRSTER, R. (Hg.): Sozialpädagogische Integration. Entwicklungsperspektiven und Konfliktlinien, Weinheim/München 1999 (c), S. 253 - 268.

GALUSKE, M.: Jugendsozialarbeit und Jugendberufshilfe, in: CHASSE, K.A./WENSIERSKI, H.-J. V. (Hg.): Praxisfelder der Sozialen Arbeit. Eine Einführung, Weinheim/München 1999 (d), S. 62 - 75.

GALUSKE, M.: Die Zukunft der Jugendsozialarbeit. Zur sozialpolitischen Bedeutung von Jugendsozialarbeit, in: BUNDESARBEITSGEMEINSCHAFT EVANGELISCHE JUGENDSOZIALARBEIT (Hg.): Evangelische Jugendsozialarbeit im Wandel der Zeit. Eine Bundesarbeitsgemeinschaft wird Fünfzig, Münster 1999 (e), S, 71 - 81.

GALUSKE, M.: Soziale Arbeit zwischen Arbeits- und Bürgergesellschaft, in: HOMFELDT, H.G./SCHULZE-KRÜDENER, J. (Hg.): Wissen und Nichtwissen. Herausforderungen für Soziale Arbeit in der Wissensgesellschaft, Weinheim/München 2000 (a), S. 63 - 77.

GALUSKE, M.: Bürgerarbeit statt Lohnarbeit? Einige Anmerkungen zu Chancen und Risiken eines neuen „Zauberworts“, in: PÄDFORUM 6/2000 (b), S. 442 - 448.

GALUSKE, M.: Methoden der Sozialen Arbeit. Eine Einführung, 3., überarbeitete und erweiterte Auflage, Weinheim/München 2001.

GALUSKE, M.: Dienstleistungsorientierung - ein neues Leitkonzept Sozialer Arbeit? in: NEUE PRAXIS 3/2002, S. 239 - 255.

GALUSKE, M./JANZE, N.: Die Erzieherischen Hilfen des Kinder- und Jugendhilfegesetzes, in: COLBERG-SCHRADER, H. u.a. (Hg.): Kinder in Tageseinrichtungen. Ein Handbuch für Erzieherinnen, 11. Lieferung, Seelze 2000, S. 551 - 556.

GALUSKE, M./MÜLLER, C.W.: Handlungsformen in der Sozialen Arbeit. Geschichte und Entwicklung, in: THOLE, W. (Hg.): Grundriss Soziale Arbeit. Ein einführendes Handbuch, Opladen 2002, S. 485 - 508.

GALUSKE, M./RAUSCHENBACH, TH.: Jugendhilfe-Ost. Entwicklung, aktuelle Lage und Zukunft eines Arbeitsfeldes, Weinheim/München 1994.

GALUSKE, M./THOLE, W.: „Raus aus den Amtsstuben...“. Niedrigschwellige, aufsuchende und akzeptierende sozialpädagogische Handlungsansätze - Methoden mit Zukunft? In: ZEITSCHRIFT FÜR PÄDAGOGIK, 39. Beiheft: Erziehung und sozialer Wandel, Weinheim/Basel 1999.

GANßMANN, H.: Politische Ökonomie des Sozialstaats, Münster 2000.

GEBHARD, TH./JACOBS, H./LEIBFRIED, S.: Sozial(hilfe)politik in Deutschland und den USA. Ein Vergleich der nationalen politischen Thematisierung, in: BACKHAUS-MAUL (1999), S. 151 - 190.
GEIßLER, K.H.: Vom Tempo der Welt. Am Ende der Uhrzeit. Freiburg u.a. 1999.
GEIßLER, R.: Die Sozialstruktur Deutschlands, Opladen 1992.
GENDOLLA, P.: Zeit. Zur Geschichte der Zeiterfahrung, Köln 1992.
GENDOLLA, P.: Die Erschaffung des Tempos, in: ENGELMANN/WIEDEMEYER (2000), S. 38 - 47.
GEREMEK, B.: Geschichte der Armut. Elend und Barmherzigkeit in Europa, München/Zürich 1988.
GIDDENS, A.: Konsequenzen der Moderne, Frankfurt a.M. 1996 (a).
GIDDENS, A.: Leben in einer posttraditionalen Gesellschaft, in: BECK/ GIDDENS/LASH (1996 b), S. 113 - 194.
GIDDENS, A.: Jenseits von Links und Rechts, 2. Auflage, Frankfurt a.M. 1997.
GIDDENS, A.: Der dritte Weg. Die Erneuerung der sozialen Demokratie, Frankfurt a.M. 1999.
GIDDENS, A.: The Third Way and its Critics, CAMBRIDGE 2000.
GIESECKE, H.: Ökonomische Implikationen des pädagogischen Handelns, in: HOFFMANN/MAACK-RHEINLÄNDER 2001, S. 15 - 22.
GILL, TH.: Sozialphilosophie der Arbeit, Stuttgart 1997.
GLOTZ, P.: Digitaler Kapitalismus, in: DER SPIEGEL 39/1999, S. 82 - 86.
GLOTZ, P.: Die beschleunigte Gesellschaft. Kulturkämpfe im digitalen Kapitalismus, Reinbek b.H. 2001.
GORZ, A.: Wege ins Paradies. Thesen zur Krise, Automation und Zukunft der Arbeit, Berlin 1983.
GORZ, A.: Abschied vom Proletariat, Frankfurt a.M. 1988.
GORZ, A.: Kritik der ökonomischen Vernunft. Sinnfragen am Ende der Arbeitsgesellschaft, Hamburg 1994.
GORZ, A.: Arbeit zwischen Misere und Utopie, Frankfurt a.M. 2000.
GRAF, F.W.: Zur Einführung, in: GRAF/PLATTHAUS/SCHLEISING (1999), S. 9 - 19.
GRAF, F.W./PLATTHAUS, A./SCHLEISSING, ST. (Hg.): Soziales Kapital in der Bürgergesellschaft, Stuttgart/Berlin/Köln 1999.
GRAY, J.: Die Erosion impliziten Wissens im Spätkapitalismus und die Zukunft der Arbeit, in: KOCKA/OFFE (2000), S. 424 - 430.
GROß, P.: Die Verheißungen der Dienstleistungsgesellschaft. Soziale Befreiung oder Sozialherrschaft, Opladen 1983.
GROß, P.: Die Multioptionsgesellschaft, Frankfurt a.M. 1994.
GROß, P.: Ich-Jagd. Im Unabhängigkeitsjahrhundert, Frankfurt a.M. 1999.
GRUNDMANN, M. (Hg.): Konstruktivistische Sozialisationsforschung, Frankfurt a.M. 1999.
GRUNDWALD, K. U.A. (Hg.): Alltag, Nicht-Alltägliches und die Lebenswelt. Beiträge zur lebensweltorientierten Sozialpädagogik, Weinheim/München 1996.
GRUNDWALD, K./THIERSCH, H.: Lebensweltorientierung, in: OTTO, H.U./ THIERSCH, H. (Hg.): Handbuch Soziale Arbeit, Neuwied 2001, S. 1136 - 1148.
GRUNDWERTEKOMMISSION BEIM PARTEIVORSTAND DER SPD: Dritte Wege - Neue Mitte, Sozialdemokratische Markierungen für Reformpolitik im Zeitalter der Globalisierung, Berlin 1999.

GRUNOW, D./KÖPPE, O.: Qualität und Quantität der Entwicklung soziale Dienste in der Bundesrepublik Deutschland, in: BOESSENECKER/TRUBE/WOHLFAHRT (2000), S. 39 - 63.

GUGGENBERGER, B.: Sein oder Design. Im Supermarkt der Lebenswelten, Reinbek b.H. 2000.

HABERMAS, J.: Legitimationsprobleme im Spätkapitalismus, 5. Auflage, Frankfurt a.M. 1979.

HABERMAS, J.: Die neue Unübersichtlichkeit, Frankfurt a.M. 1985.

HÄUßERMANN, H./SIEBEL, W.: Dienstleistungsgesellschaften, Frankfurt a.M. 1995.

HAFENEGER, B.: Schlanke Jugendhilfe ist kein Königsweg, IN: BAUER u.a. (1998), S. 79 - 83.

HAFENEGER, B.: Wohin treiben Soziale Arbeit und Jugendhilfe, in: SOZIAL EXTRA 1/2001, S. 25 - 26.

HAMMEL, M.: Das Ende des „New Deal“? Die lange Vorgeschichte der Sozialhilfereform, in: BACKHAUS-MAUL (1999), S. 34 - 110.

HAMMERSTEIN, K.V./REIERMANN, CH.: Verpasste Chance, in: DER SPIEGEL 17/2001, S. 22 - 27.

HANDY, CH.: Ohne Gewähr. Abschied von der Sicherheit - Mit dem Risiko leben lernen, München 1999.

HANESCH, W./KRAUSE, P./BÄCKER, G.: Armut und Ungleichheit in Deutschland, Reinbek b. H. 2000.

HANESCH, W. u.a.: Armut in Deutschland. Der Armutsbericht des DGB und des Paritätischen Wohlfahrtsverbandes, Reinbek b.H. 1994.

HARTMANN, H.: Sozialhilfereform in den USA. Grundzüge der Reform und Schlussfolgerungen für die Praxis, in: BACKHAUS-MAUL (1999), S. 22 - 33.

HARTZ, P.: Das atmende Unternehmen. Jeder Arbeitsplatz hat einen Kunden. Beschäftigungssicherung bei VW, Frankfurt a.M. 1996.

HAUPERT, B.: Wider die neoliberale Invasion der Sozialen Arbeit. Theoretische Neuorientierung zwischen Dienstleistung und Profession - Markt und Moral - Mensch und Kunde? In: NEUE PRAXIS, 6/2000, S. 544 - 568.

HASENCLEVER, C.: Jugendhilfe und Jugendgesetzgebung seit 1900, Göttingen 1978.

HAUPERT, B.: Wider die neoliberale Invasion der Sozialen Arbeit. Theoretische Neuorientierung zwischen Dienstleistung und Profession - Markt und Moral - Mensch und Kunde? In: NEUE PRAXIS 6/2000, S. 544 - 569.

HAUSER, R.: Ziele und Möglichkeiten einer Sozialen Grundsicherung, Baden-Baden 1996.

HAUSER, R.: Wächst die Armut in Deutschland? In: MÜLLER/OTTO (1997), S. 29 - 48.

HAUSER, R./BECKER, I.: Wird unsere Einkommensverteilung immer ungleicher? Einige Forschungsergebnisse, in: DÖRING (1999), S. 88 - 116.

HEGE, M.: Die Bedeutung der Methoden in der Sozialarbeit, in: PROJEKTGRUPPE SOZIALE BERUFE (Hg.): Sozialarbeit: Ausbildung und Qualifikation, Expertisen I, München 1981, S. 145 - 161.

HEIMANN, E.: Soziale Theorie der Wirtschaftssysteme, Tübingen 1963.

HEIMANN, E.: Soziale Theorie des Kapitalismus. Theorie der Sozialpolitik, Frankfurt a.M. 1980. (Original: Tübingen 1929)

HEINISCH, K.J. (Hg.): Der utopische Staat, Reinbek b.H. 1960.

HEINZE, R.G./SCHMID, J./STRÜNCK, CH.: Vom Wohlfahrtsstaat zum Wettbewerbsstaat. Arbeitsmarkt- und Sozialpolitik in den 90er Jahren, Opladen 1999.

HEINZE, R.G./STRÜNCK, CH.: Die Verzinsung des sozialen Kapitals. Freiwilliges Engagement im Strukturwandel, in: BECK (2000 a), S. 171 - 216.

HERRINGER, N.: Empowerment in der Sozialen Arbeit. Eine Einführung, Stuttgart u.a. 1997.

HERING, S./MÜNCHMEIER, R.: Geschichte der Sozialen Arbeit. Eine Einführung, Weinheim/ München 2000.

HEUSER, U.J.: Das Unbehagen im Kapitalismus. Die neue Wirtschaft und ihre Folgen, Berlin 2000.

HEYDORN, H.J./KONEFFKE, G.: Studien zur Sozialgeschichte und Philosophie der Bildung. Band I. Zur Pädagogik der Aufklärung, München 1973.

HIELSCHER, V./HILDEBRAND, E.: Die Ambivalenz flexibler Arbeitszeiten: Neue Abhängigkeiten vom Betrieb oder Zugewinn an Lebensqualität? In: HILDEBRAND (2000), S. 129 - 149.

HILDEBRANDT, E. (Hg.): Reflexive Lebensführung. Zu den sozialökologischen Folgen flexibler Arbeit, Berlin 2000.

HILDEBRANDT, E./REINECKE, K./RINDERSPACHER, J./VOß, G.: Zeitwandel und reflexive Lebensführung, in: HILDEBRANDT (2000), S. 9 - 45.

HILPELÄ, J.: Die neoliberalistische Invasion Finnlands, in: HOFFMANN/MAACK-RHEINLÄNDER (2001), S. 185 - 198.

HIRSCH, J.: Der nationale Wettbewerbsstaat. Staat, Demokratie und Politik im globalen Kapitalismus, Berlin/Amsterdam 1995.

HIRSCH, J./ROTH, R.: Das neue Gesicht des Kapitalismus. Vom Fordismus zum Post-Fordismus, Hamburg 1986.

HITZLER, R.: Existenzbasler im Wohlfahrtsstaat. Über ‚Vollkasko-Individualisierung' als Handlungsrahmen, in: NEUE PRAXIS 6/1999, S. 535 - 542.

HITZLER, R./PETERS, H. (Hg.): Inszenierung: Innere Sicherheit. Daten und Diskurse, Opladen 1998.

HOBSBAWM, E.: Das Gesicht des 21. Jahrhunderts, München/Wien 2000.

HÖFER, R.: Jugend, Gesundheit und Identität. Studien zum Kohärenzgefühl, München 1999.

HOEG, P.: Der Plan von der Abschaffung des Dunkels, Reinbek b.H. 1998.

HOFFMANN, D.: Die Auswirkungen der ‚unsozialen Marktwirtschaft' auf den pädagogischen Zeitgeist, in: Hoffmann/Maack-Rheinländer (2001), S. 23 - 48.

HOFFMANN, D./MAACK-RHEINLÄNER, K. (Hg.): Ökonomisierung der Bildung. Die Pädagogik unter den Zwängen des Marktes, Weinheim/Basel 2001.

HOFFMANN, E./WALWEI, U.: Längerfristige Entwicklung von Erwerbsformen in Westdeutschland, IAB-KURZBERICHT 2/1998 (27.01.1998), Nürnberg 1998.

HOFFMANN, G.: Tausche Marmelade gegen Steuererklärung. Ganz ohne Geld - die Praxis der Tauschringe und Talentbörsen, München 1998.

HOLCH, CH.: Arbeiten ohne Ende, in: ENGELMANN/WIEDEMEYER (2000), S. 241 - 247.

HOLLSTEIN, W./MEINHOLD, M. (Hg.): Sozialarbeit unter kapitalistischen Produktionsbedingungen, Frankfurt a.M. 1973.

HONNETH, A. (Hg.): Kommunitarismus, Frankfurt a.M. /New York 1993.

HONNETH, A.: Tigersprung in die Vorgeschichte der Arbeit. Zu Robert Castels grundlegendem Werk „Metamorphosen der sozialen Frage", in: LITERATUREN 02/2001, S. 58 - 59.

HOYER, H./SONTHAG, M.: Der englische Patient, in: DER SPIEGEL 16/2001, S. 128 - 136.

HOUELLEBECQ, M.: Ausweitung der Kampfzone, Berlin 1999 (a).

HOUELLEBECQ, M.: Elementarteilchen, Köln 1999 (b).

HOUELLEBECQ, M.: Die Welt als Supermarkt, Reinbek b.H. 2001.

HOUELLEBECQ, M.: Plattform, Köln 2002.

HRADIL, S.: Epochaler Umbruch oder ganz normaler Wandel? Wie weit reichen die neueren Veränderungen der Sozialstruktur in der Bundesrepublik, in: BUNDESZENTRALE FÜR POLITISCHE BILDUNG (Hg.): Umbrüche in der Industriegesellschaft, Bonn 1990, S. 73 - 100.

HUMBOLDT, W.V.: Bildung des Menschen in Schule und Universität, Heidelberg 1964

ILLICH, I.: Fortschritsmythen, Reinbek b.H. 1983.

IMMERFALL, S.: Sozialkapital in der Bundesrepublik. Thesen zu Konzept und Größenordnung, in: KISTLER/NOLL/PRILLER (1999), S. 121 - 128.

INSTITUT DER DEUTSCHEN WIRTSCHAFT KÖLN: Zahlen zur wirtschaftlichen Entwicklung der Bundesrepublik Deutschland 1993, Köln 1993.

INSTITUT DER DEUTSCHEN WIRTSCHAFT KÖLN: Zahlen zur wirtschaftlichen Entwicklung der Bundesrepublik Deutschland 2000, Köln 2000.

JACOB, G./WENSIERSKI, H.J.V. (Hg.): Rekonstruktive Sozialpädagogik, Weinheim/München 1997.

JACOBS, H.: Armut, in: ALLMENDINGER/LUDWIG-MAYERHOFER (2000),. S. 237 - 268.

JACKSON, P. W.: Einübung in eine bürokratische Gesellschaft: Zur Funktion der sozialen Verkehrsformen im Klassenzimmer, in: ZINNECKER (1975), S. 19 - 34.

JAHODA, M./LAZARSFELD, P.F./ZEISEL, H.: Die Arbeitslosen von Marienthal. Ein soziographischer Versuch, Frankfurt a.M. 1975.

JANZE, N./POTHMANN, J.: Modernisierung der Heimerziehung: Mythos oder Realität? Entwicklungen in der Heimerziehung im Spiegel statistischer Befunde, erscheint in: STRUCK, N./GALUSKE, M./THOLE, W. (Hg.): Reform der Heimerziehung. Eine Bilanz, Opladen 2002.

JESSOP, B.: Thatcherismus mit menschlichem Antlitz, in: AK-ANALYSE & KRITIK, Zeitung für linke Debatte und Praxis, 418/1998, S. 3 - 8.

JUNG, A.: Erst powern, dann Party, in: DER SPIEGEL 31/2000, S. 54 - 57.

JUNGBLUT, H.J.: Niedrigschwelligkeit. Kontextgebundene Verfahren methodischen Handelns am Beispiel akzeptierender Drogenarbeit, in: RAUSCHENBACH, TH./ORTMANN, F./KARSTEN, M.-E. (Hg.): Der sozialpädagogische Blick, Weinheim/München 1993, S. 93 - 112

JURCZYK, K./VOß, G.: Entgrenzte Arbeitszeit - reflexive Alltagszeit. Die Zeit des Arbeitskraftunternehmers, in: HILDEBRANDT (2000), S. 151 - 205.

KAPPELER, M.: Rückblicke auf ein sozialpädagogisches Jahrhundert. Essays zur Dialektik von Herrschaft und Emanzipation im sozialpädagogischen Handeln, Frankfurt a.M. 1999.

KAUFMANN, F.-X.: Christentum und Wohlfahrtsstaat. In: KAUFMANN, F.-X. (Hg.): Religion und Modernität. Sozialwissenschaftliche Perspektiven, Tübingen 1989, S. 89 - 119.

KAUFMANN, F.-X.: Herausforderungen des Sozialstaates, Frankfurt a.M. 1997.

KERN, H./SCHUMANN, M.: Das Ende der Arbeitsteilung, 2. Auflage, München 1986.

KERSTIN, J.: Auf der Suche nach Zeitwohlstand, in: ENGELMANN/WIEDEMEYER (2000), S. 188 - 201.

KEUPP, H.: Verunsicherungen. Das Subjekt im gesellschaftlichen Wandel, Göttingen 1989.

KEUPP, H.: Ich muss mich einmischen. Selbstsorge und Politik der Lebensführung erweitern die Berufsarbeit in der Gesellschaft, in: DIE ZEIT 16/1998, S. 14.

KEUPP, H./HÖFER, R. (Hg.): Identitätsarbeit heute. Klassische und aktuelle Perspektiven der Identitätsforschung, Frankfurt a.M. 1997.

KEUPP, H./KRAUS, W./STRAUS, F.: Civic matters: Motive , Hemmnisse und Fördermöglichkeiten bürgerschaftlichen Engagements, in: BECK (2000 a), S. 217 - 268.

KEUPP, H. u.a.: Identitätskonstruktionen. Das Patchwork der Identitäten in der Spätmoderne, Reinbek b.H. 1999.

KEYNES, J.M.: Politik und Wirtschaft. Männer und Probleme. Ausgewählte Abhandlungen, Tübingen 1956.

KICKBUSCH, I.: Weib hoch 2. Das ist doch wohl zu viel. Spekulation über die Zukunft des Helfens, in: KLEIBER, D./ROMMELSPACHER, G. (Hg.): Die Zukunft des Helfens. Neue Wege und Aufgaben psychosozialer Versorgung, Weinheim 1986, S. 147 - 160.

KIESELBACH, TH./WACKER, A. (Hg.): Bewältigung von Arbeitslosigkeit im sozialen Kontext, Programme, Initiativen, Evaluationen, 2. Auflage, Weinheim 1995.

KILB, R.: Konkurrenz und Kooperation in der Sozialen Arbeit, in: Sozial extra 1/2001, S. 10 - 13.

KISTLER, E./NOLL, H.-H./PRILLER, E. (Hg.): Perspektiven gesellschaftlichen Zusammenhalts. Empirische Befunde, Praxiserfahrungen, Messkonzepte, Berlin 1999.

KLAGES, H.: Engagement und Engagementpotential in Deutschland, Erkenntnisse der empirischen Forschung, in: BECK (2000 a), S. 151 - 170.

KLATETZKI, TH. (Hg.): Flexible Erziehungshilfen. Ein Organisationskonzept in der Diskussion, Münster [2]1995.

KLATETZKI, TH.: Jugendhilfestationen, in: OTTO, H.U./THIERSCH, H. (Hg.): Handbuch Sozialpädagogik/Sozialarbeit, Neuwied 2001, S. 881 - 884.

KLATETZKI, TH./WINTER, H.: Zwischen Streetwork und Heimerziehung, in: neue praxis 1/1990, S. 1 - 16.

KLEIN, N.: No Logo. Der Kampf der global players um Marktmacht, München 2002.

KLEMM, K. u.a.: Bildung für das Jahr 2000. Bilanz der Reform, Zukunft der Schule, Reinbek 1985.

KLENNER, C./SEIFERT, H. (Hg.): Zeitkonten - Arbeit à la carte? Neue Modelle der Arbeitszeitgestaltung, Hamburg 1998.

KNORR, F./HALFAR, B.: Qualitätsmanagement in der Sozialarbeit. Für Sozialarbeiter, Sozialpädagogen, Sozialverwaltungen, Freie Wohlfahrtsverbände, Regensburg 2000.

KOCH, J.: Gegen Ausgrenzung und Abschottung. Zielperspektiven integrierter und flexibler Hilfen, in: KOCH/LENZ (1999), S. 33 - 47.

KOCH, J.: INTEGRA - Entwicklungen, Probleme, offene Fragen bei der Entwicklung flexibler, integrierter und sozialräumlich angelegter Erziehungshilfen, in: ZENTRALBLATT FÜR JUGENDRECHT 6/2000, S. 201 - 240.

KOCH, J./LENZ, S. (Hg.): Auf dem Weg zu einer integrierten und sozialräumlichen Kinder- und Jugendhilfe, Frankfurt a.M. 1999.

KOCH, J./LENZ, S. (Hg.): Integrierte Hilfen und sozialräumliche Finanzierungsformen. Zum Stand und den Perspektiven einer Diskussion, Frankfurt a.M. 2000.

KOCKA, J.: Arbeit früher, heute, morgen: Zur Neuartigkeit der Gegenwart, in: KOCKA/OFFE (2000), S. 476 - 492.

KOCKA, J./OFFE, C. (Hg.): Geschichte und Zukunft der Arbeit, Frankfurt a.M./New York 2000.

KÖNIG, H. (Hg.): Sozialphilosophie der industriellen Arbeit, LEVIATHAN Sonderheft 11, Opaden 1990.

KOHLI, M.: Gesellschaftszeit und Lebenszeit. Der Lebenslauf im Strukturwandel der Moderne, in: BERGER (1986), S. 183 - 208.

KOHLI, M.: Arbeit im Lebenslauf: Alte und neue Paradoxien, in: KOCKA/OFFE (2000), S. 362 - 382.

KOMMISSION FÜR ZUKUNFTSFRAGEN DER FREISTAATEN BAYERN UND SACHSEN: Erwerbstätigkeit und Arbeitslosigkeit in Deutschland. Entwicklung, Ursachen und Maßnahmen. Teil II: Ursachen steigender Arbeitslosigkeit in Deutschland und anderen frühindustrialisierten Ländern, Bonn 1997 (a).

KOMMISSION FÜR ZUKUNFTSFRAGEN DER FREISTAATEN BAYERN UND SACHSEN: Erwerbstätigkeit und Arbeitslosigkeit in Deutschland. Entwicklung, Ursachen und Maßnahmen. Teil III: Maßnahmen zur Verbesserung der Beschäftigungslage, Bonn 1997 (b).

KORCZAK, J.: Verteidigt die Kinder! Erzählende Pädagogik, Gütersloh 1978.

KRÄMER, W.: Armut in der Bundesrepublik. Zur Theorie und Praxis eines überforderten Begriffs. Frankfurt a.M/New York 2000.

KRAFELD, F.J.: Die überflüssige Jugend der Arbeitsgesellschaft. Eine Herausforderung an die Pädagogik, Opladen 2000.

KRAPPMANN, L.: Die Identitätsproblematik nach Erikson aus einer interaktionistischen Sicht, in: KEUPP/HÖFER (1997), S. 66 - 92.

KREBS, A.: Arbeit und Liebe. Die philosophischen Grundlagen sozialer Gerechtigkeit, Frankfurt a.M. 2002.

KREFT, D./MIELENZ, I.: Soziale Arbeit, in: KREFT, D./MIELENZ, I. (Hg.): Wörterbuch Soziale Arbeit, Aufgaben, Praxisfelder, Begriffe und Methoden der Sozialarbeit und Sozialpädagogik, Weinheim/Basel, 4. Auflage 1996 a, S. 509 - 511.

KREFT, D./MIELENZ, I. (Hg.): Wörterbuch Soziale Arbeit, Aufgaben, Praxisfelder, Begriffe und Methoden der Sozialarbeit und Sozialpädagogik, Weinheim/Basel, 4. Auflage 1996 b

KRÖNIG, J.: Insel der Katastrophen, in: DIE ZEIT 11/2001, S. 14.

KRON, TH. (Hg.): Individualisierung und soziologische Theorie, Opladen 2000.

KUHLMANN, C./SCHRAPPER, CH.: Geschichte der Erziehungshilfen von der Armenpflege bis zu den Hilfen zur Erziehung, in: BIRTSCH/MÜNSTERMANN/TREDE (2001), S. 282 - 328.

KURZ, R./LOHOFF, E./TRENKLE, N. (Hg.): Feierabend. Elf Attacken gegen die Arbeit, Hamburg 1999.

LAFARGUE, P.: Das Recht auf Faulheit. Wiederlegung des „Rechtes auf Arbeit“ von 1848, (ohne Ort und Jahr).

LANGE, S.: Auf der Suche nach der guten Gesellschaft. Der Kommunitarismus Amitai Etzionis, in: SCHIMANK/VOLKMANN (2000), S. 255 - 274.

LATTKE, H.: Soziale Arbeit und Erziehung. Ihre Ziele, Methoden und psychologischen Grundlagen, Freiburg i.B. 1955.

LATTKE, H.: Gegenwartsforderungen an Methodik und Organisation der Sozialarbeit, in: CARITAS 12/1961, S. 315 - 334.

LEIBFREID, ST.: Nationaler Wohlfahrtsstaat, Europäische Union und ‚Globalisierung': Erste Annäherung, in: ALLMENDINGER/LUDWIG-MAYERHOFER (2000), S. 39 - 78.

LEIBFRIED, ST./LEISERING, L./u.a.: Zeit der Armut . Lebensläufe im Sozialstaat, Frankfurt a.M. 1995.

LENHARDT,. G./OFFE, C.: Staatstheorie und Sozialpolitik, in: Ferber, Chr. v./Kaufmann, F.X. (Hg.): Soziologie und Sozialpolitik, Kölner Zeitschrift für Soziologie und Sozialpsychologie, Sonderheft 19, 1977, S. 98 - 127.

LESSENICH, ST.: „Relations matter“: De-Kommodifizierung als Verteilungsproblem, in: LESSENICH/OSTNER (1998), S. 91 - 108.

LESSENICH, ST.: Soziologische Erklärungsansätze zu Entstehung und Funktion des Sozialstaats, in: ALLMENDINGER/LUDWIG-MAYERHOFER, (2000), S. 39 - 78.

LESSENICH, S./OSTNER, I. (Hg.): Welten des Wohlfahrtskapitalismus, Frankfurt a.M. 1998.

LEVINE, R.: Eine Landkarte der Zeit. Wie Kulturen mit Zeit umgehen, München 1998.

LIEBAU, E.: Gesellschaftliches Subjekt und Erziehung. Zur pädagogischen Bedeutung der Sozialisationstheorien von Pierre Bourdieu und Ulrich Oevermann, Weinheim/München 1987.

LIESSMANN, K.P.: Im Schweiße deines Angesichtes. Zum Begriff der Arbeit in den anthropologischen Konzepten der Moderne, in: BECK (2000 a), a.a.O., S. 85 - 107.

LOHOFF, E./MASSIP, M.: Hilfe zur Zwangsarbeit. Aus den Annalen der bundesdeutschen Sozialverwaltung, in: KURZ/LOHOFF/TRENKLE (1999), S. 135 - 152.

LÜDERS, C./WINKLER, M.: Sozialpädagogik - auf dem Weg zu ihrer Normalität, in: ZEITSCHRIFT FÜR PÄDAGOGIK, 38. Jg., H. 3/1992, S. 359 - 370.

LUHMANN, N.: Politische Theorie im Wohlfahrtsstaat, München/Wien 1981.

LUNDSTRÖM, T.: Quasi-Märkte ohne Qualitätskontrolle? Kommunalverwaltung, gemeinnützige Träger und Privatunternehmen in der schwedischen Jugendhilfe, in: OTTO/ SCHNURR (2000), S. 239 - 258.

LUTTWAK, E.: Turbokapitalismus. Gewinner und Verlierer der Globalisierung, Hamburg/Wien 1999.

LUTZ, B.: Der kurze Traum immer währender Prosperität. Eine Neuinterpretation der industriell-kapitalistischen Entwicklung im Europa des 20. Jahrhunderts, Frankfurt a.M./New York 1984.

LYOTARD, J.F.: Beantwortung der Frage: Was ist postmodern? In: ENGELMANN, P. (Hg.): Postmoderne und Dekonstruktion, Stuttgart 1990, S. 33 - 48.

MAIER, H. (Hg.): Who is who der Sozialen Arbeit, Freiburg i.B. 1998.

MANDER, J./GOLDSMITH, E. (Hg.): Schwarzbuch Globalisierung, München 2002.

MARBURGER, H.: Entwicklung und Konzepte der Sozialpädagogik, München 1979.

MARSHALL, J.H.: Bürgerrechte und soziale Klassen. Zur Soziologie des Wohlfahrtsstaates, Frankfurt a.M./New York 1992.

MARTIN, H.-P./SCHUMANN, H.: Die Globalisierungsfalle. Der Angriff auf Demokratie und Wohlstand, Reinbek b.H. 1998.

MASSIP, M./LOHOFF, E.: Hilfe zur Zwangsarbeit. Aus den Annalen der bundesdeutschen Sozialverwaltung, in: KURZ/LOHOFF/TRENKLE (1999), S. 109 - 134.

MATTHIES, H./MÜCKENBERGER, U./OFFE, C./PETER, E./RAASCH, S.: Arbeit 2000. Anforderungen an eine Neugestaltung der Arbeitswelt. Eine Studie der Hans-Böckler-Stiftung, Reinbeck b.H. 1994.

MEADOWS, D.: Der Kollaps kommt, in: DIE ZEIT 9/1998, S. 25.

MEADOWS, D. u.a.: Die Grenzen des Wachstums. Bericht des Club of Rome zur Lage der Menschheit, Reinbek b.H. 1973.

MEADOWS, D. u.a.: Die neuen Grenzen des Wachstums, Reinbek b.H. 1992.

MEINHOLD, M.: „Wir behandeln Situationen - nicht Personen“. Über Möglichkeiten, situationsbezogene Verfahren anzuwenden am Beispiel des Familienzentrums Melbourne, in: MÜLLER, S. u.a. (Hg.): Handlungskompetenz in der Sozialarbeit/Sozialpädagogik. Band 1: Interventionsmuster und Praxisanalysen, Bielefeld 1982, S. 165 - 183.

MERCHEL, J.: Zwischen Effizienzsteigerung, fachlicher Weiterentwicklung und Technokratisierung: Zum sozialpolitischen und fachpolitischen Kontext der Qualitätsdebatte in der Jugendhilfe, in: MERCHEL (1998), S. 20 - 42.

MERCHEL, J. (HG.): Qualität in der Jugendhilfe. Kriterien und Bewertungsmöglichkeiten, 2. Auflage, Münster 1998.

MERTEN, R.: Autonomie der Sozialen Arbeit. Zur Funktionsbestimmung als Disziplin und Profession, Weinheim/München 1997.

MERTEN, R.: Schwierigkeiten mit dem eigenen Erfolg. Die Sozialpädagogik in der Phase ihrer Konsolidierung, in: HOMFELDT, H.G./MERTEN, R./SCHULZE-KRÜDENER, J. (Hg.): Soziale Arbeit im Dialog ihrer Generationen: Theoriebildung - Ausbildung - Professionalisierung - Methodenentwicklung in der zweiten Hälfte des 20. Jahrhunderts, Hohengehren 1999, S. 54 - 67.

MERTEN, R. (Hg.): Systemtheorie Sozialer Arbeit. Neue Ansätze und veränderte Perspektiven, Opladen 2000.

MERTEN, R./SOMMERFELD, P./KODITEK, T. (Hg.): Sozialarbeitswissenschaft - Kontroversen und Perspektiven, Neuwied 1996.

MERTENS, D.: Schlüsselqualifikationen. Thesen zur Schulung für eine moderne Gesellschaft, in: LANGE, E./BÜSCHGES, G. (Hg.): Aspekte der Berufswahl in der modernen Gesellschaft, Kassel 1975, S. 403 - 430.

MEYER-TIMPE, U.: Zuckerbrot und Peitsche, in: Die Zeit, 12/2001, S. 28.

MIKL-HORKE, G.: Industrie- und Arbeitssoziologie, 4. Auflage München/Wien 1997.

MISIK, R.: Mythos Weltmarkt. Vom Elend des Neoliberalismus, Berlin 1997.

MISIK, R.: Die Suche nach dem Blair-Effekt. Schröder, Klima und Genossen zwischen Tradition und Pragmatismus, Berlin 1998.

MITTERAUER, M.: Sozialgeschichte der Jugend, Frankfurt a.M. 1986.

MOLLENHAUER, K.: Die Ursprünge der Sozialpädagogik in der industriellen Gesellschaft, Weinheim/Berlin 1959.

MÖRTH, I./FRÖHLICH, G. (Hg.): Das symbolische Kapital der Lebensstile. Zur Kultursoziologie der Moderne nach Pierre Bourdieu, Frankfurt a.M./New York 1994.

MUCHEMBLED, R.: Die Erfindung des modernen Menschen. Gefühlsdifferenzierung und kollektive Verhaltensweisen im Zeitalter des Absolutismus, Reinbek b.H. 1990.

MÜHLUM, A.: Sozialpädagogik und Sozialarbeit, München 1981.

MÜNCHMEIER, R.: Zugänge zur Geschichte der Sozialarbeit, München 1981.

MÜLLER, B.: Die Last der großen Hoffnung, Weinheim/München 1991.

MÜLLER, B.: Sozialpädagogisches Können. Ein Lehrbuch zur multiperspektivischen Fallarbeit, Freiburg. i.B. 1993.

MÜLLER, B.: Qualitätsprodukt Jugendhilfe. Kritische Thesen und praktische Vorschläge, Freiburg i.B. 1996.

MÜLLER, B.: Probleme der Qualitätsdiskussion in sozialpädagogischen Handlungsfeldern, in: MERCHEL (1998), S. 43 - 60.

MÜLLER, C.W.: Wie helfen zum Beruf wurde, Bd. 1 und 2, Weinheim/Basel, 2. Auflage, 1988 und 1992.

MÜLLER, C.W.: Methodenlehre als Beitrag zur Professionalisierung in der Sozialen Arbeit, in: Theorie und Praxis der Sozialen Arbeit, 10/1996, S. 13 - 22.

MÜLLER, C.W.: Helfen und Erziehen. Soziale Arbeit im 20. Jahrhundert, Weinheim/Basel 2001.

MÜLLER, S./RAUSCHENBACH, TH. (Hg.): Das soziale Ehrenamt. Nützliche Arbeit zum Nulltarif, 2. Auflage, Weinheim/München 1992.

MÜLLER, S./OTTO, U. (Hg.): Armut im Sozialstaat, Neuwied 1997.

MÜLLER, S. u.a. (Hg.): Soziale Arbeit. Gesellschaftliche Bedingungen und professionelle Perspektiven, Neuwied 2000.

MÜLLGES, U.: Bildung und Berufsbildung. Die theoretische Grundlegung des Berufserziehungsproblems durch Kerschensteiner, Spranger, Fischer und Litt, Ratingen 1967.

MÜNDER, J.: Familien- und Jugendhilferecht. Eine sozialwissenschaftlich orientierte Einführung, Bd. 1: Familienrecht, 4. Auflage, Neuwied 1999.

MÜNDER, J.: Familien- und Jugendhilferecht. Eine sozialwissenschaftlich orientierte Einführung, Bd. 2: Jugendrecht, 4. Auflage, Neuwied 2000.

MUETZELFELDT, M.: Markt, Organisation und Profession - Erfahrungen aus dem australischen „Contract State“, in: OTTO/SCHNURR (2000), S. 65 - 86.

MUTZ, G.: Der Job ist nur die halbe Arbeit, in: DIE ZEIT 10/1998, S. 25.

MUTZ, G.: Das Ende der Treck-Kultur. Warum der neidvolle Blick auf die USA ins Leere geht, in: BECK (1999), S. 190 - 207.

MUTZ, G. u.a.: Diskontinuierliche Erwerbsverläufe, Opladen 1995.

NAVE-HERZ, R. Familie heute. Wandel der Familienstrukturen und Folgen für die Erziehung, Darmstadt 1994.

NEGT, O.: Lebendige Arbeit, enteignete Zeit - Politische und kulturelle Dimensionen des Kampfes um die Arbeitszeit, Frankfurt a.M./New York 1985.

NEGT, O.: Krise, Politik und Utopie. Jenseits der ‚Arbeitsgesellschaft', In: ALHEIT, P./ LOBODDA, G./WOLLENBERG, J. (Hg.): Wie wir leben wollen. Krise der Arbeitsgesellschaft, Widerstand, Reform und Perspektiven, Hamburg 1986, S. 10 - 20.

NEGT, O.: Ironie der Geschichte oder: Der Kaiser ist nackt. Über alte und neue Kleider, den Kapitalismus, die Globalisierung und die Notwendigkeit der Solidarität, in: EICHEL/HOFFMANN (1999), S. 197 - 210.

NEGT, O.: Ideenhaushaltskrise. Gegen eine Ökonomie erster und zweiter Klasse, in: ENGELMANN/ WIEDEMEYER (2000), S. 77 - 92.
NEUE PRAXIS (Hg.): Hans Thiersch zum 60. Geburtstag, 3/1995.
NEUFFER, M.: Die Kunst des Helfens. Geschichte der Sozialen Einzelfallhilfe in Deutschland, Weinheim/Basel 1980.
NIEMEYER, CH.: Klassiker der Sozialpädagogik. Einführung in die Theoriegeschichte einer Wissenschaft, Weinheim/München 1998.
NIPPEL, W.: Erwerbsarbeit in der Antike, in: KOCKA/OFFE (2000), S. 54 - 66.
OELKERS, J.: Die Konjunktur von „Schlüsselqualifikationen", in: GONON, P. (Hg.): Schlüsselqualifikationen kontrovers, Aarau 1996, S. 123 - 128.
OEXLE, O.G.: Arbeit, Armut, ‚Stand' im Mittelalter, in: KOCKA/OFFE (2000), S. 67 - 79
OFFE, C.: ‚Arbeitsgesellschaft'. Strukturprobleme und Zukunftsperspektiven, Frankfurt a.M./New York 1984.
OFFE, C.: Die Utopie der Null-Option. Modernität und Modernisierung als politische Gütekriterien, IN: BERGER (1986), S. 97 - 117.
OFFE, C.: „Sozialkapital". Begriffliche Probleme und Wirkungsweise, in: KISTLER/NOLL/PRILLER (1999), S. 113 - 120.
OFFE, C.: Anmerkungen zur Gegenwart der Arbeit, in: KOCKA/OFFE (2000), S. 493 - 501.
OFFERMANN, V.: Krise des Sozialstaats oder Sozialstaat in der Krise? In: NEUE PRAXIS 3/1998, S. 226 - 244.
OLK, TH.: Abschied vom Experten, Weinheim/München 1986.
OLK, TH.: Zwischen Hausarbeit und Beruf. Ehrenamtliches Engagement in der aktuellen sozialpolitischen Diskussion, in: MÜLLER/RAUSCHENBACH (1992), S. 19 - 36.
OLK, TH.: Sozialstaat, in: KREFT, D./MIELENZ, I. (Hg.): Wörterbuch Soziale Arbeit, Aufgaben, Praxisfelder, Begriffe und Methoden der Sozialarbeit und Sozialpädagogik, Weinheim/ Basel, 4. Auflage 1996 (a), S. 557 - 562.
OLK, TH.: Ehrenamtliche Helfer, in: KREFT, D./MIELENZ, I. 1996 (b), S. 150 - 152.
OLK, TH.: Der „aktivierende Staat". Perspektiven einer lebenslagenbezogenen Sozialpolitik für Kinder, Jugendliche, Frauen und ältere Menschen, in: MÜLLER u.a. (2000), S. 99 - 118.
OLK, TH./RAUSCHENBACH, TH./SACHßE, CH.: Von der Wertegemeinschaft zum Dienstleistungsunternehmen. Oder.: Über die Schwierigkeiten, Solidarität zu organisieren. Ein einführende Skizze, in: RAUSCHENBACH/SACHßE/OLK (1995). S. 11 - 33.
OTTO, H.U.: Ideologie-Palaver? In: NEUE PRAXIS 3/1999, S. 323 - 324.
OTTO, H.U./SCHNEIDER, S. (Hg.): Gesellschaftliche Perspektiven der Sozialarbeit, 2 Bände, Neuwied/Berlin 1973.
OTTO, H.U./SCHNURR, ST.: „Playing the Market Game?" Zur Kritik markt- und wettbewerbsorientierter Strategien einer Modernisierung der Jugendhilfe in internationaler Perspektive, in: OTTO/SCHNURR (2000), S. 3 - 20.
OTTO, H.U./SCHNURR, ST. (Hg.): Privatisierung und Wettbewerb in der Jugendhilfe. Marktorientierte Modernisierungsstrategien in internationaler Perspektive, Neuwied 2000.
OTTO, H.U./UTERMANN, K. (Hg.): Sozialarbeit als Beruf. Auf dem Weg zur Professionalisierung, 2. Auflage, München 1973.
OPASCHOWSKI, H.W.: Feierabend? Von der Zukunft ohne Arbeit zur Arbeit mit Zukunft! Opladen 1998.

OPPENHEIM, C.: Der Anstieg von Armut und Ungleichheit in Großbritannien, in: ZEITSCHRIFT FÜR SOZIALREFORM, 4/1998, S. 223 - 307.
OTTOMEYER, K.: Ökonomische Zwänge und menschliche Beziehungen. Soziales Verhalten im Kapitalismus, Reinbek b.H. 1977.
PABST, ST.: Rahmenbedingungen und Trends in der Bundesrepublik Deutschland: Die Veränderung gesetzlicher Grundlagen für die Erbringung sozialer Dienstleistungen, in: BOESSENECKER/TRUBE/ WOHLFAHRT (2000), S. 64 - 79.
PENSE, R. (Hg.): Lexikon der Sozial- und Jugendhilfe, Köln/Berlin 1963.
PERLMANN, H.: Soziale Einzelhilfe als problemlösender Prozess, Freiburg i.B., 3. Auflage 1973.
PETERS, H.: Zur Zukunft integrierter, flexibler Erziehungshilfen, in: KOCH/LENZ (1999), S. 159 - 165.
PEUKERT, H.: Die Erziehungswissenschaft der Moderne und die Herausforderungen der Gegenwart, in: ZEITSCHRIFT FÜR PÄDAGOGIK, 29. Beiheft. Erziehungswissenschaft zwischen Modernisierung und Modernitätskrise. Beiträge zum 13. Kongress der Deutschen Gesellschaft für Erziehungswissenschaft, Weinheim/Basel 1992, S. 113 - 127.
PEUKERT, R.: Familienformen im sozialen Wandel, 2. Auflage, Opladen 1996.
PEUKERT, R.: Die Destabilisierung der Familie, in: HEITMEYER, W. (Hg.): Was treibt die Gesellschaft auseinander? Frankfurt a.M. 1997, S. 287 - 327.
PICHT, G.: Die deutsche Bildungskatastrophe, München 1965.
PIEPER, N.: Arbeit! Arbeit! Arbeit! In: DIE ZEIT 9/1999, S. 1.
PINZLER, P.: Schule der Exzellenz, in: DIE ZEIT 28/2000, S. 6.
PINZLER, CH./TENBROCK, CH.: Stars im Sturz, in: DIE ZEIT 12/2001, S. 25 - 26.
PLATTHAUS, A.: Aller Seiten Freund. Was darf der Begriff ‚Sozialkapital' hoffen? In: GRAF/ PLATTHAUS/SCHLEISSING (1999), 161 - 176.
PLATZ, H.-E.: Arbeitsanforderungen im Wandel, Kompetenzen für die Zukunft - eine folgenreiche Auseinandersetzung mit aktuellen Positionen, in: MITTEILUNGEN AUS DER ARBEITSMARKT UND BERUFSFORSCHUNG 4/2000, S. 583 - 593.
PRILLER, E./ZIMMER, A. (Hg.): Der Dritte Sektor international: Mehr Markt - weniger Staat? Berlin 2001.
PUTNAM, R.D.: Demokratie in Amerika am Ende des 20. Jahrhunderts, in: GRAF/PLATTHAUS/SCHLEISSING (1999), S. 21 - 70.
RAUCHFLEISCH, U.: Alternative Familienformen, Göttingen 1997.
RAUSCHENBACH, TH.: Das sozialpädagogische Jahrhundert. Analysen zur Entwicklung Sozialer Arbeit in der Moderne, Weinheim/München 1999 (a).
RAUSCHENBACH, TH.: Grenzen der Lebensweltorientierung - Sozialpädagogik auf dem Weg zu ‚systemischer Effizienz'. Überlegungen zu den Folgen der Ökonomisierung Sozialer Arbeit, in: ZEITSCHRIFT FÜR PÄDAGOGIK, Beiheft 39, Weinheim/Basel 1999 (b), S. 223 - 244.
RAUSCHENBACH, TH./GÄNGLER, H. (Hg.): Soziale Arbeit und Erziehung in der Risikogesellschaft, Neuwied 1992.
RAUSCHENBACH, TH./GALUSKE, M.: Sozialpädagogik - eine begriffliche Verlegenheitslösung? In: NEUE PRAXIS 5/1998, S. 448 - 456.
RAUSCHENBACH, TH./MÜLLER, S./OTTO, U.: Vom öffentlichen und privaten Nutzen des sozialen Ehrenamtes, in: MÜLLER/RAUSCHENBACH (1992), S. 223 - 263.

RAUSCHENBACH, TH./SACHßE, CH./OLK, TH. (Hg.): Von der Wertegemeinschaft zum Dienstleistungsunternehmen. Jugend- und Wohlfahrtsverbände im Umbruch, Frankfurt a.M. 1995.

RAUSCHENBACH, TH./THOLE, W. (Hg.): Sozialpädagogische Forschung. Gegenstand und Funktionen, Bereiche und Methoden, Weinheim/München 1998.

REHEIS, F.: Die Kreativität der Langsamkeit. Neue Wohlstand durch Entschleunigung, 2. überarbeitete Auflage, Darmstadt 1998.

REICH, R.B.: Die neue Weltwirtschaft. Das Ende der nationalen Ökonomie, Frankfurt a.M. 1997.

RHEINHEIMER, M.: Arme, Bettler und Vaganten. Überleben in der Not 1450 - 1850, Frankfurt a.M. 2000.

RIBOLITS, E.: Die Arbeit hoch? Berufspädagogische Streitschrift wider die Totalverzweckung des Menschen im Post-Fordismus, München/Wien 1995.

RIEGER, E.: Soziologische Theorie und Sozialpolitik im entwickelten Wohlfahrtsstaat, in: LESSENICH/OSTNER (1998), S. 59 - 89.

RIEKER, H.: Alltag im Jahr 2000. Eine Dokumentation über die Zukunft, 1966.

RIFKIN, J.: Uhrwerk Universum. Die Zeit als Grundkonflikt des Menschen, München 1988.

RIFKIN, J.: Das Ende der Arbeit und ihre Zukunft, Frankfurt a.M. 1997.

RINDERSPACHER, J. P.: Zeitwohlstand in der Moderne. Wissenschaftszentrum Berlin, Berlin 2000 (a).

RINDERSPACHER, J. P.: Auf dem Weg in bessere Zeiten? Modernisierung zwischen Zeitsouveränität und Marktanpassung, in: HILDEBRANDT (2000 b), S. 47 - 98.

RITTER, G.A.: Der Sozialstaat - Entstehung und Entwicklung im internationalen Vergleich. Historische Zeitschrift, Beiheft 11, München 1989.

ROBERTSON, R.: Glokalisierung: Homogenität und Heterogenität in Raum und Zeit, in: BECK (1998), S. 192 - 220.

ROLFF, H. G.: Sozialisation und Auslese durch die Schule, Heidelberg 1974.

RORTRY, R./SENNETT, R.: Wir kämpfen um die Seele, in : SPIEGEL SPEZIAL 10/1998, S. 142 - 145.

RUDOLPH, H.: Befristete Arbeitsverhältnisse auf dem Prüfstand, in: IAB-MATERIALIEN 3/2000, S. 12 - 13.

RÜTTGERS, J.: Motor für ein Jobwunder, in: DER SPIEGEL 3/1998, S. 54 - 55.

RUPPERT, W.: Die Fabrik. Geschichte von Arbeit und Industrialisierung in Deutschland, München 1983.

RUSSEL, B.: Lob des Müßiggangs, Hamburg 1957.

RUTSCHKY, K. (Hg.): Schwarze Pädagogik. Quellen zur Naturgeschichte der bürgerlichen Erziehung, 6. Auflage, Frankfurt a.M. 1993.

SACHßE, CH. Berufsgeschichte und Berufsidentität. Methoden in de Konstitutionsphase Sozialer Arbeit, in: RAUSCHENBACH, TH./ORTMANN, F./KARSTEN, M.E. (Hg.): Der sozialpädagogische Blick, Weinheim/München 1993, S. 29 - 44.

SACHßE, CH.: Grenzen der Solidarität. Soziale Sicherung in Zeiten der Globalisierung, in: TREPTOW, R./HÖRSTER, R. (Hg.): Sozialpädagogische Integration. Entwicklungsperspektiven und Konfliktlinien, Weinheim/München 1999, S. 25 - 38.

SACHßE, CH./TENNSTEDT, F.: Geschichte der Armenfürsorge in Deutschland, Bd. 1: Vom Spätmittelalter bis zum ersten Weltkrieg, Stuttgart u.a. 1980.

SACHßE, CH./TENNSTEDT, F. (Hg.): Soziale Sicherheit und soziale Disziplinierung, Frankfurt a.M. 1986.

SACHßE, CH./ TENNSTEDT, F.: Geschichte der Armenfürsorge in Deutschland, Bd. 2: Fürsorge und Wohlfahrtspflege 1871 bis 1929, Stuttgart u.a. 1988.

SACHßE, CH./TENNSTEDT, F.: Geschichte der Armenfürsorge in Deutschland, Bd. 3: Der Wohlfahrtsstaat im Nationalsozialismus, Stuttgart u.a. 1992.

SALOMON, A.: Soziale Diagnose, Berlin 1926.

SARASIN, PH.: Reizbare Maschinen. Eine Geschichte de Körpers 1765 - 1914, Frankfurt a.M. 2001.

SAUER, W. (Hg.): Der dressierte Arbeiter. Geschichte und Gegenwart der industriellen Arbeitswelt, München 1984.

SAUGA, M.: Zuckerbrot und Peitsche, in: DER SPIEGEL 5/2000, S. 82.

SCHAARSCHUCH, A.: Zwischen Regulation und Reproduktion. Gesellschaftliche Modernisierung und die Perspektiven sozialer Arbeit, Bielefeld 1990.

SCHAARSCHUCH, A.: Integration ohne Ende? Soziale Arbeit in der gespaltenen Gesellschaft, in: TREPTOW, R./HÖRSTER, R. (Hg.): Sozialpädagogische Integration. Entwicklungsperspektiven und Konfliktlinien, Weinheim/München 1999 (a), S. 57 - 68.

SCHAARSCHUCH, A.: Theoretische Grundelemente Sozialer Arbeit als Dienstleistung. Ein analytischer Zugang zur Neuorientierung Sozialer Arbeit, in: NEUE PRAXIS 6/1999 (b), S. 543 - 560.

SCHAARSCHUCH, A.: Gesellschaftliche Perspektiven soziale Dienstleistungen, in: MÜLLER u.a. (2000), S. 165 - 178.

SCHÄFERS,.B.: Soziologie des Jugendalters, Opladen 1984.

SCHÄUBLE, W.: Neue Wege - feste Werte: Die Tagesordnung der Zukunft, in: GANTEN, D. u.a. (Hg.): Tagesordnung der Zukunft, Bonn 1999, S. 11 - 26.

SCHEER, A.: Inklusion/Exklusion - Soziale Ausgrenzung. Verändert sich die gesellschaftliche Funktion der Sozialen Arbeit? In: TREPTOW, R./HÖRSTER, R. (Hg.): Sozialpädagogische Integration, Entwicklungsperspektiven und Konfliktlinien, Weinheim/München 1999, S. 39 - 56.

SCHEER, A.: Individualisierung - Moderne - Postmoderne. eine Auseinandersetzung mit dem Individualisierungstheorem in der Perspektive eines kritischen Postmodernismus, in: Kron (2000), S. 185 - 202.

SCHERER, H./SAHLER, I. (Hg.): Einstürzende Sozialstaaten, Wiesbaden 1998.

SCHELSKY, H.: Die Bedeutung des Berufs in der modernen Gesellschaft, in : LUCKMANN, T./SPRONDEL, M. (GH.): Berufssoziologie, Köln 1972, S. 25 - 25.

SCHIESSL, M.: Die Zumutung der harten Liebe, in: DER SPIEGEL 39/1999, S. 234 - 238.

SCHIESSL, M.: Heilsame Rosskur mit Risiken, in: DER SPIEGEL 27/2000, S. 80.

SCHILLING, J.: Soziale Arbeit. Entwicklungslinien der Sozialpädagogik/Sozialarbeit, Neuwied 1997.

SCHILLING, M.: Die Fachkräfte in den Erziehungshilfen, in: BIRTSCH/MÜNSTERMANN/TREDE (2001), S. 458 - 503.

SCHIMANK, U.: Die neoliberale Heimsuchung des Wohlfahrtsstaats. Pierre Bourdieus Analyse gesellschaftlicher Exklusionstendenzen, in: SCHIMANK/VOLKMANN (2000), S. 183 - 198.

SCHIMANK, U./VOLKMANN, U. (Hg.): Soziologische Gegenwartsdiagnosen I, Opladen 2000.

SCHMIDT, M.G.: Sozialpolitik. Historische Entwicklung und internationaler Vergleich, Opladen 1988.

SCHMIDT, T. (Hg.): Befreiung von falscher Arbeit. Thesen zum garantierten Mindesteinkommen, 2. veränderte Auflage, Berlin 1986.

SCHMIDTBAUER, W.: Helfen als Beruf. Die Ware Nächstenliebe. Überarbeitete und erweiterte Neuausgabe, Reinbek b.H. 1992.

SCHNEIDER, U.: Armut in einem reichen Land, in: MÜLLER/OTTO (1997), S. 9 - 28.

SCHNUR, P.: Arbeitslandschaft 2010 - Teil 1. Dienstleistungsgesellschaft auf industriellem Nährboden, IAB-Kurzbericht 9/1999 (26.08.1999), Nürnberg 1999.

SCHNURR, S.: Jugendamtsakteure im Steuerungsdiskurs, in: NEUE PRAXIS 4/1998, S. 362 - 382.

SCHRÖDER, G.: Ich bin nicht alarmiert (Interview), in: DER SPIEGEL 16/2001, S. 85 -86.

SCHRÖDER, G./BLAIR, T.: Schröder-Blair-Papier, in: NEUE PRAXIS 3/1999, S. 325 - 330.

SCHROER, W.: Sozialpädagogik und die soziale Frage. Der Mensch im Zeitalter des Kapitalismus um 1900, Weinheim/München 1999.

SCHULZE. G.: Die Erlebnisgesellschaft, Frankfurt a.M./New York 1992.

SCHWINGEL, M.: Pierre Bourdieu. Zur Einführung, 3. verbesserte Auflage, Hamburg 2000.

SCHUMANN, M.: Frisst die Shareholder Value-Ökonomie die Modernisierung der Arbeit? In: HIRSCH-KREINSEN, H./WOLF, H. (Hg.): Arbeit, Gesellschaft, Kritik: Orientierungen wieder den Zeitgeist, Berlin 1998, S. 19 - 30.

SCHUMPETER, J.: Über den Kapitalismus, in: MILLS, W.C.: Klassik der Soziologie. Eine polemische Auslese, Frankfurt a.M. 1966, S. 338 - 378.

SCHWABE, M.: „Wer sind unsere Kunden? Wie definieren sich unsere Aufträge? Worin bestehen unsere Leistungen? In: WIDERSPRÜCHE 59/1996, S. 11 - 29.

SCHWEIKART, N.: Der getriebene Chef, in: DIE ZEIT 20/2001, S. 26.

SCHWELIEN, M.: Zwei Millionen Verdammte. Amerika sperrt seine Kleinkriminellen weg - auf ewig, in: DIE ZEIT 45/2000, S. 20 - 21.

SEIFERT, H./TRINCZEK, R.: Tarifkonzept und Betriebswirklichkeit des VW-Modelltarifvertrags, in: HILDEBRANDT (2000), S. 99 - 128.

SENATSVERWALTUNG FÜR ARBEIT, BERUFLICHE BILDUNG UND FRAUEN BERLIN: Die Sackgassen der Zukunftskommission. Streitschrift wider die Kommission für Zukunftsfragen der Freistaaten Bayern und Sachsen, Berlin 1998.

SKADERUD, F.: Unruhe. Eine Reise in das Selbst, Hamburg 2000.

SENGENBERGER, W. (Hg.): Der gespaltene Arbeitsmarkt. Probleme der Arbeitsmarktsegmentation, Frankfurt a.M. 1978.

SENNETT, R.: Der flexible Mensch. Die Kultur des neuen Kapitalismus, Berlin 1998.

SENNETT, R.: Vom flexiblen Menschen in der Zivilgesellschaft, in: EICHEL/HOFFMANN (1999), S. 189 - 196.

SENNETT, R.: Arbeit und soziale Inklusion, in: KOCKA/OFFE (2000), S. 431 - 446.

SMALLEY, R.E.: Die funktionale Methode als Grundlage der Sozialen Einzelhilfe-Praxis, in: ROBERTS, R.W./NEE, R.H. (Hg.): Konzepte der Sozialen Einzelhilfe. Stand der Entwicklung. Neue Anwendungsformen, Freiburg i.B. 1977, S. 91 - 143.

SONNENFELD, CH.: „So etwas nenne ich Zwangsarbeit“. Der Abbau von Bürgerrechten der BezieherInnen sozialer Leistungen, in: BAUER u.a. (1998), S. 23 - 49.

SPRANGER, E.: Gesammelte Schriften, Band III, Heidelberg 1973.

STARK, W.: Empowerment. Neue Handlungskompetenzen in der psychosozialen Praxis, Freiburg i.B. 1996.

STRAßER, J.: Wenn der Arbeitsgesellschaft die Arbeit ausgeht, Düsseldorf/München 1999.

STRATMANN, K.: Berufs- und Wirtschaftspädagogik, in: GROOTHOFF, H.-H. (Hg.): Erziehungswissenschaftliches Handbuch, Band V. Die Handlungs- und Forschungsfelder der Pädagogik (Differentielle Pädagogik), Königstein/Ts. 1979, S. 285 - 337.

SUNESSON, S.: Schweden zwischen staatlicher Wohlfahrt und Marktorientierung, in: OTTO/ SCHNURR (2000), S. 231 - 238.

SUPP, B./HOLTHUSEN, C.: Wie ich ich werde, in: SPIEGEL-REPORTER, 7/2000, 18 - 28.

TAYLOR, CH.: Die Unvollkommenheit der Moderne, in: HONNETH, A. (Hg.): Pathologien des Sozialen. Die Aufgaben der Sozialphilosophie, Frankfurt a.M. 1994, S. 73 - 106.

TENBROCK, CH.: Profite mit der Armut, in: DIE ZEIT 20/1997, S. 25.

TENORTH, H.-E.: Laute Klage, stiller Sieg. Über die Unaufhaltsamkeit der Pädagogik in der Moderne, IN: ZEITSCHRIFT FÜR PÄDAGOGIK, 29. Beiheft. Erziehungswissenschaft zwischen Modernisierung und Modernitätskrise. Beiträge zum 13. Kongress der Deutschen Gesellschaft für Erziehungswissenschaft, Weinheim/Basel 1992, S.

TENORTH, H.-E.: Geschichte der Erziehung. Einführung in die Grundzüge ihrer neuzeitlichen Entwicklung, 3., völlig überarbeitete und erweiterte Auflage, Weinheim/München 2000.

THAA, W.: „Zivilgesellschaft“ Von der Vergesellschaftung der Politik zur Privatisierung der Gesellschaft, in: WIDERSPRÜCHE 76/2000, S. 9 - 18.

THIERSCH, H.: Kritik und Handeln. Interaktionistische Aspekte der Sozialpädagogik, Neuwied/Darmstadt 1977.

THIERSCH, H.: Die Erfahrung der Wirklichkeit- Perspektiven einer alltagsorientierten Sozialpädagogik, Weinheim/München 1986.

THIERSCH, H.: Das sozialpädagogische Jahrhundert, in: RAUSCHENBACH, TH./GÄNGLER, H. (Hg.): Soziale Arbeit und Erziehung in der Risikogesellschaft, Neuwied 1992 (a), S. 9 - 24.

THIERSCH, H.: Lebensweltorientierte Soziale Arbeit. Aufgabe der Praxis im sozialen Wandel, Weinheim/München 1992 (b).

THIERSCH, H.: Strukturierte Offenheit. Zur Methodenfrage einer lebensweltorientierten Sozialen Arbeit, in: RAUSCHENBACH, TH./ORTMANN, F./KARSTEN, M.-E. (Hg.): Der sozialpädagogische Blick, Weinheim/München 1993, S. 11 - 28.

THIERSCH, H.: Lebenswelt und Moral. Beiträge zur moralischen Orientierung Sozialer Arbeit, Weinheim/München 1995.

THIERSCH, H.: Neugestaltung des Sozialen in der Konkurrenzgesellschaft, in: MÜLLER, S./REINL, H. (Hg.): Soziale Arbeit in der Konkurrenzgesellschaft. Beiträge zur Neugestaltung des Sozialen, Neuwied 1997, S. 15 - 30.

THIERSCH, H.: Kinderkriminalität. Zur Frage nach Normen und Abweichungen, in: MÜLLER, S./PETER, H. (Hg.): Kinderkriminalität. Empirische Befunde, öffentliche Wahrnehmung, Lösungsvorschläge, Opladen 1998 (a), S. 27 - 50.

THIERSCH, H.: Selbsthilfe und Bürgerengagement in der Bürgergesellschaft, in: BRAUN/KLEMMERT (1998 b), S. 30 - 44.
THIERSCH, H.: Integrierte und flexible Hilfen, in: KOCH/LENZ (1999), S. 15 - 32.
THIERSCH, H.: Lebensweltorientierung in der Sozialen Arbeit - als radikalisiertes Programm. Eine Skizze, in: MÜLLER u.a. (2000), S. 529 - 545.
THIERSCH, H.: Erziehungshilfen und Lebensweltorientierung - Bemerkungen zu Bilanz und Perspektiven, in: BIRTSCH/MÜNSTERMANN/TREDE (2001), S. 213 - 233.
THOLE, W.: Das Unbehagen bleibt. ‚Sozialarbeitswissenschaft' - Modell zur Lösung der Identität sozialpädagogischer Theorie und Praxis?, in: PUHL, R. (Hg.): Sozialarbeitswissenschaft, Weinheim/München 1996, S. 149 - 166.
THOLE, W.: Kinder- und Jugendarbeit. Eine Einführung, Weinheim/München 2000.
THOLE, W./CLOOS, W.: Soziale Arbeit als professionelle Dienstleistung. Zur „Transformation des beruflichen Handelns" zwischen Ökonomie und eigenständiger Fachkultur, in: MÜLLER u.a. (2000), S. 547 - 568.
THOLE, W./GALUSKE, M./GÄNGLER, H. (Hg.): KlassikerInnen der Sozialen Arbeit, Neuwied 1998.
THOLE, W./KÜSTER-SCHAPFL, E.: Sozialpädagogische Profis, Opladen 1997.
THOMPSON, E.P.: Zeit, Arbeitsdisziplin und Industriekapitalismus, in: BRAUN (1973), S. 81 - 112.
THUROW, L.C.: Die Zukunft des Kapitalismus, Düsseldorf/München 1996.
TILLMANN, K.-J. (Hg.): Schultheorien, Hamburg 1987.
TRUBE, A.: Sozio-ökonomische Analysen zum geldwerten Nutzen von Gemeinwesenarbeit, Stuttgart/Berlin/Köln 1998.
TRUBE, A.: Freiheit oder Sicherheit. Sozialarbeit als abhängige Beschäftigung oder selbständiges Unternehmertum? In: BOESSENECKER/TRUBE/WOHLFAHRT (2000), S. 157 - 167.
TRUBE, A./WOHLFAHRT: Privatisierung und Ausgliederung Sozialer Dienste - Qualitätskriterien für einen verantwortungsbewussten Umgang, in: THEORIE UND PRAXIS DER SOZIALEN ARBEIT 2/2000 (a), S. 43 - 48.
TRUBE, A./WOHLFAHRT: Zur theoretischen Einordnung: Von der Bürokratie zur Merkatokratie? System- und Steuerungsprobleme eines ökonomisierten Sozialsektors, in: BOESSENECKER/TRUBE/WOHLFAHRT (2000 b), S. 18 - 38.
TRUBE. A./WOHLFAHRT.: „Der aktivierende Sozialstaat" - Sozialpolitik zwischen Individualisierung und einer neuen politischen Ökonomie der inneren Sicherheit, in: WSI-MITTEILUNGEN 1/2001, S. 27 - 35.
UCHATIUS, W.: Das Neuseeland-Experiment, in: DIE ZEIT 52/2000 (20.12.2000), S. 34 - 35.
VAN DÜLMEN, R.: „Arbeit" in der frühneuzeitlichen Gesellschaft. Vorläufige Bemerkungen, in: KOCKA/OFFE (2000), S. 80 - 87.
VESTER, M. u.a.: Soziale Milieus im gesellschaftlichen Strukturwandel. Zwischen Integration und Ausgrenzung, Köln 1993.
VILLAUME, P.: Ob und inwiefern bei der Erziehung die Vollkommenheit des einzelnen Menschen seiner Brauchbarkeit aufzuopfern sei? in: BLANKERTZ, H. (Hg.). Bildung und Brauchbarkeit, Braunschweig 1965, S. 69 - 142.
VOBRUBA, G. (Hg.): Strukturwandel der Sozialpolitik, Frankfurt a.M. 1990.
VOBRUBA, G.: Alternativen zur Vollbeschäftigung. Die Transformation von Arbeit und Einkommen, Frankfurt a.M. 2000.

VOLKMANN, U.: Das schwierige Leben in der Zweiten Moderne. Ulrich Becks „Risikogesellschaft“, in: SCHIMANK/VOLKMANN (2000), S. 23 - 40.

VON DER BEEK, A.: Kita-Card - ein Zauberwort? In: SOZIAL EXTRA 1/2001 S. 21 - 24.

VOß, G.G.: Das Ende der Teilung von „Arbeit und Leben“? An der Schwelle zu einem neuen gesellschaftlichen Verhältnis von Betriebs- und Lebensführung, in: BECKENBACH, N./VAN TREECK, W. (Hg.): Umbrüche gesellschaftlicher Arbeit, SOZIALE WELT, Sonderband 9, Göttingen 1994, S. 269 - 294.

WALTER, J.: Aktuelle kriminalpolitische Strömungen und ihre Auswirkungen auf den Jugendstrafvollzug, in: DVJJ-JOURNAL, ZEITSCHRIFT FÜR JUGENDKRIMINALRECHT UND JUGENDHILFE 3/2000, S. 251 - 262.

WALWEI, U.: Bestimmungsfaktoren für den Wandel der Erwerbsformen, IAB-KURZBERICHT 3/1998 (28.01.1998), Nürnberg 1998.

WAQUANT, L.: Elend hinter Gittern, Konstanz 2000.

WEBER, M.: Die protestantische Ethik I. Eine Aufsatzsammlung, 7. Auflage, Tübingen 1984.

WEBER, M.: Wirtschaft und Gesellschaft, 1. Halbband, Tübingen 1972.

WEISS, J.: Die Zweite Moderne - eine neue Suhrkamp-Edition, in: SOZIOLOGISCHE REVUE, 21. Jg. 1998, S. 415 - 426.

WEITEKAMP, E.G.M./MEIER, U.: Werden unsere Kinder immer krimineller? Kinderkriminalität im Zerrbild der Kriminalstatistik, in: MÜLLER, S./PETER, H. (Hg.): Kinderkriminalität, Opladen 1998, S. 83 - 112.

WENDT, W.R. (Hg.): Unterstützung fallweise. Case Management in der Sozialarbeit, Freiburg i.B. 1991.

WENDT, W. R.: Sozial und wissenschaftlich arbeiten. Status und Positionen der Sozialarbeitswissenschaft, Freiburg 1994.

WENDT, W.R.: Bürgerschaft als leitendes Thema in der Sozialen Arbeit, in: NEUE PRAXIS 2/1998, S. 125 - 135.

WENDT, W.R.: Bewirtschaftung des Sozialen in Humandiensten, in: ELSEN, S. u.a. (Hg.): Soziale Arbeit und Ökonomie, Neuwied 2000, S. 59 - 72.

WENDT, W.R.: u.a. (Hg.): Zivilgesellschaft und soziales Handeln, Freiburg i.B. 1996.

WIESNER, R. U.A.: SGB VIII, Kinder- und Jugendhilfe, München 1995.

WIESNER, R. (Hg.). SGB VIII - Kinder- und Jugendhilfe, 2. Auflage, München 2000.

WIESNER, R.: Rechtliche Grundlagen der Erziehungshilfen, in: BIRTSCH/MÜNSTERMANN/TREDE (2001), S. 329 - 352.

WILKINSON, H.: Kinder der Freiheit. Entsteht eine neue Ethik individueller und sozialer Verantwortung? In: BECK (1997 b), S. 51 - 84.

WILLEKE, ST.: Eine Stütze fürs Leben, in: DIE ZEIT 16/2001, S. 11 - 14.

WILLEKE, ST./KLEINE-BROCKHOFF, TH.: Tut Modernisierung weh? Eine Besichtigung der Modellstadt Wolfsburg, in: BECK (2000 a), S. 135 - 150.

WILLKE, G.: Die Zukunft unserer Arbeit, Bonn 1998.

WINKLER, M.: Die Gesellschaft der Moderne und ihre Sozialpädagogik, in: THIERSCH, H./GRUNDWALD, K. (Hg.): Zeitdiagnose Soziale Arbeit, Weinheim/München 1995, S. 155 - 183.

WINKLER, M.: Flexibilisierung und Integration von Erziehungshilfen. Oder auch: Überlegungen zur Selbstvergessenheit der Pädagogik, in: ZEITSCHRIFT FÜR PÄDAGOGIK, 39. Beiheft, Erziehung und Sozialer Wandel, Weinheim/Basel 1999, S. 131 - 152.

WINKLER, M.: Auf dem Weg zu einer Theorie der Erziehungshilfen, in: BIRTSCH/MÜNSTERMANN/TREDE (2001), S. 247 - 281.

WINTER, H. U.A.: Die Jugendhilfestation Greifswald. Erfahrungen beim Aufbau eines innovativen Projektes in Mecklenburg-Vorpommern, in: KLATETZKI (1995), S. 53 - 71.

WOHLFAHRT, N./RIEDIGER, S.: Privatisierung und Ausgliederung bei sozialen Diensten, in: BOESSENECKER/TRUBE/WOHLFAHRT (2000), S. 129 - 147.

WOLF, K.: Veränderungen der Heimerziehungspraxis: Die großen Linien, in: WOLF, K. (Hg.): Entwicklungen in der Heimerziehung, Münster 1993, S. 12 - 64.

WOLFF, M.: Integrierte Hilfen, in: BIRTSCH/MÜNSTERMANN/TREDE (2001), S. 490 - 503.

WUTHNOW, R.: Handeln aus Mitleid, in: BECK (1997 b), S. 34 - 84.

WZB-MITTEILUNGEN, Wissenschaftszentrum Berlin, div. Jahrgänge.

YERGIN, D./STANISLAW, J.: Staat oder Markt. Die Schlüsselfrage unserer Zeit, München 2001.

ZAPF, W.: Modernisierung und Modernisierungstheorien, in: ZAPF, W: (Hg.): Die Modernisierung moderner Gesellschaften, Frankfurt a.M. 1990, S. 23 - 39.

ZIMMERMANN, L. (Hg.): Humane Arbeit - Leitfaden für Arbeitnehmer, 5 Bände, Reinbek b.H. 1982.

ZINN, K.G.: Sozialstaat in der Krise. Zur Rettung eines Jahrhundertprojekts, Berlin 1999.

ZINNECKER, J. (Hg.): Der heimliche Lehrplan, Weinheim/Basel 1975.,

ZUKUNFTSKOMMISSION DER FRIEDRICH-EBERT-STIFTUNG: Wirtschaftliche Leistungsfähigkeit, sozialer Zusammenhalt, ökologische Nachhaltigkeit. Drei Ziele - ein Weg, Bonn 1999.

ZUKUNFTSKOMMISSION GESELLSCHAFT 2000 DER LANDESREGIERUNG BADEN-WÜRTTEMBERG: Solidarität und Selbstverantwortung. Von der Risikogesellschaft zur Chancengesellschaft, Stuttgart 1999.